Berthold Auerbach

Der Lehnhold.

Der Viereckig oder die amerikanische Kiste

Berthold Auerbach

Der Lehnhold.
Der Viereckig oder die amerikanische Kiste

ISBN/EAN: 9783743379145

Hergestellt in Europa, USA, Kanada, Australien, Japan

Cover: Foto ©ninafisch / pixelio.de

Manufactured and distributed by brebook publishing software (www.brebook.com)

Berthold Auerbach

Der Lehnhold.

Berthold Auerbach's sämmtliche Schwarzwälder Dorfgeschich...

Berthold Auerbach

Berthold Auerbach's

Sämmtliche

Schwarzwälder

Dorfgeschichten.

Volksausgabe in acht Bänden.

Fünfter Band.

Stuttgart.

Verlag der J. G. Cotta'schen Buchhandlung.

1871.

Erste Auflage der Gesammtreihe.
(17. Auflage der Einzelbände.)

Buchdruckerei der J. G. Cotta'schen Buchhandlung in Stuttgart.

Inhalt.

Der Lehnhold.

(1853.)

Auerbach, Dorfgeschichten. V.

Ab der Landstraße.

Ab der Landstraße, die durch das rauschende Waldthal führt, zieht sich ein Fahrweg bergan durch den Wald und dann zwischen lebendigen Buchenhecken nach einem einsamen Gehöfte, einer soge= nannten Einzechte.

Die Gleise auf dem Wege sind alle gleich, denn hier be= wegen sich nur Wagen von derselben Spurweite, wer hier auf= und abzieht, hat mit dem Bauer von der langen Furche zu thun; denn dieser Weg gehört dem Furchenbauer zu eigen und führt nur zu ihm; wer von da wieder zurück will zu anderen Menschen, muß auf demselben Wege wieder umkehren.

So stattlich und weit sich auch Haus und Scheunen dort aus= nehmen, die mit ihren grauen Strohdächern fast felsenartig ins Thal herniederschauen; sie haben doch nicht Raum genug für all das reiche Erträgniß des Feldes, denn hüben und drüben in den Feldern sehen wir die kegelförmig gebauten Garbenhaufen, Feimen genannt, die erst nach und nach abgedroschen werden und in den noch herbstgrünen Bergwiesen stehen luftige Scheunen, sogenannte Stadel, deren Wände und Dach von graugewordenen Brettern viel nahrhaftes Heu in sich bergen.

Dort etwas fern vom Hofe, am Rande des Bergvorsprunges jenes kleine aus Holz erbaute Häuschen, mit einer Thurmspitze geschmückt, das ist die Kapelle, die dem Hofe zu eigen gehört. An Sommerabenden oder auch am Sonntage, wenn man nicht nach der mehr als eine Stunde entfernten Kirche gehen kann, ver= sammelt der Hausherr seine Kinder und sein Ingesinde in dem Käppele (wie der Landesausdruck hier das Wort Kapelle umge= wandelt hat) und vor den mit Blumen und Bändern geschmückten Heiligenbildern wird er selber eine Art Priester, indem er laut die üblichen Gebete spricht und Alles um ihn her kniet.

Wir ſind längſt auf Grund und Boden des Furchenbauern, aber der Weg iſt noch lang genug, daß wir uns einſtweilen er= innern können, zu wem wir gehen, bis wir den Mann ſelbſt vor uns haben. Damals als wir mit dem Broſi auf der luſtigen Hochzeit in Endringen waren und den Bändelestanz entſtehen ſahen, damals hatten wir uns vorgeſetzt, die Geſchichte des Furchenbauern zu erzählen. Wer damals das glückſelige und reich geſegnete junge Paar erſchaute, konnte nicht ahnen, welch ein ſchweres Geſchick ihm bevorſtand, das ſich mit der Zeit erfüllte.

Freilich, ſtolz und eigenmächtig war der junge Furchenbauer ſchon damals: hatte er ja dem armen Broſi einen Taglohn dafür geben wollen, wenn er mit Tanzen und Singen die Hochzeitsgäſte erluſtige; ſchon damals blickte der Furchenbauer mit einer ſtillen innern Verachtung auf Jeden herunter, der ihm nicht gleichſtand und hielt es nur ſelten der Mühe werth, in Wort und Mienen das auszuſprechen. Aber warum ſoll ein junger Baron in ſchwar= zem rothausgeſchlagenem Sammtrock, rother Weſte und Lederhoſen nicht eben ſo ſtolz ſein wie einer mit Epauletten und goldgeſticktem Halskragen? Der Furchenbauer konnte ſich neben jedem Ritter= bürtigen ſehen laſſen. Er war alleiniger Erbe, oder wie man es hier zu Lande noch heißt, der Lehnhold des großen Gutes von der langen Furche, das ſich in Wald und Feld weit über Berg und Thal ausbreitet; er hatte acht Roß im Stall, eben ſo viel Ochſen und die Doppelzahl Kühe und Rinder und Alles war ſchuldenfrei, denn er heirathete die Tochter des reichen fetten Gäubauern, des Vogts von Siebenhöfen, der den ehrenvollen Unnamen „der Schmalzgraf“ hatte, und von dem Beibringen der Frau konnte die ausbedungene Loſung der einzigen Schweſter, die nachmals den Gypsmüller heirathete, blank ausgezahlt werden; der einzige Bruder, der ſich dem geiſtlichen Stande weihte, erhielt nur einen Theil des ihm Zukommenden, das Uebrige ließ er auf dem elterlichen Hofe ſtehen, es war ja ohnebieß das einſtige Erbe der Bruderskinder.

Mit einem ſtolzen geſättigten Behagen ſah der Chriſtoph, oder wie er jetzt — da ihm ſeine Würde erſt den rechten Namen verlieh — hieß, der Furchenbauer am Morgen nach ſeiner Hoch= zeit zum Fenſter hinaus und ſchaute zu, wie der Wind mit den Morgennebeln ſpielte, faſt ſo wie er ſelber die Tabakswolken vor ſich her blies. Der Vater hatte ihm die Zeit lang gemacht, Chri=

stoph war ledigerweise viel älter geworden als die Bauernsöhne
seinesgleichen, der Vater schien das Gut nicht lassen zu können,
bis der Tod es ihm entriß. Christoph zürnte im Stillen oft dar=
über, aber er war in Gehorsam und Unterwürfigkeit erzogen und
durfte sich nichts merken lassen; war es ihm ja übel bekommen,
als er einmal scherzweise zu seinem Vater sagte: „Gebt Euer
Sach doch her so lang Ihr lebet, dann höret Ihr's auch noch,
wie man Euch Dank sagt." Christoph hörte die Antwort darauf
nicht, aber er fühlte sie. Nur auf Bedrängen der Gefreundeten
und besonders des zweiten Sohnes, der damals Pfarrverweser in
Reichenbach war, ließ sich endlich der Vater bewegen, an Christoph
abzugeben. Er wählte seinem Sohne die ebenbürtige Frau und
dieser willfahrte nach altem Brauch; aber als müßte es doch zur
Wahrheit werden, daß der Vater das Gut bei Lebzeiten nicht
lassen könne, starb er vor der Uebergabe und der Hochzeit. Am
Morgen nach dieser dachte Christoph mit einem gewissen weh=
müthigen Danke an den Vater; er hatte Recht gethan ihn nicht
früher in das Gut einzusetzen, jetzt erst war er geeignet, der
Furchenbauer zu heißen, und ein schönes reichgesegnetes Leben
lag vor ihm . . .

Die freudige Stimmung jenes ersten Morgens nach der Hoch=
zeit ist schon lange verklungen. Wenn man bald vierzig Jahre
im Besitze einer Macht ist, denkt man kaum mehr der Stunde, da
man damit bekleidet wurde. Der Furchenbauer hat seitdem Mancher=
lei erlebt. Von neun Kindern waren ihm vier verblieben, drei
Söhne und eine Tochter; er hatte die Freude, den ältesten zum
Schmalzgrafen erhoben zu sehen, denn er erbte das Gut des
Muttervaters; aber schon nach wenigen Jahren starb der rüstige
Schmalzgraf mit Hinterlassung einer einzigen Tochter. Dieß war
das alleinige Enkelchen des Furchenbauern, denn die andern Kinder
waren unverheirathet und wir werden bald sehen warum.

Wir sind am Hofe. Dumpfes Bellen und Kettenrasseln zweier
Hofhunde, die in ihrem Bellen sich bald ablösen und bald zu=
sammenstimmen, zeigt an, daß kein Fremder sich unbemerkt hier
nahen darf; über das Bellen hinaus tönt aber der Taktschlag von
sechs Dreschern und dazwischen vernimmt man das rasche Klappern
einer Handmühle, der sogenannten Putzmühle, die statt des ehe=
dem üblichen Wurfelns das Korn säubert. Häuser, Ställe und
Scheuern sind im Gevierte gebaut, das Thor steht offen; halten

wir aber noch eine Weile inne, bevor wir eintreten. — Auf der Leiter an einem Zwetschgenbaum im Hausgarten steht eine Frauen= gestalt in üblicher Landestracht, die rothen Strümpfe umschließen ein mächtiges Wadenpaar. Aus dem offenen Hofthore kommt ein schlanter junger Bauer, drei mächtige Strohbündel auf dem Rücken.

„Ameile, fall nicht abe," ruft der junge Mann.

„Da unten ist auch schwäbisch," antwortet es in die Zweige hinein und die Strohbündel hüpfen auf und nieder von dem Lachen des jungen Mannes, während die Frauengestalt wieder fragt:

„Was willst denn mit dem Stroh?"

„Der Bauer will, daß man die Breitlingäpfel dort dießmal nicht brechen soll, man hab' kein' Zeit dazu, ich soll sie schütteln und Stroh unterlegen. Steig abe und gieb mir die Leiter."

„Bist zu steif? Kannst nicht 'nauftrebfeln?" spottet das Mädchen, während der Bursche das Stroh ausbreitet und er= widert:

„Du sollst auflesen, ich muß gleich wieder ans Dreschen." Behende ist er auf den Baum geklettert, der ganze Baum wird hin= und hergeschüttelt, es rasselt in den Zweigen und dumpf prasselnd auf das knisternde Stroh und darüber hinaus fallen die rothbackigen Aepfel. Das Mädchen will bald da bald dort an= fangen aufzulesen, aber wo es sich zeigt, wird ein Ast mächtiger geschüttelt und manchmal getroffen von einem Apfel grillt es auf und schilt den tückischen Mann auf dem Baume. Dieser steigt ab, schaut das Mädchen kurz an und will nach dem Hofe gehen.

„Du machst unsaubere Arbeit!" sagt das Mädchen lachend und fährt auf den Baum deutend fort: „Schau, dort hängt noch ein Apfel und dort noch einer."

Im Fortgehen erwidert der Bursche:

„Du vergißt's immer wieder und ich hab' dir's schon oft gesagt: wenn man einem Obstbaum nicht Alles abnimmt, trägt er im nächsten Jahre um so gewisser."

Ameile (Amalie) hält einen Apfel in der Hand und will den Weggehenden damit werfen, aber noch im Ausholen hält sie an, 'ein zweiflerischer Gedanke scheint ihr die Hand zu senken, sie steckt den Apfel in die Tasche und auf das Stroh kniend rafft sie die Aepfel zusammen und singt dazu:

„Schätzele, Engele,
Laß mi e wengele —“
„„Schätzele wasele?“„
„Nur mit dir basele?“

Der Bursche, der eine Soldatenmütze auf dem Kopfe trägt und überhaupt eine soldatische Haltung verräth, geht wieder nach dem Hofe zurück, nimmt den Dreschflegel zur Hand und fällt taktmäßig in die Schläge ein.

Im Hofe.

Im Hofe, in dessen Mitte der große mit Stangen eingezäunte Düngerhaufen, daran eine Jauchenpumpe sich befindet, ist reiche lebendige Bewegung: da wird Korn auf einen Wagen geladen, dort Stroh und dort Aepfelsäcke getragen, die zahlreichen Hühner und Enten wissen geschickt auszuweichen und überall etwas zu ernaschen. Rechts von dem Eingangsthor unter einem breiten Hollunderbaume, der jetzt schon schwarze Beerenbüschel trägt, steht der Röhrbrunnen, der seinen hellen, armdicken Strahl in den langen Eichentrog ergießt und rings um den Brunnen ist der Boden vortrefflich gepflastert, so daß nicht wie sonst oft gerade hier Alles unsauber ist; der Abfluß des Brunnens hat einen gepflasterten Weg nach dem Baumgarten links am Thor und bildet dort sogar einen kleinen See. Die Kühe und Rinder werden zur Tränke geführt, denn die Ochsen und Pferde sind draußen im Feld beim Pflügen und Eggen. Der Kühbub knallt, daß es im Hofe widerhallt. Eine glänzend schwarze Kalbin, die auch nicht ein anderes Härchen hat und in Schönheit strahlt, tanzt lustig im Hofe hin und her, steht bald still und schaut wie nedisch und verwundert drein und hüpft dann wieder mit gehobenem Schweif auf und ab. Die Drescher, die eben eine neue Spreite auflegen, stehen unter dem Scheunenthor und betrachten mit lauter Bewunderung das schöne Thier und dieses scheint gefallsüchtig fast zu wissen, daß es bewundert wird, denn es macht immer freudigere Sprünge, bis endlich ein Mann aus dem dunkeln Schuppen ruft:

„Hannesle, gieb Acht, daß dem Schwärzle nichts geschieht, thu's ein.“

Das ist aber nicht so leicht, auch ein Thier läßt sich in seiner Lustbarkeit nicht gern unterbrechen, und erst mit Hülfe der

Dreſcher, die ſich, wie es ſcheint, auch gern ein wenig im Freien
umhertummeln, gelingt es dem Kühbub, das Schwärzle in den
Stall zu bringen.   Das Schwärzle iſt eine wichtige und beliebte
Erſcheinung auf dem Furchenhofe, dem hohe Ehren bevorſtehen
und Jedermann ſpricht nur Gutes von ihm.

Wir wollen aber jetzt der Stimme aus dem Dunkel folgen,
deren Ruf Alles gehorchte.   Das rollt und quetſcht und platzt in
dem dunkeln Schuppen und ein eigener ſüßer Duft dringt uns
entgegen. In einem faſt halbrunden Eichentroge wird ein ſteiner-
nes Rad gewälzt, das die eingeſchütteten rothbacigen und grünen
Aepfel zerdrückt und dort hinten rinnt es aus der Preſſe in die
Kufe; wir ſind beim Moſten. Ein einäugiger ſchlanker junger
Burſche treibt die Stange vorwärts, die mitten im Steinrade
ſteckt, und ein anderer älterer Mann mit röthlich grauem Haar
drückt ſie wieder zurück, wobei Einer dem Andern hilft. Ein
alter ſchlanker Mann mit enganliegenden ſchwarzen Lederhoſen
und Rohrſtiefeln, die faltenreich niederfallen und blaue Strümpfe
ſehen laſſen, hält eine längliche hölzerne Schippe in der Hand,
wandelt an der freien Seite des Eichentroges auf und ab und
ſchiebt je nach der Wendung die zerdrückten Aepfel zum beſſern
Auspreſſen unter das Rad, manchmal bückt er ſich, um einen
ganzen oder getheilten Apfel, der über den Rand des Eichentroges
gefallen, wieder hineinzulegen.

Das iſt der Furchenbauer. Er ſieht langgeſtreckt, dürr und
hartknochig aus, und das ganze Weſen hat etwas Zähes, Unbeug-
ſames.   Die weißen Haare, die den ſpitzen Oberkopf ringsum
bedecken, ſind kurz geſchoren, die hohe Stirne iſt runzelvoll, über
den grauen Augen ſind die Ausläufer der dicken Brauen in die
Höhe gewirbelt, die linke mehr als die rechte, man ſieht offenbar,
daß der Mann ſeine Brauen oft mit der Hand bewegen muß,
und wenn er auch die Augen ganz aufſchlägt, hängt noch immer
die Haut des Augenlides ſchlaff und faſt wie ein Vordach auf
den Backenwinkel des Auges, die Backenknochen ſtehen dürr hervor und tiefe Furchen ziehen ſich zu beiden Seiten der knolligen
Naſe herunter; das ſind Furchen, die das Schickſal gepflügt. Die
ſchmalen Lippen des Mundes ſind ſo ſehr einwärts gezogen, daß
man faſt gar kein Roth ſieht. Dabei hat der Mann in ſeinem
Gehaben noch etwas Bewegliches, wenn dieß auch eckig und herb iſt.

Man wird in vielen Bauerngeſichtern etwas Trotziges und

Widersacherisches finden, es ist das nicht immer Ausdruck einer
innerlichen Gemüthsverfassung, sondern rührt meist von der
schweren Arbeit her, gegen die es oft ein trotziges Anstemmen,
ja gewissermaßen ein feindseliges Besiegen gilt.

Wie jetzt der Furchenbauer nach einem großen Sack Aepfel
ausgreift, um ihn zu wenden, haben seine Mienen etwas Grim-
miges, das sich noch steigert, da er seiner Schwäche gewahr wird
und ächzend ruft er:

„Helfet doch, ihr faulen Kerle!" Der ältere Mann gehor-
samt rasch diesem Zuruf, der jüngere Einäugige aber sagt ruhig
stehen bleibend:

„Vater, ich mein', es wär' genug für heut. Ich möcht' lieber
dreschen als mosten."

„Ich weiß, was du lieber thätest, gar nichts wär' dir am
liebsten," erwidert der Furchenbauer zornig und schüttet mit Hülfe
des älteren Mannes die Aepfel in den Trog. Die Aepfel platzen
und zischen wieder unter dem steinernen Rad und erst als Alles
in die Presse gebracht war, als die Spindeln der Presse krachten
und knackten und der Saft nur noch tröpfelnd in die Kufe floß;
erst als der Einäugige schon zweimal gesagt hatte, daß die Drescher bereits aufgehört hätten, gehen die Drei endlich nach dem
Röhrbrunnen, waschen sich dort die klebrigen Hände, die sie nur
durch Abschütteln trocknen, und treten endlich in das Haus.

Die Drescher und Feldtaglöhner schienen schon lange auf den
Hausherrn zu warten, sie umstehen den Sattler, den sich der
Furchenbauer ins Haus genommen hat und der auf einem Seiten-
tische der großen Stube ganze Felle zerschnitt, um daraus neue
Pferdegeschirre zu machen und die alten in Stand zu setzen.
Kaum ist der Hausherr in der Stube und plötzlich Stille eingetreten, als Ameile mit einer kübelartigen Schüssel eintritt und
sie auf den mit einem Tuch bedeckten Tisch stellt; ihr folgen noch
zwei Mädchen, die das Gleiche bringen. Nachdem man gebetet
hat, setzt man sich wortlos an den Tisch. Der Bauer sitzt oben,
links von ihm der Einäugige, rechts der schlanke Bursche, den
wir heute schon beim Eintritte die Aepfel schütteln gesehen. Taktmäßig wie beim Dreschen langt Eines nach dem Andern mit dem
Löffel in die Suppe. Die Mädchen sitzen am untern Ende des
Tisches, unter ihnen Ameile, und nur leise sagt Eines dem Andern, ihm mehr Raum zum Sitzen zu geben. Die wahren Seen

von Suppe sind bald verschlungen, ein großer Laib Brod geht
von Hand zu Hand und Jedes schneidet sich mit seinem Taschen=
messer einen Ranten. Niemand spricht ein Wort, außer wenn
etwa der Bauer Einen anredet und die Antworten sind stets knapp
und gemessen. Nun verlassen die Mädchen den Tisch und kommen
rasch wieder mit Bergen von Leberklößen und Felsstücken von
geräuchertem Fleisch. Das Sprüchwort sagt nicht umsonst: die
können essen wie Drescher. Mit einer Ruhe und Nachhaltigkeit,
die sich immer gleich bleibt, werden die Leberklöße vertilgt und
erst als das Fleisch zum Vertheilen kommt, schnipfeln Viele nur
an ihrem Theile herum, und kaum hat der Mann, der mosten
geholfen hat, das Beispiel gegeben und das übrige Fleisch in ein
Tuch gewickelt und in die Tasche gesteckt, als ihm auch viele
Andere beherzt folgen. Der Bauer sagt nur noch, daß er morgen
nicht daheim sei und Vinzenz die Aufsicht führe, ein Jeder schneidet
sich noch ein Stück Brod, steckt es zu sich und man steht vom
Tische auf. Nach dem Schlußgebete sagt der Bauer zu dem
Burschen, der ihm zur Rechten gesessen:

„Dominik, wenn du draußen fertig bist, komm' 'rein, ich
hab' dir was zu sagen."

Nach einem Gutnacht in verschiedenen Tonarten verlassen die
Drescher und Taglöhner mit schweren Tritten die Stube und erst
draußen vor dem Hause hört man sie unter einander sprechen und
lachen. Mehrere machen sich bald davon und zerstreuen sich in
die Häuslerwohnungen, die da und dort im Thale stehen und
an den Bergen hangen; nur einige, die aus fernen Gegenden
sind, gehen in die Scheunen und legen sich ins Heu.

Die Bäuerin, eine alte wohlbeleibte Frau, kommt jetzt auch aus
der Küche, bringt sich ihr Essen mit und verzehrt es neben ihrem
Mann. Dieser sagt ihr, daß er morgen nach Wellendingen (einem
in der Mitte des Bezirks gelegenen Dorfe) fahre, da dort das jähr=
liche landwirthschaftliche Bezirksfest sei und daß Dominik das Schwärzle
hinführen müsse; Ameile nehme er zu sich auf das Bernerwägele.

„Du solltest den Vinzenz mitnehmen," sagt die Frau in
etwas schüchternem Tone.

„Wie soll ich ihn denn mitnehmen? Ich kann ihn doch nicht
die Kalbin führen lassen? Und er und der Dominik können nicht
miteinander vom Hof weg sein. Wenn ich was sag', mußt du
dich vorher dreimal besinnen, eh du was drein redest."

„Ich hab' nur gemeint, weil du doch auch für den Vinzenz ein Mädle aus einem rechtschaffnen Haus finden kannst —."

„Da brauch' ich ihn grad nicht dazu, das kann ich am besten allein. Zuerst muß Ich die Sach' fertig haben, dann kommt erst er."

Die Bäuerin schweigt und der Bauer liest die Zeitung, den Wälderboten, den der Milchbub, wenn er Morgens die Milch nach der Stadt führt, mitbringt, den aber der Bauer täglich ruhig warten läßt und die Weltnachrichten, Vergantungen und Fruchtpreise jedesmal erst am Abend, wenn alle Arbeit abgethan, liest. Er zwirbelt sich dabei mit der Hand die linke Augbraue und manchmal fährt er sich über die Stirne, denn er liest heute zerstreut. Der Gedanke, daß er keinen ebenbürtigen Nachbar habe und darum für seine Kinder sich auswärts umthun müsse, geht ihm durch den Sinn. In dem Blättchen stand, daß in Klurren-bühl wiederum Liegenschaften versteigert werden. Der Hofbauer von Klurrenbühl war der einzige ebenbürtige Nachbar gewesen, aber er hat schon vor Jahren sein Gut verkauft und ist Papierer geworden. Der Hirzenbauer von Nellingen hat die unverzeihliche That begangen, sein schönes von alten Zeiten her unzerspaltenes Gut unter seine Kinder zu zertheilen.

Der Furchenbauer schüttelt den Kopf und holt tief Athem, er schaut nachdenklich steif ins Licht, dann steht er plötzlich auf und stellt sich fest hin, indem er beide Fäuste ballt; er mag es fühlen, daß er bald der Einzige ist in der Gegend, der einzige mächtige Stamm, während Alles ringsum abgeholzt ist. Er ist fest genug, sich von keinem Sturm entwurzeln zu lassen.

Ja, der Furchenbauer gleicht einer mächtigen Tanne, und wie diese oft in ihrer Wurzelausbreitung auf ein Felsstück stößt, aber unbehindert ihre Wurzeln darüber hinstreckt und den Fels in sich einkrallt und wie dieses Wurzelgeäste harzgetränkt lichter-loh brennen kann, so ist auch der Furchenbauer unbewegt, einen Gedanken wie einen Felsen mit den Wurzeln festhaltend und helle Flammen in sich bergend.

Ein Knecht mit verschiedenen Anliegen.

Nach geraumer Weile tritt Dominik der Oberknecht ein und stellt sich ruhig wartend an den Tisch des Sattlers. Der Bauer liest noch ein wenig weiter, dann sagt er aufschauend:

„Du stehst heut Nacht um zwei auf und giebst Acht, daß
gut gefüttert wird, besonders das Schwärzle, und vor Tag machst
du dich mit dem Schwärzle Wellendingen zu. Du fahrst den
Hennenweg über Jettingen, der Boden ist oben linder als auf
der Landstraß und das Schwärzle hat weiche Klauen, du thust
recht gemach und läßt dir Zeit. Daß du mir aber ja nicht über
Nellingen fahrst; kannst deiner Mutter Bescheid geben lassen, daß
sie zu dir nach Wellendingen kommt. Du ziehst dein Sonntags-
gewand an und in Wellendingen im Apostel wartest auf mich,
wenn ich noch nicht da bin."

Ohne ein Wort zu sagen, will Dominik weggehen, da ruft
ihm noch der Bauer nach:

„Kannst dich auch freuen, du kriegst morgen eine Denkmünze,
weil du jetzt schon bis Martini elf Jahr bei mir dienst."

Dominik stolpert über einen Stuhl als er die Stube verläßt.

„Soll ich dir was mitbringen von Wellendingen?" fragt
Dominik in der Küche beim Pfeifenanzünden das Ameile und diese
erwidert:

„Ich fahr' mit dem Vater. So? Gehst du auch hin?"

„Ja, und ich krieg' ein' Denkmünz und das Schwärzle
vielleicht auch. Mensch und Vieh ist eins. Es ist nur schad,
daß man die Menschen nicht auch verkaufen und metzgen kann."

„Der Dominik thät bitter und sauer schmecken," sagt die
Großmagd, eine stämmige und handfeste Person, während ihr
verliebter Blick sagt, daß ihr dieser grobe Witz keineswegs ernst
war. Ameile aber setzt hinzu: „Es muß dich freuen, Dominik,
daß du den Ehrenpreis kriegst. Wenn ich ein Dienstbote wär' —"

„Dann wärst du nicht des Furchenbauern Ameile," unter-
bricht sie Dominik und geht davon, denn er hörte wie die Stubenthür sich öffnet. Die Bäuerin ruft Ameile in die Stube.

Bald kommt Ameile wieder, nimmt die kupferne Gelte und
geht damit zum Brunnen. Die Nacht ist stille und sternlos, am
Himmel jagen sich die Wolken, aus den Ställen vernimmt man
das Kettenrasseln der Pferde, das Brummen der Kühe und Ochsen,
ein lautes Zwiegespräch zwischen Knechten oder fremden Taglöhnern,
das oft von Lachen unterbrochen wird, und der Kühbub stimmt
jetzt auf seinem Lager ein einsames Lied an.

Die Gelte ist schon lange bis über den Rand gefüllt und
lauft über, aber noch steht Ameile mit auf der Brust über ein-

anter geschlagenen Armen träumend davor. Ein plötzlicher Windstoß macht den Hollunderbusch rauschen und sich beugen, der
Brunnenstrahl wird seitwärts gebogen und Tropfen davon gerissen, die Ameile ins Gesicht spritzen, sie wischt mit der einen
Hand die Tropfen ab und steht wieder still. Jetzt vernimmt man
ein Geräusch in der Stallkammer, Ameile ruft den Kühbuben um
ihr aufzuhelfen, aber statt des Gerufenen kommt Dominik.

„Holst noch Wasser?" sagt dieser die Gelte Ameile aufs
Haupt hebend und sie erwidert:

„Ja, und weil du da bist, grüß' mir dein' Mutter und
sag' ihr, ich schick' ihr mit Nächstem was."

„Dank, weiß nicht, ob ich mein' Mutter seh."

„Ja und wegen dem Ehrenpreis muß ich dir noch einmal
sagen, du mußt dich mit freuen, du versündigst dich, wenn du's
nicht thust. Ich freu' mich auch mit. Es ist ja auch eine Ehre
für uns, daß du so lang bei uns bist, und sei nur recht stolz."

„Freilich, freilich," erwiderte Dominik, „gut Nacht."

Ameile geht nach dem Hause, aber schon auf halbem Wege
begegnet ihr die Mutter, die nach Dominik ruft und als dieser
bei ihr steht, ihm sagt:

„Du mußt morgen in Reichenbach anhalten und schauen was
mein Alban macht. Wir haben seit der Heuet nichts von ihm
gehört. Des Nagelschmieds Breni soll jetzt auch in Reichenbach
bei ihrer Schwester sein, sag ihm, er soll doch von ihr lassen,
dann wird wieder Alles gut."

Dominik kommt endlich zu Worte:

„Der Bauer hat mir verboten über Reichenbach zu fahren,
ich soll den Waldweg über Jettingen."

„Geh du nur über Reichenbach. Du wirst schon eine Ausrede finden, und wenn alle Sträng' brechen, nehm' ich's auf
mich; thu's mir zulieb und bring' mir Bescheid."

Dominik zuckt die Achseln und antwortet: „Will sehen was
zu machen ist."

In dem Herzen dieses Knechtes gehen an diesem Abende
seltsame Kämpfe vor. Er gesteht es sich selbst nicht und hütet
sich wohl, es irgend eine Menschenseele merken zu lassen, daß er
eigentlich seines Bauern Tochter liebt. Das ist ein unverzeih-
licher wahnsinniger Uebergriff, und sowohl um sich selbst zu wahren
als auch um als treuer Diener seines Herrn zu bestehen, sucht

er jede Aeußerung dieser Zuneigung zu bekämpfen. Das hätte aber Alles nichts gefruchtet, wenn er nicht erwogen hätte, daß es ein unnützes und frevlerisches Spiel sei, das Kind — denn er betrachtete Ameile noch immer als Kind, weil er schon ein hochaufgeschossener Bub war, ehe sie noch in die Schule ging — das Ameile, das ihn wie einen alten Ohm ansah, mit solchen Dingen zu plagen, und wenn sie auch einst oder vielleicht morgen an einen Großbauern verheirathet wurde, so war's besser, sie hat nichts davon gewußt. Heute Abend in der Küche hat er sich aber doch etwas verrathen und die Großmagd, die ihm allzeit nach= stellt und auflauert, hat ihn so verwunderlich angesehen, daß er sich darob ärgerte. Die morgige Preisbelohnung ist ihm auch zu= wider. Diese öffentliche Schaustellung hat noch nicht die Form gefunden, in der sie wirklich volksthümlich wäre. Nun kommt noch der Kampf dazu, daß er nicht weiß, soll er dem Bauer oder der Bäuerin folgen; ersteres ist ihm doch genehmer, denn er hatte sich vorgenommen trotz des Verbotes nach Nellingen zu eilen und seine Mutter zu sehen, bei der er seit Weihnachten nicht gewesen war. Wenn er den Befehl des Herrn übertritt, wär's doch besser, das für sich zu thun als für Andere.

Ein Dienstbote ist doch allezeit angebunden, sein Leben und seine Tage gehören einem Fremden.

Im Zorn über dieses Gefühl der eigenen Abhängigkeit weckt Dominik mit Schelten und Püffen seinen Untergebenen, den Küh= bub, der ein Sohn des Nagelschmieds ist, und befiehlt ihm die Nacht aufzubleiben, damit er zur Zeit wecke.

Auf dem Hofe ist es jetzt still und dunkel wie ausgestorben, der Halbmond blickt bald unter jagenden Wolken hervor und ver= schwindet schnell wieder, und die Häuser und Scheunen des Fur= chenhofes mit ihren schweren wie Kappenschilde überhängenden Strohdächern erscheinen wie unförmliche Felsengebilde. Die Hof= hunde sind von der Kette gelassen und schleichen still und frei um= her, legen sich bald da bald dort nieder und richten sich wieder auf bei jedem Geräusche. Der Kühbub geht hinab in den Hof= raum und spielt mit den Hunden, um sich wach zu erhalten; der Türke, ein rother Wolfshund, ist zuthulich und leutselig, der Greif aber, ein schwarzer böhmischer Schäferhund, knurrt wenn sich ihm der Kühbub naht und selbst als er ihm ein Stück Brod reicht, ist dies verschwendet, er hat es in einem Schluck weg, bleibt aber unwirsch. Er ist wahrscheinlich stolz, sei es auf seine Wissenschaft, weil er kunstgerecht auf den Mann dressirt ist, oder auf seine Abkunft, denn er stammt mütterlicherseits von edler Raſſe. Mitten in der sternlosen Nacht, in der Kameradschaft mit dem einen Hunde, geht dem Kühbuben eine glorreiche Zukunft auf. Er hat gehört, daß der Dominik einst auch als Kühbub auf den Hof gekommen war und der war jetzt Oberknecht und der nächste beim Bauer und bekam morgen eine Denkmünze. Solches kann ihm einstmals auch werden. Der zukünftige Ober= knecht erlabt sich besonders an dem Gedanken, wie er dann seine Untergebenen strenge halten wolle, die mußten ihm auf den Pfiff gehorchen. Das ist eine Aussicht, die leicht wach hält. Bei der trüben Stalllaterne betrachtet der Kühbub die doppelgehäusige Taschen= uhr des Oberknechts und gedenkt der Zeit, wo er einst eine solche zu eigen haben werde; ja er wagt es sogar, die Pfeife des Do= minik in den Mund zu nehmen und kalt daraus zu rauchen. Und mitten in der Nacht steigt in dem barhauptigen Kühbuben ein großer Gedanke auf. Ein reicher Bauernsohn zu sein, das wäre doch noch besser als sich zum Oberknecht aufzuschwingen; da hat man nichts zu thun als gehörig zu wachsen, und wenn man groß geworden, hat man Haus und Vieh und Aecker von selbst. Warum haben's die Einen so leicht und die Anderen so schwer?... Das ist ein Räthsel, das der Kühbub noch nicht gelöst hat, als er den Dominik weckt, und nur das Eine hat er davon erobert, er läßt sich das rauhe Wesen des Oberknechtes leichter gefallen, denn er lacht ihn innerlich aus, er ist ja doch kein Bauernsohn und hat noch einen über sich.

Nächtige Rückerinnerung.

Noch als das Licht gelöscht war, hatte der Bauer seiner Frau gesagt, daß er auch hoffe, morgen für das Ameile einen rechten Bräutigam aufzubringen, die Frau hatte nichts geant= wortet, denn sie betete still für sich und in ihr Gebet schloß sie einen Namen ein, den sie schon seit bald einem Jahre nicht vor ihrem Manne nennen durfte, es war Alban, seit dem Tode des Schmalzgrafen ihr ältester Sohn....

In dem Hause, wo überall nichts als Fülle und vielgeprie= sener Wohlstand sich kundgab, wachte in stiller Nacht die Mutter und klagte um ihren Sohn, der in der Fremde als Knecht dient. Sie brach bald ab und wollte einschlafen, denn sie hatte auch eine wunderbare Macht über ihre Gedanken und konnte sich zwingen, Störendes und Unruhvolles zu verbannen. Wie zu läſtigen Bettlern konnte sie jetzt zu Erinnerungen, die mit klagender Stimme an sie herantraten, barsch und doch wieder wohlwollend ſagen: kann euch heute nicht brauchen, kommet morgen wieder, oder ein andermal — und sie gingen. Heute aber verſchlug das nicht . . .

Das eigene Leben der Bäuerin durfte raſch an ihr vorüberziehen. Ohne Neigung, aber auch ohne Widerſtreben hatte ſie als reiche Bauerntochter den gleichbegüterten Furchenbauer geheirathet. In den bald vierzig Jahren ihrer Ehe hatte sie es nicht vergeſſen, daß ihr das herbe und schroffe Weſen ihres Mannes viel Herzeleid gemacht, aber sie hatte sich daran gewöhnt. Dennoch blieb ſie dem oberländiſchen Weſen noch vielfach fremd. Auf einem großen einſamen Bauernhofe aufgewachſen, kam ſie als Frau wieder in einen solchen, ſie kannte wenig von der Welt, aber hier war doch Alles anders; ſie ſtammte aus dem viel mildern geſchmeidigern Unterlande, hier oben war Alles wie mit der Holzaxt zugehauen. Daheim auf Siebenhöfen hatte ſie oft bei der Heuet im Thale die Flözer vom Schwarzwald auf dem Neckar mit einander schreien und fluchen hören, daß man meinte, sie hätten die gräßlichſten Händel und würden beim Zuſammentreffen einander erwürgen und mit ihren Aexten das Hirn ſpalten, und am Ende war's nichts als ein tapferer Zuruf. So ſah ſie auch bald, daß viele Heftigkeiten in Haus und Hof nicht ſo bös gemeint waren, es gehörte eben zu der lauten „herrſcheligen“ Art und Weise der Menſchen. So sehr sie aber dies erkannte, blieb ſie doch dieſem Leben fremd, ſie hatte noch immer die Sitten ihres väterlichen Hauſes im Sinne, und wenn später ihre eigenen Kinder unbändig waren, ſagte ſie oft: „So ſind halt des Furchenbauern.“

Dieſes ſtete Rückſchauen nach der Heimath, dieſes Preiſen derſelben als eines allezeit friedſamen ſtillen Paradieses, brachte in der erſten Zeit manches Zerwürfniß zwiſchen den Eheleuten, bis die Bäuerin endlich einſah, daß ihr Mann Recht hatte, wenn er ihr ſagte: „Du glaubſt, bei dir daheim hätten ſie alle Gutherzigkeit in Beſchlag genommen und des Schmalzgrafen hät:en das Beßthaupt kriegt. Wenn's drauf ankommt, wirst schon sehen, daß wir auch ein Herz im Leib haben, grad so gut wie ihr."

Und das war in der That der Fall.

Der Furchenbauer war offenbar ein rechter Mann, karg an Worten, aber arbeitsam von früh bis spät, pünktlich und auf Ehre haltend; er ließ seine Frau in ihrem Bereich gewähren, er wußte was sich für einen großen Bauernhof und für die Tochter des Schmalzgrafen schickte. In solchen Verhältnissen hat man überhaupt nicht lange mit Gemüthsangelegenheiten zu thun, der Tag hat seine hundertfältigen Pflichten; in einem solchen großen Anwesen gilt es überall zur Stelle zu sein, anzuordnen und selbst Hand anzulegen, und das ruhige Gefühl, Alles gehörig im Stand zu halten, und dazu noch ein gewisser Stolz der Herrschaft und des Besitzes füllt Alles aus.

Die beiden Eheleute lebten in Frieden und hielten einander in Ehren.

Es mag hart klingen, aber es ist doch wahr und erweist sich bei näherer Betrachtung auch milder: bei den Bauern, besonders aber bei den Großbauern, ist die Ehe vielfach nur ein Vertragsverhältniß in der ausgedehntesten Bedeutung des Wortes. Erkennen die Eheleute, daß die Verschiedenartigkeit ihrer Naturen sich nicht zur Einigkeit verschmelzen läßt, so tritt ein gegenseitiges selbständiges Gewährenlassen ein. Hier wo die Hausfrau gleichmäßig mit dem Manne für den Besitzstand zu arbeiten hat, erfüllt ein Jedes den Kreis seiner Pflicht ohne weitere Anforderung. Die Arbeit für Erhaltung und Vermehrung des Besitzthums ist die Wesenheit des Lebens, dem die Heilighaltung des geschlossenen Bundes noch eine gewisse Weihe ertheilt, und kommen Kinder, so erblüht die Verträglichkeit auch wiederum oft zur Liebe.

Offene Zerwürfnisse oder gar Trennungen aus Mangel an Liebe kommen darum im Leben der Großbauern fast nie vor.

Nur selten, zu einem Jahrmarkt, zu einer Gevatterschaft oder Hochzeit verließ man den Hof, und die Bäuerin hörte überall mit Befriedigung, wie hochgepriesen sie und ihr Mann waren und wie sie als eine Zierde der ganzen Gegend galten, so daß es immer hieß: solche Bauersleute seien schon lange nicht in der Gegend gewesen. Die Bäuerin hörte solchen Lobpreis immer mit ruhigem Behagen an, sie hatte sich von ihrem Mann angewöhnt, auch kein übrig Wort zu reden. Nie kam es ihr in den Sinn,

von ihrem Reichthum einen andern Genuß haben zu wollen als
den, ihn zu erhalten und zu vermehren und wie sich's gebührt,
den armen Leuten der Gegend ihre Gaben zukommen zu lassen.
Die schwere Kriegszeit, die in den Anfang ihrer Ehe fiel, ver-
schonte auch den Furchenhof nicht, ja sie brachte Noth und Gefahr. Gegen eine Einquartierung, die sich unziemlich gegen die
schöne Bäuerin benahm, fuhr Christoph mit der ganzen Heftigkeit
seines Wesens auf und nur ein Zufall rettete ihn vom Todt-
schlage. Damals fühlte die Bäuerin recht deutlich, welch ein
Mann der Furchenbauer war und in dem Gedanken, daß sie ihn
hätte verlieren können, wie lieb sie ihn hatte. Nur das Einemal
sagten dies die Eheleute einander und sonst nie.

Der Furchenbauer lebte ganz für sich, er schloß sich an Niemand an, er hatte keinen Freund, keinen Vertrauten; mit seiner
Schwester und seinem einzigen Schwager, dem Gipsmüller, lebte
er in oberflächlicher Beziehung, die sich nachmals durch einen
Streit in gegenseitiges einander Vergessen verwandelte; nicht einmal mit seiner Frau beredete er was er vorhatte, er war eine
einsame Natur, ohne Anhänglichkeit und ohne Abhängigkeit, man
kann fast sagen: er selber war ein geschlossenes Gut.

Es kamen mehr Kinder als sonst in einem solchen Bauernhofe gewöhnlich ist. Der Bauer war oft unwirsch; wenn er aber
den Neugeborenen auf den Armen hielt, war er seltsam weich
und liebevoll. Vier Kinder lagen auf dem eine Stunde weit entfernten Kirchhofe, drei Söhne und Ameile waren geblieben, der
Alban war nach dem Schmalzgrafen der älteste, Vinzenz der
jüngste. Da wurde abermals ein Sohn geboren, und als zwei
Tage darauf Vinzenz mit dem Vater vom Kornmarkt heimfuhr,
sagte der lecke Bursche:

„Vater es ist ein' Schand und Spott und Ihr solltet Euch
auch schämen wie ich, daß ich noch ein kleines Brüderchen bekommen hab'.“ Der Furchenbauer ward über diese Rede so wild,
daß er ihn niederwarf und ihm mit dem Peitschenstiel so ins
Gesicht hieb, daß er ihm ein Aug' ausschlug.

Das war ein Jammer, als der Vater mit dem einäugigen
Sohn heimkam und in derselben Stunde war das kleine Brüderchen gestorben, dem die Wehmutter noch die Nothtaufe gab.

Es war nun ein seltsam zerstörtes Leben auf dem Furchenhofe. Der alte Bauer lebte in Unfrieden mit sich und mit der

Welt, er schlug die Augen nieder, wenn er den Vinzenz sah, den er so jämmerlich verletzt hatte und verhätschelte ihn auf allerlei Weise. Der Vinzenz zeigte jetzt ein herrisches und tückisches Wesen und lebte in stetem Haber mit seinem ältern Bruder Alban, der bis jetzt, so weit es ging, der natürliche Herrscher des Hauses gewesen war. Denn Alban war zu Allem anstellig und allezeit aufgeweckt und wußte besonders gut mit den neuen Pflügen, Häcksel= schneide= und Säemaschinen umzugehen, die der Furchenbauer an= geschafft hatte, da er den Ruhm eines aufgeklärten Landwirthes besitzen und es gern so weit es seinem Vortheil entsprach, den studirten und adeligen Gutsbesitzern der Gegend gleichthun wollte. Jetzt schien Alles auseinanderzufahren, Niemand war mehr recht bei der Arbeit; aber ein festgefugtes Anwesen hat so viel innere Stetigkeit, daß es auch ohne besondere Leitung noch eine Weile seinen geregelten Gang fortgeht; und dazu kam noch, daß Dominik sich jetzt in seiner ganzen Verständigkeit und Treue zeigte: er ließ die drin im Hause zanken und schelten und sorgte unermüdlich dafür, daß Alles in Feld und Stall und Scheunen gehörig voll= führt wurde. Der Furchenbauer fand endlich einen glücklichen Ausweg. Alban hatte schon oft gewünscht, in eine Ackerbauschule einzutreten, jetzt ward ihm das gewährt. Kam diese Gewährung auch für Alban etwas zu spät, er ließ sich doch auf Zureden der Mutter, der Schwester und des Dominik zu deren Annahme be= wegen, und nach seinem Weggang schien auch wieder Friede und Ruhe im Hause zu herrschen. Nur sah man den Furchenbauer oft heimlich knirschen, der Vinzenz schien ihn allerwege zu quälen und seine Befehle zu verhöhnen, und so reichlich er ihm auch gegen seine Gewohnheit Taschengeld gab, er war damit nie zu= frieden und man mußte bald da bald dort Schulden für ihn be= zahlen und allerlei böse Streiche vertuschen. Vinzenz hatte es Niemand gesagt, wie er um sein Auge gekommen war, die Drohung damit gegen den Vater ward eine ergiebige Quelle für allerlei Gewährung. Endlich schien auch dies sich beizulegen, Vinzenz wurde arbeitsamer und häuslicher und der Furchenbauer eröffnete seiner Frau, daß er sich entschlossen habe, dem Vinzenz einst= malen das Gut zu übergeben, der Alban sei ein aufgeweckter Bursche, der sich leicht durch die Welt bringen und eine reiche Lehnbesitzerin erobern könne; denn die meisten großen Bauern= güter waren oder heißen noch Lehen. Die Mutter hatte nichts

dagegen einzuwenden, in ihrer Heimath war es ohnedies Sitte,
daß nicht der Aelteste, sondern der Jüngstgeborne das väterliche
Erbe erhielt und den anderen Geschwistern eine nothdürftige Ab=
findung ausbezahlte. Sie ahnte wohl, daß diese Neuerung hier
zu Lande und besonders bei Alban nicht so glatt abginge, aber
sie beschwichtigte ihre Sorge, ja sie freute sich vollauf der nun
wieder herrschenden Eintracht; sie war eine kluge und behagliche
Frau, die die Freude des heutigen Tages nicht mit Kummer um
kommende Zeiten verscheuchte.

Der Völkerfrühling und ein flammendes Jünglingsherz.

Zu Lichtmeß 1848 kehrte Alban wieder auf den väterlichen
Hof zurück. Die Mutter hatte ihre Freude an dem schönen Bur=
schen und betrachtete ihn oft, als wäre er ein Fremder. Die
braunen Haare, die nur am ovalen Hinterkopfe ganz glatt ge=
schoren waren, trug er auf dem breiten Oberhaupte gescheitelt.
Wie leuchtete die weiße Stirne, doppelt hell über dem sonnver=
brannten Antlitze mit dem braunen Schnurr= und Knebelbarte,
wie glänzten die braunen Augen, die er so hoch aufschlug, daß
man unter den tief hereinstehenden Brauen gar kein Augenlid
sah. Er trug ein nach vorn geöffnetes kurzes graues Burgunder=
hemd, die sogenannte Blouse, und alle seine Bewegungen, jeder
Schritt, jede Stellung und Wendung war allezeit geschlossen und
mit gesammelter Kraft, Alles machte den Eindruck der Frische
und straffen Jugendlichkeit. Die Mutter hatte nicht allein ihre
Freude an dem schönen Sohne, wer auf den Hof kam, konnte
sein nicht Rühmens genug finden und die ganze Gegend war stolz
auf ihn. Die Mutter hatte es vollkommen getroffen, wenn sie
nach dem landesüblichen Ausdruck sagte: „Mein Alban ist ein
waidlicher Bursch," denn mit waidlich bezeichnet man das Hur=
tige wie das Jugendfrische.

Begriff und Wort Jüngling sterben jetzt allmälig fast aus:
Alban war noch ein Jüngling in der frischen Bedeutung des
Wortes, kindlich hingebend und hell aufflammend. Er war in
dem Jahre seiner Abwesenheit fast jünger geworden. Er hatte
ein freies Behaben aus der Fremde mitgebracht, das aber hei=
mathlich anmuthete. Er hatte fremde Gedanken mitgebracht wie
auch fremde Lieder, die man ihm bald auf dem Hofe nachsang,

aber zum Ruhme seiner Lehrer wie seines eignen Naturells muß
gesagt werden: er hatte sich in keinerlei Weise der Heimath ent=
fremdet, sein Wesen hatte nur etwas Sonntägliches und das paßte
ganz zu dem neuen glorreichen Sonntag, der jetzt über der Welt
aufgegangen war. Einstimmig wurde Alban zum Leitmann ge=
wählt, als man, von dem noch jetzt unerklärten Franzosenlärm
geschreckt, sich vorerst mit gestreckten Sensen bewaffnete. Auch
Dominik war mit unter den Bewaffneten, der Furchenbauer hatte
ihm ausdrücklich die Erlaubniß gegeben.

Wie oft stand die Mutter mit Ameile hinter dem „Käppele"
und schaute nach dem Thal, wo ihr Sohn wie ein Feldherr regierte,
oder sie ging gegen ihre Gewohnheit am Werktage nach dem Thal,
um in der Nähe zu sehen wie ihr Sohn commandirte, und mit
Hülfe des Dominik und des Nagelschmieds, eines ehemaligen Sol=
daten, der als Häusler und Taglöhner auf dem Hellberge wohnte,
militärische Ordnung einübte. Wenn er dann mit der schwarz=
rothgoldenen Schärpe angethan mit ihr nach Hause ging, sagte
sie ihm oft: „Du könntest Offizier sein," und dann erzählte er
ihr von der Schweiz, wohin er mit dem Lehrer und den Ge=
nossen eine landwirthschaftliche Reise gemacht hatte und wo die
reichen Bauernsöhne Offiziere seien, das ganze Jahr nach Pflicht
arbeiteten und nur zu den alljährlichen Uebungen einrückten. Die
gute Frau ließ oft der freudige Gedanke nicht schlafen, daß ihr
Alban Offizier sei.

Der Furchenbauer sah die Erwählung seines Alban doppelt
gern und zog daraus manchen trostreichen Gedanken, den er aber
in sich verschließen mußte.

Schon die Erwägungen, die bei der Wahl der Führer in
Dörfern und Städten zu Tage kamen, zeigten eine gewisse Un=
entschiedenheit der Gemüther, die sich bald im großen Ganzen
kenntlich und verderblich darstellte. Es herrschte die allgemeine
Stimmung, daß der Nagelschmied als ehemaliger Soldat und
redlicher gescheiter Mann Führer sein sollte; man sah das wohl
ein, aber man wollte doch auch wieder einen Mann von An=
sehen, der auch Bedeutung hatte. Die Parteien vereinigten sich
zuletzt und um Allem gerecht zu sein, wählte man keinen Hof=
bauern, sondern den Sohn eines solchen und Alban war nach
Stellung und Persönlichkeit dazu am geeignetsten.

Auf dem Hofe standen Knechte und Mägde oft bei einander

und der Hauptgegenstand ihres Gespräches war der Alban, wie
der so gut und zutraulich gegen Jedermann sei und selbst der
Kühbub mußte Lobendes von ihm zu erzählen, Alban hatte ihm
versprochen, daß er Trommler werden solle und er übte sich einst=
weilen mit zwei Stücken auf dem Melkkübel. In die Dienstleute
schien ein unruhiger Geist gefahren: unversehens standen Mehrere
bei einander und plauderten von allerlei Abenteuerlichem, von
einer ganz neuen Welt, die jetzt anfange. Auf der ersten Volks=
versammlung, die man erlebte und die in Wellendingen gehalten
ward, hatte ein Advokat öffentlich ausgerufen: „Die ganze alte
Welt wird jetzt auf den Abbruch versteigert." Dies Wort wurde
von einsamen Wanderern über Berg und Thal getragen, man
glaubte daran wie an einen Bibeltext und manche Predigt wurde
darüber gehalten. Der Furchenbauer zankte oft über diese „Stän=
derlinge;" aber behutsam, diese Unruhe, die in alle Menschen
gefahren war, däuchte ihm nicht geheuer. Es war ihm nur lieb,
daß sein Sohn Anführer war, das schützte ihn gegen das Räuber=
volk, denn als solches betrachtete er jetzt alle Nichtbesitzenden, die
sich in der That jetzt die kecksten Waldfrevel ungeahndet erlaubten
und kein Förster hatte Muth gegen sie. Dem Alban folgten die
Dienstleute auf einen Augenwink und mit dem größten Eifer.
Ohne besondere offizielle Erklärung wurde der Thronfolger Alban
jetzt Mitregent und der Dominik, der zum Oberknecht ernannt
war, erster Minister. Der Furchenbauer mußte bekennen, daß
Alles gut von statten ging, wenn ihm gleich die vielen freund=
lichen Ansprachen an Dienstleute und Taglöhner nicht gefielen;
aber es war jetzt eine neue Welt. Hätte Alban jetzt das väter=
liche Gut von ihm verlangt, er hätte es ihm geben müssen, trotz=
dem er dem Vinzenz mit Handschlag versprochen, ihn einzusetzen
und darauf mit ihm das Abendmahl genommen hatte. Alban
dachte an nichts weniger als an derlei Dinge. Er fühlte wohl,
daß sein einäugiger Bruder, der nicht gleich ihm in der Fremde
gewesen war, sich bedrückt fühlen und neidisch gegen ihn sein
mußte; er behandelte ihn daher trotz seines unwirschen Gebarens
mit zuvorkommender Liebe und wo er nur konnte, stellte er ihn
voran und ließ ihn Befehle ertheilen. Vinzenz ließ sich das ge=
fallen, er verschloß in sich hinein die Gedanken und Plane, daß
wieder andere Zeiten kommen werden, wo der Alban froh sein
werde, wenn er ihn als Verwalter oder Knecht zu sich nehme.

In der Kammer, wo die beiden Brüder schliefen, herrschte Friede und Eintracht. Vinzenz sprach wenig, desto mehr aber Alban und wenn der Vater nach seiner Gewohnheit, von der er nicht lassen konnte, manchmal an der Thür horchte, ging er kopfschüttelnd weg. Der Alban offenbarte allezeit ein so grundklares lauteres Gemüth und war dabei so geschickt und welterfahren, daß es ihm manchmal leid that, ihn nicht in das Gut einsetzen zu können; der würde einen Hof hinstellen, wie landauf und landab keiner zu sehen war. Er tröstete sich aber wieder damit, dem Alban könne es nicht fehlen, sich eine reiche Lehnbesitzerin zu holen, die fürnehmste, die er wolle; der Vinzenz aber war vom Vater verstümmelt und konnte sich ohnedieß nicht selber helfen.

Jenes wonnige Beben, das damals die gedrückten Herzen in ganz Europa durchzitterte, jene freudige Ahnung, daß die Zeit der Noth und der Ehrlosigkeit vorüber sei, machte sich damals auf dem Furchenhofe und in der Umgegend in eigenthümlicher Weise geltend. In Wald und Feld, mit Axt und Pflug in der Hand, schaute Jegliches oft plötzlich aus, als müßte ein Wunder kommen, ein neues Erlösungswerk, das auf einmal Alles richte und schlichte.

Es war die Zeit der Zeichen und Wunder, alle Sehnsucht und alle Verheißung, die mehr oder minder klar in den Gemüthern ruhte, sollte ihre Erfüllung finden; die Erlösung war da für die hochstrebenden, die ganze Menschheitentwicklung erfassenden Geister, wie auch für diejenigen, die in beschränkte Gesichtskreise eingeschlossen waren.

Die Hoffnung, daß eine Zeit gekommen sei, in der man seines Schweißes froh werde, bildete sich oft abenteuerlich aus. Oft wenn Einer in verborgener Thalschlucht oder tief im Walde arbeiten mußte, überkam es ihn plötzlich wie ein jäher Schreck, daß er jetzt den Triumphzug versäume, der die Heerstraße dahinzieht und Alles glückselig macht. Die Taglöhner sprachen oft wild durcheinander wegen Vertheilung der Allmend und des Gemeindewaldes, wegen Erhöhung des Tagelohnes und Kürzung der Arbeitszeit, und mancher lang verwundene und halb vergessene Schmerz kam an den Tag. Alban sprach da und dort mit beredtem Munde und hatte einen hülfreichen Beistand an dem verständigen Nagelschmied, der mit seiner Tochter Vreni auf dem Furchenhof als Taglöhner arbeitete. Der Nagelschmied hieß nur

noch so, aber er war es nicht mehr. Noch vor wenigen Jahren
hatte er im Sommer als Taglöhner auf den benachbarten Höfen
gearbeitet und im Winter Nägel geschmiedet, wobei ihm seine
Frau und seine Goldfuchsen, wie er seine Kinder mit rötblich=
braunem Haare nannte, halfen, und besonders die zweitälteste
Tochter Vreni zeigte eine große Kunstfertigkeit. Durch ein Verbot
der Regierung wurde ihm dieß Gewerbe untersagt, weil es nach
dem Buchstaben des Gesetzes nicht unter die freien Gewerbe ge=
hörte. Vreni hatte das Strohflechten erlernt, und so oft sie zur
Feldarbeit ging oder von derselben heimkehrte, sah man sie mit
grobem Geflechte beschäftigt; zu dem feineren waren ihre Hände
durch die Feldarbeit und die frühere Thätigkeit in der Werkstätte
ungeschickt geworden.

Jetzt hoffte der Nagelschmied wieder sein Gewerbe aufnehmen
zu dürfen, und Alban versprach, ihm zur Anschaffung des Hand=
werkszeuges, das er in der Noth verkauft hatte, behülflich zu sein.

Auf dem Furchenhofe wurde allzeit mit doppelter Lebhaftig=
keit und unter Lachen und Singen gearbeitet, Jeder war lustig
ohne zu wissen warum und ohne weiter darnach zu fragen. Im
Frühling, wo gerade die härteste Nothzeit ist, da die Winter=
vorräthe aufgebraucht sind, vertheilte Alban freiwillig Korn als
Vorschuß unter die Taglöhner und der alte Furchenbauer mußte
ihm trotz der Widerrede Recht geben; denn andere Großbauern
wurden zu Dem gezwungen, was er freiwillig gethan hatte und
wofür er nun Dank erhielt.

Alban und der Vater ritten einst zu der großen Versamm=
lung in Wellendingen, die der Candidat für die Stelle eines
Reichstags=Abgeordneten anberaumt hatte. Alban war auf dem
Heimweg ganz erfüllt von den feurigen Worten, die er vernom=
men, er hatte zum Erstenmal unter freiem Himmel befreiende
Worte gehört und mit eingestimmt in den tausendstimmigen Jubel.
Als er auf dem Heimweg sein Herz gegen den Vater ausschüttete
und endlich sagte: er müsse dem Volksmann seine Stimme geben,
sagte der Vater:

„Ja, das thu' ich auch. Man muß jetzt mitthun.“

„Und ich mit,“ rief Alban.

„Ja so,“ fuhr der Vater fort, „du stimmst ja auch? Das
hab' ich fast vergessen. Freilich es ist ja jetzt Alles gleich, Vater
und Kind und wer was hat und wer nichts hat; es ist All eins.

Ich bin froh, daß ich tief in den Sechzig bin, das ist kein' Welt
für mich; die Bettelleut dürfen nicht mitreden, der Nagelschmied
darf nicht mitstimmen wie ich."

Alban schwieg, er traute sich's nicht zu, seinen Vater zu
anderer Ueberzeugung zu bringen; auch war er an die natürliche
und altherkömmliche Oberherrlichkeit des Vaters gewöhnt und
wagte es nicht ihm geradezu zu widersprechen.

Man würde indeß dem Furchenbauer schwer Unrecht thun,
wenn man einen gewissen Freimuth desselben in Zweifel zöge.

Der Bauer auf Einzechten — wie man die weit auseinander-
liegenden geschlossenen Güter nennt — ist ein ganz anderer, als
der in den Dörfern lebt. Die Alles in ihr Netz spannende neue
Regierungskunst, oder vielmehr Polizeikunst hat nur eine lose
Verknüpfung mit solchen einsamen Höfen und nur selten betritt
ein Diener der Obrigkeit die oft einen großen Theil des Jahres
unwegsamen Pfade, welche dahin führen. Dadurch bildet sich in
dem Hofbauer die eine Seite des freistaatlichen Lebens: das Gefühl der Unabhängigkeit und dessen eifersüchtige Wahrung mächtig
aus. Die Markscheide, wo die Unabhängigkeit zu Eigensucht
wird, tritt nur selten zu Tage. Hat die Büreaukratie aus den
Bürgern in Städten und zusammenhängenden Dörfern jeden Ge-
meinsinn, jede Selbstthätigkeit fürs Allgemeine allmälig gründlich
ausgetrieben, so ist der einsame Bauer draußen oft gar nie dazu
gekommen.

Unser Furchenbauer galt von jeher als ein Liberaler und er
war dieß auch nach dem bisher gewohnten Begriff. So oft er
mit den Beamten in Berührung trat, war er stolz und zäh. Wenn
er auf's Amt kam, sagte sein Gang, seine Miene: „Was seid
denn ihr Schreiber gegen mich? Ich bin der Furchenbauer," und
nur Einmal vertraute er in sonst nie vorgekommener Offenherzigkeit dem Hirzenbauer von Nellingen einen Geheimgedanken mit
den Worten: „Die Beamten haben doch weit mehr Respekt vor
Einem, der kein unterthäniger Jamensch ist, wenn sie ihn auch
nicht leiden mögen." Dazu kam, daß trotz seines Stolzes ihm
die Vertraulichkeit der angesehenen Männer aus der organisirten
liberalen Partei wohlthat; er duzte sich mit mehreren Advokaten
und sogar mit dem ausgetretenen Geheimrath, der trotz seines
Liberalismus doch beharrlich Geheimrath betitelt wurde. Der
Furchenbauer hörte sich gern als freien Mann rühmen, der nach

Niemand was zu fragen habe, er sprach bei den Wahlversamm=
lungen nie öffentlich und kaum mit einem Nachbar, aber bei der
Abstimmung war er fest und sicher.

Jetzt war eine andere Zeit gekommen. Freilich war es schön,
daß zwei von den Duzbrüdern des Furchenbauern jetzt Minister
waren. Damit sollte aber auch die Welt zufrieden sein, und un=
erträglich war's, daß jetzt Jeder die Keckheit hatte, auch ein Libe=
raler sein zu wollen; das ist doch etwas, was nur Leuten zusteht,
die nach Niemand was zu fragen haben, wie kommt so ein Häusler
dazu? Und himmelschreiend war's, daß jetzt auch ein Kind, das
noch keinen Kreuzer eigen Vermögen besaß, mitstimmen durfte
wie der Vater.

Diese Wahrnehmungen machten den Furchenbauer oft un=
wirsch, aber er verschloß seinen Widerstreit in sich. Nur Einmal
gab er ihn kund, indem er Alban befahl, und als dies nichts
half, ihn sogar bat, von seinem Stimmrechte keinen Gebrauch
zu machen; aber Alban ließ sich das nicht nehmen, er hatte von
der Volksversammlung das Schlagwort mitgebracht: „Wehrpflicht,
Wahlrecht;" und was er einmal in seinem Herzen aufgenommen,
ließ er nicht mehr los. Alban war bei der Volkswehr und ein
Jubeltag war es für ihn, als er zum Erstenmal im Leben seine
Stimme abgab. Vinzenz hatte dem Vater willfahrt und darauf
verzichtet.

Freies Gut, freies Brod, und ein Blitz vom Himmel.

Im Laufe des Sommers kam ein Ereigniß, das auch den
alten Furchenbauer plötzlich für die neue Zeit gewann. Der
Furchenhof war noch von Altersher ein sogenanntes Erblehen,
auf dem mancherlei Lasten und Abgaben ruhten; jetzt durften
diese allesammt abgelöst werden. Der Hof, den man nahezu auf
hunderttausend Gulden schätzen durfte, wurde durch die Ausbezah=
lung von sechstausend Gulden freies Eigenthum, an dem Niemand
mehr irgend einen Rechtstitel hatte. In baarem Geld brachte
der Furchenbauer die Summe auf das Kameralamt und kam
doppelt glückselig und freudestrahlend wieder, denn er hatte in
der Stadt gehört, daß fortan auch die adeligen Gutsherren unter
dem Schultheiß stehen wie jeder Andere.

„Jetzt bin ich so viel wie ein Baron und ich schaff' mir

jetzt für unſer Käppele eine Glock' an, ich darf's jetzt ſo gut wie
ein Baron; ich brauch' Niemand darum anfragen," ſagte der
Furchenbauer zu ſeiner Frau und ſeinen Kindern und ſtrich ſich
behaglich mit der breiten Hand über die rothe Bruſtweſte. Er
ging lächelnd und behend durch Ställe und Scheunen, auf die
Felder und in den Wald und betrachtete Alles neu, als grüßte
er's erſt jetzt als ſein rechtes Eigenthum. Vinzenz zuckte mit dem
einen Auge als der Vater am Abend zu ihm und Alban ſagte:

„Ihr Buben kriegt's beſſer als wir's gehabt haben, ihr ſeid
Freiherren."

„Ja, und jetzt darf man mit dem Hof ſchalten und walten
wie man will," ſetzte Vinzenz hinzu.

„Vor der Hand bleib' Ich noch ein' Zeitlang Freiherr,
Punktum," ſchloß der Vater und keiner der Söhne wagte mehr
ein Wort zu reden; ſie mußten es ſchon als eine Gnade anſehen,
daß der Vater ſo viel mit ihnen geſprochen hatte.

„Der Profeſſor auf der Volksverſammlung hat Recht gehabt,"
ſagte Alban halb für ſich, „es darf keine Grundherren mehr
geben, nur noch einen Himmelsherrn."

Der alte Furchenbauer antwortete nichts hierauf.

So lange ſchon dieſer Boden die nährende Frucht hervorbringt und von Geſchlecht zu Geſchlecht ſättigt, wurde die Sichel
gewiß noch nie freudiger gehandhabt als in dieſem Jahre, und
der erſte Garbenwagen, den Dominik vierſpännig in den Hof
einführte, war bekränzt und ihm nach jauchzten Schnitter und
Schnitterinnen. Alban hätte gern den erſten Garbenwagen unter
dem Geſang aller Arbeitenden in den Hof geleitet, aber das ging
jetzt in der hohen Ernte nicht an. Wenn auch das Wetter ſtändig
ſchien, durfte man doch keine Minute Zeit verlieren; denn nur
was man glücklich unter Dach oder in Feime und Stadel hat,
darf man erſt recht ſein Eigen nennen. Der Vater hätte es nicht
geduldet, daß man Zeit damit verlor, einen Kranz zu winden,
und darum war es klug von Vreni, daß ſie einen fertigen Kranz
mitgebracht hatte.

Der alte Furchenbauer ſah ſcheel dazu, aber er ſagte nichts,
als Alban an einem Nagel des Scheunenthores ein Papier auf-
hängte, die Garben beim Ablahen zählen ließ und die Summe
auf das Papier verzeichnete; er wollte dem Alban den unſchul-
digen Stolz gönnen, die neue Art zu zeigen, die alles Erträgniß buchte.

Noch war der eine Wagen nicht abgeladen als schon ein anderer vor der Scheune hielt und so ging es fort bis zum Abend; Mensch und Thier war in rastloser Thätigkeit und vor Allem schien sich die Kraft und Behendigkeit Albans zu vervielfältigen. Er war überall.

Die Sonne war schon hinabgesunken und nur noch leichte rothe Wolkenstreifen standen ruhig über den blauen Waldbergen und kündigten für morgen einen gleichen gesegneten Tag, als man für heute den letzten Garbenwagen einführte, und hinter ihm sangen Schnitter und Schnitterinnen helle Lieder und die Lerchen über den Feldern erhoben sich nochmals zum letzten Abendsang. Alban ging unter den Taglöhnern und sang mit, seine Stimme tönte rein und hell; er hatte auf der Ackerbauschule nach Noten singen gelernt, war aber den Weisen seiner Heimath in nichts fremd geworden, er stimmte mit doppelter Lust ein in den Gesang, der von Natur sich vierstimmig setzte. Seine Stimme und die Breni's begannen stets.

Jeder der Breni sah, mußte gestehen, daß sie eine frische und anmuthende Erscheinung war, wenn Mancher auch die Zartheit ihrer Gesichtsfarbe auf Rechnung ihres braunen röthlich glänzenden Haares schrieb, das ihr wie allen Kindern des Nagelschmieds die Bezeichnung der Goldfuchsen gegeben. Niemand aber ersah Breni so schön als Alban. Wenn er seinen Blick auf sie richtete, erglühte ihre Stirne, sie senkte das Auge in Demuth, aber aus ihrem ganzen Angesicht leuchtete es wie eine Strahlenglorie. Jetzt beim Singen hielt sie zum Erstenmal seinen Blick unverwandt mit offenem Auge aus, aber Alban wendete sich plötzlich von ihr ab und ward still. Sein Blick war fest auf den Garbenwagen geheftet: der brachte das erste Brod des wahrhaft freien Mannes und das Auge Albans leuchtete hell, denn er dachte der Männer, die dort in der alten Reichsstadt die Ernte einthun, rathen und helfen, daß Freiheit und Wohlstand allüberall sei. Noch einmal jauchzte er hellauf als man in den Hof einfuhr.

Nach dem Abendessen ging es erst recht lustig her, denn es kam ein Mann, der mit dem Athem seines Mundes Alles tanzen und springen machte. Auf dem Hellberge in der ehemaligen Nagelschmiede wohnte das alte Müllerle, genannt „die Obedfüchti" (Abendfeuchtigkeit) weil es in der Regel in der Dämmerungs-

stunbe vor den Bauernhäusern erschien und die Klarinette blies.
Die Obedfüchti arbeitete nicht und sorgte nicht und war doch allzeit lustig und wohlauf. Vor Zeiten war das Müllerle ein Kamerad des Geigerle gewesen und war auch ein Nachkomme jenes
närrischen Musikanten, der am Felsen beim Hellberge sein Leben
vergeigte und wovon der Fels noch immer den Namen: des
Geigerle's Lotterbett hat.

Auf dem Furchenhofe war die Obedfüchti bei Alt und Jung
beliebt und ging nie leer aus.

„Die Obedfüchti! die Obedfüchti!" schrie Alles, als man
jetzt Klarinettenton vom Hofe hörte und trotz der Ermüdung von
der Arbeit wurde noch in der Tenne getanzt.

Alban war auch hier der unermüdlichste, aber obgleich seine
hübschen Basen, die beiden Töchter des Gipsmüllers, auch dazu
gekommen waren, tanzte er doch fast ausschließlich mit der Vreni,
der Tochter des Nagelschmieds. Vinzenz hinterbrachte dem Vater,
daß Alban im Jubel der Vreni zugerufen habe, sie müsse Bäuerin
auf dem Furchenhof werden. Der Vater hatte schon lange bemerkt, daß Alban mit der Vreni Etwas habe, er hatte nichts
dagegen, daß sein Sohn mit dem, wie er selbst gestehen mußte,
„bildsaubern Mädle" seine Lustbarkeit trieb, das darf ein reicher
Bauernsohn; aber was soll ein solches Geschwätz?

Bevor Alban schlafen ging, rief ihn der Vater zu sich und
sagte ihm:

„Ich will dir ein für allemal zu wissen thun: mach' mir
mit der Vreni keinen so Spaß mehr."

„Was hab' ich denn than?"

„Du hast ihr gesagt, sie muß Bäuerin auf dem Furchenhof
werden. Das geht über den Spaß. Oder willst's leugnen?"

„Nein, es kann sein, daß ich's gesagt hab'."

„Du hast's gesagt. Punktum. Und so ein Spaß darf nicht
mehr vorkommen."

„Nein," schloß Alban und ging tiefathmend die Treppe
hinauf. Hatte er bei der ersten Probe seine Liebe verleugnet?
Bei aller innigen Hingebung, bei aller leicht beschwingten Freudigkeit lastete doch ein geheimer Druck auf dem Herzen Albans,
der sein scheinbar so entschlossenes und festes Wesen in stillen
Stunden zaghaft und zweiflerisch machte. Nicht sowohl das Hauswesen als die ganze starre Art des Vaters war ihm bei der Heim-

ſehr fremd und unerträglich. Der Lehrer in der Aderbauſchule
hatte ihm beim Abſchied ans Herz gelegt und die Mutter faſt mit
denſelben Worten das Gleiche wiederholt, er möge in Liebe und
Demuth die altgewohnte Weiſe des Vaters aufnehmen und ihm
dankbar und erkenntlich ſein, auch wo ihm ſeine Art widerſtrebe.
Wäre Alban in ruhigen Zeiten wieder in das elterliche Haus
eingetreten, vielleicht wäre ihm das leichter gelungen, aber auch
jetzt wollte er vor Allem ein gehorſamer und ehrerbietiger Sohn
ſein. Er ſagte ſich nun, daß die Vreni alles für Scherz nehmen
müſſe und es war ja auch nicht mehr, und der Vater hatte Recht:
ſolch ein Verhältniß taugte nicht für ihn, er mußte einſt eine
Frau haben, von deren Vermögen er bei Uebernahme des Hofes
die Geſchwiſter auszahlen konnte. Dennoch war Alban am andern
Tage unluſtig zur Arbeit und erbat ſich vom Vater die Erlaubniß, nach Wellendingen zu einer Volksverſammlung zu gehen,
auf der eines Bauern Sohn, der Lorenz von Röthhauſen, genannt
Lenz die rothe Weſte, oder auch die geſtreckte Senſe, durch ſeine
kernigen und ſchlagfertigen Worte Alles entzündete.

Widerwillige und ungläubige Hörer würde man heut zu Tage
finden, wenn man die Reden und Schickſale dieſes Bauernjüng-
lings erzählen wollte; der Hauch der Zeit hatte ihn mit einem
Prophetengeiſt angeweht, wie uns ein Gleiches nur von alten
Zeiten berichtet wird und er beſiegelte ſeine Sendung mit dem
Märtyrertode. Damals riß er alle Herzen in unwiderſtehlicher
Gewalt fort. Alban fühlte bei den Reden des Lenz alles Blut
in ſeine Wangen treten und oftmals ergriff es ihn, als würde er
von einem Sturm davon getragen, er wollte auch hinauf auf die
blumenbekränzte Rednerbühne, er mußte — aber er bezwang ſich
doch und vor Allem im Gedanken an ſeinen Vater. Der Lenz
mußte in anderen Verhältniſſen ſtehen, der Furchenbauer hätte
es ſeinem Sohne nie verziehen, wenn er es gewagt hätte, vor
aller Welt hinzutreten und ſich geltend zu machen; er ſagte es
oft: die Jungen müſſen ſchweigen und zuwarten in Dingen, in
denen nur die Alten mitreden dürfen. Mitten im Sturm ſeiner
Gefühle beugte ſich Alban der gewohnten väterlichen Gewalt, er
ſchluckte die Worte hinab, die er auf der Zunge hatte.

Es ſchien faſt nicht möglich, daß Alban noch mächtiger ergriffen werden könnte als von der Rede des Lenz von Röthhauſen, und doch war es ſo. Unter allgemeinem Jubel trat nach

dem Lenz von Röthhausen ein ehemaliger Offizier mit vornehmem
Namen auf und die Worte, die er sprach, glühten von einer
höheren Weihe, die Alban fast kirchlich erschien; in der That wieder=
holte der Redner auch oft die Bibelworte: „Kain! Wo ist dein
Bruder Abel?" Er griff die bisherige Erbfolge im Güterbesitz
an und zeigte deren gräßliche Verderbniß und Ungerechtigkeit.
„Der Schweiß deines Bruders, den du dir zum Knecht machst,
der Schweiß deines Bruders schreit wider dich zum Himmel und
die Stimme deines Gewissens muß rufen: Kain, wo ist dein
Bruder?"

Jetzt drängte es Alban nicht mehr zum Reden, in ihm
sprach es immer: „Kain, wo ist dein Bruder?"

Alban war ein Gemüth, das dem empfangenen Eindruck sich
widerstandslos hingab und kein Hinderniß und keinen Einwand
anerkennen mochte, wo es die heilige Pflicht galt, dem Rechten
zu gehorsamen. In den feurigen Worten, die er heute vernom=
men, erwachte es plötzlich in ihm, in welch schmählicher Verwahr=
losung die ganze Welt steht, wie Bruder den Bruder vergißt,
sich gütlich thut im eigenen Wohlstand und den Nebenmenschen
verkommen läßt. Wäre jetzt wie zu jenem reichen Jüngling in
der Schrift, ein Heiland zu ihm getreten und hätte ihm geboten:
gieb hin Alles was du dein nennst — er wäre ihm mit Freude
gefolgt. Der Pächter des Sabelsbergischen Gutes in Reichenbach
hat nachmals oft erzählt, wie leuchtend das Antlitz Albans war,
als er eine Strecke mit ihm von der Volksversammlung heimging
und plötzlich stehen blieb und die Worte ausrief: „Es geht doch
nicht anders, man muß Alles hergeben." Er wurde still und
traurig bei den Einreden, aber noch am andern Morgen sagt er
glühenden Antlitzes dem Vater: „Vater, das ist fest und heilig
bei mir, wenn ich das Gut übernehm', zahl' ich meinen Geschwi=
stern heraus, was das Gut wirklich werth ist; es ist bis jetzt
viel zu gering angeschlagen."

„Wart's ab, du kannst dich wieder anders besinnen," sagte
der Vater, worauf Alban aufflammend entgegnete: „Ich werd'
nie ungerechtes Gut haben."

Alban war erst spät heimgekommen, er behauptete so lange
in Wellendingen gewesen zu sein, er hatte sich aber auf dem
Hellberg bei des Nagelschmieds Breni aufgehalten.

Von kleinen Leuten und schweren Gedanken.

Des Menschen Herz ist, wie es heißt, trotzig und verzagt
und unerforschlich in seinen Widersprüchen. Weil Alban vor
aller Welt der unsichtbaren väterlichen Gewalt sich gebeugt hatte,
sprach er sich wiederum davon frei in Dingen, die nur ihn allein
angingen, und gleichsam als Lohn seiner Unterwürfigkeit streifte
er dieselbe ab, folgte dem Drange seines Herzens und die Erregung, die noch in seinem Gemüthe nachzitterte, ergoß sich in
feuriger Liebe zu Breni auf dem Hellberg. Dort unter freiem
Himmel hatten es heute Tausende gehört und im Innern nach-
gesprochen, daß Arm und Reich, Hoch und Nieder gleich sei,
Alban machte es zu einer Wahrheit. Dennoch war noch Tage
und Wochen lang genug Bauernstolz und Furcht vor dem Vater
in ihm, daß er oft innerlich zitternd einherging, er zitterte vor
dem, was mit ihm geschehen war. Wenn Breni auf dem Hof
als Taglöhnerin arbeitete, scherzte er nicht mehr mit ihr; er be-
folgte in dieser Weise das Verbot des Vaters, aber aus ganz
anderen Gründen. Seine innere Liebe und das demüthige und
doch so hohe Wesen Breni's ließen ihm jeden Scherz als eine
Entwürdigung und Rohheit erscheinen, zumal da das Mädchen
in seiner untergeordneten Stellung sich dagegen nicht hätte auflehnen dürfen und nur dem Spotte der Genossinnen ausgesetzt
war. Der kecke allzeit wohlgemuthe und singende Alban hatte
jetzt oft etwas Scheues und träumerisch in sich Versunkenes; er,
der sonst allezeit wie gerüstet und schlagfertig war, schrack jetzt
oft plötzlich zusammen, wenn man ihn unversehens anrief. Um
diese Schwermuth loszuwerden, ging jetzt Alban mehr denn je
den Lustbarkeiten nach, der Vater gab ihm nicht unerkleckliches
Handgeld dazu, denn er sah dadurch allmälig die Herrschaft wieder
in seine Hände zurückkehren. Alban bedurfte dieses Handgeldes
nicht, denn er war reichlich damit versehen, er hatte sich nicht
dazu bringen können, gleich anderen Bauernsöhnen karger Väter
Korn zu stehlen und zu verkaufen; seit Jahren ließ ihm Dominik
seinen vollen Lohn, und obgleich er es wegen seiner Tauglichkeit
vollkommen verdiente, war dies doch ein nicht ungewichtiger
Grund, daß Dominik zum Oberknecht befördert und der vertraute
Genosse Albans wurde. Alban hatte oftmals das aufrichtige Verlangen, sich Breni aus dem Kopfe zu schlagen, ja er sah sich

forschend unter den reichen Töchtern der Gegend um, denn er erkannte die Nothwendigkeit, den Hof von seinen Geschwistern abzulösen und war dabei fest entschlossen, ihn nur zum vollen Werth zu übernehmen. Es durfte nur eine Verirrung sein, daß er je im Ernst an des Nagelschmieds Tochter gedacht. So gewichtige Gründe er aber auch in sich zu befestigen trachtete, und so sehr er sich auch eifrig unter den ebenbürtigen Töchtern des Landes umschaute, er konnte sich trotz mancher Zuvorkommenheiten nie entschließen, und von allen Lustbarkeiten blieb die beste immer die, daß er auf dem Heimwege bei Vreni auf dem Hellberge einkehrte.

Der Winter ging schnell vorüber, die wundersamen Schauer, die im Frühling alle Herzen ergriffen hatten, waren längst verweht. Die Freiheit wurde nicht in Einem Sommer gezeitigt und der Landmann vor Allem ist nicht geneigt, sich auf ein längeres Warten einzulassen. Man fand sich allmälig in das altgewohnte Herkommen. Alban war nur noch Einmal auf einer Volksversammlung im Apostel zu Wellendingen gewesen, er hatte jene bekannten Herabwürdigungen des Reichstages gehört und nur daraus entnommen, daß Alles aus sei. Er mußte sich stillschweigend manchen Hohn des Vaters gefallen lassen, dem er nichts erwidern konnte, auch wenn ihn die kindliche Unterwürfigkeit nicht daran gehindert hätte.

In diesem Winter vollführte Alban eine Arbeit, auf die er nicht wenig stolz war, über die indeß der Vater lächelnd den Kopf schüttelte. Alban entwarf nämlich mit verschiedenen Farben eine Karte des ganzen Hofgutes; Berg und Thal, Feld und Wald und alle Wege waren darauf genau angegeben. Es war allerdings kein Meisterstück, aber Alban verdroß es doch, daß der Vater sagte: das sei unnütz. Die Mutter lobte ihn indeß dafür um so mehr, sie ließ die Karte einrahmen und hing sie in der Stube auf und nicht ohne Stolz hatte der Urheber: „Alban Feilenhauer gez." darunter geschrieben.

Einst gegen den Frühling, Alban hatte sich vorgenommen, daß dieß das Letztemal sein solle, war er wieder auf dem Hellberg, da erzählte ihm der Nagelschmied, daß sein Großvater es von seinem Vater gehört habe, wie vor Zeiten der Hellberg ein großer Bauernhof gewesen sei, drauf lebte eine Familie, die allzeit feindselig mit denen auf dem Kandelhof war, bis die Urahne

Albans die einzige Tochter vom Hellberge heirathete und beide
Höfe zu einem machte. Der Nagelſchmied ſetzte noch hinzu, daß
auch die Obedſüchti von einer reichen Bauernfamilie abſtamme,
der Ahne aber habe Alles, man wiſſe nicht warum, vernachläſſigt
und drunten am Felſen den ganzen Tag Geige geſpielt.

Als Alban heimwärts ging, war es ihm immer als ſpräche
ihm Jemand ins Ohr: „Das iſt ein Doppelhof, das waren einſt
zwei Höfe, dein Vater will nicht leiden, daß du den Hof be=
kommſt und die Vreni heiratheſt, gut, ſo zerreiß' es wieder,
nimm den Hellberger Hof für dich und die Deinigen, das muß
er thun." Alban war aber doch auch wieder ein ſtolzer Bauern=
ſohn, berechtigt zu dem großen und ganzen Erbe, er warf den
Gedanken weit hinter ſich, die Hälfte ſeiner Habe leichtfertig zu
opfern und doch kam ihm wieder zu Sinn, daß der Nagelſchmied
und die Obedſüchti ja auch von reichen Bauern abſtammten, warum
ſollte nicht eines von des Nagelſchmieds Kindern wieder zu reichem
Beſitzthum gelangen? Alban ſah weit hinaus in die Zukunft, wie
einſt auch erbloſe Nachkommen, die von ihm abſtammten, zu Tag=
löhnern wurden, Vreni ſollte glücklich ſein, ... aber die Schwieger=
eltern, die Schwäger und Schwägerinnen waren eine beſchwerliche
Laſt. —

Dort, wo eine auf Stützen umgelegte Tanne den Weg ein=
hegt, dort wo der Fels jählings ins Thal abſpringt, den man
des Geigerles Lotterbett nennt, wo drunten der Bach rauſcht,
den jetzt die Schneewaſſer ſchäumend erfüllen, dort ſtand Alban
lang an das Geländer gelehnt und träumte hinein in die dunkle
Nacht und in die ferne Zukunft. Die ganze Welt ſtand ſtill und
nur der Bach rauſchte und manchmal war's, als ob mitten unter
Rauſchen und Brauſen die längſt verſtummten Saiten des Geigerle
tönten. Das war nur ein dünner Waſſerſtrahl, der klingend aus
einer Felſenſchrunde rann.

Endlich machte ſich Alban entſchloſſen auf mit dem feſten
Vorſatz, dieſen Weg nie mehr in ſolchen Gedanken zu beſchreiten;
er war ein großer Hofbauer und war verpflichtet, eine Neigung
in ſich zu bekämpfen.

„Wenn ein Großbauer ſich auch noch eine Frau nach reiner
bloßer Herzensneigung wählen dürfte, dann hätten ja die Reichen
Alles auf der Welt, Gut und Geld und alle Herzensfröhlichkeit
auch noch dazu. Das wär' zu viel, drum iſt's vertheilt; die Einen

haben dies, die Andern haben das, und des Vaters Wille muß gelten: ein Großbauer hat vor Allem daran zu denken, daß die Familie in alten Ehren bleibt." Das waren die Gedanken, mit denen Alban sein stürmisches Herz zu beschwichtigen suchte.

Theils durch die Anlage seiner Natur, hauptsächlich aber durch sein Verweilen außer dem elterlichen Hause hatte sich Alban Kenntnisse und Lebensanschauungen angeeignet, die ihr Förderndes, aber auch ihre Zwiespältigkeiten in ihm und mit seiner gewohnten Umgebung zu Tage brachten. Schon die ernstliche Neigung zu Vreni und die Erwägungen hierüber waren ein Ergebniß davon und der vollbrachte Sieg hätte ihn vielleicht lange in Widerstreit mit sich gehalten, wenn nicht sein Stolz noch mächtiger gewesen wäre; und vor Allem beschäftigten ihn vielfache Neugestaltungen der ganzen Bewirthschaftung. Der Vater ließ ihn jetzt aber nicht mehr schalten wie er wollte und gab ihm nur in Kleinigkeiten nach, die er als große Gunst darstellte.

Alban hatte einen dreischarigen Felgpflug angeschafft und bearbeitete damit eine schon im Herbst abgerodete und umgepflügte Waldstrecke, er spannte jetzt zwei junge Stiere hinter einem vorausgehenden Pferde an den Pflug. Noch nie hatte man hier zu Land Stiere an die Feldarbeit gewöhnt, man bediente sich dazu der zahmen Ochsen. Der Vater lachte Alban über den neuen Versuch aus, den dieser in der Schweiz gesehen und hier nachahmen wollte, aber nach viel Mühe und Schweiß gelang es ihm, und die wilden Thiere fügten sich in die Arbeit.

Der alte Furchenbauer war trotz vielen Scheltens doch stolz auf seinen Alban und auf dem samstägigen Fruchtmarkt in der Stadt, wenn er bei dem gräflich Sabelsbergischen Pächter in Reichenbach saß, sagte er oft: „Der Alban braucht gar nichts; der Bauer, dem ich den Alban für seine Tochter gebe, der muß mir noch Geld herauszahlen."

Die Zügel in fremder Hand.

Am Ostersonntag fuhr der Furchenbauer mit seiner Frau, den beiden Söhnen und Ameile nach der über eine Stunde entfernten Kirche. Auf dem Heimweg, da wo von der Landstraße ab der eigene Weg nach dem Hofe beginnt, stieg der Vater ab

und befahl auch Alban ein Gleiches zu thun und Vinzenz die
Zügel zu übergeben.

Es giebt ganz gewöhnliche Ereignisse, die oft so seltsam berühren, daß man sich einen Grund dazu gar nicht erklären kann.
Alban hat nachmals oft erzählt, daß ihn der Befehl, die Zügel
abzugeben, im Innersten erschreckt habe, ohne daß er wußte
warum. Vinzenz nahm ihm mit einem so raschen Griff die Zügel
aus der Hand und der sonst so gewandte und behende Alban
stieg so ungeschickt ab und verwirrte seine Füße in die Zügel,
daß er fast zu Boden fiel.

Kann sein, daß Alban sich Alles was diesem Ereigniß folgt,
erst später so bestimmt ausdeutete, genug, er stand auch jetzt
eigenthümlich erschüttert vor dem Vater, der nach einer Weile
begann:

„Alban, es ist Zeit, daß du jetzt für dich selber zu bauern
anfangst.“

„Wie Ihr meinet, Vater, ich hab' glaubt, Ihr wollet warten, bis das Ameile versorgt ist.“

„Das ist mein' Sach'. Es ist gescheiter du heirathest jung,
ich bin ein bisle zu spät dazu kommen, ich möcht' aber doch noch
mit meinen lebendigen Augen sehen, wie's meinen Kindern geht.“

„Und ich will Euch thun was ich Euch an den Augen absehen kann,“ betheuerte Alban und hielt vor innerer Bewegung
still, der Vater aber schritt fürbaß, knurrte etwas vor sich hin
und sagte endlich:

„So ist's nicht gemeint. Ich geb' den Löffel nicht aus der
Hand bis ich satt bin. Du hast nichts für mich zu sorgen.
Kurzum, heut Nachmittag kommt der Kornmesser Spitzgäbele, er
hat mir auf dem letzten Fruchtmarkt gesagt, daß er dir eine
rechtschaffene Wittfrau weiß, drüben im Gäu, mit einem Gut so
groß wie das meinige und die Aecker noch viel besser, und sie
hat nur ein einziges Kind und das hat sein abgetheiltes Vermögen. Du spannst unsre beiden Fuchsen ans Bernerwägele und
fahrst mit dem Spitzgäbele 'nüber und besiehst dir die Gelegenheit.“

„Aber Vater, warum soll ich denn aus dem Haus? Wer
kriegt denn unser Gut?“

„Der dem ich's geb'. Das Sach' ist mein.“

„Wer ist denn der älteste?“

„Still sag' ich, du hast nichts zu fragen. Ich kann nicht

nur Mulle, ich kann auch Kuz sagen. [1] Nein, horch, bleib' ein
bisle stehen und laß mich ausschnaufen. Guck Alban, ich hab'
viel auf dich gewendet, du bist ein Kerle, der sich sehen lassen
kann, du bist mein Augapfel gewesen ... Ich brauch' dich beim
Teufel nicht fragen, du mußt thun was Ich will ... Nein,
horch, der Vinzenz ist freilich der jüngere, aber guck, da, da,
du hast deine zwei Augen ... Du Heidenbub, guck mich nicht
so an, du mußt thun was Ich will. Red' mir kein Wort. Still
sag ich. Du bist jetzt freilich der Aelteste, aber das Gut ist jetzt
auch frei, ich kann mit thun was ich mag. Ich kann's verlumpen.
Alban, sei gescheit und folg' mir ohne Widerred'. Mit Einem
Wort. Der Vinzenz kriegt den Hof. Punktum. Alban, jetzt
folg' mir, ich will dich nicht verkürzen, er muß dir 'rausbezahlen,
daß du dir einen Hof frei machen kannst. Sei brav und folg'
mir, das Kind muß dem Vater gehorchen, so steht's geschrieben
und so ist's von je gehalten worden. Alban, folg' mir oder ich
renn' dir ein Messer in Leib und wenn ich selber darüber zu
Grund geh. Da, gieb mir die Hand, die Hand her! Du fahrst
mit dem Spitzgäbele 'nüber und machst, daß du den Hof kriegst.
Mach mir keine Sprüng'! Du kennst mich noch nicht. Ich rück'
die paar Jahr an dich, die ich noch zu leben hab', aber komm,
du folgst mir. Punktum.“

Alban hatte die Hand dargereicht, sein Vater hielt sie fest
umklammert wie eine Zange, sei es daß er der Betheuerung Nachdruck geben oder seine Kraft noch beweisen wollte. Der Vater
sah schauerlich aus. Seine Lippen zogen sich völlig einwärts und
seine Augen quollen weit heraus. Alban sah ihn so mitleidig
und unterwürfig an, daß der Vater jetzt mit dem Kopf schüttelte
und die Augen niederschlug. Alban war in diesem Augenblicke
so von Kindesliebe und gewohntem Gehorsam überwältigt, daß
er trotz des Sturmes, der in ihm waltete, dem Vater noch aufrichtig versprach, willfährig zu sein. Er hatte ihm Anfangs nur
zum Schein und um ihn zu begütigen gehorchen wollen, jetzt war
es sein aufrichtiger Wille. Schweigend gingen Vater und Sohn
bis zu dem Hof, der Alte hatte auf Einmal einen raschen festen
Tritt. Alban hatte etwas von der Mutter geerbt im stillen Bewältigen störender Gedanken, er ließ es nicht in sich aufkommen,

[1] Mulle ist ein Ausdruck beim Schmeicheln, Kuz beim Verscheuchen einer Katze.

daß er ausgeſtoßen würde vom väterlichen Hauſe, ſo weit war
es ja nicht; er war nicht umſonſt in der Welt geweſen, er wußte,
daß man auch anderswo leben kann, und es war ſeine Pflicht,
einen Verſuch zu machen, dem Bruder, der einem ſo traurigen
Geſchick verfallen war, das Gut zu überlaſſen und ſo ihm zu
helfen; ja er dachte daran, daß der Schmalzgraf noch leben und
ledig ſein könnte und dann hätte er als jüngerer Bruder ja ohne
Widerrede auf den Beſitz des Hofes verzichten müſſen.

Als man in den Hof eintrat, ſtand Vinzenz an die Stall=
thüre gelehnt und pfiff luſtig. Alban glaubte in ſeinem Geſichte
eine Siegesmiene zu finden, ja er bemerkte, daß Vinzenz den
Vater fragend anſah und dieſer mit dem Kopfe nickte. So war
alſo was jetzt geſchehen ſollte, längſt beſchloſſen, der Vater hatte
das dem Einäugigen verſprochen, und während Alban emſig und
friedfertig daheim war, war er ſchon längſt ausgeſtoßen? Grimmige
Wuth erfüllte Alban, er wollte widerrufen, daß er dem Vater
zulieb nur einen Schritt aus dem Haus thue. Schon zweimal
hatte man ihn zum Eſſen gerufen, er ſtand wie feſtgewurzelt auf
dem väterlichen Boden, den Blick zur Erde geheftet und die Fäuſte
geballt. Als endlich die Mutter kam und ihn lobte, daß er ſich
wieder als guter Sohn beweiſe, ſchaute er wie höhniſch auf, er
verſchloß aber ſeine Gedanken: man hatte ihn betrogen, er wollte
Gleiches mit Gleichem vergelten; er faßte den Vorſatz, dem Vater
zum Scheine zu willfahren, er kannte die unerſchütterliche Ober=
herrlichkeit ſeines Vaters und wollte ihn nun auch überliſten und
auf ſeinem Rechte beſtehen. Bei Tiſche war Alles wohlgemuth
und noch während des Eſſens kam der Kornmeſſer Spitzgäbele.
Er drängte zur Eile und Vinzenz half ſelbſt die beiden Fuchſen
einſpannen und der Vater gab Alban noch ſeinen eigenen neuen
Mantel mit und befahl ihm wiederholt, etwas draufgehen zu
laſſen und ſich als Sohn des Furchenbauern zu zeigen. Nur die
Mutter ſagte noch leiſe zu Alban:

„Vergieb dich nicht, du biſt uns noch nicht unwerth und
haſt nichts zu eilen.‘ In keinem Fall mach's feſt, eh' ich ſie auch
geſehen hab'; ich kenn' die Familie wohl, aber das Weib kenne
ich nicht. Fahr' auf dem Heimweg über Siebenhöfen und ſieh
was dein Brudersfind macht, kauf' unterwegs was und bring's ihm.“

Luſtig knallend fuhr Alban davon und der Furchenbauer,
der ihm nachſah, ſagte zu ſeiner Frau:

„Wenn ich ein' einzige Tochter hätt' und wüßt einen Burschen wie den Alban, ich thät nicht ruhen bis er mein Schwiegersohn wär'.“

Die Brautfahrt.

Alban fuhr indeß mit dem Spitzgäbele, einem lustigen alten Männchen mit lauter Falten im Gesicht, ruhig die Pferde lenkend den abschüssigen Weg hinab, dabei hörte er die Lobeserhebungen des Kupplers über den Eichenhof.

„Und wie ist denn die Bäuerin?“ fragte Alban keck. Es ist schade, daß die Personalbeschreibung, die Spitzgäbele jetzt aushülste, nicht mitzutheilen ist; er schilderte mit einem schmatzenden Behagen, daß ihm das Wasser davon im Munde zusammen lief. Alban lachte darob aus vollem Halse und that überaus lustig, und als er nach der Gemüthsart der Bäuerin fragte, gab Spitzgäbele seinen Bescheid wieder mit einem so saftigen Scherze, daß Alban abermals laut auflachte.

Vor einer geschmückten Frauengestalt, die am Wege ging, standen die Pferde plötzlich still, Alban wollte schon mit der Peitsche ausholen, da rief Spitzgäbele: „Halt!“ und zu der abgekehrten Frauengestalt gewendet:

„Mädle wohin?“

„Gen Reichenbach, Gevatter stehen.“

„Willst mitfahren?“

„Dank' schön.“

„Komm nur 'rauf. Halt doch Alban. Mädle, du kannst auf meinen Schooß sitzen.“

Das Mädchen war Niemand anders als Breni, sie stieg nach wiederholter Ermahnung, wobei Alban beharrlich schwieg, auf, und setzte sich auf den Habersack hinter dem Sitz, wobei Spitzgäbele Mancherlei zu rühmen hatte.

Alban fuhr wildrasend dahin, er fuhr zur Freiet und hinter ihm saß Breni. Er fuhr doppelt rasch, damit Spitzgäbele nicht mit seinen Scherzen fortfahren konnte.

Vor Reichenbach bat Breni, daß er anhalte, und behend war sie vom Wagen gesprungen. Jetzt erst sprach Alban das erste Wort mit ihr indem er sie fragte:

„Bei wem stehst Gevatter?“

„Bei meiner Schwester.“

„Mit wem?"

„Mit meinem Vater. Mein Schwager hat Niemand anders finden können, es ist das siebente Kind."

„Da, bring' das als Gevatterschenk von mir," sagte Alban, langte in die Tasche und holte ein groß Stück Geld. Vreni wollte es nicht annehmen, Alban aber warf es hin, daß es zu Boden fiel und fuhr rasch davon. Spitzgäbele konnte sich nicht enthalten zu fragen:

„Ich hab' gemeint, du kennst das Mädle gar nicht. Wem gehörts denn?"

„Es ist des Nagelschmieds Tochter, ihr Vater taglöhnert bei uns und ihr Bruder ist unser Kühbub," sagte Alban und es war ihm als brennten ihm die Lippen, da er diese Worte sprach.

„So?" spottete Spitzgäbele, „vielleicht gar ein heimlicher Schatz von dir? Das hat gar nichts zu sagen. Die Bäuerin hat mir selber bestanden, sie sei gar nicht eifersüchtig, aber natürlich gescheit mußt sein. Das versteht sich."

Alban fuhr immer mehr seinem Ziele zu und bei jedem Schritte wäre er gern umgekehrt. Nur Einmal sagte er zu Spitzgäbele:

„Ihr müsset mir vor meinem Vater bezeugen, daß nicht ich die Vreni auf den Wagen genommen hab', aber Ihr."

„Ich thät noch was Anderes auf mich nehmen. Ich weiß mehr als das von den Großbauern. Ich könnt' sieben Wochen lang davon erzählen."

Einstweilen begann Spitzgäbele allerlei lustige Geschichten zum Besten zu geben. Alban hörte ihn kaum, er rückte seinem Ziel immer näher und war in Gedanken doch nur in Reichenbach bei Vreni und ihrer Schwester; er dachte darüber nach, ob sie wohl sein Gevatterschenk hergebe, gewiß, sie ist ja gescheit und wird sich mit den Ihrigen davon einen lustigen Tag machen. Tief in die Seele schnitt es ihm, wenn er darüber nachdachte, welch ein schreckliches Loos das sei, daß man nicht einmal mehr einen Gevatter für ein Kind finde und des Nagelschmieds stammten doch auch von reichen Hofbauern. Der genehme Schluß dieser Betrachtung aber war doch: darum muß man dafür sorgen, daß man nie in Armuth geräth.

Im Dorfe vor dem Eichhofe, wo man mit einbrechender Nacht einkehrte, hörte Alban aus dem dunkeln Stall heraus einen Knecht zu einem andern sagen:

„Das ist gewiß wieder ein Freier für die Eichbäuerin, ich bin froh, daß ich ein Knecht bin und mich nicht zu verkaufen brauch'."

Der Spitzgäbele verstand den Alban gar nicht, als er jetzt am Ziel angelangt, wieder umkehren und gar nicht auf den Eichhof gehen wollte. Nur die Erwähnung des Vaters brachte Alban dahin, daß er sich endlich bewegen ließ, wenigstens auf den Eichhof zu gehen. Auf dem Wege bedauerte Spitzgäbele, daß es Nacht sei und Alban die schönen fetten Aecker nicht sehen könne; das sei ein Boden, der gar keinen Dünger brauche. Der Weg war grundlos und eben das wurde als Zeugniß des fetten Bodens gedeutet. Alban schwieg, er fühlte sein Herz klopfen. Man näherte sich dem Hofe, da rief eine Stimme durch die Nacht: Vreni! Vreni!

Gerade dieser Ruf erschütterte jetzt Alban, daß es ihm war, als müßte er in den Boden sinken. Eine Stimme antwortete auf den Ruf: „Ich komm' gleich." Auch die Stimme war ähnlich.

Als wäre er verzaubert, fast taumelnd trat Alban in den Hof und als er in die Stube trat fuhr er sich mit der Hand über die Stirn. Es war ja wieder als ob Vreni hier wäre, nur war diese hier wohlbeleibter und sah trotziger drein.

Spitzgäbele machte die Vorstellung leicht und sprach, da noch mehr Leute da waren, von einem Roßhandel. Die Frau, die Vreni so ähnlich sah, hatte denselben Namen und war die Bäuerin.

Alban ließ sich nicht lange zum Sitzen nöthigen, die Kniee brachen ihm fast. Er schaute sich in der Stube um, Alles war stattlich und anheimelnd und in ihm war es wie ein Ausspruch der Gewißheit, daß er hier sein Lebensziel gefunden habe.

Sehr häufig machen die Menschen gerade die verzwicktesten Gesichter, wenn diese von einem betrachtenden Auge aufgenommen oder gar abgemalt werden sollen. Der Gedanke, daß jetzt diese Formen selbständig und dauernd festgehalten werden, prägt eine Erschlaffung oder eine unnatürliche Spannung in ihnen aus. In ähnlicher Lage war jetzt Alban, er wußte nicht, sollte er unter dem Forscherblick der Bäuerin die Augen niederschlagen oder erheben. Zu großem Glück schmiegte sich ein großer schwarzer Schäferhund, der in der Stube war, an ihn, und Alban hatte nun Etwas, womit er sich beschäftigen, wobei er auf- und niederwärts blicken konnte. Die Bäuerin bemerkte nicht ungeschickt, daß Alban ein guter Mensch sein müsse, da der fremde Hund so zutraulich gegen ihn sei. Alban schwieg und dabei blieb er, selbst

als die Dienstleute sich aus der Stube entfernt hatten und zuletzt
auch Spitzgäbele wegging und ihn mit der Bäuerin allein ließ.
Diese fragte ihn nun, ob er das Kind seines verstorbenen Bru=
ders in Siebenhöfen besuchen werde und als Alban ohne einen
weiteren Zusatz antwortete: „Ich hab's im Sinn," zeigte sich
plötzlich eine seltsame Bewegung in der Bäuerin; sie stand auf,
setzte sich aber gleich wieder und fuhr fort, Kartoffeln zu schälen
für die morgige Frühsuppe. Sie sprach noch Manches mit Alban,
besonders über sein elterliches Haus und über seine Hieherreise
und abermals — Alban wußte nicht warum — kam sie auf seinen
Besuch bei seinem Bruderskinde zu sprechen. In allen ihren
Reden offenbarte sich ein verständiges und gutes Herz, Alban
war damit zufrieden, und heiterer als er sich's gedacht hatte,
kehrte er mit Spitzgäbele wieder in das Wirthshaus zurück. Er
durchforschte mit unbefangenem Blick die große Wirthsstube und
saß noch lange bei dem Wirth, er sah sich schon im Geist an
manchen Abenden vom Eichhofe hieherwandern, um wieder fremde
Menschen zu sprechen und unter ihnen zu sein.

Am Morgen war es Alban wieder etwas bange, er fühlte
sich wieder wie in die Fremde verstoßen, er sollte sein Leben in
ferner Einsamkeit verbringen; hier kannte er Niemand und da=
heim hatte Jedes ein freundliches Wort für ihn. Spitzgäbele
lachte ihn aus, da er offen klagte, er sei so voll Heimweh und
banger Besorgniß, daß er weinen möchte wie ein Kind. Spitz=
gäbele erklärte dieß als das natürliche Beben vor einer großen
Freude, und wußte das Glück Albans wieder so hoch zu preisen,
daß dieser selber es nicht mehr verkennen konnte.

Alban hatte aus Trotz gegen seinen Vater und eigentlich um
ihn zu täuschen, sich zu dieser Brautfahrt entschlossen, und jetzt
sah er sich davon gefesselt. Als er aber im hellen Morgen mit
seinem Gefährten den nächtlich beschrittenen Weg dahinging, als
die Lerchen so jubelnd sangen über den grünen Feldbreiten, die
Spitzgäbele als sein künftiges Eigenthum pries, und besonders
auf das Winterfeld zeigte, das so gut angeblümt war und hie
und da schon buschig zu werden begann, da wurde es Alban
fast bräutlich jubelvoll zu Muthe. Wenn die Eichbäuerin am
Tag so schön war wie sie am Abend erschien, so konnte sich nicht
leicht eine mit ihr vergleichen. Nochmals stellte sich des Nagel=
schmieds Vreni vor die Erinnerung Albans, aber er sagte sich,

daß er sie nicht hätte heirathen können, auch wenn er Bauer auf dem Furchenhofe geworden wäre, der Vater hatte Recht; und abermals lebte die Kindesliebe und der Gehorsam in Alban auf und er fühlte sich im Tiefsten erquickt im Gedanken an die Freude, die sein Vater an der Verlobung haben müsse, und es erschien wohlgethan, daß Vinzenz, der beschädigt genug war, den väterlichen Hof erhielt. Die Lerchen sangen nicht lustiger in der blauen Luft als die Freude über alle diese Gedanken im Herzen Albans jauchzte.

Heiter glänzenden Antlitzes trat er in den Eichhof und aus dem Grunde seines Herzens sagte er mit heller Stimme der Bäuerin „Guten Morgen“ und streckte ihr die Hand entgegen; sie reichte ihm nur die Linke, sie trug ein wohl kaum zweijähriges Kind auf dem Arm, das sich vor den Männern erschreckt und schreiend umwandte und sein Gesicht am Halse der Mutter verbarg. Diese hieß die beiden Männer sich setzen und suchte das Kind zu beschwichtigen, Alban tief anschauend sagte sie zu dem Kinde: „Peterle, wenn du umguckst und eine Patschhand giebst, schenkt dir der Vetter da ein Gutle, das er dir mitbracht hat.“

Alban schaute verdutzt drein, er hatte es ganz vergessen und es fiel ihm jetzt schwer auf's Herz, daß er Vater eines fremden Kindes sein sollte; er war jedoch willigen Herzens genug, um dem Kinde jede Liebe zu erweisen. Jetzt wurde ihm auf Einmal klar, warum die Bäuerin am Abend so oft von dem Kinde seines verstorbenen Bruders gesprochen hatte. Während er aber schweigend darüber nachsann, sah ihn die Bäuerin nochmals mit großen Augen an, dann verließ sie mit dem Kinde die Stube und ging in die Kammer. Nach einer Weile, in der man hörte, wie sie das Kind abküßte, rief sie Spitzgäbele zu sich und sagte ihm:

„Ich komm nimmer in die Stub', ich will euch so Ade sagen.“

„Warum? Was ist?“

„Der junge Furchenbauer soll sich eine andere suchen. Ich hab' gemeint, er wird von seinem Brudersfind her wissen, was ein verlassenes Kind ist. Es ist nicht so. Sitzt er gestern den ganzen Abend da und fragt nicht nach meinem Kind, und heut' hat er ihm nicht für ein Kreuzers Werth mitgebracht. Eh ich so Einen nehm', bleib' ich lieber allein.“

„Spitzgäbele bemühte sich mit allen möglichen Einreden,

aber die Bäuerin blieb dabei: „Er kann brav sein, ich hab'
nichts gegen ihn, aber wir passen nicht zu einander.“

Zweimal mußte Spitzgäbele seine Worte wiederholen, als er
bei Alban eintretend ihm sagte, er möchte mit fort gehen, die
Sache sei aus.

Wie taumelnd ging Alban davon, er hörte im Hofe Knechte
und Mägde lachen — das konnte nur ihm gelten. Die Lerchen
auf dem Wege sangen im gleichen Jubel, aber Alban hörte sie
nicht, sein Athem ging rasch, er ballte die Fäuste und erhob
kaum den Blick; er schämte sich vor seinem Begleiter, der die
Absageworte der Bäuerin wiederholte und dann gegen seine Ge=
wohnheit schweigsam neben ihm ging.

Ohne nochmals in die Wirthsstube einzutreten, spannte
Alban an, aber er mußte innerlich fluchend mit dem Leitseil in
der Hand lange auf Spitzgäbele warten. Man war nüchtern
nach dem Eichhofe gegangen, man wollte bei der Braut sich güt=
lich thun; Spitzgäbele brachte sein verspätetes Frühstück auf
fremde Kosten sattsam ein. Mitten im Zorn und Ingrimm spürte
auch Alban einen Hunger, daß er meinte, er fresse ihm das
Herz ab, aber in solchen Momenten tritt leicht zu dem vorhan=
denen Schmerz noch eine Selbstquälerei; Alban freute sich fast
an dem körperlichen Ermatten, das er fühlte, seine Wangen
glühten und er träppelte hin und her wie die Fuchsen, die muthig
scharrten. Endlich kam Spitzgäbele noch schmatzend, und wie aus
dem Rohre geschossen flog der Wagen davon. Alban fuhr nicht,
wie er sich Anfangs vorgenommen, über Siebenhöfen, um nach
seinem Bruderskinde zu schauen, ja er war diesem fast böse,
denn es war Schuld an seiner Schande; er fuhr geradewegs
wieder heimwärts. Im nächsten Dorf kehrte er ein und der
Wein schien ihm sehr zu munden; ja er wurde ganz lustig, und
jetzt offenbarte sich eine eigenthümliche Folge seiner Abweisung.
Vor Allem war er voll Zorn gegen seinen Vater. Er gedachte
nicht mehr, wie er ihn hatte täuschen wollen, sondern nur wie
er auf dem Morgengange nach dem Eichhofe ihm zulieb sich hatte
in die Heirath fügen wollen, und laut auflachend kam ihm plötz=
lich ein guter Gedanke: er war nicht abgewiesen, er hatte das
Nichtzustandekommen beabsichtigt und darum vorsätzlich gethan,
als ob gar kein Kind da wäre; der Furchenhof gehöre ihm, er
sei der älteste, er lasse sich nicht davon vertreiben.

Als er das gegen Spitzgäbele herauspolterte und dieser sein
Gesicht in noch mehr Falten zog, wurde Alban plötzlich gewahr,
daß er sich verrathen und seine besten Handhaben abgebrochen
habe; es war ja viel besser, wenn er sich als gehorsamen Sohn,
der tief gekränkt war, hinstellte. Er suchte daher einzulenken,
aber Spitzgäbele hielt ihn fest und Alban mußte sich alle Mühe
geben, Etwas zu zerstören, was im Voraus unwahr gewesen
und er nur im tollen Uebermuth ausgeheckt hatte. Er mußte
dem Spitzgäbele, der ihm ein Abscheu war, alle guten Worte
geben und jetzt selber wieder darauf drängen und hoch und heilig
betheuern, wie sehr er durch die Abweisung beschimpft und ver-
unehrt sei. Zuletzt mußte er sogar noch bekennen, daß ihm
Recht geschehe, daß die Eichbäuerin eine rechtschaffene Frau und
Mutter sei, er aber sich hartherzig und unklug benommen habe
und alle Schuld, die auch Spitzgäbele hatte, weil er ihn nicht
daran erinnerte, nahm er gern auf sich. Er schenkte von dem
mitgenommenen Gelde ein Namhaftes dem Spitzgäbele, nur um
ihn ganz für sich zu gewinnen.

Lautlos dahinfahrend dachte Alban nur immer an seine
Beschimpfung, und wenn auch in seinem jetzigen Zustande nur
halb, erkannte er doch in gewisser Weise eine Entweihung, die
mit ihm vorgegangen war: er hatte sein ganzes jugendliches
Leben hingegeben und war damit zurückgewiesen. Er, der Alban,
der jedem Menschen frei ins Gesicht sah, mußte fortan vor manchem Worte den Blick zur Erde schlagen. Es half nichts, daß
Spitzgäbele oft wiederholte:

„Ein junger Bursch macht sich aus so was nichts, er setzt
den Hut auf die linke Seite und freit um eine Andere, Schönere."
Alban wurde seine schmerzlichen Gedanken nicht los.

In Reichenbach stieg Spitzgäbele ab und wanderte über die
Berge zu Fuß nach der Stadt. Alban kam unerwartet früh nach
Hause und begegnete überall fragenden Blicken.

„Wie ist dir's gangen?" fragte die Mutter noch vor dem
Absteigen und Alban erwiderte trotzig:

„Wie unserm Fuchsen auf dem Wellendinger Markt."

„Was hast? Was redest?"

„Deutsch. Man verkauft nicht jedes Stückle Vieh, das man
zu Markt bringt."

Er blieb im Stall bei Dominik, bis die Mutter ihn holte,

gegen die er kurz den Schwur aussprach, nie mehr eine solche
Fahrt zu machen; er habe als gehorsamer Sohn gehandelt und
jetzt sei's genug.

Der Vater redete gar nichts mit ihm von der Sache. Er
fragte nur, wo der Spitzgäbele abgestiegen sei, denn von diesem
wollte er sich den ordnungsmäßigen Bescheid holen; eine mit
Betheurungen und allerlei Zubehör untermischte Auskunft war
nicht nach seinem Geschmack. Er blieb beim Ordnungsmäßigen.

Nachrede und Lärm in der Welt.

Ein von der Reise Ankommender ist so zu sagen körperlich
und geistig eine Zeitlang ungelenk in der Mitte derer, die in
der Gewohnheit des häuslichen Lebens verharrten, und der An=
gekommene kann noch geraume Zeit eine gewisse Unruhe nicht
los werden. Dies war nun heute bei Alban doppelt der Fall.
Er kam mitten im Tage und wußte nichts mehr anzufangen;
dazu der Aerger über seine Schmach und die Ungewohnheit seiner
heutigen Lebensweise. Nachdem er das Schelten der Mutter ge=
hört, weil er nicht über Siebenhöfen gefahren war, ging er fast
unwillkürlich nach dem Hellberg zu Breni.

Er war kaum auf dem Hellberg angekommen und hatte
Breni noch nicht gesehen, die von dem Montagsrechte Gebrauch
machend, im Walde war, um Holz zu holen: als Dominik an=
kam und ihm im Namen des Vaters den Befehl brachte, nach
Hause zurückzukehren. Alban willfahrte nur langsam und als er
heimkam, that sein Vater als ob er gar nicht da wäre; erst
durch die Mutter erfuhr er, daß sie es gewesen, die nach ihm
geschickt hatte, weil sie das Zornesmurmeln des Vaters verstan=
den hatte und ihm zuvorkommen wollte, daß sie aber Dominik
verboten hatte, Alban dies zu sagen. Dieser sah in dem ganzen
Vorgang nur das Eine, daß die einzigen Menschen, die er sich
treu und anhänglich glaubte, die Mutter und Dominik, auch
hinterhältig gegen ihn waren und sich vor den Gewaltthätigkeiten
des Vaters fürchteten. Er ging im Hofe hin und her als müsse
er irgendwo räuberisch einbrechen und den schlummernden Streit
freiwillig wecken; er blieb aber doch nicht lang in dieser Stim=
mung, und sei es im Angedenken an die heute erlebte Schmach,
sei es aus Verlangen, doch vielleicht noch Alles gütlich auszu=

gleichen, oder aus altgewohnter Arbeitsluſt — im Hof ſtand ein
leerer Wagen, auf dem Kornſpeicher hörte man ſchaufeln; Alban
erinnerte ſich, daß morgen ein außergewöhnlicher Kornmarkt in
der Stadt ſei, er ging auch auf den Speicher und ſah den
Vinzenz mit Beihülfe zweier Knechte große Säcke füllen. Der
Vater ſtand daneben und ohne nach Alban umzuſchauen, ſpöttelte
er, daß man dieſes Jahr ſein gutes Korn nicht für halben Preis
an die Taglöhner als Vorſchuß verſchleudere, jetzt brauche man
dem Lumpenpack nicht mehr ſchön zu thun, jetzt müſſe es wieder
unterbucken; aber ſein Lebenlang werde er es nicht vergeſſen,
daß er mehrere Hundert Gulden durch Verſchleuderung ſeines
Korns zum Fenſter hinausgeworfen habe. Alban merkte wohl,
daß dieſe Worte nach ihm zielten, aber er ſchwieg, theils aus
Gehorſam, theils aber auch, weil er ſchon bedachte, daß er unnöthigen Widerſpruch vermeiden und um ſo feſter auf dem einen
beharren müſſe. Als indeß einer der mitbeſchäftigten Taglöhner
ſagte :

„Es war doch eine luſtige Zeit, alle Menſchen waren Brüder,
wie wir das Korn da eingethan haben,“ da konnte Alban nicht
umhin, mit rothglühendem Antlitz hinzu zu ſetzen:

„Und jetzt ſind's doch wieder Sklaven, die das Brod von
dem ferndigen (vorjährigen) Korn eſſen.“ Dabei ließ er ſich
nicht aufhelfen, ſondern ſchwang mit leichter Mühe einen Malter
Spelz auf die Schulter, trug ihn die knarrende Stiege hinab
und lud ihn auf den Wagen.

Der Vater preßte die Lippen zuſammen und ſchaute ihm
mit weit aufgeriſſenen Augen nach. Noch neben dem geladenen
Wagen ſchaute er Alban mehrmals von Kopf bis zu Fuß an,
er öffnete mehrmals den Mund als wollte er etwas ſagen, aber
er ſchwieg. Das galt doch noch mehr als die heftigſten Worte.

Noch in der Nacht fuhr Dominik mit dem Fruchtwagen nach
der Stadt. Am Morgen fuhr der Vater mit Vinzenz auf den
Kornmarkt und Alban ackerte wieder auf dem Neubruch am Kugelberger Feld. Es war ein regneriſcher Frühlingstag, die Luft war
knoſpenfriſch, der freie Athem und die Arbeit waren doppelt
erquickend nach einem verſtürmten Tage. Ein Hagelſchauer kam
wie im Zorn dahergeſtürmt, aber der Hagel zerging raſch wieder
in den offenen Schollen und auf den grünenden Wieſen, und
nur ſeine Tropfen ſäuſelten noch im nahen Walde, ſonſt ver-

nahm man nichts als bisweilen den verstohlenen Pfiff eines
Vogels aus dem Nest oder das Krächzen eines Raben, der seinen
Gefährten anrief, trotz des Wetters mit ihm ins Weite zu ziehen.
Alban zählte die Stunden ab, wann der Vater in der Stadt
sein und wann Spitzgäbele ihm den gestrigen Vorgang erzählen
könne; er war voll Unruhe, denn auf den Schelm war doch kein
Verlaß, heute zum Erstenmal wurde seine Schande ruchbar und
Vinzenz war dabei. Im Angesicht Albans prägte sich die giftige
Schadenfreude aus, die er sich in Vinzenz dachte, und jetzt fühlte
es Alban wie einen Stich mitten durch's Herz, denn zum Ersten=
mal lebte ganz deutlich der Haß gegen den Bruder in ihm auf.
Die Thiere waren heute gar nicht zu bändigen, es gelang dem
Treibbuben schwer, sie in der Linie zu halten, Alban wollte sich
nicht bekennen, daß er sie mit in seine Unruhe hineingerissen
und er fuhr nun auf dem weiten Felde mit ihnen kreuz und
quer, er wollte sie ermüden, um sie dann besser in der Gewalt
zu haben, seine beiden Hände hielten die Pfluggabel fest und
oft war es ihm, als rissen die Thiere ihm die Arme vom Leibe.
Von Schweiß und Regen dampfend ging er hinter den Thieren
drein, die auch wie in einer Wolke dahinschritten, aber er war
stark genug und setzte sich immer mehr darauf, ihrer Meister zu
werden. Dennoch mußte er ausspannen, bevor es Mittag war.
Im nahen Walde unter einer breitästigen Kiefer ruhte er mit
dem Treibbuben aus und war so müde, daß er gar nichts denken
konnte, bis der Kühbub ihm das Mittagessen brachte. Lächelnd
schaute er ihn an, denn er wollte ihm „Schwager" zurufen, aber
er sagte ihm nur, daß er ihn bei sich behalte, damit er die
zuchtlosen Thiere lenken helfe. Während er hier im Walde unter
säuselndem Regen sein gewohntes Mittagsmahl verzehrte, dachte
er nach der Stadt, wo jetzt der Vater und Vinzenz in der Rose
beim schäumenden Bier sich auftischen ließen und wie da hin
und her die Rede schoß und er war hier im Walde bei dem
Treibbuben. Alban wollte sich hineindenken, was man von ihm
rede und wie Alles herginge, er errieth wohl Manches, aber
doch nicht das Ganze.

Der Vater war am Morgen mit Vinzenz ausgefahren und
dieser triumphirte innerlich über den zurückgesetzten Bruder, er
sprach aber seine Siegesfreude nur dadurch aus, daß er lustig
mit der Peitsche knallte und den Kragen des Mantels, den er

über hatte, oftmals zurückwarf. Als man im Thal dahinfuhr,
wo man oben in einer Baumwiese des Pagelschmieds Behausung
zum Hellberge sah, sagte er, indem er eine neue Schmitze mit
den Zähnen aufknüpfte:

„Er ist gestern noch da oben gewesen.“

„Wer?“ fragte der Vater.

„Ha der Alban, die Mutter hat ihm aber gleich nachgeschickt und ihn holen lassen, damit Ihr's nicht erfahret.“

Der Vater schaute nur kurz nach seinem Sohne um, aber
sein Blick fiel gerade auf das gespenstisch leere Auge, er hielt
sich die Hand vor seine beiden Augen und erwiderte nichts.

Man fuhr durch Reichenbach. Am Hause des Schultheißen
stand dessen älteste Tochter und hielt einen grauen Mantel auf
dem Arm, sie rief Vinzenz, er möge anhalten und übergab ihm
den Mantel, den der Vater vergessen hatte und den er in der
Stadt abliefern solle.

„Ich nähm' dich auch noch mit,“ scherzte Vinzenz.

„Ich wills gut behalten für ein andermal. Schön Dank,“
sagte das Mädchen lachend und stolz fuhr Vinzenz davon.

Als es bergan ging sagte der Vater: „Das ist ein saubers
Mädle,“ und schnell fügte Vinzenz hinzu:

„Und Ihr müsset selber sagen, eine rechtschaffenere Familie
als des Schultheißen giebt es nicht.“

„Ho ho, es giebt noch mehr.“

„Freilich, freilich, aber das wär' eine Söhnerin, die den
Schwiegereltern die Händ' unter die Füße legen thät.“

„Hast denn schon was angezettelt und bist denn schon so weit?“

„Nein, nein, Ihr wisset, ich thu nichts als was Ihr wollet,
aber so viel weiß ich schon, daß des Schultheißen Tochter mich
nimmt; sie muß freilich auch ein Aug' zudrücken, daß sie nicht
mehr hat wie ich,“ sagte Vinzenz und schaute dem Vater starr
ins Gesicht, „aber wie gesagt, ich thu keinen Schritt als was
Ihr wollet, aber schön wär's, wenn man heut die Sach noch ins
Reine brächt', auf dem Markt wär's grad geschickt —“

„Du hast schon noch Zeit,“ erwiderte der Vater und mit
unterwürfigem Ton fuhr Vinzenz fort:

„Wie gesagt, wie Ihr wollet, ich wünsch' Euch noch ein
langs Leben und wenn ich hundert Jahr alt werde, will ich's
immer Kindeskindern sagen, was Ihr für ein Mann gewesen

ſeid und wie Ihr Alles ſo zuſammengehalten habt und kein
Hängenlaſſen duldet —."

„Brauch' dein Lob nicht," unterbrach ihn der Vater. Wie
kommſt du dazu mich zu loben? Wenn ich mich unterſtanden
hätt' ſo was zu meinem Vater zu ſagen, er hätt' mir die Zähn'
in den Rachen geſchlagen."

„Ja, Ihr habt's beim Vetter Dekan auch anders vor Euch
geſehen; ich muß mir's vorſagen, was Ihr für ein Mann ſeid,
damit ich nicht auch lern' . . . Ich will aber lieber nichts ſagen."

„Was? Was? Was ſollſt lernen? Gleich ſag's. Was?"

„Ich ſag's nicht gern, aber jeder Knecht und jeder Tag=
löhner giebt dem Alban Recht, wenn er ſich berühmt, er habe
den Hof erſt zu Etwas gemacht und das ſoll erſt noch einmal
ganz anders werden, wenn er ihn erſt ganz in der Hand hat . . .
wenn mein Alter, wie er nie anders ſagt —"

„Still, kein Wort mehr," rief der Vater zornig, „ſag' kein
Wort mehr gegen deinen leiblichen Bruder, du machſt's grad
verkehrt damit; ſag' kein Wort mehr oder du wirſt ſehen —"

„Mit Einem Aug, wenn Ihr mir nicht das auch noch aus=
ſchlaget," erwiderte Vinzenz wieder und der Vater begann nach
einer Weile in ruhigem Ton:

„Guck, Vinzenz, ich halt' dir mein Wort."

„Aber Ihr fürchtet Euch doch vor dem Alban, das ins
Reine zu bringen?"

„Nein, das nicht, aber es ſoll nicht heißen und ſoll auch
nicht ſein, daß du mich gegen deinen Bruder verhetzeſt. Was
ich thu, das thu ich weil ich mein eigener Herr bin und weiß
was ich thu und der Alban iſt mein Kind ſo gut wie du, und
er hat ſein Lebenlang noch kein böſes Wort auf dich zu mir ge=
ſagt und auf mich zu Anderen gewiß auch nicht, ich glaub's
nicht; ich weiß die Leute ſind ſchmeichleriſch und verdrehen Einem
das Wort auf der Zunge. Mein Alban iſt ein folgſames, ehr=
erbietiges Kind."

„Ich kann Euch alle Dienſtleute bis auf den Dominik und
ſeinen Schwiegervater den Nagelſchmied zu Zeugen ſtellen, wenn
Ihr mir nicht glauben wollt."

„Ich will nichts davon. Das wär' mir ſchön, die Dienſt=
leute abzuhören. Red' jetzt nichts mehr. Ich will gar nichts wiſſen!"

Vinzenz fuhr ſchweigend dahin. Er ſetzte ſich's als eine

kluge Regel vor, nichts mehr gegen Alban zu sagen, aber darum
nicht minder auf baldige Erledigung der schwebenden Sache hin-
zuarbeiten. —

Die armen Kleinbauern und Häusler, die heute zu Markte
gingen und ihre zusammengeschnurrten Kornsäcke bald wie einen
Zopf gedreht am Stocke auf der Achsel, oder wie eine Schärpe
um Schulter und Hüfte gebunden trugen, grüßten heute den
Furchenbauer nur halb und lächelten.

Was geht denn vor in der Welt? . . . .

Das sollte sich bald zeigen.

Auf dem Kornmarkt war heute eine seltsame Bewegung.
Mitten unter dem aufgewirbelten Staub, unter Feilschen um
den Preis und Abmessen des Korns, sprach man von nichts als
von der Revolution im Nachbarlande und es hieß, daß es auch
hier bald losgehe.

Der alte Furchenbauer stand ruhig an die aufgestellten
Säcke gelehnt, auf denen mit großen Buchstaben: Christoph Feilenhauer und die Jahreszahl 1849 geschrieben stand. Er mußte
oftmals die Frage beantworten, ob es wahr sei, daß sein Alban
unter die Freischärler gegangen. Niemand konnte sagen, woher
das Gerücht entstanden war, und doch war es da.

Unter solchen Umständen war es natürlich, daß es nach
dem hiesigen Landesausdrucke „abgehrte" d. h. daß die Fruchtpreise fielen, und selbst zu niedrigen Preisen konnte man
nicht verkaufen. Der Furchenbauer, der sonst das Unverkaufte
in der Stadt lagern ließ, befahl jetzt, daß Alles wieder aufge-
laden und heimgeführt werde; er traute der Sicherheit in der
Stadt nicht.

Spitzgäbele war heute früher als sonst in der Rose; und
während um ihn her Alles im wilden Gespräche über die Zustände des Nachbarlandes und des eigenen schrie und zankte, ließ
sich der Furchenbauer vom Spitzgäbele das Nähere von der Brautfahrt erzählen. Den Vinzenz hatte er beim Aufladen des Korns
gelassen, er sollte dort helfen und auch nicht hören, was hier
vorging.

Spitzgäbele glaubte dem Gerücht, daß Alban unter die
Freischärler gegangen sey, trotz der heftigsten Gegenbetheuerungen
des Furchenbauern; er bewunderte wiederholt die unerschütter-
liche Ruhe dieses Mannes, er glaubte nicht anders, als der

Furchenbauer wünsche noch einen weitern Zornesgrund gegen seinen Sohn und theils um ihm diesen zu gewähren, theils auch um sich selber im Glanz zu erweisen, erzählte er nun, wie Alban Alles verkehrt gethan und sich zuletzt noch berühmte, er habe die Brautfahrt nur gemacht, um seinen Vater zu betrügen.

Der Furchenbauer verzog bei diesen Mittheilungen keine Miene, ja er hob das Glas auf um zu trinken, aber kaum brachte er es an die Lippen als er es wieder absetzte, es däuchte ihm Alles wie Galle.

Der Lärm in der Stadt war heute dem Furchenbauer zu toll. Auf den Nachmittag hieß es, kämen hunderte mit Doppel=büchsen bewaffnete Holzhauer von Wellendingen herüber, wo sie sich beim Apostel unter Anführung des Lenz von Röthhausen sammelten, eine Volksversammlung sei in der Stadt angesagt und jetzt müsse Alles mitthun. Theils um diesen Fährlichkeiten zu entgehen und in solchen Verhältnissen auf seinem Hofe zu sein, theils aber auch aus einer gewissen Bangigkeit um Alban, eilte der Furchenbauer mit Vinzenz vor der Zeit heimwärts. In jedem Dorf, durch das sie fuhren, hieß es, daß sie nicht weiter können, im nächsten Dorf seien Freischärler und raubten Alles und hätten es besonders auf die Pferde abgesehen. Man wollte ganz genauen Bericht haben, und obgleich es sich in jedem Dorfe als unrichtig erwies, glaubte man doch seltsamerweise daran und je weiter man kam, desto tiefer schob sich immer Alles zurück.

Eine wunderliche Gespensterfurcht hatte sich der Menschen am hellen Tag bemächtigt. Der Aufstand, durch den der letzte Versuch gemacht werden sollte, die Freiheit zu erobern, erschien zuerst als Gefährdung von Gut und Blut.

Der Furchenbauer hatte den Dominik mit dem Frucht=wagen bald eingeholt, und so sehr war er von der allgemeinen Bangigkeit befangen, daß er fürchtete, die Freischärler hätten es auf seinen Fruchtwagen abgesehen. Er befahl daher dem Dominik, langsam weiter zu fahren, bis er Gegenbefehl erhalte.

Der Tag hatte sich aufgeklärt, der ganze Himmel war mit rothen Wolken überzogen, als der Furchenbauer mit Vinzenz von der Straße ab in seinen eigenen Weg einlenkte.

„Gottlob, da ist der Alban," rief Vinzenz und der Vater schaute dem neben ihm Sitzenden, der doch seinen Bruder lieben mußte, freudig ins Gesicht. Als aber Vinzenz mit der Miene

klugen Einverständnisses hinzusetzte: „Seid nur jetzt auch gut gegen
ihn, nur jetzt keine Händel, er ist unser Schutz," da knirschte
der Vater die Zähne zusammen, gerade weil Vinzenz Etwas von
seinen Gedanken errathen hatte, und hastig stieß er die Worte
hervor:

„Ich brauch' Niemand, ihn nicht und dich nicht; ihr könnet
alle Beide zum Teufel gehen," und gleichsam als Zeichen, daß
er selber noch am Platze sei, riß er dem Vinzenz Peitsche und
Leitseil aus der Hand und hieb zornig auf die Pferde ein.

Dennoch konnte er sich nicht leugnen, daß er eine gewisse
Freude hatte, seinen Alban dort zu sehen; er hatte zuletzt fast
selbst an das Gerücht geglaubt und er beklagte schon leise den
verloren geglaubten Sohn; er merkte doch jetzt, wie lieb er eigentlich den Alban hatte, er war stolz und unbeugsam wie er selbst,
nur anders, etwas vornehmer, und ein Vater liebt in seinen
Kindern selbst seine Fehler, zumal wenn sie zugleich auch als
Tugenden oder mindestens als Kraft erscheinen. Der Furchenbauer sagte sich, daß er eigentlich keinen Schutz von seinem Sohn
wolle, aber es war ihm doch lieb, ihn in der Unruhe bei sich
zu haben, wie man bei einem drohenden Gewitter gern alle
Angehörigen wach und um sich versammelt hat.

Der Sturm bricht los.

Alban mußte gehört haben, daß sich das Gefährte nahe und
der Furchenbauer hob mehrmals die Peitsche hoch, um ihm zu
winken, ja er knallte; aber Alban schaute nicht um und in dem
Vater stieg plötzlich wieder der ganze Zorn auf, daß dieser Sohn,
wie Spitzgäbele erzählte, ihn verhöhnt und verspottet habe und
hinterrücks sein Possenspiel mit ihm trieb. Darum faßte er jetzt
den Vorsatz, mitten in aller Unruhe, während jetzt die ganze
Welt aus Rand und Band ging, in seinem Hause den Meister
zu zeigen. Wie er jetzt die Zügel fest anhielt und auf die Pferde
loshieb, so mußte es auch im Hause sein: die Zügel fest in der
Hand und dann drauf losgehauen, bäumt euch, schnaubt und
schlagt aus wie ihr wollt, ihr seid festgebunden.

Alban hatte den Pflug draußen im Feld inmitten der Furche
liegen lassen, um ihn morgenden Tages wieder aufzunehmen;
wohlgemuth das Schleswig-Holstein-Lied pfeifend, war er mit

den ledigen Thieren zurückgekehrt, als er plötzlich mitten im
Pfeifen abbrach, er sah von fern den Vater mit Vinzenz daher=
kommen; sie fuhren müßig in der Welt umher und thaten sich
gütlich, sie waren die Herren, während er daheim sich als Knecht
abarbeiten mußte. War er der Knecht und nicht der Erste im
Erbgang? War er nicht der künftige Hofbauer und hatte er nicht
aus übermäßiger Nachgiebigkeit sich dem Schimpf bloßgestellt,
von der Eichbäuerin abgewiesen zu werden? Nicht eine Handbreit
von seinem Recht wollte er künftighin preisgeben, und jetzt da
der Vater ihm nahe war, drückte er die Thiere an den Zaun und
stellte sich neben sie, damit das Gefährte bequem vorbei könne.
Er rief den Ankommenden keinen Gruß zu und als der Vater
neben ihm war, knallte er mit der Peitsche hart an seinem Ohr
und höhnte dabei:

„Das ist ein Gruß von Spitzgäbele.“

Alban hatte nicht Zeit auf diesen Zuruf etwas zu erwidern, denn
im raschen Trab fuhr jetzt auf der Hochebene das Gefährte dahin und
langsam vor sich hin knirschend trieb Alban die Thiere in den Hof.

Beim Abendessen that er, als ob nichts vorgefallen wäre,
nach demselben aber blieb er in der Stube und harrte eine
Weile, daß der Vater zu reden anfangen werde. Als dies aber
nicht geschah, fragte er geradezu:

„Was hat denn der Lump, der Spitzgäbele, von mir gesagt?“

„Weil du ihn so heißst, ist Alles wahr,“ entgegnete der
Vater und erzählte nun mit beißendem Spott und mit einer
Zuthat des Ingrimms, wie sehr ihn Alban verhöhnt habe und
wie er überhaupt hinterrücks sich als Bauer geberde und alle
Maßnahmen des Vaters verhöhne. Vinzenz, der dabei in der
Stube war und seine Saat aufgehen sah, setzte sich auf die
Ofenbank und spielte mit seinem Lieblingshund, dem Greif, den
er sich angeschafft hatte und der fast ausschließlich nur ihm ge=
horchte. Der Vater hatte heute wieder seine „Flözerstimme“ wie
sie die Mutter bei sich nannte. Sie wußte zwar schon längst,
daß er jedesmal wenn er vom Kornmarkt heimkam, lauter sprach;
er behielt den Ton noch bei, den er dort unter dem Lärm ge=
brauchte, aber heute war's doch übermäßig. Sie winkte ihm
mit den Augen, ja sie erhob beide Hände flach in der Luft zu
begütigenden Zeichen, aber es half nichts. Der Vater erklärte
weiter, daß Alban ganz anders werden müsse, ganz anders,

wenn Friede im Hause sein solle. Als Alban hierauf entgegnete, daß er nicht wisse, worin er sich ändern solle, er sei gehorsam, fleißig und ehrerbietig, wie Viele seinesgleichen jetzt nicht wären, da schlug der Vater auf den Tisch und schrie zornig:

„Was deinesgleichen? Was weißt du wer du bist? Mein Knecht bist du wenn ich will, und ich will's. Ja, es bleibt dabei, du suchst dir einen andern Hof, denn den kriegt der Vinzenz. Still sag ich! Was deinesgleichen? Meinst du, weil andere Väter jetzt sich von ihren Buben über's Ohr hauen lassen, meinst ich leid's auch? Ich bin Herr und Meister, und mit dir mach' ich was ich will und mit meinem Hof mach' ich was ich will."

„Das könnet Ihr nicht," rief Alban fest auftretend, „der Hof gehört im Erbgang mir, es wird sich zeigen, ob Ihr mir ihn nehmen könnt!"

„Was wird sich zeigen? Ich bin noch über dich 'naus studirt. Du meinst weil du herrelen — den vornehmen Mann spielen — kannst, du seist was? Nichts bist. Ja, reib' nur deinen Bocks=bart. Wenn du nicht augenblicklich mich um Verzeihung bittest und mir versprichst, mir in Allem zu folgen, ohne Widerrede, da kannst mein' Hand auch noch in deinem Gesicht spüren."

Die Mutter und Ameile suchten den heftig Erregten zu be=ruhigen, auch Vinzenz trat auf den Vater zu und sagte:

„Ich bitt' Euch, haltet nur jetzt Friede. Wir werden uns als Brüder vergleichen."

„Du willst mir auch dreinreden? Wer bist denn du? Naus sag ich, oder ihr habt die Wahl, ob ihr zu der Thür oder zum Fenster 'nauswollet; 'naus alle Beide, ihr dürfet mir nicht mehr vor die Augen bis ich euch ruf'." Er riß die Thüre auf und schob zuerst Vinzenz hinaus, der nur geringen Widerstand leistete, als er aber auch Alban anfassen wollte, streifte dieser die Hand rasch ab und sagte in scharfem, bestimmtem Tone:

„Vater, rühret mich nicht an. Ich geh allein, ich geh von selber, und da schwör' ich's: nie, nie mehr komm' ich daher vor Eure Augen, wenn Ihr mich nicht selber darum bittet."

Er nahm seinen breitkrämpigen grauen Hut vom Ofen=stängele und ging hinaus. Drin in der Stube hörte man noch Schelten zwischen Mann und Frau und dann lautes Weinen, das erst aufhörte, als die Thüre zugeschlagen und dann noch einmal mit dem Fuß darauf getreten wurde.

Am Röhrbrunnen stand Alban mit seinem Bruder und dieser sagte:

„Alban, ich bin oft neidisch auf dich gewesen, aber jetzt mein' ich's gut. Du wirst sehen, ich werd' dir alles geben, was recht ist."

„Ich brauch' nichts von dir, du eher von mir."

„Sei jetzt nicht bös, ich kann nichts dafür. Sieh da, sieh her, siehst das da?"

„Ja, dein blindes Aug'."

„Und weißt wovon das ist?"

„Wie du vom Wagen gefallen bist. Was geht mich das jetzt an?"

„Es geht dich an. Zum Erstenmal in meinem Leben sag ich das, ich hab's noch nie über meinen Mund bracht, aber jetzt, jetzt muß es 'raus. Ich bin nicht vom Wagen gefallen. Der Vater hat mir im Zorn das Aug' ausgeschlagen."

Alban faßte zitternd die beiden Hände seines Bruders.

„Ja," fuhr Vinzenz fort, „es weiß es sonst kein Mensch als er und ich, du bist der Erste, und ich hab' ihm einen Eid geschworen, es Niemand zu sagen, aber ich muß ihn jetzt brechen. Und weil mir der Vater das than hat, hat er mir den Hof versprochen und das Abendmahl drauf genommen."

Alban stand still neben dem Bruder. Man hörte lange nichts als das Rauschen des Brunnens und ein sanftes Flüstern des Hollunderbaumes. Plötzlich raffte sich Alban zusammen, reichte dem Bruder die Hand und sagte:

„Behüt' dich Gott. Ich geh fort."

„Wohin?"

„Ich weiß selbst nicht."

„Bleib' lieber da und geh nur nicht unter die Freischärler. Man sagt, sie sammeln sich jetzt im Thal, und in der Stadt hat's auch geheißen, du seist schon dabei, und deßwegen ist der Vater auch so bös gewesen."

„So?" rief Alban gedehnt, rückte den Hut fester in die Stirne und reckte sich mit allen Gliedern, „hauset mit einander wie ihr wollet. Trifft mich ein' Kugel, ist mir's recht, und komm' ich wieder, wollen wir schon abrechnen."

Ohne nochmals die Hand zu reichen, rannte er zum Thor hinaus und den Berg hinab; die Augen brannten ihm und es

war ihm, als fühlte er an sich den gräßlichen Jähzorn des Va=
ters, der sein eigenes Kind fast geblendet. Als er auf der
Landstraße war, überkam ihn auf Einmal mitten im Jammer
ein frohes Gefühl, er war nun frei, frei von der ganzen Welt.
Wie oft hatte ihm schon der Ruf nach Freiheit das Herz erfüllt,
jetzt endlich konnte er ihm Folge leisten, er durfte für sich han=
deln und brauchte nicht zu fragen, ob dies der Vater genehm
finde; es war recht, daß er verstoßen war, er hatte zu lange
sein eigenes Herz unterdrückt, jetzt war er frei. Er streckte die
Arme empor und war bereit zu sterben, damit die ganze Welt
frei und glücklich sei.

Raschen Laufes schritt er dahin, nur Einmal stand er still,
denn ihn hemmte der Gedanke, ob nicht Vinzenz in ausgefeimter
Falschheit ihm diesen Weg gezeigt hatte und ihn scheinbar abhielt,
um ihn so sicherer darauf zu lenken und seiner entledigt zu
werden. Er konnte an solche Bosheit des Menschen nicht glauben.
Und war es nicht sein Bruder? Und zitterte nicht seine Stimme
so kläglich, als er die grause That des Vaters erzählte? Mit
neuem Muth schritt Alban dahin. Da begegnete ihm ein Wagen,
er kannte den Tritt der Pferde, das Rollen des Wagens und
das eigenthümliche Peitschenknallen des Dominik. Er hatte sich
nicht getäuscht, Dominik kam mit dem Fruchtwagen.

„Wohin noch?" fragte Dominik erstaunt.

„Gen Reichenbach."

„Bleib' heut davon, die Freischärler sind dort, ein paar
hundert Mann, der Lenz von Röthhausen führt sie an. Ich hab'
auch deinen Namen nennen hören."

„So? Da komm' ich gewiß," entgegnete Alban und erzählte
nun alles Vorgegangene. Alban war erstaunt, als Dominik ohne
große Theilnahme sagte:

„Ich weiß schon lang, doch du bist auch kein rechter Frei=
sinniger. Hättest du den Hof allein bekommen, es wär' dir
nicht eingefallen, daß deine Geschwister durch das alte Herkommen
verkürzt werden, du wärst halt ein großer Hofbauer wie Andere,
wenn auch ein bisle gutmüthiger."

„Das verstehst du nicht," entgegnete Alban zornig.

„Freilich, ich bin nur als armer Knecht aufgewachsen. Was
kann so Einer wissen."

Alban stand betroffen, aber er wollte jetzt von nichts An=

derem wissen und ging fast zornig davon. Er hatte Dominik um ein
Darlehen bitten wollen, aber jetzt that er ihm diesen Gefallen nicht.

In Reichenbach wurde Alban mit großem Jubel bewillkommt.
Es klärte sich jetzt Alles auf. Der Lenz hatte dem Alban schon
am Morgen einen Boten geschickt, der Bote hatte die Weisung
angenommen, war aber wahrscheinlich nach einer andern Gegend
entflohen, weil er sich vor der Verantwortlichkeit fürchtete. Mitten
im Sturm war Alban für sich plötzlich hoch erfreut. So war es also
nicht Lüge und Falschheit von Vinzenz, daß man in der Stadt gesagt hatte, er sei bereits unter den Freischärlern, er bat dem Bruder
in Gedanken jeden Zorn ab, den er gegen ihn gehegt hatte . . .

Der Pflug im Kugelberger Felde blieb lang unberührt liegen.

. . . .

Monatelang hörte man nichts von Alban, bis auf den
Furchenhof plötzlich die Nachricht kam, der Alban habe sich eine
Zeitlang beim Hirzenbauer in Nellingen aufgehalten und diene
jetzt als Knecht auf dem Sabelsbergischen Gut in Reichenbach.
Die Mutter eilte zu ihm, um ihn nach Haus zu bringen, aber
er ging nicht und beharrte auf seinem Eid, der Vater müsse ihn
holen. Es war unerhört, daß der Sohn des Furchenbauern bei
dessen Lebzeiten Knecht sein, an der Schwelle des väterlichen
Hofes fremden Leuten dienen sollte. Alban war unnachgiebig,
als auch Ameile und Dominik nach einander zu ihm kamen, er
wiederholte Beiden: er wolle dem Vater zeigen, daß er Knecht
sein könne, aber nur bei fremden Leuten, nicht auf dem väterlichen Hof, dazu werde er sich nie verstehen; der Vater, der ja
für seine Nachkommen sorgen wolle, könne jetzt bei Lebzeiten an
ihm sehen, wie es ihnen einst ergehe.

Es war ein strenger Befehl des Vaters, daß in seinem
Beisein Niemand von Alban reden durfte, auch die Mutter nicht;
ja sie hatte es so weit gebracht, selbst ihren Gedanken zu wehren,
daß sie zu ihm hingingen. Ueber ihre Träume aber hatte sie keine
Macht. . . .

Ein Sohn und ein Knecht.

Heute waren alle die stürmischen und trüben Erinnerungen
in der Seele der Mutter erwacht, und als sie endlich eingeschlafen,
schrak sie plötzlich auf und rief laut den Namen Albans, von

dem sie seit länger als einem Jahre ihre Lippen entwöhnen
mußte. Sie horchte still, ob ihr Mann nichts gehört habe, der
aber schlief ruhig.

Die ganze Welt war wieder in ihr altes Geleise zurückge=
kehrt, die gerade gestreckten Sensen waren wieder umgebogen
und einzelne, bei denen sich das nicht mehr thun ließ, waren
zum alten Eisen geworfen; die Gemeinden, die auf allgemeine
Kosten Waffen angeschafft, hatten diese wieder verkauft und nur
hier und da sah man noch einen einzelnen Heckerhut mit schlaffer
Krempe, der allmälig zertragen wurde. Die Jahre der Bewe=
gung, die auch in der entlegensten Hütte eine Erschütterung hervor=
gebracht, schienen jetzt vergessen wie ein Traum. Auf dem Furchen=
hofe war auch Alles wieder wie ehedem, ja der Furchenbauer
war wieder einer der Liberalen, die man freilich jetzt anders
nannte, denn bei der Einführung der Geschwornengerichte hatte
man ihn, der doch auf der Liste der Höchstbesteuerten stand,
eben wegen seiner ehemaligen Gesinnung nicht zum Geschwornen
ernannt, vielmehr waren viel Geringere aus der Gemeinde dazu
berufen. Alles war wieder ins alte Geleise zurückgekehrt, nur mit
Alban war dies nicht der Fall. Trotz aller Ruhe und gewohnten
Ordnung, die auf dem Furchenhofe herrschte, war es doch immer,
als fehlte Etwas und als könnte eine plötzlich eintretende Erschei=
nung Alles ändern. Das ganze Leben, das sonst so stetig er=
schien wie das Wachsen von Baum und Pflanze, hatte jetzt etwas
Einstweiliges, morgen rundum zu Verkehrendes. Die Dienstleute
standen oft bei einander und plauderten und wenn der Meister
zu ihnen trat, verstummte plötzlich das Gespräch; es hatte gewiß
wieder vom Alban gehandelt und wie der mit dem Meister ent=
zweit sei, weil er die Eichbäuerin abgewiesen habe und lieber
des Nagelschmieds Vreni heirathe, und darin geben sie ihm gewiß
Alle Recht, denn jeder Knecht und jede Magd fühlte sich damit
erhoben, daß Eines ihresgleichen zu hohen Ehren kommen sollte.
Der alte Furchenbauer schien sich seit dem Streit mit seinem
Alban verjüngt zu haben, er stand Allem vor wie der jüngste
Mann, nur die Bäuerin merkte oft an seinem stillen Brüten,
daß ihm etwas im Gemüthe saß, das er nicht verwinden konnte:
sie durfte aber nicht davon sprechen, denn er wurde immer heftig
gegen sie und verbot ihr zuletzt, je vor ihm den Namen Albans
zu nennen. Nur Einmal, und das vor wenigen Wochen, sprach

er selbst von ihm und mit einer gewissen verhaltenen Freude.
Er erzählte, wie ihm der Rentamtmann im Vertrauen mitgetheilt
habe, Alban habe sich eigentlich nicht als Knecht verdingt, er
habe sich ausdrücklich wöchentliche Kündigung bedungen, auch
seinen Genossen erklärt, er diene nur hier, um die höhere Acker=
wirthschaft noch besser zu erlernen. Dieser Stolz Albans, der
zugleich die Ehre des Vaters wahrte, gefiel diesem; er wider=
sprach nicht, als die Mutter hinzusetzte, der Alban gleiche ganz
ihrem eigenen Vater, der habe auch so was Adeliges gehabt,
darum habe man ihn auch spottweise den Schmalzgrafen geheißen.
Als die Mutter aber weitergehen und eine Versöhnung daran
knüpfen wollte, wurde der Furchenbauer plötzlich wieder voll In=
grimm und betheuerte, daß das nie geschehe, bis Alban bittend
vor ihn hintrete.

Sprach der alte Furchenbauer nur äußerst selten mit seiner
Frau von Alban, so that er dies um so öfter mit Dominik.
Dieser war eine treue Stütze des Hauses, und wenn gleich nur
Knecht, doch wohl angesehen. Der Bauer wußte, that aber als
ob er nichts davon gemerkt habe, daß ihn die Mutter schon
mehrmals zu Alban geschickt hatte; er suchte daher von ihm zu
erfahren, was denn eigentlich Alban vorhabe, aber Dominik war
behutsam und klug und gab nur knappe Antworten. Der Vater,
der seinem Sohn keine unmittelbare Nachricht gab, wollte doch,
wie man sagt, seine Meinung auf die Post geben; er that,
als ob er nur Dominik mittheilte, daß er den Hof diesmal höher
schätzen lasse als es von Alters her bräuchlich sei, damit die ab=
gefundenen Kinder auch ein Erkleckliches hätten, daß er aber
Alban ganz enterbe, wenn er nicht von des Nagelschmieds Vreni
lasse. Dominik hörte das ruhig an und erwiderte in der Regel
nichts, nur manchmal fragte er geradezu, ob er das Gehörte dem
Alban im Namen des Vaters mittheilen solle, was der Furchen=
bauer streng verneinte; er durfte sich weder vor seinem Sohn
noch vor dem Knecht eine Blöße geben.

Das gesetzte Benehmen des Dominik machte auf den Furchen=
bauer einen bedeutsamen Eindruck. Er ehrte den Dominik damit,
daß er ihn mehrmals geradezu fragte: ob er denn nicht Recht
habe, ob denn ein Vater nicht schalten und walten dürfe wie er
wolle, ob sich ein Kind dagegen auflehnen dürfe und ob nicht
Kindeskinder Dem danken müssen, der die Größe und die Ehre

der Familie fest gewahrt habe. Aber auch hierauf gab Dominik nur wenig entsprechende Antworten, er sprach davon, daß der kindliche Gehorsam, aber auch daß der Friede über Alles gehe, lehnte indeß jede Selbstentscheidung ab, mit dem Bedeuten, daß er diese Sachen nicht verstehe. Der Bauer war mehrmals versucht, den Dominik für dumm zu halten; aber aus einzelnen Worten entnahm er doch wieder wie klug er war, hatte er ja einmal geäußert:

"Es ist wahrscheinlich dumm was ich sag', aber ich weiß nicht, der Pfarrer sagt doch immer, Gott allein sei die Vorsehung und ich weiß jetzt nicht: wollet Ihr nicht mit dem was Ihr vorhabet, wie man bei uns in Nellingen sagt, in Gottes Kanzlei steigen und Vorsehung spielen? Kann man da nicht auch zu viel thun und muß man nicht unserm Herrgott die Hauptsach' überlassen, was er für künftige Zeiten vorhat?"

"Du bist gar nicht so dumm, gar nicht, aber du verstehst die Sach nicht, hatte darauf der Bauer erwidert und Dominik war mit dieser Antwort mehr als zufrieden und blieb doppelt bestärkt in seinem gehaltenen Benehmen. Er mischte sich trotz aller geheimen und offenen Aufforderungen nicht eigentlich in die Sache, er verdarb es weder mit dem Bauer noch mit Alban, wenn dieser einst doch den Hof bekomme, und solche weise Zurückhaltung eines Dienstboten verfehlte nicht, dem Bauer einen gewissen nachhaltigen Respect abzunöthigen. Minder war das bei Alban der Fall, dem Dominik, als er ihn einst im Auftrag der Mutter besuchte, gesagt hatte: "Ich bin auch ein Häuslerkind, mein Großvater war auch ein reicher Bauernsohn, den man nebenausgesetzt hat. Man muß sich dreinfinden . . ."

Als jetzt die Furchenbäuerin in der Nacht erwachte und hörte, wie der Dominik das Schwärzle aus dem Stall zog, däuchte es ihr eine Ahnung, daß sie erwacht war; jetzt zog ja ihre Botschaft zu ihrem Alban, denn sie hoffte, daß Dominik dem Willen des Bauern ungetreu über Reichenbach fahren werde.

Ein nächtiger Gang bis daß es tagt.

Der Kühbub hatte Dominik zur Zeit geweckt und Dominik war bald zur Abfahrt bereit, er war aber entschlossen, mindestens auf dem Hinweg dem ausdrücklichen Befehl des Bauern zu ge-

horchen; wenn er ihm zuwiderhandelte, wollte er es lieber zu
eigenem Nutzen thun und eine halbe Stunde ab des Wegs zu
ſeiner Mutter nach Nellingen gehen. Er war darüber noch nicht
mit ſich einig, als er von der Landſtraße ab den Waldweg ein=
ſchlug. Das Schwärzle brummte vor ſich hin, als man in den
nächtig ſäuſelnden Wald eintrat, wo die dunkeln Wipfel rauſchten,
obgleich man keinen Wind verſpürte; es ſtand oft ſtill und nur
den freundlichen Ermahnungen oder auch dem Schelten des Do=
minik folgte es und ſchritt fürbaß.

Die Gelehrten haben vielleicht nicht unrecht, daß ſie den
Hennenweg eigentlich Hünenweg nennen, ungeheuerlich genug iſt
er und die Felsblöcke und ſeltſamen Erdwälle, die hüben und
drüben ſind, können wohl für Hünengräber gelten; die Volks=
meinung aber bleibt dabei, der Weg gleiche einer Hühnerſteige
und darum heißt er der Hennenweg. Das Schwärzle, einmal
im friſchen Lauf, konnte klettern wie eine Ziege und das war
natürlich; das Schwärzle war von echter Schwyzerraſſe, die
Mutter war unmittelbar aus dem Appenzell gekommen und unter
der Obhut des Dominik war das Schwärzle aufgewachſen und ſo
gediehen, daß ihm der Preis nicht fehlen konnte. Wie ein Hund
ſeinem Herrn, folgte das Schwärzle dem Dominik, und erſt als
man auf der Anhöhe war, hielten Beide an, Dominik ſtopfte
ſich eine Pfeife und das Schwärzle fand in der Nacht ein thau=
feuchtes Maulvoll Gras am Wege, das war für den Hunger
und für den Durſt. „Vorwärts in Gottes Namen" ſagte jetzt
Dominik und mit einem ſchnell erhaſchten Vorrath für den Weg
folgte das Schwärzle. Dominik fürchtete weder Geſpenſter noch
lauernde Uebelthäter, aber der Ruf, den er vorhin gethan, er=
löste ihn doch von einem gewiſſen Gefühl der bangen Einſamkeit
und dabei ſchlug er ſich an die Hüfte und überzeugte ſich, daß
ſein im Hirſchhorngriffe feſtſtehendes Meſſer dort ſicher ruhte. Der
Meiſter hatte Recht, der Weg war von jetzt an bequem und
lind, er zog ſich auf einem Waldburchſchlag hin, auf dem bis
zum Jahre 1848 die gräflich Gabelsbergiſchen Schafe weideten,
das Gras war jetzt in die Höhe geſchoſſen, denn der Furchen=
bauer hatte ſich nicht entſchließen können, nach dem Rathe Albans
ſelber Schafe einzuthun und eine mehrmalige Ausſchreibung der
Schafweideverpachtung hatte bis jetzt zu keinem Erfolge geführt.
Dominik dachte in ſich hinein, wie manches Erträgniß doch auch

auf solch einem großen Bauernhofe verloren gehe, er dachte, wie
es einem rechtschaffenen Knechte zukommt, zunächst an den Vortheil seines Meisters, dann aber auch an sich selber; er verstand
die Schäferei, und hätte er nicht sein ganzes Geld an Alban
verliehen gehabt, er hätte sich selber Schafe eingethan und den
Weidgang gepachtet. Es giebt ja hier zu Lande viele Eigen-
thümer von Schafheerden, die keinen Grundbesitz haben. Dominik
war in die Jahre getreten, wo er allzeit ausschaute nach einem
selbständigen Anwesen und sei es auch noch so klein. Er gedachte
jetzt, wie Manches von einem großen Hof doch noch ganz anders
ausgenutzt werden könnte, wenn es in fleißige Hand gegeben
wäre, die nur das allein hätte. Immer kam Dominik wieder
auf die Ueberlegung zurück, wie es einem noch so Fleißigen hier
zu Lande nicht möglich sei, Etwas vor sich zu bringen. Drüben
im Gäu, wo es wenig geschlossene Güter giebt, die auf ewige
Zeiten in Einer Hand bleiben, da ist es einem sparsamen Knecht,
der von Haus aus Nichts hat, doch möglich, mit der Zeit ein
gut Stück Feld zu erwerben, er heirathet noch Etwas dazu und
wenn die Gemeinde sieht, daß das junge Paar fleißig und sparsam, läßt sie ihm bei einem schicklichen Kauf die Vorhand und
nach und nach zahlt man jedes Jahr ein Ziel ab und hat mit
der Zeit ein schönes Bauerngütle und die Aecker sind alle das
Doppelte werth. Hier zu Land aber ist Grund und Boden in
fester Hand und es bleibt Nichts, als Häusler werden und wie
der Spatz auf dem Dach leben. Das aber wollte Dominik nicht,
lieber ledig sterben; er hatte im elterlichen Hause zu bitter erfahren, welch ein elendes Leben das ist.

An einer starken Lichtung, die jetzt am Wege war, erkannte
Dominik den Grenzstein vom Gute seines Herrn. Wer wird
doch noch Recht behalten? Alban oder der Vater? Wer weiß, es
kann noch bös werden, zwei harte Mühlsteine mahlen nicht gut,
sagt das Sprüchwort. Es raschelte Etwas im Walde, das allgemein bewaffnete Jahr muß doch noch nicht alles Wild weg-
pirscht haben, das Schwärzle brummte leise und drängte sich näher
an Dominik. Gen Morgen zeigte sich allmälig ein lichteres Grau,
die Nebel senkten sich, das Schwärzle begrüßte durch lautes
Schreien den jungen Tag. Ein Rabe hockt noch verschlafen auf
einem Baumast, er hat den Kopf unter den Flügeln, jetzt erwacht er, schüttelt sträubend sein Gefieder, öffnet den Schnabel

wie gähnend und fliegt krächzend waldaus. Ein enges grünes
Thal thut ſich auf, über den Waldbergen jagen die Nebel in
zerriſſenen Wolken dahin, die Elſtern ſchnattern und fliegen von
Baum zu Baum, auf einem blätterloſen Kirſchbaum klagt der
Fink regenverkündend: es gießt! es gießt! und hoch oben ſchwebt
ein Raubvogel, es iſt die Hühnerweihe, ſie ſtößt ihr jauchzendes
Geſchrei aus: Gujah! Gujah! Hähne krähen, Hühner gackern,
der Taktſchlag der Dreſcher tönt herauf, das iſt das arme von
Waldarbeitern bewohnte Dorf Klurrenbühl, aber man ſieht nichts
davon, Alles iſt in Nebel gehüllt, die Wälder tauchen daraus
auf, eine heiſere Morgenglocke ertönt wie weit verloren, jetzt er=
ſcheinen die Häuſer des Dorfes bis zur Dachfirſte, hell und dar=
über die Nebelwolken, von den Bäumen am Weg tropft es leiſe,
die breiten Blätter des Kohls tragen ſchwere Tropfen, die manch=
mal in der Mitte des Blattes wie von einander angezogen zu=
ſammenrinnen und je näher ſie ſich kommen, immer haſtiger.
Da und dort fällt ein einzelner Apfel ſchwer vom Baume. Do=
minik hatte für Alles Aug und Ohr, denn er wünſchte ſich doch
einen hellen Tag, heute da er und das Schwärzle gekrönt würde.
Als er jetzt am erſten Haus unter dem Geläute der Glocke, die
ſo armſelig und wie beſcheiden bittend ertönte, den Hut abzog,
miſchte ſich in ſein Gebet der Dank, daß er nicht dazu beſtimmt ſei,
in einer Einöde wie dieſes Dorf war, ſieben Stunden hinterm
Elend wie man ſagt, ſein Leben zu verbringen; er war auf dem
Furchenhof an Beſſeres gewöhnt. Lieber lebenslang auf dem
Furchenhof als Bürger in ſo einem armſeligen Nebenausorte,
dachte Dominik. Auf einem „abſcheinigen" Hausweſen bauern,
wo Einen die Schulden morgen wie der Wind wegblaſen können —
da iſt Knecht ſein beſſer, und doch: ein eigen Leben geht wieder
über Alles.

Im Dorfe zeigte ſich ſchon frühes Leben, dort ging Einer
mit der Peitſche knallend, gleichſam ſich und die Thiere erweckend,
nach der Stallthüre, dort öffnete ſich eine Stallthüre von innen
und die Kühe ſchreien — der hat ſeinen Thieren ſchlecht über
Nacht aufgeſteckt; ein Mann, der in dürftigem Kleide über die
Straße ging, ſchaute den Dominik verwundert an und vergaß
ſeinem freundlichen Gruße zu danken. Wer weiß, mit welchen
böſen oder traurigen Gedanken Der ſeinen Tag anfängt. Auf
einen Ehrenpreis hofft der wenigſtens heute nicht. Dieſe Ausſicht,

die gestern den Dominik noch grimmig gemacht, ward ihm jetzt im frischen Morgen zu einer lichten Freude; er fühlte sich so lustig wie seit lange nicht und etwas Anderes konnte es doch nicht sein. Mit frischer Kraft wanderte er, das Schwärzle am Seile führend, dahin, und selbst das wohlbekannte Thier erschien ihm jetzt so schön wie noch nie. Wie prächtig schwarz war die Farbe, die durch einen kaum merklich lichteren Streif auf dem Rücken noch gehoben war; nur wenig überbaut, wie war es so fest und doch fein, der Kopf mit den weißen Hörnern, dem weißen Maul und den hellen Haarbüscheln in den Ohren — wie verständig sah das Thier aus.

Es mag wohl von dem ehemaligen Hirtenleben des Dominik herkommen, daß er nie ein rechtes Auge für die Schönheiten des Pferdes hatte, um so mehr aber für die des Rindviehs, und er erquickte sich wahrhaft daran.

„Du verdienst auch den Preis," sagte Dominik fast laut, dem Thier auf den Bug klatschend, „friß jetzt nicht, du kriegst was Besseres, ich vergeß dich nicht, wenn ich was zu mir nehm'."

Das Schwärzle schien aber eine Vertröstung auf die Zukunft nicht zu verstehen, es bog den Kopf noch mehrmals nach dem Gras am Wege und Dominik mußte es kurz halten.

Auf den Wiesen wurde es nun lebhaft. Die Kühe, die den ganzen Sommer im Stall gehalten wurden, sprangen jetzt auf der Weide lustig klingend hin und her und die Hütenden rannten hin und wieder, knallten und jodelten und sangen bei dem Feuer, in dem sie ihre Kartoffeln brieten. Dominik gedachte, wie auch er einst ein armer Hirtenbub war und jetzt hatte er's doch so weit gebracht. Dieses stete Untersichschauen, dieses beständige Erwägen was er einst gewesen und wie weit er's gebracht, machte ihn weniger kühn und muthig und mehr bescheiden und demüthig als eigentlich seine Natur mit sich brachte. Jetzt sang ein Hirtenbub dasselbe Lied, das Ameile gestern ihm nachgesungen und das Antlitz des Dominik erleuchtete plötzlich in Freude.

Nun wußte er's: nicht der Ehrenpreis war es, der ihn so innerlichst fröhlich machte, das Lied lag ihm im Sinn und weiterschreitend sang er:

„Schätzele, Engele
„Laß mi e wengele —"
„Schätzele, wasele?"
„Nur mit dir basele."

Das Lied verließ ihn auf dem ganzen Weg nicht mehr und hob seine Schritte und lachte ihn aus mit all seinem Denken und gab ihm auf Alles Antwort.

Ich bin neun Jahre älter als das Ameile — das ist ja kein Fehler, das ist ja grad recht . . . Das Ameile ist ein anvertrautes Gut von meinem Herrn, ich darf nicht falsch damit gegen ihn sein — er muß dir noch Dank sagen, daß du ihm so einen rechten Tochtermann giebst. Was fehlt dir denn zu einem rechten Bauer als Geld und Gut? Und das hat sie . . . Ich mag mich nicht so hoch versteigen, ich plumps sonst so arg 'runter — das ist Feigheit von dir und du wirst's bereuen, wenn's zu spät ist. — Es war merkwürdig, wie sich in Dominik Alles Red' und Antwort gab, als wären zwei Seelen in ihm, und das war wohl auch, denn er trug Ameile im Herzen. Schon vor elf Jahren, als der Hirzenbauer von Nellingen, der Klein-Notteck genannt, dem Dominik den Dienst auf dem Furchenhof verschaffte, schon damals gewann der hochaufgeschossene Bub das kleine Kind besonders lieb. Ameile stand am ersten Abend am Brunnen und schaute Dominik zu, der sich die Hände wusch; das Kind aß von einem großen Apfel, den es mit beiden Händen hielt, es mochte den zutraulichen Blick des Dominik, der nach ihm umschaute, wohl anders deuten, denn es trat auf ihn zu, streckte ihm den Apfel entgegen und sagte: „Beiß auch ab." Dominik war selber noch kindisch genug, um mit diesem Anerbieten so weit Ernst zu machen, daß das Kind eine Weile verblüfft auf seinen so sehr verminderten Apfel sah, dann aber doch wieder Dominik anlachte. Von jenem Abend an hatte Dominik eine besondere Liebe zu dem Kinde und suchte ihm auf jede Weise Freude zu machen. Im Winter trug er es oft den größten Theil des Weges auf seinen Armen nach der eine Stunde weit entfernten Schule, und wenn Schneebahn war, führte er es auf einem Handschlitten. Als Dominik Soldat werden mußte und nach halbjährigem Verweilen in der Garnison wieder in seinen alten Dienst zurückkehrte, gewahrte er plötzlich, daß das Kind eine Jungfrau zu werden begann. Der Abstand ihrer Lebensverhältnisse wurde ihm immer klarer und selbst in die Herzen voll Einfalt finden oft verschlungene, sich selbst verhüllende Gedanken ihren Weg. Dominik war jung genug, daß ihm die unverkennbare Liebe Ameile's die tiefste Seele erquickte; er lächelte oft still vor sich hin, aber wenn er

Ameile begegnete, ihr etwas zu bringen oder zu sagen hatte, machte er immer ein finsteres, ja fast zorniges Gesicht und war wortkarg, er bangte vor dieser Liebe, die ihm nur Unglück bringen konnte, er wollte sie bezwingen, aber es gelang ihm nicht. Da fand sich eine glückliche Aushülfe: nicht um seinetwillen, sondern um Ameile mußte er jede Neigung ausreißen und zerstören, das gute harmlose Kind, das durfte nicht ins Elend kommen, es mußte behütet und beschirmt werden. Dominik erschien sich groß in dieser Entsagung um der Geliebten willen, die ihm jetzt zu gelingen schien; er war nun auch oftmals freundlicher gegen Ameile, nur um ihr zu zeigen, wie gut er's mit ihr meine und bald schien es wieder, daß sie von Allem nichts wisse, sie war allezeit gleich fröhlich und behend, lustig wie ein Vogel auf dem Zweige. Dominik däuchte es, daß er sich getäuscht habe; er hatte mit Schmerzen und Kämpfen eine Liebe ausgerottet, die gar nicht da war. Und so seltsam ist das Menschenherz: statt daß Dominik sich dabei beruhigte und zufrieden war, daß Alles sich fügte, wie er wünschen mußte, wollte er jetzt mindestens eine Erkenntlichkeit für seine Aufopferung und er sagte es einst Ameile was er für sie gethan. Ameile stand betroffen dabei und redete kein Wort. Wochenlang sah sie ihn kaum an wenn sie ihm begegnete und huschte vorbei, als fliehe sie vor ihm. Hatte Dominik erst geweckt was er tödten wollte? Es schien nicht der Fall. Einst als sie ihm nicht mehr ausweichen konnte und er sie fragte, warum sie trotzig gegen ihn sei, sagte sie mit keckem Antlitz lächelnd:

„Es hat einmal Einer einen Bärenpelz verkauft, ehe er den Bären geschossen hat."

„Wie? Was meinst?"

„Es hat einmal Einer ein Mädle aufgeben, bevor er's gehabt hat. So ist's." Der Mädchenstolz schien beleidigt, daß eine Liebe preisgegeben wurde, um die noch gar nicht geworben war. Wollte sie ihn zurückweisen, wenn dies geschehen war? Ameile schien nun ein grausames Spiel mit Dominik zu treiben, sie ging allezeit trällernd und lachend umher und die Natur selber mußte ihr helfen, denn sie wurde mit jedem Tag schöner und liebreizender. Wo sie nur konnte, hänselte sie den Dominik, und die Mutter selber schalt sie oft darüber, der Vater aber hatte seine heimliche Freude an dem lustigen Kind und seinen Scherzen und es war nicht uneben, als er einmal sagte: „Sie ist grad wie ein Kanarienvogel, je mehr Lärm und Untereinander im Haus ist, je lustiger ist sie, grad wie ein Kanarienvogel, der schlägt auch immer heller, wenn's recht toll hergeht in der Stub'." Auch Dominik hatte nach dem anfänglichen Aerger seine Lust an dem Uebermuth Ameile's, es wäre ihm gar nicht lieb gewesen, wenn sie ihn nicht geneckt hätte, sie lachte und jauchzte dabei so grundmäßig; und daß sie grade immer mit ihm anheftelte, war kein böses Zeichen. Er gab sich nun selber manchmal zum Besten und bot Ameile oft Gelegenheit über ihn zu lachen.

Auf dem einsamen Furchenhof war damals eine Bewegung der Gemüther wie sie sich nur selten aufthut, und in Stube und Stall und Scheune sagte man einander, daß es gewiß nirgends lustiger hergehe. Man wußte nicht und wollte nicht wissen, was denn eigentlich vorging und warum Jedes am Morgen so fröhlich aus dem Schlafe sich erhob, man fragte nicht darnach und konnte es nicht sagen und das ist die beste aus innen quillende Freude. So viel aber wußte doch ein Jedes, daß Ameile der Mittelpunkt aller Lustbarkeit war. Selbst der alte Furchenbauer, der eine gewisse finstere Miene nie ablegte, konnte sich des Einflusses der „Blitzhexe" wie er Ameile auch bisweilen nannte, nicht erwehren, und es war doppelt zum Lachen, wenn man sah, welche Mühe er sich gab, bei den losen Streichen und Reden Ameile's seine ernste Miene zu bewahren, wie es aber innerlich zuckte und er am Ende doch nicht anders konnte, als laut auflachen. Oft an Winterabenden, wenn der Vater im Stüble saß und den Wälder= boten studirte, während Ameile mit dem Gesinde in der großen Stube spann und allerlei Kurzweil trieb, hörte man bei einer neckischen Rede Ameile's den Vater drin im Stüble laut lachen.

Als Dominik jetzt auf seinem Gang an diese Zeiten und besonders den sieben und vierziger Winter dachte, leuchtete die Heiterkeit von damals wieder aus seinem Antlitz.

Als im Vorfrühling darauf Alban aus der Fremde heim= kehrte, trat plötzlich mit ihm ein anderer Geist ein. Ein Ange= höriger und doch vielfach fremden Wesens war auf den Hof ge= kommen. Man hatte heiter und erfüllt gelebt in seiner Abwesenheit und es war als ob jedes gewaltsam Raum schaffen müsse für das Gebaren des neuen Ankömmlings, der so zu sagen der zweite Meister war und alsbald überall zugriff.

Mit Ameile ging eine besondere Veränderung vor, sie betrachtete den Bruder oft mit staunender Verehrung und glühte vor Entzücken, da ihr Alban stets mit etwas fremder und so zu sagen höflicher und doch wieder brüderlicher Zutraulichkeit begegnete.

Bald nach der Ankunft Albans hatte auch jene Bewegung begonnen, die so wunderbar die ganze Welt umstellte. Hand in Hand geleitete oft Ameile ihren schönen und so vornehmen Bruder hinab ins Thal zu den Waffenübungen, sie blieb mit der Mutter in der Ferne am Käppele stehen und sah ihm zu und ihr Herz lachte vor Freude. Hundertmal wünschte sie sich im Scherz und Ernst, auch ein Bursche zu sein und klagte, daß bei der neuen Welt gar nichts für die Mädchen herauskäme. Dominik war mit unter den Bewaffneten, aber er wußte, daß Ameile nicht seinetwillen auf der Anhöhe stand und unverwandten Blicks herabschaute; sie hatte nur ein Auge für ihren Alban. Dominik war innerlichst eifersüchtig auf diesen, aber er durfte sich's nicht merken lassen und bald hatte er keinen Grund mehr dazu. Die Hinneigung Albans zu Vreni ward sichtbar und Dominik schöpfte daraus neue, wenn auch unbestimmte Hoffnung, aber die Welt war ja jetzt eine andere, alle Menschen waren Brüder, und noch leichter als Alban die Vreni heimführte, konnte der Knecht des Bauern Tochter gewinnen. Ameile schloß sich fortan mit klugem und gutem Herzen der Vreni an, sie konnte dem Bruder ihre Liebe nicht besser erweisen, und als Alban einst in militärischer Weise den Dominik Kamerad nannte, sagte Ameile:

„Dem Dominik gönn' ich's am ehesten, daß er dein Kamerad ist."

Dennoch war Ameile äußerst zurückhaltend, und wollte Dominik sich ihr nähern, hatte sie immer eine scherzende Abweisung. Als der Zerfall zwischen dem Vater und Alban eingetreten war, wurde Ameile oft still und in sich gekehrt und einmal sagte sie zu Dominik:

„Es ist doch Recht, daß du mich schon lang aufgeben hast, dabei wollen wir auch bleiben."

Fortan verhielten sich Dominik und Ameile so, als ob nie etwas zwischen ihnen vorgegangen wäre. Ameile, die ihren Bruder so sehr geliebt hatte, wurde wunderbarerweise bald wieder so heiter wie ehedem; sie war überzeugt, daß ihr Bruder

unbedingt Unrecht habe und sprach das auch unverholen gegen
den Vater aus. Es ging sie nichts an, was er für einen Streit
mit dem Vater hatte, es war und blieb jedenfalls unverzeihlich,
daß er die Sache aus dem Hause trug. Was im Hause vor=
geht und besonders zwischen Vater und Kind, das darf nicht über
die Schwelle.

Der Vater wurde nun noch besonders liebreich gegen Ameile,
da er sie so reden hörte und er ging einmal so weit, daß er ihr
sagte: „Du bist mein einzig Kind, an dem ich Freud' hab'."

Dominik war wortkarg und ging still seiner Arbeit nach.
Wenn ihn Ameile auch oft ermahnte: „Bös brauchen wir just
nicht mit einander zu sein; wir dürfen doch mit einander lachen."
Dominik ging nicht darauf ein.

Ein stolzer Bauernbursche wie Alban, der kann es wagen,
eine neue Regel für sich aufzustellen und keck über altgewohnte
Schranken hinwegzusetzen; ein Knecht, der sich sein Leben lang
fügen und ducken mußte und allezeit nach seiner Herkunft schaut,
findet die erforderliche Spannkraft hierzu nicht. Es giebt Na=
turen, die die Abhängigkeit immer weicher und zaghafter macht.

Das Vertrauen, das nach dem Zerfalle mit Alban der
Furchenbauer jetzt seinem Knechte schenkte, erweckte in diesem den
alten Vorsatz: er wollte Ameile nicht ins Unglück stürzen und
dem Vater nicht neuen Kummer bereiten.

Darum hatte er noch gestern beim Aepfelschütteln so herb
gegen Ameile gethan und am Abend am Brunnen sich zu we=
nigen Worten herbeigelassen. Jetzt aber, da er allein war auf
dem Wege, sang sie ihm allezeit ins Ohr: „Schätzele, Engele."

In Jettingen, wo Dominik das Schwärzle einstellte, daß es
sich an Futter und Ruhe erhole, gönnte er sich selber keine Rast.
Er eilte eine halbe Stunde ab des Weges zu seiner Mutter nach
Nellingen, er hatte sich nicht darüber berathen und sich nicht dazu
entschlossen, es trieb ihn unwiderstehlich fort. Im armseligen
väterlichen Hause, das nun der ältere Bruder besaß, traf er die
Mutter nicht; sie war, wie die heimgebliebenen Bruderskinder
sagten, beim Kartoffelausthun auf dem Felde des Hirzenbauern.
Dominik kannte das Feld und eilte dorthin. Auf dem Wege
schlug ihm das Herz gewaltig, da er bedachte: wie grausam es
sei, daß die alte Frau noch taglöhnern müsse; er kam sich als
schlechter Sohn vor, denn er überdachte, wie oft er sich gutthue

und seiner Mutter vergeße. Im Hinausschreiten gelobte er sich, dies fortan zu ändern. Die Mutter, eine lange, dürre Gestalt, reichte ihrem Sohn die Hand und hob gleich wieder die Harke und wollte während des Harkens mit ihm weiter sprechen; der Sohn des Hirzenbauern, der den Dominik freundlich bewillkommte, sagte ihr aber, sie solle nur mit ihrem Sohn heimgehen, sie solle doch ihren Taglohn erhalten. Dominik dankte und ging langsam neben der Mutter durch das Dorf hinein, die Wangen brannten ihm; denn er mußte eilen, er hatte gegen den ausdrücklichen Befehl seines Herrn diesen Abweg gemacht, aber er zwang sich doch zur Ruhe. Er hatte der Mutter nichts mitgebracht als den verheißenden Gruß, den Ameile ihm mitgegeben; sie bat ihn um Geld, er versprach ihr von Wellendingen zu schicken, und als eben der Hirzenbauer auf seinem Bernerwägelein am Hause vorüberfuhr, sagte er: „Ich schick Euch's mit Dem, verlaßt Euch darauf, und ich komme bald wieder."

Als Dominik schon die Thüre in der Hand hatte, fragte ihn noch die Mutter: „Ist's denn wahr, daß dir dein Bauer sein' einzige Tochter giebt?"

„Wer hat das gesagt?"

„Ich hab's gehört, die Leut reden davon. Mach nur, daß ich's noch erleb'."

„Da könnt Ihr lang leben bis dahin," schloß Dominik und machte sich eilig auf den Rückweg durch den Wald. Das Schwärzle brummte ihm entgegen, als er in den Stall trat und ohne Säumen machte er sich nun mit ihm auf nach ihrem Ziel.

Draußen vor Jettingen fuhr der Hirzenbauer an ihm vorüber und winkte ihm zu, sich zu beeilen; Dominik glühte vor Erregung, es war schon spät, er konnte die ganze Feierlichkeit versäumen und mit seinem Herrn hart zusammentreffen; es war unbegreiflich einfältig, daß er nach Nellingen gesprungen war, er hatte ja doch nichts mit seiner Mutter reden können und was sollte er auch? Das Schwärzle mußte in langsamem Gang erhalten werden, damit es nicht erhitzt und abgemattet ankomme, das hätte neuen gerechten Zank gegeben vor aller Welt, und heute sollte er ja wegen seiner treuen Dienste öffentlich belohnt werden. Dominik wünschte sich Riesenkraft, damit er das Schwärzle tragen und mit ihm davon rennen könne; er hätte ihm gern geholfen seine Schritte fördern; aber er konnte nichts thun als

langsam neben ihm hergehen. Dahin war nun all der fröhliche
Muth, all das morgenfrische Leben der vergangenen Stunden,
und oft fuhr er sich über die heiße Stirn, wenn er bedachte,
was seine Mutter ihm gesagt und was die Leute redeten.

Erst nach geraumer Weile, als aus einzelnen Gehöften Leute
kamen, die gleich ihm ein Rind oder einen Stier zur Preisbewerbung nach Wellendingen führten, beruhigte er sich und schalt
sich innerlich über seinen unnöthigen Jast; es war ja noch früh
an der Zeit und in der That war er einer der Ersten an dem
Wirthshaus zum Apostel in Wellendingen.

Festgefahren.

Der Furchenbauer war noch nicht da. Heitern Sinnes war
er am Morgen mit seiner Tochter ausgefahren. Er war festtäglich gekleidet, er trug seinen schwarzsammtnen, roth ausge-
schlagenen kragenlosen Rock, dazu die rothe Weste mit silbernen
Kugelknöpfen, den breiten schwarzen Hut mit nach hinten flattern-
den Band-Enden. Auch Ameile war im vollen Putz. Der safran-
gelbe hohe Strohhut mit schmaler nach vier Seiten eingebogener
Krämpe, die schwarzen um das Kinn gebundenen breiten Sammet-
bänder hoben noch die frischen Farben ihres runden Antlitzes, um
den Hals war ein schwarzblaues seidenes Tuch geschlungen, dessen
rothe Endstreifen im Nacken flatterten und lange Zöpfe mit eingeflochtenen rothen Bändern hingen den Rücken hinab; der schwarz-
sammtne „Schoben" (die Jacke) nach vorn offen ließ die Silber-
kettchen auf dem rothen Mieder sehen und war nach einer glücklichen
Neuerung bis auf die Hüfte verlängert, dazu die weiße Schürze,
der schwarze Rock mit Scharlach- und Goldborden eingerändert
und die rothen Strümpfe vollendeten den Festanzug.

Die beiden Schweißfuchsen gingen ruhig, der alte Mann
lenkte sie leicht und nur manchmal draußen vor den Dörfern
überließ er Ameile auf ihr Bitten das Leitseil und Ameile schnalzte
mit der Zunge und fuhr lustig. Auf dem allzeit finstern Antlitze
des Bauern ruhte heute der Abglanz des Triumphes, daß vor
aller Welt heute sein Knecht und sein Vieh mit dem Preis aus-
gezeichnet würde; der eigentliche Ruhm davon gehörte doch dem
Herrn und Meister.

Wäre nicht der geheime Kummer um Alban gewesen, in

dem Furchenbauern hätte lauter Freude und Wohlbehagen gelebt.
Er gedachte jenes Tages, da er mit Sorge um seinen Frucht=
wagen diesen Weg gefahren; jetzt war die Welt wieder ruhig,
und gehörte er auch nicht gerade ganz zu Denen, die Dem Recht
geben, der Recht behalten, oder wie der Klein=Rotteck von Nel=
lingen sagt, dem Anderen zuvorgekommen und ihn zuerst ins Loch
gesteckt hat: so dachte er doch nicht mehr viel an solcherlei Dinge.
Die Hauptsache war auch ihm, daß man jetzt wieder die Erträg=
nisse des Ackers gut absetzt; im Uebrigen mag die Welt regieren
wer will und kann.

Seit vielen Jahren war der Furchenbauer Mitglied des
landwirthschaftlichen Vereines; der alte, in diesem Bezirk ehedem
so sehr beliebte Oberamtmann Niagarra, dessen Lachen immer so
mächtig war und lautete wie wenn ein Klafter Holz zusammen=
fällt, hatte den Furchenbauer zum Eintritt beredet und er blieb
dabei, denn er sah den jährlichen Beitrag als eine Art Ehren=
steuer an, der sich ein großer Bauer nicht entziehen dürfe. Von
all den vorgeschlagenen Verbesserungen in der Landwirthschaft,
von den vielen empfohlenen Werkzeugen hatte sich der Furchen=
bauer nur wenige angeeignet; er befand sich wohl bei seinem
alten Verfahren und hatte nicht Lust Neues zu versuchen, das
nicht nur fraglich, sondern auch ihm fremd war und dadurch
seine Meisterschaft herabsetzte. Eines aber hatte er gern befolgt.
Mehr aus Stolz als aus Einverständniß mit der Sache hatte er
seinen Alban in die neuerrichtete Ackerbauschule gegeben, und das
hatte böse Frucht getragen; wenigstens wälzte der Vater die we=
sentliche Schuld auf dieses Verhältniß. Jetzt aber zeigte sich doch
auf Einmal ein strahlender Erfolg seiner Mitgliedschaft und halb
vor sich hin und halb in sich hinein murmelte der Furchenbauer:

„Die Leute werden Alle sehen, wie gut es meine eigenen
Kinder bei mir haben, wenn es mein Knecht so gut hat, wie sich
öffentlich ausweist.

Er schien dieser Rechtfertigung vor sich und der Welt zu be=
dürfen. Ameile, die diese Worte wohl hörte, erwiderte nichts
darauf und der Vater sah sie scharf darob an. Er ärgerte sich
aber nicht nur über das Schweigen des Kindes, sondern auch
über seine eigene Redseligkeit; es war nicht wohlgethan und ganz
gegen alle strenge Familienzucht, sich so vor dem Kinde auszulassen.

Unmittelbar vor dem Dorfe Reichenbach wäre den Fahrenden

beinahe ein Unglück geschehen. Alban kam gerade mit einem großen Düngerwagen aus dem Dorf heraus, als der Furchen= bauer in dasselbe einfuhr; sei es nun, daß der Vater die Zügel in zitternder Hand lenkte oder daß die Pferde Alban erkennend auf ihn zueilten — unversehens hingen die beiden Fuhrwerke in einander und konnten nicht vom Fleck und um ein Kleines wäre Alban dazwischen gequetscht worden. Ameile riß dem Vater rasch die Zügel aus der Hand, rief Alban, er möge sein Gespann halten, daß es nicht vorwärts gehe und drang in den Vater, daß er absteige, so lange sie die Pferde halte. Alban stand eine Weile an seinen Sattelgaul gestemmt, der sich hoch bäumte, aber er bändigte ihn, und mit einer geschickten Wendung löste er rasch die Stränge, sprang behend über die Deichsel und löste die Stränge dem andern Pferde gleichfalls. Nun konnte sein Fuhr= werk nicht mehr vom Fleck und keinen Schaden mehr anrichten. Er eilte nun, dem Vater beim Absteigen zu helfen. Dieser hatte den einen Fuß über der Leiter und wagte trotz der Er= mahnungen Ameile's nicht, den andern Fuß nachzuziehen; das Ungemach und das Zusammentreffen mit Alban hatte ihn ganz wirr und blöde gemacht. So stand er noch, mit hülfesuchendem Blick umherschauend als schwebte er am Rande eines Abgrundes, da kam Alban, faßte ihn mit starken Armen, hielt ihn hoch empor und stellte ihn dann sanft auf den Boden. Er befahl Ameile, ruhig sitzen zu bleiben, hob wie spielend die Hinterräder ihres Wagens in die Höhe und zur Seite, sprang vor an den Kopf der Thiere, lenkte sie etwas zurück und dann wieder vor= wärts und flott war das Fuhrwerk. Der Vater stieg behende wieder auf, die Beihülfe Albans abwehrend, und dieser stand noch eine Weile ruhig, die Hand auf die Wagenleiter gelegt und schaute dem Vater ins Antlitz; dann sagte er:

„Es hat schon so sein müssen, Vater, daß wir einander auffahren."

„Fahr' zu!" herrschte der Furchenbauer gegen Ameile als Antwort, und an die Schwester gewendet mit zornig wehmüthi= gem Tone sagte Alban wieder:

„Wohin geht's?"

„Gen Wellendingen zum landwirthschaftlichen Bezirksfest, unser Dominik kriegt heut einen Preis und vielleicht das Schwärzle auch. Kehr' um und führ' uns, wir können so Beide nicht fah=

ren, hast gesehen," entgegnete Ameile und der Vater befahl noch=
mals: „Fahr' zu!"

„Ich kann nicht mit," sagte Alban vor sich niederschauend,
„ich bin hier Knecht." Er reichte der Schwester die Hand und
schloß: „B'hüt dich Gott." Auch dem Vater streckte er die Hand
entgegen und sagte: „B'hüt's Gott, Vater." Er zog die darge=
reichte Hand aber leer zurück, denn der Vater riß Zügel und
Peitsche an sich und fuhr davon. Ameile schaute noch einmal
zurück und winkte dem Alban, dieser aber sah sie nicht, denn er
strängte die Pferde wieder ein, stieg auf den Sattelgaul, unter=
suchte die Treibschnur und fuhr hell knallend die Straße hinauf
und dann querfeldein.

Draußen vor dem Dorf sagte der Furchenbauer:

„Der Malefizbub ist mir überall im Weg. Wenn ihm der
Dominik Bescheid gegeben hat, geht's dem schlecht. Der Malefiz=
bub hat's gewiß erfahren, wann ich komm', und hat mir zeigen
wollen wie er Knecht ist, und aufgefahren ist er auch mit Fleiß,
es kann ja kein Hofkutscher besser fahren wie er."

„Nein Vater, da thuet Ihr ihm Unrecht, er hat halt die
Besinnung verloren, wie er uns gesehen hat, wie wir Beide auch."

„Ich nicht."

„Man sieht ihm aber nichts mehr von seiner Krankheit an,"
begann Ameile nach einer Pause und der Vater fragte:

„Ist er denn krank gewesen? Woher weißt du's?"

„Ich hab' des Jörgpeters Maranne von hier Setzling (zu
Kohl) verkauft und die hat mir gesagt, daß er's auf der Brust
hab'."

„Das ist nichts. In unserer Familie ist Alles gesund auf
der Brust und der Alban hat eine Brust wie ein Faß."

„Er sieht doch aber aus wie ein Graf."

„Viel zu wenig, zum Geringsten wie ein Prinz. Red' mir
heut kein Wort mehr von ihm. Punktum. Ich werd's heut wie=
der von fremden Leuten genug hören müssen."

Trotz dieser Mahnung sagte Ameile doch nochmals:

„Ihr hättet ihm wohl ein' Hand geben dürfen, er hat so
herzgetreu Behüt's Gott gesagt. Das Wasser ist ihm in den
Augen gestanden."

„Ich will aber keine Hand und kein Wort von ihm. Still
jetzt, du darfst mir heut seinen Namen nimmer gedenken, oder ich

zeig' dir, daß ich über dein Schneppebberle auch Meister bin. Punktum sag' ich zum Leztenmal."

Der Furchenbauer konnte den Seinigen verbieten, von Alban zu sprechen, selbst aber sein zu gedenken, dessen konnte er sich nicht erwehren. Er hatte seit anderthalb Jahren die Stimme seines Kindes zum Erstenmal wieder gehört, das Auge des Kindes hatte lange auf diesem starren Antlitze geruht und die Mienen wurden nur noch finsterer und die schmalen Lippen wurden oft zwischen die Zähne gekniffen.

Erst als er sich Wellendingen näherte und den Leuten begegnete, die ihr Vieh zur Preisbewerbung führten, lächelte der Furchenbauer vor sich hin. Als Dominik am Apostel auf ihn zukam, rief er diesem barsch zu:

„Bist doch über Reichenbach gefahren und hast dem Alban gesagt, daß ich auch komm'?"

„Nein, ich bin wie Ihr befohlen, über Jettingen gefahren; der Hirzenbauer kann mir's bezeugen."

„Schon recht. Ist das Schwärzle gut gelaufen?"

„Ja, wie ein Hirsch."

Der Furchenbauer ging mit Ameile nach der Wirthsstube, wo Spitzgäbele ihn alsbald bewillkommte.

Ein officielles Volksfest, eine exotische und eine wilde Blüthe.

Seitdem wieder jede freie und natürliche Strömung des Volkslebens gebunden ist, seit die Verzweiflung an der Macht des rein sittlichen Gedankens immer allgemeiner zu werden droht, seit man Eidbruch und Verhöhnung des Rechts- und Ehrgefühls als nicht zu erörternde Thatsachen hinstellt, ist von dem stolzerhabenen Fahnenrufe der vergangenen Jahre Alles verlöscht worden und nur das eine Wort: Wohlstand stehen geblieben. Die öffentlichen Stimmen rufen es allein aus und jeder Einzelne dünkt sich weise und gewitzigt und berühmt sich dessen, daß der günstige Geschäftsbetrieb, der Wohlstand, doch das einzige Wünschenswerthe sei. Höheren Ortes — wie man es nennt — wird diese Richtung sorglich gepflegt und ihr allenfalls noch durch Erweckung eines kirchlichen Sabbathsinnes ein Gegengewicht zu geben versucht; jede Bürgerehre, jede sittliche Verbindung der Staats- und Volks-

genossenschaft wird als entbehrlich, ja vielfach als strafwürdig angesehen. Wenn sich hierdurch die bürgerlich-sittliche Gemeinschaft
immer mehr aufzulösen droht, so wird der einsichtige Kenner der
Menschengeschichte dennoch nicht trostlos verzweifeln, vielmehr
die Zuversicht schöpfen, daß trotz aller eigensüchtigen Zerfahren-
heit doch am Ende wieder Ehre und Freiheit sich entwickeln muß,
wenn auch zunächst nur als die höchsten Güter des Genusses oder
des Wohlstandes, wenn man es so nennen will. Und auch jetzt
schon, so wenig man es auch Wort haben will, zeigt der Staat,
daß er diesseits der Marktscheide der jüngst vergangenen Jahre
andere Ziele haben muß: die ehemalige verneinende Polizeikunst
möchte sich zu einer positiven Förderung des Gemeinwohls entwickeln, möchte von oben herab beglücken, ohne das doch je zu
können.

Die vergangenen Jahre haben es oft dargethan, daß der
Bauernstand die Pfahlwurzel alles gesunden Staats- und National-
lebens sei, und ihm wendet sich nun die höchste und allerhöchste
Fürsorge zu. Während man jede Volkssitte, die frecherweise ohne
höhere Genehmigung aufgewachsen ist, auszutilgen sucht, während
man das öffentliche Singen der Volkslieder in den Dörfern ver-
bietet, während man die Spinnstuben in Acht und Bann erklärt
und sogar polizeilich sprengt, während man die Kirchweihen alle
auf Einen Sonntag verlegt und so Nachbardorf von Nachbardorf
absperrt — will man in den landwirthschaftlichen Vereinen und
Festen ein mit Kanzleitinte verschriebenes Surrogat dafür setzen.
Da sollen die politischen Schreier einmal zeigen, ob sie wirklich
etwas wissen zur Hebung des Nothstandes und zur besseren Ausnutzung der Arbeits- und Naturkräfte! Jeder Hinweis auf die
große Strömung des Nationalbesitzthums und seine Erfordernisse
erscheint natürlich alsbald als Flausenmacherei; es handelt sich
hier nur darum, wie die Cultur, natürlich der Gewächse, zu fördern, wo man russischen Weizen und Luzerne pflanze, wie der
belgische Pflug zu handhaben, wie der Dünger zu behandeln und
welche Vortheile bestimmte Kreuzungen und Veredlungen, natürlich
der Hausthiere, bringen. Zeigt sich dann auch beim Schmause
eine gewisse Lebendigkeit und Lustigkeit, sie ist doch immer ge-
dämpft und in Schranken gehalten, oder will einmal gar wildes
Wasser einbrechen, es sind Dämme genug da, durch die Anwesenheit der Angestellten, die hier freilich nur einfache Mitglieder

find, aber doch ihre Amtstitel behalten und sogar in entsprechen=
den Uniformen darstellen. Eine gewisse Humanität, die auch den
Niederen und Niedersten bedenkt, ist dabei jedoch nicht vergessen,
wie wir bald sehen werden.

Eine mit Eichenlaubgewinden, mit Astern und mannichfachen
besonders ausgezeichneten Jahreserzeugnissen geschmückte Tribüne
erhob sich am Gartenzaun des Apostelwirths, so daß die Ver=
sammlung auf der Straße zwischen dem Wirthshause und der
breiten Tribüne sich aufstellen konnte; Fuhrwerke, die des Weges
kamen, mußten um das Apostelwirthshaus herum weiter fahren.
Hier war noch vor wenigen Jahren eine fast beständige Tribüne
für Volksversammlungen gewesen; hier war der Reichstagsabgeord=
nete gewählt und waren Proteste gegen ihn erlassen worden, der
Lenz von Nöthhausen hatte hier seine glänzendsten Triumphe ge=
feiert. Der Ort war vortrefflich in der Mitte des Bezirkes ge=
legen und der Wirth war einer der eifervollsten Freisinnigen und
rauchte beständig aus einer Heckerpfeife. Seitdem hat er sich an=
ders besonnen, hat sich das Rauchen abgewöhnt, schnupft nur noch
echten Pariser und ist sogar fromm geworden.

Eine Musikbande war im obern Stock des Wirthshauses an
den Fenstern aufgestellt, ein Trompetenstoß und darauf folgender
Marsch verkündete, daß jetzt die Viehmusterung beginne. Natür=
lich hatten zwei mit Ober= und Untergewehr bewaffnete Landjäger
den Zug angeordnet und hielten Wache. Die Preisrichter waren
fünf. Obenan stand der derzeitige Präsident des landwirthschaft=
lichen Vereins, ein resignirter Cameralverwalter, der jetzt als
Pächter mehrerer Domänen den Titel Domänenrath hatte, ein be=
häbiges und lustiges Männchen mit spärlichen grauen Haaren auf
dem Haupte, die jetzt sichtbar wurden, da er beim Austreten aus
dem Apostel fortwährend alle Anwesenden grüßte, die entblößten
Hauptes vor ihm standen. Dominik war der erste, der seinen
Hut wieder aufsetzte, denn das Schwärzle war unbegreiflich wild.
Dem Domänenrath folgte eine hagere selbstbewußte Erscheinung,
die den Schnurrbart zwirbelte; es war der Rittergutsbesitzer von
Renn, ehemaliger Leutenant. Nun kam eine vollbärtige unter=
setzte Gestalt, ebenfalls ein studirter Oekonom, ehemals Pfarr=
candidat und jetzt Pächter auf dem Sabelsbergischen Gute in
Reichenbach, im Rufe gelinder Freisinnigkeit stehend. Der Hirzen=
bauer, Klein=Rotteck genannt, eine untersetzte, gedrungene Figur

und der ewig lächelnde, halb städtisch gekleidete Schultheiß des
Ortes beschlossen die Reihe der Auserwählten.

Die Thiere wurden vorgeführt und von allen Seiten gemustert,
der Domänenrath riß ihnen das Maul auf, um das Alter zu
erkunden, seine Hände trieften von Schaum; er gab seine Stimme
ab: erster oder zweiter Preis, worauf die andern in der Regel
laut beistimmten, nur der ehemalige Theolog und der Klein-Rottec
wichen manchmal ab. Als Dominik mit dem Schwärzle vorfuhr
und sich mächtig anstemmen mußte, da das sonst so geduldige
Thier in der Menschenmenge unter der Musik schnaubte, und h.n
und herriß, lächelte eine Frauengestalt aus dem untern Fenster
des Apostels. Die Oberamtmännin stand dort neben Ameile und
sagte: „Das ist ein prächtiger Bursch, und wie er sich gegen den
Kopf des Thieres anstemmt, steht er zum Malen da." Der
Domänenrath prüfte das Schwärzle und einstimmig wurde ihm
der erste Preis zuerkannt. Der Landjäger verwies Dominik mit
dem Thiere nach der rechten Seite, das Thier schleifte ihn fast
und er mußte mit aller Kraft hemmen.

Nun bestiegen die Preisrichter die Tribüne. Der Oberamtmann in seiner Uniform mit der gelben Schärpe und dem Degen
an der Seite stellte sich auch dort auf. Ihm folgte die Oberamtmännin, die nicht abließ, bis auch Ameile mitging; sie stellte
sich aber immer hinter die Oberamtmännin, so daß sie kaum gesehen werden konnte. Der Domänenrath hielt nun einen Vortrag
über den Flurzwang und die Vortheile des Zusammenlegens der
Grundstücke, den er mit manchen anschaulichen Bildern und Scherzen zu würzen wußte, so daß oft ein verhaltenes Lachen durch die
Versammlung sauste.

Auf seinen Wink ertönte dann ein Trompetenstoß und die
Austheilung der Dienstbotenpreise begann, wobei noch ausdrücklich bemerkt wurde, daß nur solche belohnt würden, die ohne
nahe Verwandtschaft viele Jahre in Einem Hause vorwurfsfrei
gedient haben. Auf der Tribüne lagen rothe Kästchen, welche mit
dem Namen der Belohnten bezeichnet waren und die Denkmünze
enthielten. So oft ein Name ausgerufen wurde, reichte die Oberamtmännin dem Domänenrath das Kästchen, dieser reichte es
hinab und jedesmal ertönte ein dreimaliger Trompetentusch. Dominik war erst der vorletzte unter den Preiswürdigen, weil seine
Dienstzeit durch die Militärpflicht unterbrochen war. Als endlich

sein Namen ausgerufen wurde, faßte Ameile unwillkürlich das Kästchen und ohne es durch die Hand des Domänenraths gehen zu lassen, reichte sie es Dominik unmittelbar hinab. Ein heller Trompetentusch ertönte, in den sich freudiges Zujauchzen der Versammelten mischte. Wer könnte ermessen, was in diesem Augenblick in Ameile und Dominik vorging? Der Domänenrath streichelte ihr die glühende Wange und sprach etwas von Ritterfräulein und Turnieren; Ameile verstand ihn nicht, sie schwebte wie auf den Tönen der Musik in Jubel und Bangen.

Dominik steckte das Empfangene ruhig in die Tasche, schaute nur flüchtig auf und sich ungeschickt verbeugend und stolpernd kehrte er zu seinem Thiere zurück. Dort erst öffnete er das Kästchen und es enthielt ihm jetzt in der That einen hohen Ehrenpreis. Der Furchenbauer brachte nun dem Dominik eine mächtige Kuhschelle mit neuem rothem Riemen, die er vorsorglich im Wagensitze mitgenommen. Das Schwärzle ließ sich nicht ohne Unruhe die Schelle umhängen und vom Apostelwirth den Kranz auf's Haupt setzen. Der Apostelwirth war ein kluger, politischer Kopf, er hatte Kränze bereit gehalten für alle, die gekrönt worden waren, und er behauptete, ganz genau vorher gewußt zu haben, welches Thier preiswürdig befunden würde.

Der Domänenrath hielt hierauf noch eine sehr ins Salbungsvolle übergehende Anrede über die Tugenden eines wackeren Dienstboten; ein aufmerksamer Zuhörer hätte es ihm deutlich angehört, daß er auf einen Uebergang zu der nun erfolgenden Handlung spekulirte und in seiner Rede hin und her tappte; er fand aber den richtigen Ausweg nicht und half sich endlich damit, daß er wieder einen Marsch aufspielen ließ. Der Rainbauer von Hirlingen — der sogenannte Scheckennarr, weil er nur scheckiges Vieh hielt und es oft theuer bezahlte — erhielt den ersten Preis für einen selbstgezogenen hochbeinigen holländischen Zuchtstier, den vier Mann führen mußten. Unmittelbar darauf wurde das Schwärzle vorgeführt, unter dem Kranze hervor schaute sein Auge keck hinauf zu den Preisrichtern, während der Furchenbauer den Hut abzog, da er seinen Namen ausrufen hörte und wieder Trompetentusch erschallte. Er geleitete den Dominik noch aus der Reihe hinaus und befahl ihm, jetzt nur der Straße nach heimzufahren. Durch alle Dörfer sollte nun sein Ruhm erklingen, der noch verewigt wurde im Wochenblättle.

Dominik wartete indeß noch auf den Hirzenbauer, und als
er ihn sah, übergab er ihm das Kästchen sammt der Denkmünze
und bat ihn, solches seiner Mutter in Nellingen zu zeigen und
ihr drei Gulden darauf zu leihen. Der Hirzenbauer entgegnete,
daß er von Dominik kein Pfand brauche, er nahm aber doch die
Denkmünze mit, um solche, wie er sagte, der Mutter zu zeigen
und für sie aufzubewahren.

Gern hätte Dominik noch einmal Ameile gesehen, er konnte
sie aber mit keinem Blicke erspähen, und mit verlangendem Herzen
machte er sich auf den Heimweg. Das Fest, vor dem er sich gestern
noch fast gefürchtet hatte, war nun doch ein freudiges geworden,
aber freilich nicht blos durch die von oben gesetzte Anordnung.

Kaum war Dominik eine halbe Stunde von Wellendingen,
als ihm ein wilder Reiter auf schnaubendem Rosse begegnete und
staunend erkannte er den Alban; er hielt an und fragte:

„Wohin des Weges?“

„Wo du herkommst,“ erwiderte Alban.

„Dein Vater ist drin.

„Das weiß ich und eben deßwegen komm' ich. Ich bin's
satt zu warten bis er mich ruft; heim komm' ich nicht, aber wo
er sich in der Welt sehen läßt, muß er mir Rede stehen. Ich bin
lange genug das verstoßene Kind gewesen. Heut auf Einmal
ist mir's eingefallen, daß ich keinen Tag mehr versäumen darf.“

„Wenn du mir folgst,“ belehrte Dominik ruhig, „kehrst wieder
mit mir um; vor allen Leuten machst die Sache nur ärger, da
kann dir dein Vater nicht nachgeben, wenn er auch wollt', und
glaub' mir, er möcht' und weiß nur nicht wie. Kehr' mit mir
um. Ich hab' dir einen Gruß von deiner Mutter. Du machst
einen Unschick, wenn du weiter rennst.“

„Was Unschick?“ rief Alban, „ich bin kein Knecht, ich will's
nicht sein; des Furchenbauer Großer darf auch schon einmal einen
Unschick machen.“ Er ritt in wildem Galopp davon.

Dominik rief ihm noch nach, das Ameile sei auch da, aber
Alban hörte schon nicht mehr.

Eine neue Freundschaft geknüpft und eine alte Liebe zerrissen.

Im obern Saale des Apostels hielt unterdeß der Domänenrath eine sehr geschickte Rede; er sagte, es sei noch ein wichtiger

Gegenstand auf der Tagesordnung zu erledigen, er glaube aber
allgemeiner Beistimmung sicher zu sein, wenn er voraussetze, daß
ein anderer Gegenstand noch viel dringender und das sei, daß
man vorher esse. Alles schrie durcheinander „Ja wohl! Bravo!“
und manche riefen vorzeitig: „Der Herr Domänenrath soll leben
hoch und abermals hoch.“ Es war eben eine Versammlung der
materiellen Interessen und Jeder beeilte sich einen guten Platz dafür zu erlangen. Der Furchenbauer erhielt seinen Platz zwischen
Spitzgäbele und dem Hirzenbauer.

Die Oberamtmännin kam und bat in wohlwollenden Worten,
daß Ameile bei ihr sitzen dürfe. Der Furchenbauer willfahrte mit
doppelter Freude, denn das war nicht nur eine hohe Ehre, sondern auch ein Gegengewicht gegen seine vertrauliche Nachbarschaft
mit dem Hirzenbauer, der als unbezwinglicher Radikaler bekannt
und von den Beamten übel angesehen war.

Die Oberamtmännin hatte seit dem Betreten der Tribüne
Ameile nicht mehr von ihrer Seite gelassen, sie erkannte bald ein
Liebesverhältniß zwischen der Bauerntochter und dem Knechte und
die überraschende Preisübergabe bestätigte dieß vollkommen; sie liebte
jetzt Ameile, denn in dem was sie unwillkürlich gethan hatte, sah
die Oberamtmännin einen unmittelbaren Herzenstakt und sie bewunderte den sichern Muth desselben, der eine scheinbare Demü-
thigung des Geliebten in eine Erhöhung verwandelte. Die Oberamtmännin war eine Frau von tiefem idealem Streben. Während
ihr Mann allezeit über die Rohheit der Menschen und die Rau-
heit der Gegend zu klagen hatte, in deren Mitte er versetzt war,
verklärte die Oberamtmännin gern Alles mit einem idealen Schimmer; sie erquickte sich an der Zutraulichkeit in dem Wesen der
Menschen und manche Bergschlucht, die man bisher nur als eine
unwirthliche Stätte gekannt, wo man nicht einmal das Holz fällen
und thalwärts bringen könne, entdeckte sie als ein heimliches
Naturheiligthum voll romantischen Zaubers, dahin sie oft wall-
fahrtete und zum Staunen der Umwohnenden auch andere Städter
beredete. Auf solchen Wanderungen trat sie oft in einsame Bauern-
höfe und Häuslerhütten ein; sie hatte das Bedürfniß, auch den
Menschen nahe zu kommen, aber es gelang ihr nicht. Bei dem
landwirthschaftlichen Fest leistete sie immer gern Beistand, und
doch kehrte sie jedesmal unbefriedigt von demselben zurück; sie
verkannte die Nothwendigkeit der materiellen Debatten nicht, aber

es fehlte doch gar zu sehr an Schönheit und Innigkeit. „Unserer
Zeit," klagte sie einst ihrem Mann, „ist der weltlich-religiöse
Geist der öffentlichen Naivetät abhanden gekommen. Wir können
uns kaum mehr denken, daß einst die Männer in Griechenland
Thyrsusstäbe schwangen und sich das Haupt bekränzten und daß
sie in Kanaan Palmenzweige schwangen; wir schämen uns jedes
äußern Zeichens der Lust, höchstens wagt man es noch, Kinder
zu bekränzen oder stecken Jünglinge einen grünen Zweig auf den
Hut."

Der Oberamtmann, der in seinem häuslichen Kreise nicht
ungern zarte Empfindungen hegte, hatte seine Frau zu überzeugen
gesucht, daß die Gebildeten keine Festesattribute für das Volk
aufbringen können und die Oberamtmännin hatte trotz ihrer über-
greifenden Wünsche innere Kraft genug, das was sich nicht äußerlich und allgemein darstellen ließ, in einer innerlichen Beziehung
und bei Einzelnen zu suchen und sich von keiner Herbheit abstoßen
zu lassen.

Die Oberamtmännin stand noch unter dem Einflusse der
Nachwirkung, daß sie sich einst öffentlich lächerlich gemacht hatte:
sie war eben in dem Gedanken, daß den Vereinigungen der neuen
Zeit auf's Neue Schmuck und Zier gegeben werden müsse, mit
Blumen und Aehren auf dem Haupte erschienen. Sie erfuhr bald
den Fehlgriff, den sie begangen und dessen Folgen nicht so bald
schwanden, aber sie war ehrlich und stark genug, nicht aus Em-
pfindlichkeit fortan ihren innersten Bestrebungen untreu zu werden.
Heute nun hatte sie gewonnen, wonach sie so lange trachtete:
Ameile war ein holdes frisches Naturkind und noch dazu verklärt
durch eine fast tragische Liebe. Anfangs wurde Ameile fast erschreckt durch die übermäßige Zuthulichkeit und Freundlichkeit; ein
Bauernkind kann es nicht fassen, warum ein Nichtverwandtes und
noch dazu ein Höhergestelltes sich ihm vertraulich zuneigen soll.
Die Oberamtmännin erkannte das so zu sagen Rehscheue in dieser
Natur und sie erzählte nun, daß sie auch einen ledigen Bruder
habe, der Landwirth sei. Ameile lächelte bei dieser Mittheilung,
es lag etwas Schmeichelhaftes darin, wenn sie das auch innerlich
ablehnte; sie sagte aber nur:

„Er hat gewiß aber auch so feine Händ' wie die Frau Oberamtmännin?"

Hieran knüpfte sich nun ein immer weiter gehendes Vertrauliches Gespräch und die beiden Frauen, so verschieden in Bildungsstufe und Lebensanschauung, wurden immer vertrauter mit einander.

Man wird es immer finden, daß edelsinnige Frauenherzen, wenn sie durch sich selbst oder durch äußere Bedingungen über gewisse Begrenzungen hinausgehoben sind, sich bei rascher Begegnung leicht an einander anschließen, die gesellschaftlichen Unterschiede und Schranken sowie die starren Besonderheiten von Beruf und Gesinnung, die den Mann kennzeichnen, fallen bei Frauen oft leichter weg; der Lebenskreis hat troß aller Verschiedenheit doch wieder im Wesentlichen ein Gleichartiges. Die Oberamtmännin verstand das herauszufinden, und bald erzählte ihr Ameile mit bewegter Stimme das Leben auf dem väterlichen Hof und — da es doch schon in der Welt bekannt war — den Zerfall mit Alban.

„Ihr solltet euch an meinen Mann wenden," schloß die Oberamtmännin, „der würde die Sache gütlich ins Reine bringen."

„Das geht nicht, Gott behüte, das geht nicht," entgegnete Ameile.

„Und warum? Mein Mann ist die beste Seele."

„Glaub's wohl, aber das geht nicht, das thät ich nicht leiden, nie. Was für Zwei ist, ist nicht für Drei, hat mein' Mutter im Sprüchwort. Es ist schon arg genug, daß unser Familienstreit draußen in der Welt herumfährt; das wär' gar noch eine unerhörte Schand', wenn man mit einander vor Amt ging'."

Dieses starre Festhalten, eine Familiensache nie zum Austrag vor das bestellte Gericht zu bringen, erschien der Oberamtmännin als jene Feindseligkeit, von der sie schon oft gehört hatte, indem man die bestellten Beamten als natürliche Feinde und Widersacher ansieht. Sie seufzte vor sich hin und betrachtete in schweigendem Nachdenken Ameile. Mit welcher Widerspenstigkeit und welchem verschlossenen Troße hatte das Mädchen jene Worte gesprochen. Wie ist das sonst so offenbar Scheue in diesem Wesen mit solcher schroffen Widersetzlichkeit vereinbar? Ist aber das Scheue nicht gerade eine verhüllende Form der Wildheit und Unzähmbarkeit.

Als die Oberamtmännin Ameile zu Tisch führte, war diese voll Lustigkeit und äußerst gesprächsam; sie bat die Frau Oberamtmännin auch einmal auf den Furchenhof zu kommen, damit

fie ihr die Ehre auch in etwas vergelten könne. Die Oberamtmännin fagte zu, indem fie beifügte, man habe ihr von einer
fchönen Felfenpartie in der Nähe des Furchenhofes gefagt, die
des Geigerles Lotterbett heiße und fchroff abginge in einen Waldbach. Ameile beftätigte und fagte aber, es fei ein „wüfter Weg"
dahin und es fei auch nichts zu fehen als Felfen und Bäume;
fie berühmte dagegen den Wald am Kugelberg, die fchönen Wiefen
und den Kuhftall, die dürfen fich fehen laffen.

Die Oberamtmännin war nun äußerft heiter und verfprach
zum Frühling zu kommen; vorher aber müffe Ameile fie in der
Stadt befuchen.

Ameile thaute immer mehr auf und manche kluge Rede kam
über ihre runden Lippen; die Oberamtmännin machte heute eine
feltfame Erfahrung, denn Ameile fagte ihr einmal zutraulich keck:
„Sie find fo gefcheit wie die rechtefte Bauernfrau."

Diefes Lob erfchien anfangs eben fo wunderlich als übermüthig, bald aber erkannte die Oberamtmännin, daß Ameile fie
nach ihrem Herzen nicht beffer loben konnte. Der Bauer ift nichts
weniger als befcheiden, er traut den Gebildeten und Studirten faft
nur verdrehten Verftand zu, weil er fie oft über Dinge entzückt
und über andere mit Abfcheu erfüllt fieht, die ihm folche Empfindung gar nicht einflößen. Das höchfte Lob, was ein Bauer
Einem aus dem Herrenftande zu fpenden vermag, ift, daß er ihm
den Lebensverftand zuerkennt; und am Ende kann Niemand anders
als mit eigenem Maße meffen, nur der Freigebildete anerkennt
bis zu einem gewiffen Grade auch folche Dinge und Anfchauungen,
die ihm nicht genehm find.

Aus diefer Erfahrung heraus wurde die Oberamtmännin
immer herzlicher gegen Ameile und ihr anfänglich eigentlich nur
allgemeines Intereffe wurde zu einem perfönlichen.

Während Ameile am obern Tifch viel lachte, war der Vater
von Spitzgäbele und dem Hirzenbauer in die Mitte genommen.

Der Furchenbauer hätte fich gern vom Klein-Rotteck zurück-
gezogen, denn er war ihm innerlich neidifch, weil er fehen mußte,
wie diefer zwei Söhne, wovon einer die Eichbäuerin geheirathet
hatte, und einen Tochtermann hier bei Tifche hatte, während er
allein ftand; auch hänfelte ihn der Klein-Rotteck wiederholt, indem er fagte: „Es nutzt dich jetzt nichts mehr, daß du ein Ari-
ftokrat fein möchteft, du haft einmal als Altliberaler ein' Bläß

und das schmiert dir kein' Kanzleitinte zu, und du bist grad so
übel angesehen wie ich. Sie haben dich auch nicht zum Ge=
schwornen gewählt wie mich. Drum wär's besser, du thätest
gleich mit uns."

Wir haben schon oft gehört, daß der Hirzenbauer Klein=
Rotteck heißt und müssen nun auch erzählen, woher das kam;
es entstand einfach, daß er in den dreißiger Jahren bei einer
Versammlung in Freiburg öffentlich sprach, worauf ihm der be=
rühmte Rotteck auf die Schulter klopfte und sagte: „Ihr könnt
so gut öffentlich sprechen wie wir."

Der Klein=Rotteck war heute in gereizt übermüthiger Laune
und es war nicht abzusehen, wohin das führt. Der Furchen=
bauer hörte ihm nicht zu, als er giftigen Spott über Uniform,
Degen und Schärpe des Oberamtmanns losließ. Jetzt aber horchte
er doch auf als er sagte:

„Wenn die Sach' nicht in der Kanzlei angesetzt wär', müßten
wenigstens die Dienstboten, die den Ehrenpreis bekommen haben,
da mit uns am Tisch sitzen."

„Und die Kühe und Ochsen auch," ergänzte Spitzgäbele
lachend; der Furchenbauer aber nahm ruhig das Wort und sagte:

„Der Ehrenpreis gehört eigentlich dem Meister, weil er's so
lang mit dem Lumpengesindel aushält. Es ist ein wahres Elend,
daß man so viel Dienstboten halten muß."

„Darum zerschlag' dein Gut wie dein Alban will," schaltete
Klein=Rotteck ein; der Furchenbauer hörte nicht darauf, sondern
fuhr fort:

„Wenn Eines von meinen Dienstboten was verfehlt hat und
ich halt's ihm vor, ruhig und streng, darf es sich nicht entschul=
digen, das leid' ich nicht, es muß einfach eingestehen: das und
das war nicht recht. Es ist verteufelt, wie stockig sie oft sind
und der Dümmste findet noch Ausreden, nur um nicht sagen zu
brauchen, ich hab's dumm gemacht, ich bin dumm gewesen; und
wenn man einen Dienstboten fortschickt, da sieht man erst, wie
galgenfalsch sie gewesen sind —"

„Das mußt du bald wieder erfahren," sagte Spitzgäbele
und zog den Furchenbauer nahe an sich, damit es der Klein=
Rotteck nicht höre. Er erzählte nun, wie er es so viel als richtig
gemacht habe, daß der älteste Sohn des Scheckennarren das Ameile
heirathe, aber jetzt sei Alles wieder auseinander; ein Jedes rede

davon, daß das Ameile mit dem Dominik verhandelt sei, und es habe sich ja gezeigt, wie sie ihm den Preis selber übergeben habe. Der Furchenbauer suchte zuerst über das Gerede zu spotten, da kein wahres Wort daran sei; Spitzgäbele erzeigte ihm den Gefallen und that als ob er der Versicherung glaube, empfahl ihm aber dennoch, weil nun einmal die Rede sei, den Knecht wegzuthun. Der Furchenbauer konnte nicht umhin beizufügen, wie brav der Knecht gewesen sei, daß er ihn vermissen werde und besonders jetzt in der Dreschzeit; dennoch schwur er, daß Dominik ihm noch heute aus dem Hause müsse und Spitzgäbele empfahl ihm nur, es ohne Aufsehen zu thun. Die Beiden sprachen noch viel mit einander, die Musik spielte lustig dazu auf und der Klein-Rotteck hatte sich zu seinem Nachbar gewendet, dem er erzählte, daß er fünf Söhne habe, davon sei der Aelteste Advokat, der Zweite sei gut versorgt, er habe die Eichbäuerin geheirathet und unter die drei Jüngsten theile er sein Gut, es behielte Jedes noch genug, um zwei Knechte zu halten.

„Weißt mir Niemand für meinen Vinzenz?" fragte der Furchenbauer heimlich, und Spitzgäbele erwiederte ebenso:

„Das geht nicht, bis du mit deinem Alban abgemacht hast; das sagt Jedes."

Ohne zu wissen warum wendete der Furchenbauer plötzlich seinen Blick nach dem Empor des Saales, wo die Musikanten waren. Hatte ihn der Wein benebelt oder was war das? Dort schaute ja Alban mit festem Blick auf ihn herab. Er fragte Spitzgäbele ob er nichts dort sähe, aber dieser sah nichts, es mußte also Täuschung sein. Ameile lächelte vom obern Tisch zu ihrem Vater herunter, dieser erblickte sie jetzt, aber er sah sie finster an.

„Mit Hunden hetz' ich dir deinen Dominik aus dem Haus," knirschte er vor sich hin.

Zweckesser, Hofmetzger und Nachtisch.

Man hat in den letzten Jahren so oft gepredigt, daß England der Musterstaat sei; die Beamten haben wenigstens so viel davon angenommen, daß sie das erste Glas mit Segenssprüchen den Erdengöttern weihen. Der Oberamtmann hatte den ersten Toast dem „gekrönten fürstlichen Landwirthe" gebracht, der in der That für Hebung des Ackerbaus Ersprießliches gethan. Hierauf

ging es an ein gegenseitiges Beräuchern. Der Verein ließ den
Präsidenten, der Präsident den Verein, das älteste Mitglied das
jüngste, das jüngste das älteste, der Studirte den Unstudirten,
der Dickste den Dünnsten, der Dünnste den Dicksten u. s. w.
leben. Der Jubel und glückselige Untereinander war allgemein,
man schüttete sich beim Anstoßen den Wein über Rock und Hände
und lachte dazu, man drückte sich ans Herz, man reichte sich die
Hände und unter rauschender Musik, bei der man kaum sein
eignes Wort hörte, sagte Eines dem Andern, wie glückselig man
sei und welch ein herrlicher unvergeßlicher Tag das geworden.
Der Domänenrath hemmte indeß noch einmal den gemüthlichen
Glückseligkeitsdusel. Wohlweislich vor dem Braten verlas er einen
geschriebenen Aufsatz und während er sonst einfach und sachgemäß
zu sprechen verstand, erging er sich hier in gelehrten Darlegungen.
Weil er sich vom Schreiber emporgearbeitet hatte, wollte er wohl
den anwesenden Beamten und Studirten zeigen, daß sein Wissen
auch nicht von gestern sei und verlor sich in eine Darlegung des
römischen Familienrechts, in dem der Vater in unbeschränkter
Machtvollkommenheit war und das jus vitae ac necis (das Recht
über Leben und Tod) hatte im Gegensatz zu der germanischen
Familie, die eine Rechtsgenossenschaft war, und in der die
Familienglieder einen selbständigen Rechtskreis erhielten. Hier
wurde er unterbrochen. Auf der Tribüne bei den Musikanten
wurde es unruhig, der Oberamtmann befahl Ruhe, oder er
werde den Störer mit einem Landjäger abführen lassen. Der
Domänenrath sprach weiter und mit einem Sprunge, bei dem
er den getödteten Grundrechten, welche die bäuerlichen und ade=
ligen Fideicommisse aufgelöst hätten, noch einen Tritt versetzte,
kam er auf die Bedeutung der Familien=Fideicommisse; er hielt
sich bei den adeligen Erbgütern nicht lang auf, sondern wies auf
die Bedeutung der großen geschlossenen Bauerngüter hin, wie
diese die Stammhalter des Staates seien und wie Alles zu
Grunde gehe, wenn die Gütercomplexe zersplittert würden und
das eintrete, was der Martyrer für Deutschlands Wohlfahrt und
Kraft, Friedrich List, die Zwergwirthschaft genannt. Mit erho=
bener Stimme pries er die Landschaft glücklich, in der noch nicht
der Grundbesitz, das unbewegliche Gut, so sehr zu einem beweg=
lichen geworden sei, daß es davon laufe, wo vielmehr noch die
Grundfeste einer mächtigen Bauernschaft bestehe und „freudig“

rief er aus, „sehe ich mich auch hier um und sehe noch Männer im groben Kittel voll Kraft und Bedeutung, die sich ein Denk= mal setzen für ewige Zeiten, wie sie es von den Vorvätern über= kommen und die es nicht dulden, daß auf ihren großen Acker= breiten einst nichts als Markstein an Markstein wachsen. Ich sehe mich um und sehe nicht Zwergwirthe, sondern mächtige ge= sunde Bauernstämme." Ein allgemeines Lächeln unterbrach den Redner und der Furchenbauer sah stolz umher und schien größer und jünger zu werden. Dieser Tag brachte ihm Preis und Ehre in Fülle. Der Domänenrath ging nun auf den eigentlichen Zweck seiner Rede über, indem er gegen das in der That vielfach ver= derbliche Verfahren der Zertheilung großer Güter durch Händler, die sogenannte Hofmetzgerei, loszog und damit schloß, daß man eine Petition an die Stände unterschreiben solle, damit ein Ge= setz erlassen würde zum Schutze der geschlossenen Güter und gegen die Hofmetzgerei. Bevor er die bereits entworfene Petition vor= las, stellte er den Gegenstand zur Debatte.

„Will Jemand das Wort ergreifen?" fragte er.

Lautlose Stille.

Da rief eine Stimme vom Empor: „Ich, ich will dagegen reden."

Der Furchenbauer erbleichte. War das nicht die Stimme Albans?

Der Oberamtmann schickte einen Landjäger auf den Empor, um den Ruhestörer zu entfernen. Noch einmal fragte der Do= mänenrath: „Will Jemand das Wort ergreifen?"

„Ja wohl," rief jetzt eine Stimme neben dem Furchenbauer, daß dieser zusammenfuhr. Ein Lachen und Murmeln zog durch die Versammlung, aus dem man vielfach das Wort hörte: „Ah! der Klein=Rotteck." Dieser stand auf, hielt das Messer in der Hand und stemmte dessen Spitze auf den Tisch; er schaute ge= lassen hin und her und wartete bis Ruhe eingetreten war, dann begann er: wie er auch meine, daß große Bauern dem Staat nützlich seien, weil sie noch die einzigen sein könnten, die nicht unterbucken; daß dieß aber nicht der Fall sei, wo die Ehre und der Verstand fehle, „und die hat," setzte er mit erhobener Stimme hinzu, „ein Taglöhner, der mit dem Handkarren fährt, ein Bettel= mann, der seine Schuhe in der Hand trägt, oft grad so gut und noch besser als Einer der vierspännig fährt. Der Furchenbauer

da neben mir." der Erwähnte fuhr wieder zusammen, „der Furchen=
bauer hat einen Knecht, ihr habt ihm heute einen Preis gegeben,
sein Urgroßvater war ein Bruder von meinem und hat fast nichts
bekommen. Darf man die Enkel zu Bettlern machen, warum
denn nicht seine Kinder zu Mittelleuten?" Er erhob sein Messer
und fuhr fort: „Da liegt ein Laib Brod, ich will sagen er ist
mein, ich zertheil' ihn und geb' Jedem von meinen Kindern ein
gut Stück; so hab' ich's auch mit meinem Hofgut und so darf
ich's haben und Niemand, kein Gesetz und Niemand soll mir's
wehren. Das ist und bleibt ein Grundrecht, sei's geschrieben
oder nicht. Und weil wir grad davon reden: die große Ver=
fassung gilt jetzt nichts mehr, aber in unserer kleinen, in unserer
Landesverfassung ist uns mit deutlichen Worten „Freiheit des
Eigenthums" zugesichert. Ich weiß die Worte deutlich und einer
von den Herren wird wissen, welcher Paragraph es ist —"

Der Klein=Rotteck hielt eine Weile inne und eine Stimme
rief: „der vier und zwanzigste," worauf der Redner fortfuhr:

„Also im 24. Paragraph haben wir Freiheit des Eigen=
thumsrechts. Die Hofmetzgerei ist ein Elend, ein großes Elend,
das ist wahr; aber ist nicht ganz Deutschland auch ein zerstückel=
tes Gut, in der Hofmetzgerei geschlachtet? Und die Zwergwirth=
schaft —"

Ein allgemeiner Sturm entstand, der Präsident verwies den
Klein=Rotteck zur Ordnung und dieser fuhr ruhig fort, aber nur
noch mit halbem Nachdrucke, das freie Schalten über jegliches
Eigenthum zu vertheidigen. „Die niedern Leute," schloß er,
„müssen auch Gelegenheit haben, ein Stück Acker zu erwerben,
daß sie nicht ewig in der Luft stehen. Ich bin dafür, man kann
ein Ausmaß stellen, bis wie weit ein Gut vertheilt werden darf
für die Zukunft; man muß aber auch ein Ausmaß stellen, bis
wie weit man Grund und Boden in Einer Hand besitzen darf.
Die Adeligen kaufen von den Ablösungsgeldern, die sie von uns
bekommen haben, jetzt wieder alle Güter auf. Wie lange wird's
dauern, da giebt's wieder nur noch Beständer? (Pächter). Da=
gegen muß auch Vorkehrung getroffen werden. Wenn diese beiden
Punkte hineinkommen, dann unterschreib' ich."

Der Klein=Rotteck war zweimal unterbrochen worden, denn
der Apostelwirth hatte das Ameile aus dem Saale abgeholt und
bald darauf die Oberamtmännin; sie waren beide nicht wieder

zurückgekehrt. Aus der untern Stube vernahm man jetzt lautes
Rufen und Abwehren.

Der Klein-Rotteck setzte sich lächelnd nieder und zerschnitt den
Laib Brod in Stücke; den Furchenbauer fröstelte es: er wußte
nicht warum, er schüttete ein groß Glas Wein in Einem Zuge
hinab.

Der Domänenrath wollte erwidern, aber man sah deutlich
in der Ferne, wie ihm der Oberamtmann abwehrte, er wollte
dies selbst übernehmen, und bald begann er in gemäßigtem Tone
zuerst den Klein-Rotteck zu loben, daß er frei herausgesprochen
habe, dann aber vertheidigte er, oft vom Beifall unterbrochen,
mit hinreißender Beredtsamkeit die Bedeutung eines mächtigen
Bauernstandes. Zuletzt wendete er sich nochmals gegen den Vor-
redner und erging sich in scharfem Spotte über „unverzapftes und
sauer gewordenes acht und vierziger Gewächs." Er hielt dem
Klein-Rotteck den Widerspruch vor, daß er gegen die Zerstückelung
Deutschlands eifere (worauf dieser einwarf: „Bin deßwegen zur
Ordnung gerufen, darf nicht erwähnt werden") und bei Privat-
eigenthum in Grund und Boden doch einer solchen das Wort
rede. Er suchte darzulegen, daß man diese Frage, „die schwierigste
der Volkswirthschaft," nicht mit einigen liberalen Redensarten abthun könne. „Das ist eine Sache," rief er spottend, „die sich
nicht mit dem Brodmesser schneiden läßt, da braucht es die fein-
sten Instrumente der staatlichen Heilkünstler. Der Hirzenbauer wird
mir erlauben, daß ich ihn auch Klein-Rotteck heiße und ihm sage,
daß sein Pathe, der große Rotteck, für Untheilbarkeit der Güter
sich aussprach."

Ueberhaupt deckte der Oberamtmann mit schonungsloser Schärfe
nicht nur die Widersprüche, sondern auch die Lücken auf, die aus
der Darlegung des Klein-Rotteck sich ergaben. Er lobte ihn wiederholt wegen seines selbständigen Denkens und seiner unumwundenen
Aussprache, zeigte ihm aber, daß ihm die Uebersicht und der Zu-
sammenhang fehle und er traf den Hauptpunkt, indem er sagte,
daß der Hirzenbauer schlagend und oft unwiderleglich sei, wenn
er eine einzelne Bemerkung mache, daß er sich aber auch immer
verhaspele, wenn er einen zusammenhängenden Vortrag halten
wolle; seine Reden seien eben auch keine geschlossenen Güter.
Zuletzt erwies er mit großem Scharfsinn, daß die Freiheit des
Eigenthums auf Grund und Boden angewendet nur darin bestehe,

daß man in keiner Weise gehindert sein dürfe, sein Grundeigen-
thum zu bebauen und auszunutzen, wie man den Verstand dazu
habe; der Staat aber müsse ein Recht haben, die Zerstörung seines
eigenen Bestandes, seines eigenen Bodens, und das sei die Zerstückelung des Grundeigenthums, zu verhindern, und mit den
Worten Justus Mösers schloß er: „Der Boden ist des Staates."

Der Klein-Rotteck verzichtete auf jede Entgegnung, und
während der Domänenrath die Petition vorlas, kam der Apostelwirth und rief auch den Furchenbauer ab.

Er wurde nach einer hintern Stube geführt, vor deren Thüre
ein Landjäger stand. Als er eintrat, sah er zu seinem Erstaunen
Alban zwischen Ameile und der Oberamtmännin. Er wollte wieder umkehren, aber die Oberamtmännin faßte ihn bei der Hand
und beschwor ihn hier zu bleiben, wenn nicht ein fürchterliches
Unglück geschehen soll.

„Was kann geschehen?" fragte der Furchenbauer trotzig.

„Das ist ein rasender, ein fürchterlicher Mensch!" rief die
Frau, „Euer Sohn vergreift sich am Landjäger und kommt ins
Zuchthaus, wenn Ihr nicht Friede stiftet."

„Meinetwegen, er ist nichts Besseres werth, er ist widerspenstig gegen seinen Vater und gegen die ganze Welt," entgegnete der Furchenbauer kalt.

Die Oberamtmännin ließ die Arme sinken, im Innern that
sie ihrem Mann Abbitte, weil sie ihm oft nicht glauben wollte,
wie roh die Menschen seien. Der Oberamtmann hatte sich das
Sprüchwort angewöhnt: elf Ochsen und ein Bauer sind dreizehn
Stück Rindvieh. Zeigt sich nicht hier eine stiere Unbeugsamkeit?
Der Furchenbauer wendete sich wieder nach der Thüre, die Oberamtmännin hielt ihn fest und erzählte hochathmend wie es Alban
gewesen sei, der vom Empor gerufen habe, wie ihn der Landjäger verhaftet und er nach Ameile schickte, diese sie rufen ließ,
wie sie sich dafür verbürgt habe, daß Alban frei ausgehen solle,
und daß dieser unerwartete Ueberfall zum Frieden und zur Versöhnung führen müsse.

Der Furchenbauer rieb sich mit beiden Händen Schläfe und
Wange, der Wein schlug ihm zum Gesichte heraus, er athmete
schwer; endlich sagte er:

„Mach' ein Fenster auf, Ameile; ich erstick'."

Ameile gehorchte und wieder sagte der Vater:

„Was will denn der ungerathene Bub da? Red', red', sag' ich."

Alban schwieg beharrlich und der Vater fuhr fort: „Da sehet Ihr's wie er ist. Recht war's, wie der Domänenrath von alten Zeiten erzählt hat, da hat der Vater seinen Sohn auf= knüpfen dürfen. Er hat ihm das Leben gegeben, er darf's ihm auch nehmen. Darf ein Kind jetzt seinen Vater durch Ungehor= sam umbringen?"

Seine Stimme stockte und er hielt inne.

„Vater, er ist brav, er will brav sein," beschwichtigte Ameile.

„Still du, mit dir hab' ich allein zu reden, dein' Falschheit ist am Tag; aber wart nur, komm nur heim," polterte der Furchenbauer gegen Ameile.

Die beiden Frauen standen rathlos. Endlich begann Alban:

„Ich will auch Friede, nichts als Friede; ich schäm' mich ins Herz hinein, daß ich da so dastehen soll." —

„Hast's auch nöthig."

„Ich kehr' wieder heim, aber unter einer Bedingung." —

„Ho, ho! Er will Bedingung stellen." —

„Ich hab's geschworen und der Vater muß bitten." —

Der Furchenbauer schlug sich auf den Mund und rief:

„So lang die Zung' da lallen kann,' nicht, darauf kannst du dich verlassen. Herr Gott, was ist das für eine Welt! Mein Vater wär' hundert Jahr' alt geworden, wenn er sich nicht Scha= den gethan hätt'; ich werd' nächsten Montag siebzig Jahr alt, ich erleb's nicht, du kannst dich rühmen, daß du das zuweg bracht hast, es wird dir am Vergeltstag angerechnet werden."

Jetzt mit bebender Stimme sagte Alban: „Vater! Ich will Euch in Ehren halten, ich will Euch jeden Tag doppelt vergelten, den ich Euch Kummer gemacht hab'. Vater! Wenn ich fest bin in dem was ich gesagt hab', so hab' ich das von Euch, Ihr habt mich's gelehrt und mich darüber gelobt; Ihr dürfet mich jetzt nicht dafür verstoßen." Er warf sich vor dem Vater auf die Knie und schrie schluchzend: „Da bitt' ich Euch um Alles in der Welt, saget das eine Wort! Draußen steht der Landjäger, ich vergreif' mich an ihm, ich will zu Grunde gehen, ich will ins Zuchthaus, Vater! zum Letztenmal halt' ich Eure Hand, saget nur die paar Worte und ich bin wieder am Leben. Vater! lie= ber Vater, saget's."

„Könnet ihr widerstehen, dann seid Ihr ein Unmensch,“ rief die Oberamtmännin, unter Thränen die Faust ballend.

„Nun meinetwegen, ich bitt' dich, komm heim,“ sagte endlich der Furchenbauer. Die Oberamtmännin faltete die Hände und umarmte Ameile und küßte sie, während Alban schluchzend am Halse des Vaters hing. Dieser riß sich rasch los und sagte: „Komm 'rein und trink einen Schoppen.“

Der Landjäger vor der Thüre entfernte sich auf Geheiß der Oberamtmännin. Alles staunte als Alban mit dem Vater eintrat.

Als Alban nicht trinken wollte, sagte der Vater:

„Mein Wein ist dir wahrscheinlich zu gering? So ein Herr wie du muß petschirten haben? Laß dir nur kommen.“

Alban trank.

Der Furchenbauer war der letzte, der die Petition unterschrieb, er konnte vor Zittern die Feder nicht führen und befahl Alban, seinen Namen für ihn zu schreiben. Alban wollte das Geschriebene zuerst lesen, aber der Vater befahl ihm, unbedingt zu unterschreiben und Alban willfahrte.

„Erst nächsten Montag setzen wir Alles auseinander,“ sagte der Vater jetzt zu Alban, „bis dahin reden wir kein Wort, und du mußt fleißig sein, ich thue einen Knecht weg.“

Alban zuckte bei diesem Worte und sagte nur:

„Ich will den Hirzenbauer zum Schiedsrichter, wenn's einen Streit geben sollt'.“

„Wirst keinen brauchen. Es darf Niemand Fremdes sich drein mischen.“

Spitzgäbele hielt zu guter Letzt auch noch eine Rede, die mit großem Beifall aufgenommen wurde. Er verkündete, daß am Rhein und im Taunus heuer die Aepfel ganz mißrathen seien, während man hier zu Land nicht wisse wohin damit, er habe daher von zwei Wirthen in Frankfurt, die „Aeppelwein schenken,“ den Auftrag, das Simri Aepfel zu 28 Kreuzer, frei nach der Amtsstadt an den Neckar geliefert, zu kaufen und lege zu dem Behufe eine Liste auf, in die jeder einschreiben möge, wie viel er liefere.

Allgemeines Gelächter entstand, als der Klein=Rotteck rief: „Wir liefern Reichsäpfel nach Frankfurt.“ Viele unterschrieben sogleich. Der Furchenbauer sagte, er wisse nicht wie viel er habe, Spitzgäbele solle zu ihm auf den Hof kommen.

Bei der Cigarre und Pfeife, die jetzt dampften, ward Allen erst recht behaglich. Der Domänenrath kam auf den Klein-Rotteck zu und schüttelte ihm die Hand wegen seines freimüthigen Ausspruches; der Klein-Rotteck vergalt es durch aufrichtigen Ausspruch seines Respects vor dem Domänenrath, dessen Eifer und Verdienst um den Verein und seine Zwecke er wohl erkannte.

Der Domänenrath verwand dadurch die betrübende Erfahrung, daß seine Gelehrsamkeit noch nicht allseitig stichhaltig sei, denn der Oberamtmann hatte ihm so eben auseinander gesetzt, wie in England die ungetheilte Vererbung von Grund und Boden und die Fideicommisse überhaupt nicht als Gesetz, sondern nur als Sitte bestehen.

Die Oberamtmännin, die eine besondere Gönnerin des Klein-Rotteck war und es ihm blieb trotz seines Radikalismus, so daß er ihr jedesmal, wenn er als Schultheiß nach der Stadt kam, seine Aufwartung machte, scherzte nun in freundlicher Weise mit ihm und selbst der Oberamtmann that freundlich und neckte seine Frau, daß er eifersüchtig werde. So schien am Ende doch Alles in eine freundliche und versöhnliche Stimmung auszuklingen.

Der Pächter von Reichenbach entließ Alban sogleich aus dem Dienst und als Ameile auf den Wagen stieg, küßte die Oberamtmännin sie herzlich; aber Ameile war trotz des wiederhergestellten Friedens traurig. Sie ahnte Unheimliches.

Zwei Söhne sind heim und fremd.

Alban hatte das Reitpferd, das er mitgebracht, hinten an den Wagen gehängt, um es in Reichenbach abzugeben. Jetzt saß er vor dem Vater und der Schwester und lenkte die gewohnten Thiere. Die Pferde, allezeit rasch wenn es der Heimath zugeht, waren es heute doppelt; ahnten sie vielleicht, daß ihr junger Herr sie lenkte und daß sie auch ihn wieder heimbrachten? Alban hatte nur immer die Zügel fest anzuhalten. Die drei Fahrenden sprachen kein Wort, diese Versöhnung war so urplötzlich in gewaltiger Gemüthsüberwallung gekommen und nichts war mit ihr geschlichtet und ausgeglichen.

Ameile schloß still die Augen und dachte in sich hinein, was nun geschehen werde, auch mit ihr; der plötzliche unbegreifliche Zorn des Vaters, was war sein Grund und seine Folge? Sie wagte es nicht, jetzt den Vater zu fragen, was er gegen sie habe, sie war ein seltsam und streng ins Haus gebanntes Wesen, nicht einmal auf offener Straße, wo man allein mit einander war, durfte eine Erörterung der Familiensachen vor sich gehen, das durften nur die vier Wände des Hauses in sich schließen; deßwegen war sie ja gegen Alban auf Seite des Vaters gestanden und hatte dieser ihr so viel Liebe zugewendet. Aus diesem Denken heraus sagte sie nur einmal: „Ich will warten, bis Ihr mir daheim saget, was ich verfehlt hab'." Sie erhielt keine Antwort und im stillen nächtigen Dahinfahren erschien ihr der verflossene Tag wie ein Traum: sie hatte eine vornehme Freundin, die sie küßte, und Alban war wieder mit ihnen vereint. Sie öffnete manchmal die Augen, um sich dessen zu vergewissern, und unter dem raschen Hufschlag der Pferde, bei dem Rollen des Wagens hörte sie am Ende nichts mehr als den verklungenen Trompetenwirbel, unter dem Dominik den Preis bekommen hatte.

Erst in Reichenbach erwachte sie, wo Alban das Pferd abgab, seine Habseligkeiten zusammenraffte und aufpackte. Man erfuhr auch, daß Dominik das Schwärzle hier zurückgelassen weil es zu hinken begann; er war allein heimgeeilt.

Nur um das Schwärzle kümmerte sich jetzt der Furchenbauer mit eifriger Sorgfalt und Beredsamkeit und empfahl dem Wirth in Reichenbach gute Pflege und Abwartung.

Man fuhr weiter. Der Furchenbauer öffnete den Mund kaum zu den gleichgültigsten Worten. Es war ihm nicht minder unbehaglich, daß mit Alban Nichts entschieden ausgeglichen war; die Oberamtmännin, die ihm zudringlich erschien, hatte das verhindert. Er hoffte aber doch jetzt mit dem mürber gewordenen Burschen fertig zu werden und was Zufall gewesen war, erschien ihm jetzt als eine kluge That: Alban hatte ja selber die Petition unterschrieben, die gegen jegliche Güterzersplitterung gerichtet war.

Alban war auch unzufrieden mit sich. Was er in Jahr und Tag still für sich ausgesonnen hatte, hatte er gar nicht vorgebracht. Er war von einem Sturm fortgerissen, und nur das Eine hatte er richtig festgestellt, daß der Vater seine Unbeugsamkeit anerkennen müsse, weil er sie selber hatte und in seinem Sohne hegte. Alban war indeß noch der Heiterste von den Dreien, er war wieder mit guter Manier daheim, das war die Hauptsache: mit

Fortlaufen ist nichts geholfen, die Sache muß auf dem Fleck ausgemacht werden.

Spät in dunkler Nacht wie Alban einst aus dem väterlichen
Haus entflohen war, kehrte er wieder in dasselbe zurück.

Der Kühbub, der trotz des Zerwürfnisses auf dem Hof verblieben war, kam mit der Laterne den Anfahrenden entgegen und
leuchtete Alban ins Gesicht, er prallte zurück und schien seinen
Augen nicht zu trauen.

„Ich bin's wirklich,“ sagte Alban lachend, indem er abstieg.

„Wo ist der Dominik?“ fragte der Furchenbauer einen zweiten
Knecht.

„Er schläft schon.“

„So weck' ihn, ich hab' ihm was zu sagen.“

„Vater,“ begann Alban, „ich will gern für den Dominik
schaffen, was er heut noch zu thun hat. Lasset ihn jetzt schlafen;
er muß grausam müde sein; er hat die wilde Kalbin den weiten
Weg hin und her geführt und ich hab's gesehen, sie hat ihm
schier den Brustkasten von einander gerissen.“

„So? Fangst schon gleich so an?“ sagte der Vater gedehnt,
„bist kaum über meine Schwelle und willst mir dreinreden und
den Herrn gegen mich spielen. So haben wir nicht gewettet,
Bürschle, so nicht. Merk' dir's. Du kannst morgen schon das
Geschäft vom Dominik übernehmen. Jetzt geschieht was Ich sag.“
Zum Knechte gewendet fuhr er fort: „schick' ihn in die Stub',
augenblicklich.“

Er schritt voran und Alban stand eine Minute wie ange-
wurzelt. War er darum zurückgekehrt, um die Stelle des Oberknechtes einzunehmen?

Die beiden Hofhunde waren wie toll, der Greif bellte grimmig,
er erkannte Alban nicht, das Türkle aber winselte an der Kette
und sprang hin und her. Alban löste ihm die Kette und das
Thier sprang an ihm empor und leckte ihm die Wangen.

Die Mutter lag schon im Bette und trotzdem, daß Ameile
gehört hatte, daß etwas mit Dominik vorgehen solle, vergaß sie
jetzt ihres Kummers, eilte zur Mutter und verkündete ihr, daß
Alban wieder da sei.

„Komm 'rein, Alban! komm 'rein,“ rief die Mutter aus der
Kammer, als Alban in die Stube trat: er kam zu ihr und sie
bedeckte sein Antlitz mit heißen Küssen.

„Gottlob daß ich dich hab', und sei nur jetzt auch brav und
dank's dem Vater, daß er dich geholt hat. Ach! du riechst so
frisch, du bringst mir wieder neue Luft, mein Husten ist weg.
Stell' die Ampel da vorn hin, noch besser, daß ich dich auch
sehen kann; du bist magerer, gelt, Dienstbotenbrod ist doch ein
hartes? Nun Gottlob, daß es vorbei ist. Du hast mich manche
Nacht den Schlaf gekostet." So rief die Mutter. Der Bauer
kam auch herein, reichte ihr die Hand und sagte:

„Er will wieder Alles gut machen, er hat mir versprochen
folgsam zu sein in Allem."

Er verließ bald die Kammer wieder und ging in die Stube,
denn Dominik war eingetreten, fast noch verschlafen taumelnd.
Alban trat auf ihn zu und reichte ihm die Hand; der Knecht
rieb sich die Stirne mit der einen Hand, mit der andern faßte
er Alban fest, er wollte sicher sein, daß er nichts träume.

„Jetzt freut mich's, daß Ihr mich aus dem Schlaf habt
wecken lassen," sagte er mit heller Stimme. Ohne darauf zu
hören, sagte der Furchenbauer sich setzend und die Beine über
einander legend:

„Ich hab' was mit dir zu reden. Vom letzten Vierteljahr
bin ich dir noch deinen Lohn schuldig und ein Vierteljahr vorher
muß ich dir aufkündigen. Das ist's. So, jetzt ist's geschehen."

„So? Darf ich fragen, warum Ihr mich so Knall und Fall
fortschicket?"

„Freilich."

„So saget mir warum?"

„Weil ich will."

„Das ist kein Grund."

„Haufengenug für dich. Einen andern sag' ich dir nicht.
Meinst du, du sollst dich berühmen können, wegen dem und dem,
ich weiß nicht wegen was, seist du fortkommen? Und wenn ich
hör', daß du Eines von meinen Kindern ins Geschrei bringst,
hast du's mit mir zu thun. Bist aber brav, so kannst in einem
Jahr oder auch bälder wieder zu mir kommen, heißt das, bei
mir nachfragen."

Der Furchenbauer hatte sich trotz seiner schlauen Verdecktheit
doch verrathen, er sah das schnell und wollte nun die Anhänglichkeit des Dominik an sein Haus ködern und binden.

„Wenn's an dem ist," sagte Dominik, „dann geh ich lieber gleich."

„Ist mir auch recht. Lieber heut Nacht als morgen früh.
Ich bezahl' dir noch den Lohn auf vier Wochen, aus Gutheit,
das wirst einsehen, von Kost ist ohnedies kein' Red weil du von
selber gehen willst."

Alban wollte sich dreinmischen, er hatte aber kaum die Worte
gesagt: „Aber Vater," als dieser ihm streng zurief kein Wort zu
reden. Er zählte Dominik das Geld auf den Tisch und legte das
für die vier Wochen besonders. Dominik war eine Minute zweifelhaft, ob er dieses auch nehmen solle und Alban zuckte und hielt
sich die Hand vor den Mund als er es wirklich nahm. Er konnte
nicht ermessen, daß der von Haus aus allezeit arme Bursch sich n'cht
das Recht und den Muth zutraute, seiner Ehre zulieb einige Gulden
wegzuwerfen und noch dazu seinem langjährigen Herrn gegenüber.

„B'hüts Gott," sagte Dominik und ging mit dem Geld aus
der Stube. Die Mutter in der Kammer und Alban wagten nicht
ein Wort zu reden.

Ameile hatte in der Küche Alles gehört. Als jetzt Dominik an ihr
vorüberging, sagte sie so laut, daß man es in der Stube hören könnte:

„So? Jetzt gehst fort? Nun so b'hüt dich Gott und ich wünsch'
dir viel Glück." Ganz leise aber setzte sie hinzu: „In einer Stunde
unterm Breitlingbaum im Garten." Sie kam in die Stube, sagte
Gutenacht und ging mit Geräusch nach ihrer Kammer und verschloß
sie hinter sich.

Alban war doch dem Dominik nachgegangen und hatte ihm
herzlich zugeredet, sich nicht unnötigen Kummer zu machen, er
solle allzeit Bruderhülfe bei ihm finden. Dominik schwieg zu Allem
und packte seine Kleider ein. Erst als Alban sagte, daß er ihm
wegen Leben und Sterben ein Schriftliches geben wolle über die
Darlehen, die er bei ihm gemacht, sagte er, daß es in guter
Hand stehe, bis er es brauche um auszuwandern.

Dominik wollte noch vor Tag aus dem Hofe fort. Alban
kehrte in das Haus zurück. Er ging nach der Kammer wo Vinzenz
schon schlief und wo sein Bett noch stand von alten Zeiten. Hinter
ihm drein war der Vater geschlichen und lauschte an der Thür.

Heimliche Verabredungen.

Als Alban seinen Bruder Vinzenz aus dem Schlafe weckte,
rief dieser um sich schlagend: „Thu mir nichts, du darfst mir

nichts thun." Alban war erschreckt von diesem Ausrufe und erzählte nun dem Bruder, wie er in Friede mit dem Vater heimgekehrt, wie Alles gütlich ausgeglichen sei und er dem Vater nachgeben wolle.

Vinzenz richtete sich jetzt im Bett auf und sagte: „Grüß
Gott!" Gähnend fügte er hinzu: „Ich hab' arg geschlafen."
Alban setzte sich zu ihm auf das Bett und sagte, wie ganz verändert, jähzornig und wild der Vater sei, wie er den Dominik so
plötzlich und hart fortgeschickt, und wie ihn die Kinder als krank
behandeln und ihm in Allem nachgeben müßten.

„Ich mein'," schloß Alban, „die Sünde, daß er dir ein
Aug' ausgeschlagen hat, läßt ihn nicht ruhen. Wir wollen's
vertuschen, so gut als wir können."

Der Horchende erbebte. So war seine That Alban bekannt
und er konnte ihn der Schande preisgeben! Eine Minute dachte
er, daß Alban doch bis jetzt brav gewesen, er hatte diese grause
That doch bis jetzt Niemand verrathen; schnell aber sprang er
wieder in eine andere Stimmung über: der eigenwillige Bursche
wußte also warum der Vater nicht anders handeln konnte, und
war doch unnachgiebig! Neuer Zorn entbrannte gegen ihn, in
den sich nur noch der gegen Vinzenz mischte, der das Geheimniß
verrathen hatte. Wenn er Beide hätte enterben können, er hätte
es gethan, und fast schien es besser, den muthigen offenen Alban
einzusetzen, als den hinterhältigen Vinzenz, der doch nur ein halber
Mensch war.

Alban hatte sich in sein Bett gesteckt und sich behaglich streckend
rief er:

„Ah! Da ist's doch am besten. Es ist mir wie einem Vogel,
der in sein altes Nest kommen ist. Man liegt nirgends besser
als daheim. Jetzt horch' auf, Vinzenz, was ich dir sag'. Wir
machen's so. Hörst auch gut zu?"

„Ja."

„Ich widersprech' nicht, wenn der Vater dir das Gut giebt
und es abschätzt wie er will. Ich heirath' die Vreni und bleib'
bei dir als Knecht."

„So? Das wirst nicht wollen? Das ist nicht dein Ernst."

„Freilich, aber nur auf die Art, wie ich's mein'. Wir thun
dem Vater nur zum Schein seinen Willen. Er ist bald siebzig
und lebt nicht ewig, und wir wollen ihm den Willen lassen so

lang er lebt; er soll meinen, das Sach sei alles dein und bleib'
bei einander. Du giebst mir aber schriftlich mit zwei Zeugen
unterschrieben, daß du nach des Vaters Tod den Hof abschätzen
läßst von Unparteiischen und zu gleichen Theilen mit mir und
dem Ameile theilst. Auf die Art ist des Vaters Willen geschehen
und doch auch wieder Keines von den Kindern verkürzt, und wir
erhalten den Frieden und der Vater kann in Ruhe seine Tage
verleben. Zu Zeugen nehmen wir den Hirzenbauer von Nellingen
und unsern Vetter den Gipsmüller, die halten Alles verschwiegen
und geheim. Ist das nicht recht? Ist das nicht ordentlich ge=
sprochen? Hast du was dagegen? So gieb doch Antwort. Schnarch'
nicht, ich glaub' nicht, daß du schlafst. Das ist falsch von dir,
Vinzenz; hab' mich nicht zum Narren. Man kann's ja nicht
brüderlicher machen als ich geredet hab'. Vinzenz, gieb Antwort.
Ich reiß' dich an den Haaren aus dem Bett, wenn du mich so
zum Narren hast. Vinzenz, willst du mich auch des Teufels
machen?"

Alban sprang aus dem Bett und schüttelte den Bruder,
dieser schrie laut auf und that wieder als ob er erwachte.

Schon wollte der lauschende Vater zum Schein die Treppe
heraufspringend zu Hülfe eilen, als er Alban sagen hörte:

„Sei ruhig. Ich thu dir nichts. Hast denn nicht gehört,
was ich gesagt hab'? Hast wirklich geschlafen?"

„Halb und halb."

„Und was sagst dazu?"

„Ich versteh' die Sach' noch nicht recht, aber so viel weiß
ich, ich bin zum Krüppel geschlagen und mir gehört was im Vor=
aus. Ich kann aber heut' nimmer viel schwätzen. Morgen ist
auch ein Tag. Gut Nacht."

Alban erhob im Bett seine Hände und betete: „Herr Gott!
Laß mich heut' Nacht sterben, wenn ich was Unrechtes will. Ich
weiß nicht anders. Es ist nicht meine Schuld, daß ich so bin.
Ich muß anfangen, das Unrecht, das von Geschlecht zu Geschlecht
gegangen ist, umzustoßen. Ich wollt' es müßt's ein Anderer
thun, aber ich muß. Wenn ich Unrecht hab', nimm mich im
Schlaf von der Welt und zu dir —." Er murmelte noch unver=
ständliche Worte, in denen nur deutlich, wie im gewohnten Kindes=
gebete, Vater und Mutter vorkamen, dann war Alles still …

Dem Furchenbauer schoß es in die Knie, er mußte sich auf

die Treppe setzen. Erregte vorhin der Plan ihn zu täuschen seinen
brennenden Ingrimm, so traf ihn jetzt jedes Wort im Gebete
Albans wie ein Blitzschlag. War das sein hartherziger Sohn?
Welch ein Kind war das! Er hatte seine geheimsten Gedanken
hören wollen, er hatte sie gehört, sie waren bös und heilig, schänd=
lich und rechtschaffen. Wer hilft da heraus? Lange saß der Vater
auf der Treppe in dunkler Nacht und konnte sich nicht erheben.
Wer jetzt in sein Antlitz hätte schauen können, würde den eisen=
harten Furchenbauer nicht erkannt haben.

Während hier der ungelöste Bruderstreit vom Vater belauscht
sich kundgegeben hatte, standen unter dem Apfelbaume im Obst=
garten zwei Liebende beisammen und sie sprachen wenig und ihre
leisen Worte verhallten von keinem fremden Ohre belauscht und
zogen hinan zu den Sternen, die in der Herbstnacht hell glitzerten
und funkelten.

„Was soll denn das jetzt noch?" hatte Dominik zu Ameile
gesagt. „Es ist besser, du bist frei, ich will dir nicht vor dein
Glück stehen und mit mir hättest du nur Elend und glaub' mir,
ich könnt's nicht ertragen, wenn du nicht mehr leben könntest wie
du's gewöhnt bist."

„Ich bin an nichts gewöhnt als an dich und dabei bleib'
ich, und wenn ich von Vater und Mutter und von der ganzen
Welt fort muß, mit dir geh' ich nach Amerika, wie wenn's nach
Reichenbach wär'. Ich will froh sein, wenn ich aus unserm Haus
bin, da ist ja Jedes immer wie eine geladene Pistol. Ich will
Gott danken, wenn ich nur dreimal Kartoffeln des Tages hab'
und Ruhe und Friede dazu; aber sie müssen mir mein Vermögen=
theil geben, im nächsten Jahr werd' ich großjährig. Halt' nur
fest aus wie ich. Du mußt wegen meiner aus dem Haus. Ich
weiß es. Aber da drin in meinem Herzen bleibst du und da
kann dir kein Vater und kein Meister aufkündigen. Da hast mein'
Hand, dich nehm' ich und keinen Andern."

Dominik faßte die dargereichte Hand nicht, er sagte nur:

„Du kannst auf Einmal reden wie eine Große —"

„Ich bin kein Kind mehr."

„Freilich, aber deiner Eltern Kind bist noch und dagegen
will ich dich nicht aufstiften."

„Weil du kein' Kurasche hast," sagte Ameile zornig und
Dominik erwiderte:

„Ich hab' mehr als du glaubst, ich könnt' für dich durch's
Feuer laufen, ich thät mich nicht besinnen. O Ameile!" seine
Stimme stockte und sich an seinen Hals hängend rief das Mädchen:
„Was? Wer wird heulen? Rechtschaffen und lustig —"

Die Beiden redeten lange kein Wort mehr, der Quell des
Wortes war versiegelt, in stiller Nacht hingen sie Lippe an
Lippe.

„Sieh den Stern!" rief Ameile nach einer fliegenden Stern=
schnuppe den Kopf wendend, aber nicht nach ihm deutend, denn
es ist bekannt, daß man mit Hindeuten nach einem Stern einem
Engel die Augen aussticht. In begeistertem Ton fuhr Ameile
fort: „Weißt noch wie du mir gesagt hast, ein Sternschuß ist ein
verirrter Stern, der wieder an seinen Ort heimkehrt? So sind
wir Zwei jetzt auch. Da, jetzt wollen wir uns Braut und Bräu=
tigam heißen. Du mußt mir eine Trau geben. Weißt was?
deine Denkmünze, das ist mir das Liebste."

„Ich hab' sie nicht mehr."

„Wo hast sie denn?"

„Ich hab' sie meiner Mutter geschickt. Ich hab' sie dem
Hirzenbauer versetzt, daß er meiner Mutter ein paar Gulden geben
soll. Ich hätt' dir das nicht sagen sollen, ich will mich aber nicht
berühmen. Ich hab' im Gegentheil an meiner Mutter bisher zu
wenig gethan."

„Vor mir darfst dich berühmen. Das ist mir lieb, daß ich
jetzt auch weiß wo du hingehst. Ich bin doch dumm. Ich hab'
gemeint, du mußt in die wilde Welt hinaus. Du hast ja auch
ein' Mutter. Das ist gut. Grüß sie von mir und sag' ihr, sie
soll mir meine Trau gut aufheben und soll sich am Leben er=
halten, bis sie auf unserer Hochzeit lustig ist. Und wenn dir
was vorkommt, daß du eine Annahme brauchst, geh' nur zur
Oberamtmännin und sag's ihr nur frei, du seist heimlich mein
Hochzeiter, sie weiß schon so was, und die wird dir in Allem
helfen und beistehen, die hat den klaren Verstand zu Allem und
ist so grad wie eine rechtschaffene Bauernfrau, gar nicht wie eine
Herrenfrau. Und noch Eins: verding' dich nicht in einen andern
Platz, du wirst dir schon so forthelfen und thu's mir zulieb und
geh' heut' nicht in der Nacht fort, du hast nächt (vergangene
Nacht) nicht geschlafen und bist müd; wart bis Tag ist."

Noch Vieles plauderten die Liebenden zusammen in Scherz

und Ernst, sie wollten gar nicht von einander lassen; endlich aber mußten sie sich doch trennen.

Ameile ging still und gedankenvoll nach dem Hause, sie öffnete es leise. Als sie die Bühnentreppe hinanstieg zu ihrer Kammer, die der Schlafkammer der Brüder gegenüber war, wurde sie plötzlich von starken Händen gefaßt und eine Stimme rief:

„Wer bist? Wer ist da?"

Ameile schrie laut auf. Die Mutter kam mit Licht herbei und sah wie der Vater die Tochter fest in den Armen hielt.

„Du bist's?" rief der Vater — „So? Ich weiß wo du gewesen bist, aber still, still, nicht gemuckst, daß Niemand im Haus Etwas erfährt, still sag ich."

Er schleppte Ameile nach ihrer Kammer, schloß sie ein und nahm den Schlüssel zu sich.

Ein armes Kind im Elternhaus.

Ein gut gestelltes Hauswesen geht ordnungsmäßig fort, ohne täglich frisch aufgezogen zu werden. Der rasche Taktschlag der Drescher war schon laut, als Dominik ärgerlich ob seines langen Schlafes erwachte; er besann sich aber, daß er ja das Haus verlassen müsse, aus dem er so plötzlich gewiesen war. Er sputete sich. Verwirrt schaute er sich im Hof um; wie viel hundertmal hatte er's gehört und sich selbst gesagt, daß er wie das Kind im Hause gehalten sei und jetzt — abgelohnt, fortgeschickt, du gehörst nicht mehr hieher . . . Da war kein Werkzeug im Hof, das er nicht gehandhabt, an dem er nicht Etwas gerichtet hatte, jedes Thier kannte ihn, seinen Tritt und seine Stimme, und jetzt — hinaus, fort, das geht dich Alles nichts an. — Aus dem Hause stieg der morgenbliche Rauch auf, dort wird keine Suppe mehr für dich gekocht, du holst dir dort nicht mehr unter Scherz und Neckerei eine glühende Kohle für deine Pfeife. Wo nur Ameile sein mag, daß sie sich nicht einmal vorübergehend am Fenster oder unter der Thüre zeigt? Da drin lebt Alles weiter, als ob du nie dagewesen wärest, und wer weiß, ob sie nicht auch Ameile dazu bringen? Nein das nicht, das wird nie sein. Wie wird's aussehen, wenn du wieder in die Stube trittst und die Tochter begehrst? Bis dahin muß die Welt anders werden.

Noch nie in seinem Leben war Dominik an einem Werkeltags=Morgen so lange müßig dagestanden, heute konnte er nicht vom Fleck und er durfte ja thun und lassen was er wollte, er war Herr über sich und seine Zeit. Dennoch war's ihm manchmal wieder, als müsse er auch zu den Dreschern; das ist die gewohnte Ordnung, das muß sein, davon kann ihn Niemand abhalten. Eine Weile lächelte er vor sich hin, indem er dachte, wie der Meister aufschauen würde, wenn er ohne ein Wort zu sagen, mit den Dreschern zum Morgenimbiß käme. Es wird ihm selber Recht sein, daß seine Uebereilung nicht ausgeführt ist; er ist allezeit so hitzig und denkt oft in der nächsten Minute nicht mehr daran. Wenn er dich aber vor allen Leuten aus dem Haus jagt? Was dann? Gestern vor aller Welt für treue Dienste mit der Denkmünze belohnt und heute mit Schimpf und Schande, aus dem Haus gejagt. — Was wird Ameile dazu sagen? Bis jetzt hast du selber aufgekündigt und kannst mit Stolz weggehen, und das mußt du wenn der Bauer nicht kommt und dich holt.

Sieh, die Thüre öffnet sich — nein, es ist die Großmagd, die nach dem Brunnen geht, um Wasser zu holen, sie ruft Dominik zu: „So, du bist noch da? Glück auf den Weg." Sie trommelte mit einem Scheit Holz auf dem Kübel zum Aerger des Dominik, denn nach altem Brauch ist dies Trommeln auf den Kübel ein Zeichen des Spottes und der Mißachtung gegen einen „wandernden" Dienstboten. Sie ging nach dem Brunnen und während sie wartete, bis der Kübel voll war, sang sie:

> Heut ischt mein Bündelestag,
> Morn (morgen) ischt mein Ziel,
> Schickt mi mein Bauer fort
> Geit (giebt) mir et viel.

Dominik kehrte nach der Stallkammer zurück, schnürte seine Gewandung noch fester zusammen, hob sie auf die Schulter und verließ den Hof ohne noch einmal umzuschauen. Er hatte schon zu lange gezögert.

Als er aber jetzt an das äußere Hofthor kam, wurde ihm doch eine Ehrenbezeigung zu Theil. Die Knechte kamen mit Peitschen, an deren schwanke Spitzen sie rothe Bänder geknüpft hatten, und nun begannen sie allesammt nach einer bestimmten Melodie zu knallen, daß es weithin schallte. Dominik dankte für dieses Ehrengeleit, denn wie man einem Soldaten ins Grab schießt,

ſo gilt es als Ausdruck der Ehre und Liebe der Mitdienenden,
daß man einem wandernden Dienſtboten nachknalle. Dominik
ging fürbaß. Er trug ſchwer auf der Schulter, aber noch ſchwerer
im Herzen. Als er den Hof hinter ſich hatte und an dem Garten
vorüber kam, wo der Apfelbaum ſtand, unter dem er noch geſtern
Nacht Ameile in den Armen gehalten, da glühten ihm die Wangen,
die ganze Liebe des treuen und plötzlich ſo ſtarken und ſelbſtän=
digen Mädchens lebte wieder in ihm auf. Er ſchalt ſich, daß er
immer nur an ſein Knechtsleben gedacht hatte; Ameile hatte Recht,
ihm fehlte der tapfere Muth, er dachte zu viel daran, daß er ein
armer Burſch ſei und wie er barfuß als Kühbub auf den Hof
gekommen. Es ſind ſchon Mindere hoch hinauf gekommen, halt'
dein Glück feſt und zeig', daß du es werth biſt... An der Haus=
kapelle, da wo der Weg umbiegt und abwärts ins Thal geht,
dort ſtand Dominik noch einmal ſtill, ſchaute nach dem Hof zurück,
wo jetzt der Taktſchlag der Dreſcher verſtummte, ſie gingen zum
Eſſen und faſt laut ſagte Dominik vor ſich hin: als Hausſohn
will ich da aus= und eingehen.

Es iſt ein tiefdeutiger Spruch: ein Mädchen, das ein aus=
gelöſchtes Licht aus dem glimmenden Docht wieder anblaſen kann,
iſt eine reine Jungfrau. War die Liebe des Dominik nicht ſchon
einmal ausgelöſcht? Und wie hellleuchtend hatte ſie der Athem
Ameile's wieder angefacht.

Die Gedanken des Dominik, noch vor Kurzem ſo betrübt
und unverzeihlich weichmüthig, wurden auf einmal freudig und
feſt. Nur über Eines war er noch nicht mit ſich im Reinen: ob
er es geradezu aller Welt ſagen ſolle, daß ihn Ameile liebe und
daß er darum aus dem Hauſe mußte, oder ob er dies noch ver=
ſchweigen und ſich eine Zeitlang übler Nachrede ausſetzen ſollte.
Wieder wollte ihn die gewohnte Demuth noch einmal überkommen,
aber er bewältigte ſie und faßte den unabänderlichen Vorſatz,
denen, an deren Meinung ihm liege, den Sachverhalt mitzutheilen,
vor Allem dem Hirzenbauer; ob auch der Mutter und den Ge=
ſchwiſtern, das wird ſich zeigen.

Wohlgemuth zog Dominik ſeines Weges. Heute konnte er
welchen Weg er wollte einſchlagen, heute befahl ihm Niemand
mehr. Du biſt dein eigener Herr, ſagte er ſich, aber doch ſtieg
er wieder den Henneweg hinauf. Der Nebel ſtand feſt über Thal
und Wald, von den Zweigen floſſen Tropfen, aber Dominik wan=

delte hin wie in lauter Sonne und lichter Freudigkeit. Als er
wieder auf dem begrasten Weg und endlich am Grenzstein des
Furchengutes dort an der Waldeslichtung war, dachte er nicht
mehr an die Pachtung der Schafweide: er wollte mit seinem
Ameile ein gut Stück von diesem Gute haben, und wenn nicht
im Boden selbst, doch in Geld. Noch einmal dachte Dominik,
ob es nicht klüger wäre, wieder umzukehren und nach Reichenbach
zu gehen; dort war jetzt Albans Stelle offen, das war ein Ehren-
platz, und er war näher beim Furchenhof. Aber Ameile hat ihn
gebeten, nicht in einen neuen Dienst zu treten... Während
des Ueberlegens schritt er immer rasch voran, er wollte, wenn
er sich anders entschließe, keine Zeit versäumt haben, und wirklich blieb er auch dabei, zu seiner Mutter zu gehen. Dorthin
hatte ihn auch Ameile gewiesen, dort waren ihre Gedanken bei
ihm, und er mußte für Ameile die Trau auslösen. Jeder Schritt
ward ihm leicht und zur Freude, denn er ging ihn für Ameile.

In Klurrenbühl im Wirthshaus hielt er an und traf heute
große Bewegung, einem der Angesehensten des Dorfes wurden
heute im Gantverfahren seine Liegenschaften verkauft. Man erinnerte Dominik, wie vor fünf Jahren hier ein großes Hofgut,
das er noch gekannt hatte, zerschlagen wurde; der heut zu Ver-
gantende, ein fleißiger, haushälterischer Mittelmann, kaufte übermäßig viel ein, und nun ist er schon der Dritte, der dadurch
vergantet wird, zwei Mißernten und die Kapitalschulden erdrück-
ten ihn und jetzt ist auch sein früheres Besitzthum damit verloren
und er ein Bettelmann.

Die Leute, die Dominik kannten, staunten, als er fragte,
was denn das ganze Anwesen im Schätzungswerthe betrage, und
als er auf die Auskunft erwiderte: das wär' mir zu klein. Dominik sah schon vor sich, wie er ein mittleres Gut kaufte, es
durch Fleiß und Bewirthschaftung höher hob und am Ende doch
noch Ameile in ein Glück setzte, wie es ihr gehörte. Er war
jetzt in der Stimmung, daß er auf die halbe Welt ein Anbot
gethan hätte, so frisch ausgerüstet fühlte er sich. Fast vor seinem
eigenen Muthe fliehend, ging er beim Beginn der Versteigerung
davon, und immer wehmüthiger ward es ihm jetzt im Herzen,
daß er mit jedem Schritt weiter weg von Ameile sei. Es fiel
der erste Schnee, der aber alsbald wieder zerging, und der ab-
gerissene Klang aus dem Liede zog Dominik durch den Sinn:

Berg und Thal, kalter Schnee —
Von Herzlieb scheiden und das thut weh.

Wann wird er den Weg wieder zurückkehren, freudig getrieben von lockender Glückseligkeit? Wenn nur Ameile nicht gar zu hoch über ihm stünde! Freilich, sie hat ein festes Herz, aber sie weiß doch noch nicht, was es heißen will, aus solch einem vollen Hause fortzugehen: der Milchkeller ist allzeit voll und es ist etwas Anderes, wenn man jeden Tropfen sparen muß; daheim ist die Mehltruhe, der Schmalztopf allzeit gefüllt, da heißt es nur: geh da geh dorthin und schöpf; wie aber dann, wenn's klein hergeht und wenn man nach dem was man braucht überallhin ausschicken muß? Wir wollen mit Lieb und Freud jeden Bissen salzen und schmalzen.

Ein guter Kamerad gesellte sich unversehens zu Dominik, der wußte die besten Herzensgedanken, und der Kamerad war das Lied, das er also vor sich hinsang:

Es steht ein Baum in Oesterreich,
Der trägt Muskatenbluth,
Die erste Blume, die er trug
War Königs Töchterlein.

Dazu da kam ein junger Knab,
Der freit um Königs Tochter;
Er freit sie länger als sieben Jahr
Und kann sie nicht erfreien.

Laß ab, laß ab du junger Knab,
Du kannst mich nicht erfreien;
Ich bin viel höcher geboren denn du
Von Vater und auch von Mutter.

Bist du viel höcher geboren denn ich,
Vom Vater und auch von Mutter,
So bin ich dein Vaters gedingter Knecht
Und schwing dem Rößlein das Futter.

Bist du mein Vaters gedingter Knecht,
Und schwingst dem Rößlein das Futter,
So giebt dir mein Vater auch guten Lohn,
Daran laß dir genugen.

Der große Lohn und den er giebt,
Der wird mir viel zu sauer;
Wenn andre zum Schlafkämmerlein gehn,
So muß ich zu der Scheuer.

Des Nachts wohl um die Mitternacht,
Das Mägdlein begunnte zu trauern,
Sie nahm ihre Kleider in ihren Arm
Und ging wohl zu der Scheuer...

Das war ein braves Lied. Dominik wußte wohl, es hat noch mehr „G'jätzle“, aber er kannte sie nicht und erinnerte sich nur, daß der Knecht des Königs Schwiegersohn wurde. Und was in alten Zeiten geschehen ist, kann auch wieder geschehen. Und wenn Ameile auch höher ist denn er von Vater und auch von Mutter,“ so ist sie doch keine Königstochter und hat ihn gewiß mehr lieb als die von alten Zeiten. „Dich nehm' ich und keinen Andern,“ das sind ihre Worte gewesen. Wenn's nicht wahr wär', hätt' man kein Lied darauf gesetzt. Und Dominik sang die Verse aber- und abermals mit voller Lust und heute hörte er nicht auf den Ruf der Gabelweihe, nicht auf das Klingen der Heerden und das Singen der Hütenden, er wußte nichts vom Weg und nichts von Allem rings umher, er ging nicht auf der Erde, er ging im Himmel.

In Jettingen erwachte er wieder plötzlich wie aus einem Traum, hier wo er gestern das Schwärzle eingestellt hatte, ließ er jetzt seine Habseligkeiten zurück und wanderte ledig nach seinem Geburtsorte. Er wollte nicht unterwegs Jedem Red und Antwort stehen, weil er seine Habe bei sich trug und jetzt fiel es ihm doch wieder schwer aufs Herz, daß er so Knall und Fall fortgeschickt war; er konnte ja nicht Jedem sagen, wie ganz anders sich das noch wenden müsse. Heute ließ er sich Zeit zu dem Weg nach Nellingen, und war er ihm gestern unbegreiflich lang erschienen, so däuchte er ihm heute eben so unbegreiflich kurz. Er dachte sich aus, wie seine Mutter und Geschwister seine Rückkunft aufnehmen würden und wie er sich dabei verhalten solle, als er schon vor dem elterlichen Hause stand. Glücklicherweise war Niemand daheim als zwei kleine Bruderskinder und Dominik ging bald wieder fort und geraden Weges zu dem Hirzenbauer. Nach dem ersten Erstaunen und nachdem er mit auffallender Hast die verpfändete Denkmünze ausgelöst, erzählte er dem Hirzenbauer den ganzen Hergang. Der Hirzenbauer wollte nun seinem Spott über den Furchenbauer Luft machen, Dominik fiel ihm aber ins Wort indem er sagte:

„Redet nicht so von meinem Meister, ich darf das nicht mit anhören.“

„Ja so,“ lachte der Hirzenbauer, „er wird ja dein Schwäher.“

„Das steht noch im weiten Feld.“

„Nein, nein was ich dabei thun kann, soll mit Freuden geschehen. Was willst denn jetzt anfangen?“

„Wenn Ihr mich als Drescher brauchen könnet, wär' mir's recht.“

„Gut, das kann schon sein, und es mangelt uns grad ein Knecht, da kannst derweil aushelfen und bist auf dem Sprung, wenn's auf dem Furchenhof losgeht, denn da geht's noch durcheinander.“

Als Dominik fortgehen wollte, sagte der Hirzenbauer:

„Wart ein bisle, ich geh mit dir. Ich will's deinen Leuten schon zu verstehen geben, daß du was hast was du ihnen nicht sagen kannst und daß sie noch Ehr' an dir erleben. Die Schwägerin ist gar anfechtig (reizbar), die meint gleich, du trägst ihr das halb Haus weg. Dein Mädle hat mir gestern wohl gefallen und die hat ganz das Ansehen dazu, die führt aus was sie will.“

Wie glückselig war Dominik als er mit dem Hirzenbauern durch das Dorf ging. Das war doch noch ein Ehrenmann, der sich eines Jeden annahm, sei es wer es wolle, und der errieth, wo es Einem fehlt, und wie brav war's, daß er an die Heirath mit Ameile so fest glaubte, und er wußte doch nicht einmal Alles, was sie ihm heilig versprochen hatte.

Bei den Angehörigen des Dominik, die diesen nur mit halber Freude willkommen hießen, wußte der Hirzenbauer Alles fein herzustellen. Man schien zufrieden und ihm zu trauen, aber doch nur halb. Dominik sollte erst später erfahren warum. Das aber stand jetzt schon fest, der Hirzenbauer nahm sich des Dominik an wie seines Grundholden, und er wachte über sein Schicksal und freute sich über dasselbe wie ein Menschenfreund. —

Es ist keine Mutter so arm, sie hält ihr Kindlein warm, sagt ein gutes Sprüchwort, das zeigte sich auch an der Mutter des Dominik. Vor dem älteren Sohne und der Schwiegertochter zeigte sie ihre Liebe nicht, ja sie that auch wie die Anderen fast erzürnt über seine Rückkehr; als sie aber allein mit ihm war, öffnete sich ihr ganzes Mutterherz, das sich in den Worten aussprach:

„Und wenn du aus dem Zuchthaus kämst, du wärst doch mein liebstes Kind, du bist von kleinauf die beste Seele gewesen."

Die Mutter wußte nicht anders, als Dominik habe sich eines schweren Vergehens schuldig gemacht, sonst wäre er ja nicht so plötzlich gekommen und hätte nicht den Hirzenbauer zu seinem Fürsprech geholt. Dominik konnte der Mutter nicht sagen, was vorging, sie hatte ihm ja geklagt, daß sie das gestern erhaltene Geld der Söhnerin gezeigt und ihr habe geben müssen und er wußte wohl, daß sie noch weit weniger als Geld ein Geheimniß vor der Schwiegertochter bergen konnte, mit der sie doch scheinbar in stetem Unfrieden lebte. Die Mutter war redselig und da sie Niemand anders hatte als die Söhnerin, sprach sie mit ihr Alles aus. Jeden Tag war sie nun glücklich, denn Dominik war ehrerbietig und liebreich gegen sie, was sie schon lange nicht gewohnt war.

Auf dem Hirzenhof unter den Dreschern erfuhr Dominik die seltsame Stimmung seines Heimathsdorfes und jetzt wußte er auch, warum die Seinigen nur halb erfreut und befriedigt waren, als der Hirzenbauer sich seiner annahm. Der Hirzenbauer hatte seinen Hof zertheilt und das ganze Dorf war darüber erbost. Ein Jeder, auch der ärmste Häusler, war stolz darauf gewesen und rühmte sich dessen auswärts, aus einem Dorfe zu sein, wo so ein großer Bauer wie der Klein-Rotteck auch daheim war; jetzt war einem Jeden etwas von seinem Glanze genommen und man war aufgebracht gegen den Hirzenbauer und hatte nur noch den halben Respect vor ihm. Ein Schneider, der mit unter den Dreschern war, erzählte:

„Es geht uns grad wie den Hechingern. Ich bin vor Kurzem wieder dort gewesen. Ihr könnt euch gar nicht denken wie elend das Städtle jetzt dran ist. Früher hat's doch einen Glanz gehabt und seinen Fürsten und Alles, und jetzt können sie Blut schwitzen und haben nichts und sehen nichts. Der Hirzenbauer ist unser Fürst gewesen und jetzt wird Alles lauter Lumpen und unser Nellingen das elendeste Nest so weit man Hosen flickt."

Dominik stand allein mit seinen Entgegnungen, er konnte

den Bettelstolz, der an Hartnäckigkeit keinem andern Stolz nach-
steht, nicht besiegen; er wußte aber auch keine Antwort auf den
praktischen Vorhalt, wie beim nächsten Geschlecht, wenn der Hirzenhof noch einmal verschnitzelt wäre, jeder Abkömmling Alles allein
bewirthschaften könne, dann hätten die armen Leute im Orte keinen
Winterverdienst mehr und müßten auswärts Arbeit suchen und
halb verhungern.

In der Abendruhe saß Dominik jedesmal beim Hirzenbauer.
Dieser hätte wohl ein Menschenverächter werden können, wenn
seine Natur dazu angelegt gewesen wäre; er kannte genau die
Lage, in der er sich befand und wie die Menschen um ihn her
ihm gesinnt waren, er glich einem mediatisirten Fürsten, dessen
Herablassung kaum noch halb als solche angesehen wird. Er ließ
sich dadurch nicht abhalten, seine Wohlmeinenheit in doppelter
Macht Jedem kund zu geben, aber einen gewissen Spott konnte
er manchmal nicht zurückhalten, daß man ihm verargte, weil er
gethan, was recht und billig ist, und in diesem Bewußtsein beharrte er. Er erzählte Dominik, wie er im Testament angeordnet
habe, daß der Boden nur bis zu einem gewissen Grade zertheilt
werden solle, sei es so weit, so sollten die Uebrigen auswandern.
Es war eine eigne Erregung, als Dominik einmal hierauf sagte:

„Jetzt das gefällt mir, so thät ich's auch machen und dabei
blieb' ich.“

Der Klein-Rotteck verhehlte sich nicht, welch ein Widerspruch
darin lag, daß er für künftige Zeiten eine Beschränkung heischte,
die er jetzt aufhob; aber er wußte keinen andern Ausweg. „Man
muß thun, was man in seiner Zeit für Recht hält: andere Zeiten
können's wieder anders machen,“ war sein Wahlspruch.

Schön ist der Baum mit seinen farbigen Blüthen, schön ist
der Baum mit seinen farbigen Früchten, aber schöner ist ein
Tisch, daran Vater und Mutter sitzen und um sie her die zahlreichen Kinder, die mit vollen und hellen Wangen die vielfältige
Schönheit des Lebens erweisen, ehrwürdig ist der Mann, der sie
sättigt und tränkt, selig die Mutter, die sie unter dem Herzen
getragen und mit stillem Ernst unterweist.

Auf dem Hirzenhof war ein anderes Leben als beim Furchenbauer, stattliche Schwiegertöchter, vollwangige Enkel gingen aus
und ein und überall war ein schön gesättigtes Leben in Arbeit
und Frohmuth.

Der Hirzenbauer bewahrte daheim und in seinem Werktags-
gewande allzeit eine gewisse phlegmatische Ruhe, eine langsame
Stetigkeit in Reden und Mienen und in allem Thun. Das lag
nicht nur in seiner Natur, sondern auch bei allem Freimuth im
Bewußtsein seiner höheren Stellung. Kleine Leute, denen kommt
es zu, ein aufgeregtes, gehetztes, leidenschaftliches Leben zu haben;
ein Großbauer muß allezeit mit eisenfester Gemessenheit zu Werk
gehen; das schickt sich nicht anders für ihn, so verlangt es seine
Würde.

Wenn hier auf dem Hirzenhof Etwas erörtert wurde, merkte
man wohl die natürliche Oberherrlichkeit des Vaters, aber es kam
nie zu tyrannischen Machtsprüchen, es gab nie ein lautes Wort.

Unserm Dominik erquickte das Reden und Thun des Hirzenbauern das Herz, und dennoch erschien ihm wieder die Welt oft
ganz verwirrt. Dort auf dem Furchenhof war Zwietracht wegen
ungetheilter Vererbung des Gutes, und hier schimpften die Leute
im Dorf, weil man das Gut zertheilt habe und der Bruder des
Dominik wollte diesen auch aufhetzen, mit ihm und Anderen einen
großen Prozeß anzufangen; sie wa.en ja auch Nachkommen eines
abgefundenen Sohnes vom Hirzenhof; nur wenn das Gut beisammen blieb, hatten sie keinen Anspruch, jetzt aber waren auch
sie zu einem Erbtheil berechtigt. Dominik, der sich der Betheili-
gung an diesem Prozesse weigerte, erfuhr nun doppelt, wie miß-
achtet er im elterlichen Hause beim Bruder war: ehedem, wenn
er auf Besuch kam, war er geehrt und geschätzt, jetzt gilt er
nichts mehr, weil er nichts mehr ist und fast wird er als ein Ein-
bringling angesehen, der draußen in der Welt verjagt, wieder
ins Nest zurückkehrt. Die Mutter wagte es nur im Geheimen ihm
ihre Liebe zu bezeigen, vor den Andern mußte sie scheinbar zu
ihnen halten; sie mußte ja mit ihrem verheiratheten Sohn und
ihrer Schwiegertochter leben, Dominik konnte ihr nichts helfen.

Vom Furchenhof verbreiteten sich plötzlich seltsame Gerüchte,
die Einen sagten, der Furchenbauer habe den Alban so geschlagen, daß er am Tode läge; die Anderen sagten, Alban habe den
Bruder erstochen. Es duldete Dominik nicht mehr länger in der
Ferne.

Es war ein wunderlicher Geleitsspruch, den der Hirzenbauer
dem Dominik zum Abschied mitgab, denn er sagte:

„Wenn du auf den Furchenhof kommst, tritt fest auf. So

lang man Einen für gutmüthig hält, trampelt ein Jedes auf ihm herum. Ich hab' dich in den Tagen neu kennen gelernt. Glaub' mir, die Menschen kriegen erst Respekt vor Einem, wenn man ihnen die Gurgel zusammenpreßt, daß sie nimmer schreien können. Steh fest hin und wenn du jetzt nicht Meister über den Furchenbauer wirst, wirst du's nie."

Kaum acht Tage waren es, seit Dominik diesen Weg beschritten, als er wieder eilig auf demselben zurückkehrte. Er hatte nichts mitgenommen, als seine Denkmünze. Die Angst trieb ihn unaufhaltsam vor sich hin. Es überlief ihn heiß und kalt, wenn er sich ausdachte, was geschehen sein könnte, und einmal schlug er sich heftig auf die Stirn, als träfe er damit leibhaftig den Gedanken, der dort entsprungen war; denn es fuhr ihm durch den Sinn, ob nicht aus dem Unheil der Familie sein Heil erwachsen könne. Er wünschte einem Jeden Heil und Frieden, er wollte ihnen nur in der Wirrniß beistehen und machte sich jetzt Vorwürfe, daß er fortgegangen war, während er doch sah wie über dem Hause, dem er treu angehört, bös Wetter aufs Neue aufzog. Es ist ein alter Glaube: wenn man mit Fingern auf ein Gewitter weist, dann schlägt es ein. Hatte Dominik das gethan? Mitten in allem Bangen, Sorgen und Selbstanklagen durchflammte wieder die Liebe das Herz des Dominik, denn es ist eine saltsam bekannte Wahrnehmung, daß gerade mitten in den heftigsten Erschütterungen des Lebens oft die Seele am meisten nach Liebe lechzt. Dominik schärfte sich die Lippen und genoß im Voraus die Küsse, deren Süßigkeit er so lange entbehrt hatte. Und heftiger klopften seine Pulse und rascher gingen seine Schritte, er ging zwei Armen entgegen, die sich selig ausbreiten, um ihn ans Herz zu schließen.

Ein reiches Kind im Elternhaus.

Am selben Morgen, an dem Dominik den Furchenhof verlassen, war es im Hause wirr hergegangen. Natürlich konnte sich Ameile nicht am Fenster und nicht an der Thüre zeigen, denn sie saß im Stüble bei der Mutter und weinte, daß ihr die Augen schwollen, diese Augen, die sonst nur mit hellem Freudenglanz in die Welt hineinlachten. Der Vater hatte Ameile schon früh aus dem Gewahrsam geholt und es war ihm ein Leichtes, mit

harten Worten und drohend aufgehobener Hand das Mädchen
zusammen zu brechen, daß es auf den Boden sank. Der Vater
ließ sie am Boden liegen und ging, die Hände auf dem Rücken
übereinander gelegt, die Stube auf und ab; er fuhr fort, ihr
Vergehen in heftigen Worten zu züchtigen und mit der Faust an
die Wand schlagend verwünschte er sein Mißgeschick, das ihm
lauter widerspenstige Kinder gegeben, die ihn in Schande und
vor der Zeit unter den Boden bringen, aber er schwur, ihrer
Meister zu werden. Als er jetzt auch gegen Dominik, „den Heuchler
und Verführer, den meineidigen treulosen hergelaufenen Lumpen-
buben" loszog, da sprang Ameile plötzlich auf, stellte sich fest
vor den Vater hin und sagte:

„Vater, Ihr könnet mit mir machen was Ihr wollet, aber
das leid' ich nicht; ja, gucket mich nur so an, Ihr könnet mich
todtschlagen, aber das leid' ich nicht, er ist ehrlich und treu und
rechtschaffen und er hat mich nicht verführt und wir können vor
Gott und der Welt hinstehen und frei aufschauen, und daß er
arm ist, das ist kein' Schand. Mein Dominik —"

„Dein Dominik? Wart ich will dich dein Dominik —"

„Ja, das wird ein' Kunst sein, eine arme Tochter, die sich
nicht wehren kann, zu schlagen. Die gut' Oberamtmännin, die
hat's geahnt, die hat nicht umsonst gestern aus heiler Haut zu
mir gesagt: Mädle wenn du einmal Beistand brauchst, vergiß
nicht wo ich bin." —

Es dröhnte ein polternder Sturz an der Kammerthür und
man hörte kein Wort mehr in der Stube. Die Mutter kam aus
der Kammer, sie sah schnell was geschehen war, Ameile lag am
Boden und der Vater saß am Tisch und hielt die geballte Faust
auf demselben. Sie führte Ameile schnell in die Kammer und
ließ nicht ab, bis sie sich auf das Bett setzte, dann eilte sie zu
ihrem Mann und redete ihm mit klugen Worten zu, doch kein
Aufsehen zu machen, man müsse die Sache vertuschen; reize er
aber das Kind, so mache er's damit ja ärger, das Kind habe
nichts mit dem Knecht, es sei nur eine alte Anhänglichkeit, das
Kind sei gescheit und werde sich auch wenn etwas wahr sei, so
eine Narrheit bald aus dem Kopf schlagen; mache man aber viel
Wesens daraus und käme so etwas in der Leute Mund, so müßte
man Ameile mehr als das doppelte Heirathgut geben, um sie an
den rechten Mann zu bringen.

Diese Gründe leuchteten dem Furchenbauer wohl ein und er
sagte nur noch: „Aber das Teufelsmädle will die Sach' selber
an die große Glock' hängen und will Alles der Oberamtmännin
berichten."

„Das ist nur so gered't. Wenn man gehetzt und gejagt
wird, da sagt man Mancherlei was man nachher doch nicht thut.
Da laß nur mich dafür sorgen. Jetzt sei lind gegen das Mädle
und verscheuch mir's nicht. Hör' nur wie es heult, es stößt ihm
ja fast das Herz ab. Jetzt laß mir heut den Freudentag, weil
unser Alban wieder da ist und halt Friede. Meine Kinder sind
so brav und noch bräver wie andere, und du mußt so gut Alles
in Frieden und Gutheit herstellen können wie jeder andere Bauer,
und wenn's nicht ist, denk' nur, es ist deine Schuld."

„Nicht meine, sag' das nicht, es ist nicht meine."

„Das wollen wir jetzt nicht ausmachen. Ameile!" rief sie
laut, „geh' 'naus und thu Schmalz und Mehl 'raus und back
Sträuble. Hurtig, mach voran, seit wann muß ich dir was
zweimal sagen? Wasch' dir die Augen ab und laß dir vor den
Mägden nichts merken. Sei brav und man hält dich brav."

Der kindliche Gehorsam in der Wirthschaftlichkeit bewältigte
den Kummer, in dem sich Ameile fast verzehren wollte: ihr Ge=
liebter war aus dem Haus gejagt und sie selber mißhandelt.
Noch als sie am prasselnden Feuer stand, rann ihr manche Thräne
über die Wangen und sie sagte der Großmagd, daß heute der
Rauch sie so sehr beiße. Mit Trauer und Klage im Herzen buck
sie den Festkuchen. Als ihr die boshafte Großmagd, die Wasser
geholt hatte, erzählte, wie sie den Dominik verhöhnt habe, der
dagestanden habe wie der Gott verlaß mich nicht, kam kein Laut
der Erwiderung über Ameile's Lippen; sie war der Großmagd
nicht einmal böse. Warum sollten fremde Menschen besser sein
als die eigenen Angehörigen?

Alban kam mit freudiger Morgenfrische in die Küche, die
Hinterhältigkeit des Bruders war ihm ganz aus dem Sinn ge=
kommen. Alban hatte in aller Frühe geordnet und gewirthschaftet
und es that ihm wohl, wieder im väterlichen Hause zu walten
und die Freudenbezeigungen der Taglöhner und Dienstleute er=
hellten ihm das Gemüth. An Dominik dachte er kaum mehr,
er war ein Knecht, er hatte ihn freilich besonders lieb und war
ihm zu Dank verpflichtet, aber es ist doch nicht von besonderer

Bedeutung, wenn ein Knecht aus dem Haus zieht. Das Herz,
das lange der Freude entbehrte, wird oft so eigensüchtig, daß es
sich jedes störende Begegniß gern ablenkt. Alban hörte den be-
trübten Ton nicht, in dem Ameile sagte, daß sie zur Feier seiner
Ankunft Sträuble backe; er freute sich nur kindisch ob dieses
Schmauses.

Dem Vater und der Mutter sagte er im Stüble mit heller
Stimme „Guten Morgen,“ und selbst der Vater nickte freundlich; er mochte wohl der Erschütterung gedenken, die er in der
Nacht beim Horchen empfunden; auch hatte er heute schon Kummer
genug gehabt, er durfte sich eine Freude wohl gönnen.

Bei dem Morgenschmause waren die Eltern und beiden
Söhne äußerst wohlgemuth. Ameile trug ab und zu. Der Vater
wollte sie jetzt zwingen, fröhlich zu sein und sich mit an den
Tisch zu setzen, sie aber schützte allerlei Arbeit vor und als der
Vater darob zornig werden wollte, sagte die Mutter nach dem
Weggehen Ameile's:

„Du willst doch immer die Gedanken gleich umstellen wie
du sie haben möchtest. Laß doch in dem Kind die Sach' auskochen,
dann ist's vorbei; will aber nicht gleich: jetzt geheult und jetzt
wieder lustig.“

Als man aufstand, bat die Mutter, daß ihr Alban noch
ein wenig bei ihr sitzen bleibe und der Vater befahl es ihm ausdrücklich. Er machte seiner Frau gern eine Freude und heute
besonders, er fühlte doch, daß sie ihn von manchem unüberlegten
Aufbrausen abhielt und vielleicht gelingt ihr jetzt bei Alban, wovor ihm noch immer bangte.

„Gelt, du bist jetzt brav und hörst auf zu widerspensten?“
sagte die Mutter mit freudig herzlichem Blicke.

„O Mutter!“ rief Alban erregt. „Es gibt doch kein' größere
Freud' auf der Welt, als seinen Eltern Freud' machen. Wenn
ich draußen in der Welt ein Lob bekommen hab' über Das und
Jenes, hab' ich tausendmal denken müssen: Was nützt mich das
Alles? Was thu ich mit eurem Lob und eurer Zufriedenheit?
Das geht Alles in Wind auf, weil meine Eltern es nicht hören
und sehen können, für die allein möcht' ich der rechtschaffenste
und aller Orten gepriesene Mensch sein. Wenn's meine Eltern
nicht hören und sehen, ist Alles nichts. Es hat den Schein gehabt, als wenn ich ungehorsam wär', aber jetzt erst seh ich's, ich

bin nichts gewesen, als ein verirrtes Kind im wilden Wald, das jammert und weint, und weint und ruft nach Vater und Mutter. Mir wär' am liebsten, ich thät jetzt sterben, daß Ihr und der Vater mit Freude an mich denken könntet."

Aus dem Urquell alles Lebens strömten Worte und Gedanken Albans heraus und die Mutter sah ihn staunend und bewundernd an, wie sein Antlitz sich verklärte, wie eine Verzückung daraus leuchtete. Mutter und Sohn waren in diesem Augenblick hinaus-gehoben über alle Wirrniß und alle Beschwerung des Alltags-lebens. Die Mutter drückte ihre beiden Hände auf Augen und Wangen des Sohnes und hielt sein Haupt in den Händen fest, sie drückte ihre Zähne übereinander vor innerstem Jubel, und hier, auf dem einsamen Gehöft unter dem Strohdache leuchtete jene Glorie auf, darob der Stern am Himmel erglänzt zum Zeug-niß, daß sie so ewig ist wie er . . .

„Lieber Gott, ich hab's ja gar nicht gewußt, was du für ein Kind bist," brachte endlich die Mutter hervor, und helle Freudenthränen rannen ihr über die Wangen.

Eine Weile waren die Beiden still, die heiligste Regung klang noch in ihnen aus; aber kein Leben, am mindesten das werkthätiger Menschen duldete eine solche ins Höchste versetzte Er-hebung lange.

Die Hände in einander legend und ihren Sohn mit behag-lichem Lächeln betrachtend sagte die Mutter endlich wieder:

„Du bist doch auch wie dein Vater, nur in anderer Art und bist besser geschult. Es ist wunderig! Dein verstorbener Bruder ist der Einzige gewesen, der meiner Familie nachgeartet ist, der ist grad gewesen wie mein Vater selig, von dem hat man auch sein Lebtag kein laut Wörtle gehört. Dein Vater hat ihn oft ausgelacht wegen seinem Ochsenschritt: aber ihr seid Alle wie die wilden Roß': hinten und vorn ausschlagen, wenn's was gibt, das ist bei euch daheim. Aber jetzt komm und erzähl' mir einmal geruhig: wie ist dir's denn auch gangen?"

„Wie ich in den Krieg kommen bin —"

„Davon will ich nichts wissen. Wie ist dir's denn als Knecht ergangen?"

„Gut. Nur um Weihnachten war mir's am ärgsten —"

„Kann mir's denken, da hast rechtschaffen Jammer (Heimweh) gehabt?"

„Nein, nicht mehr als sonst, aber schrecklich ist mir's gewesen, daß ich mich hab' müssen beschenken lassen. Ich hätt'
gern dem Meister die Schenkasche vor die Füß' geworfen und
hab's doch nicht dürfen; er hat's gut gemeint. Und fürchterlich
ist's, wie die Dienstboten gegen einander sind. Wenn Eines
dem Andern das Leben recht sauer machen kann, ist's ihm ein'
Freud'."

„Ihr Kinder und besonders du hast's uns ja nie glauben
wollen, was für ein schlechtes Corps das ist, jetzt bist selber
drunter gewesen, jetzt wirst uns recht geben. Freu dich nur jetzt,
daß du wieder Haussohn bist. Mach' nur, daß Alles mit Gutem
ausgeht und laß die Kirch' im Dorf."

„Ich thu was ich kann, Mutter! Ich laß mir da die Hand
abhacken, eh ich eine Ungerechtigkeit leid'. Wenn nur der Vinzenz
auch brav ist, redet mit ihm, mit mir brauchet Ihr nicht zu reden;
er soll Euch sagen wie ich's im Vorschlag hab' und was er dazu
will. Mir gibt er keinen Bescheid."

Ein unterdrücktes Husten in der Stube bestärkte die Mutter
in der Vermuthung, daß der Vater wieder nach seiner bösen Gewohnheit lausche; sie brach ab, sie wollte sich wo möglich nicht in
die Sache mischen, sie konnte Alban ohnedies nicht ernstlich zureden, da es ganz gegen ihre Ansicht war, daß der Erbgang zu
Gunsten des Vinzenz geändert wurde; sie hatte keinen Einwand
wenn es sich gütlich ausglich, aber im Herzen war sie nicht nur
an sich für den herkömmlichen Erbgang, sondern auch noch aus
besonderer Liebe für Alban. Als dieser jetzt sagte: „Ich muß
jetzt ans Geschäft," hörte man draußen die Stubenthür ins Schloß
fallen.

Noch als Alban weggegangen war, ruhte ein Freudenglanz
auf dem Angesichte der Mutter, als ob sie ihn noch vor sich sähe;
in Aug und Mund ruhte ein stilles Lächeln, und die Hände fal-
tend mit einem Blick nach oben ging sie an ihre Arbeit.

Auf dem Hofe war Niemand so vollauf glückselig wie die
Mutter. In ihrer ruhig thätigen und leidenschaftslosen Natur
glaubte sie auch nicht an die Leidenschaftlichkeit Anderer und die
Erfahrung hatte sie belehrt, daß all das heftige Gethue nichts
als verhetzte Sinnesweise, unnöthig und übertrieben sei; und eben
dadurch, weil sie nicht an die unbändige Heftigkeit der Menschen
glaubte, hatte sie dieselbe oft bewältigt. Wenn ihr Mann oft

in Wildheit gegen Kinder und Dienſtboten zu raſen begann,
konnte ſie ihm ſagen: „Chriſtoph, das mußt nicht leiden, ſo
darf dich der Haſſard nicht übermannen,“ und er wurde ſtill
und ruhig.

Es iſt eine viel zu wenig beachtete Erfahrung, daß die
Leidenſchaft mitten im ungezähmteſten Ausbruche zu bewältigen
iſt, wenn es dem Unbefangenen gelingt, den Punkt zu berühren,
wo der im Sturme Fortgeriſſene mit ſich ſelbſt ob ſeines Thuns
zerfallen iſt. Die Furchenbäuerin traf dies bei ihrem Manne
meiſt mit unfehlbarem Takt. Sie wollte aber jetzt nichts thun,
denn er war ſelber zu ſich gekommen. Es war gut, daß er nach
ſeiner übeln Gewohnheit gelauſcht hatte. Es wird ſich Alles auf
friedlichem Wege ausgleichen. Warum ſollte es denn nicht ſein?
Iſt ja daheim in Siebenhöfen allzeit Jegliches gütlich beigelegt
worden, warum denn hier nicht auch?

Es war wieder ein neues rühriges Leben auf dem Furchen=
hof, Alban arbeitete raſtlos vom Morgen bis in die Nacht und
pfiff und ſang allezeit. Jede Arbeit machte ihm jetzt doppelte
Freude, er that ſie nicht mehr als Knecht, ſondern als freier
Sohn des Hauſes. Der Vater ließ ihn gewähren und ſchaute
ihn oft mit Zufriedenheit an; er that als ob er es nicht wüßte,
wenn Alban noch ſpät Abends oft zu Vreni auf den Hellberg
ging; dieſes Verhältniß ſchien ihm jetzt genehm. Je mehr ſich
Alban mit Vreni einließ, um ſo weniger konnte er den Hof be=
anſpruchen; er mußte mit einer erkleklichen Auszahlung zufrieden
ſein und konnte damit nach Amerika auswandern, wenn er ſich
hier zu Land nicht in ein Häuslerleben ſchicken mag.

Auf dem Hellberg ging es allzeit luſtig her. In dem Hauſe,
wo man die Kartoffeln zählte, ehe man ſie ans Feuer ſtellte,
ſah doch Jedes wohlgenährt und munter aus. Das machte die
Freude, denn hier war Singen und Tanzen, als wäre beſtändig
Kirchweih. Die Obedſüchti, die den Tag über ganz allein von
Gehöft zu Gehöft wandelte und ſich allerlei einhamſterte, ſpielte
am Abend die Klarinette und man ſang und tanzte oft dazu.
Jetzt wurde bereits an fünf Kunkeln geſponnen, die Erwachſenen
ſpannen den feinen Flachs und die Kinder das Werg. Die Groß=
mutter hatte auch nur Werg an der Kunkel, ſie that es wieder
den Kindern gleich, denn ihre Finger waren krumm und ihr Auge
ſchwach. Die Spindeln drehten ſich luſtig auf dem Boden.

Zwischen hinein erzählte die Obedfüchti allerlei lustige Streiche aus alten Zeiten, wie er einst eine tüchtige Zeche bei einem Wirthe angetrunken und als er nicht bezahlen konnte, eine Ohrfeige erhielt, worauf sie ruhig antwortete: „So gut ist mir's noch nie gangen, hab' kein Geld gehabt und doch noch was heraus bekommen." Der Wirth lachte darob so sehr, daß er aufs Neue einschenkte. Eine Hauptgeschichte erzählte die Obedfüchti aber stets unter neuem Lachen. Er war einst im Sommer nach Klurrenbübl auf den dortigen Hof gekommen, als eben Sträuble gebacken wurden; er bat auch darum, wurde schnöde abgewiesen und ging; da sah er ein Kind neben einem Weiher sitzen, schnell tunkt er es ins Wasser und trägt es als vom Tode gerettet in das Haus. Nun wurde er reichlich beschenkt und ging nie mehr leer aus, so oft er kam.

An längst genossenem Wein und Leckerbissen erlabte sich noch das alte Männchen und seine Zuhörer zehrten mit. In diesem Hause, wo das tägliche Leben so wenig bot, erquickte und erheiterte man sich an alten Geschichten und Späßen und war wohlgemuth. Die Goldfuchsen lachten mit und sprachen in Alles hinein im Beisein der Eltern und die ganze Familie war wie Ein Mensch. Wenn Alban jetzt wieder täglich vom elterlichen Hause hierher kam, war es ihm stets als athmete er nun erst frei auf, hier war er „ausgeschirrt," wie er oft sagte, und bei allem Freisinn genoß er noch das Wohlbehagen eines Höherstehenden, der sich in niederen Kreis begibt, dem man den besten Stuhl anweist, dem man jede Freundlichkeit doppelt dankt und vor dem man sich gern im besten Lichte zeigt. Alban war hier wieder der rechte Sohn des Jurchenbauern und das that ihm wohl und er sagte sich nur, daß das überall sei, wo er eintrete.

Der Nagelschmied sprach manchmal mit Alban über das Zerwürfniß mit dem Vater. Er war klug und fest, denn er vermied jeden Schein, als ob er Alban aufhetze, und Alban stolz und eigenwillig genug, daß dieß gerade das Gegentheil hervorgebracht hätte. Der Nagelschmied hatte daher nur allerlei unhaltbare Einwände gegen den Plan Albans vorzubringen und ließ sich gern von ihm widerlegen; daneben wußte er aber ernste Andeutungen zu geben, daß er mit seiner Tochter Vreni nicht spielen lasse und daß er sein Leben an den wage, der mit der Krone seines Hauses leichtfertigen Scherz treiben wolle oder gar

sie verunehre; er wiederholte stets, daß er Alban nicht damit
meine, daß er zu ihm alles Vertrauen hege, er wußte ihm aber
dabei immer deutlich zu machen, daß der arme Mann nichts habe
als seine Ehre und sein heiteres Gemüth, und eben darum um
so eifriger auf deren Erhaltung bedacht sein müsse.

Bruder und Enkelkind.

Nächsten Montag war der Vater siebzig Jahre alt. Am
Samstag Morgen wurde Alban in aller Frühe mit den beiden
Fuchsen nach Siebenhöfen geschickt, um die kleine Tochter des verstorbenen Schmalzgrafen zu holen; auf dem Rückweg sollte er
Abends in der Stadt die Ankunft des Eilwagens abwarten, mit
dem der Bruder des Furchenbauern, der Dekan im Oberlande
war, kommen sollte. Mit dem einzigen Bruder und dem einzigen
Enkel des Vaters sollte Alban dann zurückkehren. Die letzte Entscheidung nahte. Der Vater schien dazu Alles was ihm angehörte
um sich versammeln und feierlich mit der Welt abschließen zu
wollen. Alban war es trotz aller innern Entschiedenheit schwer
zu Muthe auf dieser Fahrt. Vinzenz war ihm immerdar aus-
gewichen und hatte ihm nie einen richtigen Bescheid auf seinen
in der ersten Nacht gestellten Vorschlag gegeben. Alban fand
keinen Schlaf mehr neben dem Bruder, der verstockt und wortlos
blieb; theils um doch Schlaf zu finden, theils auch aus innerer
Furcht, daß er sich einmal im Grimm an seinem Bruder ver-
greife, hatte sich Alban nun in der Stallkammer das Bett des
Dominik zum Lager gewählt und schließlich hatte das auch noch
den besonderen Vortheil, daß man ihm seine Ausflüge nach dem
Hellberge und seine Rückkunft nicht nachrechnen konnte. Der Greif
allein verrieth ihn am ersten Abend, denn dieser Hund, den sich
Vinzenz während der Abwesenheit Albans angeschafft hatte und
der in der Nacht von der Kette losgelassen war, fiel den Heim-
kehrenden wie einen räuberischen Eindringling an, so daß das
ganze Haus in Allarm kam. Am andern Morgen hatte der
Vater zu Alban gesagt:

„Das ist grad nicht nöthig, daß du in der Knechtskammer
schläfst, bleib' du nur bei deinem Bruder, und wenn er dir was
hinterwärts gegen mich einfädeln will, sag' ihm nur: es gilt Alles
nichts als was Ich festsetz', das allein hat Bestand.“

Hatte Vinzenz dem Vater die erste Unterredung verrathen? Alban konnte nicht klug daraus werden. Er blieb aber jetzt um so mehr bei seinem Nachtlager, und um den Greif nicht zum Lärm zu bringen, ließ er einen Laden im Heuschuppen nach der Feldseite offen und schlüpfte durch denselben allabendlich herein. Im eigenen elterlichen Hause hatte er einen verborgenen Eingang. Jetzt im Fahren gedachte er, wie fremd er doch eigentlich noch im Elternhause war.

Als er in der Ferne am Eichhof vorbeifuhr, wo er vor anderthalb Jahren um die Wittwe gefreit, erwachten in ihm wieder Scham und Trotz von damals, und doch konnte er sich des Gedankens nicht erwehren, wie ausgeglichen und friedlich Alles wäre, wenn er hier oben bauern würde, vielleicht hielt er jetzt schon ein eigen Kind auf dem Arm ... Alban liebte trotz alledem die Vreni vom Hellberg innig und aufrichtig; aber es gibt Stimmungen, in denen auch der Starke und Muthige sehnlichst wünscht, daß ihm die Last des unaufhörlichen Kampfes abgenommen wäre, daß das Schicksal ihm das Heißerstrebte durchkreuzt haben möchte, nur um ihm Ruhe zu gönnen.

In Siebenhöfen wurde Alban herzlich bewillkommt. Man glückwünschte ihm zur baldigen Uebernahme des Hofes und empfahl ihm reiche Bauerntöchter aus der Nähe zur Auswahl. Alban widersprach in Nichts; er wollte den Leuten nicht sagen, wie es noch ungewiß sei, ob er in den Erbgang trete; dieß schien hier ausgemacht und fraglos. Alban wollte fast selber daran glauben, denn eine Zuversicht von außen, so wenig begründet sie dem Hörer auch erscheint, hat doch immer etwas so Einschmeichelndes und Anmuthendes, daß sie sich unvermuthet in der Seele festsetzt und alle Zweifel der eigenen besseren Erkenntniß überdeckt. Alban genoß harmlos die Ehre des Hoferben. Wer weiß, ob es nicht zum Letztenmal ist, daß er sich ihrer erfreuen darf.

Die Mutter hatte Recht: hier im Gäu ging Alles viel bedachtsamer und stetiger her, der Menschen Thun und Reden war gelassener und nicht so laut wie daheim.

Hätte die Eichbäuerin heute gesehen, wie sorgsam und innig Alban um sein Bruderskind bedacht war, sie hätte ihn nicht mehr der Hartherzigkeit geziehen. Als Alban mit der kaum eilfjährigen Amrei (Anna Marie) davon fuhr, war er voll Entzücken; jedes

Wort, das das Kind sprach, erquickte ihm das Herz und ein lang
nicht gekanntes Lächeln ruhte beständig auf seinem Antlitz. Wie
die Kinder es immer fühlen, wo ein treues und aufrichtiges Herz
sich ihnen zuneigt, so war das Mädchen bald äußerst zutraulich
und anschmiegend gegen Alban, und als es ihn fragte: „Ohm,
hast du daheim auch ein Kind?" wußte er nichts Anderes zu erwidern, als das Kind fest in die Arme zu schließen und es innig
zu küssen. Der ganze Jubel, daß er einst auch ein eigen Kind
haben solle, stieg in ihm auf und er wünschte sich jetzt nur, diesem
Mädchen, das ihn wie eine glückselige Zukunft anschaute, recht
viel Liebe erweisen zu können. Plötzlich erwachte Wehmuth in
seiner Seele: dieses Kind hatte seines Vaters Liebe nicht gekannt,
er war dahin gerafft bevor es seinen Namen nennen konnte und
er selber — ihm lebte der Vater und bedrückte ihm das Herz
mit Härte und unbeugsamer Herrschsucht. Das aber ist die Beseligung, die die Kindesnatur auf ihre Umgebung ausströmt, daß
sie ist gleich der stetigen unwandelbaren Natur um uns her, die
sich nicht hereinziehen läßt in die Wirrnisse des Denkens und
Lebens und die doch im Kinde Sprache gefunden hat. Amrei
wußte so lieblich zu plaudern und freute sich so sehr über jedes
Begegniß, daß Alban keinen schweren Gedanken nachhängen
konnte; er ward kinderfroh mit dem Kinde. Noch nie war eine
Fahrt so rasch und fröhlich gewesen als die von Siebenhöfen
nach der Stadt. Mit dem Kind an der Hand ging Alban durch
die Stadt und er hüpfte selbst mit dem Kind als das Posthorn
klang. Der Oheim Dekan war richtig angekommen. Es war ein
stattlicher umfangreicher Mann. Alban hatte ihn seit lange nicht
gesehen; dennoch ward er sogleich von ihm erkannt. Der Dekan
reichte ihm etwas salbungsvoll die Hand, die andere legte er als
er gehört hatte, wer da sei, auf das Haupt des Kindes. Alban
trug das Gepäcke des Oheims nach dem Wirthshause, aber das
Kind wollte sich von dem Geistlichen nicht führen lassen, es hing
sich an den Rockzipfel Albans.

Der Dekan war ein Mann, der nichts übereilte, Alban hielt
schon die Zügel der angespannten Pferde in der Hand, als der
Dekan noch gemächlich seinen Schoppen trank und dazu die mit
ihm angekommene Landeszeitung las.

Beim Aufsteigen gab es zwei saure Gesichter, ein altes und
ein junges. Das Kind weinte, weil es allein bei dem Pfarrer

sitzen sollte, es wollte zu Alban und dieser mußte sich nun mit auf den gemeinschaftlichen Sitz einzwängen; er setzte sich indeß so auf die Kante, daß der Oheim Platz genug hatte. Das Kind saß zwischen ihnen. Im Fahren verschwindet bald jede anfängliche Ungemächlichkeit, man richtet sich allmälig ein und merkt zuletzt, daß Jedes noch genugsam Raum inne hat. Der Dekan, der stets die Hände gefaltet auf der Brust hielt, war ein wohlwollender und behaglicher Mann. Er sprach mit seinem Neffen von dessen vormaligem Leben in der Ackerbauschule, er war selber ein eifriger Landwirth und machte Versuche mit Tabakbau und Seidenzucht; dann ließ er sich von Alban von den Freischärlerzeiten und dem Leben in Reichenbach erzählen. Erst nachdem dieses ordnungsmäßig abgethan war, wobei sie oft von Anrufungen des Kindes unterbrochen wurden, das fast eifersüchtig sahen, weil Alban sich jetzt weniger mit ihm beschäftigte, begann der Dekan zu fragen, wie hoch Alban den Hof übernehme, da er jetzt viel mehr werth sei, nachdem man die alten Grundlasten abgelost habe.

Als Alban berichtete, daß er noch immer aus dem Erbgang gestoßen werden solle, als er die ganze Wirrniß auseinander zu haspeln suchte und zuletzt damit schloß, wie er darauf bestehe, daß Alles zu gleichen Theilen getheilt werde, sagte der Dekan ohne eine Miene zu verziehen und ohne die Finger auseinander zu falten:

„Dann hab' ich auch noch Ansprüche und der Gipsmüller auch; unsere Abfindung beruht nur darauf, daß das Gut beieinander bleibt; wird es getheilt, gehört es gar nicht mehr deinem Vater allein."

„Wie soll's denn aber gemacht werden?" frug Alban, der von dieser Rede ganz verwirrt wurde, und der Dekan erwiderte lächelnd:

„Wie's Recht ist. Kannst ruhig sein, ich verlang' in keinem Fall etwas und der Gipsmüller wohl auch nicht! Aber ruhig muß Alles gehen. Friede und Duldsamkeit! Mußt nicht gleich glauben, wenn Einer was anders will als du, das sei schlecht; es hat ein Jedes seinen eigenen Weg. Darum nur Friede!"

„O lieber Gott! Ja, den stiftet," rief Alban inbrünstig mit lauter Stimme aus, und der Dekan befahl ihm, sich auch in seiner Friedensanrufung zu mäßigen, man könne Alles in der Welt viel besser mit leisen Worten beilegen.

Das behäbige Weſen des Dekans, der, noch aus der Weſſen=
bergiſchen Schule ſtammend, Duldſamkeit und Maßhalten in allen
Dingen bewahrte, übte einen eigenthümlich beſchwichtigenden
Einfluß auf Alban; er fühlte ſich wie unter einem Zauberbann
und doch wand und bäumte ſich noch der Widerſpruchsgeiſt in
ihm, der einen nicht unwillkommenen Beiſtand darin erhielt, daß
Alban ſich des Gerüchtes erinnerte, wie ſein Oheim in der Be=
wegungszeit ein Gegner derſelben geweſen war. Dennoch rief er:

„Ich will mein Leben lang für Euch beten, wenn Ihr mir
beiſtehet.“

„Ich bete ſelber für mich und ich ſtehe nur dem Rechten bei,
keiner Perſon,“ entgegnete der Dekan.

In Reichenbach hielt man an, hier mußte der Dekan auf
länger einſprechen, er war hier vor Jahren Pfarrer geweſen.

Es war ſchon mehrere Stunden Nacht als man nach dem
Furchenhofe fuhr, das Kind ſchlief und ſchmiegte ſich traulich an
Alban; er hatte Mühe die Pferde zu lenken ohne das Kind zu
wecken. Alban und der Dekan ſprachen faſt gar nicht.

Als man auf dem Furchenhof ankam, war große Bewegung.
Der Vater eilte dem Bruder mit einem Stuhl entgegen und reichte
ihm die Hand, der Gipsmüller ſtand hinter ihm. Die Mutter
umhalſte ihr Enkelchen und weckte es mit Küſſen, Ameile trug
das noch halb Schlaftrunkene nach dem Hauſe.

In der Stube war heute Abend eine feierliche Weiheſtim=
mung, und ſelbſt die Knechte und Mägde im Hofe ſprachen leiſer
miteinander, denn der Dekan übernachtete hier. Der Dekan ſah
den Gipsmüller jetzt zum Erſtenmal ſeit dem Tode der Schweſter.
Alte Wunden öffneten ſich blutend, der Dekan beſprach ſie aber
mit heilenden Worten. Der Gipsmüller kam ſonſt nie auf den
Furchenhof, er hatte ſich mit dem Schwager veruneinigt. Heute
war Alles friedlich und wie mit einer Alles lindernden Milde
geſalbt.

Ein Kirchgang am Morgen und eine Beichte in der Nacht.

Am Sonntagmorgen wurde den Pferden das neue Geſchirr
angelegt, und die Menſchen zeigten ſich alle in ihren beſten Klei=
dern. In zwei Wagen fuhr die ganze Familie nach der über
eine Stunde entfernten Kirche; neben Vinzenz ſaß die Mutter,

hinter ihnen der Oheim Dekan und der Vater, Alban hatte Ameile
und die kleine Amrei bei sich. Die ganze Familie außer Amrei
war noch nüchtern, denn man ging heute zur Communion. Die
Häusler, die bald da bald dort den Wiesenweg von einsamen
Gehöften herabkamen, grüßten ehrerbietig und der Furchenbauer
dankte ernst dem Gruß, der seinem geistlichen Bruder galt. Die
Fußgänger schauten der stattlichen Auffahrt noch lange verwundert
nach und redeten allerlei darüber. In der Kirche verrichtete der
Dekan das Meßamt und reichte den Seinen das Abendmahl.

Eine festtäglich gehobene Kirchenstimmung brachte man noch
mit auf den Furchenhof zurück, und den ganzen Tag ging Jedes
allein und in sich gekehrt umher. Nur Alban und Ameile saßen
gegen Abend still beisammen auf der Bank am Brunnen und
Ameile sah den Bruder staunend an, als er plötzlich mit tonloser
Stimme sagte:

„Ameile, wenn ich sterbe, so will ich dir's gesagt haben,
daß ich dem Dominik gegen vierhundert Gulden schuldig bin und
er hat nichts Schriftliches von mir."

Ameile wollte den Bruder ob solcher Rede auslachen, aber
er wehrte ihr, er sagte zwar, solche Todesgedanken seien närrisch,
aber es sei ihm so schwer im Herzen und er habe sich nun doch
erleichtert, daß noch Jemand von seiner Schuld an Dominik wisse,
er wolle das auch der Mutter mittheilen.

Woher kam Alban diese Todesahnung? Ein Volksglaube
sagt: wer ein umwandelndes Gespenst, einen Geist erlöst, muß
bald sterben. Hat Alban den Geist der Gerechtigkeit erlöst und
muß er darob sterben? Ist es ein nothwendiges Gesetz der
Menschengeschichte im großen wie im kleinen Leben, daß die ein-
seitig hingegebenen Vertreter eines unterdrückten Rechtsgedankens
auch dessen Märtyrer werden müssen? . . .

Am Abend wallfahrteten alle Hausbewohner nach dem „Käppele," der Dekan sprach dort den üblichen Abendsegen.

Der Gipsmüller mit seinen Töchtern war auch herbeigekommen
und nun war große Familienzusammenkunft in der Stube. Ein
Jedes lauschte nur auf die Worte des Dekans, der, dem Scherze
nicht abhold, manchmal auch ein kleines Späßchen zum Besten
gab, worüber man bescheiden zu lachen wagte; in der Regel aber
führte er ernste Rede und immer wieder mußte er Beispiele beizubringen, wie Besonnenheit und Mäßigung die Tugenden seien,

die ewig in Ehren gehalten werden müssen. Jedes war zufrieden
mit diesen Mahnungen, denn Jedes schob dem andern die Be=
thätigung zu und glaubte selbst deren nicht zu bedürfen.

Der Dekan kannte die alte Geschichte der Familie und wußte
besonders viel zu erzählen von jenem Urahn, der auch Alban
hieß und der durch Klugheit und Nachgiebigkeit den Hellberger
Hof und den Kandelhof — so hieß ehedem das Furchengut —
mit einander vereinigte. Dieser Urahn hatte am Michelstag einen
mit zwei Pferden bespannten Pflug rings um das Gut geführt
und hatte dabei stets die Sonne im Angesicht und ohne zu rasten
kam er erst mit sinkender Nacht wieder auf der Ausgangsstelle
an. Von jener Zeit hatte das Gut den Beinamen: von der
langen Furche.

Der Dekan erzählte noch, daß das Geschlecht der Feilenbauer
vor Zeiten Feigenbauer geheißen habe und adelig gewesen sei.

Der alte Furchenbauer schmunzelte, aber zum Staunen Aller
sagte Alban:

„Und die Vorfahren dieser Adeligen sind doch auch wieder
Bürgerliche gewesen; drum bleiben wir gleich dabei.“

Man ging früh auseinander, denn man wollte morgen mit
Tagesanbruch den Feldumgang halten. Der Gipsmüller hatte
Abhaltungen, wegen deren er nicht dabei sein könne, versprach
aber am Abend zur Abtheilung wiederzukommen.

Als Alban dem Oheim Dekan die Hand reichte und ihm
eine „ruhsame Nacht“ wünschte, erschrak er fast, da der Geist=
liche vor Allen ohne Scheu sagte:

„Nun schlaf' heut noch gut und mach' dich recht rein im
Gewissen, denn morgen Nacht gehst du als Furchenbauer zu Bett.“

War der Ohm Dekan auf seiner Seite? Das hatte er nim=
mer gedacht. Heute zum Erstenmal ging Alban nicht nach dem
Hellberg und doch fand er lange keine Ruhe. In stiller Nacht
kam die Versuchung über ihn. Er war der Erstgeborne, er trat
in den Erbgang: warum sollte es ein Unrecht sein, wenn er den
Hof zu geringem Preis annahm und sich erlabte am reichen
übermächtigen Besitz? Er konnte den Geschwistern später schenken
was er wollte. Er nahm sich fest vor, das zu thun, er feilschte
mit sich selber über die Summen, die er dafür festsetzen wollte,
er konnte nicht einig mit sich werden und blieb am Ende dabei,
Zeit und Maß seiner Leistungen an die Geschwister nach seinem

Gutdünken und nach dem Erträgniß guter Jahrgänge zu bestim=
men. Dabei wollte er bleiben und ruhig schlafen, aber er fand
keine Ruhe und plötzlich sprang er aus dem Bett, faßte das Ge=
sangbuch, das er noch vom Kirchgange bei sich hatte und es in
beiden Händen haltend sprach er laut: „Vor Gott und meinem
eigenen Gewissen schwör' ich's: ich will kein unrecht Gut. Ich
gebe meinen Geschwistern den vollen Theil des Erbes, den gan=
zen, ohne Vorbehalt und vor aller Welt. Du, o Gott, allein
hörst mich und mein eigenes Ohr! Höre mich nicht mehr und
mein Ohr vernehme meine Stimme nicht mehr, wenn ich diesem
Schwur nur einen Augenblick untreu werde..."

Jetzt erst fand Alban den Schlaf, der ihn Hoffnung und
Qual vergessen machte.

Während Alban nach dem Selbstgelöbniß die ersehnte Ruhe
fand, war drin im Hause heftige Zwiesprache und Unruhe.

Der Dekan schlief im Leibgedingstüble der verstorbenen El=
tern. Als ihn der Furchenbauer dahin geleitete, sagte er:

„Das versteh' ich nicht. Der Herr Dekan — der Furchen=
bauer redete mit seinem Bruder stets in der dritten Person —
spricht von Frieden und Verträglichkeit und hetzt das eigene Kind
gegen den Vater auf."

„Wie thu' ich denn das?"

„In meinem Verstand heißt das aufgehetzt, wenn man dem
Alban sagt, er sei der Lehnhold und er sei morgen Nacht Furchen=
bauer, und das wird er mit meinem Willen nie, und ich habe
dem Herrn Dekan schon gesagt, warum ich den Vinzenz einsetzen
muß."

„Die Sünde an dem Einen wird dadurch nicht gut gemacht,
daß man eine Sünde an dem Andern thut."

„So soll ich also meineidig werden?"

„Davor bewahre uns Gott. Für ein ungerechtes Versprechen
kann Der Buße thun, der es gegeben hat. Der Alban soll dann
etwas mehr hergeben, daß du dem Vinzenz eine Versorgung
kaufen kannst."

„Nein, nein, nie; der Alban kriegt meinen Hof nicht, der
ist vom Hirzenbauer und von denen, die nichts als theilen wol=
len, angesteckt; der thät' den Hof, den wir von unsern Ureltern
her haben, unter seine Kinder theilen."

„Drum komm' ihm zuvor und theil' selbst."

„Das kann der Dekan nicht ernst meinen, er ist ja Keiner von den Revoluzern nie gewesen. Das wär' ja gegen alle rechtschaffene Ordnung."

„Setz' dich, ich will dir was erzählen," sagte der Dekan und setzte sich selbst nieder. „Hör' zu: vor Jahren ist ein Mann zu einem Pfarrer in die Beichte gekommen, der nicht aus seinem Ort war, die Stimme war kräftig, etwas stolz im Ton, und viele Jahre ist der Mann immer wieder gekommen und hat immer dasselbe gebeichtet: ich leb' mit meiner Frau in Fried' und Einigkeit, aber wenn sie mir das glückseligste Geheimniß anvertraut, gehen wir immer Beide umher wie zwei junge Leute, die sich verfehlt haben, und ich wünsche den Tod des Kindes noch bevor es geboren ist, und wenn es geboren ist und größer geworden, da zerreißt es mir das Herz, weil ich nicht weiß, welches Kind mir am wenigsten wehe thäte, wenn es stürbe. Mein Weib findet sich bälder darein, sie nimmt es als eine Schickung Gottes auf sich, mich aber verläßt der Gedanke nicht und ich kann nicht ruhen und nicht rasten und ich habe Gott gebeten, er soll mir die große Kinderzahl abnehmen und es ist geschehen und jetzt ist doch mein Herz schwer ob dieser Sünde." „Und warum hast du einem jungen Leben den Tod gewünscht?" „Damit das Erbe nicht zu klein werde." Dreimal kam der Mann in derselben Zerknirschung ob derselben Sünde und dreimal erhielt er die Absolution. Als er das viertemal kam, wurde sie ihm verweigert und er kam nicht wieder; er suchte sich wohl einen andern Beichtiger. Und diese Todesschuld hat der Mann auf sich, weil er im Stolze heischte, daß seine Nachkommen groß und reich seien. Und dieser Mann — bist du —"

Wie vom Blitz getroffen fuhr der Bauer empor, da der Dekan sich plötzlich erhoben hatte und seine Hand mit schwerem Schlag ihm auf die Schulter legte. Schnell aber ermannte er sich, und allen Respekt bei Seite setzend rief er:

„Ist das recht, daß du ein Beichtgeheimniß so verrathest?"

„Mit dir allein darf ich so reden, und ich muß es — weil du noch in der alten Sünde bist. Du willst das eine Kind am Lebensgute tödten, um das andere damit zu bereichern. Folgtest du dem Zwange des Erbganges, du könntest dich vielleicht freisprechen, die Schuld liegt hinter dir in alten Zeiten. Jetzt aber willst du neues Unrecht pflanzen. Das dulde ich nicht. Ich ziehe

meine Hand ab von deinem Thun. Entweder setzest du Alban
ein, oder du theilst. Bleibst du bei deinem Vorhaben, so schüttle
ich den Staub von den Füßen und ziehe wieder dahin, von
wannen ich gekommen."

Der Furchenbauer hatte noch allerlei Einwände und besonders über Einen wurde der Dekan aufs Aeußerste aufgebracht,
indem der Bauer erklärte, daß er am Tode der Kinder unschuldig
sei und dabei das Sprüchwort anführte: „Man trägt mehr Kälber-
häute auf den Markt als Ochsenhäute." (Es sterben mehr Kinder als erwachsene Menschen.) Der allezeit so milde Dekan gerieth darob in solche Heftigkeit und stellte dem Bruder seine Vergangenheit in so greller Weise dar, daß er dadurch die erschüt-
ternde Macht, die er bis jetzt geübt hatte, fast ganz einbüßte.
Er lernte eine seltsame Verhärtung des Gemüthes kennen, indem
der Bauer sagte: „Und wenn's so ist, und sei's meinetwegen,
und hab' ich meine Seele verdorben und meine Seligkeit in die
Höll' geworfen, so will ich's wenigstens hier auch 'nausführen
und soll wenigstens nicht Alles umsonst gewesen sein."

Der Dekan faßte nochmals in neu gesammelter Ruhe alle
die sittlichen Bedingungen zusammen, die hier in Frage stehen,
dann ging er auf die praktischen Bedenken über. Der Furchenbauer beharrte dabei, daß er auch ohne die Beschädigung des
Vinzenz diesen doch einsetzen würde, denn Alban sei von Haus
aus begabter und könne sich leicht forthelfen. Als ihm aber der
Bruder erklärte, wie es gegen alles Recht und Herkommen sei,
daß ein Beschädigter Lehnhold werde, das geschehe nie, so wenig
ein mangelhafter Mensch eine Krone erben dürfe — da stutzte
der Furchenbauer. Endlich preßte er das Geständniß hervor, er
möchte wohl nachgeben und Alban einsetzen, aber Vinzenz habe
ihn in der Hand und werde seine letzten Lebenstage noch der
Schande preisgeben. An diesen Ausspruch hielt sich nun der
Dekan und redete dem Bruder noch in mildester Weise zu.

Mitternacht war längst vorüber, als der Furchenbauer innerlich
geknickt und zerbrochen seiner Schlafkammer zuwankte; er wußte
nicht mehr was er thun sollte. Als er aber am Morgen erwachte, knirschte er vor sich hin: „Und doch muß es bleiben wie
Ich will, und wenn unser Herrgott einen Evangelisten schickt,
der kann das nicht ändern. Das ist alte Satzung, die gilt in
Ewigkeit."

Wie ganz anders erwachte Alban. Eine innere Beseligung durchströmte sein ganzes Sein und er trat in die gewohnte Welt mit geweihtem prophetengleich geklärtem Herzen.

Feldumgang und Sonnenwende.

Der Oheim Dekan war unwohl und erklärte den Markungsumgang nicht mitmachen zu können; der Vater und Vinzenz standen indeß dazu bereit und gewaffnet, denn Jeder trug im linken Arme die übliche Handaxt, auch Alban mußte sich eine solche holen, und als er damit wiederkam, hieß ihn der Vater den Quersack aufnehmen, der auf der einen Seite Speisen, auf der andern mehrere gefüllte Weinkrüge enthielt. Alban wußte nicht, ob das Tragen des Mundvorraths eine Pflicht des Lehnholden oder des Abgefundenen war.

Alles hatte heute wieder etwas eigenthümlich Feierliches und Ceremonielles. Der Vater reichte der Frau und Ameile die Hand zum Abschiede, und als er dem Dekan die Hand reichte, hielt dieser sie fest, legte die Linke auf die Schulter des Bruders und sagte:

„Dein Ausgang sei in Gerechtigkeit und dein Eingang in Frieden."

Die Zurückgebliebenen standen unter der Thür und schauten den Weggehenden nach; aber schon im Hofe gab es einen kleinen Aufhalt. Vinzenz wollte seinen Hund, den Greif, mitnehmen; der Vater wehrte ihm das streng und er mußte etwas Verwunderliches und Herausforderndes im Blicke Albans bemerkt haben, denn er sagte zu diesem gewendet:

„Wer im Herzen spottet über das was heute geschieht, der ist ein schandbarer Mensch, vor Gott und der Welt verdammt. Unsre Väter und Urahnen haben's so gehalten, und das ist heiliger Brauch."

Unter dem Hofthor stand der Furchenbauer noch einmal verschnaufend still, er mochte denken, daß er zum Letztenmal hier als Herr und Meister stand; wenn er wiederkehrte, gehörte das Alles einem Andern. Mit dem grünen Maien auf dem Hut wird am Abend ein Jüngerer als Meister hier eintreten.

Wer wird es sein?

Man ging von Sonnenaufgang nach Untergang, schweigend

bis zum ersten Marksteine. Dort hielt der Vater an, nahm ein Brod, zerschnitt es in drei Stücke, aß zuerst von dem einen und reichte dann die beiden anderen den Söhnen. Alban erhielt das erste Stück aus seiner Hand. Jetzt füllte der Vater ein Glas, schüttete daraus zuerst ein wenig auf den Markstein und trank; dann reichte er es zuerst Vinzenz, dieser trank, gab das Glas in die Hand Albans, der auf den Wink des Vaters den Rest austrank.

War es ein Zufall unwillkürlicher Regung, daß das erste Stück des Brodes dem Aeltesten gereicht wurde, oder war dieser wirklich der Lehnhold? Alban wußte es wiederum nicht.

Der Vater schlug mit dem Haus (breiten Rücken) des Beiles dreimal auf den Markstein, die beiden Söhne mußten das Gleiche thun und der Vater sprach:

„Keine Gnade finde Der bei Gott, der diesen Markstein verrückt."

Der Vater stieß das Messer, mit dem er das Brod geschnitten, dreimal in den Boden und sagte, als er es zum Letztenmal herauszog, halb vor sich hin:

„Rein ist das Wasser, rein ist der Boden und schärft den Stahl."

Man schritt weiter. Alban schauderte es im Innern.

Auf dem zweiten Markstein saß ein Rabe und sah den Ankommenden ruhig entgegen. Der Vater winkte aufscheuchend mit der Hand, aber nach Art dieser kecken Thiere, die alsbald merken, wenn man waffenlos gegen sie ist, blieb der Rabe ruhig sitzen. Vinzenz bückte sich und hob eine Scholle auf; aber der Vater hielt ihm den Arm, indem er sagte:

„Man darf nach einem Raben nicht mit Ackererde werfen."

Erst als man ganz nahe war, flog der Rabe kreischend davon. Dieselbe Weihehandlung wiederholte sich hier, nur sprach der Vater beim Aufstehen keine Verwünschung mehr aus, vielmehr bröckelte er Brod ringsumher auf den Boden und sagte dabei:

„Das ist für die hungrigen Vögel in Feld und Wald. Wer da gesegnet ist mit reichem Besitz, gedenke allzeit Derer, die in Noth und Armuth sind, denn darum hat ihn Gott gesegnet, und es wird ihm doppelt wohl ergehen."

Der dritte Markstein war am Waldessaum. Der Vater setzte sich auf den Stein und befahl den Söhnen: „Holt Wander-

stäbe!" Sie eilten in das Dickicht und bald hörte man es knacken.
Alban war der Erste, der wieder zurück kehrte, und im Ange=
sichte des Vaters zuckte es seltsam, da ihm Alban einen abge=
zweigten Schwarzdornstock übergab und dann wieder in das Dickicht
ging, um sich selbst einen zu holen. Vinzenz brachte zwei noch
mit den Zweigen behangene Stöcke; der Vater befahl ihm, einen
wegzuwerfen und einen für sich zu behalten. Als nun auch Alban
mit seinem Stocke wiederkam, erhob sich der Vater und rief in
gebieterischer Haltung:

"Zerbrecht Eure Stöcke!" Vinzenz schaute den Vater ver=
wundert an, der Stock Albans knackte und bald darauf auch der
des Vinzenz und der Vater rief wieder:

"Werft die Splitter weg!" Es geschah, und der Vater fuhr
fort, seinen Stab erhebend: "Seht, ich allein halte den Stab,
ich allein habe Macht über euch und ihr müßt mir gehorsam und
unterthänig sein in Allem." Vinzenz rief laut „Ja," und gegen
ihn gewendet sprach der Vater: "Ihr habt nicht zu antworten
und ich hab' euch nicht zu fragen. Von Gott eingesetzt ist es,
daß das Kind nach dem Willen des Vaters thue, ohne Wider=
rede; und so ist es treu und fromm von Alters her in unserer
Familie gehalten, und darum stehen wir unter den Ersten im
Lande." Mit erleichtertem Herzen schloß er: "So, jetzt hab' ich
nach dem alten Brauch gethan, und jetzt können wir ordentlich
und frei mit einander reden."

In der That schien sich der Furchenbauer erst jetzt leicht und
frei zu fühlen, er schritt an dem frisch geschnittenen Stabe behend
dahin; der Waldweg war breit, seine beiden Söhne gingen neben
ihm, Vinzenz war zur Linken, sein blindes Auge stets an der
Seite des Vaters. Dieser erzählte abermals die Geschichte von
dem Urahn, der die Furche um sein Gut gezogen und ihm den
Namen gegeben. Im Walde waren viele Menschen, Männer,
Weiber und Kinder, die Dürrholz rafften, denn am Montag
übten sie von Alters her diese Gerechtsame. Jedes dem man
begegnete, erhielt nach alter Sitte Wein und Brod und die Kin=
der sogar kleine Münze. Im Walde jauchzte und jubelte es von
allen Seiten und der Tag hellte sich auf. Der Vater sagte, daß
nun die Uebergabe des Gutes überall besprochen werde. Er wen=
dete sich mit seinen Worten jetzt vorherrschend und besonders
freundlich an Alban und plauderte von allerlei.

Es war schon gegen Abend, als man am Markstein unweit des Felsens, den man des Geigerle's Lotterbett nennt, wieder den üblichen Halt machte. Drunten rauschte der Waldbach und der Vater fragte jetzt Alban geradezu:

„Jetzt sag' einmal: wie thätest du denn das Gut über= nehmen?"

„Zehnfach so hoch als es bis jetzt geschätzt ist, aber ich will —"

„Schweig. Still sag ich. Du verdienst nicht, daß man dir einen Fußbreit Boden giebt. Kann ein Mensch, der fünf zählen kann, ein Gut übernehmen, das so verschuldet ist? Die Zinsen fressen dich ja auf."

„Man kann den Wald am Kugelberg schlagen und —"

„So? So fangen die rechten Lumpen an, der Wald muß büßen, was der Acker nicht vermag. Was die Voreltern aufge= spart haben, kommt unter die Axt. Am Wald sich versündigen ist das Schlechteste. Du willst gescheit sein und hast kein Loth Verstand. Wenn ein Bauer keinen Wald mehr hat, hat er keinen Anhalt mehr. Drum hab' ich ihn auch geschont wie meine Vor= fahren auch. Du thätest es dahin bringen, daß du kein' eigene Tanne mehr hättest, aus der man dir eine Bahre machen kann. Siehst jetzt ein, daß ich Recht hab'? Siehst ein?"

„Wenn meine Geschwister lieber baar Geld wollen — es ist ein Käufer für den Hellberger Hof da."

„So? Hast schon einen?"

„Ja, der Graf Sabelsberg hat mit mir davon gesprochen —"

„Von meinem Ablösungsgeld? O du bist ein vermaledeiter Bub. Eh ich das zugeb', laß ich mir lieber ein Glied vom Leib abhacken. Mein Gut laß ich nicht verreißen, nie, nie. Sag jetzt gradaus. Guck mich nicht so an, Vinzenz, ich kann machen, was ich will, ich hab' den Stab in der Hand; da komm her, Alban, versprichst du mir in die Hand hinein, des Nagelschmieds Vreni laufen zu lassen und dir eine rechtschaffene Frau zu holen: versprichst du mir, vor Gott einen Eid zu thun, daß du einem deiner Kinder das Gut ungetheilt vererben willst? Gieb Antwort. Steh nicht da wie ein Stock, laß mich nicht die Zunge lahm reden —"

„Ich mein' —"

„Nichts, nichts, kein ander Wort, Ja oder Nein. Willst

du jetzt das Maul aufthun, oder soll ich dir alle Zähn' in Rachen schlagen?"

„Ich kann nicht, Vater."

„Gut, dabei bleibt's. Du hast gesehen, ich hab's gut mit dir gemeint, jetzt ist's vorbei, aus und vorbei, oder ich will verdammt sein auf ewig, hier und dort. Komm her, Vinzenz." Der Vater stand auf, mit zitternder Hand brach er einen Zweig von einer Tanne, nahm dem Vinzenz den Hut ab, steckte den Zweig darauf, setzte ihm den Hut wieder aufs Haupt, reichte ihm die Hand und sagte: „Du bist der Furchenbauer und dabei bleibt's so wahr mir Gott helfe. Alban, du sollst nicht zu kurz kommen, dafür laß nur mich sorgen und sei folgsam. Sei der Erste, der deinem Bruder Glück und Segen wünscht und er soll allezeit brüderlich an dir handeln."

Alban schaute starr vor sich nieder, jetzt erhob er sein Antlitz, wilde Raserei flammte daraus.

„Ich leid's nicht," rief er, „ich leid's nicht," und riß dem Vinzenz den Zweig vom Hute. „Es giebt noch eine Gerechtigkeit. Die Gerichte sollen entscheiden. Das Gut muß und muß getheilt werden."

Der Furchenbauer war wunderbar ruhig, seine Züge waren eisenstarr, er bückte sich selbst, hob den Hut auf, den Alban zu Boden geworfen hatte und setzte ihn Vinzenz wieder aufs Haupt. Dieser redete noch immer kein Wort. Man hörte nichts als das Rauschen des Baches und das Schreien der Raben im Walde. Der Furchenbauer sagte endlich:

„Kommet heim. Oder Alban willst du gleich von hier aus zu Amt? Ich steh' dir nicht im Weg. Ich hab' dir nichts zu befehlen. Du willst mein Kind nicht sein, ich bin dein Vater nicht. Die Gerichte nehmen sich deiner an; und dort werden wir uns sehen. Was hat das Geländer gethan, daß du mit dem Beil darauf loshaust? Hau da zu, da, da ist mein alter Kopf. Komm Vinzenz."

Der Vater ging mit Vinzenz davon. Als Alban seine Axt aus dem Balken zog, der querliegend am Rande des Felsweges als Geländer befestigt war, kollerte der Balken krachend und knisternd den jähen Fels hinab und klatschte drunten im schäumenden Waldbach auf. Alban schaute nur eine Minute hinab in den Tobel und beugte sich hinaus, er konnte mit der Hand den

Wipfel einer hohen Tanne faſſen, die drunten im Thale ſteht, der Bach war bald ſichtbar, bald verſchwand er unter vorſprin= genden Felſen. Alban war's, als müſſe er ſich hinab ſtürzen, und wieder, als zöge ihn eine Hand zurück, richtete er ſich auf und folgte dem Vater und dem Bruder hintendrein. Er kam ſich ver= laſſen und verloren vor in der weiten Welt, und doch konnte er nicht anders und willenlos folgte er dem Schritte des Vaters; er war an ſeine Macht gebannt.

Das Hofgeſinde ſtand am Thor und ſchaute verwundert aus, daß Keiner der beiden Söhne mit dem grünen Zweig auf dem Hute zurückkehrte.

Alban drängte ſich an die Seite des Vaters und dieſer ſchritt machtvoll und feſt zwiſchen ſeinen beiden Söhnen dem Hauſe zu. Er dankte kaum dem Gruße ſeiner Dienſtleute.

Alles zerſtiebt ins Weite und Einer bleibt in der Enge.

Der Furchenbauer hackte ſeine Handart in die Thürpfoſte, daß die Wand dröhnte, dann ging er hinein ins Haus. Die Mutter und Ameile ſtanden in der Küche am praſſelnden Feuer, ſie bereiteten das Feſtmahl, das dem heutigen Tag ſich ziemte. Der Vater ging ohne Gruß an ihnen vorüber nach der Stube. Dort ſaß der Gipsmüller mit ſeinen Töchtern beim Dekan, die Mutter kam hinter Vinzenz drein, ſie mußte hören was vorging. Sie hörte es nur allzubald, denn der Bauer war raſend ob des widerſpenſtigen Sohnes. Niemand wagte zu widerſprechen außer dem Dekan. Ameile trug das Eſſen auf. Man ſetzte ſich dazu nieder, aber es däuchte Allen eher ein Leichenmahl denn ein Freudenfeſt.

Alban war nicht zu Tiſch gekommen, er hatte ſich gleich nach der Stallkammer begeben, die Mutter hatte nach ihm ge= ſchickt, ja ſie war ſelbſt bei ihm geweſen, aber er gab Niemand eine Antwort, ſondern ſaß, das Antlitz mit den Händen bedeckt, auf dem Bett.

„Kommt der Bub nicht?" fragte der Vater. Die Mutter wollte Ameile nach ihm ſchicken, aber der Vater wehrte ab:

„Nichts da, keine guten Worte, ich ruf ihn und ich will ſehen, ob er mir folgt oder nicht." Er öffnete das Fenſter und rief in den Hof hinab:

„Alban, komm gleich 'rauf! Ich ruf' dich!"

Kaum eine Minute verging und Alban trat in die Stube. Das Licht mochte ihn blenden, denn er rieb sich die Augen, alle Röthe war von seinen Wangen gewichen, sein Antlitz war leichenfahl.

Der Dekan und der Gipsmüller allein dankten seinem Gruß, Niemand wagte es ein Wort an ihn zu richten. Nur die kleine Amrei rief:

„Alban, setz' dich hurtig her, die Ahne hat einen ganzen Haufen Schnitz gekocht. Hast du Schnitz auch gern?"

„Und Schnitzgeigerle's," höhnte der Furchenbauer. Niemand hörte darauf, Alles beschäftigte sich nur mit Amrei und brachte sie immer mehr zum Reden. Ein Jedes fühlte die Erfrischung, daß ein harmloses Gemüth unter ihnen war, das von allem Wirrwarr nichts wußte und wollte. Das Kind fand sich selbstgefällig in die Rolle, daß Alles sich ihm zuwendete und plauderte allerlei kunterbunt durcheinander, Kluges und Albernes, aber Alles wurde belacht. Selbst der Großvater konnte nicht umhin, seine Miene zu einem Lächeln zu verziehen; man sah es ihm aber an, nur die Oberfläche erheiterte sich, in der Tiefe grollte und kochte ein gewaltiger Zorn. Desto glückseliger waren aber die Mutter und Ameile mit dem Kinde. Ein Enkelkind am Tisch der Großeltern schmückt und erheitert denselben mehr als die schönsten Blumen. Das Kind darf reden was und wann es will und Alles wird mit Freude begrüßt und ein Jedes hat zu erzählen, was das Kind heute gesagt und gethan und wie Alles so lieb und gescheit sei. Vor Allem strahlen die Großeltern in Freudenglanz und was einst „in dem Kinde aus dämmeriger Jugenderinnerung ersteht, wenn die Großeltern längst nicht mehr sind, erblüht jetzt in diesen als heiteres Ausschauen in eine zukünftige und eine vergangene Welt.

Das Abendessen ging durch das Kind ziemlich heiter vorüber. Nur einmal als Amrei fragte:

„Alban, was machst für ein Gesicht? Bist bös mit mir?" sagte der Vater:

„Der? Der ist viel zu sanftmüthig, der beleidigt kein Kind."

Man stand auf, Amrei betete vor, die Stimmen der Männer bildeten den dunklen Grundton zu der hellen Stimme des Kindes.

· Alban wollte die Stube verlassen, da rief ihm der Vater:

„Da bleibst."

Alban setzte sich auf die Ofenbank, es gesellte sich Niemand
zu ihm, er saß da wie ein armer Sünder. Da sprang Amrei
vom Schooße der Großmutter und schmiegte sich an die Knie
Albans. Der Vater befahl Ameile, das Kind ins Bett zu bringen,
es folgte nur mit Weinen und Alban war's, als jetzt das Kind
von ihm genommen wurde, als wär' er nun alles Schutzes beraubt. In der That ging nun auch der Sturm gegen ihn von
allen Seiten los. Der Vater erzählte den ganzen Vorgang ziemlich sachgetreu, nur übertrieb er etwas seine heutige wohlwollende
Stimmung gegen Alban, und diesem däuchte es nun, daß sie
nie Ernst gewesen. Das Schelten und Fluchen des Vaters, das
Weinen der Mutter, das Mahnen des Dekans, Alles drang nun
auf Alban ein und Alles vergebens, er blieb bei seinem ausge-
sprochenen Vorhaben.

Ein Feuer, das der Blitz entzündete, kann menschliche Gewalt nicht löschen, so lehrt der allgemeine Volksglaube. Der Gedanke der Gerechtigkeit, der in jener bewegten Zeit wie ein feuriger Funke in die Seele Albans gefallen, war in ihm unaus-
löschlich. Mitten unter allen Einreden und Ruhestörungen erhob
sich sein Herz, nicht in Gier nach Besitz, sondern in einer
märtyrergleichen Hingebung an das Unabänderliche. Sein Herz
blutete aus tausend Wunden, die ihm Liebe und Haß schlug,
und er zagte und zweifelte jetzt keinen Augenblick mehr, er war
bereit zu sterben, aber mit dem Bekenntniß der Wahrheit auf
den Lippen.

Immer wieder aufs Neue toste es an ihn heran, aber er
stand fest, unbeweglich wie ein Fels. Zuletzt kam der Vater zitternd auf ihn zu und schwur, ihm Alles zu verzeihen, wenn er
umkehre; er schilderte noch einmal, wie es ihm das Herz zer-
fleische, daß sich das Kind nicht beweisen lasse, wie Unrecht es
habe. „Mein Vater selig," rief er zuletzt, „hätt' nicht so lang
mit einem Kind geredet, er hätt' gesagt: das geschieht und da
hätt' Keiner mucksen dürfen. Ich will das nicht, du sollst einsehen, daß ich Recht hab', du mußt's einsehen und du kannst,
wenn du dich nur nicht verstockt machst. Schau, du willst gegen
die ganze Welt gerecht sein, aber gegen deinen Vater nicht. Du
weißt nicht, wer dein Vater ist. Dein Vater ist ein Mann, vor
dem du den Hut abthun mußt. Ich dürft' für meine Kinder ein

glühiges Eisen tragen (die Feuerprobe bestehen). Gott weiß es,
wie ich an ihnen ein Vater bin und sein will. Ich weiß besser
als du, und wenn du tausend Bücher im Kopf hast, wie's sein
muß. Ich will nicht, daß die ganze Welt verlumpen soll und
nichts bleibt als Geisenwirthschaft, und kurzum, ich bin tausend=
mal gescheiter und bräver als du, jetzt glaub's oder glaub's nicht."

Alban verstand sich endlich nur dazu insoweit nachzugeben,
daß er sagte:

„Ich thue keinen Schritt, so lang Ihr nichts thut, aber
dann auch ohne Widerrede."

„So soll also auf meinem Grabe mein Gut zerrissen werden?"
fragte der Vater weinend vor Zorn. Alban schwieg und die
Männer in der Stube mußten abwehren, daß ihn der Vater
nicht erdrosselte.

„Red' du, red' du mit ihm," wendete sich der Bauer an
seine Frau, „so red' doch was, du gehörst auch dazu."

„Mein' Mutter selig hat nie in Mannshändel drein geredet.
In den Krieg trag' ich keinen Spieß, hat sie immer gesagt.
Wie ihr's ausmachet, muß mir's recht sein. Nur haltet Friede.
Bei uns daheim ist's der Brauch, daß —"

„Du bist jetzt nicht in Siebenhöfen, du bist nicht daheim —"

„Das merk' ich an deinem teufelmäßigen Schreien und Toben."

Wie von einem Blitz durchzuckt standen Mann und Frau plötz=
lich still, sie merkten, daß vor den Kindern, vor fremden Men=
schen, ein Widerstreit zwischen ihnen zu Tage gekommen war, der
tief in ihnen Beiden wurzelte. Die plötzlich eintretende Stille
machte die scharfe Widerrede noch schärfer. Alban wendete sich
nach der Thür und diese Bewegung des Sohnes zeigte den Eltern
aufs Neue, was geschehen war und sprach den härtesten Vor=
wurf aus.

Alban verließ die Stube, die Mutter wollte ihm folgen, aber
der Vater hielt sie zurück und so heftig, daß sie laut schrie.

Der Dekan erklärte, daß er am Morgen früh wieder abreise,
der Gipsmüller verließ mit seinen Töchtern bald das Haus.

Am Morgen führte ein Knecht den Dekan nach der Stadt,
Alban wirthschaftete im Hause umher, als wäre gar nichts ge=
schehen; er schien den Plan in der That ausführen zu wollen,
bei Lebzeiten des Vaters keinen öffentlichen Widerstreit anzufachen.
Der Bauer stand in der Stube und sah, die heiße Stirne an

die Scheiben gedrückt, dem widerspenstigen Sohne zu. Ein Gedanke durchfuhr ihn und er bäumte sich hochauf. Er trat zu Alban und befahl ihm einen Sack Kartoffeln aufzuladen und sie in den Keller zu tragen. Alban gehorchte, der Vater folgte ihm, er befahl ihm den Sack in einem abgesonderten Verschlage auszuleeren. Kaum war Alban darin, als der Vater hinter ihm zuriegelte und ein Schloß vorlegte.

„Was soll das?" fragte Alban.

„Ich will dich in Schatten stellen, daß dich die Sonne nicht verbrennt."

Mit einem heftigen Griff und noch einem riß Alban das Lattenwerk zusammen und stieg heraus; aber jetzt faßte ihn der Vater und warf ihn zu Boden.

„Vater, was ist das?" rief Alban; „Vater, es ist Keiner in der ganzen Gegend, der mich zwingen kann, Ihr könnet's, weil ich mich nicht wehren darf. Lasset los, auf diese Art zwinget Ihr mich nicht, so nicht."

„Aber so," keuchte der Furchenbauer, er hatte sich sein Halstuch abgeknüpft und band damit Alban die Hände zusammen, dann schwur er, ihn nicht ans Tageslicht zu lassen, bis er nachgebe.

„Du bist mit dabei gewesen," schloß er, „wie ich gehört hab': in alten Zeiten hat der Vater über Leben und Tod seiner Kinder richten können. Ich bin noch aus der alten Welt. Ich will dir zeigen, daß ich's bin."

Er sprang bebend die Treppe hinauf und wälzte mit ungewohnter Kraft ein Faß und mehrere Kartoffelsäcke auf die Fallthüre.

Während dieß im Keller geschah, hatte die Bäuerin ihre große Noth im Hause. Bettelleute aus allen Himmelsgegenden waren angekommen, denn es war bräuchlich, daß der junge Lehnhold allerlei Geschenke bei der Gutsübernahme austheilte. Die Obedsüchti spielte lustige Tänze vor dem Haus. Die Bäuerin fand keinen Glauben, daß ihr Mann noch nicht abgebe und sie brachte sich die Leute erst vom Halse, als sie Mehl und Schmalz und Brod und Kartoffeln unter sie vertheilte. Sie seufzte endlich erlöst auf, da trat eine neue Gestalt ihr vor die Augen.

„Dominik, was thust denn du da?"

„Ich hab' gehört, daß, daß —"

„Daß Untereinander bei uns ist und da willst du ihn noch vergrößern?"

„Nein, ich hab' eben ſehen wollen, ob man mich nicht brauchen kann. Wenn ich unwerth bin, kann ich ſchon wieder gehen, aber ich —"

„Ich kann dir nichts ſagen, ich weiß ſelber nicht, ob ich noch da hergehöre, ob ich noch auf der Welt bin, und jetzt kommſt du auch noch und jetzt geht die Geſchichte mit dem Mädle noch einmal an."

„Ich hab' mit dem Alban was zu reden."

„Darf ich's nicht wiſſen?"

Dominik erſtarb die Antwort auf den Lippen, er ſtarrte drein, als ſähe er ein Geſpenſt. War das der lebende Furchen= bauer oder ſein umwandelnder Geiſt? Wenn er's ſelber war, hatte er ſich in den acht Tagen fürchterlich verändert. Der Furchen= bauer ſah ihn ſteif an, ſeine Lippen zuckten, aber er ſprach kein Wort, er wuſch ſich die Hände in der Küche und ſagte endlich:

„Weißt noch Bäuerin? Wir haben einmal den Türkle an den Apoſtelwirth verkauft gehabt und nach drei Tagen iſt er wieder kommen mit dem abgebiſſenen Seil. Der da iſt grad wie der Türkle."

„Ein Hund bin ich grad nicht," knirſchte Dominik.

„Gehörſt aber auch nicht hierher. Willſt dir was zu eſſen holen? Siehſt übel aus. Gelt, in Nellingen geht's magerer zu als bei uns?"

„Ich will zum Alban," ſagte Dominik ſtolz.

„Such ihn wo er iſt," antwortete der Bauer.

Ohne eine Erwiderung abzuwarten ging der Bauer nach der Stube. Dominik ging auch davon, er ſchaute um und um, aber er ſah Ameile nicht. Er ſtand wieder draußen vor dem Hofe. In einem Acker am Wege grub ein Mann eine Grube, eine ſo= genannte Miete, um die rings umher aufgehäuften Futterrüben einzukellern. Man ſah von dem Manne nichts als ſeine Mütze und die Schaufeln voll Erde, die er heraufſchleuderte.

„Guten Tag!" rief Dominik. Der Mann dankte und ſtreckte ſeinen Kopf aus der Grube heraus, es war Vinzenz. Er war hocherfreut, den Dominik zu ſehen und ſchloß damit: „Könnteſt mir wohl helfen." Dominik war dazu bereit, ſprang raſch in die Grube und ergriff die Haue.

„Wo iſt dein Alban?" fragte Dominik während des Arbei= tens und Vinzenz erwiderte lachend:

„Ich hab' ihn nicht im Sack. Weiß wohl, er ist dir Geld
schuldig, er kann dir jetzt baar heimzahlen, er kriegt genug.
Wie viel ist er dir schuldig? Soll ich's zurückhalten von seinem
Zukommen?"

Dominik verneinte und seine Mienen erheiterten sich. Er
hatte jetzt die Gewißheit, daß das Gerücht in jeder Weise gelogen
hatte, Alban war so wenig beschädigt als der Furchenbauer, und
um jenen war ihm doppelt bange gewesen, denn Vater und
Mutter thaten so verlegen, als er seiner erwähnt hatte. Der
Vinzenz war äußerst frohgemuth und zutraulich gegen Dominik,
ja er sagte ihm:

„Wenn du zu mir hältst und den Alban zurechtbringst, da
will ich dir was sagen: ich hab' nichts dagegen, im Gegentheil
ich helf' dir dazu, wenn dich mein Ameile will, sie kriegt auch
ein schönes Vermögen; der Alban heirathet dann sein' Vreni und
du und das Ameile ihr gehet Alle mit einander nach Amerika,
da könnet ihr euch mit dem Geld einen Hof kaufen, zehnmal so
groß als der da, und ihr zwei, ihr seid ja Bauern oben 'raus,
ihr könnet den Hof hinstellen, daß es eine Pracht ist. Das ist doch
gewiß ehrlich und gutmeinend gesprochen. Kann man aufrichtiger
sein? Wenn ich nicht so in dem Unglück wär', ich thät's gleich, ich
thät's um den Frieden zu erhalten. Man muß den Vater vor Allem
ehren. Ich hab' kein Wort dagegen gesprochen, wie er den Alban
zum Lehnhold hat machen wollen, er soll selber sagen, ob ich nur
Laut geben hab'; aber jetzt bin ich Lehnhold und jetzt bleib' ich's,
und was der Vater festgesetzt hat, muß man in Ehren halten."

Noch nie hatte Dominik eine so lange und eindringliche Rede
von Vinzenz gehört; der in sich gekehrte wortkarge Bursche schien
durch seine ausgesprochene Würde plötzlich viel reifer, viel offener
und einsichtiger. Dominik machte der Gedanke, daß er einen Beistand im Hause habe, um Ameile zu gewinnen, die Wangen
glühen; freilich war Vinzenz nicht der eigentlich genehme und
war ihm doch noch nicht ganz zu trauen, aber er ist doch jetzt
der eigentliche Herrscher im Hause und an der Seite Ameile's
und mit Alban in die weite Welt ziehen, da ist die Ferne nicht
mehr fremd, da hat man gleich den liebsten Anverwandten an
der Hand. Es war aber eine seltsame und doch natürliche Um-
biegung des Gedankens, als Dominik jetzt frug:

„Und dir thät's gar nichts ausmachen, wenn deine Ge-

ſchwiſter in die weite Welt gingen und du weit und breit Nie=
mand mehr hätteſt?"

„Was geht denn das dich an?" ſagte Vinzenz zornig. „Ich
bin zu gutmüthig, daß ich ſo viel mit dir red'. Ich will den
Frieden und ich hab' gemeint du auch. Du vermagſt viel beim
Alban, mehr als wir Alle, und es wär' dein Glück auch. Ich
red' aber nichts mehr. Ich brauch' dich nicht und brauch' keinen
Menſchen."

„Während Dominik grub, entdeckte er in ſeiner Seele einen
verborgenen ungekannten Schatz: der Hirzenbauer hat Recht, mit
der Gutheit allein führt man nichts aus. — Jetzt hatte Dominik
ein Mittel, das ſeinem Verlangen Nachdruck verſchaffte, er mußte
ſeinen Einfluß auf Alban verwerthen, er mußte Vermittler, gewiß
vor Allem zum Frommen Albans, aber auch zu ſeinem eige=
nen ſein.

Aus Trübſal heraus und noch mitten in ihr empfand Do=
minik eine nie gekannte Glückſeligkeit; denn nicht nur die be=
geiſterte mit Hingebung erfüllte That erhebt das Herz mit innerſter
Erquickung: auch das Bewußtſein: die Lebensbegegniſſe mit kluger
Umſicht zu handhaben und auszubeuten, vermag ein Gleiches.
Dominik war in dieſer Stunde zum feſten Manne gereift, er ſah,
daß er die Augen beſſer aufmachen müſſe, daß er nicht mehr
demüthig und mit Kleinem zufrieden nach innen gekehrt, ſondern
klug und beherzt ſich und ſeinen Vortheil geltend machen müſſe.

Während man die Rüben in die Grube ſchüttete, kam der
Bauer auch herbei. Er ſtand verdutzt.

„Was thuſt du noch da?" fragte er Dominik und Vinzenz
erwiederte:

„Ich hab's ihn geheißen und laſſet es dabei, Vater. Laſſet
nur uns Zwei machen, und Ihr werdet ſehen, es geht Alles
gut aus. Der Dominik hat was und damit kann er den Alban
um einen Finger wickeln."

„Was denn?"

Halb aus Verſchlagenheit, halb auch, weil er doch noch nicht
recht wußte, was er ſagen ſollte, that Dominik ſehr geheimniß=
voll, aber nichts deſto minder zuverſichtlich.

Der Bauer ſah ihn ſtarr an und ging ohne ein Wort zu
reden nach dem Hofe zurück.

Dominik und Vinzenz vollendeten die Miete, der letztere

wollte die Sache nur rasch abthun, aber Dominik ließ sich von seiner Sorgfalt nicht abbringen, er bedeckte zuerst Boden und Wände der Grube mit Stroh und schüttete dann die Rüben hinab. Nachdem er sie mit einer Lage Stroh zugedeckt, wollte er für jetzt aufhören, aber seine Einwendung half nichts, daß man noch eine Weile bis es gefriere, die Frucht verdunsten lassen müsse. Vinzenz befahl ihm streng, sogleich Erde darauf zu schütten und er mußte willfahren, er ließ aber trotz Scheltens über sein Besserwissen nicht ab, Strohwische in die Höhlen zu stecken, damit die Frucht nicht ersticke.

Mitten in Unruhe und innerer Hast that Dominik jede Arbeit, die er zur Hand nahm, vollkommen. Wer über solch ein Thun nachdenken mag, wird wissen was das zu bedeuten hat.

Flüchtig und eingeholt und abermals davon.

Als Ameile mit dem Kind an der Hand in die Stube trat, wie erstaunte sie, den Dominik hier zu sehen; er stand neben Vinzenz, gerade dort an der Kammerthür, wo sie im Ringen um ihn niedergefallen war. Sie wußte sich jetzt nicht anders zu helfen, als sie nahm das Kind auf und umhalste und küßte es mit Inbrunst.

„Wo ist der Alban?" hieß es allgemein. Man suchte, man rief im ganzen Hause, nirgends eine Antwort, nirgends eine Spur. Man setzte sich zu Tisch, der Platz Albans blieb leer.

Der Bauer aß fast gar nicht, er schärfte sich immer die Lippen mit den Zähnen. Hätte nicht wieder das Kind bei Tische gesprochen; man hätte keinen Laut gehört.

Als abgegessen und gebetet war, sagte der Bauer zu Dominik:

„Ich muß dir's noch einmal sagen, deines Bleibens ist nicht da. Ich brauch dich nicht."

„Aber der Vinzenz hat gesagt, ich soll bleiben und ich geh nicht, bis ich mit dem Alban gesprochen hab'," erwiederte Dominik. Der Bauer athmete rasch auf und warf dabei den Kopf zurück, aber er hielt an sich und in diesem Augenblicke erschrak Alles im Hause: eine Kutsche fuhr in den Hof. Kommen schon die Gerichtsleute und wer hat sie geholt?

Spitzgäbele stieg aus und nach ihm zwei fremde Männer.

Das waren keine vom Gericht. Der Furchenbauer ging ihnen
entgegen . ..

Die Welt geht ihren Gang fort in Handel und Wandel,
mag Wirrniß da und dort herrſchen. Spitzgäbele brachte die
beiden Männer, die Aepfel einkauften. Auf dem landwirthſchaft=
lichen Bezirksfeſte hatte der Furchenbauer eine große Maſſe davon
verſprochen, und wie kam jetzt die Erfüllung zur Unzeit! Der
Furchenbauer that freundlich und unbefangen; und doch brannte
es ihm im Innern. Er hatte gedacht, ſeinen Alban zu befreien,
er hatte ſich doch übereilt, und jetzt konnte er es vor den frem=
den Menſchen nicht. Wer weiß, was der wilde, nun doppelt
verhetzte Burſch im erſten Augenblick anfängt?

Der Furchenbauer mußte im wahren Sinn des Wortes in
einen ſauren Apfel beißen und zwar in mehr als einen: er mußte
ſeine Frucht proben und proben laſſen, er mußte die Männer
im Garten, in den Scheunen geleiten und zuletzt in die Stube
führen und Spitzgäbele ließ nicht ab, bis der Furchenbauer den
fremden Herren zeigte, was für einen guten Tropfen ein Ober=
länder Bauer im Keller hege. Glücklicherweiſe war der Wein=
keller ein anderer als der, darin der Gefeſſelte lag. Spitzgäbele
war auch eine Art Patriot, er machte ſich ſtolz damit, den frem=
den Herren zu zeigen und zu erklären, was hier zu Lande ein
Bauer ſei. Wie war es dem Furchenbauer zu Muthe, als er
jetzt ſeinen übermäßigen Reichthum und den Segen der geſchloſſe=
nen Güter preiſen hörte, und wie bei einem ſolchen Bauer „die
Zeinsle ſingen,“ denn man nennt Zeiſige und Zinſen Zeinsle.
Es wurde Nacht bevor Spitzgäbele mit ſeinen Herren davon fuhr,
ſie hatten hier gegen 400 Simri Aepfel eingekauft.

Während der Furchenbauer mit den Fremden zu thun hatte,
ſtand Ameile wieder bei Dominik im Garten.

„Ich hab's gewußt, daß du kommſt, du haſt müſſen kommen,“
ſagte ſie nach den erſten Begrüßungen. „O Dominik! Wie ſieht's
bei uns aus. Ich thät' ſterben vor Gram wenn ich nicht dich
hätte. Laß dich nur nicht verſcheuchen, du mußt da bleiben; ich
muß einen Beiſtand haben, es kann jeden Augenblick auch gegen
mich losgehen. Du biſt mein' Hülf' und mein Zuflucht und mein
Alles.“ Natürlich war Alban bald der einzige Gegenſtand des
Geſprächs. Ameile konnte ſich gar nicht erklären, wohin er ver=
ſchwunden war; die Mutter glaube, daß er nach der Stadt vor

Amt sei; sie aber habe ihr nicht gesagt, wie sie in seiner Kammer nachgesehen, da seien all seine Kleider und er sei nicht ein solcher, der unordentlich in die Welt hinaus laufe. Sein Gesangbuch sei aufgeschlagen, und weinend sprach sie die Ahnung aus, daß sie fürchte, Alban habe sich ein Leides angethan, er habe am Sonntag, als sie allein mit ihm war, so viel vom Tode gesprochen. Dominik beruhigte sie so viel er vermochte und die frische Stärke des Gemüthes, die er heute erst in sich erweckt, sowie der Umstand, daß er allein nicht erhitzt von dem Gehetze der vergangenen Tage aus der Ferne eine gewisse Ruhe mitbrachte, alles das übte endlich einen beschwichtigenden Einfluß auf Ameile. Dennoch war es Dominik nicht wohl dabei, und er sagte, er wolle auf den Hellberg gehen, Alban sei gewiß dort bei der Breni.

Beruhigt mit dieser Auskunft ging Ameile nach dem Hause und Dominik nach dem Hellberge.

Zum Nachtessen kam Dominik nicht in die Stube, Ameile brachte ihm Speise in die Stallkammer und hörte, daß Alban seit zwei Tagen nicht auf dem Hellberg gesehen worden.

Der Vater war heute voll Unruhe und brummte immer in sich hinein. Er schickte Alles früh zu Bett, aber Ameile konnte nicht schlafen und hörte jeden Tritt . . .

Als Alles still im Hause war, schlich der Vater nach dem Keller. Er versuchte es, jetzt die Säcke und das Faß von der Fallthüre zu wälzen, aber die Kraft versagte ihm, er setzte sich ermattet nieder und rief: „Alban!“ Keine Antwort. „Alban, ich bin's, dein Vater ruft.“ Immer noch lautlose Stille. Dem Vater standen die Haare zu Berge. Hätte sich Alban ein Leid angethan? Kam er zu spät? Mit bebender Stimme rief er: „Alban, du bist mein gutes Kind, Alban, sei fromm und brav, thu' mir das nicht an, es stößt mir das Herz ab. Alban, du bist ein Schandbub', du bist nicht werth, daß man dich erwürgt. Alban gieb Antwort, sei brav, sei brav, ich will dir ja Alles, Alles thun, gieb Antwort —“

„Was wollt ihr thun? rief eine Stimme von unten und der Bauer athmete frei auf. Alban lebte. Er antwortete lange nicht und erst auf die wiederholte Frage von unten sagte er:

„Du wirst jetzt einsehen, daß ich recht hab', du mußt's einsehen, du hast dich im Stillen besonnen. Guck, ich könnt' ja

warten, ich könnt' ja gar nicht abgeben so lang' ich leb' und
mein Testament machen und das muß dann gehalten werden,
und das müssen die Gerichte schützen; aber ich will nicht, auch
nach meinem Tod sollen die Amtsleut' sich nicht in meine Sach'
mengen und ich möcht' auch noch meine Kinder verheirathet und
auch noch Enkel sehen. Ist das ein schlechter Vater, der das
will? Sag', willst du Allem folgen, was ich thu?"

„Nein."

„Dann siehst du das Tageslicht nicht bis du anders wirst."

Der Bauer erhob sich und schlich wieder langsam die Treppe
hinauf in seine Schlafkammer . . . . .

> Sie nahm ihre Kleider in ihren Arm
> Und ging wohl zu der Scheuer.

Das Wort aus dem Lied erneuert sich. Aus dem ersten
Schlaf wurde Dominik geweckt. Ameile rief ihm. Sie hatte des
Vaters nächtigen Gang belauscht und kam jetzt, Dominik das
Gräßliche zu künden, was sie vernommen; sie sprach so verwirrt,
daß Dominik sie nicht recht verstand, sie bat ihn, ihr zu helfen,
die schweren Lasten von der Fallthüre wegzunehmen, und so viel
stellte sich endlich heraus, daß Alban gefangen war. Ameile
wollte, daß man ihn insgeheim befreie, aber sie staunte als
Dominik sagte:

„Nichts geheim! Dein Vater muß wissen was wir thun.
Er darf uns nicht wehren. Das ist unmenschlich! Er muß froh
sein, daß wir nicht unter die Leut' bringen, was er thut. Jetzt
haben wir Ihn in der Hand, jetzt muß er thun was Wir wollen.
Komm, Ameile."

Nur wie ein flüchtiger Blitz erkannte Ameile, welch' ein
kräftiger Muth in Dominik erwacht war, „du bist unser Aller
Heil," rief sie und seine Hand festhaltend eilte sie mit ihm nach
dem Hause.

Dominik weckte Alles mit lauter Stimme, als er Alban aus
dem Keller rufen hörte. Der Vater, die Mutter und Vinzenz
kamen herbei und Alban stieg aus dem Keller empor und starrte
sie an wie ein vom Tod Auferstandener.

Dominik hielt den Alban in seinen Armen und sagte: „Thu'
nichts was Gott verboten hat, die Hand, die sich gegen den
Vater erhebt, wächst aus dem Grabe."

Alles war still, der Furchenbauer trommelte mit den Fingern auf dem Faß.

Die Mutter umhalste ihren geliebten mißhandelten Sohn und jetzt hörten die Kinder ein entsetzliches Wort aus ihrem Munde gegen den Vater.

„Du bist ein Unthier und kein Mensch," rief sie ihm zu.

Man ging nach der Stube, die Mutter wusch dem Alban selbst die Hände und das Antlitz und trug ihm Essen auf. Der Vater wollte aus Allem einen Scherz machen, Alban redete kein Wort; er aß ruhig und ging dann mit Dominik schlafen.

Als ihm Dominik den gutmeinenden Plan des Vinzenz dar= legte, lachte er vor sich hin.

Verhetzt und in den Abgrund gestürzt.

Der Tag graute kaum, als Alban einen der Fuchsen ge= sattelt aus dem Stall zog, er schwang sich behend auf und ritt im Nebel zum Thor hinaus und davon. Ohne Aufhalt wie ein Feuerbote jagte er im raschen Galopp dahin und er war in der That ein Feuerbote, er wollte in der Stadt Schutzmittel suchen gegen den Brand, der in seinem elterlichen Hause entflammt war. In der Stadt angekommen und ganz brennend vor Zorn befiel ihn doch noch einmal Bangigkeit darüber, daß er einen Familien= zwist vor die Gerichte bringen solle; die alte strenge Zucht war doch noch mächtiger in ihm, als er geahnt hatte. Er glaubte sein Auge nicht aufschlagen zu können vor dem Richter, dem er die Sache vorbringe. Der Kreuzwirth, noch ein standfester Re= publikaner, dessen Wirthschaft darum auch von Vielen, die es mit dem Amte nicht verderben wollten, gemieden wurde, galt für einen klugen Advokatenkopf, und ihm entdeckte sich nun Alban zuerst, ohne ihm jedoch Alles und namentlich die letzte Mißhand= lung zu sagen. Der Kreuzwirth erklärte, daß Alban nichts an= fangen könne, so lange der Vater lebe; man könne ihn nicht zwingen, sein Gut abzugeben auf diese oder andere Weise; er traute sich indeß doch nicht ganz und rieth Alban, nach der nächsten Stadt zu reiten, wo der Sohn des Hirzenbauern als Rechtsan= walt wohne. Alban schien das nicht genehm. Er ging aus und stand geraume Zeit vor dem Oberamtsgericht, ohne sich entscheiden zu können, ob er hineingehen solle oder nicht. Da sah er in

der Oberamtei eine Frauengestalt am Fenster, er grüßte hinauf,
man dankte freundlich. Alban ging hinauf zur Frau Oberamt=
männin. Sie öffnete selbst den Treppenverschlag und hieß ihn
eintreten; sie fragte ihn nach Ameile, nach dem Vater, nach
Dominik und seinem eigenen Befinden. Alban gab Anfangs nur
stotternde und oberflächliche Auskunft. Sein Blick schweifte wie
verloren in der Stube umher. Ist denn dieses Haus auf der=
selben Erde, auf der sein väterliches stand? Wie ist hier Alles
so geregelt, so fein, wie spricht aus Allem eine Ruhe; und doch
ist das nur ein Stockwerk höher über den Stuben, wo die gräß=
lichsten Händel, Mord und Todtschlag, Raub und Betrug ver=
handelt werden. Und dazu diese begütigende Stimme der Frau.
Alban hatte ein solches von Bildung und zarter Sitte erfülltes
Hauswesen schon einmal kennen gelernt im Hause des Direktors
der Ackerbauschule, aber jetzt erschien ihm Alles wieder so fremd,
so traumhaft schön.

Die Oberamtmännin verstand es, seine Gedanken zu sammeln,
und mit einer wie elegisch gebrochenen Stimme erzählte ihr nun
Alban Alles. Sie stand oft unwillkürlich auf, wenn er ihr eine
Herbheit berichtete, setzte sich aber schnell wieder und bat Alban
fortzufahren. Zuletzt sagte sie ihm, daß ihr Mann Morgen nach
Reichenbach müsse, sie werde vielleicht mitkommen und ihn wo
möglich bewegen, daß er auf den Furchenhof fahre und dann
solle Alles rein freundschaftlich ohne den Amtsweg geschlichtet
werden, denn das stehe fest, Alban könne nicht mehr bei seinem
Vater bleiben. Während dieser noch herzlich dankte für die ge=
treue Annahme, kam ein Dienstmädchen und meldete Dominik.
Die Frau Oberamtmännin hieß ihn eintreten.

„So? Da treff' ich dich?" sagte Dominik zu Alban und
richtete einen Gruß von Ameile an die Oberamtmännin aus, mit
der Bitte, sie möge so bald als möglich auf den Furchenhof
kommen, der Vater habe Respect vor ihr und sie könne viel
machen. Die Oberamtmännin gab nun feste Zusage. und auf
dem Weg nach dem Wirthshause sagte Dominik zu Alban:

„Dein Vater hat mich dir nachgeschickt, du sollst ja nicht
vor Gericht gehen. Er will Alles thun."

„Will er theilen?"

„Das glaub' ich nicht, aber sonst Erkleckliches, und wenn
du nachgiebst, ist's mein Glück auch."

„Ich geh' nicht um ein Haarbreit ab von dem was ich ge=
sagt hab'," erwiderte Alban, ohne auf das Letzte zu hören und
im Zorne rief Dominik:

„Es ist doch so. Du bist grad wie dein Vater, grad so
unbändig."

„Meinetwegen, und es wird sich zeigen, wer stärker ist."

Im Kreuz traf man den Klein=Rotteck. Alban bat ihn, doch
auch Morgen früh auf den Furchenhof zu kommen und ihm bei=
zustehen. Der Klein=Rotteck lehnte entschieden ab, er mische sich
nicht in fremde Händel, da putze sich Jedes an Einem ab. Auf
des Dominik Zureden und auf dessen leisen Zusatz, daß er ihm
zulieb kommen möge, zumal er es ihm ja versprochen habe, ihm
beizustehen, sagte endlich der Klein=Rotteck mit einem Handschlag zu.

Der Hirzenbauer war sehr betrübt, obgleich er heute einen
Prozeß gewonnen hatte. Seine Ortseinwohner hatten ihn wirk=
lich verklagt, weil er sein Gut getheilt hatte, kein Advokat aus
der Nachbarschaft hatte sich dazu hergegeben, den Klägern eine
Eingabe zu machen, sie hatten aber einen Winkelabvokaten, einen
sogenannten Entenmaier gefunden, der ihnen die Sache als sehr
bedeutsam und erfolgreich darstellte; ja er hatte behauptet, die
Advokaten hätten nur deßhalb keine Klagschrift gemacht, weil sie
alle Parteigenossen des Klein=Rotteck seien. Nun hatte der Klein=
Rotteck heute den Prozeß in erster Instanz gewonnen, aber das
sah er, er hatte keine Nachbarn mehr, das sind lauter Feinde,
ja, sie denunzirten jetzt bei Gericht, was er im Jahr 1848 ge=
sprochen und wäre der Richter nicht doch noch wohlwollend ge=
wesen, er hätte einen neuen Strick für ihn drehen können.

Alban und Dominik ritten mit einander heimwärts, Alban
war wild und voll Jähzorn und Dominik erkannte wieder, daß
solch ein reicher Bauernsohn ganz anders geartet ist als ein armer
Knecht; solch ein Haussohn ist nicht so leicht zufrieden gestellt und
vergiebt nicht so schnell. Er erzählte Alban, um ihn zu beruhigen,
daß der Vater ihn ja auch dreimal mit Schande aus dem Hause
gewiesen habe und er sei doch geblieben, aus Anhänglichkeit und
um Frieden zu stiften. Diese Mittheilung machte aber die ver=
kehrte Wirkung, denn Alban sagte:

„Das beweist eben wieder, daß du kein' Ehr' im Leib hast."

Es war schon Nacht als man am Hellberg ankam, vom
Hause schimmerte Licht und die Klarinette der Obedsüchti tönte

ins Thal. Alban stieg ab und befahl Dominik, das ledige Pferd
an der Hand heim zu führen. Dominik rieth ihm, jetzt zu den
Eltern nach Hause zu gehen, die seiner sehnsüchtig harrten, aber
Alban erwiderte:

„Ich bin drei, ja vier Tage sind's, nicht dort gewesen. Ich
muß wieder hin."

Raschen Schrittes sprang er den Berg hinan. Die Obed-
suchti spielte sich allein etwas vor in ihrer zerfallenen Behausung.
Ein Hund schlug auf Alban an. Was ist das? Das ist ja der
Greif. Wie kommt der daher? Alban eilte die Treppe hinan,
Vreni kam ihm entgegen.

„Geh' nicht hinein," sagte sie.

„Warum? Wer ist da?"

„Dein Vinzenz."

„Was will er?"

„Nur Gutes. Er hat dem Vater auch vierhundert Gulden
versprochen, daß er mit uns kann, wenn du mit mir auswandern willst. Alban, jetzt werden wir ja glücklicher als wir's je
gedacht haben. Jetzt leg' deinen Stolz ab und es ist Alles gut."

„Für deinen Vater sorg' Ich und nicht mein Bruder. Er
hat nicht mehr als ich auch. Ich und die Meinigen wir nehmen
nichts geschenkt. Laß mich."

Er riß sich von Vreni los und stürmte in die Stube. Vinzenz
zuckte zusammen als er ihn sah.

„Du hast nichts da zu schaffen. Marschir' dich," gebot Alban.

„Das Haus ist mein," entgegnete Vinzenz, „und ich kann
dich 'nausjagen."

Der Nagelschmied stellte sich vor Alban und Vincenz verließ
die Stube.

Der Nagelschmied redete nun dem Alban gütlich zu und
dieser sagte endlich, er müsse seinem Bruder nach und noch einmal im Guten mit ihm reden. Er eilte von dannen und rief
seinen Namen. Unweit des Felsens, dort wo sie vorgestern am
letzten Marksteine gesessen, von dorther hörte Alban das Bellen
eines Hundes und eine Stimme rief: „Faß' ihn!" Der Greif
sprang wie ein Tiger an Alban empor, aber dieser kam ihm zuvor, faßte ihn am Genick und schleuderte ihn in die Schlucht.

„Du hetzest den Hund auf mich!" schrie Alban, rannte nach
seinem Bruder, packte ihn und stumm rangen die Beiden mit

einander; da polterte es, es war kein Geländer da, und fest einander umklammernd stürzten die Beiden den Felsen hinab und der Bach spritzte auf.

Wo ist dein Bruder!

Dunkle stille Nacht war's, als Alban erwachte. Er griff um sich und schaudernd prallte er zurück, er faßte ein Menschen= antlitz. Die Erinnerung tauchte in ihm auf, das war Vinzenz, sein eines Auge glitzerte starr in der dunkeln Nacht. Er rief ihn mit Namen, er wusch ihm das Antlitz, kein Laut, keine Be= wegung. Er legte sein Ohr an das Herz des Bruders. Ach zu spät! Dieses Herz schlug nicht mehr. Er rief laut um Hülfe zu Gott und den Menschen, vergebens, keine Antwort ertönte. Er raffte sich auf und trug den Bruder in den Armen am Baches= ufer fort, er riß sich blutig an den Felsen, aber er ließ nicht los. Jetzt schritt er in den Wald, aber er brach zusammen unter der Last und laut weinend warf er sich auf sie nieder und sprang dann davon, durch die Nacht hin immer: Vinzenz! Vinzenz! ru= fend. Er stand vor dem elterlichen Hause, Alles kam ihm entgegen.

„Wo ist dein Bruder?" fragte der Vater.

„Im Walde, todt," stöhnte Alban und ein Blutstrom quoll ihm bei diesen Worten aus dem Munde.

Der Vater riß die Axt aus der Thürpfoste und wollte auf Alban los, Alban kniete nieder wie ein Opferlamm; aber Dominik fiel dem Vater in den Arm und schleuderte ihn zurück mit den Worten:

„Habt Ihr nicht genug Elend, wollt Ihr noch mehr?"

„Du legst Hand an mich?" schrie der Furchenbauer.

„Ja ich," erwiderte Dominik trotzig. Er hob Alban in die Höhe und fragte ihn, wo Vinzenz liege. Alban bezeichnete die Stelle, dort wo er am Tage vorher im Unmuthe mit dem Beil das Geländer hinabgeschleudert hatte.

Die Knechte, die fremden Drescher, die in den Scheunen schliefen, wurden aufgeboten und mit Fackeln zog man hinaus: Alban wollte mit, aber beim ersten Schritt brach er zusammen und mußte in die Stube getragen werden.

Durch den nächtigen Wald lief der Furchenbauer mit der Fackel und rief immer: „Vinzenz! Vinzenz!" so daß er zuletzt nur noch mit heiserer Stimme den Namen lallen konnte.

Es wurde Tag, aber das war kein Tag, ein fester Nebel stand über Berg und Thal, man ging in Wolken, man sah nicht Himmel nicht Erde, kaum den Schritt breit wo man stand. Im Haupthaar und im Barte des Furchenbauern stand der eisige Reif und nur noch vor sich hin murmelte er den Namen: Vinzenz.

Man fand Vinzenz an der bezeichneten Stelle nicht, Alban mußte nicht recht gewußt haben, wo er ihn abgelegt.

Der Tag stieg höher, aber der Nebel wich nicht, er war mit Händen zu greifen, als sechs Mann auf einer Bahre aus Baumstämmen die Leiche des Vinzenz daher brachten. Unter dem Hofthore drückte ihm der Vater das Eine Auge zu, dieses Auge, das so vorwurfsvoll drein starrte. Keine Thräne kam über die Wange des Furchenbauern und starr schaute er auf die Frau und auf Ameile, die bei dem entsetzlichen Unglücke doch weinen konnten.

Man hatte einen reitenden Boten nach dem Arzte geschickt, er kam zugleich mit dem Oberamtmann und dessen Frau und bald darauf fuhr auch der Hirzenbauer in den Hof.

Der Nagelschmied mit seiner Breni kam auch und durch Alle hindurch drang Breni und Niemand wagte es, sie abzuhalten, daß sie zu dem Kranken eilte.

Wie war jetzt der Hof so voll von fremden Menschen, und von den eigenen war der eine Sohn todt und der Arzt erklärte jeden Belebungsversuch vergebens und der andere hatte vielleicht eine Todeswunde und raste mit seiner letzten Kraft!

Der Oberamtmann ging nach dem Felsen, um den That-bestand in Augenschein zu nehmen, er fand die unverzeihliche Fahrlässigkeit: den Mangel eines Geländers. Die Oberamtmännin blieb bei den Frauen und erwies sich in Allem ordnend und hülfereich.

Im Leibgedingstüble lag die Leiche des Vinzenz, der Vater saß dabei und noch immer hörte man keinen Laut von ihm; das Wort, das zuerst über diese starren zusammengepreßten Lippen ging, mußte Zerschmetterndes bekunden. Als der Hirzenbauer zu dem Trauernden eintrat, wies er ihn mit der Hand hinaus und verhüllte sein Angesicht mit beiden Händen. Der Hirzenbauer ging, aber bald nach ihm trat der Gipsmüller ein; auch ihm wurde gewinkt wegzugehen, aber er folgte nicht; er setzte sich ohne ein Wort zu reden, neben seinen Schwager und so saßen die beiden Männer stumm neben einander, vor ihnen die Leiche.

Im Hofe war es lautlos still, nur bisweilen hörte man den raschen Hufschlag eines Pferdes; kein Taktschlag aus den Scheunen ertönte, selbst die fremden Drescher, die nicht im Taglohn stan-den, feierten, ihre Hände zitterten noch, sie hatten die Leiche ge-tragen und auf dem Heu saßen sie bei einander und sprachen leise davon, wie elend doch auch der große Reichthum machen könne.

Alban war in Ruhe gesunken, der Arzt verordnete, daß man ihm Schnee auf's Haupt lege. Ein Drescher und der Kühbub wurden mit Kübeln nach dem zwei Stunden entfernten hohen Berge geschickt, wo es bereits geschneit haben sollte. Ein Knecht wurde mit einem der Fuchsen nach der Stadt in die Apotheke geschickt.

Um Mittag begannen die Drescher plötzlich zu dreschen und Alban erwachte laut schreiend: „Wo ist dein Bruder?" Er klagte, daß ihm jeder Schlag das Hirn träfe. Dominik eilte, den Dre-schern Einhalt zu thun. So viele Hände waren zu beschäftigen und man dachte nicht daran, sie müßig zu lassen. Dominik befahl ihnen, die Aepfel auf die Wagen zu laden, der Furchenbauer hatte ihm gesagt, daß er sie heute abliefern wolle und der Nagel-schmied fand sich bereit, die Ablieferung zu übernehmen. Man konnte dem großen Leide im Hause in Nichts beistehen, es blieb nichts übrig, als die Arbeit zu vollführen, die der Tag verlangte, Dominik wußte selber oft nicht was er thun sollte und stand oft mitten in einem raschen Gang müßig und selbstvergessen da, bis er dessen inne wurde und hin und her rannte und immer wieder vergaß, was er gewollt hatte. Ameile kam jetzt zu ihm, das Kind hing sich an ihren Rock und ließ nicht ab von ihr, sie sagte, man müsse das Aepfelaufschütten aufgeben, Alban klage: das Poltern der Aepfel sei ihm, als schütte man die Schollen auf sein Grab. Jetzt endlich wurden die Arbeiter zum Müssig-gang beordert.

Der Oberamtmann stand beim Hirzenbauer am Brunnen und sie wogen miteinander hin und her abermals die Vortheile und Nachtheile der geschlossenen Güter. Der Hirzenbauer sagte: „O Herr Oberamtmann! Ich habe auf der Versammlung und öffentlich nicht Alles sagen können und ich mag's noch nicht sagen, was für Schandbarkeiten mit dem geschlossenen Erbgang verbun-den sind. Der Furchenbauer da hat das traurige Glück gehabt,

daß ihm fünf Kinder als klein gestorben sind. Ich weiß wohl,
daß mit dem Zertheilen neues Unglück haufengenug kommt, aber
kann man's anders machen und darf man?" Der Oberamtmann
war heute besonders freundlich mit dem Hirzenbauer, denn er
erkannte den wenn auch starren doch reinen Gerechtigkeitsinn des
Mannes.

Als der Hirzenbauer und der Oberamtmann mit seiner Frau
wegfuhren, kam gerade der Kübbub mit einem Kübel voll Schnee,
er war vorausgeeilt, der Drescher blieb klugerweise noch einige
Stunden auf dem Berge, um dann mit frischem Schnee zu kommen. Bald traf auch der reitende Bote aus der Apotheke ein.
Alban duldete Niemand um sich als Breni und Dominik, selbst
die Mutter und Ameile durften sich ihm nicht nahen.

Einen Tag und eine Nacht saß der Furchenbauer bei der
Leiche seines Sohnes und aß nicht und trank nicht und sprach
kein Wort.

Als man am Morgen darauf die Leiche des Vinzenz zu
Grabe führte, schwankte er am Stabe, den Alban ihm geschnitten, hinter der Leiche drein. Erst auf dem Kirchhof, wo er die
eingesunkenen Kreuze an den Gräbern der Kinder sah, die Vinzenz vorausgegangen waren, brach er zum Erstenmal in lautes
und heftiges Weinen aus.

Auf der Heimfahrt — der Gipsmüller that es nicht anders,
er mußte sich auf den Wagen setzen — sprach der Furchenbauer
das erste Wort zu seinem Schwager und die zitternde Hand erhebend sagte er:

"Gott hat mich hart gestraft, aber er hat mir doch Recht
gegeben, mein Gut bleibt doch bei einander."

Gleich nach dem Leichenbegängniß führte der Nagelschmied
Amrei nach Siebenhöfen. Seit der Zerrüttung des Hauses weinte
das Kind unaufhörlich nach seiner Mutter und verging fast vor
Heimweh.

Alban hatte nichts davon gemerkt, als man die Leiche seines
Bruders fortbrachte, jetzt, da man das Kind fortführte, merkte
er es auf seinem Krankenlager und sagte vor sich hin:

"B'hüt dich Gott, Amrei."

Der Vater, der sich bisher gar nicht um Alban gekümmert,
war jetzt sorglich bedacht um ihn; er hörte still nickend, daß
Alban ruhig sei, aber keinen Schlaf finde; daß er Alles bis auf's

kleinste erzählt habe, wie es ihm ergangen und wie er dem Bruder im Guten nachgeeilt sei; er nickte still zu diesen Berichten.
Selber durfte er sich Alban noch am wenigsten nahen, denn dieser
schrie wie rasend auf, als er zu ihm trat, und sogar wenn er
ungesehen in der Stube war, merkte es der Kranke und war voll
fieberischer Hast, die er augenscheinlich zu bezwingen suchte.

Der Zustand Albans war veränderlich, der Arzt wollte trotz
allen Drängens keinen ganz tröstlichen Bescheid geben.

Eines Tages mußte Alles die Stube verlassen, nur Dominik
und Breni durften zurückbleiben. Die Beiden mußten Alban im
Bett aufrichten und er sprach:

„Dominik, es wird Alles dein. Meinem Peiniger vertrau'
ich's nicht. Gieb mir deine Hand drauf, daß du dem Nagelschmied und meiner Breni mein Erbtheil giebst. Mein' Breni
ist vor Gott mein.“

Dominik reichte die Hand und sagte:

„Du bist nicht so krank, aber du kannst's gerichtlich machen,
wenn du willst, wenn's dich beruhigt.“

„Ich will nichts mehr vom Gericht … Familiensache …
Ich glaub' dir … und wenn du Kinder bekommst, sei gerecht,
Gerechtigkeit … Wo ist dein Bruder? … Gerechtigkeit …“

Das waren die letzten hellen Worte, die Alban sprach, er
raste noch mehrere Tage besinnungslos und befand sich oft in der
großen Volksversammlung und schrie: „Ruhe! Stille! Bravo!“

Mit den Worten: „Wo ist dein Bruder?“ hauchte er seinen
letzten Athem aus. Seine Wangen waren roth.

Als man dem Furchenbauer den Tod seines Sohnes berichtete, stampfte er zornig auf und seine Faust ballte sich.

„Das ist sein letzter —“ schrie er, er verschwieg die anderen
Worte. Er mochte es als eine Unthat seines Sohnes betrachten,
daß er ihm durch den Tod seine letzte Hoffnung zerstörte, sein
Gut kam in fremde Hand.

Bald nach Alban begrub man auch die Mutter, sie hatte Niemand ihr Leid geklagt und eines Morgens fand man sie todt im Bette.

Der Furchenbauer, der nun Dominik als einzigen Erben
vor sich sah, redete ihm viel zu, daß er ihm verspreche, wenn
er Kinder bekomme, das Gut nie zu theilen. Dominik weigerte
dies und sagte zuletzt, er habe dem sterbenden Alban das Gelöb-
niß gegeben, gerecht gegen jedes seiner Kinder zu sein.

Der Furchenbauer ging ſtarr und ſtumm im Hofe umher, er redete mit Niemand und ging durch Stall und Scheunen wie ein Geſpenſt. Im Wald ließ er ſich eine alte Tanne hauen, ſie zu Brettern verſägen und brachte ſie ſelbſt auf den Hof.

Im Frühling, am ſelben Tag als der Nagelſchmied mit ſeiner Familie auswanderte, fand man den Furchenbauer plötzlich todt. Dunkle Gerüchte gingen über ſeine Todesart. Man hat nie etwas Beſtimmtes darüber erfahren.

Der neue Lehnhold.

Aus der zerriſſenen Erde ſprießt die Saat, aus den Gräbern wachſen Blumen. Trübe Schwermuth lagerte auf dem Gemüth des Dominik wie Ameile's. Die Oberamtmännin war eine milde Tröſterin, denn ſie kam jetzt im Frühling auf mehrere Wochen auf den Hof. Sie fand eine Erquickung darin, in die Tiefe der Gemüther zu ſchauen, die ihre Empfindungen nicht in Worten ausdrücken können, ſie aber hatte die Macht des Wortes und wie linder Balſam heilten ſie die Wunden. Was ihr im Großen und Umfaſſenden nicht gelingen wollte, gelang ihr im Einzelnen; das Herz der Höherſtehenden einte ſich mit denen, die im beſchränkten Lebenskreiſe verharren. Es war nicht Gefühlloſigkeit, ſondern unverwüſtlicher Lebensmuth, daß Ameile ſich faſt bälder in das Unabänderliche fügte und ſich der Heiterkeit nicht verſchloß wie Dominik, aber auch dieſem gelang es endlich.

Oft betrachtete Ameile mit Wehmuth die Karte des Hofgutes, die Alban in jenem letzten friedlichen und hoffnungsvollen Winter gezeichnet. Das war das Einzige, was von ihm übrig geblieben und die Karte hing noch an derſelben Stelle, wo ſie die Mutter aufgehängt hatte. An die Mutter und an Alban mußte Ameile oft denken und die Beiden waren ja auch immer dem Dominik gut geweſen. Dann aber ſtrich ſie ſich wieder raſch über das Geſicht und alle Wehmuth war daraus weggenommen.

Man mag es Eitelkeit nennen, es war aber weit mehr ſtolze Siegesfreude und die Luſt am Wohlthun, was Dominik empfand, als er vierſpännig nach Nellingen fuhr, um ſeine Mutter zur Hochzeit abzuholen. Er hatte jetzt das doppelte Verlangen, ſeiner Mutter noch recht viel Freude zu bereiten, er hatte nichts von ihr empfangen als das nackte Leben, und wie gräßlich war es

Denen ergangen, die ihre Kinder mit Reichthum auszustatten vermochten.

Die Hochzeit wurde still gefeiert, die Oberamtmännin und die Mutter des Dominik gingen an der Seite Ameile's, Dominik ging zwischen dem Hirzenbauer und dem Gipsmüller zum Traualtar.

Ameile trug zur Freude ihres Mannes und aller Anwesenden einen besonderen Schmuck auf der Brust: sie hatte die Denkmünze des Dominik an einen Henkel fassen lassen und trug sie an der Granatenschnur. „Das ist mein schönster Ehrenschmuck," sagte sie lächelnd beim Hochzeitmahl.

Dominik behielt seine Mutter bei sich auf dem Furchenhof. Sie hatte allzeit über ihre Söhnerin in Nellingen geklagt; sie hatte jetzt glückselige Tage; aber sie hielt es doch nicht lange aus, sie hatte Heimweh nach der keifenden Söhnerin, nach den Nachbarn und vor Allem nach den Kindern ihres ältesten Sohnes. Dominik brachte sie wieder nach Nellingen und versorgte sie gut.

Erst als auf dem Furchenhof das erste Kind geboren wurde, kam sie wieder und blieb dort.

Auf dem landwirthschaftlichen Feste fehlt Ameile nie und ist allezeit im Geleite der Oberamtmännin; der Dominik sitzt jedesmal neben dem Hirzenbauer und ist einer der angesehensten Großbauern.

Bei der letzten Heimfahrt vom landwirthschaftlichen Bezirksfeste war der neue Furchenbauer gar lustig und er sagte zu seiner Frau:

„Bäuerin," — denn so redet er sie jetzt auch nach herkömmlicher Art an — „ich kann dir nicht sagen, wie wohl mir's doch wieder auch ist und wie glückselig ich bin. Wenn ich so in ein Wirthshaus komm' und ich lass' mir geben was der Brauch ist, und da denk' ich bei mir: und du kannst's bezahlen und es thut dir nichts. Ich mein' oft noch, ich sei der Kühbub, und dann wird mir's doppelt wohl, daß ich jetzt so dasteh' und mir was erlauben darf."

„Und das sollst du recht oft thun und dir auftragen lassen nach Herzenslust. Du bist manchmal noch ein bisle zu genau. Ich denk' auch bei den Armen immer daran, daß wir auch für die Todten ihr Theil Gaben geben müssen. Aber da ist's schon wieder, hilf mir, daß ich nicht immer und bei Allem dran denk', wie meine Brüder und meine Eltern aus der Welt gegangen sind."

„Ich will dir schon helfen. Drum denk' jetzt nicht dran.
Du bist halt ein Prachtweible. Ein Andere hätt' gewiß gesagt:
nimm dich in Acht und laß dich nicht verleiten! man vergißt gar
bald wo man herkommen ist. Du kennst mich aber und du
gunnst mir was Gutes und du hast nicht bang, daß ich dir dein'
Sach verthu'."

„Meine Sach? Es ist Alles so gut dein wie mein. Du
weißt was mein Ehrenschmuck ist, aber du mußt auch nie vergessen, daß du jetzt ein Großbauer bist."

„Und meine Kinder sollen nicht vergessen, was ihr Vater
gewesen ist. Und wenn ich zehn Theile machen muß, ich will
sie schon so herrichten, daß ein Jedes glücklich und zufrieden sein
kann."

*   *   *

Am Allerseelentag brennen auf dem Kirchhof neun Lichter
ganz nahe bei einander, es sind die für den Furchenbauer, seine
Frau und seine Kinder. Dominik und Ameile knieen mit ihren
Kindern betend dabei, und erst wenn die Lichter verlöscht sind,
kehren sie heim in die Behausung, wo einst so viel Leidenschaft
und Jammer war, und jetzt ein stiller Friede waltet.

Der Viereckig

oder

die amerikanische Kiste.

Auerbach, Dorfgeschichten. V.

„Ich glaub' nicht an Amerika," sagte einst die alte Lachen=
bäuerin in der Hohlgasse, als man ihr Vielerlei und darunter
auch Fabelhaftes von dem fernen großmächtigen Land erzählte.
Die Leute erlustigten sich über diese einfältige Rede, denn die
Lachenbäuerin hatte keineswegs damit nur sagen wollen, daß sie
nicht an die Verheißungen und Hoffnungen Amerika's glaube, sie
erklärte sich einfach dahin, sie glaube überhaupt nicht an das Da=
sein von Amerika, das sei alles lauter Lug und Trug. Sie be=
mühte sich dazu nicht zu mehr Beweisen, als die Großen am
spanischen Hofe gegen Columbus vorbrachten, sie glaubte eben
nicht an Amerika, und fester Unglaube läßt sich eben so wenig
überführen als fester Glaube.

Wenn heutigen Tages Jemand im Dorf durch irgend welche
Hindernisse nicht nach Amerika auswandern kann, hilft er sich
mit der Scherzrede: „Ich glaub' nicht an Amerika, wie die alte
Lachenbäuerin."

Es giebt aber auch landauf und landab kein Haus mehr,
in dem man nicht den lebendigen Beweis vom Gegentheil hätte.
Da ist ein Geschwister, dort ein Verwandter oder auch nur ein
Bekannter in Amerika, man weiß den einzelnen Staat zu nennen,
in dem sie sich angesiedelt haben, man hat Briefe von ihnen ge=
lesen und gehört.

Im Wirthshaus des entlegensten Dorfes, wo man aus einem
guten Schoppen Kräftigung oder Vergessenheit trinken will, schreibt
mitten aus den Tabakswolken eine Zauberhand ihre Mene Tetel
an die Wand; da legen zwei Hände sich brüderlich ineinander,
da segelt ein buntgeflaggtes Schiff auf grüner See und in flam=
menrothen Buchstaben leuchtet die Botschaft: „Nach Amerika!"
Verschwunden ist alles Selbstvergessen; der Geist, der sich in sich
versenken und begnügen wollte, wird mit Zaubergewalt hinaus=

getragen auf das unabsehbare Wellenwogen der Ueberlegungen
und Berathungen. Freilich ist bei dieser Schrift keine Zauberei,
sie ist nur ein Meisterstück der Buchdruckerkunst, und die zahl-
losen Auswanderungsexpeditionen: die Bruderhand, das treue
Geleit, die sichere Obhut, die glückliche Zukunft und wie sie
sich Alle nennen — Auswanderungsagenten mit ihren Helfers-
helfern, Wirthen, Schulmeistern und Krämern, sorgen dafür, daß
man allerorten eingedenk sein muß, wie weit wir es in der Kunst
Gutenbergs gebracht haben. Ist der Blick aber auch nur flüchtig
von diesen Zeichen gefesselt worden, so muß auch das Wort ihm
folgen, und Menschen, die ihr Lebenlang kein anderes Fahrzeug
gesehen als den Floß, der eilig an der Wiese vorbeischwimmt,
darauf sie mähen, sprechen von gekupferten Dreimastern, vom
Leben in Vorkajüte und Zwischendeck. Menschen, die es daheim
nicht zu einer Handbreit Erde bringen können, sprechen von Con-
greßland und den tausend Morgen, die sich leicht erwerben lassen.
— Amerika schickte uns einst die Kartoffel, die in der alten Welt
heimisch und zum Bedürfniß geworden, in hunderterlei Art bereitet und genossen wird; man kann fast sagen, das Gespräch über
Amerika ist auch eine Art von Kartoffel: das wird gesotten und
gebraten, in hunderterlei Art bereitet und sogar zum berauschenden
Trank hergerichtet. Wie erlaben und erhitzen sich oft die Sonn-
tagsgäste an der Kartoffel in Trank und Wort, und kehren sie
dann heim in ihre Behausungen, so kommen sie aus dem fernen
Land zurück, und spät in der Nacht wird noch mit der Frau überlegt, ob man nicht auch auswandern wolle, dahin, wo man nicht
mehr zinse und steuere; jedes kleine Ungemach hebt alsbald ganz
hinweg von dem gewohnten Lebensboden und noch am Morgen
bei der Arbeit ist es oft, als ob die Luft von selbst das Wort
Amerika spreche; mit Sichel und Sense oder der Pfluggabel in
der Hand schaut der Bauer oft aus, als müßte plötzlich Jemand
kommen, der ihn abrufe nach dem gelobten Land Amerika. —
Glückselig, wer sich bald wieder findet und sich tapfer wehrt auf
dem Boden, darauf Geburt und Geschick ihn gestellt.

Es wäre thöricht, die unabsehbare Befruchtung und den großen
Alles bewältigenden Zug der Menschheitsgeschichte in dem Auswanderungstriebe verkennen zu wollen. Das hindert aber nicht,
ja fordert eher dazu auf, die Herzen derer zu erforschen, die,
vom Einzelschicksale gedrängt in die Reihen der Völkerwanderung

eintreten, deren weltgeschichtliche Sendung unermeßbar und den Einzelnen, die mitten im Zuge gehen, unerkennbar ist. Daneben ist es von besonderem Belang zu beobachten, welche Wandlung solch ein Trieb, der die ganze Zeit ergriffen, im beschränkten Lebenskreise der Scheidenden und Verbleibenden hervorbringt.

Der Statistiker stellt, manchmal mit Bedauern, die Summe Derer zusammen, die in diesem und diesem Jahre das Vaterland auf ewig verlassen; er ermißt, welche Arbeits= und Capitalkraft dadurch dem Vaterlande entzogen wurde; die innere sittliche Macht aber, die den Zurückbleibenden dadurch entzogen und anbrüchig geworden ist, läßt sich nicht in Zahlen fassen und nicht in die Linien der statistischen Tabellen eintragen. Wandert über Berg und Thal, und der Lastträger, der sich euch anschließt, stemmt seinen Stock unter die Last auf seinem Rücken und ausschnaufend erzählt er euch, wie man in Amerika für seine harte Arbeit doch auch Etwas vor sich bringe und wie er gern dahinzöge, wenn er nur die Ueberfahrtskosten erobern könnte. Dort in jener Hütte wohnt ein altes Paar, einsam und verlassen; es hat seine Kinder, die Freude und Stütze seines Alters, über's Meer geschickt, damit es doch mindestens ihnen wohlergehe und ist bereit, den Rest seiner Tage einsam und freudlos zu verbringen, wenn nicht die Kinder es zu sich rufen. In einem andern Hause klagt eine arme Verwandte ihre bittere Noth, und ein noch nicht fünfjähriger Bub' sagt: "Sei zufrieden Base, wenn ich groß bin, geh' ich nach Amerika und schicke dir einen Sack voll Geld." Der Dienstbote spart sein Lohn zusammen, und stellt die Rahmenschuhe weg, die er zu Georgi und Michaeli bekommt und über alles zunächst Vorliegende hinaus schweift der Gedanke nach Amerika. Das ganze diesseitige Leben wird zu einem mühseligen unruhigen Samstag, hinter dem der lichte amerikanische Sonntag verheißungsvoll winkt. — Hatte jener Bauer Recht, der da sagte: "Wenn eine Brücke hinüberginge über's Meer, es bliebe kein einziger Mensch mehr da?"

Tretet in die Hallen des öffentlichen Gerichts und der ewige Endreim heißt: nach Amerika. Der Brandstifter wollte mit den Versicherungsgeldern — nach Amerika, der Dieb mit dem Erlös seines Diebstahls — nach Amerika; die Kindsmörderin wollte mit ihrem Verführer — nach Amerika, und da er sie verließ, tödtete sie ihr Kind, um sich allein zu retten — nach Amerika, ja selbst der verurtheilte Verbrecher tröstet sich, daß er im Zuchthaus so viel erübrigen könne, um auszuwandern oder gar, daß man ihm die Hälfte seiner Strafzeit schenke und ihn fortschicke — nach Amerika.

Aber nicht nur Verarmte, die sich nicht aufraffen und sich der Hoffnung hingeben, daß die Gemeinde oder der Staat sie endlich über's Meer sende, und nicht nur Verbrecher, die sich mit kecker Hand das Lösegeld aneignen, schauen aus nach Amerika; auch die Menschen, die sich wieder darein gefunden haben, muthig und rechtschaffen auf ihrer Stelle auszuharren, im Lande zu bleiben und sich redlich zu nähren, auch diese tragen oft zeitlebens die untilgbaren Folgen davon, daß sie einst eine andere Sehnsucht über sich kommen ließen. Nur starke Naturen oder solche denen nichts tief geht, überwinden die Unruhe und die Unstätigkeit, die auf lange nicht aus der Seele weichen will, welche einst den Ge= danken der Auswanderung in sich gehegt hatte. —

„Ich glaub' nicht an Amerika," sagen nun aber auch ganz andere Leute, als die alte Lachenbäuerin.

Die Strömung der Auswanderung hat sich auch schon ge= staut und ist eine Zeit lang rückwärts gegangen.. Viele in Ver= zweiflung heimgekehrte Auswanderer wissen gar Schauer= erregendes zu erzählen von der neuen Welt; denn getäuschte Hoffnung macht bitter, läßt das Gute an einer Sache leicht über= sehen oder gar verläugnen, und wer von einem Unternehmen abgelassen hat, das er unter der gespannten Aufmerksamkeit Anderer mit großem Eifer versucht hat, der muß die Hindernisse als un= geheuerliche darstellen, um mit seiner Ehre desto besser dabei weg= zukommen. Da wird die ehemalige blinde Lobpreisung jetzt zur blendenden Verleumdung. Freilich sind die Gaunereien, die in Amerika unter allerlei Masken oder auch ganz offen freies Spiel haben, oft fabelhaft keck und abenteuerlich, mit Verläugnung alles sittlichen Gefühls und rücksichtsloser Ausnutzung des Neben= menschen und seines hingebenden Vertrauens; freilich bildet dort die Selbsthülfe, auf die Jeder angewiesen ist, sich oft auch zur lieblosen Selbstsucht aus, und wer von seiner eigenen Kraft ver= lassen ist, ist ganz verlassen. Aber weil eben die Hoffnungen für Amerika zu hoch gespannt, zu träumerisch unklar waren, weil man ein Fabelreich daraus machte, und amerikanisches Wohlleben zu einem Aberglauben geworden war, ist dieser jetzt vielfach in Unglauben umgeschlagen und — „Ich glaub' nicht an Amerika" heißt es jetzt mit der alten Lachenbäuerin, und das hat sein Gutes. Es wird jetzt aufhören, daß Jeder, der mit seiner Hoffnung oder mit seiner Thätigkeit in die Brüche gekommen ist, alsbald das Weite sucht und alles Heil von der neuen Welt erwartet, und von dieser wird sich eine klare und gerechte Anschauung ausbreiten, die nichts vom Aberglauben und nichts von Unglauben hat, sondern die Bedingungen des alten und des neuen Lebens entsprechend würdigt. — —

⁂ Des Lachenbauern Xaveri ist der Enkel jener Alten, die den Spruch that: „Ich glaub' nicht an Amerika," aber der Xaveri mußte daran glauben, und zwar auf seltsame Weise.

———

Das war ein unbändiges Gelächter am Rottweiler Markt, vor dem Wirthshause zur Armbrust! Auf einem sattellosen Apfelschimmel saß ein halbwüchsiger Bursche, breitschultrig, mit einem wahren Stiernacken, darauf ein Kopf von gewaltigem Umfange ruhte, die braunen Haare, die geringelt von selbst emporstanden, machten den Kopf noch umfangreicher, und eben war man daran, diesem Haupt die entsprechende Bedeckung zu verschaffen. Der Reiter hielt mitten im Marktgewühl vor einer Bude, und ein Hut nach dem andern wurde ihm heraufgereicht, aber er gab sie alle wieder zurück. Ein älterer Bauer faßte das Pferd am Zügel und führte es sammt dem Reiter durch die drängenden Menschen nach einer andern Bude. Der frühere Versuch wurde hier erneuert, ein Hut nach dem andern wanderte auf das gewaltige Haupt des Reiters und wieder hinab, braune, schwarze und graue Hüte von jener neuen Form, die ohne das Verbot der hohen Regierungen die Menschen verschiedener Bildungsstufen wenigstens der Form nach unter Einen Hut gebracht hätte. Man reckte und zerrte die Hüte, man spannte sie über die Form, aber dennoch war keiner passend. Der Bursche hielt den Zügel des Pferdes und die schwarze Zipfelmütze, die er abgethan, krampfhaft in der linken Hand. Eine große Menschenmenge hatte sich, bald leise bald laut spottend um ihn versammelt; da rief Einer laut: „Der Xaveri hat einen viereckigen Kopf."

„Es ist beim Blitz wahr, für dich findet sich kein Deckel, reit' nur heim, du Malefizbub," rief der Mann, der früher das

Pferd am Zügel nach der andern Bude geführt hatte, und jetzt ſchrie Alles laut ſpottend: „Der Viereckig! der Viereckig!"

Der Reiter nahm die lederüberzogene neue Peitſche, die er über die Bruſt geſpannt hatte, und hieb damit nach Dem, der zuerſt „der Viereckig" gerufen hatte; aber dieſer war raſch ent- ſchlüpft, und als der Reiter in langſamem Schritt durch die Menge weiter ritt, rief ihm Alles nach: „Der Viereckig! der Vier- eckig!" Die dicken Lippen des Reiters ſchwollen noch mächtiger an, er ſchärfte ſie bisweilen mit den Zähnen und murmelte Un- verſtändliches vor ſich hin, und als er das Menſchengedränge hinter ſich hatte, peitſchte er das Pferd, daß es vorn und hinten ausſchlug, und jagte im wilden Galopp davon. Manchen, der ſtill mit ſich allein oder laut ſelbander mit ſeinem Rauſche dahin- wandelte, und Manchen, der mehr als nüchtern ſein unverkauftes Vieh heimtrieb, hatte er in raſchem Ritte faſt über den Haufen geworfen, aber er hörte kaum das Fluchen und Schelten hinter ſich drein, ja ſchnelle Steinwürfe erreichten ihn nicht, denn das ſchwerfällige Pferd trug ihn faſt mit Windeseile davon. Gedanken aber ſind doch noch ſchneller, und wir können darum den Reiter leicht geleiten und ihn näher kennen lernen.

Es gab keinen keckern, meiſterloſern Buben im Dorfe, als des Lachenbauern Xaveri. Der Lachenbauer — er hieß nicht ſo, weil er viel lachte, das konnte dem finſtern und kargen Manne Niemand nachſagen, ſondern weil ſein Haus neben der Pferde- ſchwemme, der ſogenannten Lache ſtand, und nicht weit davon war das allgemeine Waſchhaus — der Lachenbauer hatte ſeine heimliche Freude an all den loſen Streichen ſeines Sohnes Xaveri, und wenn man ihm darüber klagte, pflegte er zu ſagen: „Haut ihn, das macht ihn feſt; das giebt einen Kerl, der Bäum' um- reißt, und ich hab' nichts über ihn zu klagen, mir folgt er auf's Wort."

Es war faſt keine Hand im Dorf, von der nicht Xaveri ſchon ſeine Schläge bekommen hatte. Das konnte ihn aber nichts anfechten, im Gegentheil, er gedieh wacker dabei, er war hals- ſtarrig und hartſchlägig; was er einmal wollte oder nicht wollte, davon brachte ihn Nichts ab. Seine Hauptheldenthaten vollführte der Xaveri an Sommerabenden bei der Pferdeſchwemme, und in den Nächten beim Waſchhaus. Wenn die Männer und Burſchen an Sommerabenden ihre Pferde in die Schwemme ritten, oder

auch nur am Ufer stehend sie an langem Leitseile hineintrieben, so
daß die Thiere ihre Nüstern aufbliesen und die Mähnen schüttelten,
dann mußten sie den Xaveri mit hineinreiten oder ihn die Peitsche
regieren lassen; wollten sie sich dem nicht fügen, so traf unver=
sehens ein Kiesel Reiter oder Pferd. Wie aus der Luft kam der
Wurf geschleudert, man konnte nicht sagen, kam er vom Giebel
aus dem Hause des Lachenbauern, aus einer Hecke am Weiher
oder von irgend einem Baume, das aber war sicher, daß er aus
der Hand des Xaveri kam, dessen man nur selten habhaft werden
konnte; geschah dies, so erhielt er seinen ungemessenen Lohn,
aber wie gesagt, das geschah doch nur selten, denn der Xaveri
war schlau und behend wie eine wilde Katze.

Beharrlichkeit, auch in schlimmen Streichen, übt immer eine
gewisse siegreiche Macht. Die Männer und Burschen konnten bei
allem Aerger nicht umhin, eine gewisse Freude an dem unbän=
digen Buben zu haben, und es wäre auch mißlich, ihm im Zorn
nachzuspüren, da man bei vergeblichem Forschen noch wacker aus=
gelacht wurde. So kam es, daß der Xaveri immer freiwillig auf=
gefordert ward, die Pferde mit in die Schwemme zu reiten, und
da er nicht auf allen Pferden sitzen konnte, ertheilte er solche
Gunst an diesen oder jenen Altersgenossen und machte sie sich
dienstpflichtig; aber keiner war so geschickt wie der Xaveri, er stand
barfuß auf dem Pferde und trieb es in das Wasser bis über die
Mähne, und lenkte es mit einem Zungenschlage wieder zurück.

Hatte er die Männer und seine Altersgenossen sich dienst=
pflichtig gemacht, daß sie ihm ihre Pferde zur Verfügung stellen
mußten, so erpreßte er fast wie ein Raubritter von den wehr=
losen Frauen und Jungfrauen Essen und Trinken, was ihm ge=
lüstete, und mancherlei Gunst. Man konnte aufpassen wie man
wollte, unversehens fand man den Zapfen an der Laugengelte
ausgezogen und die angefeuchtete Asche, die in einem Tuche über
die Wäsche ausgebreitet war, in dieselbe gestürzt, ja sogar die
aufgehängte Wäsche war nicht sicher und wie von Geisterhänden
herabgerissen und erbarmungswürdig zusammengeballt. Das konnte
Niemand anders gethan haben, als des Lachenbauern Xaveri.
Die Frauen und Mädchen lockten ihn darum an sich, gaben ihm
von ihrem Kaffee und Kuchen, versprachen ihm Obst und was er
begehrte, und trieben oft ganze Nächte im Waschhause allerlei
Scherz und Neckerei mit· ihm, so daß man weithin Lachen und

Johlen vernahm. Hatte ſich der Xaveri nicht bewegen laſſen, im
Waſchhaus zu bleiben, ſo kam er oft mitten in der Nacht in
allerlei Geſpenſtergeſtalt daher, und der Jubel war aus dem
Schrecken heraus noch ein höherer. Eine beſondere Macht erwarb
ſich der Xaveri noch dadurch, daß er von neidiſchen, boshaften
oder eiferſüchtigen Frauen und Mädchen dazu eingelernt wurde,
irgend ein verborgenes Stelldichein zu ſtören oder geheime Wege
zu vertreten. Der Xaveri war noch nicht zwölf Jahr alt, als
er bereits Verhältniſſe im Dorfe kannte, die Vielen erſt im ſpätern
Alter offenbar wurden, er war aber auch nach Gunſt und Laune
verſchwiegen, und war natürlich der Kobold des Dorfes in Scherzen
und Schelmenſtreichen. Es herrſchte die allgemeine Stimme im
Dorf: „Der Xaveri wird einmal ein fürchterlicher Menſch,“ und
Jedes that das Seine dazu, daß er das werde; Manche aber
ſagten auch: „Aus ſo wilden Buben wird oft was ganz Beſon=
deres.“ Beides hörte der Xaveri oft, und er nahm ſich Beides
gleich ſehr zu Herzen, das heißt gar nicht.

Im elterlichen Hauſe war der Xaveri folgſam, beſonders
gegen den Vater, gegen die Mutter erlaubte er ſich ſchon manche
Widerſpenſtigkeiten; einen unbedingten Untergebenen hatte er an
ſeinem zwei Jahre ältern Bruder mit Namen Trudpert. Xaveri
konnte thun was er wollte, der Bruder half ihm immer heraus,
ja er nahm manche Uebelthat auf ſich, nur daß Xaveri verſchont
wurde; denn dieſer hatte es ihm wie mit einem Zauber angethan.

Eines Tages, es war im Winter — die alte Lachenbäuerin,
von welcher der Spruch herrührt: „Ich glaub' nicht an Amerika,“
war ſchon lange todt und ſie wäre jetzt auch anderer Ueberzeu=
gung geworden — da war großes Halloh im Hauſe des Lachen=
bauern. Die Mutter hatte es nicht geſtatten wollen, daß der
Trudpert ſeinem jüngern Bruder Alles nachgebe und hatte Xaveri
deßhalb geſchlagen, bis ſie müde war und der Knabe ſchrie
jämmerlich und ſchnitt Geſichter, aber ohne zu weinen; da kam
ein armer Mann, der nach Amerika auswandern wollte und
bettelte um Dürrobſt oder um etwas Leinenzeug für ſeine zahl=
reiche Familie. Im Zorn rief die Mutter:

„Da, nehmt den böſen Buben mit nach Amerika.“

„Ich geh' mit, gleich geh' ich mit,“ rief Xaveri aufſprin=
gend, aber jetzt wälzte ſich der Bruder auf dem Boden und ſchrie:

„Mein Xaveri darf nicht fort, mein Xaveri muß dableiben.“

„Schenk' mir dein Sackmesser und deine Tauben," unter=
handelte Xaveri und der Bruder gab trotz der widersprechenden
Mutter Alles und war glücklich als er den Xaveri um den Hals
fassen und mit ihm nach dem Taubenschlage gehen konnte.

Von nun an hatte der Xaveri ein untrügliches Mittel, um
von seinem Bruder Alles zu erlangen; willfahrte er ihm nicht
alsbald, so drohte er: „Ich geh' nach Amerika!" und damit er=
langte er allezeit was er wollte: denn dem Trudpert stand gleich
das Wasser in den Augen, wenn er diese Drohung hörte.

Auch sonst im Dorfe brachten die Leute den Xaveri oft dazu,
daß er seinen Spruch hersagte: „Ich geh' nach Amerika." Da
die Leute an dem Xaveri nichts erziehen konnten und wollten,
machten sie sich den genehmern und weit anschlägigern Triumph,
ihn auf allerlei Weise zu verhetzen: indem sie ihm oft vorhielten,
wie gut es die Kinder in Amerika hätten, da brauche man gar
nicht in die Schule zu gehen, und die Buben säßen den ganzen
Tag zu Pferde und ritten im Wald und Feld umher und schon
mit sechs Jahren bekäme ein Knabe eine Flinte, um Hirsche und
Rehe zu schießen. Die Leute waren merkwürdig erfinderisch im
Ausmalen von allerlei Ungebundenheit, und der Schreiner Jochem,
der mit seiner Familie auswanderte, trieb seine Gemüthlichkeit
so weit, daß er mit Xaveri ein Complot einging und ihm ver=
sprach, ihn heimlich mitzunehmen. Xaveri kam richtig mitten in
der Nacht, in der Jochem mit seiner Familie davonziehen wollte,
zu demselben, brachte in einem Packe seine Kleider und in einem
Sacke einen ziemlichen Vorrath von Dürrobst. Der Jochem packte
das letztere zu unterst in eine große Kiste, schickte aber heimlich
nach der Mutter des Xaveri und ließ sie ihren Sohn sammt seinen
Kleidern abholen. Das war der erste gewaltige Hohn und Be=
trug, den Xaveri in seinem Leben erfuhr, aber er verwand ihn
bald wieder, zumal da die Mutter die ganze Sache und sogar
den Raub am Dürrobst vor dem Vater vertuschte. Im Dorf
aber war der Vorgang dennoch ruchbar geworden, man ließ es
nicht daran fehlen, den Xaveri in aller Weise zu necken und er
vergalt es durch noch übermüthigere Streiche.

In einer Kindesseele verschwinden leicht die Spuren der
gewaltigsten Eindrücke; es hat sein Gutes weit mehr als sein
Schlimmes, daß die jugendliche Spannkraft in ihrem freien
Wachsthum beharrt. Wer aber weiß, was in der schlummernden

Kindesſeele fortwaltet? Wenn von brauſender Locomotive ein
brennender Funke in den offenen Kelch einer Blume fällt, vom
Winde alsbald verweht und verlöſcht wird, ihr ſeht keine Spur
an dem offenen Kelche, aber an dem Boden, darin die Wurzel
haftet, ruht die verlöſchte Aſche, fördernd oder verderbend.

Wenn der Xaveri nicht ſeinen Bruder damit neckte, dachte
er nicht mehr an Amerika, und nur Einmal, als Kinder aus
der Schule mit ihren Eltern auswanderten, trug er ihnen auf,
dem „Schreiner Jochem drüben“ Schimpf und Schande zu ſagen;
ja er ſchrieb einen Brief an ihn mit den heftigſten Drohungen,
wenn er nicht den Sack, worin das Dürrobſt war, wieder mit
Gold gefüllt zurückſchicke.

In ſeinem zwölften Jahre ſtand der Xaveri ſchon vor dem
Gericht und wurde auf einen Tag eingeſperrt. Im Dorfe war
eine äußerſt verhaßte Perſönlichkeit, und zwar diejenige, die die
öffentliche Ordnung überwachte. Der „Wulliſepple,“ ſo genannt,
weil er ehemals Wolle geſponnen hatte, war Ortspolizeidiener
geworden und hatte von nun an den Namen „grauſig Mall,“
d. h. ſo viel als die grauſame Katze, denn er war den Nacht=
buben äußerſt aufſätzig und konnte ſeine Augen funkeln laſſen
wie eine Katze. Nun nahmen die Burſche einſt Rache an ihm
und dazu gebrauchten ſie den Xaveri. Es war auf dem Tanz,
da wurde der kleine Xaveri von den Burſchen vor die Muſikanten
hingeſtellt und er rief: „Aufgepaßt! es kommt ein neuer Tanz!“
und ſang den Muſikanten ein Spottlied auf den grauſigen Mall
vor. Dieſer war zugegen und wollte abwehren, aber die Burſchen
riefen: „Du gehſt 'naus! Du haſt das Recht erſt um elf Uhr
da zu ſein! Du biſt Polizei und nicht Gaſt!“ Sie bildeten einen
Knäuel und drückten den grauſigen Mall hinaus; der aber rief:
„Ich geh' und ich geh' zum Amt!“ Nun war Lachen und Johlen
und Singen und der Xaveri wurde von Allen auf den Armen
herumgetragen. Der grauſige Mall hielt Wort und Xaveri ſtand
mit mehreren Burſchen vor Gericht. Man wollte wiſſen, woher
er das Lied habe; er blieb dabei, er habe es Morgens beim
Tränken am Wettibrunnen gefunden. Er mußte das Lied vor
dem Amtmann nochmals ſingen, der ſelbſt darüber lachte; und
da er dabei beharrte, Niemand angeben zu können, wurde er auf
vier und zwanzig Stunden eingeſperrt. Als man ihn abführte,
rief er: „Wer mich einthut, muß mich auch ſchon wieder austhun!“

Man kann sich denken, welch eine bewunderte Persönlichkeit Xaveri nach dieser Heldenthat war. Er hatte den giftigen Zorn des grausigen Mall nicht zu fürchten, denn alle Burschen im Dorf waren seine Gönner.

Unter Allen im Dorf, die das Gemüth Xaveri's verhetzten, stand das Zuckermännle obenan. Es gibt wohl in jedem Dorf einen besondern Menschen, der seine eigne Freude daran hat, allerlei Wirrwarr und Feindseligkeit anzustiften, und zwar ganz ohne Eigennuß, wenn man nicht eben in der Freude an diesen Vorfällen einen Eigennuß sehen will. Das Zuckermännle, ein kleiner schmächtiger Schneider, mit verschmitzten grauen Aeuglein in dem faltenreichen Gesichte, hatte, da es noch viel jünger an Jahren war, die alte Krämerin, die sogenannte Zuckerin, geheirathet; es hoffte, seine Alte bald los zu werden und sich dann ein frisches Weibchen nach seinem Sinne zu holen; aber die alte Zuckerin war zäh und dürr, der Tod schien gar kein Verlangen nach ihr zu haben: sie lebte zu besonderem Leidwesen ihres Mannes noch ein und dreißig Jahre. Sie war erst diesen Frühling gestorben und das Zuckermännle, das unterdeß alt und grau geworden war, ging auf fröhlichen Freiersfüßen. Bei seinem frühern Hauskreuz war es ihm ein besonderes Labsal gewesen, den Xaveri zu allerlei Schelmenstreichen anzustiften und er suchte dann mit heimlicher Schadenfreude die Beschädigten auf, um Mittel und Wege zu neuen Schelmereien zu entdecken. Seit Xaveri aus der Schule entlassen war, zog er sich von seinem ehemaligen Lehrmeister auffallend zurück; man hatte geglaubt, daß Xaveri, der Schulzucht entbunden, mit neuen losen Streichen sich zeigen werde, aber seltsamer Weise war er arbeitsam und still und man hörte nichts von ihm; ja in der Sonntagsschule war er äußerst aufmerksam und ehrgeizig, und die Leute, die prophezeit hatten, daß aus dem Xaveri noch etwas Besonderes werde, frohlockten ob ihrer Weisheit. Es schien, als ob die gewonnene Freiheit und Selbständigkeit ihn geändert hätte. Mehrere Jahre gingen darauf hin, ehe man den rechten Grund erfuhr, und jetzt wunderte man sich, daß man ihn nicht schon früher bemerkt hatte.

In diesem Frühling war Xaveri aus der Sonntagsschule entlassen worden; er war achtzehn Jahre alt und verstand was es heißt, wenn die Blaumeise im Frühling singt: „D'Zit is do! D'Zit is do! D'Zit is do!" Noch viel wahrer aber lauteten die

Worte, die man dem Gesange eines andern Vogels unterlegt,
denn nachahmend das Schwirren und Zwitschern heißt es, daß
die Lerche singt: „'s ist e König im Schwarzwald, hat siebe
Töchter, siebe Töchter, d'Lies ist d'schönst', d'schönst', d'schönst'!"
Mit dem König konnte Niemand anders gemeint sein, als der
Pflugwirth im Dorf; er hatte zwar nicht sieben Töchter, aber
doch fünf, und dazu nur einen Sohn, und aufs Wort hin war
es nichts als Wahrheit, daß des Pflugwirths Lisabeth landauf
und landab das schönste Mädchen war.

Des Pflugwirths Lisabeth war mit Xaveri zugleich aus der
Sonntagsschule entlassen worden und er galt nun für deren
öffentlich Erklärten und Keiner im Dorfe wagte ihm dies streitig
zu machen, denn von Kindheit an war Xaveri von Allen ge=
fürchtet. Der Pflugwirth schien auch nichts gegen dieses offene
Verhältniß zu haben, er hieß den Xaveri, den Sohn eines ver=
möglichen Bauern im Dorfe, stets bei sich willkommen und sah
es mit Genugthuung, daß der Nachwuchs der jungen Burschen
im Dorfe sich seinem Hause zuwendete, während bisher Alles dem
Wirthshaus zur Linde treu geblieben war; denn der Pflugwirth
war ein Fremder, er war von Deimerstetten oder vielmehr von
Straßburg ins Dorf gezogen und war er nun auch schon mehr
als achtzehn Jahre ansässig, er war doch noch ein Fremder, denn
seine Frau war eine Elsäßerin und er selber ein seltsamer Mann,
vor dem man eine geheime Scheu hatte, wenn man seiner nicht
bedurfte. Sein ganzes Gebaren hatte etwas Fremdes und Auf=
fallendes; wenn er über die Straße ging, lief er allezeit so behend,
als wenn er immer zu eilen hätte. Das ist im Dorfe besonders
auffällig, wo man sich zu Allem gern Zeit nimmt. Er mußte
es noch von der Stadt her gewöhnt sein, an den Menschen
vorüberzugehen, ohne sich um sie zu kümmern; er hielt nirgends
Stand, und wenn man ihn grüßte, dankte er kurz und knapp.
Der Pflugwirth war vordem Hausknecht im „Rebstöckl" in Straß=
burg gewesen und bildete sich nicht wenig auf seine Welterfahren=
heit und besonders auf sein Französisch ein. Um dieses Letztere
selber nicht zu vergessen und noch einen Vortheil für seine Kinder
daraus zu ziehen, sprach er mit seinem einzigen Sohne Jacob,
den er Jacques nannte, nie anders als französisch und zwar
elsäßer=französisch. Der Schackle, wie er im Dorfe hieß, war
vor den Leuten nur schwer zu bewegen, in der wälschen Sprache

zu antworten und bekam deshalb viel Schläge. Im Dorf und in der Schule wurde er deshalb viel geneckt und während die andern Kinder des Pflugwirthes frisch gediehen, war der Schackle ein verbutteter unansehnlicher Knabe. Obgleich er viele Jahre jünger war, hatte Xaveri ihn doch zu sich herangezogen und nur diesem Umstande verdankte er es, daß er in der Schule nicht täglichen Mißhandlungen ausgesetzt war. Seit kurzer Zeit hatte der Pflugwirth aber auch einen thatsächlichen Erfolg von seiner Weltgewandtheit und Sprachkenntniß; er war nicht nur Agent einer französischen Feuerversicherungsgesellschaft, sondern auch, was noch einträglicher war, Agent einer Auswanderungs-Expedition, genannt: „Die Bruderhand." Nun hatte er oft hin und her zu reisen und sah es gern, daß Xaveri viel in seinem Hause ein- und ausging, denn er half dem sehr unanstelligen Schackle so wie den Töchtern bei dem Feldgeschäfte. Xaveri war weit mehr im Pflugwirthshause als bei seinen Eltern, er war ohne Lohn fast der Knecht des Pflugwirths. Dies gab oft Streit zwischen ihm und dem Vater. Xaveri kehrte sich nicht daran. Seit einigen Wochen aber war er mißlaunisch und zanksüchtig, mehr als je. Von Deimerstetten, dem Geburtsorte des Pflugwirths, kamen sonntäglich die Burschen, und besonders Einer, des Lenzbauern Philipp, warb offenkundig um Lisabeth und diese schien es nicht unwillfährig aufzunehmen. Xaveri schalt mit Lisabeth, ja er klagte es dem Pflugwirth selber; aber dieser beruhigte die „Kinder" mit klugen Worten und Xaveri war wohlgemuth, da auch er sich als Kind des Hauses bezeichnen hörte.

Nun hatte er heute zum Rottweiler Markt seine schwarze Zipfelmütze abthun und sich auch einen breitkrämpigen Hut mit breitem Sammetband und einer hohen Silberschnalle, ganz wie des Lenzbauern Philipp von Deimerstetten, anschaffen wollen; darum war er im Geleit seines Vaters nach Beendigung des Pferdemarktes auf den Krämermarkt geritten und dort beim Wirthshause zur Armbrust hatte er den fürchterlichen Schimpf erfahren, und der zuerst den Spottnamen „der Vierrckig" ge= rufen hatte, war gerade des Lenzbauern Philipp von Deimer= stetten gewesen und alle Umstehenden, darunter auch Viele aus seinem eigenen Orte, hatten ihn ausgelacht und verhöhnt. Darum raste jetzt der Xaveri in wilder Wuth dahin, er hatte mit dem schönen Hut ins Dorf zurück kehren wollen und jetzt kam er mit dem schändlichen Unnamen, und den hatte ihm sein Nebenbuhler gegeben. Hin und her rasten seine wilden Gedanken. Er haßte den Vater, der mit geholfen ihn zu beschimpfen und noch dazu gelacht hatte; vor Allem aber schleuderte er seinen bittersten Grimm auf des Lenzbauern Philipp, und wenn er selber darüber zu Grunde ginge, den wollte er krumm und lahm und zu Tode schlagen. Er überlegte nur noch, wie er das ins Werk setze. Der rasche Galopp hatte sein Ende erreicht; am Fuße des Berges, der nach seinem Heimathsdorfe führte, schnauften Roß und Reiter aus, und Xaveri schaute verwirrt umher, als ihn das Zucker= männle grüßte, das eben auch vom Markt heimkehrte. Es war ganz neu gekleidet und seine fröhlichen Mienen schienen nichts zu wissen von dem Flor, den es um den Arm trug. Es lüpfte den neuen Hut und reichte ihn dem Xaveri, damit er erkenne, wie leicht und geschmeidig er sei. Xaveri erschien das als Hohn, er holte schon mit der Peitsche aus, um sie auf den alten Schelmen= kopf zu schlagen, da erinnerte er sich noch, daß ja das Zucker= männle nichts von seiner Verspottung wissen könne; er war ja Allen voraus davongeeilt. Ohne zu sagen, was ihm geschehen sei und nur im Allgemeinen von einer Beschimpfung sprechend, verlangte er von dem alten Schlaukopf einen Rath, wie er sich rächen sollte; so sehr aber auch das Zuckermännle darauf drang, Xaveri ließ sich nicht dazu bewegen, seinen Unnamen auf die Lippen zu nehmen, und lautlos ritt er dahin, das Zuckermännle ging im Schritt neben ihm.

Im Dorfe ging Xaveri voll Unruhe hin und her, es waren die letzten Stunden, in denen er hier ohne den schändlichen Un= namen lebte. Jedem, der vom Markte kam, schaute er tief ins Gesicht, als wollte er ergründen, wer der erste Verkünder seines Schimpfs wäre. Endlich ging er nach dem Pflugwirthshause und erzählte hier der Lisabeth den ganzen Vorfall, aber noch immer ohne das Wort zu nennen. Er verlangte von Lisabeth, daß sie mit des Lenzbauern Philipp kein Wort mehr spreche, ja ihm so= gar die Thür weise; aber sie weigerte ihm das Eine wie das Andere: hier sei ein Wirthshaus und da müsse man Jeden will= kommen heißen. Es war schon Nacht, als die jungen Burschen von Deimerstetten, die auf dem Heimweg nach ihrem Dorfe durch Renkingen mußten, im Pflugwirthshause einkehrten. Xaveri saß am Tische, seine Augen rollten und seine Fäuste ballten sich;

bald verließ er die Stube und man sah ihn haftig im Dorf hin und her rennen, aber nicht mehr allein, denn von Haus zu Haus vergrößerte sich sein Anhang; sie gingen endlich Alle gemeinsam auch nach dem Pflugwirthshause, und wenn die Deimerstetter eine Maß Achter kommen ließen, so riefen die Renkinger: „Ein' Maß Zehner!" und wenn die Deimerstetter ein Lied begannen, sangen die Renkinger ein anderes drein und überbrüllten sie. Der Pflugwirth beschwichtigte so gut er konnte, der Schackle mußte die Deimerstetter bedienen und die Lisabeth mußte sich zu den Ortsburschen setzen und durfte nicht vom Platze. Xaveri aber glaubte zu bemerken, daß sie feurige Blicke nach des Lenzbauern Philipp am andern Tische sendete; und jetzt rief dieser: „Lisabeth, frag' einmal den Xaveri, warum er keinen Hut vom Markte mitgebracht hat?"

„Wart', ich will dir einen Glashut aufsetzen, den man dir aus dem Kopfe schneiden muß!" schrie Xaveri, faßte eine Maßflasche, sprang damit über den Tisch und schlug nach dem Kopfe des Philipp. Durch die Abwehr des Pflugwirths und der Kameraden schlug er die Flasche nur an der Wand entzwei, und unter Geschrei und Toben gelang es endlich dem Pflugwirth, eine rasche Versöhnung herzustellen. Er behauptete, wer Feindschaft halte, der habe es mit ihm zu thun, er sei ein Deimerstetter und Renkinger in Einem Stück; er gab selber eine Maß von seinem Besten als Freitrunk und brachte es endlich dahin, daß die Tische aneinandergestoßen wurden und die Burschen beider Orte zusammen saßen und tranken. Der Wein aus einer Flasche belebte die Zungen und die gleichen Töne stimmten zusammen, aber doch mochte man beiderseits spüren, daß noch keine Einigkeit da war. Es war schon spät, als die Deimerstetter endlich aufbrachen, die Renkinger wollten ihnen das Geleit geben, der Pflugwirth aber suchte sie davon zurückzuhalten und es gelang ihm bei mehreren, daß sie in seiner Stube blieben. Der Xaveri mit Wenigen seiner Genossen beharrte aber dabei, daß er das Geleit gebe, und man ließ ihn ziehen; er war nun an Zahl den Deimerstettern nicht überlegen und diese waren berühmt wegen ihrer Stärke. Durch das Dorf ging man still und wohlgemuth mit einander. Xaveri hatte den Plan, erst draußen im Hohlweg die Feinde anzugreifen, aber unversehens platzte er am letzten Hause des Dorfs heraus und fragte den Philipp: „Sag' Philipp, sag' noch einmal, wie hast du mich auf dem Markte geheißen?"

„Laß gut ſein, es iſt ja vorbei."

„Nein, ſag's nur, ich will's noch einmal hören, ſag's! Du mußt. Haſt's vergeſſen?"

„Nein, aber ich ſag's nicht!"

„So thu's oder ich werde wild."

„Du biſt ein närriſcher Kerl, ein Wort läuft ja an Einem 'runter."

„Ich will's aber noch einmal von dir hören, nur noch Einmal."

„Viereckig iſt beſſer als rund," ſagte ein anderer Burſche, und kaum hatte Xaveri dieſe Worte gehört, als er eine Baum=ſtütze am Wege ausriß und den Philipp traf, daß er zu Boden ſtürzte.

Nun erhob ſich allgemeines Schreien, Schlagen und Fluchen, und es hallte weit hinein durch das Dorf. Der Nachtwächter eilte herbei mit ſeiner Hellebarde und einer Laterne, ihm folgte der grauſig Mall mit dem Gewehr über der Schulter. Ihr Ruf nach Ruhe wurde nicht gehört, denn wie ein wilder Knäuel wälzte ſich Alles am Boden. Da ſchoß der grauſig Mall über ihren Köpfen weg und in wilder Flucht ſtob Alles auseinander. Einen aber, der mit Steinen nach ihm warf, glaubte der grauſig Mall zu erkennen, er verfolgte ihn und im nahen Wald ſtellte er ſich ihm ſelber, drang auf den Verfolger ein und rang heftig mit ihm. Der Polizeiſoldat riß ſich los, faßte ſein Gewehr und zer=ſchlug auf dem Haupte ſeines Gegners den Kolben in Stücke; gleich als wäre nichts geſchehen, entfloh der Burſche und höhnend rief der Polizeiſoldat: „Lauf du nur, ich erkenn' dich ſchon mor=gen, ich hab' dich gezeichnet. Man wird dir ein Lied ſingen, das du nicht am Wettibrunnen gefunden haſt."

Als der grauſig Mall ins Dorf zurückkehrte, kam ihm wunderbarerweiſe, die Arme auf den Rücken übereinandergelegt, der Xaveri entgegen und grüßte ihn zuvorkommend.

„Ich will dir Morgen groß Dank ſagen," erwiderte der grauſig Mall und ging, um ſogleich alles Vorgekommene dem Schultheiß zu melden.

Am andern Morgen war eine ſeltſame Verhandlung beim Schultheißenamt. Xaveri bekannte offen, daß er bei der Rauferei geweſen, aber er läugnete beharrlich, mit dem grauſigen Mall in eine perſönliche Berührung gekommen zu ſein, und ſtaunend ſah der Diener der öffentlichen Ordnung ihn an; der Xaveri mußte einen Kopf härter als Stahl und Eisen haben, denn nicht die Spur irgend einer Verletzung war daran zu bemerken und Xaveri war so lustig wie je. Der Schultheiß, ein Vetter Xaveri's, ließ die Verhandlung nach dieser Seite hin gern auf sich beruhen, denn Auflehnung und persönlicher Angriff gegen den Polizeisoldaten hätte, wenn vollkommen erwiesen, nicht die leicht zu verwindende Strafe von ein paar Wochen bürgerlichen Gefängnisses oder eine Geldbuße nach sich geführt, sondern entehrendes Arbeitshaus. Um so ernster nahm dagegen der Schultheiß die Rauferei mit den Deimer= stetter Burschen, und hier sah sich Xaveri in einer seltsamen Falle gefangen; er wollte durchaus nicht sagen, was eigentlich der Grund seines Zornesausbruchs gegen des Lenzbauern Philipp war, er be= zeichnete ihn im Allgemeinen als Ehrenkränkung, und als der Schultheiß spöttelnd darauf kam und auch die Genossen mittheilten, daß der Unname die eigentliche Veranlassung gewesen sei, und als Einer nach dem Andern unter großem Gelächter das Wort: „der Viereckig" aussprach, war Xaveri voll Wuth und schrie immer:

„Das Wort darf nicht ins Protokoll, das darf nicht auf dem Rathhaus eingetragen sein, sonst ist's ja für ewige Zeiten fest; das darf man gar nicht nennen, gar nicht erwähnen, das leid' ich nicht, sonst hat's der ganze Gemeinderath mit mir zu thun."

Alle diese Einwände halfen nichts und Xaveri sah zu seinem Schrecken, daß er hervorgerufen, was er auf ewig verstummen machen wollte. Er selbst mußte zuletzt seinen Namen unter ein Protokoll schreiben, worin es deutlich und mehrfach wiederholt hieß, daß er den Schimpfnamen „der Viereckig" habe.

Als er vom Rathhaus herunter kam, ballte er die Faust und knirschend schaute er das Dorf auf und ab. Freilich hatte er fortan den seltenen Ruhm, einen so harten Kopf zu haben, daß das Gewehr des grausigen Mall daran splitterte, ohne ihn zu verletzen. Eine Zeit lang schien es, daß dieser Ruhm einen so bösen Schimpfnamen überdecke. Die Ueberlegenheit im Raufen brachte ihm viel Lob und Ehre ein. Es ist aber doch ein seltsam Ding um solchen Ruhm! Die Bethätigung ungewöhnlicher Kraft, ein wüstes Raufen kann sich eine Zeit lang als Bedeutung geltend machen, dann aber tritt plötzlich eine Ernüchterung ein; die Men=

schen besinnen sich, was denn das eigentlich sei, und wenn man nicht immer neue glorreiche Thaten aufbringen kann, erscheinen die verjährten Rechte des Gewalthabers plötzlich in Frage gestellt. Eine Widerspenstigkeit gegen das herrische Wesen Xaveri's gab sich im ganzen Dorf kund, er hieß jetzt nur immer „der Viereckig" und mußte das mit guter Miene geschehen lassen, denn er konnte doch nicht immer dreinschlagen. Des Pflugwirths Lisabeth vor Allen entzog sich ihm, sie sah jetzt auf einmal, daß Xaveri auch gegen sie roh und gewaltthätig gewesen war; er hatte sie behandelt, als müsse man ihm ohne Frage gehorchen, und indem sie sich von solcher Unterthänigkeit frei machte, machte sie sich auch von Xaveri selbst ganz frei. Das geschah besonders, seitdem des Lenzbauern Philipp von Deimerstetten ungehindert im Dorfe aus- und einging; denn der Schultheiß hatte Xaveri gedroht, sobald dem fremden Burschen im Dorfe irgend eine Unbill widerfahre, würde er ohne Untersuchung Xaveri dafür in Strafe ziehen, und dieser mußte nun fast selber der Wächter seines Nebenbuhlers sein. Bald wurde Lisabeth Braut mit des Lenzbauern Philipp und Xaveri that, als ob ihm das sehr gleichgültig sei; er besuchte nach wie vor das Haus des Pflugwirthes, und als Elisabeth in Deimerstetten Hochzeit machte, ritt er auf seinem wohlbekannten Apfelschimmel dem geschmückten Brautwagen voraus, und an dem schönen breiten Hute, den er sich allerdings ausdrücklich hatte bestellen müssen, flatterten helle Bänder.

Xaveri schien froh, daß er Soldat werden mußte, und an der Fastnacht, bevor er nach der Garnison abging, vollführte er noch einen lustigen Streich, der ihm lange anhaltenden Nachruhm zuzog.

Das Zuckermännle hatte sich bald zu trösten gewußt, und sich ein armes, aber schönes Mädchen aus Deimerstetten zur Frau geholt. Als nun zu Fastnacht die Burschen auf einem Wagen durch's Dorf zogen und die sogenannte „Altweibermühle" darstellten, erschien Xaveri als die verstorbene Zuckerin und wußte ihr Wesen und ihre ganze Art so täuschend nachzuahmen, daß Alles im Dorf darüber jauchzte; und als er unter gewaltigem Schreien in die Mühle geworfen wurde, erschien er auf der andern Seite wiederum als die junge Zuckerin. Selbst vor dem Hause des Verspotteten führten sie das Possenspiel auf und die junge Frau sah vergnüglich dazu lachend aus dem Fenster; das

Zuckermännle aber ließ sich nicht sehen. Am Aschermittwoch Morgen hatte Xaveri die Keckheit, sich ein Päckchen Tabak bei der Zuckerin zu holen, diese aber schien gar nicht böse gelaunt, sie war unter Lachen äußerst zuthunlich gegen Xaveri und in einem Anfluge von Tugend und Mißgunst sagte dieser zuletzt: „Laß dich nur nicht mit den hiesigen Burschen ein, dann hast du, wenn dein Alter abkratzt, die Wahl unter Allen."

Wenige Tage darauf mußte Xaveri in die Garnison und am Morgen vor der Abreise übergab ihm seine Mutter mehrere Päckchen Tabak, die er bei der Zuckerin eingekauft und die diese überbracht hatte. Xaveri hatte nichts gekauft, er nahm aber das seltsame Geschenk doch wohlgemuth mit.

Es gibt Auffälligkeiten und Bezeichnungen für dieselben, die sich auf wundersame Weise überallhin verbreiten. Als Xaveri zu seinem Regimente eingetheilt war, erfuhr er von allen seinen Kameraden den alten Schimpf aufs neue. Der Feldwebel fluchte und wetterte, daß auch dem Beherzten flau zu Muthe wurde; er hatte nach und nach fast sämmtliche Helme auf Xaveri's Haupt probirt, aber keiner paßte. Er drückte ihm die Helme auf den Kopf, das Lederwerk und die Spangen knarrten, aber doch war keiner passend. Endlich sagte er halb fluchend und halb scherzend: „Kerl, du hast ja einen viereckigen Kopf und größer als eine Bombe." Nun hatte der Xaveri auch in der Kaserne sein ge= branntes Leiden, aber er hatte seinen Stolz darauf, daß man ihm eigens einen Helm bestellen mußte, und bei der ersten Visita= tion des Obersten war er Gegenstand allgemeiner Betrachtung, wobei er nur in sich hineinlachte, denn nach außen lachen durfte man als Soldat nicht mehr im Angesichte der Vorgesetzten.

Ganz gegen alles Vermuthen fühlte sich Xaveri im Soldaten= leben wohl; diese strenge unwandelbare Ordnung, diese unbeug= samen Gesetze übten eine große Macht auf den Burschen aus, der nie die Herrschaft eines fremden Willens gekannt hatte. Dazu kam, daß für Xaveri sich bald eine neue Lustbarkeit aufthat; er war Schütze und nicht lange darauf Signalist geworden.

Draußen am Waldesrand sich auf dem Horne einzuüben, das war ihm eine Lust, und Xaveri's Signale übertönten alle; man mußte ihn nur zwingen, sie nicht zu übermächtig ertönen zu lassen.

Schon im ersten Jahre seines Soldatenlebens erfuhr Xaveri

den Tod seines Vaters. Er nahm Urlaub auf zwei Tage, ord=
nete mit seinem Bruder Alles und ließ sich bereit finden, gegen
eine Summe, die sich nahezu auf tausend Gulden belief, dem
Bruder, wie es der Vater bestimmt hatte, das väterliche Erbe
zu überlassen. Bald hörte er, daß sein Bruder sich verheirath=
und seine einzige Schwester mit dem Vetter von des Lenzbauern
Philipp verlobt sei. Das Soldatenleben schien aber Xaveri so
zu gefallen, daß er nicht einmal zu den Hochzeiten seiner Ge=
schwister heimkam, und besonders glücklich war er, als die Signa=
listen zu einer Musikbande geordnet und eingetheilt wurden, die
nun bei Ein= und Ausmärschen hellauf blies.

Xaveri hatte seine sechs Jahre ausgedient, ohne die Garnison
zu verlassen; er war Willens, als Einsteher einzutreten, da kam
gerade um dieselbe Zeit das Gesetz der allgemeinen Wehrpflichtig=
keit, welche das Einsteherwesen aufhob, und Xaveri kehrte ins
Dorf zurück. Er lebte bei seiner Mutter, die von Trudpert ein
mäßiges Leibgeding bezog und in der untern Stube des elter=
lichen Hauses wohnte. Er konnte sich nicht dazu verstehen, bei
seinem Bruder in freiwilligen Dienst zu treten und schien dem
Rathe seines Vetters, des Schultheißen zu folgen, der ihn er=
mahnte, sich nach einem rechten „Anstand,“ d. h. nach einer ver=
möglichen Heirath umzuthun. Unterdessen aber lebte er in den
Tag hinein, und wie von selbst war er wiederum die meiste Zeit
in dem Hause des Pflugwirths. Der Schackle, der sich zum Feld=
bau untauglich erwiesen, war auswärts in der Lehre bei einem
Kaufmann; aber fast noch schöner als ehemals die Lisabeth, war
jetzt die zweite Tochter des Pflugwirths, Agathe, geworden.
Freilich war sie nicht so beredtsam und die Leute sagten sogar,
sie sei dumm wie Bohnenstroh: aber Xaveri hatte das nie ge=
funden, sie mußte auf Alles gehörig Rede und Antwort zu geben,
von selbst sprach sie allerdings nicht. Xaveri hatte einmal seinen
Kopf darauf gesetzt, eine Tochter des Pflugwirths zu haben; war
es Lisabeth nicht, so mußte es Agathe sein.

Mit einem Gemisch von Empfindungen hörte und sah Xaveri,
daß das Hauswesen der Lisabeth und des Lenzbauern Philipp in
Deimerstetten, die bereits sechs Kinder hatten, in Verfall ge=
rathen war; ja die Rede ging, wenn nicht der Pflugwirth noch
einmal nachgeholfen hätte, wären sie bereits ganz zu Falle ge=
kommen. Xaveri war nicht hartherzig genug, um sich darüber

zu freuen, aber auch nicht so sanftmüthig, daß er nicht eine gewisse Genugthuung dabei empfand. Die ältere Schwester sollte
einst die jüngere beneiden und er meinte, der Pflugwirth habe
nicht Unrecht gethan, da er ihm Lisabeth versagte; er war damals noch zu jung und unerfahren, aber jetzt hatte er etwas von
der Welt gesehen und konnte es dem Dorfe beweisen. Das waren
die Gedanken Xaveri's.

Der Pflugwirth verstand es wiederum, ihn als Knecht ohne
Lohn im Hause zu halten und nur zum Essen und Schlafen ging
Xaveri zu seiner Mutter. Die Leute schimpften gewaltig darüber
und forderten Trudpert auf, das nicht zu dulden: aber dieser
konnte sich nicht dazu bringen, scharf gegen seinen Bruder zu
sein. Die alte Liebe und Anhänglichkeit aus der Kinderzeit
lebte noch in ihm und er hatte deßhalb manchen Streit mit
seiner Frau.

Der Pflugwirth betrieb sein Auswanderungsgeschäft noch
viel umfänglicher, er hatte sich ein eigenes Gefährte angeschafft
und beförderte mit demselben oft ganze Trupps nach Straßburg.
Dabei bediente er sich des Xaveri als Kutscher und Postillon,
denn durch Renklingen und durch alle Dörfer, die man bis nach
Offenburg an die Eisenbahn berührte, blies Xaveri lustig auf
seinem Waldhorn, das er ins Dorf mitgebracht hatte. Länger
als ein Jahr war Xaveri so der unbelohnte Knecht des Pflugwirths zum Aerger aller Dorfbewohner, die auch die Mutter verhetzen wollten; aber diese war wie Trudpert dem Xaveri mit un-
erschütterlicher Liebe zugethan. Da starb das Zuckermännle, und
kaum war es unter der Erde, als sich ein Schwarm Bewerber
bei der vermöglichen und noch immer wohlansehnlichen Wittwe
einfand.

Zu großer Belustigung des Dorfes wurde ein Brief des
alten, abgestellten Baders von Deimerstetten bekannt, der der
Zuckerin schrieb, sie möge sich mit einer Heirath nicht übereilen,
seine Frau kränkle immer, und er werde sich glücklich schätzen,
sich mit ihr zu verehelichen. Man kann sich denken, wie sehr
dieser Brief belustigte, und Manche konnten seine hochtrabend verschmitzten Worte ganz auswendig.

Man konnte recht die Menschen kennen lernen an der Art,
wie sie über die Zuckerin sprachen. Sie hatte wenig gute Freunde
im Dorfe, sie war eine Fremde und man war ihr neidisch, und

überhaupt ist die Krämerin immer eine widerwillig betrachtete
Persönlichkeit, weil ihr der Bauer das besonders hochgeschätzte
baare Geld geben muß und weil sie allerlei Heimlichkeiten der
Bauerfrauen Vorschub leistet. Jetzt schien plötzlich ihr Ruf ein
ganz anderer geworden. Manche verkündeten laut ihr Lob und
Andere nickten nur still aber vieldeutig dazu. Man konnte ja
nicht wissen, in welche Familie die Zuckerin nun bald gehören
würde. Eine ihrer Eigenschaften aber wurde mit allgemeinem
Lobpreis hervorgehoben, und das war der Acker von anderthalb
Morgen, den sie besaß, draußen am Bergesabhang, neben dem
Kirchhof, an der Straße nach Deimerstetten. Man ermahnte den
Pflugwirth, er solle sich diesen Acker von der Wittwe zu erwerben
suchen, der sei grade für ihn gelegen, denn er liebte besonders
die Aecker an der Straße; aber er lehnte es ab und sagte spöttisch, der Acker gehöre ja schon einem aus Deimerstetten Gebür-
tigen. Als man ihn hierauf neckte, er möge den Schackle mit
der Zuckerin verheirathen, dann habe er den Acker und brauche
keinen neuen Kaufladen einzurichten, sagte er mit schelmischer
Gemüthlichkeit, er wolle einem guten Freund nicht in den Weg
stehen.

Xaveri war still, aber in ihm kochte die Wuth, als ihm der
Pflugwirth mit zuthulicher Freundlichkeit anrieth, sich auch um
die Zuckerin zu bewerben. So hatte er sich zweimal von dem
abgeriebenen Schelm betrügen lassen! Dennoch that er wiederum,
als ob nichts geschehen wäre, und Tage lang saß er in der
Wirthsstube zum Pflug und starrte hin auf die große Tafel an
der Wand, darauf ein Schiff auf der See schwamm und mit
großen, rothen Buchstaben geschrieben war: Nach Amerika. Der
Entschluß schien ihm schwer zu werden; endlich aber eines Sonntags, als fast das ganze Dorf in der Wirthsstube versammelt
war, verkündete er, daß er auch auswandere. Einige sagten,
daß er daran Recht thäte, und sie hätten das schon lange erwartet, solch ein halbes Leben schicke sich nicht für ihn; Andere
dagegen bedauerten seinen Weggang und wieder Andere bezwei-
felten, daß es ihm Ernst sei.

„Ihr kennt mich dafür, daß das, was ich gesagt habe, auch
ausgeführt wird!" schrie Xaveri, und seine alte Trotzigkeit lebte
wieder in ihm auf. Das Wort war heraus, er wußte nun, was
er wollte, und war nicht mehr von Zweifeln geplagt. Dennoch

willfahrte er beim Nachhausekommen seiner Mutter, die von Anderen bereits seinen Entschluß gehört hatte, nicht zu schnell damit zu sein und die Sache noch hinzuhalten, vielleicht fände sich doch noch der rechte „Anstand," daß er im Lande bleibe. Wochenlang ging er nun im Dorf umher und mußte still sein, denn er wußte nichts zu antworten, wenn ihn die Leute immerdar fragten: „Bis wann geht's fort?" Er hatte auch im Stillen gehofft, daß der Pflugwirth noch andern Sinnes werde und ihn nicht ziehen lasse, aber dieser hatte sich bereits einen wirklichen Knecht gedingt und Xaveri sah, daß all seine Hoffnung vergebens sei.

Hatte Xaveri bisher die junge Welt im Dorfe beherrscht, so schien es nun, daß er auch mit seinem Weggange eine gewaltige und beispielgebende Macht ausüben sollte. Unter dem ledigen Volke im Dorfe zeigte sich eine ungeahnte und jetzt zum Schrecken Vieler hervortretende Auswanderungslust. In dem Auswanderungstriebe war eine neue Entwickelungsstufe von unberechenbaren Folgen eingetreten. Bisher war man es nur gewohnt, ganze Familien auswandern zu sehen, und mußte man mitunter auch manchen Wohlhabenden scheiden sehen, der Riß unter den Zurückbleibenden war darum doch kein so auffälliger; es schieden Menschen, die sich von ihren Blutsverwandten und Angehörigen schon losgelöst hatten zu einer in sich abgeschlossenen Familie, sie waren nur sich verpflichtet und man konnte sie, wenn auch mit Wehmuth, doch ohne Groll scheiden sehen. Die neue Thatsache aber, daß nun auch ledige Leute auswandern wollten, daß eine ganze Schaar von jungen Burschen und Mädchen sich zusammenthat, um in die weite Welt zu ziehen, brachte die Gemüther auf einmal in seltsame Bewegung.

Wie ein lebendiges Nationalgefühl es schmerzlich empfinden sollte, wenn wie in unsern Tagen noch zukunftsreiche Kräfte sich der Gesammtheit entziehen, so empfand man jetzt im Dorfe, was es heißt, wenn junge Bursche, die man groß gezogen und von denen man Etwas erwarten kann, sich mit ihrer Kraft davon machen. Xaveri war der erste Ledige im Dorfe, der davonzog, und andere Bursche und Mädchen wollten es ihm nachthun; mitten in der Familie that sich eine Selbstsucht auf, von der man bisher keine Ahnung gehabt. Kinder, die man unter Sorgen und Mühen großgezogen und von denen man eine Stütze für's Alter erwartete, dachten jetzt nur an sich, wollten sich selbst eine Zu-

lunft ſchaffen und die alten Eltern und jungen Geſchwiſter der
Stütze und thätigen Kraft beraubt allein laſſen. Der Staat duldet
es nicht und ahndet es im Betretungsfalle, wenn ein junger
Mann ſich der Wehrpflicht entziehe, und was iſt das Recht des
Staates an Dem, der ihn verlaſſen will? Die Familie hat keine
äußere Macht, die den Treuloſen zurückhielte, und hätte ſie auch
eine ſolche, ſie brächte ſie nur ſelten zur Anwendung. In vielen
Häuſern in Renkingen hörte man lautes Schreien und Lärmen,
denn hier wollte ein Sohn und da eine Tochter und dort wollten
alle Erwachſenen auswandern; die Eltern klagten, gaben aber
meiſt nach. Denn was opfert die Elternliebe nicht?

Auf den Xaveri aber war Alles zornig, er hatte dieſe Sucht
im Dorfe aufgebracht und ſein Beiſpiel wurde immer angeführt,
er hatte es ja am wenigſten nöthig und zog doch über's Meer.
Während aber viele Andere ſich bereits entſchieden hatten, war
gerade Xaveri noch zweifelhaft.

Es war an einem ſchönen Sommernachmittag nach der Heu=
ernte, da fuhr Xaveri eine neue Kiſte von weißem Tannenholz
auf einem Schubkarren langſam das Dorf hinauf; er ſtand oft
ſtill und ließ die Leute fragen, was er da habe, um ihnen zu
ſagen, daß das ſeine Auswanderungskiſte ſei, wobei er erklärte,
wie ſie geſetzmäßig genau drei Schuh hoch, drei breit und vier
lang ſei, denn ſo müſſen dieſe Kiſten ſein, um gehörig in den
Schiffsraum gebracht werden zu können. Auch beim Schloſſer,
wo er die Reife darum ſchlagen, zwei Schlimpen anbringen, und
die vier Ecken mit ſtarkem Eiſenblech beſchlagen ließ, wußte er
es ſo einzurichten, daß dies die allgemeine Aufmerkſamkeit er=
regte. Seine Mutter weinte, aber er tröſtete ſie, daß nun ein=
mal nichts zu ändern ſei. —

Er war nun zu ſeinem ungeordneten und müßigen Leben
berechtigt, er zog ja von dannen und durfte ſich's wohl noch in
der Zeit ſeines Verweilens in der Heimath bequem machen; er
ſchaffte ſich mehrfach neue Kleider an und ging in denſelben an
Werkeltagen umher. Vor dem Rathhauſe, wo es alle Leute ſehen
konnten, wurde die Kiſte im Sonnenſchein mit blauer Farbe an=
geſtrichen. Der grauſig Mall ließ ſich einen Nebenverdienſt als
Sackzeichner nicht entgehen, und machte dieſe Zeichnung mit be=
ſonderer Liebe, denn ſie entledigte ihn eines von Kindheit auf
tückiſchen Feindes; mit großen Buchſtaben ſchrieb er auf den Deckel

und auf die Vorderseite: „Xaver Boger in Neuyork." Ein großes
Rudel Kinder stand immer umher und viel Kopfbrechens und
mehrfache Versuche kostete es, hüben und drüben an der Kiste
das Waldhorn Xaveri's abzumalen; aber darauf bestand er, und
endlich war das große Werk gelungen.

Xaveri brachte die Kiste zu seiner Mutter, diese aber klagte
immer, sie könne nicht schlafen wegen der Kiste, es sei ihr immer,
als stünde der Sarg ihres Sohnes bei ihr, und es sei auch ein
Sarg, er wäre ja todt für sie, wenn er über das Meer ziehe.
Weinend und klagend wiederholte sie oft: „Ach! Meine Mutter
hat gesagt, ich glaub' nicht an Amerika; ich, ich muß dran glauben!" Auch Trudpert drang in seinen Bruder, doch zu bleiben,
er sei sein einziger Bruder und sie hätten immer treu zusammen-
gehalten, er solle ihn doch nicht verlassen. Der unbeugsame
Xaveri erwiderte: „Was der Viereckig einmal will, das führt er
auch aus." Gegen seine Angehörigen ließ er den Zorn los, daß
er diesen Schimpfnamen hatte und sie konnten doch nichts dafür.
Doch machte Xaveri einen letzten Versuch und ging zum Pflugwirth, mit ihm den Ueberfahrtsvertrag abzuschließen; er hoffte,
wenn auch nur halb, daß dies ihn möglicherweise noch nachgiebig
machen werde. Aber der Pflugwirth holte mit Bedauern zwei
gedruckte Formulare, darauf die Bruderhand sehr schön zu sehen
war, füllte sie aus, unterschrieb selber und ließ auch den Xaveri
unterzeichnen, worauf er ihm den Vertrag einhändigte mit dem
Beifügen: „Du kannst mir auf den Abend oder morgen das Geld
bringen, aber bezahlen mußt; was einmal da geschrieben ist, muß
bezahlt werden, und du siehst, ich hab' dir ja den billigsten Preis
gestellt." Xaveri nickte bejahend ohne ein Wort zu reden und
steckte den Vertrag zu sich. Als er auf dem Heimweg vor dem
Hause der Zuckerin vorüber kam, ging er hinauf, um sich Tabak
zu holen. Er hatte sie seit seiner Rückkehr nicht wieder besucht,
er hatte eine gewisse Furcht vor ihr; jetzt, mit diesem Abschiede
in der Tasche, konnte er sie ja wieder sehen. Die Zuckerin war
überaus freundlich bei seinem Eintritt, sie schalt zwar lächelnd,
daß er sie so auffallend vernachlässigt habe, erklärte ihm aber
dabei, wie sie ihm seine gute Ermahnung doch nicht vergessen
habe, und wie sie jetzt sehe, daß er Recht gehabt habe, denn sie
könne sich der Freier gar nicht erwehren; sie besinne sich aber
zweimal, bis sie sich entschließe, um Einen in diese volle Haus-

haltung einzusetzen, in der mehr stecke als man glaube, und die sie sich bei ihrem Alten habe sauer verdienen müssen. Xaveri sah sich mit Wohlgefallen in dem Hause um, und als eben ein Kind kam, um Essig, und bald darauf der grausig Mall, um sein Nasenfutter zu holen, und noch Andere die Stiege herauf= kamen, schickte die Zuckerin mit zutraulichem Bedrängen den Xaveri in die Stube, damit er dort warte, bis sie die Käufer abgefer= tigt hätte. Unwillkürlich folgte ihr Xaveri, und es muthete ihm behaglich an in der Stube. Der große Lehnsessel stand neben dem Ofen, der jetzt im Herbst schon geheizt war, und Aepfel= schnitze, die auf dem Simse gedörrt wurden, verbreiteten einen angenehmen Duft. Die rothgestreiften Vorhänge an den Fenstern, die mit Messing eingelegte nußbaumene Kommode, die gepolsterten Sessel, Alles machte einen behaglichen Eindruck. Man hörte nichts als das schnelle Ticken einer doppelgehäusigen Sackuhr, die an der weißen Wand hing, und das Summen der Fliegen, die jetzt das Herbstquartier bezogen hatten und sich an den Aepfelschnitzen gütlich thaten. Alles im Zimmer war, wenn auch etwas aus= gedient, doch sauber und an den festen Platz gestellt; da waren keine Kinder, die Unruhe und Unordnung machten. Xaveri nickte mehrmals mit dem Kopfe vor sich hin, als wollte er sagen: „Das ist nicht so uneben." Xaveri war in einer nie gekannten weichen Stimmung. Der unterschriebene Ueberfahrtsvertrag in der Tasche, nach dem er mehrmals griff, mußte das bewirken. Er fürchtete sich jetzt fast vor der Zuckerin, er hatte sich zu viel zugetraut; die Abfertigung der Käufer im Laden dauerte lange, und immer hörte er wieder neue die Treppe heraufkommen. Mehrmals dachte er daran, sich aus dieser peinlichen Lage fortzumachen und die Rückkehr der Zuckerin nicht abzuwarten. Was sollte ihm das jetzt? Er mußte fort und hatte von der Zuckerin nie was gewollt, dafür war er sich zu viel werth; aber wenn er jetzt fortging, mußte es ja Aufsehen erregen bei den Kunden im Kaufladen. „Aber, was liegt daran, wenn man dir auch etwas nachsagt? Du ziehst ja über's Meer. Es ist aber auch wieder nicht Recht, die Frau ins Geschrei zu bringen; um ihr das nicht anzuthun, mußt du bleiben." Und so blieb er mit widerstreitenden Ge= fühlen. Er stopfte sich seine Pfeife, schlug Feuer und setzte sich behaglich schmauchend in den abgegriffenen großen Ledersessel am Ofen. „Das ist kein übel Plätzle," dachte er und von diesem

Gedanken doch wieder erschreckt, stand er plötzlich auf. Eine eigene Gespensterfurcht überkam ihn am hellen Tag in der stillen Stube; auf diesem Stuhle hatten die alte Zuckerin und das Zuckermänn= lein sich ausgehustet, das war kein Platz für des Lachenbauern Xaveri. Er schaute an den Pfosten gelehnt durch das Fenster, um zu wissen wer wegging; als aber jetzt des Pflugwirths Agathe aus dem Hause trat, sich umwandte und nach dem Fenster schaute, trat er tief zurück in die Stube, setzte sich aber nicht mehr in den abgegriffenen Ledersessel am Ofen. Endlich klang die Klingel an der Ladenthüre wie bellend, die Thüre wurde abgeschlossen, aber es sprang wieder Jemand die Treppe hinab, man hörte an der Hausthür einen Riegel vorschieben und laut athmend kam die Zuckerin in die Stube und sagte: „So, jetzt bin ich nicht mehr daheim. Wer kein Essig und Oel hat, der kann seinen Salat ungegessen lassen. Du glaubst gar nicht, was man geplagt ist, wenn man so Haus und Geschäft allein über sich hat. Der Ver= dienst ist gut, ich könnte gar nicht klagen, es ist nicht groß, aber regnet's nicht, so tröpfelt's doch. Das ist Recht, daß du dir deine Pfeife angezündet hast. Ich rieche den Tabak gar gern. Mein Alter hat nicht rauchen können. Jetzt sag', ist's richtig, daß du fortgehst?"

Ohne ein Wort zu erwidern, reichte Xaveri der Zuckerin den unterschriebenen Ueberfahrtsvertrag, und die Hände zusam= menschlagend und klagend rief sie: „Ja der Pflugwirth! Wenn den der Teufel holt, zahle ich ihm den Fuhrlohn. Oder ich sage wie die alte Schmiedin einmal von unserm bösen Schultheiß ge= sagt hat: ich möchte mit dem in derselben Stunde sterben, denn da haben alle Teufel alle Hände voll zu thun, um die Schelmen= seele zu fangen, und da kann derweil jedes Andere mit allen seinen Sünden daneben in den Himmel hineinhuschen."

„Du bist gescheit und scharf," sagte Xaveri schmunzelnd und auch die Zuckerin schmunzelte; Beide waren mit einander zufrieden und sahen einander eben nicht böse an. Aber was ist da für eine Einheit, wo sich zwei Menschen in solch einem bösen Ge= danken vereinigen? Was wird daraus werden?

Die Zuckerin fuhr indeß geschmeichelt rasch fort: „Den Pflug= wirth kennt Keiner, das ist ein Seelenverkäufer, der hat dich zum Narren gehabt, und dich hineingeritten, bis du nicht mehr gewußt hast, wo anders 'naus, und da macht er noch seinen

Profit dabei. Wenn ich Gift hätte und wüßte, daß Niemand anders davon essen thät', dem gäb' ich's, der ist nichts Besseres
werth. Ach! und ich hab's immer gesagt, du bist so gut, nur
zu gut. Es ist unerhört, daß ein Mensch wie du und aus einer
solchen Familie auswandern soll. Das lasse ich mir gefallen bei
Einem, der nicht mehr weiß, wo aus und ein und der keinen
Anhang hat. Mich dauert nur deine gute, rechtschaffene Mutter,
der drückt es das Herz ab, und eine bessere Frau giebt es nicht
zwischen Himmel und Erde."

Minder dieser Ruhm und dieses zutrauliche Lob, als der
anfängliche Zorn gegen den Pflugwirth, drang Xaveri tief in die
Seele; sie sprach es aus, was er selber schon oft gedacht hatte,
und um seinetwillen hatte sie diesen Zorn. Nicht nur ein Gegenstand gemeinsamer Verehrung, sondern oft noch weit mehr der
eines gemeinsamen Hasses eint die Gemüther, und erst die Folge
lehrt, welches Band dauernder sei. Das heftige und ingrimmige
Wesen der Zuckerin sprach jetzt Xaveri sehr an, weil es sich gegen
den Mann seines Hasses kehrte; er ward zutraulich und freundlich gegen die Wittwe und glaubte es ihr schuldig zu sein, daß
er sie lobte und ihr Hauswesen bewunderte, während sie ihn vom
Speicher bis zum Stalle umherführte. Mit einer verblüffenden
Offenherzigkeit erklärte sie dann zwischen hinein:

"Kannst dir denken, daß es mir an Freiern nicht fehlt, aber
ich mag Keinen von Allen; ich will Keinen, der einem in der
Hand zerbricht. Ich will dir's nur gestehen, dir darf ich's schon
sagen, ich bin ein bißchen hitzig und oben hinaus, aber auch
gleich wieder gut, und drum will ich gerade einen Mann, der
den Meister macht, der ein rechter Mann ist und nicht unterduckt.
Für die Frau gehört sich's, daß sie untergeben ist, und das kann
ich nur sein gegen Einen, vor dem ich Respect habe, der fest
hinsteht."

Diese, in verschiedenen Wendungen halb lächelnd halb klagend vorgebrachten Selbstanschuldigungen, die doch wieder ruhm-
reich waren, machten den Xaveri ganz wirbelig; seine Antworten,
die er doch manchmal einfügen mußte, bestanden in unverständ-
lichem Murren und Brummen, das eben so sehr Mißmuth wie
Wohlgefallen ausdrücken konnte, und in der That auch Beides
ausdrückte.

Trotz freundlicher Zurede kehrte aber Xaveri doch vom Stalle

aus nicht mehr in die Stube zurück. Er verließ plötzlich das
Haus und rannte die ersten Schritte schnell wie fliehend davon.
Es war Nacht geworden, und auf dem Heimwege gelobte er in
sich hinein, daß er sich nie mehr zu solcher Vertraulichkeit mit
der Zuckerin verleiten lassen wolle; das war Einmal geschehen
und nie wieder. Er war des Lachenbauern Xaveri, der sich nicht
an eine abgedankte Wittwe vergeben durfte, die gar nicht einmal
wußte, woher sie war. Und grade daß die Zuckerin seinen großen
Familienanhang lobte und das Gelüste zeigte, in denselben einzutreten, erwedte wieder das ganze stolze Bewußtsein in ihm. Jetzt
zum Erstenmal kam ihm aber auch der Gedanke, daß er drüben
in Amerika nicht mehr des Lachenbauern Xaveri sei, da galt sein
Familienansehen nichts mehr. Das war nun freilich nicht mehr
zu ändern.

Es mußte aber doch etwas Eigenthümliches in Xaveri vorgehen, weil er am Abend und den ganzen andern Tag seiner
Mutter nichts davon sagte, daß er den Ueberfahrtsvertrag abgeschlossen und am heutigen Tage bezahlt habe. Erst von der
Zuckerin vernahm sie das spät am Abend. Sie war gekommen,
um ihr frisches Backwerk zu bringen und wußte viel davon zu
sagen, wie gern der Xaveri dabliebe, er wisse schon wo er gleich
daheim sei; es käme nur darauf an, ihn dahin zu bringen, daß
er, ohne sich vor den Leuten dem Spott auszusetzen, wieder umkehre; man müsse darum thun, als ob man ihn zwinge daheim-
zubleiben, das sei was er wolle, aber nur nicht sagen könne.

Die Mutter, der die Schwiegertochter zwar nicht recht anstand, war doch glücklich, daß sie ihren Xaveri daheim behalten
sollte und lange, ehe dieser zum Schlafen kam, war es unter
den beiden Frauen ausgemacht und entschieden, daß er bleiben
müsse.

Xaveri war indeß an diesem Tage vor dem versammelten
Gemeinderathe erschienen und hatte seinen Austritt aus der Gemeinde gemeldet. Der Schultheiß rieth ihm, daß er gar nicht
nöthig habe, sein Heimathsrecht aufzugeben, er könne sich einfach
einen Paß nehmen, und wenn es ihm in Amerika nicht gefalle,
wieder zurückkehren oder auch unterwegs andern Sinnes werden.
Xaveri lachte höhnisch über diese Zumuthung und drang jetzt gerade um so mehr auf Entlassung aus dem Orts- und Heimaths-
verbande.

„Nun denn," rief zuletzt der Schultheiß, „wenn's ſein muß, wollen wir's gleich ans Amt ausfertigen; aber ich rathe dir, be= ſinn' dich noch einmal."

„Bin ſchon beſonnen, fort geh' ich," ſagte Xaveri trotzig.

Gelaſſen erwiderte der Schultheiß nochmals: „Xaveri, ich mein', du verbindeſt dir den unrechten Finger."

„Ich weiß ſelber, wo mir's fehlt, und ihr ſeid auch kein Doctor. Behüt's Gott!" ſchloß Xaveri und ging davon.

„Es iſt wie's im Sprüchwort heißt: wenn's der Geis zu wohl auf dem Platz iſt, da ſcharrt ſie," ſagte ein Gemeinderath hinter ihm drein und der Schultheiß ſetzte hinzu: „Es iſt halt der viereckig Hartkopf." — Er hatte aber doch Unrecht; gerade weil Xaveri innerlich ein Schwanken empfand, that er nach außen um ſo trotziger und unbeugſamer. Erſt am andern Morgen ge= lang es der Mutter, ihm den Antrag wegen der Zuckerin zu machen, aber Xaveri that auch hier unmuthig und entgegnete: „Wie könnt Ihr mir ſo einen Antrag machen? Werd' ich ſo Eine nehmen? So Eine findet man noch, wenn der Markt ſchon lange vorbei iſt."

Mehrere Tage war nun ein ſeltſames Widerſpiel von ver= deckten Meinungen in der niedern Leibgedingſtube: die Mutter lobte die Zuckerin überaus und hatte doch im Innern keine rechte Zuneigung zu ihr und der Xaveri that, als ob er gar nichts da= von hören wolle und im Geheimen war es ihm doch lieb, daß man ihn damit bedrängte. Die Mutter erinnerte ſich aber wohl, daß ihr die Zuckerin mitgetheilt hatte, der Xaveri wolle gezwungen ſein, damit er ſich vor den Leuten nicht zu ſchämen brauche, daß er von ſeinem Auswanderungsentſchluſſe abſtehe. Sie war eben daran, alle möglichen Bitten und Gründe vorzubringen und führte ſchon die Hand nach den Augen, um die zukünftigen Thränen abzuwiſchen, als grade der Vetter Schultheiß eintrat. Er über= brachte Xaveri die verlangten Papiere und ſagte ſpöttiſch, daß er ihn nun als Fremden im Dorfe begrüße; er ſei hier nicht mehr daheim. Die Mutter ſchrie laut auf und die Thränen ſtellten ſich jetzt in Fülle ein. Xaveri aber ergriff mit zitternden Händen die Papiere und ſtarrte auf die großen rothen Siegel. Der Trudpert, der eben ins Feld fahren wollte, kam auch in die Stube zur Mutter, er ſah ſchnell was hier vorging, und ſtemmte die geballte Fauſt ſtill auf die blaue Kiſte, die auf der Bank stand. Eine Weile schwiegen alle Vier, die in der Stube versammelt waren, nur die Mutter schluchzte vernehmlich. Als jetzt aber der Schultheiß weggehen wollte, hielt sie ihn zurück und mit mächtiger Beredsamkeit schilderte sie nun, welch ein Glück der Xaveri im Dorfe machen könne, wie er gewiß kein solches über dem Meere finde, und wie er sich dabei noch sagen könne, daß er seine alte Mutter nicht vor der Zeit ins Grab bringe. Als sie endlich den Namen der Zuckerin nannte, schaute Trudpert wie erschrocken um, aber er schwieg. Xaveri starrte zur Erde und der Schultheiß zeigte sich als eifriger Beistand der Mutter und half ihr, wenn auch nicht die Zuckerin, doch das schöne Beibringen, das sie besaß, zu loben. Die Mutter redete sich nun immer mehr in Eifer hinein und was vorhin nur gewaltsame und von außen erregte Wärme war, wurde jetzt zu einer von innen kommenden; denn so eigen geartet ist das Menschenherz, daß es bald nicht mehr weiß und nicht mehr wissen will, was ihm gegeben und was aus ihm gekommen ist. Die Mutter pries sich und die ganze Familie glücklich, die Eines der Ihrigen an der Seite einer solchen Frau und in solch einem Hauswesen wußte. Xaveri hatte bei diesen Worten aufgeschaut und aus seinem Blicke sprach's, daß er an sich und seinen Gedanken zweifelte. War denn eine Heirath mit der Zuckerin in der That ein solches Glück? Fast aber hätte das übertriebene Lobpreisen der Mutter Alles zerstört, wenn nicht der Schultheiß mit bedachtsamer Ruhe Jegliches in gehörigen Betracht gezogen hätte, so daß auch endlich Trudpert nickte. Zuletzt stieg es wie ein Leuchten im Antlitze Xaveri's auf, als der Schultheiß darlegte, Xaveri verstünde ja jetzt das Geschäft der Auswanderungsbeförderung so gut wie der Pflugwirth und er könne, wenn er die Zuckerin heirathe, mit seinem freien Vermögen die Sache so in die Hand nehmen, daß er dem Pflugwirth das Handwerk lege. Das schien bei Xaveri einen gewaltigen Eindruck zu machen, aber er schwieg noch immer, bis endlich Trudpert die Hand auf die Schulter des Bruders legend sagte: „So red' doch auch, wir wollen dich nicht zwingen."

„Nein, wir wollen ihn zwingen, ich geb' dir keine Hand, ich red' kein Wort mit dir, ich weiß nicht, was ich thue. Dein Vater unterm Boden wird mir's nicht verzeihen, daß ich ihm verhehlt habe, wie du als Kind mit dem Schreiner Jochem hast davon gehen wollen. Er hätt' einen Eid geschworen, daß er dich

verflucht, wenn du je fortgehst. Soll ich jetzt das für ihn thun?
Soll ich? Ich muß. Ich hab' dich mein Lebtag nicht zwingen
können, von kleinauf nicht, jetzt thu' ich's nicht anders, ich zwing'
dich: jetzt zwing' ich dich, es geschieht zu deinem Heil, folg' mir
nur das Einemal. Eine Mutter weiß am besten, was ihrem
Kinde gut ist, ich hab' dich unterm Herzen getragen, ich kenn'
dich doch am besten, ich weiß deine Gedanken, du folgst mir,
ich bin deine Mutter, du thust's deiner Mutter zulieb und du
thust's gern und es wird dein Glück sein in dieser Welt und in
jener." So rief die Mutter mit beredtem Mund und hielt zwischen ihren beiden Händen die Hand Xaveri's, der wie erwachend
lächelte, aber noch immer nicht redete.

„So sag' doch ein Wort," drängte endlich der Schultheiß
und Xaveri platzte heraus: „Ich habe meine Entlassung, ich
hab' meinen Ueberfahrtsvertrag, ich kann nicht mehr daheim-
bleiben."

„Hast dein Ueberfahrtsgeld schon bezahlt?" fragte Trudpert
zuerst.

„Ja, auf den Kreuzer," erwiderte Xaveri.

Vor Allem wendete sich nun das Denken des Schultheißen
und Trudperts darauf, wie man das Geld von dem Pflugwirth
wieder heraus bekäme. Xaveri redete nichts darein und die
Mutter, welche die Hand ihres jüngsten Sohnes nicht mehr losließ, sagte:

„Das hat nichts zu sagen und wenn's auch verloren ist;
besser als ein Kind verloren."

„Das verstehen die Weiber nicht, man kann kein Geld 'naus-
schmeißen," riefen Trudpert und der Schultheiß wie aus Einem
Munde, der Letztere aber fügte noch hinzu: „Ich will's schon
machen, ich will schon ein gut Theil wieder von ihm herauskriegen, er hat mich auch oft nöthig; aber es ist jetzt verteufelt,
Xaveri! Hättest du mir nur gefolgt und dein Heimathsrecht nicht
aufgegeben, jetzt mußt du dich beim Blitz wieder in die Gemeinde
aufnehmen lassen; nun, sie können dir's nicht verweigern, aber
die ganze Hetzerei und das Gethue wäre nicht nöthig gewesen."

„Wenn ich auch bleiben möcht'," sagte Xaveri endlich, „Euch
zulieb Mutter und auch Euch, Vetter Schultheiß, und auch wegen
deiner, Trudpert, wenn ich auch möcht', ich kann nicht, ich hab's
den Anderen versprochen mitzugehen, und kurzum, ich laß mich

nicht anbinden, ich bin nicht der, der da steht, wo man ihn hinstellt."

Nun erklärte der Schultheiß in Hohn und Zorn, daß in der Welt Jeder für sich selber zu sorgen habe und Xaveri solle nur einmal die Briefe von den Leuten aus Amerika lesen, da sei's erst recht so, da halte man zusammen, so lange man Vortheil davon habe und keine Minute länger, und man könne Niemand versprechen, daß man sich selber vor sein Glück stehen wolle.

Xaveri sah bei dieser Darlegung dem Schultheiß steif ins Gesicht und der Schultheiß konnte nicht ahnen, wie sehr es traf, als er noch hinzusetzte, in Amerika gelte des Lachenbauern Xaveri nicht mehr als jeder andere hergelaufene Knecht. Das war ja ganz dasselbe, was er an jenem Abend, als er von der Zuckerin wegging, schmerzlich gedacht hatte.

„Ich muß doch fort und ich geh' auch," sagte er abermals mit halber Stimme und heftete den Blick auf die blaue Kiste. Es schien ihn jetzt nur noch der Gedanke zu beherrschen, daß er einmal dem Dorfe Ade gesagt und daß es auch dabei bleiben müsse. Die Mutter ahnte dies, sie zischelte dem Trudpert etwas ins Ohr, worauf dieser wegging und mit wunderbar heiterem Sinn spöttelte sie nun darüber, wie es so lustig sei, daß man das ganze Dorf zum Narren gehabt habe; von den Nachkommen der alten Lachenbäuerin gehe Keiner nach Amerika, sie hätten's nicht nöthig. Indem sie nun mit seltsamem Geschick ausführte, was Dieser und Jener zum Dableiben Xaveri's sagen werde, brach sie den scharfen Nachreden, um welche diesem allerdings bangte, mit klugem Geschick im Voraus die Spitzen ab.

Trudpert kam bald wieder, aber unter der Thür hörte man ihn sagen: „Geh' du nur voraus." Er, der eigentlich scheel dazu sah und der neuen Schwägerin nicht zugethan war, that doch ehrerbietig gegen sie, und die neue Schwägerin war Niemand anders als die Zuckerin, die mit aufgerichtetem Haupt Xaveri die Hand bot. Die Mutter, welche die Hand Xaveri's gehalten hatte, legte sie nicht ohne fühlbares Widerstreben in die dargereichte der Zuckerin und sagte: „Gott Lob und Dank, daß das so schön fertig geworden ist." Auch der Schultheiß und Trudpert brachten nun ihre Glückwünsche zur Verlobung. Xaveri nickte still.

So war also Xaveri Bräutigam und blieb daheim.

Der Schultheiß ging aufs Rathhaus, Trudpert aufs Feld

und Xaveri blieb noch lange mit ſeiner Braut bei der Mutter;
er wollte vorher die ſeltſame Kunde ſich im Dorfe verbreiten und
bereden laſſen, ehe er ſich mit ſeiner Braut zeigte. Vor dieſer
öffentlichen Schauſtellung bangte ihm überhaupt ſehr, nur das
glückſtrahlende Geſicht ſeiner Mutter erheiterte ihn, und er ſagte
ſich's zum Erſtenmal in ſeinem Leben, daß er eigentlich ein guter
Sohn ſei. Faſt nur der Mutter zulieb that er ſchön mit ſeiner
Braut, aber dennoch willfahrte er ihr nicht, ſie jetzt nach Hauſe
zu geleiten. Die Zuckerin ging allein. Den ganzen Tag verließ
Xaveri die Stube nicht, er ſaß faſt immer ſtill in ſich zuſammen=
gekauert auf ſeiner blauen Kiſte; er las wiederholt ſeinen Ueber=
fahrtsvertrag und dann las er ihn nicht mehr und ſtarrte hin
auf das Papier, auf die abgebildete Bruderhand, auf die gedruckten
Zeilen, zwiſchen denen ſein Name eingeſchrieben war und dann
ſah er nichts mehr und Alles ſchwamm ihm vor den Augen. Erſt
in der Dämmerung machte er ſich auf Zureden der Mutter auf,
ſeine Braut zu beſuchen; er wurde von allen Begegnenden an=
gehalten und ſpöttiſch hieß man ihn willkommen aus Amerika.
Und ebenſo ſpöttiſch klangen die Glückwünſche zu ſeiner Verlobung.

Die Mutter ſaß ſtill daheim und betete immerfort; es lag
ihr ſchwer auf dem Herzen, daß ſie vielleicht doch ihr Kind ins
Elend hineingezwungen habe, Xaveri hatte ſo gar kein Bräutigams=
Anſehen; aber ſie tröſtete ſich wieder, daß es die zurückgehaltene
Auswanderung, nicht die widerwärtige Verlobung ſei, die den
Trübſinn in ſein Angeſicht brachte.

Die Zuckerin war unwillig, daß ihr Bräutigam erſt jetzt ſich
zeigte, und dieſer mußte, um ſie zu verſöhnen, zärtlicher ſein als
ihm zu Sinne war. Als er im Geſpräch darauf kam, daß er
dem Pflugwirth das Handwerk legen wolle, ſagte die Zuckerin
zuerſt: „Das geht nicht, das leid' ich nicht; mein Mann muß
daheim bleiben und nicht draußen ich weiß nicht was treiben.“

Xaveri erhob ſich auf dieſe Worte und ſah ſie zornig an,
da ſetzte ſie ſchnell begütigend hinzu: „Nun, es läßt ſich ja drüber
reden, es braucht ja nicht Alles heut' ausgemacht zu ſein.“ Als
Xaveri zuletzt ſich noch ein Päckchen Batzenknaſter mitnahm und
ſich's durchaus nicht nehmen ließ, es zu bezahlen, gab ihm ſeine
Braut noch ein anderes Päckchen Tabak und ſagte: „Probir' ein=
mal den, der koſtet die Hälfte, probir' ihn nur, und er wird dir
auch ſchmecken, ſo gut wie der theuere; es iſt ja nur geraucht.“

„Du bist häuslich," sagte Xaveri mit spöttischem Lob, aber die Zuckerin nahm dies für ein wirkliches hin.

Das Einzige, was Xaveri zu Hause der Mutter klagte, war diese Geschichte mit dem Tabak, aber die Mutter beschwichtigte ihn: „Sie ist halt ein blutarmes Mädchen gewesen, das den Kreuzer werth halten muß, und hat nachher den Geizhals gehabt. Weiber verthun genug, sei froh, daß du eine häusliche hast, und sie wird sich schon dran gewöhnen was der Brauch ist bei Einem, der aus einem rechtschaffenen Bauernhaus kommt."

Xaveri fügte sich darein, daß man sich ins Leben finden müsse so gut es geht, und seltsam! diese weiche entsagende Stimmung, die der Trotzkopf zum Erstenmal in seinem Leben kannte, machte ihn minder empfindlich gegen die Neckereien, die er vielfach auszustehen hatte wegen seines Daheimbleibens. Die Leute waren ihm fast gram, daß er sie um ihre Theilnahme an seinem Weggehen betrogen hatte; sie hatten ihm diese gewidmet und er war ihnen nun auch schuldig, wegzugehen. Fast eine stehende Frage, die man an ihn richtete, war, wie es in Amerika aussehe, und wie er die Seekrankheit überstanden habe. Zu seiner Verlobung glückwünschte man ihm großentheils aufrichtig und weil Xaveri gerade wegen dieser in sich bedrückt war, fühlte er die Spöttereien wegen seines Verbleibens fast gar nicht.

Der Pflugwirth hatte sich dazu verstanden, das Ueberfahrtsgeld wieder herauszugeben, aber die Bedingung festgesetzt, daß man als billigen Entgelt nun auch die Hochzeit in seinem Hause feiere. War diese ganze Hochzeit eine eigentlich erzwungene, so war es nun auch noch der Ort der Feier. Braut und Bräutigam hatten keine rechte Freude aneinander und der Wirth und seine Leute, die freundlich und ehrerbietig zu ihnen thaten, empfanden nichts bei dieser Schaustellung.

Acht Tage vor seiner Hochzeit wanderten die Burschen und Mädchen aus, mit denen Xaveri hatte ziehen wollen. Er sah ihnen mit trübem Blick nach, aber er schüttelte Alles von sich und sagte sich innerlich vor, daß er daheim ein Glück gemacht habe, vielleicht größer, als es ihm in Amerika zu Theil geworden wäre und dabei blieb er des Lachenbauern Xaveri.

In der Nacht vor seiner Hochzeit fuhr Xaveri seine blaue Kiste, darinnen seine ganze Ausrüstung für die Auswanderung war, in das Haus seiner Braut. Die Zuckerin wollte sogleich

die Aufschrift auskratzen und die Kiste in den Kaufladen verwen=
den, aber Xaveri bestand mit Heftigkeit darauf, daß die Kiste
bleibe wie sie sei, und daß seine ganze Gewandung darin auf=
bewahrt werde. Er stellte die Kiste in das Schlafzimmer vor
das Bett und sagte scherzend: „Ich steige über Amerika hinüber
ins Bett."

Ein wohlangebrachter Scherz hat immer etwas Versöhnendes.
An diesem Abend übernachtete Xaveri zum Leztenmal im Hause
der Mutter und zum Erstenmal war er in der Seele eigentlich
recht froh, er wußte nicht warum und wollte es auch nicht wissen.

Bei der Hochzeit ging es lustig her, nur war die Zuckerin
einmal unwillig, weil Xaveri mehr als nöthig war, mit Lisabeth,
die von Deimerstetten herübergekommen war, und mit ihrer jün=
gern Schwester Agathe getanzt hatte. Xaveri versöhnte sie bald,
und als seine Frau mit seinem Bruder Trudpert tanzte, stieg er
zu den Musikanten hinauf und blies den amerikanischen Marsch,
den er so oft den Auswanderern auf dem Wagen aufgespielt
hatte, als lustigen Hopser, und erntete darüber großes Lob.

Xaveri trug so zu sagen Amerika immer auf dem Leibe,
denn er ging in der fremdländischen, mehrfach zu wechselnden
Kleidung, die er sich für die neue Welt angeschafft hatte; aber
er trug auch Amerika immer noch im Herzen, und das war viel
gefährlicher. In der ersten Zeit nach seiner Verheirathung durfte
er sich's schon hingehen lassen, daß er sich nur halb der Arbeit
widmete; aber als er auf Bedrängen der Frau sich derselben
mehr annehmen sollte, zeigte sich's, daß er jetzt doppelt schlaff
war. Der Gedanke der Auswanderung hatte ihn erlahmt, er
hatte sich gewöhnt, das Dorf gar nicht mehr als den Kreis seiner
Thätigkeit anzusehen, er hatte, so zu sagen, auf einen neuen
Lebensmontag gehofft, an dem er sich scharf ins Geschirr legen
wollte; jetzt sollte er mitten in der alten Woche im alten Gleise
doppelt frisch zugreifen. Und wie das Dorf und Alles, was
darin vorging, ihm keine Freude mehr machte — weil er sich
daran gewöhnt hatte, sich nur von einem ganz andern Leben,
von ganz andern Verhältnissen Erfrischung zu versprechen und
Alles, was um ihn her vorging, gleichgültig zu betrachten — so
war ihm auch gleicherweise das erheirathete Anwesen alt und
morsch, es bot keine Gelegenheit, mit starker Kraft etwas ganz
Neues zu schaffen, wie er sich's so glänzend ausgedacht hatte.

Er war eben in ein verwittwetes Anwesen versetzt; die ganze alte
Welt, die ganze gewohnte Umgebung hatte ihm etwas Verwitt=
wetes. Er konnte sich das nicht deutlich machen, aber er fühlte
es nichtsdestominder. Gern gab er seiner Frau darin nach, daß
er dem Pflugwirth das Handwerk nicht legte; es war ihm Recht,
daß er nichts Besonderes, eigenthümliche Anstrengung und Zu=
sammenfassung Erforderndes zu thun hatte. Er lebte gern so in
den Tag hinein, und es war ihm schon zu viel, daß er damit
zu thun hatte, neues Vieh anzuschaffen — denn das alte war
verkommen — daß er neue Feldgeräthe anschaffen mußte — denn
die alten waren gar nicht zu gebrauchen. Das Anwesen der
Zuckerin und die Fülle des Hauses waren nicht so bedeutend, als
es den Anschein gehabt hatte. Die Vorräthe im Kaufladen waren
geborgt, und Xaveri, der sein Vermögen auf Zinsen anlegen
wollte, mußte mehr als die Hälfte in das Haus stecken, und
durfte sich davon vor den Leuten nichts merken lassen, um nicht
zum Schaden auch noch den Spott zu haben. Dabei hatte er
über die kleinste Anordnung, die er im Hause traf, scharfe Aus=
einandersetzungen mit seiner Frau. Sie hatte einst gewünscht,
einen Mann zu haben, dem sie untergeben sei; und das Geringste,
was dieser nun selbständig verfügen wollte, erregte ihre heftigste
Einsprache. Xaveri, der einst über das ganze Dorf und noch
weit darüber hinaus geherrscht hatte, sah, daß es ihm nicht ge=
lingen wollte, die eigene Frau in seine Gewalt zu bekommen.
Er rang mit ihr um die Oberherrschaft, und weil es zwischen
ihnen an der Liebe fehlte, die nicht eifert, war Herrschaft ihr
einziges Ziel. Wenn Eins merkte, daß das Andere Dies oder
Jenes besser verstand, herrschte darüber nicht Freude und An=
erkennung, sondern Neid und Schmälsucht. Xaveri hatte, ohne
vorher ein Wort davon zu sagen, den ganzen Viehstand im Hause
verändert, und weil er damit, zum Theil nicht ohne seine Schuld,
unglücklich war und mit Verlust noch einmal ändern mußte, ließ
sich's die Frau nicht entgehen, ihm solches oft und mit Schaden=
freude zu wiederholen und ihm zu zeigen, daß er nichts verstünde,
und sich von Jedem betrügen lasse. Bei solchen Erfahrungen und
Wahrnehmungen war Xaveri wohl bös auf seine Frau, aber noch
mehr auf seine Mutter, seinen Bruder und alle seine Verwandten.
Er sah in Allem nur sein Ungeschick für die alte Welt, man
hätte ihn sollen ziehen lassen, er wäre ein ganz anderer Mann

geworden in Amerika, das war ſein ſteter Gedanke. Mit Un-
geſtüm forderte er oft Hülfeleiſtungen und Beiſtand von ſeinen
Angehörigen; ſie durften ihm, wie er glaubte, nichts verſagen,
ſie waren es ihm ſchuldig, da er ihnen zulieb daheim geblieben
war. Wenn man ihn bei ſolchen Zumuthungen auf ſeine eigene
Kraft und Thätigkeit hinwies und Jedes unbekümmert um das
Andere ſeinem Tagewerk nachging, knirſchte er in ſich hinein:
ihm war ja himmelſchreiend Unrecht geſchehen, er war daheim
geblieben, um eine hülfebereite Verwandtſchaft zu haben und es
gab ja gar kein Zuſammenhalten mehr; er war einſam und auf
ſich geſtellt, als wäre er in weiter Wildniß. Die Familienange-
hörigkeit erſchien ihm eben auch als eine Lüge, wie Alles auf
der Welt. Tage und Wochen lang ſah ſich Niemand nach ihm
um, und doch hatten ſie gethan, als könnten ſie nicht leben,
wenn er nicht da wäre. Wie freundſchaftlich und zuthulich war
damals das ganze Dorf und beſonders ſeine Verwandtſchaft geweſen, als er fortgehen wollte, und jetzt zeigten ſie nicht den
hundertſten Theil jener Herzlichkeit. Der Pflugwirth erſchien jetzt
noch als der Bravſte, der war doch immer der gleiche Schelm
geweſen.

Mit Abſicht entzog ſich jetzt Xaveri den Seinigen und ver-
ſpottete ſie. Beſonders gegen ſeinen Bruder Trutpert faßte er
einen tiefen Widerwillen, der war immer ſo ruhig und ſtill, ging
unabläſſig in ſeinem Geleiſe ſeinen Geſchäften nach, und hatte
nicht einmal ein freiwilliges Wort für das Anliegen eines Andern,
geſchweige einen Beiſtand. Er war mit dem Pfluge ins Feld
gefahren, als Xaveri nach dem Markt ging, um neues Vieh ein-
zukaufen, er hatte ihm kaum Glück auf den Weg gewünſcht.
Hätte er nicht als älterer, erfahrener Bruder freiwillig mitgehen
und Xaveri vor dem Ungeſchick bewahren müſſen, in das er für
ſich allein gerathen war?

Am meiſten aber war Xaveri doch auch bös auf ſich ſelber
und zwar natürlich darum, weil er der Narr geweſen war, dem
Geſtenne und Gezerre der Seinigen nachzugeben und daheim zu
bleiben.

Mitten in all dieſem Sinnen und Grübeln war es faſt
wunderlich und Xaveri ſchüttelte oft ſelbſt darüber den Kopf, daß
er jetzt ſo viel über die Menſchen und über ſich ſelbſt nachdenken
mußte. Es ſchien, als habe er bis jetzt alle ſeine Jahre nur

träumend verbracht und jetzt auf Einmal ginge ihm das Leben
auf, so verwirrt und düster.

Ein jeder Menschengeist, so dumpf er auch scheinen mag
und so sonnenlos auch sein Standort ist, hat doch seine kürzer
oder länger andauernde Blüthenzeit. War der Kelch, der sich
hier erschloß, eine Distel oder gar eine Giftpflanze? Die Nahrung
mindestens, die Xaveri zu sich nahm, war in Zorn und Hader
vergiftet. Er hatte einen unüberwindlichen Abscheu vor allem
Geschirr, das vom Zuckermännle und der alten Zuckerin herstammte,
und wenn er das seiner Frau sagte, daß er die Alten immer
husten höre, lachte sie ihn höhnisch darüber aus, und suchte seinen
Ekel noch zu vermehren. Er suchte sich fortan zu überwinden,
aber — es mag seltsam scheinen, und doch ist es so — eine
Haupturfache vieler Verstimmungen war: die Zuckerin bereitete
das Essen so, daß es Xaveri fast gar nicht genießen konnte. Anfangs half er sich damit, daß er sich, zuerst wie zum Scherz,
dann aber zu bitterem Ernst von seiner Mutter das Nöthige bereiten ließ und bei ihr verzehrte; er scheute sich noch, vor den
Leuten zu zeigen, wie es ihm ergehe.

Wie seltsam war es Xaveri zu Muthe! Sonst ging er satt
aus dem Hause und jetzt ging er hungrig aus demselben, um
im Wirthshause zu essen. Er schämte sich, Etwas zu bestellen
und doch war ihm so öde und so bitter. Er ließ sich manchmal
verstohlen in der Küche Etwas geben und aß es hinter dem Hause.
Bald aber bestellte er sich schon oft am Tage vorher was er morgen
haben wolle, und aß vor aller Welt im Wirthshause. Und wenn
er nach Hause kam, sprach seine Frau, die das immer schon
erfahren hatte, ihm das Nachgebet dazu; sie machte ihm nun
zum Possen das Essen immer noch schlechter und aß selber vorher
insgeheim.

Xaveri hatte nie Karten gespielt, aber jetzt saß er oft bis
tief in die Nacht hinein im Wirthshause und spielte. Er wollte
sich selber vergessen, nichts von sich und seinem Elend wissen,
und er fragte sich nicht mehr, worin eigentlich dies sein Elend
bestehe, und wie es zu fassen und zu ändern sei. Er sagte sich
immer nur, daß er im Elend sei; das war eine ausgemachte
Sache, und er wollte ermüdet sein und nichts mehr denken können,
wenn er spät heimkam und sich zum Schlafen niederlegte. Anfangs gewann er im Spiel, aber er machte sich nichts aus dem

Gewinn; er wollte das zeigen und wurde immer waghalsiger.
Natürlich spielte man auch nicht trocken, und in der Hitze von
Spiel und Trunk gab's manchmal Händel, aber sie wurden bald
wieder geschlichtet; denn Spielgenossen sind seltsam friedfertig,
und trotz allen Streites denken sie doch innerlich immer wieder
darauf, des zu erhoffenden Vergnügens und Gewinnstes nicht zu
entbehren. Nun verlor Xaveri geraume Zeit, denn er hatte seine
Gedanken nicht beim Spiel; bei jeder Karte, die er wie einen
Axthieb auf den Tisch warf, dachte er oft und oft an seine Frau,
daß die ihn zwinge liederlich zu sein und zu spielen. Er wollte
sich aber nicht mehr zwingen lassen, setzte eine Zeitlang aus, und
schaute nur zu, wie die Andern spielten; später glaubte er es
besser gelernt zu haben und that wieder mit, aber auch jetzt verlor er unbegreiflicher Weise fast immer. Er lachte laut und ver-
spottete sich über seinen Verlust, aber innerlich nahm er sich fest
zusammen und rührte fortan keine Karte mehr an.

Xaveri, der bei aller Wildheit doch noch immer eine gewisse
Ehrfurcht vor der Häuslichkeit hatte, die er in so schöner Weise
bei seinen Eltern kennen gelernt, bewog seine Mutter, hier ver-
mittelnd einzugreifen und es gelang der alten Lachenbäuerin, eine
entsprechende Friedsamkeit herzustellen. Die beiden Eheleute schienen wieder geraume Zeit in Eintracht mit einander zu leben.
Xaveri ermannte sich und griff wacker zu, aber sobald nur der
kleinste Zwist ausbrach, sobald nur das geringste Ungemach sich
zeigte, war immer sein erster Gedanke: „O, wär' ich doch, wo
mich meine Kiste hinweist!" Er hatte dies einmal gegen seine
Frau ausgesprochen und sie holte die Axt und wollte die Kiste
zertrümmern und verfluchte ganz Amerika und jeden Gedanken
daran. Nur mit der größten Milde und Nachgiebigkeit und durch
den schließlichen Vorhalt, daß die Kiste fünf Gulden werth sei,
und daß er sie bei nächster Gelegenheit einem Auswanderer verkaufe, rettete er sie noch. Wenn aber fortan ein Gedanke an
die neue Welt in Xaveri aufstieg, verschloß er ihn in sich; manchmal konnte er minutenlang in der Kammer auf die Kiste hin-
starren und seine Gedanken zogen weit ab von Allem, was ihn
umgab.

Wenn Xaveri Abends im Pflugwirthshause saß, schaute er
durch die Tabakswolken oft nach jener Tafel, darauf das Schiff
schwamm, und wo mit rother Schrift zu lesen war: „Nach

Amerika!" Wenn er heimkam, machte er dann jenes Scherzwort
zur Wahrheit, daß er über Amerika ins Bett stieg.

Im Frühling war eine lustige Hochzeit im Dorf, die aber
ihre traurigen Folgen hatte. Der Schackle war zurückgekehrt
und heirathete eine Kaufmannstochter aus der nahen Amtsstadt;
er errichtete einen großen Kaufladen, mit langen bis an den
Boden reichenden Fenstern, wie man solche im Dorf noch nie
gesehen. Die Zuckerin, die, gestützt auf ihren jetzigen Familienanhang bei Schultheiß und Gemeinderath, die Gestattung dieser
Concurrenz hatte verhindern wollen, brachte nichts zu Stande,
und sie, die einst die Familie Xaveri's so hoch gerühmt hatte,
konnte nicht genug Schimpfworte auf dieselbe finden und den
Xaveri hieß sie fast nicht mehr anders als den „Garnichts," weil
er einmal gesagt hatte: „Ich kümmere mich um die Sache gar
nichts!" und dabei festgeblieben war. Die Zuckerin suchte jetzt
den Xaveri zu stacheln, daß er dem Pflugwirth dafür seinen
Auswandererhandel verderbe; Xaveri aber war nicht mehr dazu
aufgelegt, dennoch versagte er sich die Schadenfreude nicht, ihr
vorzuhalten, daß sie ihn verhindert habe, als es noch Zeit war,
und ihn jetzt ermahne, da es zu spät sei. Nun wollte sie, daß
er mindestens nicht zu Schackle's Hochzeit gehe, aber auch hierin
willfahrte ihr Xaveri nicht; er war ja der alte Beschützer des
Schackle gewesen und schloß zuletzt auf jede Ermahnung: „Ich
bin kein Krämer!"

Xaveri pfiff lustig, als es zum Hochzeitsschmaus des Schackle
ging und hörte nicht auf das Brummen und auf das laute Schelten
seiner Frau; er zog sein bestes amerikanisches Gewand an und
versteckte noch darunter sein Waldhorn. Er entsetzte sich fast, als
er seine Frau ansah: wie hatte diese sich so fürchterlich verändert!
Ihre ganze Erscheinung war so über alle Maßen vernachlässigt,
daß er fast gar nicht glauben mochte, das sei seine Frau. Die
Zuckerin wußte, daß ihr Mann noch vom Soldatenleben her viel
auf ein propres Wesen hielt, und fast zu seinem Aerger vernachlässigte sie sich immer mehr und lachte, wenn er sie Hansbutz
(Vogelscheuche im Hanfacker) nannte. „Kannst dich anziehen und
auf den Abend auch nachkommen, ich will einmal gut essen!"
sagte Xaveri und ging nach dem Pflugwirthshause. Das Waldhorn tönte am Abend das ganze Dorf herauf; es konnte Niemand
anders sein, als der Xaveri, der so schön blies. Die Zuckerin

saß daheim in Zorn und bitterm Haß und sie wußte am Ende
nichts Anders zu thun, womit sie ihren Mann ärgern könnte,
als daß sie ein Beil holte, um die Kiste zu zertrümmern. Er
hütete die Kiste wie ein Kleinod, er hatte seine Frau gebeten, ja
ihr streng befohlen, sie nie zu berühren; darum sollte sie jetzt
zerstört werden. Die Zuckerin besann sich aber doch wieder, daß
sie einen namhaften Geldwerth zerstörte und ließ nun ihren Zorn
damit aus, daß sie mit dem Beil den Namen Xaveri's und die
beiden Waldhörner auskratzte. Sie ging vor das Haus und jetzt
sagte ihr eine wohlwollende Nachbarin, der Xaveri tanze wie ein
junger Bursch. Schnell sprang sie nach dem Wirthshaus und
eilte athemlos die Treppe hinauf. Dort tanzte Xaveri eben mit
des Pflugwirths Agathe und jauchzte und sang dabei; schnell
drang sie durch die tanzenden Paare und stand vor ihrem Xaveri:
„Was machst du da?" schrie sie laut.

„Guck, die ist halt schöner als du!" erwiderte Xaveri. Fluchend
mit gellem Schreien, daß darob die Musik einhielt, schimpfte nun
die Zuckerin Agathe, die aber ruhig entgegnete: „Was schändest
so? Ich mag ihn nicht; wenn ich ihn gemöcht hätt', hätt'st du
ihn nicht kriegt!"

„Du siehst ja aus wie ein Hansbutz!" rief Xaveri und in
übermüthiger Laune begann er das Lied zu singen:

> I g'sieh kein Rab, i g'sieh kein Vogel —
> Der Hansbutz, der Hansbutz, der Hansbutz isch do!

Die Musik begann die Weisung zu spielen und Alles jauchzte
hellauf und tanzte und drückte die Zuckerin hinaus. Diese eilte
zu Xaveri's Mutter und zu Trudpert. Bald sah man Letztern
auf dem Tanzboden und Xaveri verschwand gleich nach ihm.

Im Leibgedingestübchen der Mutter gab es nun heftige Er-
örterungen, oft von Weinen und Schreien unterbrochen. Die
Mutter hatte schnell die Laden zugemacht. Es sollte kein Laut
nach außen bringen. Xaveri, der ohnedieß nur verzweifelt lustig
gewesen war, erkannte wohl bald sein Unrecht, aber er hatte
wieder seinen alten Trotzkopf und wollte das nicht gestehen, bis
endlich Trudpert, der sein Lebelang gutmüthig und nachgiebig
gegen ihn gewesen war, auf ihn zusprang und schwur, ihn zu
erdrosseln, wenn er nicht in sich gehen und sich bessern wolle.
Die Mutter weinte und wehrte ab so viel sie vermochte, und nach

der eigenthümlichen Frauenart sprachen ihre Klagen nichts davon, wie jammervoll dieser Bruderstreit an sich war, sie wiederholte nur immer: „Was ist das für eine Schande vor den Leuten, daß ihr so Händel miteinander habt! Um Gotteswillen! Das ganze Dorf läuft ja zusammen! Draußen steht Alles und horcht zu!"

Die Zuckerin saß auf der Bank und hielt die Hände still ineinander. Xaveri schaute nur Einmal mit wildem Blick nach ihr hinüber; wie ein Blitz durchzuckte ihn der Gedanke, wie schändlich es von seiner Frau sei, daß sie ihm nicht beistehe und seinen Bruder nicht abwehre, der ihm fast den Hals zudrehte. „Laß los, du hast Recht," rief er, aber doch keuchend. „Du mußt Recht haben, weil du so gegen mich sein kannst. Das hätt' ich nie geglaubt!"

„Ich hätt's auch nie geglaubt!" sagte Trudpert, ließ ab und seine Hände zitterten.

Xaveri versprach aufrichtig, sich zu bessern, und als er mit seiner Frau heimging, schaute ihm die Mutter aus ihrem Fensterchen nach und betete auf den nächtigen Weg der Heimgehenden noch lange inbrünstige Gebete.

Der offenkundige Zerfall, den Xaveri herbeigeführt hatte, schmerzte ihn sehr; wir müssen aber sagen, nicht sowohl um des verlorenen Glücks willen, als um die preisgegebene Ehre. Vor Tag ging er mit dem Pflug ins Feld oder zum Holzfällen in den Wald und kehrte erst am Abend wieder heim. Im Wirthshaus sah man ihn lange nicht. Die Leute sagten, sein Gesicht sei zerkratzt, er könne sich nicht sehen lassen, man habe ihn solch einen Ausruf einmal bei Nacht schreien hören; das war nicht der Fall, seine Frau hatte ihm nur während seiner Abwesenheit seinen Namen von der Kiste abgekratzt und so oft er nun darauf sah, lochte ein Ingrimm in seiner Seele; er sprach zwar nur Einmal davon, immer aber mußte er daran denken, wie ganz anders es stünde, wenn er mit seinem unversehrten Namen davongezogen wäre über's Meer. Im Hause wurde wenig gesprochen, es war weder Streit noch Friede. Nur Einmal entbrannte jener wieder, als die Zuckerin die Kiste verkauft hatte und Xaveri eben dazu kam, wie man sie abholen wollte. Er hielt sie zurück mit dem Bedeuten, sein Eigenthum dürfe niemand Anders verkaufen als er selbst.

Die Zuckerin, deren Kramladen ganz verödete, lochte ihrem

Mann faſt gar Nichts mehr und er mußte ſich wieder bei ſeiner
Mutter erholen.

Die Ernte kam herbei. Xaveri ging ſchon vor Tag hinaus
nach dem Acker neben dem Kirchhofe. Dieſes Hinausſchreiten im
kühlen Morgennebel, da ſich ein grauer Schimmer auf Gras und
Staube legt, dieſe Freude am friſchen Gang aus Dumpfheit und
Verzerrung zur Arbeit, die jetzt noch als Luſt entgegenwinkt, der
Gruß der Begegnenden, die ſich zu gleichem Thun aufmachten
und einander in der ſichern Hoffnung auf einen hellen Tag be-
ſtärkten, Alles machte Xaveri plötzlich im Innerſten froh; er dachte
kaum mehr an ſein verworrenes Leben und es ſchien ihm leicht
zu glätten, mindeſtens wollte er Alles thun, damit es ſchön und
heiter werde. Xaveri war trotz Allem doch noch Bauer genug,
daß er ſeine Freude an dem ſchönen Acker hatte, den er jetzt ſein
eigen nannte; er lachte vor ſich hin, als er denken mußte: es
iſt doch gut, daß ſich die Wieſen und Aecker nichts um die Händel
im Hauſe kümmern und beim Unfrieden nicht davon laufen; ſie
wachſen ſtill, und wie prächtig ſteht hier das Korn! Ihr ſeid
doch glückliche Menſchen und Gott iſt gut, daß er euch den Unfrieden nicht entgelten läßt. —

Der erſte Anſchnitt eines Ackers hat immer etwas Feierliches,
beſonders für den einſam Arbeitenden; der alte Lachenbauer hatte
immer gebetet ehe man anfing, Xaveri that das nun zwar nicht,
aber indem er die Sichel noch einmal wetzte, wetzte er gleichſam
noch einmal ſeine Gedanken und die waren: daß er fortan arbeit-
ſam und friedſam ſein wolle. — Das Feld war ergiebig, die
niedergelegten Halme, die ſogenannten Sammelten, lagen ſo nahe
aneinander, daß man gar keine Stoppeln mehr ſah, und das
iſt das fröhlichſte Zeichen einer reichen Ernte. Die Sonne war
emporgeſtiegen, die Lerchen ſangen in blauer Luft, aber Xaveri
horchte nicht hin und ſah nicht auf, ſeine Gedanken waren drüben
in Amerika: „Wie anders wäre das, wenn du dort zum Erſtenmal Ernte hielteſt, auf einem vordem nie bebauten Boden! Hier
tönt die Morgenglocke — dort hört man kein Geläute; vom Acker
daneben hört man Menſchenſtimmen — dort vernimmt man nichts.
Es iſt doch beſſer auf dem Boden zu bleiben, den ſchon die Vorfahren bebaut und der Geſchlecht auf Geſchlecht genährt, und wer
weiß, ob du drüben noch lebteſt“ … Xaveri richtete ſich ver-
ſchnaufend auf und ſah nach dem Kirchhofe. — „Dort liegt dein

Vater und dort deine Ahne, von welcher der Spruch herrührt: ich glaube nicht an Amerika." Zum Erstenmal in seinem Leben empfand er, was es heißt, den Boden zu verlassen, in dem die Gebeine der Angehörigen ruhen; aber dieser Gedanke streifte ihn nur flüchtig und im Weiterarbeiten dachte er: „Auch du wirst einmal dort liegen. Dieses Leben hast du nur Einmal und willst es so in Haß und Hetzerei verbringen? Fang' es frisch an, so lang es noch nicht verloren ist; dein Weib wird schon gut sein, sie muß, wenn sie sieht, daß du gut bist. Wir haben unser reichliches Brod, warum sollen wir denn nicht gut miteinander auskommen? Ich will nicht mehr an Amerika denken. Es muß uns hier gut gehen und wir haben's besser als tausend Andere, und wenn jetzt das alt' Zuckermännle den Löffel erst grad' aus dem Maul gethan hätt', ich thät damit essen und es schmeckt' mir; das darf nichts mehr gelten. Wenn sie mir nur auch bald Essen bringt".... Dieser letzte Gedanke war es, bei dem Xaveri am längsten verharren mußte, denn er spürte in sich einen Mahner und auch von außen wurde er daran erinnert. Von den benachbarten Aeckern hörte man gemeinsames Sprechen und oft lautes Lachen. Es war sechs Uhr, man hatte den Schnittern das Essen gebracht und überall, so weit er sehen konnte, wandelten Frauen und Kinder mit Körben und Töpfen. Denkt deine Frau allein nicht an dich und glaubt sie, daß du nicht auch hungrig wirst und schneidest du denn für dich allein? So sprach es in Xaveri und der im Hunger doppelt leicht gereizte Zorn wollte wieder in ihm aufsteigen und Alles bewältigen; aber noch wurde er seiner Herr und sagte sich, daß seine Frau sich verspätet haben könne, oder daß sie im Kaufladen aufgehalten werde. Er schnitt allein weiter, während Alles um ihn her ruhte und sich gütlich that; das aber nahm er sich vor, es sollte als Zeichen des Friedens gelten, ob seine Frau ihm Essen bringe oder nicht. Sieben Uhr war schon vorüber, ringsumher war Alles wieder neugestärkt an der Arbeit und Xaveri, der immer weiter schnitt, empfand tiefes Mitleid mit sich, daß ihm das Weinen nahe stand; er fühlte sich verlorener hier, als wäre er in der neuen Welt. Oft schaute er aus, aber immer sah er seine Frau noch nicht. Er wollte davonlaufen, aber in einer Art von heldenmüthiger Selbstvernichtung wollte er unaufhörlich weiter arbeiten bis er niedersänke vor Ermattung und die Leute dann sahen, wie es ihm ergehe. Endlich,

es schlug acht Uhr, da sah er seine Frau den Berg herabkommen,
sie hatte weder Korb noch Topf bei sich. Auch das wollte Xaveri
verwinden, sie konnte ja wieder umkehren. Als sie aber näher
kam und so verwahrlost aussah in der nachlässigsten Kleidung
mit der Sichel in der Hand, da konnte er sich nicht enthalten,
halb scherzend auszurufen: „Du siehst ja wieder aus wie der
Hansbutz. Guck, es ist kein Vogel weit und breit, es singt keine
Lerche wo du bist, du bist halt der Hansbutz." Die Zuckerin stand
still und lachte höhnisch. Da rief Xaveri abermals: „Hast Nichts
zu essen?" „Da wächst ja gutes Brod, iß davon," erwiderte
die Zuckerin, „das ist mein Acker, den Ich zugebracht habe; iß
aber nur, so viel du magst, ich schenk' dir's." „Aber dir ist
nichts geschenkt," schrie Xaveri und hackte da wo er stand, seine
Sichel in den Boden und stampfte sie noch mit dem Fuße hinein,
dann verließ er das Feld. Die Frau schimpfte und klagte hinter
ihm drein, er aber drehte sich nicht mehr um, ging in das Haus,
raffte Alles, was er zu eigen besaß, in seine Kiste und eilte
damit zu seiner Mutter. Dieser erzählte er Alles, was am Morgen beim Schneiden in ihm vorgegangen und wie er so friedfertig gegen seine Frau gewesen war und sie nur im Scherz geneckt habe. Die Mutter mochte ihm hundertmal erklären, daß
das ja die Frau nicht wissen konnte, daß man sich erst wieder
necken dürfe, wenn man schon lange Frieden habe; Xaveri mochte
wohl etwas davon einsehen, denn er antwortete nichts darauf,
er wiederholte nur, daß es bei seinem Schwure bleibe, er habe,
als er die Sichel in den Boden getreten, in sich hineingeschworen,
nie mehr hier zu Lande eine in die Hand zu nehmen, und dabei
bleibe es, keine Gewalt des Himmels und der Erde brächte ihn
davon ab. —

Ein unbeugsamer Trotz gegen die ganze Welt, der sich leicht
in Selbstzerstörung verwandelt, setzte sich in Xaveri fest. Mitten
in der hohen Erntezeit, wo im Dorfe so zu sagen jeder Finger,
der sich regen kann, in Arbeit ist, saß Xaveri draußen am Wald-
rand und blies auf seinem Waldhorn. Durch dies Benehmen
ward Xaveri des ganzen Vortheils und des ihm allgemein zuer-
kannten Rechts gegen seine Frau verlustig. Solch ein Müßig-
gang war unerhört und empörend. Man hielt Xaveri anfangs
für närrisch, dann aber wendete sich Haß und Verachtung des
ganzen Dorfes gegen ihn. Selbst Trudpert ließ seinen Bruder

in heftigen Worten an; ja er drohte, der Mutter von der ausbedungenen Nahrung abzuziehen, wenn sie den Xaveri noch länger
damit füttere; er wolle die Sache vor Gericht kommen lassen.
Mit lang verhaltenem Ingrimm erwiderte Xaveri, daß ihm das
recht sei, und er werde sich jetzt bei dem Gericht ausweisen, wie
er durch Trudpert in der Erbtheilung zu kurz gekommen sei.

In der That versuchte auch Xaveri einen Rechtsstreit darüber
anhängig zu machen, ging oft nach der Stadt, besprach seine
Angelegenheit im Wirthshaus mit allerlei fremden Menschen und
erholte sich Raths bei einem Rechtsanwalt, der indeß immer mehr
eigentliche Belege von ihm verlangte. Xaveri redete sich vor,
daß er diese beschaffen könne.

Es giebt für einen in sich uneinigen und müßiggängerischen
Menschen nichts Bequemeres als einen Rechtsstreit. Da hat man
immer die Ausrede bei der Hand: wenn erst diese Sache geschlichtet
ist, dann geht wieder Alles in Ordnung, und einstweilen ent-
schuldigt man für sich die Nichtsthuerei. So erging es auch
Xaveri, und ein geheimer Stolz kam noch dazu. Er konnte sich
nicht läugnen, daß in seinem ganzen Thun und Lassen etwas
Unmännliches sei. Er mußte sich oft im Stillen gestehen, daß er
eigentlich keine rechte Mannesgeltung habe. Jetzt in den Wirths-
häusern in der Stadt, im Vorzimmer bei dem Rechtsanwalt und
im innern Stübchen bei diesem selber, jetzt war er doch ein Mann.
Wer kann das noch bestreiten, daß einer der einen Rechtsstreit
führt, Protokolle und Abschriften ausfertigen läßt, worin sein
Name groß geschrieben ist in Fractur, und der mit landesfarbigen
Schnüren zusammengeheftete Acten ausfüllt — wer kann bestreiten, daß das ein Mann sein muß, der solches veranlaßt?

Indeß zeigte sich bald, daß der Rechtsstreit zu keinem Ziel
führe, und Xaveri ließ ihn ebenso leicht als er ihn aufgenommen,
auf Anrathen seines Rechtsanwaltes wieder fallen.

Trudpert und Xaveri redeten fortan kein Wort mehr mit
einander und diesem war von allen Menschen im Dorfe Niemand
mehr zugethan als seine Mutter. Sie ging zu Jedermann und
redete gut von ihrem Xaveri, sie wollte im Einzelnen ihm wieder-
gewinnen, was er auf Einmal und bei Allen verloren hatte, und
sie allein hoffte noch immer, daß Alles sich wieder ausgleiche;
aber vergebens. Der Mutter allein erzählte Xaveri, was in ihm
vorging, sonst wanderte er durch das Dorf, grüßte Niemand und

hielt den Blick immer zur Erde gesenkt, denn er verwünschte es innerlich, daß er nicht fort konnte, nicht auf Einmal in eine ganz andere Welt, daß er immer wieder heim mußte, um zu essen. Diese natürliche Befriedigung des Lebensbedürfnisses ward ihm zur Qual. Draußen am Waldesrand lag er dann Tage lang und schaute hinaus in die Felder, wo die Menschen hin und her gingen. Sein sonst so scharfes Auge schien jetzt plötzlich die Dinge nicht mehr recht zu unterscheiden. Trotzdem er oft einen Männerhut zwischen den Kornfeldern sich fortbewegen sah, wollte er doch glauben, und glaubte es auch, ja indem er sich halb aufrichtete, war es ihm ganz deutlich — daß er eine Frau sähe und gar seine eigne Frau, die ihm winke, daß sie komme und ihn hole; aber die Gestalt verschwand wieder und er blieb allein. Der graue Meilenstein am Wege, den er doch genau kannte, den hielt er jedesmal beim Aufschauen für einen Menschen, der nach ihm ausblicke. War das Täuschung oder Selbstbetrug? Wer kann in solchem Falle entscheiden? Seltsam war und blieb, daß es jedesmal eintraf, so oft er sich's auch vorhersagte. Hörte er einen Schritt sich seinem Lagerplatze nähern, kam ein Mann, eine Frau oder ein Kind, so blinzelte er und richtete sich ein wenig auf, es war gewiß Jemand, den seine Frau nach ihm schickte; und wenn der Kommende vorüberging ohne ihn zu achten, hustete er, um gewiß zu sein, daß er bemerkt und nicht verfehlt worden sei. Dann warf er sich wieder auf das Antlitz nieder, als wolle er sich in die Heimatherde einbohren und eingraben. Jetzt liegst du noch auf der Heimatherde und bald mußt du sie verlassen! sagte er oft vor sich hin, und während er mit einem Grashalm in seinen Zähnen stocherte, sang er dann wieder und wieder:

> Und wer einen steinigen Acker hat
> Und einen stumpfen Pflug,
> Und ein böses Weib daheim,
> Der hat zu feilen g'nug.

Der Vers kam ihm gar nicht aus dem Sinn, als wären es nur noch die einzigen Worte die er kannte und kein anderes mehr.

Ja, was denkt und sinnt nicht Alles ein Mensch, der in sich verwirrt und verwahrlost ist, und sich noch mehr verwirrt und verwahrlost!

Xaveri war wie ein Fieberkranker, der im Bette liegt und in einfachen Linien an der Wand, in Leisten und Nägeln allerlei Bilder und Zeichen sieht, Schnäuzchen und Henkel am Wasser-krug wird zu Mund und Höcker eines seltsamen Männchens, und Schränke, Stühle und der Tisch, Alles verwandelt sich in beäng-stigende Ungeheuer.

Wenn Xaveri den Weg dahin ging und seinen Schatten sah, kam es ihm oft vor, als wäre er selber nur noch ein Schatten; er spielte mit seinen Schattenbildern, und machte allerlei Sprünge und Stellungen wie die Kinder. Die Leute hielten ihn für närrisch.

Aber was ist denn ein Mensch, der die ihm gegebenen Ver-hältnisse nicht so zu fassen und zu gestalten weiß, daß wenn auch nicht Glück, doch Ruhe und Frieden daraus erwachsen muß?

Die Sühneversuche zwischen Xaveri und seiner Frau, die vor dem Pfarrer, vor dem Kirchenconvent und dem Amte wieder-holt abgehalten wurden, blieben erfolglos. Xaveri bestand darauf, daß er nie mehr zu seiner Frau zurückkehre. Die Entscheidung zog sich lange hin, und endlich im Herbst wurden sie getrennt, da sie nicht geschieden werden konnten. Mehr als ein Dritttheil seines Vermögens, das Xaveri in das Hauswesen gesteckt hatte, war verloren; es zeigte sich bei der Auseinandersetzung ein auf-fälliger Rückgang des Besitzthums, aber doch blieb Xaveri noch so viel, um in der Ferne sein Heil suchen zu können. Noch einmal wurde die Kiste frisch angestrichen, noch einmal der Name darauf geschrieben und abermals ein Ueberfahrtsvertrag mit dem Pflugwirth abgeschlossen. Des Lenzbauern Philipp von Deimer-stetten und Lisabeth mit ihrer zahlreichen Familie wanderten zu gleicher Zeit mit Xaveri aus.

Das war ein anderes Abschiednehmen als vor einem Jahre. Damals war Xaveri stolz und im vollen Bewußtsein seiner Gel-tung, Jeder mußte bedauern, daß er weg ging; jetzt reichte man ihm kaum die Hand und sprach kaum halbe Worte, und Xaveri glaubte es diesem und jenem anzusehen, daß man ihn fort-wünschte, und er nahm sich nun als einzige und letzte Rache vor, Keinem mehr Ade zu sagen. Nur auf dringendes Bitten der Mutter ging er zu Trudpert und reichte ihm die Abschieds-hand. „Ich verzeihe dir," sagte Trudpert. „Und ich verzeihe dir," trotzte Xaveri und ging fort. Die Brüder, die einst so

einträchtig mit einander gelebt, ſchieden jetzt in innerem Groll;
Jeder glaubte ſich vom Andern tief gekränkt und Jeder ſprach
Worte, die ganz Anderes ausdrückten, als was ſie eigentlich
ſagten.

Xaveri hielt ſein Waldhorn in der Hand, als er, auf dem
Wagen neben ſeiner blauen Kiſte ſtehend, durch das Dorf fuhr;
er hatte luſtig blaſen wollen, aber er brachte es nicht zu Stande,
es verſetzte ihm den Athem. Er ſchaute um und um nach den
gewohnten Menſchen: dort lud Einer Miſt und nickte ihm im
Aufladen zu, dort ſpannte Einer ſeine Ochſen ein und das Joch
in der Hand haltend, rief er ein Lebewohl. Dreſcher kamen
aus den dunkeln Scheunen, nickten und riefen noch ein „B'hüt's
Gott!" und kaum war er vorbei, ſo hörte er hinter ſich den
Tactſchlag der Dreſchflegel. Mitten im Dorf ſtand die Zuckerin
am Weg. Du da, leg' dich vor's Rad, daß ich über dich weg=
fahren kann," ſchrie ihr Xaveri zu. Die Frau ſchaute wild um
ſich, nahm einen gewaltigen Stein auf und ſchleuderte ihn nach
Xaveri. Der Stein kollerte auf die Kiſte und zerriß noch einmal
den Namen. Xaveri öffnete ohne ein Wort, im Anblick vieler
Verſammelten, die Kiſte und legte den Stein hinein. Jetzt fiel
die Zuckerin auf die Kniee und ſchrie: „Bleib' da! Verzeih', ich
bitt' dich mit aufgehobenen Händen, verzeih'. Ich ſeh' was ich
gethan habe; bleib' da. Du biſt mein Mann, laß mich's an dir
gut machen." Xaveri war leichenblaß geworden, aber er ſchüttelte
mit dem Kopf und fuhr davon. Die Zuckerin wankte heim und
ſaß lange weinend auf ihrer Hausſchwelle, bis Leute kamen und
ſie in ihr Haus brachten. —

Xaveri war unterdeß, den Hut in die Augen gedrückt, das
Dorf hinausgefahren. Draußen, nicht weit vom Kirchhof, ſchob
er den Hut in die Höhe, da erhob ſich eine Frauengeſtalt, die
am Wege ſaß. Xaveri erkannte jetzt ſeine Mutter, von der er
doch ſchon Abſchied genommen; er ſprang vom Wagen und die
Mutter umfaßte ihn und rief: „Xaveri, ſei gut und bleib' da,
bleib' bei mir allein, wenn du willſt, aber beſſer, geh' zu deiner
Frau! Wenn du auch etwas zu leiden haſt, denk', du biſt auch
viel Schuld! Guck, dort legt man mich bald in den Boden!
Kehr' noch einmal um, alle Menſchen auf Erden und die Engel
im Himmel werden dir's vergelten, was du an deiner Mutter
thuſt; es wird dir gewiß gut gehen!"

Zum Erstenmal in ihrem Leben sah die Mutter den Xaveri bitterlich weinen und er sprach mit aufgehobenen Händen: „Mutter, da schwör' ich's unter freiem Himmel, ich thät' umkehren, Euch zu Lieb, wenn ich könnte! Ich hätt' mich schon lange umgebracht, wenn Ihr nicht wäret. Ich steh' jetzt da, ich hab' Niemand auf der weiten Welt als Euch! Ich möcht' mein Lebenslang da Stein' schlagen auf der Straß', wenn ich nur bei Euch bleiben könnt'! Mutter, ich sollt' Euch das nicht sagen, es macht Euch das Herz nur noch schwerer! Mutter, ich muß fort, ich muß! B'hüt's Gott! B'hüt's Gott, Mutter!"

Er sprang auf den Wagen und fuhr rasch davon. Vom Thal herauf hörte man ihn noch lange auf dem Waldhorn blasen; die Leute auf den Feldern, die das hörten. schimpften auf die Hartherzigkeit Xaveri's, die Mutter aber wußte, daß er ihr noch Zeichen geben wollte, so lange sie ihn hörte, sie horchte hinaus, — bis sie nichts mehr vernahm, dann kehrte sie ins Dorf zurück...

Die Töne des Waldhorns waren längst verklungen, der Name Xaveri's wurde im Dorf kaum mehr genannt; denn die Menschen können sich nicht damit abgeben, Verschwundenes allezeit in Erinnerung zu behalten, und das hat auch sein Gutes. Nur drei Menschen nannten noch oft den Namen Xaveri's und zwei davon fast nur um gegen ihn loszuziehen: das waren die Zuckerin und Trudpert. Aber daß sie immer wieder von Xaveri sprachen, und zwar nur zu der Mutter und gern zuhörten, wie diese den verlorenen Sohn vertheidigte, darin lag doch wieder ein Beweis, daß sie tief im Herzen nicht von Xaveri lassen konnten. Die Mutter aber sagte stets: „Es kennt meinen Xaveri Keines als ich. Er hat im Grunde das beste Herz von der Welt, nur hat er einen falschen Stolz. Hätte ich's verstanden, oder hätte ihn ein Anderes dazu bringen können, daß er seinen harten Willen auf etwas Gutes stellte, er hätte es eben so fest ausgeführt als jetzt das Verkehrte. Daß er sich das Amerika in den Kopf gesetzt, das hat ihn verwirrt; es war ja wie wenn's ihm auf die Stirn geschrieben wär', und jetzt ist er unstet und flüchtig und mir sagt's mein Herz, er denkt an uns wie wir an ihn, und wenn Gedanken, die an einem Menschen reißen, ihn ziehen könnten, sie wären stärker als alle Dampfwagen und brächten uns wieder zu einander."

Wie gesagt, auch die Zuckerin hörte gern so reden, denn sie schien in sich gegangen zu sein; sie lebte still und arbeitsam und war besonders liebreich und ehrerbietig gegen die Schwieger= mutter, bei der sie nicht abließ, bis sie zu ihr ins Haus zog, und Alles, was sie ihr Gutes that, schien ihr ein doppelter Trost, als ob sie es damit auch zugleich dem fernen Verlorenen erweise.

Man spöttelte Anfangs viel über die Verheirathung der alten Lachenbäuerin mit der Zuckerin, aber die Menschen lassen schließlich auch das Gute ohne Spott gewähren.

Drei Jahre waren vorüber, man hatte nichts mehr von Xaveri gehört. Da wanderte eines Samstag Abends im Spät= sommer ein Mann mit einer Kraxe auf dem Rücken vom Thal herauf; er hob oft rasch den Kopf, dann senkte er ihn wieder zur Erde und schritt mit leisem Murmeln vorwärts. An dem Kirchhof hob er die Kraxe vom Rücken und starrte lang auf eine blaue Kiste, die aufrecht auf die Kraxe gebunden war; wenn auch vielfach zerkritzelt, war dennoch deutlich auf dem Deckel zu lesen: Xaver Boger in Neuyork. Ja, es war Xaveri, der wie= der heimkehrte; noch sah er breit und kraftvoll aus, aber seine Wangen waren eingefallen, und als er jetzt, das Kinn auf die Hand gestützt hineinschaute über das Dorf, wo jetzt die Abend= glocke läutete und aus allen Fenstern wie tausend und abertausend Lichter das Abendroth wiederglänzte, ta zog auch über das An= gesicht des Bedrückten ein Freudenstrahl. Dann setzte er sich an den Wegrain und verbarg sein Gesicht an der Kiste, in der es seltsam kollerte.

Spät in der Nacht klopfte es am Haus der Zuckerin, und von der Treppe hörte man einen durchbringenden Schrei . . .

In der Stube saßen noch lange nach Mitternacht Xaveri und seine Frau und Niemand als der Mond, dessen Strah= len schräg ins Zimmer fielen, hat gehört, was sie einander sagten.

„Wie lang ist's, daß ich zum Erstenmal da gesessen habe,“ sagte endlich Xaveri, auf den abgegriffenen Lehnstuhl zeigend.

„Ja, und in dem ruht jetzt deine gute Mutter aus!“ sagte die Frau. „O, die hat immer an dich geglaubt. Es ist gut, daß sie schläft; wir müssen's ihr morgen früh leise beibringen. O, die wird neu aufleben.“

„Ich will sie jetzt nur im Schlaf sehen," sagte Xaveri.

„Nein," entgegnete die Frau ihn haltend, du kannst sie damit tödten, wenn sie aufwacht. Sei geduldig, bezwinge dich."

„Ja, ich hab' mich bezwungen, und das will ich zeigen," sagte Xaveri. „Ich bin doppelt umgekehrt."

Und noch einmal öffnete sich die Hausthür und Mann und Frau traten heraus und wanderten still durch die schlafenden Gassen. Xaveri trug Etwas in beiden Händen.

„Laß mich's tragen," bat die Frau, „Ich hab' die Schuld, ich hab' die Sünde gethan."

„So nimm," sagte Xaveri. „Ich hatte mir vorgenommen, wie du auch wärest, ich will's in Geduld tragen; aber ich sehe, du kannst gut sein und sollst es bleiben. O, ich habe mit dem da mein ganzes Elend durch die ganze Welt getragen, durch die alte und durch die neue. — Es hat sich Keines von uns Zweien biegen wollen, drum hat's brechen müssen. Wie gesegnet hätten wir leben können als Ehre und Vermögen noch unser eigen war! Das Erste können wir wieder gewinnen und das Andere — müssen wir entbehren lernen.

„Und jetzt," sagte die Frau als sie am Weiher beim elter= lichen Hause Xaveri's standen, und sie hob den Stein auf, den Xaveri wieder mitgebracht, „und jetzt versenken wir mit dem da alles Elend und alles Vergangene ins tiefe Wasser."

Der Stein klatschte laut auf in dem Weiher. Im Mond= schein bildeten sich silberne Ringe darüber.

      *   *   *

Es läßt sich denken, welch ein Aufsehen die Heimkehr Xaveri's im Dorfe machte, aber er ertrug allen Spott und alles Mitleid geduldig, und täglich sprach er seine Zufriedenheit aus, daß er allen, denen er Kummer gemacht, noch in Freuden vergelten könne; besonders aber seiner Mutter.

Xaveri, der nun zu den Aermeren im Dorfe gehörte, arbeitete auch bei seinem Bruder als Knecht, und wo es sonst etwas Müh= seliges zu thun gab, war er bei der Hand und bald hieß es: „Der Xaveri kann schaffen wie ein Amerikaner."

Als der grausig Mall starb, wurde Xaveri Dorfschütze. Er hält gute Ordnung, denn er kennt alle Schliche.

Von seinem amerikanischen Leben erzählt er nur den Seinigen. Vielleicht aber können wir doch noch einmal die Erlebnisse des Viereckigen berichten. Wenn Jemand im Dorf ihn an seine Aus- wanderung erinnert, hat er die Redensart: „Meine Großmutter hat gesagt: Ich glaub' nicht an Amerika. Aber Ich hab' daran glauben müssen, und jetzt bin ich belehrt."

Der Geigerler.

Es summt und schwirrt in der mitternächtigen Luft. Horch! rasche Rossestritte aus der Ferne, sie kommen näher! Hei! da springt ein Reiter auf sattellosem Pferd daher und ruft: Feuerjo! Feuerjo! Hülfe! Feuerjo! — Er reitet gerade der Kirche zu und bald klingt es vom Thurme, es läutet Sturm.

Wie schwer ist's, mitten in der Erntezeit sich aus dem besten Schlaf zu erheben; die Menschen können nicht aufkommen, sie liegen fast wie die Halme draußen im Feld, die sie mit emsiger Hand geschnitten. Aber es muß sein. Die Burschen, die Pferde im Stalle haben, sind am flinksten; Jeder will den Preis ge= winnen, der seit alten Zeiten darauf gesetzt ist, wer am ersten mit angeschirrtem Gespann sich am Spritzenhäuschen einfindet. Da und dort erscheint Licht in den Stuben, öffnet sich ein Fenster, Thüren gehen auf und die Mannen ziehen eilig erst auf der Straße die Jacken an. Als man am Rathhause versammelt ist, heißt es allgemein: „Wo brennt's?" — „In Eibingen!" — Frag' und Antwort war kaum nöthig, denn dort hinter dem dunkeln Tannenwald stand der ganze Himmel angeglüht, still gleich dem Abendroth, und nur bisweilen schoß ein Sprühregen von Funken empor, wie wenn ein mächtiger Luftzug durch einen Hoch= ofen geht.

Die Nacht ist so still und lau, die Sterne glitzern so ruhig auf die Erde nieder, sie kümmern sich wohl nichts darum, ob ein Menschenkind da unten verkommt oder vergeht. —

Die Spritze ist angespannt, die Feuereimer sind aufgereiht, zwei Fackeln sind entzündet, die Fackelträger stehen bereits hüben und drüben, und halten sich an dem Messingspund; wer nur noch einen Griff, eine Handbreit Platz gewinnen kann, um zu stehen und zu fassen, schwingt sich hinauf, man sieht kaum mehr ein Stückchen von der rothangestrichenen Spritze.

„Noch ein Geſpann vor; zwei Pferde können nicht Alles
ziehen!“

„Thut die Fackeln weg!“

„Nein, es iſt alter Brauch!“

„Fahrt zu, in Gottes Namen!“

So ſcholl die laute Rede hin und her.

Jetzt rollt das ſchwere Gefährt das Dorf hinaus an den
ſchlafenden Feldern und Wieſen vorbei. Die Obſtbäume am Wege
mit ihren Stützen tanzen luſtig vorüber im flackernden Licht, und
jetzt dröhnt es durch den Wald; von Licht und Lärm geweckt er=
wachen die Vögel aus ihrem Schlummer und fliegen ſcheu umher,
und können ſich kaum mehr zurückfinden ins warme Neſt. Jetzt
endet der Wald, da drunten im Thal liegt das Dorf tageshell,
und es iſt ein Schreien und Sturmgeläute, als ob die Flamme
dort Stimme gewonnen hätte.

Seht! Steht nicht dort am Waldesrand eine weiße Geiſter=
geſtalt, und hält etwas Dunkles an der Bruſt? Vernehmt ihr
nicht einen Laut, einen ſchrillen Saitenklang? Die Räder raſſeln,
man kann nichts Deutliches vernehmen — vorbei, eilt, rettet!

Da kommen Leute aus dem Dorfe, die ihre Habe flüchten,
Kinder in bloßen Hemden mit nackten Füßen, ſie tragen Betten,
Zinn= und Kupfergeſchirr. Iſt’s denn ſo weit, oder hat ein grauſer
Schreck Alles ergriffen?

„Wo brennt’s?“

„Beim Geigerlex.“

Und raſcher trieb der Fuhrmann die Pferde, und ein Jeder
reckte ſich, um doppelt zu helfen.

Als man ſich der Brandſtätte nahte, ſah man bald, das
brennende Haus war nicht mehr zu retten; alle Waſſerſtrahle
waren nur auf die angebauten Häuſer gerichtet, um dieſe vor
den gierig leckenden Flammen zu wahren.

Man war eben damit beſchäftigt, ein Pferd, zwei Kühe und
ein Rind aus dem Stall zu retten; ſcheu gemacht durch das Feuer,
wollten die Thiere nicht vom Platz, bis man ihnen die Augen
verband und ſie ſo durch Schläge endlich hinaustrieb.

„Wo iſt der Geigerlex?“ hieß es von allen Seiten.

„Er iſt im Bett verbrannt,“ berichteten die Einen.

„Er iſt entflohen,“ berichteten Andere. Niemand wußte
Sicheres.

Er hatte weder Kind noch Verwandte, und doch trauerte Alles um ihn, und die aus den Nachbardörfern gekommen waren, schalten die Einheimischen, daß sie nicht vor Allem über das Loos des Unglücklichen sich Gewißheit verschafft hatten. Bald hieß es, man habe ihn beim Schmied Urban in der Scheune gesehen, bald wieder, er sitze droben in der Kirche und heule und jammere; das sei das Erstemal, daß er ohne Geige und nur zum Beten dorthin gekommen sei; — aber man fand ihn nicht da, und fand ihn nicht dort, und nun hieß es wieder, er sei in dem Hause verbrannt, man habe sein Winseln und Klagen vernommen, aber es sei zu spät gewesen ihn zu retten, denn schon schlug die Flamme zum Dach hinaus und spritzte das Glas der Fenster= scheiben bis an die Häuser auf der andern Seite der Straße.

Als es mälig zu dämmern begann, waren die angrenzenden Gebäude gerettet. Man ließ nun das Feuer auf seiner ursprüng= lichen Stätte gewähren, Alles schickte sich zur Heimkehr an.

Da kam vom Berg herab, just wie aus dem Morgenroth heraus, ein seltsamer Aufzug. Auf einem zweirädrigen Karren, an den zwei Ochsen gespannt waren, saß eine hagere Gestalt, nur mit dem Hemd angethan, und halb mit einer Pferdedecke zugedeckt; der Morgenwind spielte in den langen weißen Locken des Alten, dessen lustiges Gesicht von einem kurzen struppigen und schneeweißen Bart eingerahmt war. In den Händen hielt er Geige und Fiedelbogen. Es war der Geigerlex. Junge Bursche hatten ihn am Saum des Waldes gefunden, dort wo ihn die Fahrenden im raschen Fluge bei der Fahrt fast als eine Geister= erscheinung gesehen, dort stand er nur mit dem Hembe angethan, und hielt seine Geige mit beiden Armen an die Brust gedrückt.

Als er sich jetzt dem Dorf nahte, nahm er Geige und Fiedel= bogen auf und spielte seinen Lieblingswalzer nach dem bekannten Liede: „Heut bin ich wieder kreuzwohlauf" u. s. w.

Alles schaute nach dem seltsamen Mann und grüßte ihn, wie wenn er von den Verstorbenen wieder erstanden wäre.

„Gebt mir was zu trinken!" rief er den Ersten zu, die ihm die Hand reichten — „ich hab' so einen mächtigen Durst."

Man brachte ihm ein Glas Wasser. Pfui!" rief der Alte, „das wäre eine Sünde, so einen prächtigen Durst, wie ich habe, mit Wasser zu löschen — Wein her! Oder hat der verfluchte rothe Hahn auch meinen Wein ausgesoffen?"

Und wieder fing er an, luſtig zu geigen, bis man vor der
Brandſtätte ankam.

„Das ſieht ja aus wie der Tanzboden den Tag nach der
Kirchweih,“ ſagte er endlich, ſtieg ab und ging in des Nachbars
Haus.

Alles drängte ſich zu dem Alten und umringte ihn mit Troſt=
worten und mit dem Verſprechen, ihm alle Hülfe zum Wieder=
aufbau des Hauſes zu leiſten.

„Nein, nein,“ beſchwichtigte er, „es iſt recht ſo, mir gehört
kein Haus, ich gehöre zum Spatzengeſchlecht, das baut ſich kein
Neſt und hat kein eigenes und huſcht nur manchmal ein bei den
Pfahlbürgern, den Schwalben. Für ein paar Jahre, die ich noch
Urlaub habe, bis ich in unſeres Herrgotts Hofkapelle oder in die
Regimentsmuſik bei ſeinen Leibgarden=Engeln eingereiht werde,
finde ich ſchon überall Quartier. Jetzt kann ich wieder auf einen
Baum ſteigen und zur Welt hinunter rufen: von dir da unten
iſt nichts mein! — Es war doch Unrecht, daß ich ein Eigenthum
gehabt habe, außer meiner herzliebſten Frau Figeline.“

Es ließ ſich dem ſeltſamen Mann nichts einwenden, und die
Auswärtigen kehrten heim, mit dem beruhigenden Gefühl, daß
der Geigerlex noch da ſei. Er gehörte nothwendig in die ganze
Gegend, — ſie wäre verſchändet geweſen, wenn er fehlte, faſt
wie wenn man die weithin ſichtbare Linde auf der Landecker Höhe
unverſehens über Nacht niedergeworfen hätte.

Der alte Geigerlex freute ſich gar ſonderlich, als ihm der
reiche Schmied Caspar einen alten Rock ſchenkte, der Kehreiner
Joſeph ein Paar Hoſen, und Andere anderes. „Jetzt trage ich
das ganze Dorf auf dem Leib,“ ſagte er, und gab jedem Klei=
dungsſtück den Namen des Gebers. „So ein Rock, den Einem
ein Anderer vorher lind getragen hat, ſitzt gar geſchmeidig, man
ſteckt in einer fremden Menſchenhaut. Mir war's allemal wind
und weh, wenn ich einen neuen Rock bekommen hab', und Ihr
wißt, ich bin allemal in die Kirche gegangen, und hab' die
Aermel in das herabtropfende Wachs von den heiligen Kerzen
gedrückt und hab' g'ſagt: ſo, Rock, jetzt biſt du mein; bisher
bin ich dein g'weſen. Das ſpar' ich jetzt bei Euern Kleidern,
die habt Ihr ſchon mit allerlei Speiſ' und Trank genährt. Ich bin
jetzt ein neugeborenes Kind, und dem ſchenkt man die Kleidchen,
die man ihm nicht angemeſſen. Ich bin neugeboren.“

In der That schien das bei dem Alten der Fall; seine frühere tolle Laune, die seit einiger Zeit eingeschlummert schien, jauchzte wieder laut auf.

Als ein Mann hereintrat, der zum Löschen des Brandes gekommen war, und weil er einmal im Geschäfte begriffen, auch innerlich einen Brand gelöscht hatte, und zwar, wie sich ganz deutlich zeigte, mehr als nöthig — da schrie der Geigerlez: „Ich beneide nur den Kerl um seinen schönen Rausch." —

Alles lachte. — Das Lachen und Spaßen ward indeß unterbrochen, denn der Amtmann mit seinem Actuarius kam, um über die Entstehung des Feuers und den angerichteten Schaden ein Protokoll aufzunehmen.

Der Geigerlez gestand sein Vergehen offenherzig ein. Er hatte die seltsame Eigenheit, daß er fast in jeder Tasche ein Schächtelchen mit Reibzündhölzchen trug, um nie fehlzugreifen, wenn er seine Pfeife anzünden wollte. Wenn man ihn besuchte, und wenn er wohin kam, spielte er immer damit, daß er eins der Hölzchen rasch entzündete. Oft und oft sagte er dabei: „Es ist doch schändlich, daß das erst jetzt aufkommt, wo ich bald abkratzen muß. Schaut, wie das geht, wie der Blitz. Wenn ich's zusammen rechne, hab' ich Jahre Zeit verloren mit dem Feuerschlagen; der Alte da oben muß mir dafür zehn Jahre Zulag geben zu den siebzig Jahren, die mir gehören."

Aus dieser fast kindischen Spielerei war aller Wahrscheinlichkeit nach der Brand entstanden, es ließ sich aber nichts beweisen; und der Amtmann sagte zuletzt: „Es ist nur gut, Ihr seid eigentlich der letzte Spielmann; in unserer Zeit voll griesgrämiger Wichtigthuerei seid Ihr ein Ueberrest aus der vergangenen lustig sorglosen Welt, es wäre Schade, wenn Ihr so jämmerlich umgekommen wäret."

„Und bei meinem gesunden Durst verbrennen, das wäre gar zu dumm! Herr Amtmann, ich hätte sollen Pfarrer werden, ich hätte den Menschen gepredigt: macht euch nichts aus dem Leben, und es kann euch nichts anhaben; schaut euch Alles wie eine Narrethei an, und ihr seid die Gescheitesten; und giebt's noch auf der andern Welt eine Nachkirchweihe, so tanzen wir sie auch mit! Wenn die Welt immer lustig wär', nichts thät als arbeiten und tanzen, da brauchte man keine Schullehrer, nicht schreiben und lesen lernen, keine Pfarrer, und — mit Verlaub

zu sagen, auch keine Beamte. — Die ganze Welt ist eine große
Geige, die Saiten sind aufgespannt, der lustige Herrgott verstünde
es schon, darauf zu spielen, aber er muß immer an den Schrauben
am Hals — das sind die Herren Pfarrer und Beamten — drehen
und drücken, und es ist Alles nichts als ein Probiren und Stimmen,
und der Tanz will nie losgehen."

Solcherlei Rede führte der Geigerlex, und der Amtmann
nahm wohlwollend Abschied von ihm; denn auch er kannte die
Lebensgeschichte des seltsamen Mannes.

Es sind jetzt nahezu dreißig Jahre, seit der Geigerlex im
Dorf ist, gerade so lange als die neue Kirche eingeweiht wurde.
Damals kam er in das Dorf und spielte drei Tage und drei
Nächte, nur einige Morgenstunden ausgesetzt, fast unaufhörlich
die tollsten Weisen. Abergläubige Leute munkelten, das müsse
der Teufel sein, der so viel Uebermuth aus dem Instrumente zu
locken vermag, der Niemand ruhen und rasten ließ, wer ihm zuhörte, wie er selbst kaum der Ruhe zu bedürfen schien. — Er aß
während dieser ganzen Zeit kaum einen Bissen und trank nur,
aber in mächtigen Zügen, während der Pausen. Manchmal war's,
als bewegte er sich gar nicht, er legte nur den Fiedelbogen auf
die Saiten und helle Töne sprangen daraus hervor, der Fiedelbogen hüpfte fast von selbst in kurzen Sätzen auf und nieder.

Hei! was war das ein Rasen und Springen auf dem großen
Tanzboden in der Sonne!

Einmal während einer Pause rief die Wirthin, eine behagliche runde Wittwe: "Spielmann! halt' doch einmal ein, alles
Vieh im Dorf verklagt dich und muß fast verkommen, die Burschen
und Mädchen gehen nicht heim zum Füttern. — Wenn du's nicht
wegen der Menschen thust, wegen des lieben Viehes halt' doch ein!"

"Recht so," rief der Geigerlex, "da könnt' Ihr's sehen, wie
der Mensch das edelste Wesen auf der Erde ist, der Mensch allein
kann tanzen, paarweise tanzen. Wirthin, wenn du einen Tanz
mit mir machst, dann hör' ich eine Stunde auf."

Er stieg von dem Tisch herunter. Alles drang in die Wirthin,
bis sie nachgab. Sie mußte ihn um die Hüfte fassen; er aber
hielt seine Geige, entlockte ihr noch nie gehörte Töne und in solch
seltsamer Stellung, spielend und tanzend, drehten sie sich im Kreise,
und zuletzt hörte er wie mit einem hellen Jauchzen auf, umfaßte
die Wirthin und gab ihr einen herzhaften Kuß. — Er erhielt

dafür einen eben so herzhaften Schlag auf den Backen. Das Eine wie das Andere geschah indeß in Frieden und Lustbarkeit.

Von jener Zeit an blieb der Geigerlex im Hause der Sonnenwirthin. Er nistete sich dort ein, und wenn eine Lustbarkeit in der Umgegend war, spielte er auf, kehrte aber regelmäßig immer wieder zurück, und es war weit und breit kein Dorf und kein Haus, in dem mehr getanzt wurde, als bei der runden Sonnenwirthin.

Der Geigerlex benahm sich im Hause als dazu gehörig, er bediente die Gäste (denn zur Feldarbeit kam er nie), unterhielt alle Ankommenden, machte bisweilen ein Kartenspiel und wußte den neuangekommenen Wein trefflich zu loben. „Wir haben wieder einen frischen Tropfen; verschmecket ihn nur, in dem Wein da ist Musik drin!" Ueber Alles, was das Wirthshaus betraf, sprach er mit der Redeweise „Wir." „Wir liegen auf der Straß'," — „man muß über uns stolpern," — „wir haben den besten Keller" u. s. w.

Der Jahrestag der Kircheneinweihung kam wieder, und der Geigerlex war noch immer da.

„Heut' ist mein Purzeltag, heut' bin ich hier auf die Welt kommen!" — so rief er, und seine Geige war lustiger als je.

Man konnte sich im Dorf und in der ganzen Gegend das Wirthshaus „zur Sonne" gar nicht mehr denken, ohne den Geigerlex. Die Wirthin aber dachte sich's doch vielleicht anders. — Als der zweite Jahrestag der Kirchweih vorüber war, faßte sie sich ein Herz, und sagte: „Lex, du bist mir lieb und werth; du bezahlst, was du verzehrst; aber möchtest du nicht auch wieder einmal probiren, wie sich's unter einem andern Dach haust? Wie meinst?"

„Mir gefällt's bei uns! Wer gut sitzt, soll nicht rücken, sagt man im Sprüchwort."

Die Wirthin schwieg.

Wieder vergingen einige Wochen, da begann sie abermals: „Lex, nicht wahr, du meinst's gut mit mir?"

„Rechtschaffen gut."

„Hör', es ist nur wegen der Leut', ich leg' dir nichts in den Weg, aber weißt, es ist ein Gerede. Du kannst ja wiederkommen, nach ein paar Monaten. Wenn du wiederkommst, steht dir mein Haus offen."

„Ich geh' nicht weg, da brauch' ich nicht wiederkommen."

„Mach' jetzt keine Späß', du mußt fort."

„Ja, zwingen kannst du mich. Geh 'nauf in meine Kammer, pack' meine Sachen in einen Bündel, und wirf sie auf die Straße. Anders kriegst du mich nicht vom Fleck."

„Du bist ein Teufelsbursch. Was soll ich denn mit dir anfangen?"

„Heirath' mich."

Er erhielt wieder einen Schlag auf den Backen, aber dies= mal viel sanfter, als bei der ersten Kirchweih.

Als die Wirthin den Rücken wendete, nahm er die Geige und spielte hell auf.

In kürzeren Zwischenräumen versuchte es nun die Wirthin, den Lex zum Fortgehen zu bewegen, aber seine beständige Ant= wort war: „Heirath' mich."

Einstmals sprach sie mit ihm, daß ihn wohl die Polizei nicht mehr dulde, er habe ja eigentlich keinen rechten Ausweisschein u. dgl. Drauf antwortete Lex keine Sylbe, setzte den Hut auf die linke Seite, pfiff ein lustiges Lied und ging nach dem zwei Stunden entfernten Schlosse des Grafen. Das Dorf gehörte damals noch dem reichsunmittelbaren Grafen von S.

Am Abend, als die Wirthin in der Küche am Herd stand, und ihre Wangen erglänzten im Widerschein des Feuers auf dem Herd, trat Lex, ohne eine Miene zu verziehen, vor sie hin, über= reichte ihr ein Papier, und sagte: „So da hast du unsere Heiraths= bewilligung, der Graf dispensirt uns noch von jedem Aufgebot, heut' ist Freitag, übermorgen ist unsere Hochzeit."

„Was? du Schelm wirst doch nicht —?"

„Herr Lehrer!" rief Lex dem eben an der Küche Vorüber= gehenden zu, „kommet herein, und leset vor!"

Er hielt die Wirthin am Arm fest, während der Lehrer las und am Ende seinen Glückwunsch aussprach.

„Nun, meinetwegen!" sagte die Wirthin endlich, „du bist mir schon lang recht, aber es war nur auch wegen dem Gerede und dem Gelauf."

„Also übermorgen?"

„Ja, du Schelm" . . . . . .

Das war nun ein lustiger Aufzug, als am Sonntag der Geigerlex, genannt Alexis Grubenmüller, sich selber den Hochzeits=

reigen aufspielte, geigend neben seiner Braut zur Kirche ging und die Geige erst am Taufbecken ablegte, auf dem Heimweg aber wieder so lustig geigte, daß allen Leuten das Herz im Leibe lachte.

Von dazumal also ist der Geigerlex im Dorf, und das heißt so viel, als: die Lustigkeit lebt darin.

Seit mehreren Jahren aber ist er manchmal auch trübselig, denn die hohe Kirchen= und Staatspolizei hat verordnet, daß ohne obrigkeitliche Erlaubniß nicht mehr getanzt werden darf. — Auch haben die Trompeten und Blasinstrumente die Geige ver= drängt, und so spielte unser Lex nur noch den Kindern unter der Dorflinde seine lustigen Weisen vor, bis auch dies das hochlöb= liche Pfarramt als schulpolizeiwidrig untersagte. Vor drei Jahren ist dem Lex noch gar seine Frau gestorben, mit der er immer in Scherz und Heiterkeit gelebt.

So trotzig keck auch der Geigerlex Anfangs sein Schicksal auf= genommen hatte, so ward es ihm doch jetzt manchmal schwer, mehr als er gestand.

„Der Mensch sollte nicht so alt werden!" war das Einzige, was er manchmal sagte, und das war nur ein Aufschrei aus einer großen innern Gedankenreihe, in der er es wohl erkannte, daß zum lustigen Leben eines fahrenden Musikanten auch ein junger Leib gehört.

„Das Heu wächst nicht mehr so weich wie vor dreißig Jahren!" pflegte er oft zu behaupten, wenn er sich in Scheunen gebettet hatte.

Der junge Amtmann, der ein besonderes Wohlwollen für den Geigerlex hatte, war indeß darauf bedacht, ihm sorgenfreie Tage zu sichern. Die nicht unbedeutende Summe, mit welcher das Haus in der allgemeinen Landesfeuerkasse versichert war, wurde statutenmäßig nur dann voll ausbezahlt, wenn ein anderes Haus an der Brandstelle aufgerichtet wurde. Die Gemeinde, die sich schon lang nach einem Bauplatz zum neuen Schulhaus in der Mitte des Dorfes umthat, kaufte nun, auf Betreiben des Amt= manns, dem Geigerlex die Brandstätte mit allem darauf Haften= den ab. Der Alte aber wollte kein Geld, und so ward ihm eine wohlausreichende Jahresrente bis zu seinem Tod ausgesetzt. Das war nun gerade so nach seinem Geschmack. Er erlustigte sich viel damit, wie er sich selbst aufzehre und das Glas vollaus trinke, daß auch kein Tropfen mehr darin sei.

Auch ward es ihm nun wieder nachgesehen, daß er den

Kindern unter der Dorflinde an Sommerabenden vorgeigen durfte. So lebte er nun aufs Neue frisch auf, und manchmal erblißte wieder sein alter Uebermuth.

Als man im Sommer darauf das neue Schulhaus zu bauen begann, da war er beständig wie zauberisch dorthin gebannt. Er saß auf dem Bauholz, auf den Steinen, und sah mit beständiger Aufmerksamkeit zu, hacken, graben und hämmern. Mit dem frühesten Morgen, sobald die Bauleute auf ihrer Arbeitsstätte erschienen, war der Geigerlex schon da. Wenn die Werkleute nach drei Stunden Arbeit ihr Frühstück verzehrten, und wenn sie am Mittag eine Stunde Rast machten, und die Kinder und Weiber ihnen das Essen brachten, da saß der Geigerlex immer unter den Ruhenden und Genießenden und machte ihnen „Tafelmusik," wie er's nannte. Viele aus dem Dorf sammelten sich dazu, und so ward der ganze Bau eine sommerlange einzige Lustbarkeit.

Der Geigerlex sagte oft, jetzt sehe er erst recht, wie er so viel zu thun gehabt habe; er hätte sollen überall sein, meinte er, wo fröhliche Menschen rasten; die Musik könnte den magern Kartoffelbrei zum schmackhaftesten Leckerbissen machen. . .

Noch ein schöner Ehrentag sollte dem Geigerlex aufgehen, es war der Tag, als der geschmückte Maien auf den fertigen Giebel des neuen Schulhauses gesteckt wurde. Die Zimmerleute kamen, sonntäglich angethan, mit einer Musikbande vorauf, um ihren Bauherrn, den Geigerlex, abzuholen. Er war den ganzen Tag über so voll Uebermuth, wie in seinen besten Jahren, er sang, trank und geigte bis in die tiefe Nacht hinein, und am Morgen fand man ihn, den Fiedelbogen in der Hand, auf seinem Bette todt. . .

Manche Leute wollen in stiller Nacht, wenn es zwölf Uhr schlägt, im Schulhaus ein Klingen hören wie die zartesten Geigentöne. Einige sagen, es sei das Instrument des Geigerlex, das, dem Schulhause vererbt, allein spiele. Andere wollen gar die Töne, die der Geigerlex beim Bau in Holz und Stein hineingespielt hat, in der Nacht herausklingen hören. Jedenfalls werden die Kinder nach allen neuen rationellen Methoden in einem Haus unterrichtet, das von der Sage umschwebt ist.

Berthold Auerbach's

Sämmtliche

Schwarzwälder

Dorfgeschichten.

Volksausgabe in acht Bänden.

Sechster Band.

Stuttgart.

Verlag der J. G. Cotta'schen Buchhandlung.

1871.

Erste Auflage der Gesammtreihe.
(17. Auflage der Einzelbände.)

Buchdruckerei der J. G. Cotta'schen Buchhandlung in Stuttgart.

Inhalt.

———————

Ein eigen Haus.

Das alte Liebespaar.

Wohlgemuther und feiner war kein Mädchen im Dorf an= zuschauen als des Bäckers Zilge. Nach dem Landesbrauch än= derte man ihren Taufnamen Cäcilie in Zilge, und das konnte wohl passen, denn man nennt hier zu Lande auch die Lilie Ilge, und des Bäckers Töchterlein war so weiß und fein wie eine Lilie. Man sah Zilge selten auf der Straße und nie im Feld. Sie saß jahraus jahrein beim Küfer auf der Winterhalde am Fenster und fertigte weiße Stickereien für Schweizer Fabriken, die ihre Gewerbthätigkeit immer tiefer in das Grenzland herein ausdehnen. Zilge war schon frühe verwaist. Ihr Vater war Bierbrauer und Bäcker im obern Dorfe gewesen, aber als leidenschaftlicher Prozeß= krämer in Noth und Armuth gestorben, und Zilge kam in das Haus des ihr verwandten kinderlosen Küfers, wo sie als Kind des Hauses hätte leben können, wenn sie einen gewissen trotzigen Uebermuth zu bannen vermocht hätte; sie aber blieb herrisch und verlangte von Jedem Unterwürfigkeit, so daß sie am Ende von einer Verwandten der Küferin im Hause verdrängt wurde. Sie trug das gleichmüthig, denn ihr Stolz war doch gewahrt. Der einzige Bruder Zilge's war schon in der Fremde als Bäcker und Bierbrauer.

Es gab eine Zeit, wo der Maurer=Seb viel beneidet wurde, daß die feine Zilge ihn vor Allen auserwählt hatte. Das war aber schon lange, denn vierzehn Jahre waren es, seitdem die Liebesleute unverbrüchlich einander anhingen. Zilge war siebzehn und Seb neunzehn Jahre alt gewesen, als ihre Liebe sich ent= schied. Im Frühling, bevor Seb regelmäßig auf die Wander= schaft zog, und im Herbst, wenn er heimkehrte, gingen die Bei= den miteinander an Sonntag Nachmittagen einsame Pfade, die

Gartenwege zwischen den Maßholder-Zäunen und durch die Felder. Sie führten einander nicht an der Hand, sie schlangen nicht
die Arme in einander, und doch hielten sie fest zusammen.
Manchmal auch gingen sie nach dem Nachbardorfe Weitingen,
aber ohne dort in ein Wirthshaus einzukehren. Zilge duldete
keine unnöthigen Ausgaben, Seb besuchte nur einen Handwerks-
genossen, der bereits einen Hausstand hatte und oft mit ihm
gemeinsam in der Fremde arbeitete. Wenn eine Lustbarkeit im
Dorfe war, zogen sich die Beiden davon zurück, auf dem Tanzboden spielte jetzt ein junger Nachwuchs die Hauptrolle, der noch
in die Schule gegangen war, als Seb und Zilge schon ans Heirathen dachten und sie hatten nicht Lust, sich darunter zu mischen;
und zu ihren Altersgenossen taugten sie auch nicht, denn diese
waren fast alle verheirathet.

Warum aber zögerten sie so lange? Anfangs verweigerte
ihnen die Gemeinde wegen ihrer Armuth die Niederlassung, und
als sie sich Beide etwas erspart hatten, muthete das Zilge so
sehr an, daß sie es erst weiter bringen wollten, ehe sie einen
Hausstand gründeten. Sie wußte viele Beispiele anzugeben von
Ehepaaren, die nach kurzem Wohlstand und Frieden ins Elend
gerathen waren, und sie beharrte dabei: vor der Ehe ließe sich
leichter sorgen, als nach derselben.

Seb war oft unwillig, dieses Hinhalten Zilge's that ihm
tief wehe, er klagte manchmal, daß Zilge ihn eigentlich nicht von
Grund des Herzens lieb habe, sonst könnte sie nicht so lange
zögern, sie aber mußte mit kluger und inniger Rede ihn immer
wieder zu beschwichtigen; und es zeigte sich ja auch, daß sie getreulich an ihm hielt. Oft gingen sie schweigend große Strecken
Weges, bisweilen aber sprachen sie auch über das Hauptkapitel,
das unglücklich Liebende heutigen Tages eben so sicher verhandeln,
wie vor Zeiten Entführung und heimliche Trauung, und das
heißt: Amerika. Seb sprach davon, daß er auch übers Meer
ziehen, sich umsehen und etwas erwerben wolle, um dann seine
Braut zu holen oder nachkommen zu lassen. Der ganze Charakter
Zilge's war darin ausgesprochen, indem sie einmal darauf erwiderte:

„Wenn ich ein Bursch wär' und ich hätt' ein Mädle, wie
ich eins bin, und ich hätt' das Vertrauen zu ihm, daß es mir
getreu bleibt, ich thät' nicht viel mit ihm überlegen; ich thät',

was ich mein', das recht ist. Wenn du von selber nach Amerika
gangen wärst, und hättest mir geschrieben: Zilge, ich bin da
und ich will sehen, ob ich hier unser Glück gründen kann —
ich hätt' dir wieder geschrieben: da thust Recht dran, und du
darfst nur winken, da komm' ich. Jetzt aber mit mir überlegen
kannst du die Sach' nicht, ich versteh's nicht und will's nicht verstehen und mit meinem Willen laß' ich dich nicht so weit über's
Meer."

„So geh' gleich mit."

„Das mag ich auch nicht."

Die Beiden überzählten oft, wie viel sie bereits erspart hatten, und so bestand ihr Gespräch meist in Sorgen und Ueber-
legen. Zilge trat endlich mit ihrem Entschlusse hervor, daß sie
nicht heirathe, bis sie ihr eigen Haus habe, sie sei ihr Lebenlang
genug bei fremden Leuten herumgestoßen worden, sie wolle auch
einmal wissen, wie sich's unter eigenem Dach lebt, und sie könne
es den Kindern nicht anthun, daß sie keinen Unterschlupf hätten,
wo sie hin gehörten, und wo sie Niemand vertreiben könne. Der
Maurer-Seb mochte im Gütlichen erklären, daß es viel klüger
sei, wenn sie sich von ihrer Ersparniß einen guten Acker kauften
für den Kartoffelbrauch, und eine Wiese, um eine Kuh zu halten: Zilge widersprach und behauptete: daß sie mit Sticken mehr
verdiene, als wenn sie das Feldgeschäft versehe, auch könne man
nicht im Felde schaffen und dann wieder sticken, man müsse sich
zu dieser Arbeit die Hände fein erhalten. Sie beharrte bei ihrem
Entschluß: ohne eigen Haus kein eigner Herd. Oft dachte Seb
daran, sein Vorhaben auszuführen, ohne Zilge darum zu fragen,
und wer weiß, ob sie sich nicht darein gefunden hätte; aber seine
Liebe zu ihr hielt ihn wieder davon ab, nach eigenem Gutdünken
zu handeln. Wollte er dann irgend ein wohlfeiles Häuschen von
einem Auswanderer kaufen, so hatte Zilge wieder allerlei Ein-
würfe; dieses war zu finster für die Stickarbeit, jenes nur ein
halbes mit bösen Inwohnern u. dgl. Sie sagte dann auch oft:
„Ich thät' mich schämen, wenn' ich ein Schneider wär', mir einen
alten Rock zu kaufen. Wozu bist denn Maurer? Bau' dir doch
ein Haus. Oder kannst's nicht? Sag's nur."

So lebten die Beiden vierzehn Jahre, und Manche bedauerten im Stillen den Seb, oder sagten es ihm auch, daß er
an Zilge gebunden sei, denn diese hatte wenig Freundlichgesinnte

im Dorfe. Man war ihr gram, weil ihre Lebensweise sich streng
von der im Dorf üblichen abschied, und weil ihr stolzes Wesen
es dahin gebracht hatte, daß die Küferin eine Verwandte, die
aus Weitingen war, an Kindesstatt angenommen hatte; das hätte
Zilge mit ein bischen Klugheit und Nachgiebigkeit für sich erringen
können, und Seb brauchte sich dann nicht so zu plagen; schließlich
aber vereinigte sich Alles darin, daß Zilge unerhört hochmüthig
sei und immer unverzeihlich sauber daherkäme.

Endlich im fünfzehnten Frühling ihrer Liebeszeit kam der
Seb vom neuen Ziegler herauf, der sich links im Thal angesiedelt hatte und berichtete freudig, daß er dem Ziegler die Anhöhe mit den zwei Tannen grabüber vom Küfer als Bauplatz
abgekauft habe, und der Ort schien wohl gelegen, denn der Blick
ging hinaus über die Wiesen nach dem jenseitigen Waldberg:

„Ich dreh' das Häusle 'rum," sagte er triumphirend zu
Zilge „und richte alle Fenster ins Freie, daß dir Niemand zu-
guden kann als die Sonn'. Es freut mich, daß ich dir deinen
Willen thun kann, und du wirst sehen, was ich herstelle!"

Das lustige Häusle.

Mit unermüdlicher Emsigkeit arbeiteten nun Sepp und sein
Vater, den er dafür bezahlte, als ob er für einen Fremden arbeitete, an seinem Hause. Sie mußten die Grundmauern tiefer
legen, als sie sich gedacht hatten, denn sie kamen bald auf eine
Schicht von Triebsand; sie wollten sie ausheben, aber je tiefer sie
gruben, je nachhaltiger schien die Sandschichte zu werden, und
sie legten endlich doch die Steine auf dieselbe. Der Vater warnte
wiederholt, daß dieser Grund kein Haus trage, und daß es überhaupt
unpassend sei, hier an den Bergrücken zu bauen, wo jedes wilde
Wetter das Haus an allen vier Ecken packe; er wollte, daß man
mindestens mehrere Schuh tiefer ins Land hineinrücke und das
Haus nicht so keck an den Berghang stelle. Er lobte die Klugheit
der alten Zeit, da man ein Haus lieber geschützt zu einem andern setzte, und überhaupt auch im Häuserbau geselliger gewesen
sei. Seb widersprach alledem, und um so entschiedener, je weniger er sich leugnen konnte, daß die Einwände des Vaters nicht
unhaltbar waren.

Seb stand trotz seines vorgerückten Alters doch noch in jener unversuchten Jugendlichkeit, wo man an die Ausführbarkeit einer jeden Sache mit Zuversicht glaubt, wenn man sie unternommen hat, und aus keinem andern Grunde, als eben weil man sie einmal unternommen hat. Um auch noch den letzten Einwand zu beseitigen, berief er sich gegen den Vater nachdrücklich auf das Urtheil des Bauamtes, das nach Besichtigung der Oertlichkeit und mit Erwägung aller Bedingungen die Erlaubniß zum Bau gegeben habe. Er redete sich dabei aus, daß er selber es ja gewesen, der die ganze Sachlage zu solchem Endbeschlusse ins Licht gestellt hatte; die Maßnahmen des Bauamtes mußten jetzt als felsenfester untrüglicher Hort gelten.

Als die Grundmauern aus dem Boden herauswuchsen, war Seb überaus glückselig; jetzt war Alles gewonnen. Er dehnte den Bau größer aus, als er sich anfänglich vorgesetzt, denn beim ersten Spatenstich übergab ihm Zilge eine nicht unansehnliche Ersparniß, und er lernte in der Wohnung Zilge's die Wahrheit des Sprüchwortes kennen: ein heruntergekommener Reicher hat noch mehr als ein aufkommender Armer. Auch hiegegen warnte der Vater, und er traf zwei Dinge auf einmal, indem er sagte: es läßt sich gar nie berechnen, was ein Neubau und was eine Frau aus einem vormals reichen Hause für Aufwand kostet. Weil das Letzte offenbar griesgrämige Verleumdung war — denn zufriedener und sparsamer als Zilge konnte ja Niemand sein — so durfte auch das Erste nichts als Altersängstlichkeit sein.

Seb war ehrgeizig und stolz, wenn auch minder als Zilge, er wollte der Welt und vor Allem in der Welt seiner Zilge zeigen, was er vermöge, und welch' ein lustig Haus er dahinsetze. Er dankte ihr oft im Stillen, und er sprach es manchmal am späten Feierabend gegen sie aus, daß sie ihn vermocht habe, neu zu bauen. Wer im Dorf ein Fuhrwerk hatte, that dem Sepp eine oder mehrere unentgeltliche Baufuhren. Ein Jedes freute sich, daß die Liebesleute, die schon so lange treulich zusammenhielten, doch endlich vereinigt werden sollten, und beim Freitrunk, den Seb einzig dafür als Lohn gab, zeigte sich, daß Zilge auch reichlich mit Flaschen und Gläsern versehen war.

Die Fuhrwerke hatten viel Mühe, wieder leer umzuwenden, denn das Haus wurde an das Ende der Gasse gebaut, gerade da, wo dieselbe sich sackte. Ein Zaun von kurz gehaltenen knorrigen Tannen, darein sich wilde Rosen mischten, zog sich quer-

über zum Schutze der dahinter liegenden Wiese, deren Wald=
ursprung noch zwei hohe Tannen bekundeten, die an der West=
seite von Sebs Bauplatz standen; sie hätten wohl schöne Baum=
stämme gegeben, Seb aber wollte sie erhalten, theils zum Schutze
des Hauses, theils auch, weil seinem nicht ungebildeten Schön=
heitssinn die Bäume als erwünschter Schmuck erschienen; er hatte
sie auf dem Plane gezeichnet, den er mit Hülfe des Zimmer=
manns von seinem Hause entworfen, und den jetzt Zilge über
ihrem Stickrahmen hängen hatte. Er nannte diese beiden Tannen
gern scherzweise seinen Wald.

Den ganzen Sommer war Sepp in fieberischer Aufregung
und schlief keine Nacht ruhig. Er hatte, seitdem er aus der
Schule entlassen war, beim Bauen geholfen, er war daran satt=
sam gewöhnt, aber jetzt war's ihm allzeit, als ob Steine, Kalk
und Mörtel auf ihn warten und ihm keine Ruhe lassen.

Oft bevor der Tag graute, hörte man ihn meißeln und
hämmern, und in der Mittagsruhe legte er den Kopf auf einen
Stein und schlief eine Weile.

Seb machte die Umfassungsmauern des nur einstöckigen
Hauses bis unter das Dach von Stein.

Die wilden Rosen am Zaune blühten, als man das Haus
richtete und der grüne bebänderte Maien vom Giebel prangte.

Von der Wiese aus, die man jetzt, da das Heu eingeheimst
wurde, betreten konnte, nahm sich das Häuschen gar freundlich
aus und erhielt auch von dort den Namen, denn im ganzen
Dorfe verbreitete sich das Wort, das Seb zu Zilge, die er dorthin
geführt hatte, sagte:

„Jetzt siehst, daß ich Recht habe, ich bau' dir ein lustig
Häusle.“

So hieß nun das Haus, das gegen allen Ortsbrauch sein
Angesicht nicht den Menschen zuwendete, sondern hinaus ins Freie.

Seb war nicht wenig glücklich und stolz, daß die Sommer=
zeit noch so früh war; das Haus konnte bequem ausgebaut wer=
den und austrocknen bis zum Herbst. Nun wurde im Innern
gehämmert und gerichtet und Seb war überaus wohlgemuth, daß
er nun zum Erstenmal einen Bau hergestellt, den er nicht wieder
verlassen sollte. Aber eben als er ans Dachdecken gehen wollte,
und das verstand Seb meisterlich, stand er schwindelnd vor dem
Hause. Es war ihm, als müßte er selbst umfallen: die Ostseite

des Hauses hatte sich ja tief gesenkt. — Seb stand lange zitternd
da, es verjeßte ihm den Athem, und er biß sich die Lippen
blutig, als er das gewahrte. Seltsamerweise bemerkte aber der
Vater nichts, ja er bestritt es dem Seb, als dieser ihn darauf
aufmerksam machte, und Seb wollte selbst bezweifeln, daß er das
Wahre gesehen.

Die Zuversicht auf die bisherige Untrüglichkeit seines Augen=
maßes, und der Wunsch, daß es ihn doch dießmal getäuscht
haben möge, stritten sich in ihm. Um diesen Streit nicht zu
schlichten, und sich selber in der Schwebe zu halten, warf er den
Zollstab weg, mit dem er eben sich hatte Gewißheit verschaffen
wollen. Als er nun aber das Dach deckte, drängte sich ihm auch
ohne Zollstock die Gewißheit auf, daß er richtig gesehen.

Er nagelte an der Ostseite doppelte Latten auf, er legte
doppelte Ziegel, das glich wohl ein wenig aus, aber doch noch
nicht genug, und jeßt tröstete ihn nur das Eine, daß Niemand,
selbst der Vater nicht die Senkung merkte.

Die Freude vor sich selbst war dahin, aber die Ehre vor
den Menschen war doch geblieben. Er hatte dem Dorf und der
ganzen Umgegend zeigen wollen, wie man ein Musterhaus baue;
es sollte ihnen der Verstand aufgehen, jeßt war es nur gut, daß
er ihnen nicht aufgegangen war. Der Einzige, der die Sache
recht beurtheilen konnte, leugnete beharrlich, und das war der
Vater. Seb hatte sich selber davon abhalten können, aber den
Vater nicht, daß er nach allen Seiten ausmaß, aber noch jeßt,
da er doch auf die Linie hin den Fehl kennen mußte, behauptete
der Vater, daß Alles in Ordnung sei. Und das war das Klügste.
Wie sollten denn fremde Leute zur Baukunst des Seb Vertrauen
haben, wenn er sein eigen Haus nicht gehörig stellen und richten
konnte?

Das Dach prangte bald in ungewohnter Herrlichkeit. Der
neue Ziegler, der sich im Dorf angesiedelt hatte, um als Aus=
helfer der Regierung die Stroh= und Schindeldächer verdrängen
zu helfen, benußte das Haus des Seb als Musterkarte und gab
ihm seine neuen glasirten Ziegel zum Preise der gewöhnlichen.
Aus einer doppelten Reihe von grünen und weißen Ziegeln bil=
dete nun Seb die Buchstaben S. und Z. sammt der Jahreszahl
auf dem Dache und Alles betrachtete staunend und bewundernd
von der Wiese das schöne „lustige Häusle.“

Der Baumeister.

Im Herbst feierten endlich Zilge und Seb ihre Hochzeit. Ein seltsamer Gast war dabei, der von seinen Angehörigen, wie vom ganzen Dorf mit scheelen Blicken betrachtet wurde. — Es war der einzige Bruder Zilge's, der als Landjäger gekommen war. — Er hatte vom Vater eine Scheu vor regelmäßiger Arbeit geerbt, und da er militärpflichtig geworden, ließ er sich nach Umlauf seiner Dienstzeit als Landjäger anwerben.

Dieses Herumschlendern behagte ihm, er aß lieber das Brod, das fremde Leute backen und trank noch lieber Bier, das fremde Leute brauten, als daß er selber solches bereitete. Er beredete sich dabei, daß er bei seiner Vermögenslosigkeit es doch nie zu einem eigenen Hausstand gebracht hätte, und jetzt war er „staats= mäßig" versorgt. Wie das Dorf ihn mit einer gewissen Scheu fast wie einen Abtrünnigen betrachtete, so war auch Seb nicht eben stolz auf diese Schwägerschaft, und der Bruder Landjäger, der das merkte, sagte am Hochzeitstische seiner Schwester: „Zilge, wenn dein Mann einmal gegen dich ist, wenn er vergessen sollt', wer du eigentlich bist, da wend' dich nur an mich."

Durch den Bruder Landjäger und seine Großsprechereien war etwas Bedrücktes auf der ganzen Hochzeit. Erst Tags dar= auf, als die beiden jungen Eheleute allein in ihrem neuen Hause waren, ging ihnen die volle Glückseligkeit ihrer Herzen auf.

Der Vater Sebs hatte in jeder Weise, außer in Bezug auf Zilge richtig prophezeit. Seb war dem Glaser, Schreiner und Hafner Geld schuldig geblieben, aber schon am ersten Tag seiner Ehe ergab sich ein glückliches Ereigniß. Der Ziegler machte mit Seb den Accord zum Bau einer neuen Hütte, und Andere spra= chen von Häuserbauten, die sie ihm übergeben wollten; das lu= stige Häusle, das er allein hingestellt hatte, brachte ihm Ehre und Vertrauen, und er redete es sich selbst als eine Kleinigkeit aus, daß es einen geheimen Schaden hatte.

Seb hatte den Gedanken nicht in sich aufkommen lassen, aber er war ihm doch manchmal durch den Sinn gefahren, daß Zilge vielleicht durch ihr Bedrängen auf ein eigen Haus seine Handwerksehre zu Grunde gerichtet haben könne; jetzt zeigte sich das Gegentheil, und er sagte ihr das dankbar ohne ihr den Vor= gedanken mitzutheilen. Zilge war doppelt glücklich, daß die Er=

füllung ihres eigenen Wunsches noch nachhaltige Folgen gehabt, an die sie kaum gedacht, jetzt aber erschien es ihr, als habe sie solche mit kluger Berechnung beabsichtigt; sie rühmte sich dessen, wenn auch bescheiden, und Seb ließ ihr gern diesen Ruhm.

Zilge war fleißig und heiter von Morgen bis in die Nacht; die Hand, die mit dem silbernen Trauringe geschmückt war, schien noch flinker und unermüdlicher geworden. Sie wußte das Innere des Hauses so schön herzurichten, daß kein zweites im Dorfe so freundlich war.

Der Winter war mild, man konnte bis nach Neujahr im Freien arbeiten, man konnte die neue Ziegelei unter Dach bringen, in der nun Seb für ein anderes Haus die Steine meißelte. Aber auch Ungemach kam in diesem Winter.

Der Vater Sebs ward schwer krank. An dem letzten Tage, als Viele sein Bett umstanden und er die arbeitsmüden Hände kaum mehr erheben konnte, hieß er alle Anwesenden hinausgehen, nur Seb sollte bei ihm bleiben. Und als dieser allein mit ihm war, richtete der Vater sich auf und sagte:

„Seb, bevor es Nacht wird, komm' ich zum großen Meister. Seb, jetzt horch, ich will dir was sagen: mir schadet's nichts mehr, aber dir, dir kann's schaden; ich will Zeugen hereinrufen und will vor ihnen sagen, daß wenn deinem Haus was geschieht, ich daran Schuld bin, du nicht, du nicht. Ruf' die Leut'."

„Nein Vater, nein, Ihr dürfet nicht mit einer Lüge aus der Welt gehen, nein, die Sünd' lade ich nicht auf Euch und nicht auf mich," rief Seb, und der Alte legte seine zitternden harten Hände auf das Gesicht seines Sohnes und sagte: „Hast Recht, es wär' mir doch auch schwer geworden, und unser Herr Gott wird dir's vergelten."

Bevor der Abend niedersank, der den Handwerksburschen in die Herberge ruft, hatte der alte Maurer seinen Lebensweg vollendet.

Auf dem Dorfe ist es nicht Sitte, daß um den Tod der Eltern, die satt an Jahren scheiden, sich schwere Klage erhebt; eine gewisse Dumpfheit des Gefühls, mehr aber noch die natür= liche Anschauung, daß die Eltern vor den Kindern aus dem Leben scheiden müssen, und dazu der Mangel der Gesellschafts= pflicht, die da nöthigt, mit einem Schmerze zu prunken, Alles das läßt solche Ereignisse viel schneller vorübergehen und man

kann den Sohn in den Kleidern des Vaters, die Tochter in
denen der Mutter bald nach deren Tode fröhliche Wege wandern
sehen.

Um so auffälliger war die ungewöhnliche Trauer Sebs, in
die sich zu dem Gefühl der Verlassenheit noch das Bangen und
eine drohende Selbstverantwortlichkeit mischte.

Er wies den Gedanken weit weg, daß er dem Vater die
Schuld hätte aufbürden sollen, und doch kam er bald wieder.
Zilge suchte ihren Mann mit inniger Tröstung aufzurichten, aber
es gelang ihr nicht, sie sagte ihm, es sei so beschieden, er solle
nicht mehr haben als sie auch; sie sei ja auch elternlos. Er
konnte und wollte ihr für diese guten Worte nicht sagen, daß
ihr Vater sich nicht mit dem seinigen vergleichen ließe. Erst als
Zilge ihm sagte, daß die Leute seine Trauer als Reue über die
Ehe mit ihr deuten müßten, schüttelte er gewaltsam alle Trauer
ab, und Frühling und Arbeit halfen ihm darin getreulich als die
besten Tröster.

In diesem Frühling konnte Seb nicht nur Gesellen annehmen,
es trat auch ein Ereigniß ein, das, so klein es erschien, doch
ihm und Zilge große Freude machte, ein Schwalbenpaar nistete
unter ihrem Dachsims, gerade über dem Fenster, wo Zilge stickte.
Die fröhlichen Verheißungen, die seit uralten Zeiten sich an den
Anbau des lieblich behenden Vogels knüpfen, erheiterten Zilge:
da schlägt kein Blitz ein und Friede und Ruhe ist im Hause; der
Ausspruch der ganzen Lebensfreude, die sie erfüllte, knüpfte sich
an die Ankunft des Vogels. Seb hatte aber noch seine besondere
Freude, die er nicht aussprach. Die Wahrnehmung, daß der
Vogel unter seinem Dach nistete, galt ihm als eine Gewähr, die
alle Messungen zu Schanden machte; das Haus war wohlgebaut,
denn der kluge fromme Vogel baut nicht unter ein Dach, das
schwankend und unsicher ist. So waren die jungen Eheleute vom
Kleinen aus und im Großen ihres ganzen Hausstandes heiter und
wirthätig.

Am Abend desselben Tages, an dem das neue Haus gerichtet wurde, das erste, das Seb als Meister für einen Fremden
baute, wurde ihm ein Sohn geboren, und Zilge war noch am
Mittag beim Bauspruche gewesen.

Die ganze lustige Baugewerkschaft kam noch am späten Abend
und sang vor dem Hause helle Lieder, die lustig das Thal hinab

und von den jenseitigen Bergen wiederklangen. Zilge war nicht
wenig stolz, da sie hörte, daß man ihr als „Frau Baumeisterin"
ein Hoch und abermals Hoch ausbrachte.

Sie lächelte ablehnend, aber sie hörte es doch gern, wenn
man sie fortan auch nur scherzweise Frau Baumeisterin hieß. Das
war ein einträglicher und ehrenvoller Scherz, und einmal sagte
sie sogar im Stillen zu ihrem Seb: Ein Mann, der Häuser
bauen könne, brauche nicht mehr Maurermeister, er könne wohl
Baumeister heißen; in dieser bösen Welt aber hätten die großen
Herren alle schönen Titel für sich allein genommen.

Seb gab seinem erstgebornen Sohne den Namen des Schutz-
patrons der Baugewerke: Johannes.

Die Schwalben vor dem Fenster zwitscherten, wenn Zilge
ihr Kind in den Schlaf sang, und sie, die allezeit still und sinnend war, erweckte auf Einmal einen ungeahnten Schatz von
Liedern, die ihr im Gedächtnisse schlummerten; sie sang sie dem
Kind und sich selber zur Lust.

Und wenn Zilge bei der Arbeit still war, sangen ihr die
Schwalben geheimnißvolle Weisen. Ja, man thut den Schwalben
Unrecht, wenn man ihnen nur ein Zwitschern zuerkennt. Wenn
sie so ruhig auf der Dachfirste sitzen, schlingen sie Töne in einander, so innig, so aus tiefster Seele und so fein, daß es ist
als sänge Jemand das schönste Lied, aber nur mit halber Stimme,
nur für sich, nur in sich hinein. Sängen die Schwalben so laut
wie die Nachtigall und Lerche, man hörte nur noch auf sie. Wird
es einmal einen nie dagewesenen herrlichen Frühling geben, in
dem das leise halbstimmige Singen der Schwalben zum schmet-
ternden Klange wird? Oder können sie nie aus voller Brust laut
hinaus jubeln, weil sie doppelten Frühling und doppelte Heimath
und eigentlich Keines recht und einzig haben? . . . Es ist das
beste Zeichen einer von Sorgen befreiten und frohgeweckten Seele,
wenn sie sich hinein versenken will in das geheimnißvolle Leben
von Thier und Pflanze und sich selber drin vergißt.

Zilge konnte allerlei denken und grübeln, ohne doch je in
ihrer Thätigkeit lässig zu sein, ja sie war emsiger als je, ihr
stetes Denken und Arbeiten war darauf gerichtet, die Schulden,
die sie noch vom Hausbau her hatten, abtragen zu helfen, und
bevor das Töchterchen angekommen, war dieß gelungen. Das
Haus war vollständig bezahlt und Vieles in dasselbe eingeschafft;

wohlgemuther sah kein Ehepaar darein, und fröhlicher grüßte und
dankte keins als Seb und Zilge, wenn sie Sonntag Morgens
mit einander zur Kirche gingen und aus derselben heimkehrten.
Dieser gemeinschaftliche Kirchgang ist oft eine selbständige heilige
Feier, der die eigentliche nicht gleichkömmt.   Zilge sagte einst auf
diesem Kirchgange zu Seb:

„Wenn ich so mit dir geh', jetzt vor Gott und der Welt
dein und du mein, da ist mir's gar nicht als ob wir zwei Men=
schen wären und Jedes für sich allein gehen könnt'!   Und jetzt
können wir bald unsern Johannes mit nehmen und da sind wir
dann Beide in Einem Stück.   Und unser Haus hab' ich mit der
Nadel und du mit dem Hammer aufgebaut.   Man könnt' ein
Räthsel drauf machen.“

„Ich glaub' nicht, daß der Pfarrer mir was besseres sagen
kann als du,“ erwiderte Seb lächelnd und noch in der Kirche auf
ihren getrennten Plätzen schauten sie einander oft an.

Der Grund wankt.

Es war gegen den vierten Frühling, da regnete es wochen=
lang unablässig, man sah die jenseitigen Waldberge den ganzen
Tag nicht, die Tannen an der Westseite des Hauses sausten und
braus̈ten unaufhörlich und ein brauner Strom stürzte am Hause
die Wiese hinab.

Seb grub dem Wasser einen Graben, etwas entfernt von
der Mauer; aber der Ziegler, dem die Wiese gehörte, that Ein=
sprache: wenn das Wasser ungesammelt den Berg hinabrollte,
tränkte es die Wiese, und jetzt riß es eine tiefe Schrunde hinein,
und floß unnützlich ab.   Die Sache kam vor den Schultheiß und
Seb war mit seinem besten Freunde im Widerstreit.

In einer Nacht schrie Zilge plötzlich auf, sie wollte gespürt
haben, wie das Haus sich senke.   Seb gestand ihr, daß das schon
längst der Fall sei, er behauptete aber, daß nichts Neues ge=
schehen, und beschwor nun seine Frau, ihre Wahrnehmung ge=
heim zu halten, da sonst sein ganzes Ansehen und sein Erwerb
zerstört würde.

Zilge faßte ihre beiden Kinder in ihre Arme. „O Gott, meine
Kinder! Wenn das Haus einstürzt“ — jammerte sie.

„Und an mich denkst du gar nicht?“ fragte Seb erbittert.

„Ich denk' ja auch nicht an mich," erwiderte sie.

Seb ging unter heftigem Regengusse hinaus und sah, daß der Ziegler den Graben zugestopft hatte, so daß das Wasser wieder zerstreut abfloß; das ganze Haus stand ringsum wie in einem Bache. Er arbeitete nun aus allen Kräften, und als der Tag anbrach, zeigte sich, daß das Haus noch um ein Merkliches gewichen war.

Seb eilte zum Schultheiß, sein Ungemach ließ sich nicht mehr verhehlen, der Ziegler sollte ihm nun dafür einstehen, aber noch als er beim Schultheiß war, kam ein Bote und rief:

„Seb, geh' heim, dein Haus ist auseinander." Die Sturm= glocke läutete, um unter dem Regensturze das ganze Dorf wach zu halten. Alles war um das Haus Sebs versammelt, und ver= zweifelnd sah dieser, wie das Haus mitten auseinander in zwei Stücke gefallen war, gerade in jenem Zwischenraume, zwischen dem Buchstaben S und Z war das Dach auseinander gerissen. Man eilte in das Haus, um die Frau und die Kinder zu retten und vom Regen triefend brachte man sie heraus. Zilge schien ganz verwirrt und besinnungslos. Sie hatte keinen Versuch zu ihrer Rettung gemacht, sie sprach kein Wort, hielt ihre Kinder fest in ihren Armen und ließ sich dieselben von Niemand ab= nehmen. Erst als man ihr sagte, daß sie nicht mehr in das Haus zurückkehren dürfe, erst als ihr die Nachbarn anboten, daß sie bei ihnen wohnen möge, sagte sie:

„Soll ich denn nicht mehr in meinem eigenen Haus wohnen? in einem fremden?"

Der Küfer hatte eine hohe thurmartig zugespitzte Beuge Faß= bretter neben dem Hause Sebs stehen, sie waren nicht zusammen= gestürzt, weil das Wasser durch die Zwischenräume durchfloß. Seb biß auf die Lippen, als der Küfer ihm selbstgefällig sagte: „Ich kann allem Anschein nach besser bauen als du."

Während man Zilge und die Kinder nach dem Nachbarhause brachte, wurden mächtige Stützen an das Haus angestemmt, daß es nicht vollends einstürze. Das Schreien und die Axtschläge tönten dumpf mitten im Regensturme.

Der blaue Frühlingshimmel spannte sich über die reich= getränkte, grünende Erde, die Schwalben kamen wieder, aber Seb riß denen an seinem Hause das Nest ein. Diese schein= heiligen Thiere hatten also doch gelogen! Sie sollten darum

auch nicht mehr bei ihm wohnen. Sie umzwitscherten ihn wie
vorwurfsvoll, während er sein Haus wieder zusammenrichtete,
aber er war jetzt ingrimmig auf Alles in der Welt, was auf
der Erde, in der Luft und im Himmel. Es hatte im wahren
Sinne des Wortes Unglück auf ihn herabgeregnet. Bei dem
Rechtshandel mit dem Ziegler hatte er Nichts gewonnen als einen
unversöhnlichen Feind. Mit knapper Noth hatte er vom Bauamt
die Erlaubniß erhalten, sein Haus wieder aufzurichten, und noch
schwerer ging es, eine Hypothekenschuld auf dasselbe aufzunehmen,
um neu bauen zu können.

Die Bauverträge, die er für diesen Sommer abgeschlossen
hatte, wurden ihm entzogen, und er wagte es nicht vor Amt
deshalb zu klagen; ja die Bauten, die er schon ausgeführt hatte,
ließen die Besitzer noch einmal gerichtlich besichtigen und mancher
Uebelstand kam dabei zu Tage. Von Gesellenhalten war jetzt keine
Rede mehr, er mußte froh sein, wenn man ihn selber als Gesellen annahm. Während er jetzt einsam arbeitete, und nicht mehr
wie ehedem mit dem Vater, und doppelt schwierig, weil er ein
verpfuschtes Werk einzurenken hatte, gingen ihm schwere Gedanken
durch die Seele. Er mußte darüber nachdenken, wie es denn
wäre, wenn er die letzte Handreichung des Vaters nicht abgelehnt
hätte, und jetzt sah er auf einmal, daß das Rechtschaffene auch
das Klügste ist. Läge auch die ungerechte Schuld auf dem Vater,
er selber wäre dadurch doch nicht frei. Darum ist es doppelt
gut, daß der Name des Vaters rein geblieben, und sein Segen
wird nicht ausbleiben. Oft wenn Seb der Arbeit überdrüssig
war, warf er seinen Hammer weg und nahm den vom Vater
ererbten auf, und Alles ging so leicht von Statten, als ob ein
Anderer für ihn arbeite.

Jeden Morgen, wenn er auf die Baustätte kam, seufzte er
tief und ließ die Hände hängen. Jetzt mußte er jede Baufuhre
bezahlen und fand dabei noch unwillige und höhnende Helfer.
Sein ganzer Ruf, sein Glück und sein Besitzthum waren dahin,
und alles Das, weil er sich hatte verleiten lassen, einen stolzen
und eigenen Bau auszuführen. Ein längst erstorbener Keim trieb
wieder neue Knospen. Er gedachte jetzt, daß sich Zilge berühmt
hatte, sie habe ihn zu dem Bau gedrängt, um seinen Ruf dadurch
zu gründen. Er machte ihr nun darob Vorwürfe, daß sie ihn
zum Hausbau verführt habe und als sie erwiderte:

„Ich bin unschuldig. Wenn du kein Haus allein bauen kannst, hättest es sollen bleiben lassen," da war er doppelt grimmig; auch sie verletzte seine Handwerksehre. Sie sagte zwar nur, was alle Leute sagten, aber eben das sollte sie nicht, meinte er, sie sollte sein Ungeschick für ein Unglück ansehen.

Als er dies mit Schmerz und Zorn darlegte, suchte sie ihn damit zu beschwichtigen, daß sie sagte:

„Vielleicht ist dein Vater selig schuld, du hast ihm immer zu viel gefolgt." Das hieß aber ein Feuer mit Oel löschen wollen. Seb wurde über diese Rede noch ingrimmiger.

Oft war es ihm, als sollte er alles Handwerksgeschirr wegwerfen und in die weite Welt laufen; hier zu Land war sein Ruf auf ewig vernichtet, und er kam nie mehr zu seiner alten Festigkeit. Aber er blieb doch.

Von allen Bauverträgen, die ihm gekündigt worden, war ihm doch einer geblieben, nämlich das Umdecken des Kirchendaches und des Thurmes mit neuen glasirten Ziegeln.

Der Stiftungsrath hatte die Uebertragung an Seb aufrecht erhalten, obgleich bei seinen jetzigen Vermögensverhältnissen von der ausbedungenen vierjährigen Gewähr füglich nicht mehr die Rede sein konnte.

Kaum war das Haus nothdürftig hergerichtet und die Familie wieder eingezogen, als Seb sich an den Kirchenbau machte; er hoffte wieder frischer zu werden, wenn er nun wieder eine fremde Arbeit ausführte. Aber auch auf dem Kirchendach vergaß er sein Unglück nicht.

Die Wege der Eigensucht sind tief verschlungen. Seb wälzte immer wieder die wesentliche Schuld seines Ungemachs auf Zilge, als hoffärtige Bierbrauerstochter hatte sie ihn dazu verleitet, ein eigen Haus zu bauen. Freilich konnte er sich immer nicht verhehlen, daß ja Alles gut wäre, wenn er gut zu bauen verstanden hätte, und Zilge hatte keine Schuld daran, daß er seiner Unerfahrenheit vertraute und die Warnungen des Vaters überhörte; aber doch ließ ihn der Gedanke nicht los: das ganze Unglück wäre nicht da, wenn er nicht ein eigen Haus gebaut hätte. Wäre er seinem Plane gefolgt und hätte er nun sein Geld in einem Acker stecken, so könnte man es leichter wieder herauskriegen und sein Glück an einem andern Ort versuchen, die Welt ist ja so weit ... Bei dieser letzten Wendung seines Nachdenkens hielt er oft ſtill, und ihm ſchwindelte, nicht vor der ſichtbaren Tiefe unter ihm, aber vor einer andern, die ſich in ihm aufthun wollte. Und zu dieſem innern Sinnen geſellte ſich plötzlich ein äußeres Wahrzeichen.

Zu allen Zeiten hatte das zweiflerifche und forgenvoll bewegte Menſchenherz ſich gern aus dem umgebenden Naturleben, das ſich in ſtetigen Geſetzen hält und bewegt, Rath und Richtung erholt.

Als Seb dem Storchenneſt auf dem Giebel nahe kam, ſtarrte er lange darauf. Das Storchenmännchen war ſchon da, es ſäuberte das verlaſſene Neſt und ſetzte es neu in Stand, es hungerte gern bei der Arbeit, und erſt wenn Alles wieder in der Richte, und Nahrung wieder ringsum vollauf iſt, fliegt es zurück und holt das Storchenweibchen. Das Weibchen in der Ferne klagt nicht und jammert nicht, denn es weiß, der Mann baut und ſorgt in der Ferne und holt es zur Zeit . . .

Der Speisbub, der für Seb den Mörtel auf das Dach trug, hatte ihn ſchon zweimal angerufen, aber er hörte nicht und ſtarrte auf das Storchenneſt. Endlich machte er ſich wieder an die Arbeit.

Er verhöhnte ſich und Zilge oft, indem er am Abend ſagte: „Jetzt haſt du doch kein eigen Haus, jetzt hat's die Hypothekenſchuld.‟ Selbſt die wiederkehrende heitere Laune der Zilge mißſtimmte ihn. Er ſah darin den thatſächlichen Beweis, daß ſie alle Schuld auf ihn wälze, und ſich gar keinen Theil davon zuerkannte.

Auf ſchwindelnder Höh'.

Am Morgen als das Decken des Thurmes beginnen ſollte, that Seb ſeine ſilberne Sackuhr aus der Taſche und hing ſie an den Nagel.

„Warum thuſt das? Nimm ſie nur mit,‟ ſagte Zilge.

„Ich hör' auf dem Thurm ſchon ſchlagen, und . . . man weiß nicht, es kann Einem was paſſiren, man . . . man kann ſich ſtoßen.‟

„Seb, ſei heiter, unſer Herrgott hält doch ſeine Hand über uns —‟

„Ja, er kann aber keinen Regen ſchicken, der mir die Hypothekenſchuld abwaſcht.‟

„Mit Fleiß und Sparsamkeit können wir schon Manches ab=
tragen, bet' nur recht, eh' du auf den Thurm steigst, und bet'
auch, wenn du oben bist."

„Bet' du, du hast's an deiner Stickerei da geschickter."

„B'hüt' dich Gott, Seb, und gieb mir auch ein' Hand."

„Ich bin zu alt zu solchen Kinderpossen, du hast mich lang
genug warten lassen."

Dennoch küßte Seb beim Weggehen die Kinder, und reichte
auch Zilge die Hand. Zilge, die sonst keine Minute unnöthig
von ihrem Stickrahmen aufstand, nahm das eine Kind auf den
Arm und das andere an die Hand, und stand lange Zeit auf
der Anhöhe hinter der Kirche und schaute hinauf zu ihrem Manne
auf dem Thurme. Aber Seb schaute sich nicht um.

Es ist eine alte weise Regel der Dachdecker, daß sie nicht
über sich und nicht unter sich schauen dürfen; blickt Einer nach
den ziehenden Wolken, so zieht es ihn unwillkürlich mit fort,
hinein, hinauf in das wogende Wolkenmeer, und die Wolken
treiben ein falsches Spiel, sie nehmen ihn nicht auf, die Erde
läßt ihn nicht und zieht ihn zerschmetternd zu sich nieder.

Das aber thut sie auch, wenn der in der Höhe Schwebende
hinabschaut auf die Erde, sein Fuß gleitet und er stürzt und
zerschmettert.

Seb mußte immer an jenen grausenhaften Augenblick denken,
wenn er bald zwischen Himmel und Erde schweben wird, er greift
aus und nirgends ein Halt, nirgends als im Tod . . .

Den Blick auf das Nächste geheftet, arbeitete Seb weiter,
und das ist die sicherste Gewähr, man steht fest, als stände man
auf ebenem Boden. Wie der Blick am Nächsten haftet, so hat
auch der ganze Körper eine Ruhe und Sicherheit an ihm.

Tagelang war Seb auf dem Kirchthurm, und seine unheim=
lichen Gedanken verließen ihn nicht. Das alte Uhrwerk im Thurm,
das im Innern mit einem Bretterdache gedeckt war, schnurrte
und surrte, und wenn es eine Stunde anschlug, dröhnte es Seb
durch Leib und Seele, aber immer sah er keinen andern Ausweg
als den jähen Tod. Er liebte sein Weib und seine Kinder, aber
er sagte sich, daß er ihr Elend nicht ertragen könne, und dazu
nech die Unmacht ihnen zu helfen; starb er, und starb er im
Dienste der Gemeinde, so mußten gute Menschen, ja die Ge=
meinde mußte sich der Verlassenen annehmen; bei eignen Leb=

zeiten wäre das nie geschehen, und er hätte das nie ertragen.
Das stand fest.

Der Küster rief eines Mittags Seb in die Glockenstube, er mußte
zu einem Leichenbegängnisse läuten und fürchtete, daß es dem
auf dem Thurm Arbeitenden Schaden thun könne. Seb stand in
der Glockenstube, und um und um umdröhnt von den gewaltigen
metallenen Klängen rannen ihm die Thränen aus den Augen
und er wischte sie mit harter Hand ab.

Als er wieder auf das Dach stieg, war es ihm, als müßte
er jetzt sein Schicksal vollenden, aber der über dem Abgrund
schwebende Geist wird oft an unscheinbar dünnen, seltsam ver-
schlungenen Fäden gehalten. Die Leute sollten nicht sagen, der
Seb habe weder eine Grundmauer legen, noch einen Thurm
decken können; seine Handwerksehre mußte für ewige Zeiten fest
stehen; er wollte nicht von einer halbfertigen Arbeit sich davon-
machen. Er legte jeden Ziegel und strich jede Kelle Mörtel fest,
daß sie für die Ewigkeit haften. Trauernd sollten die Menschen
bekennen, was der Seb für ein Mann gewesen.

Daheim redete Seb fast gar nichts, es war ihm unheimlich
bei Weib und Kindern, er kam sich wie ein Gespenst vor, das
hier noch umwandelte, er hatte sie ja verlassen, er verließ sie
ja bald.

Am letzten Morgen ließ Seb von dem Küster die Thurmuhr
stellen, er behauptete, daß er heute das Summen und Surren
und gar das Schlagen nicht vertragen könne. Lautlose Stille
lag nun über dem ganzen Dorf, als Seb auf das Thurmdach
heraustrat, und wie heute keine Stunde schlug, so mußte Alles
still daran denken, in welcher gefahrvollen Lage heute Seb schwebte.

Er war noch nicht lange an der Arbeit, als er plötzlich ein
Klappern hörte, er schaute sich um — der Storch war mit seinem
Weibchen angekommen und zeigte ihm unter seltsamem Verbeugen
und in die Brust werfen das neu hergerichtete Haus und die
ringsum frühlingsgrüne Welt; das war ein Schnattern und
Klappern und ein bedächtig fröhliches Gethue, und jetzt flogen
die Wandervögel auf. Halt! fast wäre unfreiwillig zur Wahrheit
geworden, was Seb so lange als Vorsatz im Sinne hatte, er
war ausgeglitten, er hielt sich nur noch am Vorsprunge fest. Er
hatte dem Fliegen des Storchenpaares zugesehen, wie sie so wohlig
in der Luft schwimmen, und ohne sich zu stoßen und zu schwingen

ruhig schweben und wieder in schiefen Bogen ins Nest sich
senken.

Als sich Seb wieder aufrichtete, belebte ihn plötzlich ein
neuer Gedanke: er hatte den Tod überwunden, er wollte leben
und Zilge und dem Dorf zeigen, was er vermag; sie sollten eine
Weile noch schlechter von ihm denken, dann aber — — Seb
hielt sich mit beiden Händen fest und schaute hinaus in die weite
mit Blüthenbäumen besäte Welt und in den blauen Himmel.

Lange schweifte sein Blick in der Landschaft umher, mit neu-
geborner Lust sie erschauend: dort drüben steht der Gemeindewald
auf dem Berg, und hinter dem Berg thürmen sich andere, und
Felder und Dörfer breiten sich weitaus, und näher! Wie still
stehen die Bäume im wogenden Korn und als grüne Bänder
ziehen sich die Gartenhecken dorthin, und dort das kleine Geschöpf,
das mit den kleinen Thieren im Brachfeld pflügt, und hier unten
der Ameisenhaufen, den man ein Dorf nennt — Ein Narr ist,
der sich aus dieser schönen offenen Welt hinaustreiben läßt.

Seb suchte unter dem Häusergewirre sein eigen Haus, er
fand es bald, er konnte es gar nicht begreifen, daß er sich da
wieder in Noth und Sorgen hineindrängen sollte.

„Ich will ein größer Theil an der Welt haben," sagte er
vor sich hin. —

Die Arbeit ging rasch von Statten. Der Schlosser und sein
Geselle kamen mit dem neu vergoldeten Kreuze, Seb ließ es sich
heraus reichen und steckte es auf die Thurmspitze. Die Schlosser
nieteten das Kreuz im Innern fest, und als dieß vollendet war,
ließ sich Seb die neuen Strümpfe und Schuhe herausreichen, die
nach altem Brauch die Gemeinde dem geben muß, der das Kreuz
auf den Thurm setzt. Seb schwang sich keck hinauf zu dem Kreuze,
und abwechselnd es mit dem einen und dem andern Arme umklammernd, zog er hier hoch oben die neuen Schuhe und Strümpfe
an. Er schaute nicht hinab, wo eine große Menschenmenge versammelt war, er hörte nur von dort Jauchzen und Wehklagen,
es war ihm, als hörte er seinen Namen rufen, bald in Angst,
bald in Freude.

Wie zum Spott warf er seine alten Schuhe hinab auf das
Dorf, schlüpfte durch die Lucke in die Glockenstube, füllte die Oeff-
nung aus und stand endlich wieder unten auf dem Boden unter
der staunenden Menge.

Noch fühlte er sich wie taumelnd, aber mitten im Taumel
triumphirte sein Herz, sie hatten Alle bewundernd einsehen ge=
lernt, welch' ein muthvoller geschickter Mann er war; und sie
sollten noch Weiteres, Unerwartetes kennen lernen. Zilge war
nicht unter den Versammelten. In seinen krachneuen Schuhen
mit dem siegreichen Handwerkszeuge in der Hand ging Seb wie
ein Siegesheld durch das Dorf.

Aus allen Häusern glückwünschte man ihm, als käme er von
einer großen Reise, er dankte freundlich. Es war ein zweideu=
tiges Lob, als ihm sein Nachbar der Küfer sagte: „Es scheint,
du kannst besser in den Himmel als in den Boden bauen.“
Dennoch gab er ihm den Auftrag, andern Tages eine eingesunkene
Gartenmauer hinter dem Hause herzurichten, da sonst aller Boden
abrutschte. Seb sagte nicht zu und lehnte nicht ab.

Zu Hause traf er Zilge am Stickrahmen, sie beugte ihr An=
gesicht tief auf denselben und redete kein Wort. Er nahm die
Taschenuhr vom Nagel und steckte sie wieder zu sich. Die ganze Welt
hatte ihn triumphirend begrüßt, und nur Zilge sprach kein Wort.

Er wollte eben im Zorn darob die Stube verlassen, als er
an der Thüre wieder umkehrte und fragte:

Zilge, verdien' ich gar kein Wort?“

Sie antwortete nicht und stickte weiter.

„Red', verdien' ich gar kein Wort?“ wiederholte er zornig.

„Mehr als eins,“ erwiderte sie endlich, ohne aufzuschauen.

„Und was?“

„Was ich nicht sagen will.“

„Du mußt aber.“

Laut weinend klagte nun Zilge, wie sündhaft er mit seinem
Leben gespielt habe, das doch ihr und den Kindern gehöre. Seb
stand einen Augenblick erschüttert von diesen Worten, und halb
im Scherz erklärte er, daß die Gemeinde sie und die Kinder hätte
erhalten müssen, wenn er gestorben wäre.

Mit einem eigenthümlichen Trotz entgegnete hierauf Zilge,
daß sie allein sich und die Kinder erhalten könne, und sich nie
von der Gemeinde erhalten ließe.

Es durchzuckte Seb sichtbar, als er das hörte, aber er sprach
lange nicht. Endlich erzählte er Zilge lachend, was das für eine
Lustbarkeit, ein Knixen und Klappern und Schwingen gewesen
sei, als heute der Storch mit seinem Weibchen ankam.

„Die fangen jetzt von neuem zu hausen an," schloß er, „und das Weible ist ganz glückselig, weil sie eine Zeitlang von ihrem Manne fortgewesen ist, und er das Haus neu hergerichtet hat."

„Was geht mich das dumme Zeug an?" schalt Zilge schon im schwindenden Unmuth, und Seb war froh, daß sie nicht mehr merkte und nicht mehr sagte.

Drei Tage arbeitete er nun an der Gartenmauer hinter des Küfers Haus, und oft, wenn er aufschaute nach dem in der Sonne blinkenden Thurmkreuz, dachte er mit Schauder daran, wie er da oben geschwebt, und welche Gedanken ihm durch die Seele gezogen, und doch waren es in Lust und Leid übermüthige gewesen; jetzt aber stand er wieder auf ebenem Boden in einem Gartenwinkel und führte eine ärmliche Mauer auf. Wie er die Steine wälzte und meißelte, hob und legte, so hob und legte er manchen Gedanken hin und her, aber wie er's auch richtete, es blieb bei dem alten Vorsatz, wie bei einem unabänderlichen Bau= riß. Am dritten Abend war die Mauer fertig, und Seb raffte mit einem schweren Seufzer sein Handwerkszeug zusammen. Er wußte es, das war seine letzte Arbeit im Dorfe. Er war jetzt los und ledig.

Am Morgen früh zog er seine Gemeindeschuhe an und sagte Zilge, daß er sich in der Fremde Arbeit suchen wolle; hier zu Land, wo er Meister sei und Gesellen gehalten habe, könne er nicht mehr als Geselle arbeiten. Zilge, die ehedem seinen Stolz gereizt hatte, daß er Meister werden und selbst Bauten aufführen solle, wollte jetzt diesen Stolz beschwichtigen, aber es gelang ihr nicht mehr und mit bangem Herzen ließ sie endlich Seb scheiden.

Er sagte ihr noch, wie viel sie von der Gemeinde für den Kirchenbau zu bekommen habe und hing seine Uhr, die er schon in der Tasche hatte, wieder an den Nagel. Zilge wollte, daß er sie mitnehme, er aber willfahrte ihr nicht und sagte, sie könne sie verpfänden, wenn sie kein Geld mehr habe. Wiederum stolz schwur sie, daß das nie geschehen würde, und endlich ging Seb von dannen.

Die Kinder schliefen noch, das kleine Töchterchen mit seinen rothgeschlafenen Backen zuckte zusammen als er es küßte, und der Knabe Johannes, der unbewegt fortschlief, schrie noch als Seb die Hausthüre zumachte, plötzlich:

„Vater bleib' da!"

Seb reichte noch Zilge die Hand, preßte die Lippen zusammen, und fort rannte er, als jagte Jemand hinter ihm drein.

Ein Bauer, der am frühen Morgen seine Wiesen im Thale wässerte, sah den Seb wie er lange dem Storchenpaare zuschaute, das gemächlich steif und stillernst durch die Wiesen stelzte, die Füße hoch hob, und mit Kopf und Hals stets rechts und links nickte. Als der Bauer den Seb anrief, sagte dieser: „Ich geh auch in die Fremd' und komm' vielleicht vor dem Winter oder Frühjahr nicht wieder." Der Nachbar Küfer traf den Seb in der Stadt, und ihm gab er den ausdrücklichen Auftrag, seiner Frau die Botschaft zu bringen, sie möge keine Sorgen haben, wenn sie vielleicht lange nichts von ihm höre.

Das waren die letzten Nachrichten, an denen Zilge lange ihr Hoffen und Harren befriedigen mußte.

Siebenmal einsam.

Schon am ersten Tage nach Sebs Abwesenheit hatte Zilge fast keine Ruhe mehr am Stickrahmen, ja, was ihr seit Jahren nicht geschehen, traf ein, sie mußte die Arbeit eines ganzen Tages wieder auftrennen, und da sie keinen Tageslohn entbehren konnte, mußte die Nacht das Verfehlte wieder einbringen.

Sie hatte stets einen halben Gulden besonders gelegt, damit sie den Brief gleich bezahlen könne, den Seb ihr aus der Fremde schicke, und sagte sie sich auch wieder, daß er von seinem Verdienst den Brief frei machen könne, sie rührte das Geld nicht an. Oft mußte sie in überwallender Empfindung sich aufrichten, wenn sie daran dachte, wie lieb sie doch ihren Seb halte, und sie machte sich Vorwürfe, daß sie ihm das nie so gezeigt; sie beruhigte sich aber bei dem Gedanken, daß sie bei seiner Heimkehr ihm den Himmel auf Erden schaffen wolle. Sie sah jetzt die Rechtschaffenheit und den Biedersinn Sebs in vollem Glanz, und wie getreu und sparsam er war, und wie er sie hoch hielt. Keine Frau weit und breit hat einen bräveren Mann. Ja, sie schalt sich innerlich, daß sie nach Vollendung des Kirchendaches ihn nicht gelobt habe, sie hatte ja selber diesen übermüthigen Ehrgeiz in ihm gepflegt.

Während sie sonst den verdienstlosern, Oel und Holz verzehrenden Winter fürchtete, freute sie sich jetzt darauf; da kehrt

Seb heim, und sie sah oft staunend auf die Kinder, sie war jetzt sehnsüchtiger nach ihm, als da sie Braut gewesen. Ihr Herz pochte so heftig, wie an jenem Abend, nachdem sie ihn Tags vorher zum Erstenmal geküßt; alle Küsse, die ihr Seb je gegeben, entbrannten jetzt wieder auf ihren Lippen, und leise und verstohlen sang sie sich jetzt am Stickrahmen die Lieder, die sie einst mit ihm gesungen. Der kleine Johannes hütete sein Schwesterchen gut, und Zilge hatte viel Zeit zum stillen Denken und Grübeln. Wenn der kleine Johannes am Abend betete und den Vater in Gottes Schutz befahl, sprach sie dem Kinde immer die Worte leise nach, und oft in stiller Nacht schaute sie stundenlang zum Fenster hinaus über die Wiese nach den jenseitigen Waldbergen, die waren noch dunkler als die Nacht. Zilge war es oft so bang, daß sie fast laut aufschrie, und doch schalt sie sich wieder wegen dieses ungerechten Zagens; sie zwang sich zur Munterkeit. Als aber der erste Schnee fiel, wurde sie plötzlich tief traurig, sie beredete sich, daß wohl in den wärmern Ländern noch heller Herbst sei, aber immer mehr sagte ihr eine innere Stimme: er kommt nicht, er kommt nie mehr, du bist einsam und verlassen ... Sie wollte diesen Gedanken wieder ausreißen, er sollte sie nicht hindern, ihrem Manne mit voller Liebe entgegen zu kommen, und hundertmal ließ sie sich von Johannes die Worte vorsagen, die sie ihn gelehrt hatte, daß er den Vater damit bewillkomme; bald ließ sie auch das und pries im Stillen das Glück des Kindes, dem ein Entfernter ganz aus dem Sinne schwindet, wenn man es nicht geflissentlich daran erinnert.

Die fröhliche Weihnachtszeit kam; nur um den Kindern Wort zu halten, zündete sie ihnen einen hellen Baum an, und es schnitt ihr in die Seele, als das Kind von selbst sagte: „Gelt Mutter, weil der Vater nicht kommen ist, darum kriegt er auch nichts?" Einen Baum voll Liebesflammen hatte ihm Zilge entzünden wollen, jetzt war Alles dunkel und ausgestorben. Auf einmal stieg eine freudig traurige Tröstung in ihr auf: Seb ist krank, er kann nicht kommen, aber warum schreibt er nicht, und läßt nicht schreiben? Vielleicht hat ihn ein jäher Tod ereilt, er war ja so übermüthig keck, und seit dem Einsturz des Hauses doppelt verwegen. Zilge glaubte vor zweiflerischem Sinnen und Grübeln vergehen zu müssen. Nicht umsonst wohnte sie in einem Hause, dessen Einsturz man allzeit befürchten mußte.

Um Fastnacht hörte Zilge, daß der alte Kamerad Sebs, der
Maurer in Weitingen, den Sommer über mit Seb gearbeitet
hatte, und Nachricht von ihm geben könne. Sie übergab ihre
Kinder dem Nachbar Küfer, und wanderte im Schneegestöber nach
Weitingen. Sie kam mitten in den Faschingsjubel, sie mußte
Alles mit traurigem Herzen mit ansehen, denn der Maurer
spielte selber eine Rolle darin. Endlich berichtete er ihr mitten
unter dem Wirthshauslärm, daß er allerdings bis zum Herbst
mit ihrem Manne gearbeitet habe, sie brauche aber nicht traurig
sein, denn ihr Mann sei überaus lustig gewesen, und habe gesagt, er gehe noch weiter, vielleicht in die neue Welt, seine Frau
habe ihn bis zur Hochzeit lange warten lassen, jetzt könne sie
nachher auch sich daran gewöhnen. Zilge bat und beschwor ihn,
mit ihr keinen Faschingsscherz zu treiben; darauf ward der Mann
böse, ließ sie stehen und mengte sich wieder unter das lustige
Gewimmel. Auf dem Heimweg war es Zilge einmal, als müsse
sie auch sich in die weite Welt stürzen. Warum war sie allein
festgebannt? Waren denn die Kinder nicht so gut die seinen wie
die ihrigen? Da überlief es sie plötzlich eiskalt und bis ins Herz
hinein schauerte sie, und sie stieß in die schneebedeckte Welt hinein
einen gräßlichen Fluch gegen ihren Mann aus. Ein wirbeliges
Taumeln, eine Schlafsucht ergriff sie, daß sie mit starren Händen
sich die Augen rieb, aber der Schlaf wollte sie überwältigen, schon
wollte sie sich niederlegen, da schoß sie auf: schlief sie hier ein,
war sie des Todes. „Meine Kinder! Meine Kinder!" rief sie im
Weiterschreiten, und rannte aus voller Macht dahin, bis sie endlich ihre Schritte mäßigte. Zwiefach arm kehrte Zilge wieder
heim, sie war verlassen und von Haß erfüllt. Und doch, als sie
von fern ihr Häuschen wieder sah, überkam sie ein gewisses Gefühl der Geborgenheit; draußen ist die Welt so kalt und starr,
da ist doch eine warme sichere Stätte, da bist du daheim und
mit Fleiß und Ergebung wird sich Alles ertragen lassen. „Gott
sei Lob und Dank, daß ich gesund bin," sprach sie vor sich hin
und faltete die starrkalten Hände. Als am Abend der kleine Johannes in sein Nachtgebet den Vater einschloß, fuhr sich Zilge
mit der Hand über die sträubenden Haare: das Kind segnete Den,
dem sie heute geflucht, der ganze Jammer ihres Lebens sprach
sich da aus, Segen und Fluch, Liebe und Haß stritten mit einander. Was wird die Oberhand behalten? . . .

Der Morgen nach einem erfahrenen Ungemach erweckt doppelte Pein, und doch hat sich dabei der erste grelle Schmerz im Schlaf geklärt. Zilge wußte nun, was sie zu ertragen hatte, und nur eine Weile konnte sie sich der schmerzgelähmten Mattigkeit hingeben, die Alles absichtlich noch mehr verkommen läßt, und sich fast dessen freut, daß Schlag auf Schlag das Schicksal peinigt.

Am ersten Sonntag, nachdem sie die Gewißheit ihres Unglücks hatte, durchblätterte sie das Gesangbuch hin und her, endlich stand sie auf und sagte:

„Da stehen Lieder und Gebete für alle Leiden und Krankheiten, für meines nicht; das ist unerhört, das hat noch keine Menschenseele erlebt."

Zilge erinnerte sich jetzt, daß ihr Mann ihr die Gemeindeversorgung in Aussicht gestellt; ihr Ehrgefühl und ihr Stolz erhob sich, sie wollte der Welt zeigen, wer sie sei, und es erschien ihr als eine erquickende Rache an Seb, er mußte es doch einst erfahren, daß sie ohne ihn das Haus im Stand gehalten, sein böser Vorsatz, sie ins Elend zu stürzen, sollte zur Lüge werden. Allem, was Zilge nun sann und unternahm, lag das Gefühl des Hasses gegen ihren Mann zu Grunde, sie verschloß das aber in sich vor fremden Menschen, nur manchmal konnte sie nicht umhin, gegen die Kinder ihrem Herzen Luft zu machen.

Der Frühling kam, er brachte keine Wasserfluthen mehr, die Störche waren wieder da und ein Schwalbenpaar nistete wieder über dem Fenster Zilge's. Zilge lebte ruhig und still. Nur zwei Vorkommnisse plagten sie vielfach. Wenn sie über die Straße ging, fragte sie Jedermann: „Hast noch keine Nachricht von deinem Seb?" Die Menschen hielten sie für herzlos, weil sie nicht Jedem den Gefallen that, mit der ganzen Ausbreitung ihres Kummers darauf zu antworten, und man glaubte es ihr doch nicht, daß Seb nicht in heftigem Zank von ihr gegangen sei. Ja, Manche glaubten ihr Mitleid nicht anders bezeigen zu können, als indem sie ihr vorhielten: „Wie wird's deinen armen Kindern gehen, wenn du einmal krank wirst?" Am erbittertsten war aber Zilge, wenn man ihr vorwarf, wie unklug es von ihr gewesen, daß sie sich ehedem nicht besser in die Launen der Küferin gefügt hatte, sie wäre an Kindesstatt angenommen und Haus und Aecker der Küferin wären nicht verfremdet worden an die Verwandte von Weitingen.

Viel ſchwerer konnte Zilge der Störung ihres Bruders, der
nach der nahen Amtsſtadt verſetzt war, widerſtehen; er mußte
ſeine Schweſter nicht anders zu tröſten, als indem er Feuer und
Flammen gegen Seb ſpie und ihm alles Schlechte nachſagte, und
dazu hatte er noch Streit mit Zilge, weil ſie das nicht dulden
wollte. Er ſchwur, Seb „mit Guſto‟ krumm zu ſchließen, wenn
er ihn fahnde; er prahlte mit ſeiner Kenntniß des Amtsſtyls,
indem er ihr den Steckbrief vorſagte, den er gegen Seb erlaſſen
wolle, aber Zilge behauptete, daß Niemand dazu ein Recht habe,
als ſie, und der Bruder kam mit der Zeit oft ins Dorf, ohne
ſie heimzuſuchen. Der Pfarrer kam auch bisweilen zu Zilge und
lobte ſie wegen ihrer milden Ergebung und ihrer ehrenhaften
Thätigkeit. Sie nahm das Letzte, das ſie verdiente, eben ſo an,
wie das Erſte, das ſie nicht verdiente. Niemand ſollte wiſſen,
was in ihr vorging.

Die traurigſte Zeit war für Zilge Pfingſten, und die hellen
Sommerſonntage. Da ſitzen Nachmittags die Frauen unter einem
Nußbaum, oder vor einem Hauſe auf der Bank und plaudern
allerlei. Zilge war ſo viel allein, daß ſie an dieſen Tagen ſich
auch zu den Menſchen geſellen mußte, aber ſie wußte nicht wo=
hin; ſie gehörte nicht zu den Mädchen, nicht zu den Frauen und
nicht zu den Wittwen. Das ſtille ewige Inſichhineinleben hatte
ihre Empfindung krankhaft geſchärft, und jetzt gab ihr doch die
Welt eine, wenn auch nicht wohlthuende Heilung. Zilge ge=
wahrte bald, wie die Unempfindlichkeit und Theilnahmloſigkeit
der Menſchen doch auch ihr Gutes hat. Die Welt nahm ihr
Schickſal viel unbefangener, viel nüchterner: ſie iſt eine verlaſſene
Frau, das iſt ſchon oft dageweſen, und wird noch mehr kommen.
Dieſe Nüchternheit der Welt hat Anfangs etwas furchtbar Er=
kältendes, allmählig ſtellt ſich aber die Erkenntniß ein, daß die
Welt fremdes Ungemach alsbald ſo faßt, wie man es im Ver=
lauf der Zeit doch ſelber auch nehmen kann und muß. Zilge
war anfangs erſtaunt, daß man ſie nicht darüber ſchalt und
höhnte, ſondern es natürlich fand, wenn ſie auch einmal unwill=
kürlich lachte und ſcherzte, und manchmal erſchien es ihr ſelbſt,
als ob ihr Ungemach gar kein ſo außerordentliches wäre. Man
ſprach von Wiedergekehrten, und wie doppelt glückſelig die Men=
ſchen dann miteinander wurden. Wenn Zilge das hörte, gab es
ihr einen Stich durch's Herz: ein heimliches Labſal, der Haß

gegen ihren Mann sollte ihr dadurch entrissen werden, und doch konnte sie sich des Einflusses nicht erwehren. Es gab Stunden, wo ihre Wangen glühten, und sie sich dachte, daß sie ihren Mann mit offenen Armen empfangen würde, und wieder andere, wo sie die Zähne knirschte, und ihn erwürgen wollte, wenn sie ihn wiedersah.

Von Zeit zu Zeit klopfte Zilge die Sonntagskleider ihres Mannes aus, die er daheim gelassen hatte. Die Leute riethen ihr, diese Kleider zu verkaufen, aber sie konnte sich dazu nicht verstehen. Tief erschreckt wurde sie aber einst, als sie mit dem Kleiderausklopfen beschäftigt, den kleinen Johannes sagen hörte: „Nicht wahr Mutter, wenn der Vater da wär', thätest ihn auch so ausklopfen, wie den Rock da?" Zilge schauderte vor dem, was sie und vielleicht auch andere in die Kindesseele gepflanzt hatten, aber sie konnte es nicht mehr ausjäten.

Im dritten Herbst kam ein Brief von Ausgewanderten aus Amerika, worin es hieß, daß Seb auch dort sei und viel Geld verdiene. Wieder bestürmten wechselnde Gefühle das Herz Zilge's, aber der Unmuth behielt die Oberhand. Konnte Seb nicht selbst schreiben oder Etwas schicken? Sie wollte ja gern seiner in Geduld harren. So oft nun Jemand kam und von Amerika sprach, jammerte Zilge viel und es war ein seltsamer Treffer, daß der kleine Johannes auf die Frage: „Wo ist dein Vater?" immer antwortete: „In Jammerika." Er ließ sich nicht dazu bringen, das Wort richtig auszusprechen, und die Leute erlustigten sich zuletzt daran, und im Dorfe sagte man eine Zeitlang nie anders als: „Jammerika."

In demselben Winter kam in der That auch ein Brief von Seb aus der neuen Welt. Er traf Zilge am Krankenbett ihres Töchterchens und der Brief enthielt nach einer Schilderung vieler Mühsal nichts als die Tröstung, daß es ihm jetzt besser ergehe und er Zilge bald hole. Das ganze Dorf kam nach und nach um den Brief zu hören und zu lesen, und als der Nachbar Küfer las, daß Seb seine Frau darin erinnerte, wie der Storch auch zuerst allein fortfliege und dann sein Weibchen nachhole, sagte er nicht uneben:

„Das ist kein Vergleich, die Storchen geben jedes Jahr ihre Kinder aus, der Mensch aber muß sie lang ernähren, ehe sie sich selber forthelfen können."

Auch der Bruder Landjäger stellte sich wieder ein, und dieß=
mal konnte ihm Zilge nicht wehren, daß er auf Seb schimpfe,
weil er nicht für einen Kreuzerswerth geschickt hatte. Seb hatte
versprochen, bald wieder zu schreiben, worauf man ihm dann
antworten könne.

Das Kind genas und Zilge mußte nun die Nächte hindurch
arbeiten, sie schüttelte oft den Kopf, wenn sie des Wiedersehens
gedachte. „Du kommst zu spät," sprach sie dann oft vor sich
hin, sie dachte an ihren Tod und an die Erkaltung ihres Herzens.

Neues Ungemach kam, Zilge konnte nicht mehr sticken, ihre
Augen wurden krank, und dabei klagte sie dem Arzte, daß sie
sich oft wie besessen vorkäme, sie habe so schwere Gedanken, daß
sie oft aus dem Schlaf laut aufschreie, und es ihr am hellen
Tage manchmal vorkäme, als müßte plötzlich Jemand die Thüre
aufreißen, und ihr mit einer Axt das Hirn einschlagen. Der
Arzt wußte kein anderes Mittel, als daß sie die sitzende Lebens=
weise aufgebe.

Zilge verstand sich nicht auf die Feldarbeit, eine Fabrik war
nicht in der Gegend, sie faßte aber dennoch einen raschen Ent=
schluß.

In unserer wohlregierten, allseitig beschützten Welt bedarf
aber jede aus der Linie gehende Thätigkeit der amtlich gestem=
pelten Erlaubniß. Der Schultheiß, bei dem sich Zilge ein Leu=
mundszeugniß holen mußte, billigte ihren Entschluß, daß sie
Lumpensammlerin werden wolle, er rieth ihr aber, ihr Häuschen
zu verkaufen, denn so lange sie das hatte, mußte sie neben den
Zinsen für die Hypothekenschuld auch noch Gemeinde= und Staats=
steuern bezahlen. Zilge, die nichts hatte als ihrer Hände Arbeit,
um sich und ihre Kinder zu ernähren, mußte Steuern zahlen zur
Erhaltung der Gerichte, der Militärmacht und des ganzen soge=
nannten Staatsorganismus. Sie konnte aber doch ihr Haus
nicht aufgeben, schon der Gedanke daran war ihr, als würde sie
mit ihren Kindern auf die Straße gesetzt; sie hatte sich ihr Leben=
lang nach einem „eigenen Unterschlupf" gesehnt, lieber wollte sie
sich nur halb satt essen, ehe sie solchen aufgab.

Mit knapper Noth kam sie bei ihrem ersten Schritt in die
fremde Welt straflos davon. Als sie das ausgestellte Patent,
das sie zum Lumpensammeln ermächtigte, bezahlen sollte, ergoß
sie sich in heftigen Worten: warum sie denn seit Jahren Steuern

bezahle, daß sie nun, wenn sie einmal das Gericht brauche, noch=
mals Blutgeld dafür geben müsse? Der Amtmann antwortete
nicht, er zog an einer Klingel, ein Landjäger trat ein; glück=
licherweise war es aber der Bruder Zilge's, dessen Fürsprache es
nun gelang, daß ihr die Strafe des Einsperrens erlassen wurde.
Zilge hörte zu ihrer Verwunderung zum Erstenmal die Entschuldi=
gung, daß es ihr nicht ganz geheuer im Kopfe sei.

Zilge freute sich mit dem Patente, als hätte sie damit ein
großes Glück errungen, denn eine mühsam errungene Möglichkeit
muthet oft schon an wie eine Erfüllung. In der That war sie
nun auch heiterer als je auf ihren Wanderungen durch die Dörfer,
und der Gewinn war rascher, als mit der langsamen Nadel am
Stickrahmen. Die Leute waren überall freundlich gegen sie und
wenn sie sich auch anfangs dessen schämte, fühlte sie doch bald
ihre Kräfte wieder wachsen bei manchem nahrhaften Bissen, den
man ihr schenkte. Manche Mitleidige sagten ihr noch, wie schön
und stolz sie einst gewesen sei, und sie lächelte still dazu, wobei
die Leute sie immer mit einer gewissen unruhigen Scheu betrach=
teten. Am Abend trug Zilge neben der Last auf ihrem Rücken
noch immer in einem Handbündel allerlei Eßwaaren heim, und
sie freute sich mit ihren Kindern, die sie den Tag über beim
Nachbar Küfer gelassen.

Auf ihren einsamen Gängen mußte Zilge immerdar ihres
Mannes gedenken und wenn sie in ein Haus kam, zuckte ein
eigenthümliches Lächeln über ihr Antlitz, wenn man sie scherz=
weise „Frau Baumeisterin" nannte, sie aber sagte nie etwas
darauf.

Man sprach da und dort davon, daß viele Ausgewanderte
in Amerika sich zu einem Kriege hätten anwerben lassen, und
viele beim Bau der Panama=Eisenbahn gestorben seien. Zilge
war es, als ob die Leute wüßten, daß ihr Mann nicht mehr am
Leben sei, obgleich man ihr das stets ausredete. Die Leute sahen
sie aber immerdar so wunderlich an. Was hatte das zu bedeuten.

Zilge, die ehedem nicht in Sonnenhitze, nicht in Frost vor
das Haus gekommen war, scheute jetzt kein Wetter, und mit einer
sich stets gleichbleibenden Hast und Unruhe wanderte sie von Haus
zu Haus, von Dorf zu Dorf, und ihre Mühe brachte erfreuliches
Erträgniß. Im stillen Denken über Feld und durch den Wald
setzte sie sich oft auch Termine, indem sie, ihres Mannes geden=

lend, sagte: „Wenn er bis da und da nicht heimkömmt, so sind
wir Beide verloren, er und ich, auf ewig geschieden." Er kam
nicht und sie war nur froh, daß sie diesen Vorsatz gegen Niemand
ausgesprochen, als zu sich selber, sie konnte den Termin wieder
weiter hinausrücken, und sie that es und malte sich's glückselig
aus, wie sie ihm vergebe. Sie legte einmal mehrere Wochen
den silbernen Trauring ab, den sie von Seb an der linken Hand
trug, aber wenn sie in ein Haus kam, verdeckte sie mit ihrer
rechten Hand die linke, und da Niemand bemerkt hatte, daß ihr
etwas fehle, zog sie still den Ring wieder an. Nur der kleine
Johannes hatte Acht darauf, denn er fragte: „Hast deinen Ring
wieder gefunden?"

Als aber Sommer und Winter vergingen, und keine Nach=
richt, nichts kam, setzte sich wieder eintöniger Haß in ihr fest.
Er war es ja, der sie so in die Welt hinaus trieb. Wie kann
er das je wieder entgelten?

Im Vorfrühling schritt sie einst im Regensturm die Straße
am Neckar dahin, der Wind wollte sie umreißen und machte ihr
die regentriefenden Wangen glühen, da stand sie still und plötzlich
überkam sie, als müßte sie sich hinabstürzen und den Tod suchen
in den Wellen; aber sie jagte rasch davon, und als sie heimkam,
bat sie den Lehrer, ihr doch den Johannes auf einige Tage aus
der Schule zu entlassen, daß er mit ihr gehe; sie gestand nur
halb, wovor sie sich fürchtete, aber der Lehrer willigte doch ein.
Im Geleite des Knaben, der ein Bündel trug, erfuhr sie nun
immer mehr, welch eine Hässigkeit gegen den Vater in der Brust
des Kindes sich festgesetzt hatte; er erzählte ihr, wie der Ziegler
ihm gesagt: Seb habe in Jammerika eine Schwarze geheirathet
und wolle nichts mehr von seiner Frau und seinen Kindern.
Zilge gab sich viele Mühe, den Vater zu loben, aber es wollte
ihr bei ihrer Gemüthsstimmung nicht gelingen.

Eines Mittags suchte sie im Weitinger Walde unter einem
Ahornbaum mit ihrem Knaben Schutz vor einem Platzregen.
Mutter und Kind standen an den Stamm gelehnt, die Tropfen
fielen so schwer nieder durch die Zweige, es raschelt auf den vor=
jährigen Blättern am Boden allezeit, als kämen Schritte von allen
Seiten; in den Wipfeln saust es, und drunten der Neckar rauscht,
und es läßt sich nicht mehr unterscheiden, was ist Waldessausen,
und was ist Stromesbrausen. Der Kukuk hat noch kaum vor

einer Weile gerufen und dabei so seltsam gelacht, ja, wer ihn tief im Walde belauscht, kann ihn hören wie er lacht: jetzt ist er auch still.

„Ich möcht' nur auch den Kukuk einmal sehen," sagte der kleine Johannes.

„Laß ihn, dein Vater ist auch ein Kukuk."

„Warum?"

„Ich weiß schon warum, du brauchst nicht Alles zu wissen. Wenn du und dein Schwesterle nicht wär', da hätt' man mich schon da unten am Mühlrechen ausgefischt."

„Wie denn?"

„Ich hätt' mich verträntt."

Eine Elster huschte plötzlich über Zilge tiefer in den Wald hinein, als hätte das böse Wort sie verscheucht; den Vogel gewahrend wurde Zilge seltsamerweise plötzlich inne, was sie gethan, sie pflanzte ja neue unheilvolle Gedanken in die Seele des Kindes; sie gab ihrem Bruder Recht, der sie für irrsinnig erklärt hatte, sie nahm fortan den Knaben nicht mehr mit auf ihren Wanderungen.

Jahr an Jahr verlief, man hörte nichts von Seb. Die Storchen kamen und gingen, die Menschen freuten sich, daß die Bäume blühten und das Ackerfeld grünte, und freuten sich, als die Saaten dürr und reif wurden und die Bäume voll Früchte hingen; nur Zilge blieb allezeit still und in sich gekehrt. Man hörte nichts von Seb. Zilge harrte nicht mehr und dachte nicht mehr. Sie versuchte es, ihre alte Thätigkeit wieder aufzunehmen, aber sie hatte keine Ruhe, und lässig und still ging sie nun ihrem Erwerbe nach.

„Ich bin siebenmal einsam," klagte sie am Pfingsten, als es sieben Jahre geworden waren, seitdem Seb sie verlassen. Zilge war mit Steuern und Zinsen rückständig geblieben, sie mußte oft auf das Rathhaus, darüber manchen Tag versäumen und gerieth immer mehr ins Elend.

Seb wurde nun doch in den Zeitungen ausgeschrieben und nach Gesetzesbrauch aufgefordert, binnen dreißig Tagen sich zu gestellen, widrigenfalls ihm wegen des eingeleiteten Gantverfahrens ein Abwesenheitspfleger gesetzt werde. Zilge sah dem letzten Schlage, den sie bisher mit aller Macht abgewehrt hatte, jetzt gleichgültig entgegen.

An die große Glocke.

Es war ein heller Herbſtabend, die Schwalben ſammelten ſich in Schaaren, und ſtrichen in großen Flügen dahin; vor den Häuſern ſaßen die Bauern und dengelten die Senſen, um das Oehmd zu ſchneiden; das war ein Klingen und Hämmern durch das ganze Dorf, daß man kaum das Abendläuten hörte.

Vor dem Rathhaus ſpielte ein Trupp Knaben laut jauchzend das ſogenannte Habergeißſpiel, des Maurer Sebs Johannes war auch unter ihnen. Da tönte eine wohlbekannte Klingel durch das Dorf, die Dengelnden hielten eine Weile an und hörten den Ausruf des Dorfſchützen, dann hämmerten ſie wieder weiter. Den Knaben am Rathhauſe mußte zweimal Stille geboten werden, bis ſie ruhig waren, daß man hören konnte, wie der Schütz nach dreimaligem Klingeln von einem großen Bogen las: „Aus der Gantmaſſe des Maurermeiſters Euſebius Groler, genannt Maurerſeb, und ſeiner Ehefrau Cäcilia, geborene Künzle, wird deren allhier an der Winterhalte belegenes einſtockiges Wohnhaus morgen nach der Nachmittagskirche im Aufſtreich zum Erſtenmal öffentlich verſteigert."

Der Schütz ging gravitätiſch weiter und man hörte ihn bald wieder vor einer andern Häuſergruppe ſchellen.

Die Knaben ſchauten Alle auf Johannes, der mit niedergeſchlagenem Blicke daſtand, ſeine Lippen zuckten; bald aber ging das Necken der Kameraden los:

„Jetzt wird euch euer Häusle verkauft. Dein Vater hat eine Schwarze geheirathet."

So zwitſcherten die Jungen, wie die Alten ſungen. Johannes ſchlug um ſich auf Jeden, der ihm nahe kam, dann rannte er laut beulend das Dorf hinauf und ſtand nicht ſtill, wenn ihn Manche fragten, warum er weine; er rannte unaufhaltſam fort heim zu ſeiner Mutter. Zilge ſtand in der Küche und ſchnitt Brod für eine Suppe: „Mutter, gieb mir das Meſſer," ſchrie Johannes, „gieb's mir. Wenn der Vater kommt, ſtech' ich ihn mit todt."

Zilge entfiel im Schreck ob dieſer Worte das Meſſer aus der Hand, ſie wies den Knaben ſcharf zurecht, in ihrem Innern aber trauerte ſie tief, da ſie nun immer gräßlicher wahrnahm, welch ein Kind ſie mit ihrem Haſſe groß gezogen. Und dennoch wälzte

sie die Hauptschuld auf Seb. Sollte ein so schlechter Vater ein
braves Kind haben? Welch ein muthiger aufgeweckter Knabe wäre
das unter dem Auge des Vaters geworden, und mit welchen Verbrechen wird er nun sein Leben erfüllen? ...

Sie wußte das Kind nicht anders zu beruhigen, als indem
sie ihm sagte: „Dein Vater kommt nie mehr wieder, und du bist
mein Sohn und mußt brav sein und meine Stütze im Alter."

Dieses letzte allein beschwichtigte endlich den unnatürlich erregten Knaben; aber noch als ihn die Mutter schlafen legte, wollte
er nicht beten, und als er endlich auf ihr Bitten die Worte sprach:
„Lieber Gott, behüt' meinen Vater —" da warf sich Zilge auf ihn
nieder und bedeckte ihn mit Küssen.

„Wirst sehen, ich werd' für dich sorgen," betheuerte das
Kind und schlief endlich ein.

Zilge zündete kein Licht an und saß am Fenster, bald vor
sich nieder, bald in den sternglitzernden Himmel schauend, wo
Sternschnuppen hin und herflogen; sie hatte nichts mehr, das sie
sich dabei wünschen konnte, als: Gott möge ihre Kinder in seinen
Schutz nehmen, und sie brav werden lassen.

Auf der Bergwiese vor ihrem Hause war es heute Nacht
lebendig, man mähte das Oehmd und der würzige Thauduft stieg
zu Zilge empor, aber das Schnittrascheln der Sense zuckte ihr
durch das Herz. Sie hielt mit der Hand fest die Fensterleiste,
als wollte sie damit ihr Haus festhalten, und es nicht aus der
Hand geben. Kann das Elend noch tiefer gehen? Warum kann
man nicht sterben vor Kummer? Wie lange mußt du warten,
bis der Tod dich nieder mäht? Das war ihr einziges Denken.

Des Zieglers Hund im Thale bellte, und alle Hunde im
Dorf bellten ihm nach. Wenn ein Hund einen Feind abwehrt
oder für sich klagt, stimmen Alle ein, die Menschen aber ...
Zilge rieb sich oft die Augen, aber sie konnte nicht weinen, und
die Augen mit der Hand zugedrückt, legte sie das Haupt auf das
Fenstersims ...

Da öffnete sich die Thüre.

„Wer ist's? Wer will was?"

„Ein Bettelmann kommt und bittet."

Wehe! was ist das für eine Stimme?

„Hülfe! Hülfe!" schrie Zilge zum Fenster hinaus.

„Sei ruhig, liebe gute Zilge, ich bin's, dein Mann —"

„Weg, weg, fort, ich will dich nicht, lebst du oder bist du todt, ich will dich nicht, nicht in dieser Welt und nicht in jener."

Eine Hand legte sich auf Zilge, von Fieber geschüttelt zuckte sie zusammen, dann schrie sie laut auf und sank auf den Boden.

Die Mäher, die den Hülferuf gehört, kamen herbei; Seb, denn dieser war es, hieß sie wieder gehen, seine Frau habe eine Ohnmacht bekommen, sie sollten nur den Nachbar Küfer und dessen Frau holen.

Er richtete Zilge auf, und plötzlich fing sie laut an zu lachen.

„Gelt, du bist der Maurer Seb? Ja der Maurer, du hast mich lebendig eingemauert. Rühr' mich nicht an, nie, nie, und wenn du mit der Krone auf dem Kopf wiederkommst, ich will dich nicht mehr, geh' hin, wo du gewesen bist, geh', geh'."

Sie stieß ihn mit großer Macht von sich, und fing dann an laut zu weinen und zu schluchzen.

„Um Gotteswillen Zilge, sei doch ruhig." bat Seb, „häng' nicht Alles an die große Glocke, schrei nicht so." —

„Du hast Alles an die große Glocke gehängt, mich, die Kinder und das Haus. Es giebt gar nichts, was du nicht gethan hast; weg, weg," rief sie noch lauter.

Die Nachbarn kamen und zündeten Licht an.

Als Seb nach seinen Kindern sehen wollte, sprang Zilge wie rasend auf und duldete es nicht.

„Er hat sieben Jahr nicht nach ihnen gesehen, sie gehen ihn nichts mehr an," rief sie.

Seb und die Nachbarn waren starr, da sie Zilge sahen, sie war leichenblaß, strich sich bald mit beiden Händen über die Stirn, bald streckte sie die Hände vor sich hin mit ausgespreizten Fingern, ihre Augen lagen weit heraus. So oft Seb ein Wort sagen wollte, schrie sie laut, als steche man sie mit Dolchen.

Die Kinder erwachten weinend, Seb rief ihnen zu, aber Zilge gebot ihnen, nicht zu antworten.

Vor dem Hause war Alles versammelt, was noch im Dorfe wach war. Der Maurer Seb ist wieder da, das hatte sich schnell verbreitet, aber Zilge raste und wüthete immer fort, und Seb mußte sich endlich aus seinem eigenen Hause vertreiben lassen, aus dem er vor Jahren entflohen war. Der Nachbar Küfer beredete ihn beschwichtigend dazu, und die Küferin versprach, diese

Nacht bei Zilge zu bleiben. Seb reichte den Bewillkommenden kaum die Hand, denn er hörte vom Küfer, daß man an seiner Frau schon lange Anzeichen von Irrsinn bemerkt habe, sie habe sich ihre Verlassenheit zu sehr zu Herzen genommen und nur selten mit Jemand davon gesprochen. Am Morgen, als Seb in sein Haus kam, fand er Zilge noch schlafend, er näherte sich auf den Zehen ihrem ärmlichen Lager. Wie abgehärmt sah sie aus! Aber sie mußte doch seinen Blick gespürt haben, denn sie schlug mit der Hand um sich und wendete sich nach der Seite.

Die Küferin berichtete leise, wie Zilge ihr gestanden habe, als sie ihren Mann gehört, gesehen und seine Hand gespürt, habe sie nicht mehr gewußt, wo sie sei, was sie thue, und was sie rede, und da sei ihr auf einmal all das in den Sinn gekommen, was sie seit Jahren einsam für sich gedacht und gesprochen und heraus sei es, und es sei ihr gewesen, als ob etwas in ihrem Kopfe reiße, es habe gesurrt und geschnellt, wie wenn man einen Seidenfaden beim Nähen spannt, mit dem Finger tönen macht und dann reißt, und sie habe reden müssen, wie sie sich's tausendmal vorgesagt. „Ein Teufel," das waren ihre Worte, „ein Teufel habe aus ihr gebellt." Seb schöpfte aus dieser Mittheilung doch einigen Trost. Es gelang ihm mit Hülfe der Küferin, die Kinder in das Nachbarhaus zu bringen, das Mädchen war bald zutraulich gegen den Vater, der Knabe aber blieb trotzig und widerspenstig, er stand immer bei Seite mit niedergeschlagenen Blicken und nur manchmal heftete er sein großes Auge auf den Vater. Welche unergründlichen Gedanken sprachen aus diesem Auge! Nicht von dem Vater, sondern nur von dem Küfer ließ sich der kleine Johannes die neuen schönen Kleider anziehen, die der Vater ihm und der Schwester mitgebracht hatte. Die Kleider waren zu eng und knapp. Seb hatte sich im Wachsthum seiner Kinder verrechnet. Er schien sich überhaupt verrechnet zu haben, denn kaum war Johannes schön geschmückt, als er, ohne ein Wort zu sagen, das Dorf hineinrannte; er kam aber alsbald wieder im vollen Athem, er hatte offenbar die neuen Kleider seinen Kameraden zeigen wollen und war doch wieder von einem Schamgefühl gejagt unaufhaltsam hin und her durch das Dorf gerannt, als brennten die Kleider.

Ein seltsamer Zwiespalt ging in dem wilden Knabenherzen vor. Das Mädchen, schon viel zu groß dafür, ließ sich doch

von dem Vater auf dem Arme tragen, es war glückselig in
seinem neuen Kleide und Seb trug das Kind unter Küssen rund
um das Haus und stand lange bei den Tannen, die er ehemals
seinen Wald genannt. Die Sonne schien so hell und warm,
der Würzgeruch des frischgemähten Oehmdes erfüllte die Luft,
die Welt wird mit jedem Morgen wieder neu; warum sollte das
ein Menschenherz nicht auch können?

Endlich hörte Seb, daß Zilge aufgestanden war, er ging
mit den Kindern an der Hand in die Stube, der Knabe wand
sich unwillig an seiner Rechten. Zilge saß am Fenster, blaß mit
hohlen Wangen, sie blickte unbewegt gläsern darein.

Sie schüttelte mehrmals nickend den Kopf, als Seb sie mit
liebreichen Worten begrüßte und sie um Verzeihung bat, daß er
sie am Abend so plötzlich überrascht; er habe gehofft, es damit
gut zu machen. Sie ließ ihn ihre Hand fassen, die leblos und
starr in der seinen lag, dann sagte sie, sich hin und her wendend:

„Er sieht gut aus wie ein Bierbrauer.“

Es war als spräche sie zu jemand Fremdem, und doch war
Niemand außer Seb und den Kindern in der Stube.

Jetzt erst schien sie die Kinder zu bemerken, sie rief sie zu
sich und riß ihnen hastig die Kleider vom Leibe; das Mädchen
weinte darob und sie sagte:

„Er hat euch sieben Jahr hungrig und nackt gelassen; damit
fangt man mich nicht. Gieb die Kleider wem du willst.“

Seb bat sie, doch vor den Kindern gemäßigter zu sein, sie
aber sagte:

„Sie haben das Elend bisher mit angesehen, sie können's
auch noch weiter.“

Seb brachte die Kinder aus dem Hause, dann setzte er sich
zu seiner Frau und erzählte ihr, wie ja Alles wieder gut sei
und besser als je, er sei nach Kalifornien gereist, wo man Gold
grabe, er habe sich aber damit nicht abgegeben, sondern auf
seinem Handwerk gearbeitet und dabei großen Verdienst gehabt,
er habe mehr als zehn Bauten ausgeführt und keine sei ihm
mißlungen. Zum Beweise seines Wohlstandes legte er mehrere
Goldrollen auf den Tisch und brach einige davon auf, daß der
Inhalt wie neugierig auf den Tisch rollte. Zilge aber schüttelte
den Kopf und erst auf wiederholtes Bedrängen sagte sie: „Damit
fängt man mich nicht, wenn du tausend Millionen bringst,

kauffſt du mir nicht ab, was da drin —" ſie deutete auf ihr Herz, es würgte ſie im Halſe, ſie konnte nicht weiter reden.

Man hörte Beſuche vor der Hausthüre, Seb raffte ſchnell das Gold wieder zuſammen, und als viele Männer und Frauen eintraten, ſagte Zilge lachend:

„Wenn ein Hund an der Kette liegt, werfen die Buben mit Steinen nach ihm, ſie wiſſen wohl warum, wenn er aber los iſt, hui!"

Sie erklärte trotz vieler Fragen beharrlich nicht, was ſie damit meinte, und die Leute ſchüttelten den Kopf ob ihres Irre= redens; ſie hatte aber wohl damit ſagen wollen, daß man ſie in ihrem Elend vielfach verhöhnt und verſpottet habe, und aller= dings waren unter den Angekommenen auch Menſchen, die ſich das hatten zu Schulden kommen laſſen. Seb drängte die Be= ſuchenden mit Höflichkeit hinaus und verſchloß die Hausthüre, und jetzt wendete er ſich mit erneutem Eifer an Zilge und be= theuerte ihr, wie er ihr jede Minute ihres Lebens doppelt ver= gelten wolle für das große Leid, das er ihr angethan. Zilge lächelte freudig, faßte ſeine Hand und drückte ſie, als er aber hinzuſetzte: „So iſt's recht, jede Minute, die wir noch jetzt von unſerem ſchönen geſegneten Leben verlieren, iſt eine Sünde an Gott," da ſchrie ſie laut auf und ſtieß ihn von ſich, indem ſie ſagte:

„So? Eine Sünde an Gott iſt jede verlorene Minute? Wie viel Minuten hat ſieben Jahr? Hol' die Tafel und rechne. Nein, nein, nein, du kannſt gehen wohin du willſt. Sieben Jahre verlaſſen ſein iſt ein Scheidegrund, ich will's auf mich nehmen, was du willſt, wie du willſt, ſag' mir nur nichts mehr von deinem Geld —"

„Und unſere Kinder?" ſagte Seb bebend.

„Ihnen zulieb möcht' ich ſchon, aber ich kann nicht, Gott iſt mein Zeug', ich kann nicht;" ſie ſchlug ſich wie betheuernd mehrmals auf die Bruſt, dann ſagte ſie dumpf:

„Wart nur noch eine Weile, dann holt mich der Tod, dann haſt alles allein, Alles, ich will nichts davon, gar nichts, man ſoll mich mit meinen Lumpen zudecken." —

Seb legte den Kopf weinend auf den Tiſch, Zilge ſtand auf und fuhr ihm mit der Hand über die Haare, dann ſank ſie plötzlich nieder. Seb trug ſie in ſeinen Armen auf das Bett, dann eilte er hinaus und schickte einen reitenden Boten nach dem Arzte.

Als es zum Erstenmal zur Kirche läutete, richtete Zilge sich auf und sagte:

„Nimm das Gesangbuch, nimm's, was zitterst? Sind dir meine Thränen drin zu schwer? Lies, sing's ganz durch, von Anfang bis End, mein Leid und mein Weh steht nicht drin, das hat Keiner gewußt, das hat kein Schriftgelehrter, kein Heiliger und kein Kirchenvater erlebt."

Seb saß auf einem Schemel zu Füßen seiner Frau, die die Augen schloß und, wie es schien, ruhig schlummerte. Die Glocken läuteten zur Morgenkirche, und Seb bedeckte sich sein Antlitz mit beiden Händen. Wie stolz triumphirend hatte er unter diesem Geläute an der Hand seiner Frau vor aller Welt wieder erscheinen wollen, wie hatte er gehofft, ihr Herz mit Jubel zu erfüllen, da er nun die Glücksgüter ihr in den Schooß legte, die ihrem feinen ehrliebenden Wesen gebührten. Und jetzt! Zorn und Ingrimm wollten in ihm aufsteigen, er hatte sich ja keine Ruhe und keinen Genuß gegönnt, nur um diese Höhe zu erreichen. Wie aber, wenn sie unterdeß gestorben, da sich ihr Herz ihm verfremdet und im Elend verkümmerte, so daß es nicht mehr fähig war, ein heiteres Glück und ihn in sich aufzunehmen? Wie muß Schmerz und Jammer in dieser Seele gewühlt haben, bis sie verwirrt und zerrüttet war! Seb fühlte sich auf einmal tief gedemüthigt. Er konnte jetzt ein Haus erbauen, wie keines im Dorfe war, aber läßt sich erstorbene Liebe wieder auferbauen? Seb wand sich hin und her und die Geldrollen in seiner Brusttasche schlugen von außen wie ein schwerer Hammer an sein klopfendes Herz. Leibhaftig fühlte er jetzt die ungeahnten Schläge, die ihm nun sein Reichthum brachte. Und mitten in aller schweren Kümmerniß überkam ihn doch wieder ein trostreicher Gedanke: wie mußte ihn diese Frau einst geliebt haben, und ihn allein, keinen Reichthum und keine Größe, sie fragte nichts danach, es schauderte sie davor, sie waren mit ihrem Herzblute erkauft. — Von dem Gedanken der unergründlichen Liebe seines Weibes bewegt, schnellte Seb empor und drückte einen Kuß auf die blasse, nur leicht geröthete Wange der Schlafenden.

Die Kinder kamen herbei; Seb kleidete sie wiederum festlich an, und selbst Johannes ließ ihn gewähren, dann stellte sich der

Knabe zu 'Haupten des Bettes und betrachtete mehrmals die
Mutter, meist aber stand er, das Kinn auf die Brust gesenkt,
die Augen zum Vater aufrichtend und fest auf ihn schauend. Ein
Kind kann mit einer Dauer und unbewegten Stetigkeit den Blick
auf einen Gegenstand heften, wie das Auge eines Erwachsenen
ohne zu blinzeln nicht vermöchte, und dieser starre Kindesblick
gewinnt eine Durchdringlichkeit und Strenge, der keine Worte
gleichkämen. Seb senkte oft den Blick, wenn er den dreinstar-
renden Knaben ansah. Er brachte kein Wort aus ihm heraus,
nur einmal sagte der Knabe von selbst: „Gelt, die Mutter wird
nicht sterben?"

Der Knabe hatte gehört, daß Seb einen reitenden Boten
nach dem Arzte geschickt, und daher die eigenthümliche Erweichung
seines starren Wesens: vielleicht hatten aber auch die neuen
Kleider doch eine Aenderung in ihm hervorgebracht.

Als Zilge erwachte und die wieder geschmückten Kinder sah,
bat Seb, ihnen doch die Kleider zu lassen. — Sie schwieg.

Der Arzt kam und fand den Zustand Zilge's nur wenig
beunruhigend; als Seelenkundiger empfahl er indeß noch Seb die
äußerste Geduld und Nachgiebigkeit, da Zilge ohnedies schon oft
an Anfällen von Schwermuth gelitten habe.

Als Seb die Aussagen der Küferin berichtete, lächelte der
Arzt und sagte, Zilge sei zwar durch ihr Stubenleben und ein
gewisses nachdenkliches Grübeln etwas feingeartet, aber doch nicht
so subtil, daß nicht Alles noch zu Gutem sich wenden könne.

Seb verließ keine Minute seine Frau, aber er durfte ihr
nichts reichen, sie nahm nichts aus seiner Hand, und nur von
der Küferin.

Als die Nachmittagskirche ausläutete, sagte sie:

„Jetzt versteigern sie unser Haus, geh' doch auch dazu und
kauf's, wenn du kannst."

Seb wollte erklären, daß das nun nicht mehr geschehe, und
wäre es auch, er behielte es doch nicht mehr. In bitterem Tone
sagte darauf Zilge:

„Nicht einmal das will er mir thun!"

Seb ging und kam bald wieder, indem er freudig rief:

„Das Haus ist wieder dein und blank."

Zilge sah starr drein, als ob sie gar nichts gehört hätte.

Mit Seb war auch der Bruder Landjäger gekommen. Er

hatte von der Ankunft seines Schwagers gehört und hatte ihn
beim ersten Ausgang getroffen; er, der sonst nicht Schimpfworte
genug für den Seb gehabt, war jetzt stolz auf ihn, und sein
bester Freund, zumal, da er ihm eine silberne Taschenuhr mit=
gebracht hatte. Er zog jetzt heftig gegen Zilge los, daß sie sich
so ziere und sperre. Seb suchte seinen Reden Einhalt zu thun,
aber mit jener Art von martialischem Gleichmuth, ja von Heiter=
keit, die solche Leute gern bei einer Exekution zur Schau stellen,
strich sich der Bruder Landjäger den Schnurrbart und sagte, auf
umherstehende Süßigkeiten deutend:

„Das ist nichts, der muß man's einmal aus dem Salz geben,
dann ist sie geheilt; du bist viel zu zimpfer, Seb.“

Dieser verbot mit Gemessenheit jedes weitere derartige Wort,
aber der Bruder Landjäger kehrte sich nicht daran, und Seb
mußte endlich keinen andern Ausweg, als daß er den Bruder
Landjäger mit sich fort nach dem Wirthshause zog. Zilge ver=
riegelte hinter ihnen die Hausthüre und öffnete sie nicht mehr.

Ein Leidensgang und stilles Dulden.

Als Seb am andern Morgen die Hausthüre offen fand und
nach seiner Frau umschaute, war diese verschwunden; sie hatte
den Kindern noch die Morgensuppe zurecht gestellt, die mitge=
brachten Sonntagskleider verschlossen und das Werktagsgewand
hergerichtet und war dann davongegangen. Der kleine Johannes
mußte fühlen, welch eine ahnungsschwere Unruhe den Vater be=
wegte, der im ganzen Hause nach ihr rief; er sagte, die Mutter
sei auf ihre Handelschaft gegangen, sie habe ihr Säckchen mit=
genommen. Nun mußte Seb im ganzen Dorf und auf allen
Wegen nachfragen, welchen Weg seine Frau eingeschlagen. Er
fürchtete das Gräßlichste. Endlich erfuhr er von den Dehmbenden
an der Windenreuthe, daß seine Frau den Waldweg nach Wei=
tingen eingeschlagen; sie habe sich noch herabgefallene Zwetschgen
in der Wiese aufgelesen. Seb eilte durch den Wald, drunten
rauschte der Neckar und sein Rauschen war ihm unheilverkündend;
da sah er plötzlich Zilge auf einem Baumstumpfe sitzen, ein klei=
nes Bündel lag neben ihr; sie aß ruhig Zwetschgen, und warf
die Steine weit weg, sie bewegte sich nicht bei seinem Anblick
und doch mußte sie ihn sehen. Als er vor ihr stand, starrte sie

ihn an, und als er sie dringend bat, doch mit ihm umzukehren, sie brauche dieses elende Leben nicht mehr zu führen, stand sie rasch auf, nahm ihren zusammengerollten Sack und schritt davon. Seb ließ sie eine Strecke gehen und rief ihr nach, daß sie ihn auf ewig von sich vertreibe, daß er wieder in die weite Welt gehe, wenn sie nicht umkehre; sie antwortete nicht, aber kaum war sie aus seinen Augen verschwunden, als er ihr nachrannte, und da er sie sah, hinter ihr dareinschritt. Seb war doppelt unglücklich und voll Zorn, er hatte eine Drohung ausgesprochen und gleich darauf gezeigt, daß er sie nicht auszuführen vermöge. Endlich ging er wieder stumm an der Seite Zilge's, und sie sagte jetzt von selbst und ganz verständig:

„Die Müllerin hat mir auf heute einen halben Zentner versprochen. Wenn ich's nicht hol', dann kommt ein Jud und schnappt mir's weg."

Seb wußte nicht mehr was er thun und denken sollte, nur das eine wußte er, er durfte seine Frau nicht mehr verlassen.

Zilge ging in die Mühle und kam bald wieder heraus und setzte sich, den Sack auf dem Schooße, auf die Schwelle. Seb setzte sich neben sie. Die Müllerin kam aus dem Feld. Seb schlugen die Flammen aus dem Gesicht, als er hier Vorwürfe über seine Entweichung hören mußte, und es war wunderbar, wie klug und auf ihren Vortheil bedacht, Zilge das Versprochene zu erwerben wußte. Seb stand dabei, er wußte nicht mehr wo er war. Zilge lud sich den schweren Sack auf den Rücken und ging damit davon; aber kaum war sie zwanzig Schritt gegangen, als Seb ihr den Sack abnahm und mit flammendem Antlitze rief:

„Zilge, ich will dir Alles thun, was du willst, ich will mich vor den Leuten hinstellen und mich ausschimpfen lassen. Sag', soll ich den Sack den jähen Berg da 'rauftragen? Ich thu's gleich, wenn du's sagst. Nur sei gut, und sei wieder mein liebes, gutes Weib und komm' jetzt heim."

Zilge antwortete nicht, und als Seb sie bat, doch mit ihm im Wirthshaus einzukehren, sagte sie:

„Ich hab' kein Geld."

„Aber ich hab'."

„Das geht mich nichts an."

Seb mußte nun dabei stehen wie Zilge von Haus zu Haus in bettelndem Ton um Lumpen bat; er biß sich die Lippen zwi-

schen die Zähne, und die Last auf seinem Rücken ward übermäßig schwer.

Endlich machte man sich auf den Heimweg, Zilge ging so
rasch, daß Seb neben ihr kaum Schritt halten konnte.

Am Neckar auf einem Felsenvorsprung stand sie plötzlich still
und sagte:

„Seb, komm' her, schau, da bin ich gestanden, mehr als
Einmal, in Wind und Wetter und hab' mir den Tod geben wollen,
und wären meine Kinder nicht, sie hätten mich da drunten am
Mühlrechen aufgefischt. Seb, sei zum Letztenmal aufrichtig gegen
mich. Sag' mir ehrlich: hast du am ersten Tag, gleich wie dir's
gut gangen ist, wie du mir hättest was schicken, wie du mich
hättest holen können, das gleich ausgeführt? Hast du keinen Tag
versäumt? Sag's, sag's ehrlich."

„Das ist recht, daß du einmal ordentlich redest. Schau, so
fortlaufen, oder was man hat, gleich aus der Hand geben, das
kann man nicht. Ich hab' damit weiter Geld gemacht, und ich
hab' mir denkt: hast du's so lange ausgehalten, geht's auch noch
ein bisle weiter, und ich hab' wollen groß —"

„So geh' groß zum Teufel," schrie Zilge, stieß heftig nach
ihrem Mann, riß sich krampfhaft windend den Trauring von der
Hand und rief dabei: „Aus ist's mit uns, los und ledig," warf
den Ring hinab in den Fluß und rannte davon; aber bald wendete sie querfeldein, denn sie sah einen Landjäger des Wegs
daher kommen, der Landjäger sprang ihr über den Graben nach
und sie sank vor ihm auf das Stoppelfeld.

„Fang' mich, bind' mich, ich will nichts mehr von ihm, gar
nichts, nie mehr, nie," rief sie.

Der Landjäger, der niemand Anders war, als der Bruder
Zilge's, stand wie verwirrt, und als jetzt Seb herbeikam, schrie
Zilge gellend auf und wühlte ihr Antlitz in den Boden.

So wäre also doch wahr, was man schon lange geahnt
hatte? War Zilge irrsinnig?

Ein leerer Wagen kam des Weges. Zilge ließ sich lautlos
von den Männern auf denselben tragen, nur zuckte sie bei jeder
Berührung Sebs elektrisch zusammen. Ein Theil der Lumpen
wurde ihr als Kissen untergelegt, mit dem andern deckte man sie
zu, denn es schüttelte sie ein Fieberfrost.

Seb hatte schon im Spätherbst wieder in die neue Welt

zurückkehren wollen, jetzt war er mit schwerem Leid in der Heimath gefangen; schrecklich war's, blieb er in derselben, aber noch
schrecklicher, zog er in die Fremde mit der zwar nicht Irrsinnigen,
aber im unbezwinglichen Widerwillen gegen ihn Befangenen.

Seb hatte den Leuten nicht geglaubt, daß seine Frau irrsinnig sei, und man hatte ihm das auch bald wieder ausreden
wollen; jetzt kam abermals Jedes darauf zurück, aber Seb wehrte
ab. Es wäre viel leichter gewesen, die unbegreiflichen Launen
Zilge's zu ertragen, wenn sie Krankheit und nicht eine Herzenshärtigkeit waren, aber Seb war ehrlich genug, sich keine unwahre
Erleichterung zu verschaffen, und in dieser Aufrichtigkeit fand er
wieder einen neuen Trost; mit Milde und unzerstörbarer Liebe
konnte er eine Herzenshärtigkeit lösen, nicht aber einen Irrsinn.
Er übte unsägliche Geduld an Zilge, er warb um jeden Blick,
um jedes Wort, jede Handreichung mit einer nachhaltigen Geduld, daß ihn das ganze Dorf darob lobte.

Er war glücklich, wenn er ihre Hand berühren durfte, und
als sie einst von selbst seine Hand faßte, küßte er die ihre.

Oftmals sah sie ihn lächelnd an, dann aber wendete sie
rasch und wie erschreckt den Blick und unversehens wurde sie
äußerst zänkisch und unwillig bei dem Geringsten, was er unter-
ließ oder in seinem Schmerze linkisch that. Nie durfte Seb vor
ihren Augen Geld zeigen, sie schrie dabei laut auf, wenn er
diese Vorsicht vergaß, nie durfte er vor ihren Augen eines der
Kinder liebkosen, sie sagte einmal ganz offen:

„Wenn die Kinder nicht wären, wärst du nie mehr wiederkommen, mir hast du mein Leben abgewürgt; aber die Kinder
sind mein, nicht dein, das wird sich zeigen, und du bist ganz
irr, wenn du glaubst, du kannst mich sieben Jahr ins Elend
werfen und mich dann wieder holen, weil dir's jetzt recht, weil
dir's jetzt geschickt ist, ich bin auch mein Eigen."

Keine Einwendung, keine Betheuerung half, es schien, daß
sie gar nicht darauf hörte.

Wenn Seb sie manchmal durchdringlich ansah, konnte sie
ausrufen:

„Nicht wahr, ich bin alt und verhutzelt? Wie hast dir denn
denkt, daß eine verlassene Frau aussieht nach sieben Jahr Elend?
Ich brauch' dir auch gar nicht mehr zu gefallen, ich will gar
nicht mehr."

Seb konnte ihr der Wahrheit gemäß betheuern, daß sie nur der Erholung und guter Tage bedürfe, um wieder frisch und munter zu sein; sie gab keine Antwort, sie sprach was sie auf dem Herzen hatte, und schien nichts erwidert haben zu wollen.

Wenn Seb ihr erklärte, daß der Hausbau sein Unglück und sein Glück geworden sei, rief sie oft: „Ich bin an keinem von Beiden schuld und will auch kein Theil an keinem."

Seb führte seine beiden Kinder täglich zweimal an der Hand nach der Schule, und holte sie zweimal wieder ab. So schwer es ihm gelingen wollte, den kleinen Johannes dazu zu bringen, daß er die neue Welt nicht mehr Jammerika nannte, ebenso schwer ging es, sein verhetztes und verstocktes Wesen zu schmeidigen. Gerade weil der Knabe bemerkte, daß der Vater um seine Liebe warb, schien er um so verschlossener. Mit Geschenken war er noch weniger als Zilge zu gewinnen, denn ein Kind freut sich der Gabe und vergißt alsbald des Gebers. Der trotzköpfige und hinterhältige Knabe erschien als der leibhaftige großgezogene Haßgedanke Zilge's, und bald zeigte sich, daß er noch etwas Anderes war.

Es war am Neujahrstag, da saß Seb bei Zilge und betheuerte ihr in innigen und festen Worten, wie er wisse, daß er kein Recht mehr auf sie habe, sie könne ihn verschmähen und verstoßen, sie sehe ja aber, daß er um sie werbe, wie um eine Fremde, er wünsche nur, daß er Etwas thun könne, um ihr seine Liebe zu beweisen; wenn es der Pfarrer thäte, er würde sich noch einmal und mit erneuter Glückseligkeit mit ihr trauen lassen. Da streckte Zilge zitternd die Hände aus, aber in demselben Augenblicke trat der kleine Johannes ein, und Zilge schrie laut auf, rannte nach der Kammer und verschloß sie hinter sich.

Hatte Zilge eine Scheu, eine vielleicht erwachende Liebe zu ihrem Manne vor dem Knaben zu zeigen, der so oft ganz Anderes von ihr gehört hatte?

Aus dem Stromesgrund.

Die Zeit der Abreise rückte immer mehr heran und Zilge wollte sich für nichts entscheiden, und sie sollte es doch allein. Sie war voll Ingrimm, daß Seb nach wiederholten, vergeblichen Versuchen die natürlichen Folgerungen ihrer Worte aufnahm: sie hatte ihm so oft gesagt, daß er jedes Anrecht auf sie verwirkt habe, er stellte nun jede Entscheidung ihr anheim und gelobte, ihr nicht mehr dreinzureden und sich in Jegliches zu fügen. Diese unbewegte richterliche Annahme ihrer Aussprüche empörte sie, und doch konnte sie sich zu nichts entschließen und bestimmen; bald wollte sie mitgehen, bald daheim bleiben, bald durch dieses Rache und Vergeltung üben an Allen im Dorf, die ihr je eine Unbill angethan, bald wollte sie durch die Auswanderung sie auf ewig vergessen und mit Verachtung strafen. Wenn Seb darauf drang, daß man aus dieser Schwebe heraus müsse, wenn er mäßig und bestimmt Alles darlegte, so war sie äußerst gereizt. Sie erkannte wohl, welch ein fester ruhiger Mann Seb geworden, und ein Bewußtsein der innern Verwahrlosung, in die sie während der sieben verlassenen Jahre gerathen war, dämmerte in ihr auf. Sie war die stolze Zilge, sollte jetzt Seb mehr sein als sie? „Ich will deine Gnad' und Barmherzigkeit nicht," sagte sie einmal zu Seb, ohne zu erklären, woher sie zu diesem Gedanken gekommen war. Sie ließ gern Alles in der Schwebe hängen, sie war durch die sieben Jahre an eine solche Schwebe gewöhnt, allezeit einer Erwartung hingegeben, und wenn man sie jetzt zu einem Entschlusse drängen wollte, weinte sie unaufhörlich. Ueberhaupt weinte sie viel über ihr vergangenes Elend, und war dabei gar nicht zu beschwichtigen, und es verdroß sie sehr, daß Seb sie lehren wollte, das Vergangene als abgethan und todt zu betrachten, sie weinte dann nochmals über solche Rede.

Der Arzt, der auf den Wunsch Sebs allwöchentlich einmal kam, aber auch von selbst, wenn ihn sein Weg ins Dorf führte, Seb besuchte und gern mit ihm über Amerika sprach, der Arzt war ein verständiger Mann und Sebs Tröster und Helfer. Er erklärte das viele Weinen Zilge's als eine Eigenthümlichkeit der Frauen, die oft mit heldenmüthiger Kraft das Ungemach ertragen, sich aber von der Erinnerung an dasselbe niederwerfen lassen; sie besiegeln sich im Mitleid mit sich selber, und kommen schwer darüber hinaus.

„Da haben Sie ins Schwarze getroffen," sagte einst Seb, als ihm der Arzt den ganzen Zustand Zilge's daraus erklärte, daß sie eines Prozeßkrämers Tochter sei, sie habe mit ihrem Mann auch einen Prozeß, und wolle ihn auf's Aeußerste hinausführen, und die Entscheidung sei ihr eigentlich nicht recht, auch wenn sie gewinne.

Den Bruder Landjäger, der auf Anrathen Sebs gelinder mit seiner Schwester umgehen wollte, duldete sie gar nicht um sich, sie sagte so oft er kam: „Das ist mein eigen Haus," und weiter war kein Wort aus ihr herauszubringen. Das ganze Dorf kam nach und nach und redete Zilge zu, doch ihren Starrsinn zu lassen. Sie ließ sich die mancherlei Triumphe nicht entgehen, die sie bei diesen Besuchen hatte; sie lächelte frohlockend, wenn Jedes sagte, wie gut und demüthig Seb gegen sie sei und entgalt es dabei Manchem in scharfen Worten, was er ihr vormals angethan. Zur Verwunderung Aller entschied sie sich aber endlich gegen den Pfarrer dahin, daß Seb allein in die weite Welt ziehen solle, sie bleibe im Dorfe und in ihrem eigenen Hause, es werde noch aushalten so lange sie lebe.

Seb redete von nun an kein Wort mehr über die Hauptsache, und sie sah ihn darob oft im verbissenen Zorn an. Wie ist es denn möglich, daß er sich drein fügt?

Es handelte sich jetzt nur noch darum, bei wem die Kinder bleiben sollten. Seb machte Anspruch auf eines derselben, wie er dem Pfarrer sagte, auch als Unterpfand, daß Zilge vielleicht dadurch andern Sinnes werde und ihm nachkomme. Er überließ es ihr, welches der Kinder sie hergeben wolle, das Mädchen war ihm anhänglich, aber der Knabe bedurfte seiner vielleicht mehr. Auch darüber konnte sich Zilge lange nicht entscheiden, sie weinte wieder viel und schalt innerlich über Seb, der sie gar nicht zu trösten suchte. Auf wiederholtes Bedrängen erklärte sie schließlich im Frühling dem Pfarrer, daß Seb den Knaben mitnehmen möge. Als Zilge aus dem Pfarrhause heimkam, umhalste sie ihren Johannes weinend und sagte ihm, daß er sie nun auf ewig verlasse und mit dem Vater in die weite Welt ziehe. Da riß sich der Knabe aus den Armen der Mutter los, rannte aus der Stube, so sehr ihm auch Seb rief, er rannte durch das Dorf und wendete sich auf den Zuruf des hinter ihm drein folgenden Vaters nicht um. Mit der Behendigkeit eines Rehes sprang er durch die Felder und hinab den Bergwald nach Weitingen, Seb hinter ihm drein, rufend und schreiend, bittend und scheltend. Johannes verlor im Rennen seine Mütze, er wendete sich nicht danach um, der Vater hob sie auf und sie in der Hand schwingend eilte er dem störrischen Kinde nach. Jetzt stand der Knabe an der Stelle, wo Zilge den Trauring in den Neckar geworfen; Seb rief nochmals dem Knaben zu, die Haare standen ihm zu Berge, da spritzte der Strom hoch auf, der Knabe war verschwunden. Seb rannte ihm nach, sprang ins Wasser, schrie laut um Hülfe, das Klappern der Mühle verschlang seinen Hülferuf. Am Mühlrechen erhaschte er das Haupt des Knaben und schrie an die Luft gekommen, mit letzter Kraft um Hülfe: da wurde die Mühle gestellt, die Mühlknappen kamen mit Stangen herbei und halfen Seb und dem Knaben aus dem reißenden Strom.

Der Knabe hing leblos in den Armen des Vaters. Da drang ein gellender Schrei widerhallend durch das Thal, Zilge stand händeringend am Ufer. Die Müllerin eilte über den Steg zu ihr und hielt sie fest.

Eine Viertelstunde entsetzlichen Jammers war in der Mühle. Man rieb den Knaben, der blau geworden, leblos da lag, und als er endlich viel Wasser ausspie, die Augen aufschlug und sie bald wieder schloß, hochauf athmete und den Kopf zurückwarf, fiel Zilge ihrem Manne um den Hals:

„Jetzt kannst du mit mir machen, was du willst. Verzeih mir nur," rief sie.

„Weil ich das Kind aus dem Wasser gezogen?" fragte Seb.

„Nein, du hast mich auch aus dem Tod geholt, mich auch. Hättest du nur auch meinen Trauring wieder mit heraufgebracht," sagte Zilge.

„Laß ihn versunken sein, ich hab' einen neuen, sieh; den hab' ich dir aus der neuen Welt mitgebracht; jetzt fasse ich dich in Gold."

Und als der Knabe zum Erstenmal sprach:

„Vater, ich hab' mich nicht ins Wasser stürzen wollen, thu' mir nur nichts," zog Seb seiner Zilge den neuen Trauring an, und sie kniete vor ihm nieder und bat Gott und ihren Mann tausendmal um Verzeihung und Vergebung. . . .

Gerade auf den Jahrestag, an dem der Grundstein zu dem eigenen Hause gelegt worden war, hatte Seb die Abreise bestimmt.

Am Abend als der Thau sich auf den Roggen senkte, der eben aus den Aehren schoß, gingen Seb und Zilge Hand in Hand wieder die alten heimlichen Wege durch die grünen Gartenhecken, die jetzt so knospenharzig dufteten und von Vogelgesang erschallten.

„Ach, ich hab' dich so lieb," rief Seb, „es ist ein' Schand', daß ich dir's sag', aber ich mein' du wärst noch ein jung Mädle und es seien noch die Zeiten, wo wir da mit einander gegangen sind."

„Und mir ist's, wie wenn wir nicht so große Kinder daheim hätten, und uns erst jetzt bekämen. O, ich hätte dir oft gern gesagt, wie ich dich im Grund des Herzens so gern hab', wie du so geduldig und liebreich gegen mich gewesen bist, aber ich hab' nicht können. Es ist mir gewesen, wie wenn mir Jemand zum Guten den Mund zuhielte. So muß es einem Scheintodten sein, das reden will und nicht kann. Jetzt bin ich selig, glücklich wieder auferstanden."

Seb lenkte bald wieder in die männlich ruhige Mittelstimmung seines Charakters ein, er war kein Freund von den raschen Um= stürzen, und Zilge ließ sich's gefallen.

„Hast du denn drüben auch ein eigen Haus?" fragte sie.

„Das geht schwer, wir ziehen von Stadt zu Stadt und bauen, und hab' ich ein eigen Haus, verkauf' ich's wieder. Wenn du aber willst, sag's nur." —

„Ich will nichts mehr, als was du willst."

„Dein Bruder geht auch mit uns," sagte Seb, und Zilge erwiderte:

„Ich will's ihm vergeben, was er mir angethan hat, man hat mir ja auch viel zu vergeben, aber du ladest dir viel auf mit ihm, er will nichts schaffen."

„Er wird's in Amerika schon lernen."

„Ich sag' dir noch einmal, mir zulieb brauchst du's nicht zu thun; du bist mir genug auf der Welt, mein Alles; ich brauch' auch keinen Bruder."

„Aber laß' nicht von ihm, von Keinem, der einmal mein ist. . . ."

Wie Neuvermählte glückselig zogen Seb und Zilge mit den Ihren fort in die neue Welt.

———————

Barfüßele.

1. Die Kinder klopfen an.

Des Morgens früh im Herbstnebel wandern zwei Kinder von sechs bis sieben Jahren, ein Knabe und ein Mädchen, Hand in Hand durch die Gartenwege zum Dorf hinaus. Das Mädchen, merklich älter, hält Schiefertafel, Bücher und Schreibhefte unter dem Arm; der Knabe hat das Gleiche in einem offenen grau-leinenen Beutel, der ihm über der Schulter hängt. Das Mädchen hat eine Haube von weißem Drill, die fast bis an die Stirne reicht und die weit vorstehende Wölbung der Stirn um so schärfer hervortreten läßt; der Knabe ist barhaupt. Man hört nur einen Schritt, denn der Knabe hat feste Schuhe an, das Mädchen aber ist barfuß. So oft es der Weg gestattet, gehen die Kinder neben einander, sind aber die Hecken zu eng, geht das Mädchen immer voraus.

Auf dem falben Laub an den Sträuchern liegt ein weißer Duft und die Mehlbeeren und Pfaffenhütchen, besonders aber die aufrechtstehenden Hagebutten auf nacktem Stengel sind wie versilbert. Die Sperlinge in den Hecken zwitschern und fliegen in unruhigen Haufen auf beim Herannahen der Kinder und setzen sich wieder nicht weit von ihnen, bis sie von neuem aufschwirren und endlich sich hinein in einen Garten werfen, wo sie sich auf einem Apfelbaum niederlassen, daß die Blätter raschelnd nieder-fallen. Eine Elster fliegt rasch auf vom Wege, feldein auf den großen Holzbirnenbaum, wo die Raben still hocken; sie muß ihnen etwas mitgetheilt haben, denn die Raben fliegen auf, kreisen um den Baum, und ein Alter läßt sich auf der höchsten schwankenden Kronenspitze nieder und die anderen finden auf den niederen Aesten auch gute Plätze zum Ausschauen; es verlangt sie wohl auch zu wissen, warum die Kinder mit dem Schulzeuge den ver-

lehrten Weg einschlagen und zum Dorfe hinauswandern; ja ein
Rabe fliegt wie ein Kundschafter voraus und setzt sich auf eine
geköpfte Weide am Weiher. Die Kinder aber gehen still ihres
Weges bis da wo sie am Weiher bei den Erlen die Fahrstraße
erreichen, sie gehen über die Straße nach einem jenseits stehenden
niedrigen Hause. Das Haus ist verschlossen, und die Kinder
stehen an der Hausthüre und klopfen leise an. Das Mädchen
ruft beherzt: „Vater! Mutter!" und der Knabe ruft zaghaft nach:
„Vater! Mutter!" Das Mädchen faßt die bereifte Thürklinke
und drückt erst leise; die Bretter an der Thüre knittern, es horcht
auf, aber es folgt nichts nach, und jetzt wagt es in raschen
Schlägen die Klinke auf und nieder zu drücken, aber die Töne
verhallen in dem öden Hausflur; es antwortet keine Menschen-
stimme, und den Mund an einen Thürspalt gelegt ruft der Knabe:
„Vater! Mutter!" Er schaut fragend auf zur Schwester, sein
Hauch an der Thüre ist auch zu Reif geworden.

Aus dem nebelbedeckten Dorfe tönt der Taktschlag der Drescher,
bald wie rascher sich überstürzender Wirbel, bald langsam und müde
sich nachschleppend, bald hell knatternd und wieder dumpf und
hohl; jetzt tönen nur noch einzelne Schläge, aber rasch fällt Alles
wiederum ein von da und dort. Die Kinder stehen wie verloren.
Endlich lassen sie ab von Klopfen und Rufen und setzen sich auf
ausgegrabene Baumstümpfe. Diese liegen auf einem Haufen
rings um den Stamm des Vogelbeerbaums, der an der Seite
des Hauses steht und jetzt mit seinen rothen Beeren prangt. Die
Kinder heften den Blick noch immer auf die Thüre, aber diese
bleibt verschlossen.

„Die hat der Vater im Moosbrunnenwald geholt," sagt das
Mädchen auf die Baumstümpfe zeigend, und mit altkluger Miene
setzt es hinzu: „die geben gut warm, die sind was werth, da
ist viel Kien drin, das brennt wie eine Kerze; aber der Spalter-
lohn ist das größte dabei."

„Wenn ich nur schon groß wär'," erwiderte der Knabe, „da
nähm' ich des Vaters große Axt und den buchenen Schlägel und
die zwei eisernen Speidel (Keile) und den eschenen und da muß
Alles auseinander wie Glas, und dann mach' ich draus einen
schönen spitzigen Haufen wie der Kohlenbrenner Mathes im Wald,
und wenn der Vater heimkommt, der wird sich aber freuen!
Darfst ihm aber nicht sagen, wer's gemacht hat." So schloß

der Knabe, indem er den Finger drohend gegen die Schwester aufhob. Diese schien doch schon eine dämmernde Ahnung davon zu haben, daß das Warten auf Vater und Mutter nicht geheuer sein könne, denn sie sah den Bruder von unten auf gar traurig an, und da ihr Blick an den Schuhen haftete, sagte sie: „Dann mußt du auch des Vaters Stiefel haben. Aber komm', wir wollen Bräutle lösen. Wirst sehen, ich kann's weiter werfen als du."

Im Fortgehen sagte das Mädchen: „Ich will dir ein Räthsel aufgeben: Welches Holz macht heiß, ohne daß man's verbrennt?"

„Des Schullehrers Lineal, wenn man Tatzen kriegt," erwiderte der Knabe.

„Nein, das mein' ich nicht; das Holz, das man spaltet, das macht heiß, ohne daß man's verbrennt." Und bei der Hecke stehen bleibend, fragte sie: „Es sitzt auf einem Stöckchen, hat ein rothes Röckchen, und das Bäuchlein voll Stein, was mag das sein?"

Der Knabe besann sich ganz ernsthaft und rief: „Halt, du darfst mir's nicht sagen, was es ist ... Das ist ja eine Hagebutte."

Das Mädchen nickte beifällig und machte ein Gesicht, als ob sie ihm das Räthsel zum erstenmal aufgegeben hätte, während sie es doch schon oft gethan hatte und immer wieder aufnahm, um ihn dadurch zu erheitern.

Die Sonne hatte die Nebel zertheilt und das kleine Thal stand in hellglitzernder Pracht als die Kinder nach dem Teiche gingen, um flache Steine auf dem Wasser tanzen zu machen. Im Vorübergehen drückte das Mädchen nochmals an der Hausklinke, aber sie öffnete sich noch immer nicht und auch am Fenster zeigte sich nichts. Jetzt spielten die Kinder voll Lust und Lachen am Teiche und das Mädchen schien eigentlich zufrieden, daß der Bruder immer geschickter war und darüber triumphirte und ganz hitzig wurde; ja das Mädchen machte sich offenbar ungeschickter als es wirklich war, denn seine Steine plumpsten fast immer beim ersten Anwurfe in die Tiefe, worüber es weidlich ausgelacht wurde. Im Eifer des Spiels vergaßen die Kinder ganz, wo sie waren und warum sie eigentlich dahergekommen, und doch war beides so traurig als seltsam.

In dem jetzt verschlossenen Hause wohnte noch vor Kurzem

der Joſenhans mit ſeiner Frau und ſeinen beiden Kindern Amrei
(Anna Marie) und Dami (Damian). Der Vater war Holzhauer
im Walde, dabei aber auch anſtellig zu allerlei Gewerke, denn
das Haus, das er in verwahrlostem Zuſtand gekauft, hatte er
noch ſelber verputzt und das Dach umgedeckt, im Herbſte wollte
er's noch von innen friſch ausweißen; der Kalk dazu liegt ſchon
dort in der mit röthlichem Reißig überdeckten Grube. Die Frau
war eine der beſten Taglöhnerinnen im Dorfe, Tag und Nacht
in Leid und Freud' zu Allem bei der Hand, denn ſie hatte ihre
Kinder und beſonders die Amrei gut gewöhnt, daß ſie ſchon
frühe für ſich ſelber ſorgen konnten. Erwerb und haushälteriſche
Genügſamkeit machten das Haus zu einem der glücklichſten im
Dorfe. Da warf eine ſchleichende Krankheit die Mutter nieder,
am andern Abend auch den Vater und nach wenigen Tagen trug
man zwei Särge aus dem kleinen Hauſe. Man hatte die Kinder
alsbald in das Nachbarhaus zum Kohlenmathes gebracht und ſie
erfuhren den Tod der Eltern erſt, als man ſie ſonntäglich an-
kleidete, um hinter den Leichen drein zu gehen.

Der Joſenhans und ſeine Frau hatten keine nahen Verwandten im Ort, und doch hörte man laut weinen und die Ver-
ſtorbenen rühmen und der Schultheiß führte die beiden Kinder
hüben und drüben an der Hand, als ſie hinter den Särgen drein-
gingen. Noch am Grabe waren die Kinder ſtill und harmlos,
ja ſie waren faſt heiter, wenn ſie auch oft nach Vater und Mutter
fragten, denn ſie aßen beim Schultheiß am Tiſche und Jedermann
war überaus freundlich gegen ſie, und als ſie vom Tiſche auf-
ſtanden, bekamen ſie noch Küchle in ein Papier gewickelt zum
Mitnehmen. Als am Abend indeß, nach Anordnung des Ge-
meinderaths, der Krappenzacher den Dami mitnahm und die
ſchwarze Marann' die Amrei abholte, da wollten ſich die Kinder
nicht trennen und weinten laut und wollten heim. Der Dami
ließ ſich bald durch allerlei Vorſpiegelungen beſchwichtigen, Amrei
aber mußte mit Gewalt gezwungen werden, ja ſie ging nicht
vom Fleck, und der Großknecht des Schultheißen trug ſie endlich
auf dem Arme in das Haus der ſchwarzen Marann'. Dort fand
ſie zwar ihr Bett aus dem Elternhauſe, aber ſie wollte ſich nicht
hineinlegen, bis ſie vom Weinen müde auf dem Boden einſchlief
und man ſie mitſammt den Kleidern ins Bett ſteckte. Auch den
Dami hörte man beim Krappenzacher laut weinen, worauf er

dann jämmerlich schrie und bald darauf ward er stille. Die viel=
verschrieene schwarze Marann' bewies aber schon an diesem ersten
Abende, wie still bedacht sie für ihren Pflegling war. Sie hatte
schon viele, viele Jahre kein Kind mehr in ihrer Umgebung ge=
habt und jetzt stand sie vor dem schlafenden und sagte fast laut:
„Glücklicher Kinderschlaf! Das weint noch und gleich darauf im
Umsehen ist es eingeschlafen, ohne Dämmern, ohne Hin= und
Herwerfen."

Sie seufzte schwer.

Am andern Morgen ging Amrei bald zu ihrem Bruder und
half ihn ankleiden und tröstete ihn über das, was ihm geschehen
war; wenn der Vater käme, werde er den Krappenzacher schon
bezahlen. Dann gingen die beiden Kinder hinaus an das elter=
liche Haus, klopften an die Thüre und weinten laut, bis der
Kohlenmathes, der in der Nähe wohnte, herzukam und sie in die
Schule brachte. Er bat den Lehrer, den Kindern zu erklären,
daß ihre Eltern todt seien, er selber wisse ihnen das nicht deut=
lich zu machen und besonders die Amrei scheine es gar nicht be=
greifen zu wollen. Der Lehrer that sein Möglichstes und die
Kinder waren ruhig. Aber von der Schule gingen sie doch wieder
nach dem Elternhause und warteten dort hungernd wie verirrt,
bis man sie abholte.

Das Haus des Josenhans mußte der Hypothekengläubiger
wieder an sich ziehen, die Anzahlung, die der Verstorbene darauf
gemacht, ging verloren, denn durch die Auswanderungen ist
namentlich der Häuserwerth beispiellos gesunken; es stehen viele
Häuser im Dorfe leer, und so blieb auch das Haus des Josen=
hans unbewohnt. Alle fahrende Habe war verkauft und daraus
ein kleines Besitzthum für die Kinder gelöst worden; das reichte
aber bei weitem nicht aus, das Kostgeld für sie zu erschwingen,
sie waren Kinder der Gemeinde und darum brachte man sie unter
bei solchen, die sie am billigsten nahmen.

Amrei verkündete eines Tages mit Jubel ihrem Bruder, sie
wisse jetzt, wo die Kukuksuhr der Eltern sei, der Kohlenmathes
habe sie gekauft; und noch am Abend standen die Kinder draußen
am Hause und warteten bis der Kukuk rief, dann lachten sie
einander an.

Und jeden Morgen gingen die Kinder nach dem elterlichen
Hause, klopften an und spielten dort am Weiher, wie wir sie

heute sehen, aber jetzt horchen sie auf, das ist ein Ruf, den man in dieser Jahreszeit sonst nicht hört, denn der Kukuk beim Kohlenmathes ruft achtmal.

„Wir müssen in die Schule,“ sagte Amrei und wanderte rasch mit ihrem Bruder wiederum den Gartenweg hinein in das Dorf. An der hintern Scheuer des Rodelbauern sagte Dami: „Bei unserm Pfleger haben sie heute schon viel gedroschen.“ Er deutete dabei auf die Wieden der abgedroschenen Garben, die wie Merkzeichen über dem Halbthore der Scheuer hingen. Amrei nickte still.

2. Die ferne Seele.

Der Rodelbauer, dessen Haus mit dem rotbangestrichenen Gebälke und einem frommen Spruche in einer großen Herzform, nicht weit vom Hause des Josenhans war, hatte sich vom Gemeinderath zum Pfleger der verwaisten Kinder ernennen lassen. Er weigerte das um so weniger, da Josenhans vordem als Anderknecht bei ihm gedient hatte. Seine Pflegschaft bestand aber in weiter nichts, als daß er die unverkauften Kleider des Vaters aufbewahrte und manchmal, wenn er einem der Kinder begegnete, im Vorübergehen fragte: „bist brav?“ und ohne die Antwort abzuwarten, weiter schritt. Dennoch war in den Kindern ein seltsamer Stolz, da sie erfuhren, daß der Großbauer ihr Pfleger sei; sie kamen sich dadurch als etwas ganz Besonderes, fast Fürnehmes vor. Sie standen oft abseits bei dem großen Hause und schauten verlangend hinauf, als erwarteten sie etwas und wußten nicht was, und bei den Eggen und Pflügen neben der Scheune saßen sie oft und lasen immer wieder den Bibelspruch am Hause. Das Haus redete doch mit ihnen, wenn auch sonst Niemand.

Es war am Sonntag vor Allerseelen, als die Kinder wiederum vor dem verschlossenen Elternhause spielten — sie waren wie an den Ort gebannt — da kam die Landfriedbäuerin den Hochdorfer Weg herein; sie trug einen großen rothen Regenschirm unterm Arm und ein schwarzes Gesangbuch in der Hand. Sie machte ihren letzten Besuch in ihrem Geburtsorte, denn schon gestern hatte der Knecht auf einem vierspännigen Wagen den gesammten Hausrath zum Dorfe hinausgeführt und morgen in der Frühe wollte sie mit ihrem Manne und ihren drei Kindern auf das neuerkaufte Gut im fernen Allgäu ziehen. Schon von weitem

bei der Hanfbreche nickte die Landfriedbäuerin den Kindern zu,
denn Kinder sind ein guter „Angang" — so nennt man die erste
Begegnung — aber die Kinder konnten nichts davon sehen, so
wenig als von den wehmuthsvollen Mienen der Bäuerin. Als
sie jetzt bei den Kindern stand, sagte sie: „Grüß Gott, Kinder!
Was thut denn ihr schon da? Wem gehöret ihr?"

„Da dem Josenhans," antwortete Amrei, auf das Haus
deutend.

„O ihr armen Kinder!" rief die Bäuerin, die Hände zu-
sammenschlagend. „Dich hätte ich kennen sollen, Mädle, gerad
so hat deine Mutter ausgesehen, wie sie mit mir in die Schul'
gangen ist. Wir sind gute Kamrädinnen gewesen und euer Vater
hat ja bei meinem Vetter, dem Rodelbauer, gedient. Ich weiß
Alles von euch. Aber sag', Amrei, warum hast du keine Schuhe
an? Du kannst ja krank werden bei dem Wetter. Sag' der
Marann', die Landfriedbäuerin von Hochdorf ließe ihr sagen, es
sei nicht brav, daß sie dich so herumlaufen läßt. Nein, brauchst
nichts sagen, ich will schon selber mit ihr reden. Aber Amrei,
du mußt jetzt groß und gescheit sein und selber auf dich Acht
geben. Denk' daran, wenn das deine Mutter wüßt', daß du in
solcher Jahrszeit so barfuß herumläufst." Das Kind schaute die
Bäuerin groß an, als wollte es sagen: weiß denn die Mutter
nichts davon? Die Bäuerin aber fuhr fort: „Das ist noch das
Aergste, daß ihr nicht einmal wissen könnet, was für rechtschaffene
Eltern ihr gehabt; drum müssen's euch ältere Leute sagen. Denket
daran, daß ihr euren Eltern erst die rechte Seligkeit gebt, wenn
sie im Himmel droben hören, wie hier unten die Menschen sagen:
des Josenhansen Kinder, die sind die Probe von allem Guten,
da sieht man recht deutlich den Segen der rechtschaffenen Eltern."

Rasche Thränen rannen bei diesen letzten Worten der Bäuerin
von den Wangen. Die schmerzliche Rührung in ihrer Seele, die
noch einen ganz andern Grund hatte, brach jetzt bei diesen Gedanken und Worten unaufhaltsam hervor, und Eigenes und Fremdes floß ineinander. Sie legte ihre Hand auf das Haupt des
Mädchens, das im Anblicke der weinenden Frau auch heftig zu
weinen begann; es mochte fühlen, wie sich eine gute Seele ihm
zuwendete, und eine dämmernde Ahnung, daß es wirklich seine
Eltern verloren, begann ihm aufzugehen.

Das Angesicht der Frau leuchtete plötzlich. Sie richtete das

Auge, in dem noch Thränen hingen, zum Himmel auf und sagte: „Guter Gott, das schickst Du mir.“ Dann fuhr sie zu dem Kinde gewendet fort: „Horch, ich will dich mitnehmen. Meine Lisbeth ist mir in deinem Alter genommen worden. Sag', willst du mit mir ins Allgäu gehen und bei mir bleiben?“

„Ja,“ sagte Amrei entschlossen.

Da fühlte sie sich von hinten angefaßt und geschlagen.

„Du darfst nicht,“ rief Dami, der sie umfaßte; sein ganzes Wesen zitterte.

„Sei stet,“ beruhigte Amrei, „die gute Frau nimmt dich ja auch mit. Nicht wahr, mein Dami geht auch mit uns?“

„Nein, Kind, das geht nicht, ich hab' Buben genug.“

„Dann bleib' ich auch da,“ sagte Amrei und faßte ihren Bruder bei der Hand.

Es gibt einen Schauder, in dem Fieber und Frost sich streiten, Freude an der That und Furcht vor ihr. So war die fremde Frau in sich zusammengeschauert und jetzt sah sie mit einer Art von Erleichterung auf das Kind. In überwallender Empfindung, vom reinsten Zuge des Wohlthuns erfaßt, hatte sie eine That und eine Verpflichtung auf sich nehmen wollen, deren Schwere und Bedeutung sie nicht sattsam überlegt hatte, und namentlich wie ihr Mann, ohne vorher gefragt zu sein, das aufnehmen werde. Als jetzt das Kind selber sich weigerte, trat eine Ernüchterung ein und Alles ward ihr rasch klar; darum ging sie mit einer gewissen Erleichterung schnell auf die Abwehr ihres Unternehmens ein. Sie hatte ihrem Herzen genügt, indem sie die That thun wollte, und jetzt, da sich Hindernisse entgegenstellten, hatte sie eine Art Befriedigung, daß sie unterblieb, ohne daß sie selbst ihr Wort zurücknahm.

„Wie du willst,“ sagte die Bäuerin. „Ich will dich nicht überreden. Wer weiß, vielleicht ist es besser so, daß du zuerst groß wirst. In der Jugend Noth ertragen lernen, das thut gut, das Bessere nimmt sich licht an; wer noch etwas Rechtes geworden ist, hat in der Jugend Schweres erfahren müssen. Sei nur brav. Aber das behalt' im Andenken, daß du allzeit, wenn du brav bist, um deiner Eltern willen, eine Unterkunft bei mir haben sollst, so lange mir Gott das Leben läßt. Denk' daran, daß du nicht verlassen bist auf der Welt, wenn dir's übel geht. Merk' dir nur die Landfriedbäuerin in Zusmarshofen im Allgäu. Und

noch eins. Sag' im Dorf nichts davon, daß ich dich habe an=
nehmen wollen; es ist auch wegen der Leute, sie werden dir's
übel nehmen, daß du nicht mitgegangen bist. Aber es ist schon
gut so. Wart', ich will dir noch was geben, daß du an mich
denkst." Sie suchte in den Taschen, aber plötzlich fuhr sie sich
an den Hals und sagte: „Nein, nimm nur das." Sie hauchte
sich mehrmals in die steifen Finger, bis sie es zu Stande brachte,
denn sie nestelte eine fünfreihige Granatschnur, daran ein ge=
henkelter Schweden=Dukaten hing, vom Halse und schlang das
Geschmeide um den Hals des Kindes, wobei sie es küßte. Amrei
sah wie verzaubert drein unter all diesen Hantierungen. „Für
dich hab' ich leider nichts," sagte die Frau zu Dami, der eine
Gerte, die er in der Hand hatte, in immer kleinere Stücke zer=
brach, „aber ich schicke dir ein Paar lederne Hosen von meinem
Johannes, sie sind noch ganz gut. Du kannst sie tragen, wenn
du größer bist. Jetzt b'hüt euch Gott, ihr lieben Kinder. Wenn's
möglich ist, komme ich noch zu dir, Amrei. Schicke mir jeden=
falls nach der Kirche die Marann'. Bleibet brav und betet fleißig
für eure Eltern in der Ewigkeit und vergesset nicht, daß ihr im
Himmel und auf Erden noch Annehmer habt."

Die Bäuerin, die zum behenden Gang ihren Oberrock in
Zwickel aufgesteckt hatte, ließ ihn jetzt beim Eingange des Dorfes
herab; mit raschen Schritten ging sie das Dorf hinein und wen=
dete sich nicht mehr um.

Amrei faßte sich an den Hals, beugte das Gesicht nieder
und wollte die Denkmünze betrachten, aber es gelang ihr nicht
ganz. Dami kaute an dem letzten Stück seiner Gerte, und als
ihn jetzt die Schwester betrachtete und Thränen in seinen Augen
sah, sagte sie:

„Wirst sehen, du kriegst das schönste Paar Hosen im Dorf."

„Und ich nehm' sie nicht," sagte Dami und spie dabei ein
Stück Holz aus.

„Ich will ihr schon sagen, daß sie dir auch ein Messer
kaufen muß. Ich bleib' heut' den ganzen Tag daheim, sie kommt
ja noch zu uns."

„Ja, wenn sie schon da wär'!" entgegnete Dami, ohne zu
wissen, was er sagte; nur sein Zorn und das Gefühl der Zurück=
setzung hatte ihm diesen mißtrauischen Vorwurf eingegeben.

Es läutete schon zum erstenmal, die Kinder eilten ins

Dorf zurück. Amrei übergab mit kurzem Berichte den neugewon-
nenen Schmuck der Marann', und dieſe ſagte:

„Du biſt ja ein Glückskind! Ich will dir's gut aufheben.
Jetzt hurtig in die Kirche."

Während des Gottesdienſtes ſahen die beiden Kinder immer
nach der Landfriedbäuerin und beim Ausgange warteten ſie an
der Thüre, aber die vornehme Bäuerin war mit ſo vielen Menſchen umringt, die alle in ſie hineinredeten, daß ſie ſich immer
im Kreiſe drehen mußte, um bald da, bald dort zu antworten.
Für den wartenden Blick der Kinder und deren ſtändiges Nicken
fand ſie keine Aufmerkſamkeit.

Die Landfriedbäuerin hatte das jüngſte Töchterchen des Rodelbauern, die Roſel, an der Hand; ſie war um ein Jahr älter
als Amrei, und dieſe ſtieß in der Entfernung immer vor ſich
hin, als müßte ſie die Zudringliche, die ihren Platz einnahm,
wegdrängen. Oder hatte die vornehme Bäuerin nur ein Auge
für Amrei draußen beim letzten Hauſe in der Einſamkeit, aber
mitten unter den Menſchen kannte ſie ſie nicht? Gelten da nur
die Kinder reicher Leute, die Kinder der Verwandten? Amrei
erſchrak, als ſie dieſen leiſe ſich regenden Gedanken plötzlich laut
hörte, denn Dami ſprach ihn aus; aber während ſie mit dem
Bruder in ziemlicher Entfernung dem großen Trupp folgte, der
die Landfriedbäuerin umgab, ſuchte ſie dem Bruder und wohl
damit auch ſich den böſen Gedanken auszureden. Die Landfriedbäuerin verſchwand endlich in dem Hauſe des Rodelbauern und
die Kinder kehrten ſtill zurück, wobei Dami plötzlich ſagte:

„Wenn ſie zu dir kommt, ſag' nur auch, daß ſie auch zum
Krappenzacher gehen muß und ihm ſagen, daß er gut gegen mich
ſein ſoll."

Amrei nickte und die Kinder trennten ſich, ein jedes ging
nach dem Hauſe, wo es Unterkunft gefunden hatte.

Die Nebel, die ſich am Morgen verzogen hatten, kamen am
Mittag als voller Regenguß hernieder.

Der große rothe Regenſchirm der Landfriedbäuerin bewegte
ſich aufgeſpannt hin und her im Dorfe und man ſah die Geſtalt
kaum, die darunter war. Die ſchwarze Marann' hatte die Landfriedbäuerin nicht getroffen und ſagte bei der Heimkunft: „Sie
kann ja auch zu mir kommen, ich will nichts von ihr." Die
beiden Kinder wanderten wieder hinaus nach dem elterlichen Hauſe

und saßen dort zusammengekauert auf der Thürschwelle und redeten fast kein Wort. Wieder schien es ihnen zu ahnen, daß
die Eltern doch nicht wieder kämen, und Dami wollte zählen,
wie viel Tropfen von der Dachtraufe fielen; aber es ging ihm
allzuschnell und er machte sich's leicht und schrie auf Einmal:
„Tausend Millionen!“

„Da muß sie vorbei, wenn sie heimgeht,“ sagte Amrei,
„und da rufen wir sie an; schrei nur auch recht mit, und dann
wollen wir schon weiter mit ihr reden.“ So sagte Amrei, denn
die Kinder warteten hier noch auf die Landfriedbäuerin.

Es klatschte eine Peitsche im Dorfe. Man hörte jenes nach-
spritzende Pferdegetrapp im aufgeweichten Wege und ein Wagen
rollte herbei.

„Wirst sehen, der Vater und die Mutter kommen in einer
Kutsche und holen uns,“ rief Dami.

Amrei schaute traurig nach ihrem Bruder um und sagte:
„Schwätz nicht so viel.“ Als sie sich umwendete, war der Wagen
ganz nahe, es winkte Jemand von demselben unter einem rothen
Regenschirm hervor, und fort rollte das Gefährte, und nur der
Spitz des Kohlenmathes bellte ihm eine Weile nach und that,
als wollte er mit seinen Zähnen die Speichen aufhalten; aber
am Weiher kehrte er wieder zurück, bellte unter der Hausthüre
noch einmal hinaus und schlüpfte dann hinein ins Haus.

„Heidi! fort ist sie!“ sagte Dami wie triumphirend; es war
ja die Landfriedbäuerin. „Hast des Rodelbauern Rappen nicht
gekannt? Die haben sie davon geführt. Vergiß meine ledernen
Hosen nicht!“ schrie er noch laut mit aller Kraft seiner Stimme,
obgleich der Wagen bereits im Thale verschwunden war und jetzt
schon die kleine Anhöhe am Holderwasen hinaufkroch.

Die Kinder kehrten still ins Dorf zurück.

Wer weiß, wie dieß Ereigniß eine feine Wurzel im innern
Dasein bildet und was daraus aufsprossen wird?

Zunächst deckt ein anderes Gefühl dasjenige der ersten
schweren Täuschung zu.

3. Vom Baum am Elternhause.

Am Tage vor Allerseelen sagte die schwarze Marann' zu
den Kindern:

„Jetzt holt ordentlich Vogelbeeren, morgen brauchen wir sie auf dem Kirchhof."

„Ich weiß wo, ich kann holen," sagte Dami mit einer wahrhaft gierigen Freude und rannte zum Dorf hinaus, daß ihn Amrei kaum erreichen konnte, und als sie am elterlichen Hause ankam, war er schon oben auf dem Baume und neckte stolz, sie solle auch heraufkommen; weil er wußte, daß sie das nicht könne. Er pflückte nun die rothen Beeren und warf sie hinab in die Schürze der Schwester. Sie bat ihn, er möge auch die Stiele mit abpflücken, sie wolle einen Kranz machen. Er sagte: „Das thu' ich nicht!" Und doch kam fortan keine Beere ohne Stiel mehr herunter.

„Horch, wie die Spatzen schelten!" rief Dami vom Baume, „die ärgern sich, daß ich ihnen ihr Futter wegnehme." Und als er endlich Alles abgepflückt hatte, sagte er: „Ich gehe nicht mehr herunter, ich bleib' da oben Tag und Nacht, bis ich todt herunter falle, und komme gar nicht mehr zu dir, wenn du mir nicht was versprichst."

„Was denn?"

„Daß du deinen Anhenker von der Landfriedbäuerin nie trägst, so lange ich's sehe; versprichst du mir das?"

„Nein!"

„So komm' ich nicht mehr herunter!"

„Meinetwegen!" sagte Amrei und ging mit den Vogelbeeren davon. Sie setzte sich aber nicht weit entfernt hinter einen Holz= stoß, wand einen Kranz und schielte dabei immer hinaus, ob Dami nicht endlich käme. Sie setzte sich den Kranz auf und plötzlich überfiel sie eine unnennbare Angst wegen Dami. Sie rannte zurück, Dami saß rittlings auf einem Aste an den Stamm zurückgelehnt und die Arme übereinandergeschlagen.

„Komm herunter, ich verspreche dir, was du willst!" rief Amrei und im Nu war Dami bei ihr auf dem Boden.

Zu Hause schalt die schwarze Marann' über das alberne Kind, das sich aus den Beeren, die man zum Grabe der Eltern brauche, einen Kranz gemacht habe. Sie zerriß denselben schnell und sprach dabei einige unverständliche Worte; dann nahm sie beide Kinder an der Hand und führte sie hinaus nach dem Kirch= hof. Wo zwei Erdhaufen nahe an einander waren, sagte sie:

„Da sind eure Eltern." Die Kinder sahen sich staunend an.

Die Marann' machte nun mit einem Stocke Furchen in Kreuzes=
form auf den Gräbern und wies die Kinder an, die Beeren da
herein zu stecken. Dami war behend dabei und triumphirte, da
er mit seinem rothen Kreuze früher fertig war, als die Schwester.
Amrei schaute ihn nur groß an und erwiderte nichts, und erst als
Dami sagte: „das wird den Vater freuen," schlug sie ihn hinter=
rücks und sagte: „Sei still!" Dami weinte, vielleicht ärger, als
es ihm ernst war; da rief Amrei laut: „Um Gotteswillen ver=
zeih mir, verzeih mir, daß ich dir das gethan hab'. Hier, da
verspreche ich dir, ich will dir mein Lebenlang Alles thun, was
ich kann, und Alles geben, was ich hab'; gelt Dami, ich hab'
dir nicht weh gethan? Kannst dich drauf verlassen, es geschieht
nie mehr, so lang ich lebe, nie mehr, nie. O Mutter, o Vater,
ich will brav sein, ich versprech's euch; o Mutter, o Vater!" —
Sie konnte nicht weiter reden, aber sie weinte nicht laut, nur
sah man, es gab ihr einen Herzstoß nach dem andern, und erst
als die schwarze Marann' laut weinte, weinte Amrei mit ihr.

Sie gingen heim, und als Dami „gute Nacht" sagte,
raunte ihm Amrei leise ins Ohr: „Jetzt weiß ich's, wir sehen
unsere Eltern nie mehr auf dieser Welt;" aber noch in dieser
Mittheilung lag eine gewisse kindische Freude, ein Kinderstolz,
der sich damit brüstet, etwas zu wissen, und doch war in der
Seele dieses Kindes Etwas aufgetaucht vom Bewußtsein jenes auf
ewig abgeschnittenen Zusammenhanges mit dem Leben, das sich
aufthut im Gedanken der Elternlosigkeit.

Wenn der Tod die Lippen geschlossen, die dich Kind nennen
mußten, ist dir ein Lebensathem verschwunden, der nimmer
wiederkehrt.

Noch als die schwarze Marann' bei Amrei am Bette saß,
sagte diese: „Ich mein', ich fall' und fall' jetzt immerfort, lasset
mir nur eure Hand;" und sie hielt die Hand fest und begann
zu schlummern, aber so oft sie die schwarze Marann' zurückziehen
wollte, haschte sie wieder darnach. Die Marann' verstand, was
das Gefühl vom endlosen Fallen bei dem Kinde zu bedeuten
hatte: das ist ja beim Innewerden vom Tode der Eltern, als
schwebte man im Wurfe, man weiß nicht woher und weiß nicht
wohin. Erst spät gegen Mitternacht konnte die schwarze Marann'
das Bett des Kindes verlassen, nachdem sie ihre gewohnten zwölf
Vaterunser wer weiß zum wie vieltenmal wiederholt hatte.

Ein ſtrenger Trotz lag auf dem Geſicht des ſchlafenden Kindes. Es hatte die eine Hand auf die Bruſt gelegt, die ſchwarze
Marann' hob ſie ihm leiſe weg und ſagte halblaut vor ſich hin:

„Wenn nur immer ein Auge, das über dich wacht, und
eine Hand, die dir helfen will, ſo wie jetzt im Schlafe, ohne
daß du es weißt, dir die Schwere vom Herzen nehmen könnte!
Das kann aber kein Menſch, das kann nur Er... Thu du
meinem Kinde in der Fremde, was ich dieſem da thue."

Die ſchwarze Marann' war eine „geſchiechene" Frau, das
heißt die Leute fürchteten ſich faſt vor ihr, ſo herb erſchien ſie
in ihrem Weſen. Sie hatte vor bald achtzehn Jahren ihren
Mann verloren, der bei einem räuberiſchen Anfall, den er mit
Genoſſen auf den Eilwagen gemacht hatte, erſchoſſen worden war.
Die Marann' trug ein Kind unter dem Herzen, als die Leiche
ihres Mannes mit dem ſchwarzberußten Geſichte ins Dorf gebracht
wurde; aber ſie faßte ſich und wuſch dem Todten das Geſicht
rein, als könnte ſie auch damit ſeine ſchwarze Schuld abwaſchen.
Drei Töchter ſtarben ihr, und nur das Kind, das ſie damals
unter dem Herzen trug, war noch am Leben. Es war ein
ſchmucker Burſch geworden, wenn auch mit ſeltſam ſchwärzlichem
Geſichte, und er war jetzt als Maurergeſell in der Fremde.
Denn von der Zeit Broſi's her, und namentlich ſeitdem deſſen
Sohn Severin ſich mit dem Steinhammer zu ſo hohen Ehren-
ſtellen hinaufgearbeitet, hatte ſich ein großer Theil des Nach-
wuchſes im Dorfe dem Maurerhandwerk gewidmet. Unter den
Kindern war allezeit von Severin die Rede, wie von dem Prinzen
im Märchen. So war auch das einzige Kind der ſchwarzen
Marann' trotz ihrer Widerrede Maurer geworden und jetzt auf
der Wanderſchaft, und ſie, die ihr Lebenlang nicht aus dem
Dorfe gekommen war und auch kein Verlangen hatte, hinaus zu
kommen, ſagte manchmal, ſie komme ſich vor wie eine Henne,
die eine Ente ausgebrütet; aber ſie gluckſte faſt immer in ſich
hinein.

Man ſollte es kaum glauben, daß die ſchwarze Marann'
eine der heiterſten Perſonen im Dorfe war; man ſah ſie nie
traurig, ſie gönnte es den Menſchen nicht, daß ſie Mitleid mit
ihr haben ſollten. Und darum war ſie ihnen unheimlich. Sie
war im Winter die fleißigſte Spinnerin im Dorfe und im Sommer die emſigſte Holzſammlerin, ſo daß ſie noch einen guten

Theil davon verlaufen konnte, und „mein Johannes," — so hieß ihr noch lebender Sohn — „mein Johannes," hörte man in jeder ihrer Reden. Die kleine Amrei hatte sie, wie sie sagte, nicht aus Gutmüthigkeit zu sich genommen, sondern nur weil sie ein lebendiges Wesen um sich haben wollte. Sie that gern recht rauh vor den Leuten und genoß dabei um so mehr den Stolz eines heimlichen Rechtes.

Der gerade Gegensatz zu ihr war der Krappenzacher, bei dem Dami ein Unterkommen gefunden; der stellte sich draußen vor der Welt gern als der gutmüthigste Allesverschenker, im Geheimen aber knuffte und mißhandelte er seine Angehörigen und besonders den Dami, für den er nur geringes Kostgeld erhielt. Er hieß eigentlich Zacharias und hatte seinen Spitznamen davon, weil er einst seiner Frau ein Paar fein hergerichtete Tauben als Braten heimgebracht hatte; es waren dies aber ein Paar gerupfte Raben, hier zu Lande Krappen genannt. Der Krappenzacher, der einen Stelzfuß hatte, verbrachte seine meiste Zeit damit, daß er wollene Strümpfe und Jacken strickte, und so saß er mit seinem Strickzeuge überall im Dorfe herum, wo es was zu plaudern gab, und dieses Geplauder, wobei er allerlei hörte, diente ihm zu sehr einträglichen Nebengeschäften. Er war der sogenannte Heirathsmacher in der Gegend, denn namentlich da, wo sich noch die großen geschlossenen Güter finden, geschehen die Heirathen in der Regel durch Vermittler, die die entsprechenden Vermögensverhältnisse genau auskundschaften und Alles vorher bestimmen. Wenn dann eine solche Heirath zu Stande gebracht war, spielte der Krappenzacher noch bei der Hochzeit die Geige auf, denn darin war er ein landeskundiger Meister. Er verstand aber auch die Clarinette und das Horn zu blasen, wenn ihm die Hände vom Geigen müde waren. Er war eben ein Allerweltsmensch.

Das weinerliche und empfindliche Wesen Dami's war dem Krappenzacher höchst zuwider und er wollte es ihm damit austreiben, daß er ihn recht viel weinen machte und ihn neckte, wo er nur konnte.

So waren die beiden Stämmchen, aus demselben Boden erwachsen, in verschiedenes Erdreich verpflanzt. Standort und Bodensaft und die eigene Natur, die sie in sich trugen, ließen sie verschiedenartig gedeihen.

4. Thu' dich auf.

Am Allerseelentag, er war trübe und neblig, waren die
Kinder mitten unter den Versammelten auf dem Kirchhofe. Der
Krappenzacher hatte Dami an der Hand dahin geführt. Amrei
aber war allein gekommen ohne die schwarze Marann', und viele
schimpften über die hartherzige Frau, und einige trafen einen
Theil der Wahrheit, indem sie sagten: die Marann' wolle nichts
von dem Besuchen der Gräber, weil sie nicht wisse, wo das
Grab ihres Mannes sei. Amrei war still und vergoß keine
Thräne, während Dami bei den mitleidigen Reden der Menschen
jämmerlich weinte, freilich auch, weil ihn der Krappenzacher mehrmals heimlich geknufft und gezwickt hatte. Amrei starrte eine
Zeitlang träumerisch vergessen hinein in die Lichter zu Häupten
der Gräber und sah staunend, wie die Flamme das Wachs auf-
frißt, der Docht immer mehr verkohlt, bis endlich das Licht ganz
herabgebrannt ist.

Unter den Versammelten bewegte sich auch ein Mann in
vornehmer städtischer Kleidung, mit einem Band im Knopfloch;
es war der Oberbaurath Severin, der, auf einer Inspektions-
reise begriffen, hier das Grab seiner Eltern, Brosi und Moni,
besuchte. Seine Geschwister und deren Angehörige umgaben ihn
stets mit einer gewissen Ehrerbietung, und die Andacht war fast
ganz abgelenkt und alle Aufmerksamkeit auf diesen Vornehmen
gerichtet.

Auch Amrei betrachtete ihn und fragte den Krappenzacher:
„Ist das ein Hochzeiter?"

„Warum?"

„Weil er ein Bändel im Knopfloch hat."

Statt aller Antwort hatte der Krappenzacher nichts Eiligeres
zu thun, als auf eine Gruppe loszugehen und zu sagen, welch
eine dumme Rede da das Kind gethan habe. Und mitten unter den
Gräbern erschallte lautes Gelächter über solche Albernheit. Nur
die Robelbäuerin sagte: „Ich finde dies gar nicht so hirnlos.
Wenn's auch ein Ehrenzeichen ist, was der Severin hat, es
bleibt doch wunderlich, da auf dem Kirchhof mit einer Auszeich-
nung herumzulaufen; da, wo sich zeigt, was aus uns allen
wird, habe man im Leben Kleider von Seide oder von Zwillich
angehabt. Es hat mich schon verdrossen, daß er damit in der

Kirche war; so etwas muß man abthun, ehe man in die Kirche geht, um wie viel mehr auf dem Kirchhof."

Die Kunde von der Frage der kleinen Amrei mußte doch auch bis zu Severin gedrungen sein, denn man sah ihn hastig seinen Oberrock zuknöpfen und dabei nickte er nach dem Kinde hin. Jetzt hörte man ihn fragen, wer das sei, und kaum hatte er die Antwort vernommen, als er auf die beiden Kinder an den frischen Gräbern zueilte und zu Amrei sagte: „Komm her, Kind, mach' deine Hand auf, hier schenke ich dir einen Dukaten; davon schaffe dir an, was du brauchst."

Das Kind starrte drein und antwortete nicht. Und kaum hatte Severin den Rücken gewendet, als es ihm halblaut nachrief: „Ich nehm' nichts geschenkt," und ihm dabei den Dukaten nachschleuderte. Viele, die das gesehen hatten, kamen auf Amrei zu und schimpften auf sie hinein, und eben als sie daran waren, sie zu mißhandeln, wurde sie wiederum von der Rodelbäuerin, die sie schon einmal mit Worten beschützt hatte, von den rohen Händen gerettet. Auch sie verlangte indeß, daß Amrei wenigstens Severin nacheile und ihm danke; doch Amrei gab auf keinerlei Rede eine Antwort; sie blieb starr, so daß auch ihre Beschützerin von ihr abließ. Nur mit großer Mühe fand man den Dukaten wieder und ein Gemeinderath, der zugegen war, nahm ihn sogleich in Verwahrung, um ihn dem Pfleger der Kinder zu übergeben.

Dieses Ereigniß brachte der kleinen Amrei einen seltsamen Ruf im Dorfe. Man sagte, sie sei doch erst wenige Tage bei der schwarzen Marann' und habe schon ganz deren Art und Weise. Man fand es unerhört, daß ein Kind aus solcher Armuthei einen solchen Stolz haben könne, und indem man ihr diesen Stolz auf Wegen und Stegen vorwarf, ward sie dessen erst recht inne, und in der jungen Kinderseele regte sich ein Trotz, ihn nur desto mehr zu bewahren. Die schwarze Marann' that auch das Ihrige, um solche Stimmung zu befestigen, denn sie sagte: „Es kann einem Armen kein größeres Glück geschehen, als wenn man es für stolz hält; dadurch ist man bewahrt, daß Jedes auf einem herumtrampelt und noch verlangt, daß man sich dafür bedanke."

Im Winter war Amrei sehr viel bei dem Krappenzacher und hörte ihn besonders gern geigen. Ja der Krappenzacher sagte ihr ein-

mal das große Lob: „Du bist nicht dumm," denn Amrei hatte
nach einem langen Geigenspiel bemerkt: „Es ist doch wunderlich,
wie so eine Geige den Athem so lang anhalten kann, das kann
ich nicht." Und wenn daheim in stillen Winternächten die schwarze
Marann' funkelnde und schauererregende Zaubergeschichten erzählte,
da sagte Amrei mehrmals tief aufathmend, wenn sie zu Ende
waren: „O Marann', ich muß jetzt Athem schöpfen, ich hab', so
lang Ihr gesprochen habt, den Athem anhalten müssen."

War das nicht ein Zeichen tiefer Hingebung an alle Vor=
kommnisse und doch wieder ein Merkmal freier Beobachtung der=
selben und besonders des eigenen Verhaltens dabei?

Das Beste ist aber, daß auf die Kinder elementarische Kräfte
einwirkten, die nicht fragen: was wird daraus werden?

Niemand achtete sehr auf Amrei, und diese konnte träumen,
wie es ihr in den Sinn kam, und nur der Lehrer sagte einmal
in der Gemeinderathssitzung: solch ein Kind sei ihm noch nicht
vorgekommen; es sei trotzig und nachgiebig, träumerisch und
wachsam. In der That bildete sich schon früh bei allem kindi=
schen Selbstvergessen ein Gefühl der Selbstverantwortlichkeit, eine
Wehrhaftigkeit im Gegensatze zur Welt, ihrer Güte und Bosheit
in der kleinen Amrei aus; während Dami bei allen kleinen An=
lässen weinend zur Schwester kam und ihr klagte. Er hatte immer
Mitleid mit sich selber, und wenn er in Raufhändeln von Spiel=
genossen niedergeworfen wurde, klagte er: „Ja, weil ich ein
Waisenkind bin, schlagen sie mich. O wenn das mein Vater,
meine Mutter wüßte!" und dann weinte er doppelt über die er=
fahrene Unbill. Dami ließ sich von allen Menschen zu essen
schenken und wurde dadurch gefräßig, während Amrei mit Weni=
gem vorlieb nahm und sich dadurch äußerst mäßig gewöhnte.
Selbst die wildesten Buben fürchteten Amrei, ohne daß man
wußte, woran sie ihre Kraft bewiesen hatte, während Dami vor
ganz kleinen Jungen davon lief. In der Schule war Dami stets
spielerisch, er bewegte die Füße und bog mit der Hand die Ecken
der Blätter um, während er las. Amrei dagegen war stets zier=
lich und gewandt, aber sie weinte oft in der Schule, nicht wegen
der Strafen, die sie selbst bekam, sondern so oft Dami gestraft
wurde.

Am meisten konnte Amrei den Dami vergnügen, wenn sie
ihm Räthsel schenkte. Noch immer saßen die beiden Kinder viel

am Hause ihres reichen Pflegers, bald bei den Wagen, bald
beim Backofen hinter dem Hause, an dem sie sich von außen
wärmten, besonders im Herbste. Und Amrei fragte: „Was ist
das Beste am Backofen?"

„Du weißt ja, ich kann nichts errathen," erwiderte Dami
klagend.

„So will ich dir's sagen: das Beste am Backofen ist, daß
er das Brod nicht selber frißt." Und auf den Wagen vor dem
Hause deutend, fragte Amrei: „Was ist lauter Loch und hält doch?"

Ohne lange auf Antwort zu warten, setzte sie gleich hinzu:
„Das ist die Kette."

„Jetzt diese Räthsel schenkst du mir," sagte Dami, und
Amrei erwiderte: „Ja, du darfst sie aufgeben. Aber siehst du
dort die Schafe kommen? Jetzt weiß ich noch ein Räthsel."

„Nein," rief Dami, „nein, ich kann nicht drei behalten,
ich hab' genug an zweien."

„Nein, das mußt noch hören, sonst nehm' ich die andern
wieder." Und Dami sagte ängstlich in sich hinein, um es ja
nicht zu vergessen: „Kette. Selberfressen," während Amrei fragte:
„Auf welcher Seite haben die Schafe die meiste Wolle? Mäh!
Mäh! auf der auswendigen!" setzte sie sogleich mit scherzendem
Gesange hinzu, und Dami sprang davon, um seinen Kameraden
die Räthsel aufzugeben. Er hielt beide Hände fest zu Fäusten
zusammengepreßt, als hätte er darin die Räthsel und wolle sie
nicht verlieren. Als er aber bei den Kameraden anlam, wußte
er doch nur noch das von der Kette, und des Rodelbauern Ael=
tester, den er gar nicht gefragt hatte und der viel zu groß dazu
war, sagte schnell die Auflösung und Dami kam wiederum wei=
nend zu seiner Schwester zurück.

Die Räthselkunst der kleinen Amrei blieb aber nicht lange
verborgen im Dorfe und selbst reiche, ernsthafte Bauern, die sonst
mit Niemand, am wenigsten mit einem armen Kinde viel Worte
machen, ließen sich herbei, da und dort der kleinen Amrei ein
Räthsel aufzugeben. Daß sie selber viele dergleichen wußte, das
konnte sie von der schwarzen Marann' haben, aber daß sie neu=
gesetzte so oft zu beantworten verstand, das erregte allgemeine
Verwunderung. Amrei hätte nicht mehr unaufgehalten über die
Straße oder aufs Feld gehen können, wenn sich nicht bald ein
Mittel dagegen gefunden hätte. Sie stellte als Gesetz fest, daß

sie Niemanden ein Räthsel löse, dem sie nicht auch eines aufgeben dürfe. Sie aber wußte solche zu drechseln, daß man wie
gebannt war. Noch nie war im Dorfe einem armen Kinde so
viel Beachtung zugewendet worden als der kleinen Amrei. Aber
je mehr sie heranwuchs, um so weniger Aufmerksamkeit wurde
ihr geschenkt; denn die Menschen betrachten nur die Blüthen und
die Früchte mit theilnehmendem Auge, nicht aber jenen langen
Uebergang, wo das Eine zum Andern wird.

Noch bevor Amrei aus der Schule entlassen wurde, gab ihr
das Schicksal ein Räthsel auf, das schwer zu lösen war.

Die Kinder hatten einen Ohm, der sieben Stunden von
Haldenbrunn, in Fluorn, Holzhauer war; sie hatten ihn nur
Einmal gesehen bei dem Begräbnisse des Vaters, er ging hinter
dem Schultheiß, der die Kinder an der Hand führte. Seitdem
träumten die Kinder viel von dem Ohm in Fluorn. Man sagte
ihnen oft, der Ohm sähe dem Vater ähnlich, und nun waren sie
noch mehr begierig, ihn zu sehen, denn wenn sie auch noch manchmal glaubten, Vater und Mutter müßten plötzlich kommen . . .
es könnte ja gar nicht sein, daß sie nicht mehr da wären . . .
so gewöhnten sie sich doch nach und nach daran, die Hoffnung
aufzugeben und um so mehr, je mehr Jahre vergingen, in denen
sie das Grab der Eltern mit Vogelbeeren besteckten, und nachdem sie schon lange den Namen der Eltern auf ein und demselben schwarzen Kreuze lesen konnten. Auch den Ohm in Fluorn
vergaßen sie fast ganz, denn sie hörten viele Jahre nichts von ihm.

Da wurden eines Tages die beiden Kinder in das Haus
ihres Pflegers gerufen. Dort saß ein Mann, groß und lang
und mit braunem Gesichte.

„Kommet her, Kinder,“ rief der Mann den Eintretenden
zu. Er hatte eine rauhe, trockene Stimme. „Kennet ihr mich
nicht mehr?“

Die Kinder sahen ihn mit aufgerissenen Augen an. Erwachte in ihnen eine Erinnerung an den Klang der väterlichen
Stimme? Der Mann fuhr fort: „Ich bin ja eures Vaters Bruder. Komm her, Lisbeth! Und auch du, Dami!“

„Ich heiße nicht Lisbeth! Ich heiße Amrei!“ sagte das
Mädchen und weinte. Es gab dem Ohm keine Hand. Ein Gefühl der Verfremdung machte es zittern, weil der Ohm es bei
falschem Namen genannt. Es mochte fühlen, daß da nicht die

rechte Anhänglichkeit war, wo man seinen Namen nicht mehr
wußte.

„Wenn Ihr mein Ohm seid, warum wisset Ihr denn nicht
mehr, wie ich heiße?" fragte Amrei.

„Du bist ein dummes Kind, gleich gehst du hin und giebst
ihm die Hand," herrschte der Rodelbauer und setzte dann zu dem
Fremden halblaut hinzu: „Es ist ein unebenes Kind. Die schwarze
Marann' hat ihm allerlei Wunderliches in den Kopf gesetzt und
du weißt ja, es ist nicht geheuer bei ihr."

Amrei schaute sich verwundert um und gab dem Ohm zitternd
die Hand. Dami hatte das schon früher gethan und fragte jetzt:
„Ohm, hast du uns auch was mitgebracht?"

. „Hab' nicht viel zum Mitbringen; ich bring' euch selber mit,
ihr geht mit mir. Weißt du, Amrei, daß das gar nicht brav
ist, daß du deinen Ohm nicht gern hast? Du hast ja sonst Nie=
mand auf der Welt. Wen hast du denn sonst noch? Komm besser
her, da setz dich neben mich — noch näher. Siehst du? Dein
Dami, der ist viel gescheiter. Er sieht auch mehr in unsere
Familie, aber du gehörst doch auch zu uns."

Eine Magd kam und brachte viele Mannskleider und legte
sie auf den Tisch.

„Das sind deines Bruders Kleider," sagte der Rodelbauer
zu dem Fremden und dieser fuhr zu Amrei fort: „Siehst du?
das sind deines Vaters Kleider, die nehmen wir jetzt mit und
ihr geht auch mit, zuerst nach Fluorn und dann über den Bach."

Amrei berührte zitternd den Rock des Vaters und seine blau=
gestreifte Weste. Der Ohm aber hob die Kleider auf, wies auf
die zertragenen Ellenbogen hin und sagte zum Rodelbauer: „Die
sind nicht viel werth, die lasse ich mir nicht hoch anschlagen, und
ich weiß nicht einmal, ob ich die drüben in Amerika tragen kann,
ohne ausgespottet zu werden."

Amrei faßte krampfhaft einen Rockzipfel. Daß man die
Kleider ihres Vaters wenig werth nannte, an die sie wie an ein
kostbares und unbezahlbares Kleinod gedacht hatte, das schien sie
zu kränken, und daß diese Kleider in Amerika getragen und dort
ausgespottet werden sollten, das Alles verwirrte sie fast, und über=
haupt, was sollte denn das mit Amerika?

Sie wurde darüber bald aufgeklärt, denn die Rodelbäuerin
kam und mit ihr die schwarze Marann', und die Rodelbäuerin

sagte: „Hör' einmal, Mann, ich meine, das geht nicht so schnell, daß man die Kinder da mit dem Mann nach Amerika schickt."

„Es ist ja ihr einziger leiblicher Verwandter, der Bruder des Josenhans."

„Ja freilich, aber er hat bis jetzt nicht viel davon gezeigt, daß er ein Verwandter, und ich meine, man kann das nicht ohne den Gemeinderath, und der kann's nicht einmal allein. Die Kinder haben hier ein Heimathsrecht, und das kann man ihnen nicht im Schlaf nehmen, denn die Kinder können ja noch nicht selber sagen was sie wollen. Das heißt Einen im Schlaf forttragen."

„Meine Amrei ist aufgeweckt genug, die ist jetzt dreizehn, aber gescheiter als eine andere von dreißig Jahr, die weiß, was sie will," sagte die schwarze Marann'.

„Ihr beide hättet sollen Gemeinderath werden," sagte der Rodelbauer; „aber ich bin auch der Meinung, daß man die Kinder nicht wie Kälber am Strick nimmt und fortzieht. Gut, lasset den Mann selber mit ihnen reden, nachher läßt sich schon weiter sehen, was zu machen ist; er ist einmal ihr natürlicher Annehmer und hat das Recht, Vaterstelle an ihnen zu vertreten, wenn er will. Hör' einmal, geh du jetzt mit deinen Bruderskindern ein wenig vor's Dorf hinaus, und ihr Weiber bleibet da, es redet ihnen Keines zu und Keines ab."

Der Holzbauer nahm die beiden Kinder an der Hand und verließ mit ihnen Stube und Haus.

„Wohin wollen wir gehen?" fragte er die Kinder auf der Straße.

„Wenn du unser Vater sein willst, geh mit uns heim; da drunten ist unser Haus," sagte Dami.

„Ist es denn offen?" fragte der Ohm.

„Nein, aber der Kohlenmathes hat den Schlüssel, er hat uns aber noch nie hineingelassen. Ich springe voraus und hole den Schlüssel." Und behend machte sich Dami los und sprang davon.

Amrei kam sich wie gefesselt vor an der Hand des Ohms, und dieser redete doch jetzt mit zutraulicher Innigkeit in sie hinein, er erzählte fast wie zu seiner Entschuldigung, daß er selber eine schwere Familie habe, so daß er sich mit Frau und fünf Kindern nur mit Noth fortbringen könnte. Nun aber erhalte er von einem Manne, der große Waldungen in Amerika besitze, freie Ueber-fahrt und nach fünf Jahren, wenn er den Wald umgerodet habe

ein großes Ackergut vom besten Boden als freies Eigenthum.
Als Dank gegen Gott, der ihm das für sich und seine Kinder
bescheerte, habe er sich sogleich vorgesetzt, eine Wohlthat zu thun
und die Kinder seines Bruders mitzunehmen; er wolle sie aber
nicht zwingen und nehme sie überhaupt nur mit, wenn sie ihn
von ganzem Herzen gern hätten und ihn als ihren zweiten Vater
betrachteten. Amrei sah ihn nach diesen Worten groß an. Wenn
sie es nur hätte machen können, daß sie diesen Mann liebte! Aber
sie fürchtete sich fast vor ihm; sie wußte nichts dagegen zu thun.
Und daß er so plötzlich wie aus den Wolken fiel und verlangte:
hab' mich lieb! das machte sie eher widersacherisch gegen ihn.

„Wo ist denn deine Frau?" fragte Amrei. Sie mochte wol
fühlen, daß eine Frau sie milder und allmähliger angefaßt hätte.

„Ich will dir nur ehrlich sagen," erwiderte der Ohm, „meine
Frau mengt sich nicht in diese Sache, sie hat gesagt, sie rede
mir nicht zu und nicht ab. Sie ist ein bischen herb, aber nur
von Anfang, und wenn du gut gegen sie bist, und du bist ja
gescheit, so kannst du sie um den Finger wickeln. Und wenn dir
auch einmal etwas geschieht, was dir nicht recht ist, denk', du
bist bei deines Vaters Bruder, und sag' mir's ganz allein, und
ich will dir helfen, wo ich kann. Aber du wirst sehen, du fängst
jetzt erst zu leben an."

Amrei standen die Thränen in den Augen bei diesen Worten,
und doch konnte sie nichts sagen, sie fühlte sich diesem Manne gegen=
über fremd. Seine Stimme bewegte sie, aber wenn sie ihn ansah,
wäre sie gern entflohen.

Da kam Dami mit dem Schlüssel. Amrei wollte ihm den=
selben abnehmen, aber er gab ihn nicht her. In der eigenthüm=
lich pedantischen Gewissenhaftigkeit der Kinder sagte er, daß er
des Kohlenmathesen Frau heilig versprochen habe, den Schlüssel
nur dem Ohm zu geben. Dieser empfing ihn, und Amrei war's,
als ob sich ein zaubervolles Geheimniß aufthue, da der Schlüssel
zum erstenmal im Schlosse rasselte und jetzt sich drehte — die
Klinge bog sich nieder und die Thüre ging auf. Eine eigenthümliche
Gruftkälte hauchte aus dem schwarzen Hausflur, der zugleich als
Küche gedient hatte. Auf dem Herde lag noch ein Häufchen Asche,
an der Stubenthüre waren noch die Anfangsbuchstaben vom Caspar
Melchior Balthes und darunter die Jahrzahl vom Tode der Eltern
mit Kreide angeschrieben. Amrei las sie laut, das hatte noch

der Vater angeschrieben. „Schau,“ rief Dami, „der Achter ist
gerade so gezogen, wie du ihn machst, und wie's der Lehrer
nicht leiden will, so von rechts ·nach links.“ Amrei winkte ihm,
still zu sein. Sie fand es fürchterlich und sündhaft, daß der
Dami hier so leicht sprach, hier, wo es ihr war wie in der Kirche,
ja wie mitten in der Ewigkeit, ganz außerhalb der Welt und
doch mitten drin. Sie öffnete selber die Stubenthüre. Die Stube
war finster wie ein Grab, denn die Laden waren geschlossen, und
nur durch eine Ritze drang ein zitternder Sonnenstrahl herein
und just auf einen Engelkopf am Kachelofen, so daß der Engel
zu lachen schien. Amrei fiel erschreckt nieder, und als sie sich
aufrichtete, hatte der Ohm einen Fensterladen geöffnet und warme
Luft drang von außen herein. Hier innen war es so kalt. In
der Stube war nichts mehr von Hausrath als eine an die Wand
genagelte Bank. — Dort hatte die Mutter gesponnen und dort
hatte sie die Händchen Amrei's zusammengefügt und sie stricken
gelehrt.

„So, Kinder, jetzt wollen wir wieder gehen,“ sagte der
Ohm, „da ist nicht gut sein. Kommet mit zum Bäcker, ich kauf'
Jedem ein Weißbrod; oder wollet ihr lieber eine Brezel?“

„Nein, noch eine Weile dableiben,“ sprach Amrei und
streichelte immer den Platz, worauf die Mutter gesessen hatte.
Auf einen weißen Fleck an der Wand deutend fuhr sie dann
halblaut fort: „Da hat unsere Kukuksuhr gehangen und dort der
Soldatenabschied von unserm Vater und da sind die Stränge
Garn gehangen, die die Mutter gesponnen hat; sie hat noch
feiner spinnen können als die schwarze Marann', ja die schwarze
Marann' hat's selber gesagt: immer einen Schneller mehr aus
dem Pfund als jedes Andere und Alles so gleichling — da ist
kein Knötele drin gewesen, und siehst da den Ring da oben an
der Decke? Das ist schön gewesen, wenn sie da den Zwirn ge=
macht hat. Wenn ich damals schon bei Verstand gewesen·wäre,
hätte ich nicht zugegeben, daß man der Mutter ihre Kunkel ver=
tauft, es wäre mein Erbstück; aber es hat sich Niemand unserer
angenommen. O Mutter lieb! o Vater lieb! wenn ihr es wüßtet,
wie wir herumgestoßen worden sind, es thäte euch noch jammern
in der Seligkeit.“

Amrei fing laut an zu weinen und Dami weinte mit. Selbst
der Ohm trocknete sich eine Thräne und drang nochmals darauf,

daß man jetzt fortgehe, denn es ärgerte ihn zugleich, daß er sich und den Kindern dieses unnöthige Herzeleid gemacht; Amrei aber sagte streng: „Wenn Ihr auch gehet, ich gehe nicht mit."

„Wie meinst du das? Du willst gar nicht mitgehen?"

Amrei erschrak, sie ward jetzt erst inne, was sie gesagt hatte, und fast mochte es ihr sein, als wenn das eine Eingebung gewesen wäre, aber sie erwiderte bald:

„Nein, vom Andern weiß ich noch nichts. Ich meine nur so, gutwillig gehe ich jetzt nicht aus dem Haus, bis ich Alles wiedergesehen habe. Komm Dami, du bist ja mein Bruder, komm mit auf den Speicher, weißt? wo wir Versteckens gespielt haben, hinterm Kamin; und dann wollen wir zum Fenster 'nausguden, wo wir die Morcheln getrocknet haben. Weißt nicht mehr, das schöne Guldenstück, das der Vater dafür bekommen hat?"

Es raschelte etwas und kollerte über der Decke. Alle drei erschraken. Aber der Ohm sagte schnell: „Bleib da, Dami, und du auch. Was wollet ihr da oben? Höret ihr nicht, wie die Mäus' rasseln?"

„Komm du nur mit, die werden uns nicht fressen," drängte Amrei, aber Dami erklärte, daß er nicht mitgehe, und obgleich Amrei innerlich Furcht hatte, faßte sie doch ein Herz und ging allein zum Speicher hinauf. Sie kam aber bald wieder zurück, leichenblaß, und hatte nichts als einen Büschel altes Kümmelstroh in der Hand.

„Der Dami geht mit mir nach Amerika," sagte der Ohm zu der Hinzutretenden, und diese erwiderte, das Stroh in der Hand zerbrechend: „Ich habe nichts dagegen. Ich weiß noch nicht, was ich thue, aber er kann auch allein gehen."

„Nein," rief Dami, „das thu' ich nicht. Du bist damals mit der Landfriedbäuerin nicht gegangen, wie sie dich hat mitnehmen wollen, und so gehe ich auch nicht allein, aber mit dir."

„Nun denn, so überleg' dir's, du bist gescheidt genug," schloß der Ohm, verriegelte wiederum den Laden, so daß man im Finstern stand, drängte dann die Kinder zur Stubenthür und zur Hausflur hinaus, verschloß die Hausthüre und ging, dem Kohlenmathes den Schlüssel wieder zu bringen, und dann mit Dami allein ins Dorf hinein. Noch aus der Ferne rief er Amrei zu: „Du hast noch bis morgen früh Zeit; dann geh' ich fort, ob ihr mitgehet oder nicht."

Amrei war allein, sie schaute den Weggehenden nach, und es kam ihr seltsam vor, daß ein Mensch vom andern weggehen kann. „Dort geht er hin, und er gehört doch zu dir und du zu ihm."

Seltsam! Wie es im wirklichen Traume geht, daß das blos leise Angeregte sich in ihm erneuert und mit allerlei Wunderlich-keiten verflicht, so erging es jetzt Amrei im wachen Traume. Nur ganz flüchtig hatte Dami von der Begegnung mit der Landfried-bäuerin gesprochen; ihr Gedenken war halb erloschen in der Er-innerung, und jetzt wachte es wieder hell auf wie ein Bild aus vergangenem vorgeträumtem Leben. Amrei sagte sich fast laut: „Wer weiß, ob sie nicht auch einmal so plötzlich, man kann nicht sagen woher, an dich denkt, und vielleicht jetzt eben in dieser Minute, und hier, dort unten hat sie dir's ja versprochen, daß sie dir eine Annehmerin sein will, wenn du kommst, dort bei den Kopfweiden. Warum bleiben nur die Bäume stehen, daß man sie allzeit sieht? Warum wird nicht auch ein Wort so etwas wie ein Baum, das steht fest und man kann sich dran halten? Ja, es kommt nur darauf an, ob man will, da hat man's so gut wie einen Baum .... und was so eine ehrenhafte Bäuerin sagt, das ist fest und getreu, und sie hat doch auch geweint, weil sie fort gemußt von der Heimath, und ist doch schon lang hinaus verheirathet aus dem Dorf und hat Kinder, ja, und der Eine heißt Johannes." Amrei stand an dem Vogelbeerbaum und legte die Hand an seinen Stamm und sagte: „Du, warum gehst denn du nicht fort? warum heißen dich die Menschen nicht auch aus-wandern? Vielleicht wäre dir's auch besser anderswo. Aber frei-lich, du bist zu groß und du hast dich nicht selber hergesetzt, und wer weiß, ob du nicht an einem andern Ort verkämest. Man kann dich nur umhacken und nicht versetzen. Dummes Zeug! Ich hab' ja auch von da weggemußt. Ja, wenn's mein Vater wäre, da müßt' ich mit ihm gehen. Er hat mich nicht zu fragen, und wer lang fragt, geht viel irr'. Es kann mir Niemand rathen, auch die Marann' nicht. Und beim Ohm ist's doch so, er denkt: ich thu' dir Gutes und du mußt mir's wieder bezahlen. Wenn er hart gegen mich ist und gegen den Dami, weil er ungeschickt ist, und wir gehen auf und davon ... Wohin sollen wir dann in der wilden fremden Welt? Und hier kennt uns jeder Mensch und jede Hecke, jeder Baum hat ein bekanntes Gesicht. Gelt, du

kennst mich?" sagte sie wieder aufschauend zu dem Baum. „O
wenn du reden könntest! Du bist doch auch von Gott geschaffen,
o warum kannst du nicht reden? Du hast doch auch meinen
Vater und meine Mutter so gut gekannt, warum kannst du mir
nicht sagen, was sie mir rathen würden? O lieber Vater, o liebe
Mutter, mir ist so weh, daß ich fort soll. Ich habe doch hier
nichts und fast Niemand, aber mir ist's, als müßt' ich aus dem
warmen Bett in den kalten Schnee. Ist das, was mir so weh
thut, ein Zeichen, daß ich nicht fort soll? Ist das das rechte
Gewissen, oder ist es nur eine dumme Angst? O lieber Himmel,
ich weiß es nicht. Wenn jetzt nur eine Stimme vom Himmel
käm' und thät' mir's sagen."

Das Kind zitterte von innerer Angst und der Zwiespalt des
Lebens that sich zum erstenmal schreiend in ihm auf. Und wieder sprach sie halb, halb dachte sie, aber jetzt entschlossen:

„Wenn ich allein wäre, da weiß ich fest, ich ginge nicht,
ich bliebe da; es thut mir zu weh; und ich kann mir schon allein
forthelfen. Gut, merk' dir das. Also Eins hast du fest, mit
dir selber bist du im Reinen. Ja, aber was ist das für ein
dummes Denken! Wie kann ich mir's denn denken, daß ich allein
wäre ohne den Dami? Ich bin ja gar nicht allein da, der Dami
gehört zu mir und ich zu ihm. Und für den Dami wär's doch
besser, er wäre in einer Vatersgewalt; das thät' ihn aufrichten.
Wozu brauchst du aber einen Andern? Kannst du nicht selber
für ihn sorgen, wenn's nöthig ist? Und wenn er so eingeheimst
wird, ich seh' schon, da bleibt er sein Lebenlang nichts als ein
Knecht, der Pudel für andere Leute; und wer weiß, wie die
Kinder des Ohms gegen uns sind. Weil sie selber arme Leute
sind, werden sie die Herren gegen uns spielen. Nein, nein, sie
sind gewiß brav und das ist schön, wenn man so sagen kann:
Guten Tag, Vetter, guten Morgen, Bas'. Wenn nur der Ohm
eins von den Kindern mitgebracht hätt', da könnt' ich viel besser
reden, und könnte auch Alles besser erkundschaften. O lieber Gott,
wie ist das Alles auf einmal so schwer."

Amrei setzte sich nieder am Baum und ein Buchfink kam
dahergetrippelt, pickte ein Körnchen auf, schaute sich um und flog
davon. Ueber das Gesicht Amrei's kroch etwas, sie wischte es
ab. Es war ein Abgottskäfer. Sie ließ ihn auf ihrer Hand
herumkriechen, zwischen Berg und Thal ihrer Finger; bis er auf

die Spitze des Fingers kam und davon flog. „Was der wol erzählen wird, wo er gewesen sei," dachte Amrei, „und so ein
Thierchen hat es gut: wo es hinfliegt, ist es daheim. Und horch!
wie die Lerchen singen, die haben's gut, die brauchen sich nicht
zu besinnen, was sie zu sagen und was sie zu thun haben. Und
dort treibt der Metzger mit seinem Hund ein Kalb aus dem Dorfe.
Der Metzgerhund hat eine ganz andere Stimme als die Lerche,
aber freilich, mit Lerchensang kann man auch kein Kalb treiben ..."

„Wohin mit dem Füllen?" rief der Kohlenmathes aus seinem
Fenster einem jungen Burschen zu, der ein schönes junges Füllen
am Halfter führte.

„Der Rodelbauer hat's verkauft," lautete die Antwort, und
bald wieherte das Füllen weiter unten im Thale. Amrei, die
das hörte, mußte wiederum denken: „Ja, so ein Thier verkauft
man von der Mutter weg und die Mutter weiß es kaum; und
wer's bezahlt, der hat's eigen; und einen Menschen kann man
nicht kaufen, und wer nicht will, für den giebt's kein Halfter.
Und dort kommt jetzt der Rodelbauer mit seinen Pferden, und
das große Füllen springt neben her. Du wirst auch bald eingespannt. Und vielleicht wirst du auch verkauft. Ein Mensch wird
nicht gekauft, er verdingt sich bloß. So ein Thier kriegt für seine
Arbeit keinen andern Lohn als Essen und Trinken und braucht
auch sonst nichts, aber ein Mensch kriegt noch Geld dazu als Lohn.
Ja, ich kann jetzt Magd sein, und von meinem Lohn thue ich
den Dami in die Lehre, er will ja auch Maurer werden. Und
wenn wir beim Ohm sind, ist der Dami nicht mehr so mein wie
jetzt. Und horch, jetzt fliegt der Staar heim, da oben ins Haus,
das ihm noch der Vater hergerichtet, und er singt noch einmal
lustig. Und der Vater hat das Haus aus alten Brettern gemacht.
Ich weiß noch, wie er gesagt hat, daß ein Staar nicht in ein
Haus von neuen Brettern zieht, und so ist mir's auch ... Du
Baum, jetzt weiß ich's: Wenn du rauschest, so lange ich heute
noch da bin, so bleibe ich da." ... Und Amrei horchte tief auf.
Bald war's ihr, als rauschte der Baum, dann aber sah sie nach
den Zweigen und diese waren unbewegt, sie wußte nicht mehr,
was sie hörte.

Mit lärmendem Geschnatter kam es jetzt herbei und eine Staub-
wolke ging voraus. Es war die Gänseheerde, die vom Holderwasen
hereinkam. Amrei ahmte vor sich hin lange das Geschnatter nach.

Die Augen fielen ihr zu, sie war eingeschlummert.

Ein ganzer Frühling von Blüthen war aufgebrochen in dieser Seele, und die Blüthenbäume im Thale, die den Nachtthau einsogen, schickten ihre Düfte hinüber zu dem Kinde, das eingeschlafen war auf der Heimat-Erde, von der es sich nicht trennen konnte.

Es war schon lange Nacht, als sie erwachte und eine Stimme rief: „Amrei, wo bist du?" Sie richtete sich auf und antwortete nicht. Sie schaute verwundert nach den Sternen, und es war ihr, als ob diese Stimme vom Himmel käme; erst als sich die Stimme wiederholte, erkannte sie den Ton der Marann' und antwortete: „Da bin ich!" Und jetzt kam die schwarze Marann' und sagte: „O das ist gut, daß ich dich gefunden habe. Im ganzen Dorf sind sie wie närrisch. Der Eine sagt: er habe dich im Walde gesehen; der Andere ist dir im Felde begegnet, wie du jammernd dahin gerannt bist und auf keinen Ruf dich umgekehrt hast. Und mir ist's gewesen, als wenn du in den Teich gesprungen wärst. Brauchst dich nicht zu fürchten, liebes Kind, brauchst nicht zu entfliehen. Es kann dich Niemand zwingen, daß du mit deinem Ohm gehst."

„Wer hat denn gesagt, daß ich nicht will?"

Plötzlich fuhr ein rascher Windhauch durch den Baum, daß er mächtig rauschte.

„Und freilich will ich nicht!" schloß Amrei und hielt die Hand an den Baum.

„Komm heim, es bricht ein arges Wetter los, der Wind wird's gleich da haben," drängte die schwarze Marann'.

Wie taumelnd ging Amrei mit der schwarzen Marann' ins Dorf hinein. Was war denn das, daß die Menschen sie durch Feld und Wald irrend gesehen haben wollten, oder sprach das nur die Marann'?

Die Nacht war stockdunkel, nur plötzlich leuchteten rasche Blitze und ließen die Häuser im hellen Tageslicht erscheinen, so daß das Auge geblendet wurde und man stillstehen mußte, und war der Blitz verschwunden, so sah man gar nichts mehr. Im eigenen Heimatsdorfe waren die beiden wie in der Fremde verirrt und schritten nur unsicher vorwärts. Dazu wirbelte es Staub auf, so daß man vor Betäubung fast nicht vom Flecke kam; in Schweiß gebadet arbeiteten sich die Beiden vorwärts und kamen endlich unter schwer fallenden Tropfen an ihrer Behausung an.

Ein Windstoß riß die Hausthüre auf und Amrei sagte:
„Thu' dich auf."

Sie mochte an ein Märchen gedacht haben, wo sich auf ein
Räthselwort ein Zauberschloß aufthut.

5. Auf dem Holderwasen.

Als am andern Morgen der Ohm kam, erklärte Amrei, daß
sie dabliebe. — Es lag eine seltsame Mischung von Bitterkeit
und Wohlwollen darin, als der Ohm sagte: „Freilich, du artest
deiner Mutter nach, und die hat nie etwas von uns wissen
wollen; aber ich kann den Dami allein nicht mit nehmen, wenn
er auch ginge. Der kann noch lange Nichts als Brod essen; du
hättest es auch verdienen können."

Amrei entgegnete, daß sie das vor der Hand hier zu Lande
wolle, und daß sie mit ihrem Bruder später, wenn der Ohm
noch so gut gesinnt bleibe, ja zu ihm kommen könne.

In der Art, wie nun der Ohm seine Theilnahme für die
Kinder ausdrückte, wurde der Entschluß Amrei's wieder etwas
schwankend, aber in ihrer besondern Weise wagte sie das nicht
kund zu geben; sie sagte nur: „Grüßet mir auch Eure Kinder
und saget ihnen, daß es mir recht hart ist, daß ich meine
nächsten Anverwandten gar nie gesehen hab', und daß sie jetzt
weit übers Meer ziehen und ich sie vielleicht mein Lebenlang
nicht mehr sehe."

Der Ohm machte sich rasch auf und gab nur noch Amrei
den Auftrag, den Dami von ihm zu grüßen, er habe keine Zeit
mehr, ihm Lebewohl zu sagen.

Er ging davon.

Als bald darauf Dami kam und die Abreise des Ohms erfuhr, wollte er ihm nachrennen und selbst Amrei war entschlossen
dazu; aber sie bezwang sich wieder, dem nicht nachzugeben. Sie
redete und that, als ob Jemand ihr jedes Wort und jede Regung befohlen hätte, und doch schweiften ihre Gedanken fort die
Wege nach, die jetzt der Ohm ging. Sie ging mit ihrem Bruder
Hand in Hand durch das Dorf und nickte allen Leuten zu, die
ihr begegneten. Sie war jetzt erst wieder zu Allen zurückgekehrt.
Man hatte sie ja fortreißen wollen und sie meinte, alle Anderen
müßten ebenso froh sein wie sie selber; aber sie merkte bald, daß

man sie nicht nur gerne gehen ließ, sondern daß man ihr sogar
zürnte, weil sie nicht gegangen war. Der Krappenzacher machte
ihr die Augen auf, indem er sagte: „Ja Kind, du hast einen
Trotzkopf, und das ganze Dorf ist dir bös, weil du dein Glück
mit Füßen von dir gestoßen hast. Wer weiß, ob's ein Glück
gewesen wär', aber sie nennen's jetzt so, und wer dich ansieht,
rechnet dir vor, was du Alles aus der Gemeinde hast. Darum
mach', daß du bald aus dem öffentlichen Almosen kommst.“

„Ja, was soll ich machen?“

„Die Rodelbäuerin möchte dich gern in Dienst nehmen, aber
der Bauer will nicht.“

Amrei mochte fühlen, daß sie sich fortan doppelt tapfer halten
müsse, damit sie kein Vorwurf treffe, weder von sich noch von
Andern, und sie fragte daher abermals: „Wisset Ihr denn gar
nichts?“

„Freilich, du mußt dich nur vor nichts scheuen als vorm
Betteln. Hast denn nicht gehört, daß der närrische Fridolin gestern der Kirchbäuerin zwei Gänse todtgeschlagen hat? Der Gans-
hirtendienst ist nun leer und ich rathe dir, nimm du ihn.“

Das war nun bald geschehen, und am Mittag trieb Amrei
die Gänse auf den Holderwasen, wie man den Weideplatz auf
der kleinen Anhöhe beim Hungerbrunnen nannte. Dami half der
Schwester getreulich dabei.

Die schwarze Marann' war indeß sehr unzufrieden mit dieser
neuen Bedienstung und behauptete, wol nicht mit Unrecht: „Es
geht einem sein Lebenlang nach, wenn man so einen Dienst gehabt hat; die Leute vergessen's einem nie und sehen einen immer
drauf an, und es besinnt sich Jedes, dich einmal in den Dienst
zu nehmen, weil es heißen wird: das ist ja die Gänsehirtin;
und wenn man dich auch aus Barmherzigkeit nimmt, kriegst du
schlechten Lohn und schlechte Behandlung, da heißt es immer:
das ist gut genug für die Gänsehirtin.“

„Das wird nicht so arg sein,“ erwiderte Amrei, „und ihr
habt mir ja viel hundert Geschichten erzählt, wie eine Gänsehirtin
Königin geworden ist.“

„Das war in alten Zeiten. Aber wer weiß, du bist noch
von der alten Welt; manchmal ist mir's gar nicht, als wärst du
ein Kind, wer weiß, du alte Seele, vielleicht geschieht dir noch
ein Wunder.“

Der Hinweis, daß sie noch nicht auf der untersten Stufe der Ehrenleiter gestanden, sondern daß es noch etwas gebe, wodurch sie herabsteige, machte Amrei plötzlich stutzig. Für sich selber eroberte sie nichts weiter daraus, aber sie duldete es fortan nicht mehr, daß Dami mit ihr die Gänse hütete. Er war ein Mann, er sollte einer werden, und ihm konnte es schaden, wenn man ihm einst nachsagte, daß er vormals die Gänse gehütet habe. Aber mit allem Eifer konnte sie ihm das nicht klar machen, und er trotzte mit ihr; denn so ist es immer: gerade an dem Punkte, wo das Verständniß aufhört, beginnt eine innere Verdrossenheit. Die innere Unmacht übersetzt sich in äußeres Unrecht und erfahrene Kränkung.

Amrei freute sich fast, daß Dami viele Tage so bös mit ihr sein konnte; er lernte doch jetzt an ihr sich gegen die Welt zu stemmen und auch seinen eigenen Willen zu behaupten.

Dami bekam indeß auch bald ein Amt. Er wurde von seinem Pfleger, dem Rodelbauer, als Vogelscheuche benutzt; er durfte im Baumgarten des Rodelbauern den ganzen Tag die Rassel drehen, um die Sperlinge von den Frühkirschen und aus den Salatbeeten zu verscheuchen, aber er gab das Amt, das ihn Anfangs als Spiel vergnügt hatte, bald wieder auf.

Es war ein fröhliches, aber auch ein mühsames Amt, das Amrei übernommen hatte, besonders war es ihr oft schwer, daß sie nichts zu machen wußte, wodurch sie die Thiere an sich fesselte. Ja, sie waren kaum von einander zu unterscheiden. Und es war nicht uneben, was ihr einst die schwarze Marann', als sie aus dem Moosbrunnenwalde kam, darüber sagte: die Thiere, die in Heerden leben, sind jedes für sich allein dumm.

„Und ich mein' auch," setzte Amrei fort: „Die Gänse sind deßwegen dumm, weil sie zu vielerlei können; sie können schwimmen und laufen und fliegen, sind aber nicht im Wasser, nicht auf dem Boden und nicht in der Luft recht daheim . . . das macht sie dumm."

„Ich bleib' dabei," entgegnete die schwarze Marann', „in dir steckt noch ein alter Einsiedel."

In der That bildete sich auch ein einsiedlerisches Träumen in Amrei aus, seltsam durchzogen von allerlei heller Lebensberechnung. Wie sie bei allem Träumen und Betrachten emsig fortstrickte und keine Masche fallen ließ, und wie hier an der

Ecke beim Holzbirnenbaum der betäubende Nachtschatten und die erfrischende Erdbeere so nahe beieinander wachsen, daß sie fast aus derselben Wurzel zu sprossen scheinen, so war klares Aus= schauen und träumerisches Hindämmern in der Seele des Kindes nahe bei einander.

Der Holderwasen war kein einsam abgelegener Platz, den die stille Märchenwelt, draus es glimmt und glitzert, gerne heim= sucht. Mitten durch den Holderwasen führte ein Feldweg nach Endringen und nicht weit davon standen die verschiedenfarbigen Grenzpfähle mit den Wappenschildern zweier Herren, deren Länder hier an einander stießen. Mit Ackerfuhrwerk allerlei Art zogen hier die Bauern vorüber, und Männer, Frauen und Mädchen gingen hin und her mit Hacke, Sense und Sichel. Die Land= jäger der beiden Länder kamen auch oft vorüber, und der Flinten= lauf glitzerte von fernher und noch weit nach. Ja Amrei wurde fast immer vom Endringer Landjäger begrüßt, wenn sie am Wege saß, und sie sollte manchmal Auskunft geben, ob nicht Dieser oder Jener hier vorbeigekommen sei; aber sie wußte nie Bescheid, vielleicht auch verhehlte sie ihn aus jener innern Abneigung des Volkes und besonders der Dorfkinder, die die Landjäger für alle= zeit gewaffnete Feinde der Menschheit halten, so da umgehen und suchen, wen sie verschlingen.

Der Theisles=Manz, der hier am Wege die Steine klopfte, redete fast kein Wort mit Amrei; er ging verdrossen von Stein= haufen zu Steinhaufen, und sein Klopfen war noch unaufhörlicher als das Picken des Spechtes im Moosbrunnenwalde und gehörte mit zu dem Schrillen und Zirpen der Heuschrecken in den nahen Wiesen und Kleefeldern.

Aber über alles menschliche Getriebe hinüber wurde Amrei doch oft ins Reich der Träume getragen. Wie die Lerchen in der Luft singen und jubeln und nichts davon wollen: wo ist die Grenze des Ackers von Diesem und Jenem? ja wie sie sich hin= wegschwingen über die Grenzpfähle ganzer Länder, so wußte die Seele des Kindes nichts mehr von den Schranken, die das be= engte Leben der Wirklichkeit setzt. Das Gewohnte wird zum Wunder, das Wunder wird zum Alltäglichen. Horch, wie der Kukuk ruft! Das ist das lebendige Echo des Waldes, das sich selbst ruft und antwortet; und jetzt sitzt der Vogel über dir im Holzbirnenbaum, darfst aber nicht aufschauen, sonst fliegt er fort.

Wie er ſo laut ruft, ſo unermüdlich! wie weit das tönt, wie
weit man das hört! Der kleine Vogel hat eine ſtärkere Stimme
als ein Menſch. Setz' dich auf den Baum, ahme ihn nach, man
hört dich nicht ſo weit als den fauſtgroßen Vogel. Still, vielleicht iſt es doch ein verzauberter Prinz und plötzlich fängt er an
zu reden. Ja, gieb du mir nur Räthſel auf, laß mich nur be-
ſinnen, ich finde ſchon die Auflöſung, und dann erlöſe ich dich,
und wir ziehen in dein goldenes Schloß und nehmen die ſchwarze
Marann' und den Dami mit, und der Dami heirathet die Prin-
zeſſin, deine Schweſter; und wir laſſen den Johannes von der
ſchwarzen Marann' in der ganzen Welt ſuchen, und wer ihn
findet, kriegt ein Königreich. Ach, warum iſt denn das Alles
nicht wahr? und warum hat man denn das Alles ausgedacht,
wenn es nicht wahr iſt?

Während die Gedanken Amrei's über alle Grenzen hinaus-
gegangen waren, fühlten ſich auch die Gänſe unbeſchränkt und
thaten ſich gütlich an benachbarten Klee- oder gar Gerſten- und
Haferäckern. Aus ihren Träumen erwachend, ſcheuchte dann
Amrei mit ſchwerer Mühe die Gänſe wieder zurück, und wenn
dieſe Freibeuter bei ihrem Regimente angekommen waren, wußten
ſie gar viel zu erzählen von dem gelobten Lande, wo ſie ſich
gütlich gethan; da war des Erzählens und Schnatterns kein Ende,
und noch lange ſprach da und dort eine Gans wie träumend ein
bedeutſames Wort vor ſich hin, und da und dort ſteckte eine den
Schnabel unter die Flügel und träumte in ſich hinein.

Und wieder trug es Amrei hinauf. Schau, dort fliegen die
Vögel; kein Vogel in der Luft ſtrauchelt, auch die Schwalbe nicht
in ihrem Kreuzfluge; immer ſicher, immer frei. O! wer nur
auch fliegen könnte! Wie müßte die Welt ausſehen von da oben,
wo die Lerche iſt. Juchhe! Immer höher, immer höher und
weiter und weiter! Ich fliege in die weite Welt zu der Landfriedbäuerin und ſehe, was ſie macht, und frage, ob ſie noch
mein gedenkt.

„Gedenkſt du mein in fernen Landen?"

So ſang Amrei plötzlich aus all dem Denken, Schwirren und
Sinnen heraus. Und ihr Athem, der beim Gedanken des Fluges
raſcher gegangen war, als ſchwebte ſie ſchon wirklich in höherer
Luftſchicht, wurde wieder ruhig und gemeſſen.

Aber nicht immer glühen die Wangen in wachen Träumen, nicht immer leuchtet die Sonne hell in die offenen Blüthen und in die wogende Saat. Noch im Frühling kamen jene naßkalten Tage, in denen die Blüthenbäume wie frierende Fremdlinge stehen; tagelang läßt sich die Sonne kaum blicken und ein starres Frösteln geht durch die Natur, nur bisweilen unterbrochen vom Aufzucken eines Windstoßes, der Blüthen von den Bäumen reißt und fortträgt. Die Lerche allein jubilirt noch in den Lüften, wol über den Wolken, und der Fink stößt seinen klagenden Ton aus vom Holzbirnenbaum, an dessen Stamm gelehnt Amrei steht. Der Theisles-Manz hat sich weiter unten beim rothangestrichenen hölzernen Kreuz unter die Linde gestellt, in streifenweisen Schüttern prasselt der Hagel hernieder, und die Gänse strecken die Schnäbel empor, wie man sagt, damit es ihnen das weiche Hirn nicht einschlage; aber da drüben hinter Endringen ist's schon hell, und die Sonne bricht bald hervor, und die Berge, der Wald, die Felder, Alles sieht aus wie ein Menschenantlitz, das sich in Furcht ausgeweint hat und nun hellglänzend in Freude strahlt. Die Vögel in der Luft und von den Bäumen jubeln, und die Gänse, die sich im Wetterschauer zusammengedrängt und die Schnäbel verwundert aufgestreckt hatten, wagen sich wieder auseinander, und grasen und schnattern und besprechen das vorübergegangene Ereigniß mit der jungen flaumweichen Brut, die dergleichen noch nicht erlebt hat. —

Gleich nachdem Amrei vom ersten Unwetter überfallen worden war, hatte sie für künftige Fälle Vorsorge getroffen. Sie trug immer einen leeren Kornsack, den sie noch vom Vater ererbt hatte, mit hinaus auf den Gänstrieb. Zwei gekreuzte Aexte mit dem Namen des Vaters waren noch deutlich auf dem Sacke abgemalt, und bei Gewittern deckte sie sich mit dem Sacke zu und wickelte sich fast hinein; da saß sie dann wie unter einem schützenden Dache und schaute hinein in den unfaßbaren wilden Kampf am Himmel. Ein kalter Schauer, der in Wehmuth überging, wollte sich gar oft Amrei's bemächtigen, sie wollte weinen über ihr Schicksal, das sie so allein, verlassen von Vater und Mutter, hinaus stellte; aber sie gewann schon früh eine Kunst und eine Kraft, die sich schwer lernt und übt: die Thränen hinabwürgen. Das macht die Augen frisch und doppelt hell mitten in allem Trübsal und aus ihm heraus.

Amrei bezwang ihre Wehmuth besonders in Erinnerung an einen Spruch der schwarzen Marann': „Wer nicht will, daß ihn die Hände frieren, muß eine Faust machen." Amrei that so, geistig und körperlich, sah trotzig in die Welt hinein, und bald kam Heiterkeit über ihr Antlitz; sie freute sich der prächtigen Blitze und ahmte leise vor sich den Donner nach. Die Gänse, die sich wieder zusammengeduckt hatten, schauten seltsam drein, sie hatten's aber doch gut: alle Kleider, die sie brauchen, sind ihnen auf den Leib gewachsen, und für das, was man ihnen im Frühling ausgerupft hat, ist schon wieder anderes da, und jetzt da das Wetter vorüber ist, jubelt wieder alles in der Luft und auf den Bäumen, und die Gänse freuen sich des seltenen Schmauses; in drängenden Haufen zerren sie an Schnecken und Fröschen, die sich herausgewagt haben.

Von dem tausendfältigen Sinnen, das in Amrei lebte, erhielt nur die schwarze Marann' bisweilen Kunde, wenn sie vom Walde kommend ihre Holzlast und ihre in einem Sacke gefangenen Maikäfer und Würmer bei der Hirtin abstellte. Da sagte Amrei eines Tages: „Bas', wisset Ihr auch, warum der Wind weht?"

„Nein, weißt denn du's?"

„Ja, ich hab's gemerkt. Gucket, Alles was wächst, muß sich umthun. Der Vogel da fliegt, der Käfer da kriecht, der Has', der Hirsch, das Pferd und alle Thiere die laufen, und der Fisch schwimmt und der Frosch auch, und da steht der Baum und das Korn und das Gras, und das kann nicht fort und soll doch wachsen und sich umthun, und da kommt der Wind und sagt: bleib du nur stehen, ich will dich schon umthun, so. Siehst du, wie ich dich drehe und wende und biege und schüttle? Sei froh, daß ich komm', du müßtest sonst verhocken und es würde nichts aus dir; es thut dir gut, wenn ich dich müd' mache, du wirst es schon spüren."

Die schwarze Marann' sagte in der Regel auf solche Kundgebungen nichts weiter als ihren gewohnten Spruch: „Ich bleibe dabei, in dir steckt die Seele von einem alten Einsiedel."

Nur einmal half die Marann' den stillen Betrachtungen Amrei's auf eine andere Spur.

Die Wachtel schlug bereits im hohen Roggenfelde, und neben Amrei sang fast einen ganzen Tag unaufhörlich eine Feldlerche am Boden, sie wanderte hin und her und sang immer so innig, so ins tiefste Herz hinein, es war wie ein Saugen der Lebenslust. Das klang noch viel schöner als die Töne der Himmelslerche, die sich aufschwingt in die Luft, und oftmals kam der Vogel ganz nahe, und Amrei sagte fast laut vor sich hin: „Warum kann ich dir's nicht sagen, daß ich dir nichts thun will? Bleib nur da!" Aber der Vogel war scheu und versteckte sich immer wieder. Und Amrei sagte schnell überlegt vor sich hin: „Es ist doch wieder gut, daß die Vögel scheu sind, man könnte ja sonst die diebischen Sperlinge nicht vertreiben." Als am Mittag die Marann' kam, sagte Amrei: „Ich möcht' nur wissen, was so ein Vogel den lieben langen Tag zu sagen hat, und er schwätzt sich gar nicht aus."

Darauf erwiderte die Marann': „Schau, so ein Thierlein kann nichts bei sich behalten und in sich hinein reden; im Menschen aber spricht sich immer etwas in ihm fort, das hört auch nie auf, aber es wird nicht laut; da sind Gedanken, die singen, weinen und reden, aber ganz still, man hört's selber kaum; so ein Vogel aber, wenn er zu singen aufgehört hat, ist fertig und frißt oder schläft."

Als die schwarze Marann' mit ihrer Holztraget fortging, schaute ihr Amrei lächelnd nach: „die ist jetzt ein stillsingender Vogel," dachte sie, und Niemand als die Sonne sah, wie das Kind noch lange vor sich hinlächelte.

Tag auf Tag lebte Amrei so dahin; stundenlang konnte sie träumerisch zusehen, wie der Schatten vom Gezweige des Holzbirnenbaums sich von dem Winde auf der Erde bewegte, daß die dunkeln Punkte wie Ameisen durcheinanderkrochen, dann starrte sie wieder auf eine feststehende Wolkenbank, die am Himmel glänzte, oder auf jagende flüchtige Wolken, die einander fortschoben. Und wie draußen im weiten Raume, so standen und jagten, stiegen und zerflossen auch in der Seele des Kindes allerlei Wolkenbilder, unfaßlich und nur vom Augenblick Dasein und Gestalt empfangend. Wer aber weiß, wie die Wolkenbildungen draußen in der Weite und im engen Herzensraum zerfließen und sich wandeln?

Wenn der Frühling anbricht über der Erde, du kannst nicht fassen all das tausendfältige Keimen und Sprossen auf dem Grunde, all das Singen und Jubeln auf den Zweigen und in den Lüften. Eine einzige Lerche fasse fest mit Auge und Ohr,

ſie ſchwingt ſich auf, eine Weile ſiehſt du ſie noch, wie ſie die
Flügel ſchlägt, eine Weile unterſcheideſt du ſie noch als dunkeln
Punkt, dann aber iſt ſie verſchwunden; du hörſt nur noch ein
Singen und weißt nicht, von wannen es kommt. Und könnteſt
du nur einer einzigen Lerche im freien Raume einen ganzen Tag
lauſchen, du würdeſt hören, daß ſie am Morgen, am Mittag
und am Abend ganz anders ſingt; und könnteſt du ihr nach=
ſpüren vom erſten zaghaften Frühlingsjauchzen an, du würdeſt
hören, wie ganz andere Töne ſie im Frühling, im Sommer und
im Herbſte in ihren Geſang miſcht. Und ſchon über den erſten
Stoppelfeldern ſingt eine neue Lerchenbrut.

Und wenn der Frühling anbricht in einem Menſchengemüthe,
wenn die ganze Welt ſich aufthut, vor ihm, in ihm, du kannſt
die tauſend Stimmen, die es umfließen, das tauſendfältige Knos=
pen auf dem Grunde und wie es immer weiter gedeiht, nicht
faſſen und feſthalten. Du weißt nur noch, daß es ſingt, daß
es ſproßt.

Und wie ſtill lebt ſich's dann wieder, wie eine feſtgewurzelte
Pflanze. Da iſt der Wieſenzaun beim Holzbirnenbaum, die
Schlehen blühen früh auf und werden nur ſelten zeitig. Und
welch eine ſchöne Blüthe hatte die Mehlbeere, wie kräftig duftete
das und jetzt ſind ſchon kleine Birnen daraus geworden und ſchon
färben ſie ſich roth, und auch die giftige Eimbeere beginnt ſchon
ſchwarz zu werden. Es kommen jene hellen, ſchnittreifen Erntetage,
wo der Himmel ſo wollenlos blau, daß man den ganzen Tag den
Halbmond, und wie er ſich dann füllt und wieder abnimmt, wie
ein feingezirkeltes Wölkchen am Himmel ſieht. Draußen in der
Natur und im Menſchengemüthe iſt es wie ein leiſes Athem=
anhalten vor einem Ziele.

Das war bald ein Leben auf dem Wege, der durch den
Holderwaſen führt! Schnellraſſelnd fuhren die leeren Leiterwagen
dahin, und darauf ſaßen Frauen und Kinder und lachten, auf=
und niedergehoben vom Schüttern des Wagens wie vom Lachen,
und dann fuhren die garbenbeladenen Wagen leiſe und nur
manchmal krächzend heimwärts, und Schnitter und Schnitterinnen
gingen nebenher.

Amrei hatte von der reichen Ernte faſt nicht mehr als ihre
Gänſe, die ſich manchmal in kecker Zudringlichkeit an die beladenen
Wagen herandrängten und eine herunterhängende Aehre abrauften.

Wenn das erste Stoppelfeld draußen im Feldgebreite sich
aufthut, kommt bei aller Freude über den eingeheimsten Ernte-
segen doch auch ein gewisses Bangen in das Menschengemüth;
die Erwartung ist Erfüllung geworden, und wo Alles so wogend
stand, wird es nun kahl. Die Zeit wandelt sich. Der Sommer
wendet sich zur Neige.

Der Brunnen auf dem Holderwasen, in dessen Abfluß sich
die Gänse behaglich tummelten, hatte das beste Wasser in der
Gegend, und die Vorüberziehenden versäumten selten, an der
breiten Röhre zu trinken, während ihr Zugvieh indeß vorauslief;
sich den Mund abwischend und den Davongeeilten nachschreiend,
lief man ihm dann nach. Andere tränkten vom Feld heimkehrend
hier ihr Zugvieh.

Amrei erwarb sich die Gunst vieler Menschen durch einen
kleinen irdenen Topf, den sie sich von der schwarzen Marann'
erbettelt hatte, und so oft nun ein Vorüberziehender sich nach
dem Brunnen begab, kam Amrei herbei und sagte: „Da könnet
Ihr besser trinken." Bei der Rückgabe des Topfes ruhte mancher
freundliche Blick bald länger bald kürzer auf ihr, und das that
ihr so wohl, daß sie fast böse wurde, wenn Leute vorübergingen,
ohne zu trinken. Sie stand dann mit ihrem Topfe beim Brunnen, ließ voll laufen und goß aus, und wenn all dieses Zeichen-
geben nichts half, überraschte sie die Gänse mit einem unver-
hofften Bade und überschüttete sie.

Eines Tages kam ein Bernerwägelein mit zwei stattlichen
Schimmeln daher gefahren, ein breiter oberländischer Bauer nahm
den Doppelsitz fast vollends ein. Er hielt am Wege und fragte:

„Mädle! hast du nichts, daß man da trinken kann?"

„Freilich, ich hol' schon."

Behend brachte Amrei ihr Gefäß voll Wasser herbei.

„Ah!" sagte der Oberländer, nachdem er einen guten Zug
gethan und absetzte, und mit triefendem Munde fuhr er dann,
halb in den Krug hinein sprechend, fort: „Es gibt doch in der
ganzen Welt kein solches Wasser mehr."

Er setzte wiederum an und winkte dabei Amrei, daß sie still
sein solle, denn er hatte eben wieder mächtig zu trinken begonnen,
und es gehört zu den besondern Unannehmlichkeiten, während des
Trinkens angesprochen zu werden; man trinkt in Hast und spürt
ein Drücken davon.

Das Kind schien das zu verstehen, und erst nachdem der
Bauer den Krug zurückgegeben, sagte es:

„Ja, das Wasser ist gut und gesund, und wenn Ihr Eure
Pferde tränken wollt, für die ist es besonders gut; sie kriegen
keinen Strängel."

„Meine Gäul' sind heiß und dürfen jetzt nicht saufen. Bist
du von Haldenbrunn, Mädle?"

„Freilich!"

„Und wie heißt du?"

„Amrei."

„Und wem gehörst du?"

„Niemand mehr. Mein Vater ist der Josenhans gewesen."

„Der Josenhans, der beim Rodelbauer gedient hat?"

„Ja!"

„Hab' ihn gut gekannt. Ist hart, daß er so früh hat ster=
ben müssen. Wart', Kind, ich geb' dir was." Er holte einen
großen Lederbeutel aus der Tasche, suchte lange darin und sagte
endlich: „Säh! da nimm!"

„Ich will nichts geschenkt, ich danke, ich nehm' nichts."

„Nimm nur, von mir kannst schon nehmen. Ist der Rodel=
bauer dein Pfleger?"

„Ja wohl."

„Hätt' auch was Gescheiteres thun können, als dich zur
Gänshirtin zu machen. Behüt dich Gott!"

Fort rollte der Wagen und Amrei hielt eine Münze in
der Hand.

„Von mir kannst schon nehmen ... Wer ist denn der Mann,
daß er das sagt, und warum giebt er sich nicht zu erkennen? Ei,
das ist ein Groschen, da ist ein Vogel drauf. Nun, Er wird
nicht arm davon und Ich nicht reich."

Den ganzen Tag bot Amrei keinem Vorüberziehenden mehr
ihren Topf an. Sie hatte eine geheime Scheu, daß sie wieder
beschenkt werden könnte.

Als sie am Abend heim kam, sagte ihr die schwarze Ma=
rann', daß der Rodelbauer nach ihr geschickt habe, sie solle gleich
zu ihm kommen.

Amrei eilte zu ihm und der Rodelbauer sagte zu ihr beim
Eintritte:

„Was hast du dem Landfriedbauer gesagt?"

„Ich kenne keinen Landfriedbauer."

„Er ist ja heut bei dir gewesen auf dem Holderwasen und hat dir was geschenkt."

„Ich hab' nicht gewußt, wer es ist, und da ist sein Geld noch."

„Das geht mich nichts an. Sag offen und ehrlich, du Teufels= mädle: habe ich dir zugeredet, daß du Gänshirtin werden sollst? Und wenn du es nicht noch heut am Tage aufgibst, bin ich dein Pfleger nicht mehr. Ich lasse mir so was nicht nachsagen."

„Ich werde allen Menschen berichten, daß Ihr nicht dran Schuld seid; aber den Dienst aufgeben, das kann ich nicht, den Sommer über wenigstens bleib' ich dabei. Ich muß ausführen, was ich angefangen hab'."

„Du bist ein hagebüchenes Gewächs," schloß der Bauer und verließ die Stube; die Bäuerin aber, die krank im Bette lag, rief: „Du hast Recht, bleib nur so; ich prophezeie dir's, daß dir's noch gut geht. Man wird noch in hundert Jahren von Einem, das Glück hat, im Dorfe sagen: dem geht's wie des Brosi's Severin und wie des Josenhansen Amrei. Dir fällt dein trocken Brot noch in den Honigtopf."

Die kranke Rodelbäuerin galt für überhirnt, und von einer wahren Gespensterfurcht gepackt, ohne ihr eine Antwort zu geben, eilte Amrei davon.

Der schwarzen Marann' erzählte Amrei, daß ihr ein Wunder geschehen sei: der Landfriedbauer, an dessen Frau sie so oft denke, habe mit ihr geredet, sich ihrer beim Rodelbauer angenommen und ihr etwas geschenkt. Sie zeigte nun das Geldstück. Da rief die Marann' lachend:

„Ja, das hätt' ich von selbst errathen, daß das der Land= friedbauer gewesen ist. Das ist der Aechte! Schenkt der dem armen Kind einen falschen Groschen."

„Warum ist er denn falsch?" fragte Amrei, und Thränen schossen ihr in die Augen.

„Das ist ein abschätziger Vögeles=Groschen, der ist nur anderthalb Kreuzer werth."

„Er hat mir eben nur anderthalb Kreuzer schenken wollen," sagte Amrei streng. Und hier zum ersten Mal zeigte sich ein innerer Widerspruch Amrei's mit der schwarzen Marann'. Diese freute sich fast über jede Boshaftigkeit, die sie von den Menschen hörte, Amrei dagegen legte gern Alles zum Guten aus, sie war

immer glücklich, und so sehr sie sich auch in der Einsamkeit in
Träume verlor, sie erwartete doch in der That Nichts; sie war
überrascht von Allem, was sie bekam, und war stets dankbar dafür.

„Er hat mir nur anderthalb Kreuzer schenken wollen, nicht
mehr, und das ist genug und ich bin zufrieden.“ Das sagte sie
noch oft trotzig vor sich hin, während sie einsam ihre Suppe aß,
als spräche sie noch mit der Marann', die gar nicht in der Stube
war und unterdeß ihre Ziege molk.

Noch in der Nacht nähte sich Amrei zwei Flicken zusammen
und den Groschen dazwischen, hing das wie ein Amulett um den
Hals und verbarg es an der Brust. Es war, als ob der geprägte Vogel auf der Münze allerlei auf der Brust, darauf er
ruhte, wecke; denn voll innerer Lust sang und summte Amrei
allerlei Lieder, Tagelang vom Morgen bis zum Abend, und dabei
dachte sie immer wieder hinaus zu dem Landfriedbauer; sie kannte
jetzt den Bauer und die Bäuerin und hatte von Beiden ein Andenken, und es war ihr immer, als ließe man sie nur noch eine
Weile da, dann kommt wieder das Bernerwägelein mit den zwei
Schimmeln, drin sitzen die Bauersleute und holen sie ab und
sagen: Du bist unser Kind; denn gewiß erzählt jetzt der Bauer
daheim von der Begegniß mit ihr.

Mit seltsamen Blicken starrte sie oft in den Herbsthimmel,
er war so hell, so wolkenrein; und auf der Erde, da sind die
Wiesen noch so grün, und der Hanf liegt zum Dörren darauf
gebreitet wie ein feines Netz; die Zeitlosen schauen dazwischen
auf, und die Raben fliegen darüber hin und ihr schwarzes Gefieder glitzert hell im Sonnenglanz; kein Luftzug weht, die Kühe
weiden auf den Stoppeläckern, Peitschenknallen und Singen tönt
von allen Aeckern, und der Holzbirnenbaum schauert still in sich
zusammen und schüttelt die Blätter ab. Der Herbst ist da.

So oft Amrei jetzt Abends heimkehrte, schaute sie die
schwarze Marann' fragend an, sie meinte, diese müsse ihr sagen,
daß der Landfriedbauer geschickt habe, um sie abzuholen, und
mit schwerem Herzen trieb sie die Gänse auf die Stoppelfelder,
die so entfernt waren vom Wege, und immer wieder lenkte sie
nach dem Holderwasen. Aber schon standen die Hecken blätterlos,
die Lerchen zwitscherten kaum mehr in schwerem niederem Fluge,
und noch immer kam keine Nachricht, und Amrei hatte ein tiefes
Bangen vor dem Winter, als wie vor einem Kerker. Sie tröstete

sich nur mit dem Lohne, den sie jetzt erhielt, und der war allerdings reichlich. Keine ihrer Untergebenen war gefallen, ja nicht einmal eine flügellahm geworden. Die schwarze Marann' verkaufte nicht nur die Federn, die Amrei gesammelt hatte, zu gutem Preise, sondern wies auch Amrei an, daß sie sich nicht nach altem Brauche neben dem allgemeinen Geldlohn ein Stück Kirchweihkuchen geben lasse für jede einzelne Gans, die sie gehütet hatte; sie ließ sich vielmehr den Kuchen in Brod verwandeln, und so hatten sie fast den ganzen Winter vollauf Brod, freilich oft sehr altbackenes, aber Amrei hatte, wie die schwarze Marann' sagte, lauter gesunde Mauszähne, mit denen sie alles knuppern konnte.

Als man im Dorfe nichts als Dreschen hörte, sagte Amrei einmal: „Den ganzen Sommer lang hört das Korn in der Aehre nichts als Lerchengesang, und jetzt schlagen ihm die Menschen mit dem Dreschflegel auf den Kopf; das klingt ganz anders."

„In dir steckt eben ein alter Einsiedel," lautete wiederum der Endreim der schwarzen Marann'.

6. Die Eigenbrödlerin.

Eine Frau, die ein einsam abgeschiedenes Leben führt, sich ihr Brod ganz allein backt, nennt man eine Eigenbrödlerin, und eine solche hat in der Regel auch noch allerlei Besonderheiten. Niemand hatte mehr Recht und mehr Neigung, eine Eigenbrödlerin zu sein, als die schwarze Marann', obgleich sie nie etwas zu braten hatte, denn Habermus und Kartoffeln, und Kartoffeln und Habermus waren ihre einzigen Speisen. Sie lebte immer abgesondert in sich hinein und verkehrte nicht gern mit den Menschen. Nur gegen den Herbst war sie stets voll hastiger Unruhe, sie plauderte um diese Zeit viel vor sich hin und redete auch die Menschen von freien Stücken an, besonders Fremde, die durch das Dorf gingen; denn sie erkundigte sich, ob die Maurer von da und dort schon zur Winterrast heimgekehrt seien und ob sie nichts von ihrem Johannes berichtet hätten. Wenn sie die Leinwand, die sie den Sommer über gebleicht hatte, noch einmal lochte und auswusch und dabei die ganze Nacht aufblieb, murmelte sie stets vor sich hin. Man verstand nichts davon, nur der Zwischenruf war deutlich, denn da hieß es: „Das ist für

dich und das ist für mich;" sie sprach nämlich täglich zwölf
Vaterunser für ihren Johannes, aber in der Waschnacht da
wurden sie zu unzähligen. Und wenn der erste Schnee fiel, war
sie immer besonders heiter. Jetzt gibt's keine Arbeit mehr draußen,
jetzt kommt er gewiß heim. Sie sprach dann oft mit einer
weißen Henne im Gitter und sagte ihr, daß sie sterben müsse,
wenn der Johannes komme.

So trieb sie's nun schon viele Jahre, und die Leute im
Dorfe ließen nicht ab, ihr vorzuhalten, daß es närrisch sei,
immer an die Heimkehr des Johannes zu denken; aber sie ließ
sich nicht bekehren und wurde den Menschen unheimlich.

In diesem Herbste wurden es nun achtzehn Jahre, seitdem
der Johannes davon gegangen war, und jedes Jahr wurde
Johann Michael Winkler als verschollen ausgeschrieben in der
Zeitung bis zu seinem fünfzigsten Jahre. Er stand jetzt gerade
im sechsunddreißigsten.

Im Dorfe ging die Sage, Johannes sei unter die Zigeuner
gegangen, und die Mutter hielt auch einmal einen jungen Zigeuner dafür, der dem Verschollenen auffallend ähnlich sah; er
war auch so „pfostig" (untersetzt), hatte die gleiche dunkle Gesichtsfarbe und schien es nicht ungern zu haben, daß man ihn
für den Johannes hielt; aber die Mutter hatte ihn auf die Probe
gestellt, sie hatte noch das Gesangbuch und den Confirmanden-
spruch des Johannes, und wer den nicht kennt und nicht anzugeben weiß, wer seine Pathen sind, und was mit ihm geschehen
ist an dem Tage, als des Brosi's Severin mit der Engländerin
ankam und später als der neue Rathhausbrunnen gegraben wurde,
wer diese und andere Merkzeichen nicht kennt, das ist der Falsche.
Dennoch beherbergte die Marann' immer den jungen Zigeuner, so
oft er in das Dorf kam, und die Kinder auf der Straße schrieen
ihm: Johannes! nach.

Der Johannes wurde als militärpflichtig auch als Ausreißer
ausgeschrieben, und obgleich die Mutter sagte, daß er als „zu
klein" unter dem Maß durchgeschlüpft wäre, wußte sie doch, daß
er bei der Heimkehr einer Strafe nicht entgehe, und sie meinte,
er käme nur deßwegen nicht wieder, und es war nun gar seltsam,
wie sie in einem Athem um das Wohl des Sohnes und um den
Tod des Landesfürsten betete; denn man hatte ihr gesagt, daß,
wenn der regierende Fürst stürbe, der Thronfolger beim Regie-

rungsantritt allgemeinen Straferlaß für alles Geschehene verkün=
den werde.

Jedes Jahr ließ sich die Marann' vom Schullehrer das
Blatt schenken, in dem Johannes ausgeschrieben war, und sie
legte es zu seinem Gesangbuch; aber dieses Jahr war es gut,
daß die Marann' nicht lesen konnte, und der Lehrer schickte ihr
ein anderes Blatt statt des gewünschten. Denn ein seltsames
Gemurmel ging durch das ganze Dorf. Wo Zwei bei einander
standen, sprach man davon, und da hieß es: „Der schwarzen
Marann' sagt man nichts. Das bringt sie um. Das macht sie
närrisch." Es war nämlich ein Bericht des Gesandten aus Paris
angekommen, der, laut einer Mittheilung aus Algier, durch alle
hohen und niederen Aemter bis zum Gemeinderath die Nachricht
gab, daß Johannes Winkler von Haldenbrunn in Algier bei
einem Vorpostengefechte gefallen sei.

Man sprach im Dorfe viel davon, wie wunderlich es sei,
daß so viele hohe Aemter sich jetzt um den todten Johannes so
viel bemühten. Aber am Schlusse des so wohlgeleiteten Berichte=
stroms hielt man ihn auf. In der Gemeinderaths=Sitzung wurde
beschlossen, daß man der schwarzen Marann' nichts davon sage.
Es wäre Unrecht, ihr noch die paar Jahre ihres Lebens zu ver=
bittern, indem man ihr ihren letzten Trost raube.

Statt aber die Nachricht geheim zu halten, hatten die Ge=
meinderäthe nichts Eiligeres zu thun, als es daheim auszuplau=
dern, und nun wußte das ganze Dorf davon bis auf die schwarze
Marann' allein. Ein Jeder betrachtete sie mit seltsamem Blick;
man fürchtete sich vor ihr, daß man sich verrathe, man redete sie
nicht an, man dankte kaum ihrem Gruße. Es bedurfte der
ganzen eigenthümlichen Art der schwarzen Marann', um dadurch
nicht verwirrt zu werden. Und sprach ja einmal Jemand mit
ihr und ließ sich verleiten, vom Tode des Johannes zu reden,
so geschah es nur in jener vermuthlichen und beschwichtigenden
Weise, die schon seit Jahren gäng und gebe war, und die
Marann' glaubte jetzt eben so wenig daran als ehedem, denn
von dem Todtenscheine sprach ja Niemand.

Es wäre wohl besser gewesen, auch Amrei hätte nichts davon
gewußt; aber es lag ein eigener verführerischer Reiz darin, dem
Unberührbaren so nahe als möglich zu kommen, und darum
sprach Jedes mit Amrei von dem traurigen Ereignisse, warnte

sie, der schwarzen Marann' etwas davon zu sagen, und wollte wissen, ob die Mutter keine Ahnungen, keine Träume habe, ob es nicht umgehe im Hause. Amrei war immer innerlich voll Zittern und Beben. Sie allein war der schwarzen Marann' so nahe und hatte etwas, was sie vor ihr verborgen halten mußte. Auch die Leute, bei denen die schwarze Marann' eine kleine Stube zur Miethe hatte, hielten es nicht mehr aus in ihrer Nähe, und sie bekundeten ihr Mitleid zuerst damit, daß sie ihr die Miethe aufkündigten. Aber wie seltsam hängen die Dinge im Leben zusammen! Eben durch dieses Ereigniß erfuhr Amrei Leid und Lust, denn das elterliche Haus öffnete sich wieder; die schwarze Marann' zog in dasselbe, und Amrei, die Anfangs voll Beben darin hin und her ging und, wenn sie Feuer anmachte und wenn sie Wasser holte, immer glaubte: jetzt müsse die Mutter kommen und der Vater, fand sich doch nach und nach wieder ganz heimisch in demselben. Sie spann Tag und Nacht, bis sie so viel erübrigt hatte, um vom Kohlenmathes die Kukuks- uhr, die ihren Eltern gehört hatte, wieder zu kaufen. Jetzt hatte sie doch auch wieder ein Stück eigenen Hausrath. Aber der Kukuk hatte Noth gelitten in der Fremde, er hatte die Hälfte seiner Stimme verloren, die andere Hälfte blieb ihm im Halse stecken, er rief nur noch „Kuck", und so oft er das that, setzte Amrei in der ersten Zeit immer das andere „Kuck!" hinzu fast unwill- kürlich. Als Amrei darüber klagte, daß die Kukuksuhr nur noch halb tönte und überhaupt nicht mehr so schön sei wie in ihrer frühen Kindheit, da sagte die Marann':

„Wer weiß, wenn man in späteren Jahren das wieder be- käme, was einen in der Kindheit ganz glücklich gemacht hat, ich glaube, es hätte auch nur noch den halben Schlag wie deine Kukuks- uhr. Wenn ich's dir nur lehren könnte, Kind! es hat mir viel gekostet, bis ich's gelernt habe: wünsch' dir nie was von gestern! Aber freilich, so etwas kann man nicht schenken; das kriegt man nur für einen halben Schoppen Schweiß und einen halben Schop- pen Thränen gut durcheinander geschüttelt. Das kauft man in keiner Apothek'. Häng' dich an nichts, an keinen Menschen und an keine Sache, dann kannst du fliegen."

Die Reden der Marann' waren wild und scheu zugleich, und sie kamen nur heraus in Dämmerzeit, wie das Wild im Walde.

Es gelang Amrei nur schwer, sich an sie zu gewöhnen.

Die schwarze Marann' konnte das Kukukrufen nicht leiden und hing das Schlaggewicht an der Uhr ganz aus, so daß die Uhr nur noch mit dem Pendelschlag hin und herpickte, aber keine Stunde mehr laut angab. Der schwarzen Marann' war das Sprechen der Uhr zuwider, ja sogar das Ticken störte sie, und die Uhr blieb endlich ganz unaufgezogen, denn die Marann' sagte, sie habe allezeit die Uhr im Kopfe, und es war in der That wunderbar, wie das eintraf. Sie wußte zu jeder Minute anzugeben, wie viel es an der Zeit sei, obgleich ihr das sehr gleichgültig sein konnte; aber es lag eine besondere Gewecktheit in der Harrenden, und wie sie immer hinaushorchte, um ihren Sohn kommen zu hören, so war sie eigenthümlich wach, und obgleich sie Niemand im Dorfe besuchte und mit Niemanden sprach, wußte sie doch Alles, selbst das Geheimste, was im Dorfe vorging. Sie errieth es aus der Art, wie sich die Men= schen begegneten, aus abgerissenen Worten. Und weil dies wunderbar erschien, war sie gefürchtet und gemieden. Sie be= zeichnete sich selbst gern nach einem landläufigen Ausdruck als eine „alterlebte Frau," und doch war sie äußerst behend. Jahr= aus jahrein aß sie täglich einige Wachholderbeeren und man sagte: davon sei sie so munter und man sehe ihr ihre 66 Jahre nicht an. Eben daß jetzt die beiden Sechse bei ihr bei einander standen, ließ sie auch nach einem alten Wortspiele, obgleich man nicht recht daran glauben wollte, als Hexe betrachtet werden. Man sagte: sie melke ihre schwarze Ziege oft Stundenlang, und diese gebe immer gar viel Milch, aber die schwarze Marann' ziehe, während sie melke, nur immer den Kühen dessen, den sie hasse, die Milch aus dem Euter, besonders auf des Rodelbauern Vieh habe sie es abgesehen, und die große Hühnerzucht, die die schwarze Marann' trieb, galt auch für Hexerei; denn woher nahm sie das Futter für sie, und woher konnte sie immer Eier und Hühner verkaufen? Freilich sah man sie oft im Sommer Maikäfer, Heuschrecken und allerlei Würmer sammeln, und in mondlosen Nächten sah man sie wie ein Irrlicht durch die Gräben schleichen; sie trug einen brennenden Spahn und sammelte die Regenwürmer, die da herausschlichen, und murmelte allerlei dabei. Ja, man sagte, daß sie in stillen Winternächten mit ihrer Ziege und ihren Hühnern, die sie bei sich in der Stube überwinterte, allerlei wunderliche Gespräche hielte. Das ganze von der Schul=

bildung verscheuchte wilde Heer der Hexen= und Zaubergeschichten wachte wieder auf und wurde an die schwarze Marann' geheftet.

Amrei fürchtete sich auch manchmal in langen stillen Winter=nächten, wenn sie spinnend bei der Marann' saß und man nichts hörte, als manchmal das verschlafene Glucksen der Hühner und ein traumhaftes Meckern der Ziege, und es erschien in der That zauberisch, wie schnell die Marann' immer spann. Ja, sie sagte einmal: „ich meine, mein Johannes hilft mir spinnen," und doch klagte sie wieder, daß sie in diesem Winter zum erstenmal nicht mehr so ganz und immer an ihren Johannes denke. Sie machte sich Vorwürfe darüber und sagte: sie sei eine schlechte Mutter, und klagte, es sei ihr immer, als wenn ihr die Züge ihres Johannes nach und nach verschwinden, als ob sie vergesse, was er da und da gethan habe, wie er gelacht, gesungen und ge=weint und wie er auf den Baum geklettert und in den Graben gesprungen sei.

„Es wäre doch schrecklich," sagte sie, „wenn einem das nach und nach so verschwinden könnte, daß man nichts Rechtes mehr davon weiß," und sie erzählte dann Amrei mit sichtlichem Zwange Alles bis aufs Kleinste, und Amrei war es tief unheimlich, so immer und immer wieder von einem Todten hören zu müssen, als ob er noch lebte. Und wieder klagte die Marann': „Es ist doch sündlich, daß ich gar nicht mehr weinen kann um meinen Johannes. Ich habe einmal gehört, daß man um einen Ver=lorenen weinen kann, so lang er lebt und bis er verfault ist. Ist er wieder zur Erde geworden, so hört auch das Weinen auf. Nein, das kann nicht sein, das darf nicht sein, mein Johannes kann nicht todt sein; das darfst du mir nicht anthun, du dort oben, oder ich werf' dir den Beitel vor die Thüre. Da, da, vor meiner Schwelle, da sitzt der Tod, da ist der Weiher und da kann ich mich ersäufen wie einen blinden Hund, und das geschieht, wenn du mir das anthust; aber nein, verzeih mir's, guter Gott, daß ich so wider die Wand renne, aber mach' da einmal eine Thür auf, mach' auf und laß meinen Johannes hereinkommen. O die Freud! Komm, da setz dich her, Johannes. Erzähl' mir gar nichts, ich will gar nichts wissen, du bist da; und jetzt ist's gut. Die langen langen Jahre sind nur eine Minute gewesen. Was geht's mich an, wo du gewandert bist? Wo du gewesen, da bin ich nicht gewesen, und jetzt bist du da. Und ich lasse dich nicht mehr von der Hand, bis sie kalt ist. O Amrei, und mein Johannes muß warten, bis du groß bist, ich sag' weiter nichts. Warum red'st du nichts?"

Amrei war die Kehle wie zugeschnürt. Es war ihr immer, als ob der Todte dastünde, gespensterhaft; auf ihren Lippen ruhte das Geheimniß, sie konnte es anrufen und die Decke fiel ein und Alles war begraben.

Manchmal aber war die Marann' auch in anderer Weise gesprächsam, obgleich Alles auf dem einen Grunde ruhte, auf dem Andenken an ihren Sohn. Und schwer stellte sich hier die Frage der Weltordnung: „Warum hier ein Kind todt, auf das die Mutter wartet, so zitternd, mit ganzer Seele wartet, und ich und mein Dami wir sind verlorene Kinder, möchten so gerne die Hand der Mutter fassen und diese Hand ist Staub geworden?" ...

Das war ein dumpfes nächtiges Gebiet, wohin das Denken des armen Kindes getrieben wurde, und es wußte sich nicht anders aus dem Wirrsal zu helfen, als indem es leise das Einmaleins vor sich hin sagte.

Besonders an Samstagabenden erzählte die schwarze Marann' gern. Nach altem Aberglauben spann sie am Samstagabend nie, da strickte sie immer, und wenn sie eine Geschichte zu erzählen hatte, wickelte sie zuerst ein gut Theil von ihrem Garnknäuel ab, um nicht aufgehalten zu sein, und dann erzählte sie am Faden fort ohne Unterbrechung.

„O Kind," schloß sie dann oft: „Merk dir etwas, in dir steckt ja auch ein Einsiedel: wer gut grad fort leben will, der sollte ganz allein sein, Niemand gern haben und von Niemand was mögen. Weißt du, wer reich ist? Wer nichts braucht, als was er aus sich hat. Und wer ist arm? Wer auf Fremdes wartet, was ihm zukommt. Da sitzt Einer und wartet auf seine Hände, die ein Anderer am Leib hat, und wartet auf seine Augen, die einem Andern im Kopf stecken. Bleib allein für dich, dann hast du deine Hände immer bei dir, dann brauchst du keine anderen, kannst dir selber helfen. Wer auf Etwas hofft, was ihm von einem Andern kommen soll, der ist ein Bettler; hoffe nur etwas vom Glück, von einem Geschwister, ja von Gott selbst: du bist ein Bettler, du stehst da und hältst die Hand auf, bis dir etwas hineinfliegt. Bleib allein, das ist das Beste, da hast du Alles in Einem; allein, o wie gut ist Allein! Schau, tief im Ameisen=

haufen liegt ein klein winziger funkelnder Stein, wer den findet, kann sich unsichtbar machen und Niemand kann ihm was anhaben; aber das kriecht durcheinander, wer findet ihn? und es giebt ein Geheimniß in der Welt, aber wer kann's fassen? Nimm's auf, nimm's zu dir. Es giebt kein Glück und kein Unglück. Jeder kann sich Alles selber machen, wenn er sich recht kennt und die andern Menschen auch, aber nur unter einem Beding: er muß allein bleiben. Allein! Allein! Sonst hilft's nichts."

Aus dem Tiefsten heraus gab die Marann' dem Kinde noch halbverschlossene Worte; das Kind konnte sie nicht fassen; aber wer weiß, was auch von Halbverstandenem in aufmerksam offener Seele haften bleibt? Und nach wildem Umschauen fuhr die schwarze Marann' fort: „O könnt' ich nur allein sein! Aber ich habe mich vergeben, ein Stück von mir ist unterm Boden und ein anderes läuft in der Welt herum, wer weiß wo? Ich wollt', ich wäre die schwarze Ziege da."

So freundlich und hell auch die schwarze Marann' begann, immer ging der Schluß ihrer Rede wieder in dumpfes Hadern und Trauern über, und sie, die allein sein wollte, an nichts denken und nichts lieben, lebte doch nur im Denken an ihren Sohn und in der Liebe zu ihm.

Amrei ergriff ein entscheidendes Mittel, um aus diesem unheimlichen Alleinsein mit der schwarzen Marann' erlöst zu werden: sie verlangte, daß auch Dami ins Haus genommen werde; und so heftig sich auch die schwarze Marann' dagegen wehrte, Amrei drohte, daß sie selber das Haus verlasse, und schmeichelte der schwarzen Marann' so kindlich und that ihr, was sie an den Augen absehen konnte, bis sie endlich nachgab.

Dami, der vom Krappenzacher das Wollstricken gelernt hatte, saß nun mit in der elterlichen Stube, und Nachts, wenn die Geschwister auf dem Speicher schliefen, weckte Eines das Andere, wenn sie die schwarze Marann' drunten murmeln und hin und her laufen hörten.

Durch die Uebersiedelung Dami's zur schwarzen Marann' kam indeß neues Ungemach. Dami war überaus unzufrieden, daß er dies elende Handwerk, das nur für einen Krüppel tauge, habe lernen müssen; er wollte auch Maurer werden, und obgleich Amrei sehr dagegen sprach, denn sie ahnte, daß ihr Bruder nicht dabei aushielte, bestärkte ihn die schwarze Marann' darin. Sie hätte gern alle jungen Bursche zu Maurern gemacht, um sie in die Fremde zu schicken, damit sie Kundschaft erhalte von ihrem Johannes.

Die schwarze Marann' ging selten in die Kirche, aber sie liebte es, wenn man ihr Gesangbuch entlehnte, um damit in die Kirche zu gehen, es schien ihr ein eigenes Genügen, daß ihr Gesangbuch dort sei, und eine besondere Freude hatte sie, wenn ein fremder Handwerksbursch, der im Ort arbeitete, das zurückgebliebene Gesangbuch des Johannes entlehnte; es schien ihr, als ob ihr Johannes bete in der heimathlichen Kirche, weil aus seinem Gesangbuche die Worte gesprochen und gesungen wurden. Dami mußte nun jeden Sonntag zweimal mit dem Gesangbuche des Johannes in die Kirche.

Ging aber die schwarze Marann' nicht zur Kirche, so war sie bei einer Feierlichkeit im Dorfe selbst und in den Nachbardörfern immer zu sehen. Es gab nämlich kein Leichenbegängniß, bei dem die schwarze Marann' nicht leidtragend mitging, und bei Predigt und Einsegnung, selbst am Grabe eines kleinen Kindes, weinte sie so heftig, als wäre sie die nächste Angehörige, aber dann war sie auf dem Heimweg immer wieder ganz besonders aufgeräumt; dieses Weinen schien ihr eine wahre Erleichterung zu sein. Sie schluckte das ganze Jahr so viel stille Trauer hinunter, daß sie dankbar dafür war, wenn sie wirklich weinen konnte.

War es nun den Menschen zu verargen, daß sie eine unheimliche Erscheinung ihnen war, und zumal da sie noch dazu ein Geheimniß gegen sie auf den Lippen hatten? Auch auf Amrei ging ein Theil dieser Gemiedenheit über, und in manchen Häusern, wo sich sich helfend oder mittheilend auf Besuch einstellte, ließ man sie nicht undeutlich merken, daß man ihre Anwesenheit nicht wünsche, zumal da sie schon jetzt eine Seltsamkeit zeigte, die Allen im Dorfe wunderbar vorkam. Sie ging mit Ausnahme des höchsten Winters barfuß und man sagte, sie müsse ein Geheimmittel haben, daß sie nicht krank werde und sterbe.

Nur in des Rodelbauern Haus wurde sie noch gern geduldet, war ja der Rodelbauer ihr Vormund. Die Rodelbäuerin, die sich immer ihrer angenommen und ihr versprochen hatte, daß sie sie einst zu sich nehme, wenn sie erwachsener sei, konnte diesen Plan nicht ausführen. Sie selber wurde von einem Andern angenommen; der Tod nahm sie zu sich.

Während sonst erst im späteren Leben sich die Schwere des
Daseins aufthut, wie da und dort ein Anhang abfällt und nur
noch ein Gedenken daran verbleibt, erfuhr dies Amrei schon in
der Jugendfrühe, und heftiger als alle Angehörigen weinten die
schwarze Marann' und Amrei bei dem Begräbniß der Robelbäuerin.

Der Robelbauer klagte immer fast nur, wie herb es sei,
daß er jetzt schon das Gut abgeben müsse. Und noch war keines
seiner drei Kinder verheirathet. Aber kaum war ein Jahr vorüber — der Dami arbeitete schon den zweiten Frühling im
Steinbruche — als eine Doppelhochzeit im Dorfe gefeiert wurde,
denn der Robelbauer verheirathete seine älteste Tochter und zugleich seinen einzigen Sohn, dem er am Tage der Hochzeit das
Gut übergab.

Eben auf dieser Doppelhochzeit wurde Amrei neu benamt
und in ein anderes Leben übergeführt.

Auf dem Vorplatze des großen Tanzbodens waren die Kinder versammelt, und während die Erwachsenen drinnen tanzten
und jauchzten, ahmten die Kinder hier das Gleiche nach. Aber
seltsam! mit Amrei wollte kein Knabe und kein Mädchen tanzen,
und man wußte nicht, wer es zuerst gesagt, aber man hatte es
gehört, daß eine Stimme rief: „Mit dir tanzt Keiner, du bist
ja das Barfüßele," und: „Barfüßele! Barfüßele! Barfüßele!"
schrie es nun von allen Seiten.

Amrei stand das Weinen in den Augen, aber hier übte
sie schnell wieder jene Kraft, mit der sie Spott und Kränkung
bezwang; sie drückte die Thränen hinab, faßte hüben und drüben
ihre Schürze, tanzte mit sich allein herum und so zierlich, so
biegsam, daß alle Kinder inne hielten. Und bald nickten die
Erwachsenen unter der Thüre einander zu, ein Kreis von Männern
und Frauen bildete sich um Amrei, und besonders der Robelbauer, der sich an diesem Tage doppelt gütlich gethan hatte,
schnalzte mit den Händen und pfiff lustig den Walzer, den die
Musik drinnen aufspielte, und Amrei tanzte unaufhörlich fort und
schien gar keine Müdigkeit zu kennen. Als endlich die Musik
verstummte, faßte der Robelbauer Amrei an der Hand und fragte:
„Du Blitzmädle, wer hat dir denn das so schön gelehrt?"

„Niemand."

„Warum tanzest du denn mit Niemand?"

„Es ist besser, man thut's allein, da braucht man auf Niemand zu warten und hat seinen Tänzer immer bei sich."

„Hast schon was von der Hochzeit bekommen?" fragte der Rodelbauer wohlgefällig schmunzelnd.

„Nein."

„Komm herein und iß," sagte der stolze Bauer und führte das arme Kind hinein und setzte es an den Hochzeitstisch, auf dem immerfort den ganzen Tag aufgetragen wurde. Amrei aß nicht viel, und der Rodelbauer wollte sich den Spaß bereiten, das Kind trunken zu machen, es erwiederte aber keck:

„Wenn ich noch mehr trinke, muß man mich führen, und da kann ich nicht mehr allein gehen, und die Marann' sagt: allein ist das beste Fuhrwerk, da ist immer eingespannt."

Alles staunte über die Weisheit des Kindes.

Der junge Rodelbauer kam mit seiner Frau und fragte das Kind neckisch: „Hast du uns auch ein Hochzeitschenk gebracht? Wenn man so ißt, muß man auch ein Hochzeitschenk bringen."

Der Hochzeitsvater steckte in unbegreiflicher Großmuth dem Kinde bei dieser Frage heimlich einen Sechsbätzner zu. Amrei aber behielt den Sechsbätzner fest in der Hand, nickte gegen den Alten und sagte dann dem jungen Paare· „Ich hab' das Wort und ein Drangeld. Eure Mutter selig hat mir immer versprochen, daß ich bei ihr dienen und Niemand anders als ich Kindsmagd bei ihrem ersten Enkelchen sein soll."

„Ja, das hat die Bäuerin selig immer gewollt," sagte der Alte und redete zu. Was er aus Furcht, daß er die Waise dann versorgen müßte, seiner Frau ihr Lebenlang versagt hatte, das that er jetzt, wo er ihr keine Freude mehr damit machen konnte, und gab sich vor den Leuten den Anschein, als ob er's zu ihrem Gedenken thue. Aber er that's auch jetzt noch nicht aus Güte, sondern in der richtigen Berechnung, daß die Waise ihm, dem entthronten Bauer, der ihr Pfleger war, dienstgefällig sein werde, und die Last ihrer Versorgung, die die bloße Ablohnung überstieg, fiel Anderen zu, nicht ihm selber.

Die jungen Brautleute sahen einander an, und der junge Rodelbauer sagte: „Bring' morgen dein Bündel in unser Haus. Du kannst bei uns einstehen."

„Gut," sagte Amrei, „morgen bring' ich mein Bündel; aber jetzt möcht' ich mein Bündel mitnehmen. Gebet mir da ein

Fläschchen Wein, und das Fleisch will ich einwickeln und es der Marann' und meinem Dami bringen."

Man willfahrte Amrei, aber der alte Rodelbauer sagte ihr jetzt leise: „Gib mir meinen Sechsbätzner wieder. Ich hab' gemeint, du willst ihn schenken."

„Ich will ihn als Drangeld von Euch behalten," erwiderte Amrei schlau, „und ihr werdet sehen, ich will ihn euch schon wett machen."

Der Rodelbauer lachte halb ärgerlich in sich hinein, und Amrei ging mit Geld, Wein und Fleisch davon zu der schwarzen Marann'.

Das Haus war verschlossen, und es war ein großer Abstand zwischen dem lauten musikschallenden Lärmen und Schmausen in dem Hochzeitshause und der stillen Oede hier. Amrei wußte, wo sie die Marann' erwarten konnte auf ihrem Heimwege; sie ging fast immer nach dem Steinbruch und saß dort eine Zeit lang hinter der Hecke und hörte zu, wie Spitzhammer und Meißel arbeitete. Das war ihr wie eine Melodie, die aus den Zeiten klang, wo Johannes einst auch hier gearbeitet hatte, und da saß sie oft lange und hörte es picken.

Amrei traf hier richtig die Marann' und noch eine halbe Stunde vor Feierabend rief sie auch den Dami aus dem Steinbruche, und hier draußen bei den Felsen wurde ein Hochzeitmahl gehalten, fröhlicher als drinnen bei der rauschenden Musik. Besonders Dami jauchzte laut und die Marann' that auch heiter, nur trank sie keinen Tropfen Wein, sie wollte nicht eher einen Tropfen Wein über die Lippen bringen, als bis zur Hochzeit des Johannes.

Als Amrei nun unter Heiterkeit erzählte, daß sie einen Dienst bei dem jungen Rodelbauer bekommen habe und morgen antrete, da erhob sich die schwarze Marann' in wildem Zorn, und einen Stein aufhebend und an die Brust drückend sagte sie: „Es wäre tausendmal besser, ich hätte dich da drinnen, so einen Stein, als ein lebendig Herz. Warum kann ich nicht allein sein? Warum habe ich mich wieder verführen lassen, Jemand gern zu haben? Aber jetzt ist's vorbei, auf ewig! Wie ich den Stein da hinunterschleudere, so schleudere ich fort alle Anhänglichkeit an irgend einen Menschen. Du falsches treuloses Kind! Kaum kannst du die Flügel heben, fort fliegt's. Aber es ist gut so, ich bin allein, und mein Johannes soll auch allein bleiben, wenn er kommt, und es ist Nichts, was ich gewollt hab'."

Und fort rannte sie dem Dorfe zu.

„Es ist doch eine Hexe," sagte Dami hinter ihr drein, „ich will den Wein nicht mehr trinken, wer weiß, ob sie ihn nicht verhext hat."

„Trink du ihn nur, sie ist eine strenge Eigenbrödlerin und hat ein schweres Kreuz auf sich; ich will sie schon wieder gut machen."

So tröstete Amrei.

7. Die barmherzige Schwester.

Das war nun ein volles Leben im Hause des Rodelbauern. Barfüßele, so hieß man nun fortan Amrei, war anstellig zu Allem und wußte sich gleich bei Allen beliebt zu machen; sie wußte der jungen Bäuerin, die fremd ins Dorf und ins Haus gekommen war, zu sagen, was hier der Brauch sei, sie lehrte sie die Eigenschaften ihrer nächsten Angehörigen kennen und sich danach richten, und dem alten Rodelbauer, der den ganzen Tag trotzte und sich nicht befriedigen konnte, weil er sich so frühe zur Ruhe begeben, wußte sie allerlei Gefälligkeiten zu erweisen und ihm zu erzählen, wie gar gut die Söhnerin sei, und es nur nicht von sich zu geben wisse; und als kaum nach einem Jahre das erste Kind kam, zeigte sich Amrei darüber so glücklich und in allen Erfordernissen so geschickt, daß Jedes im Hause ihres Lobes voll war; aber nach Art dieser Leute so voll, daß man sie bei dem kleinsten Ungeschick eher dafür zankte, als daß man sie je in der That lobte.

Aber Amrei wartete auch nicht darauf, und namentlich dem Großvater wußte sie das erste Enkelchen immer so gut zuzutragen und zur geschickten Zeit wieder zu entziehen, daß man seine Freude daran haben mußte. Beim ersten Zahne des Enkels, den sie dem Rodelbauer zeigen konnte, sagte dieser: „Ich schenke dir einen Sechsbätzner, weil du mir die Freude machst. Aber weißt du? den, den du mir gestohlen hast an der Hochzeit; jetzt darfst du ihn ehrlich behalten."

Dabei war aber die schwarze Marann' nicht vergessen. Es war allerdings ein schwer Stück Arbeit, mit ihr wieder ins Ge-

leiß zu kommen. Die Marann' wollte vom Barfüßele nichts
mehr wissen, und ihre neue Herrschaft wollte nicht dulden, daß
sie zu ihr hinginge, besonders nicht mit dem Kinde, da man noch
immer fürchtete, daß ihm durch die Hexe ein Leid geschehe. Es
bedurfte großer Kunst und Ausdauer, um diese Feindseligkeit zu
besiegen; aber es gelang dennoch.

Ja Barfüßele wußte es dahin zu bringen, daß der Rodelbauer die schwarze Marann' mehrmals besuchte. Das wurde als
ein wahres Wunder im ganzen Dorfe berichtet. Aber die Besuche
wurden bald wieder eingestellt, denn die schwarze Marann' sagte
einmal: „Ich bin jetzt bald siebzig Jahre und ohne die Freund=
schaft eines Großbauern ausgekommen; es ist mir nicht der Mühe
werth, das noch zu ändern."

Auch Dami war natürlich oft bei seiner Schwester, aber der
junge Rodelbauer wollte das nicht dulden, denn er sagte nicht
mit Unrecht, er müsse dadurch den großgewachsenen Burschen
auch ernähren; man könne in einem solchen Hause nicht aufpassen,
ob ein Dienstbote ihm nicht allerlei zustecke. Er verbot daher
außer Sonntags Nachmittags Dami den Besuch des Hauses.
Dami hatte indeß selbst zu sehr in das Behagen hineingeschaut,
in einem so reich erfüllten Bauernwesen zu stehen; ihm wässerte
der Mund danach, auch so mitten drin zu sein, und sei es nur
als Knecht. Das Steinmetzenleben war gar so hungrig. Bar=
füßele hatte viel zu widersprechen; er solle bedenken, daß er nun
schon das zweite Handwerk habe und dabei bleiben müsse; das
sei nichts, daß man immer wieder anderes anfange und glaube,
dabei sei man glücklich; man müsse auf dem Flecke, auf dem
man steht, glücklich sein, sonst werde man es nie. Dami ließ
sich eine Zeitlang beschwichtigen, und so groß war bereits die
selbstverständliche Geltung Barfüßeles, und so natürlich die An=
nahme, daß sie für ihren Bruder sorge, daß man ihn immer
nur „des Barfüßeles Dami" hieß, als wäre er nicht ihr Bruder,
sondern ihr Sohn, und doch war er um einen Kopf größer als
sie, und that nicht, als ob er ihr unterthan sei. Ja, er sprach
oft aus, wie es ihn wurme, daß man ihn für geringer halte
als sie, weil er nicht solch Maulwerk habe. Die Unzufrieden=
heit mit sich und seinem Beruf ließ er zuerst und immer an der
Schwester aus. Sie trug es geduldig, und weil er nun vor der
Welt zeigte, daß sie ihm gehorchen müsse, gewann sie dadurch

nur immer mehr an Anſehen und Uebermacht in der Oeffentlich=
keit; denn Jedes ſagte, es ſei brav von dem Barfüßele, was ſie
an ihrem Bruder thäte, und ſie ſtieg dadurch noch, daß ſie ſich
von ihm gewaltthätig behandeln ließ, während ſie für ihn ſorgte
wie eine Mutter; denn in der That wuſch und nähte ſie ihm in
den Nächten, daß er zu den Sauberſten im Dorfe gehörte, und
bei zwei Paar Rahmenſchuhen, die ſie als Theil ihres Lohnes
jedes halbe Jahr bekam, hatte ſie beim Schuhmacher noch drauf=
bezahlt, damit er ſolche ihrem Dami mache, denn ſie ſelber ging
allzeit barfuß, und nur ſelten ſah man ſie einmal des Sonntags
in Schuhen in die Kirche gehen.

Barfüßele hatte viel Kummer davon, daß Dami, man
wußte nicht wie, allgemeine Zielſcheibe des Spottes und der
Neckerei im Dorfe geworden war. Sie ließ ihn ſcharf darum an,
daß er das nicht dulden ſolle; er aber verlangte: ſie möge es
den Leuten wehren und nicht ihm, er könne nicht dagegen auf=
kommen. Das war nun nicht thunlich, und innerlich war es
dem Dami auch eigentlich gar nicht unlieb, daß er überall ge=
hänſelt wurde; es kränkte ihn zwar manchmal, wenn Alles über
ihn lachte und viel Jüngere ſich etwas gegen ihn herausnahmen,
aber es wurmte ihn noch weit mehr, wenn man ihn gar nicht
beachtete, und dann machte er ſich gewaltſam zum Narren und
gab ſich der Neckerei preis.

Bei Barfüßele dagegen war allerdings die Gefahr, der Ein=
ſiedel zu werden, den die Marann' immer in ihr erkennen wollte.
Sie hatte ſich an eine einzige Geſpiele angeſchloſſen, es war die
Tochter des Kohlenmathes, die aber nun ſchon ſeit Jahren in
einer Fabrik im Elſaß arbeitete, und man hörte nichts mehr von
ihr. Barfüßele lebte ſo für ſich, daß man ſie gar nicht zur Ju=
gend im Dorfe zählte; ſie war mit ihren Altersgenoſſen freundlich
und geſprächſam, aber ihre eigentliche Geſpiele war doch nur die
ſchwarze Marann'. Und eben weil Barfüßele ſo abgeſchieden
lebte, hatte ſie keinen Einfluß auf das Verhalten Dami's, der,
wenn auch geneckt und gehänſelt, doch immer des Anſchluſſes be=
dürftig war und nie allein ſein konnte wie ſeine Schweſter.

Jetzt aber hatte ſich Dami plötzlich ganz frei gemacht, und
eines ſchönen Sonntags zeigte er ſeiner Schweſter die Drangabe,
die er bekommen hatte, denn er hatte ſich als Knecht zum
Scheckennarren von Hirlingen verdungen.

„Hätteſt du mir das geſagt," ſagte Barfüßele, „ich hätte
einen beſſern Dienſt für dich gewußt. Ich hätte dir einen Brief
gegeben an die Landfriedbäuerin im Allgäu, und da hätteſt du's
gehabt wie der Sohn vom Haus."

„O ſchweig' nur von der," ſagte Dami hart, „die iſt mir
nun ſchon bald dreizehn Jahre ein paar lederne Hoſen ſchuldig,
die ſie mir verſprochen hat. Weißt du noch? Damals, wie wir
klein geweſen ſind und gemeint haben, wir könnten noch klopfen,
daß Vater und Mutter aufmachen. Schweig' mir von der Landfriedbäuerin. Wer weiß, ob die noch mit einem Wort an uns
denkt, wer weiß, ob ſie gar noch lebt."

„Ja ſie lebt noch, ſie iſt ja eine Verwandte von meinem
Haus, und es wird oft von ihr geſprochen, und ſie hat alle ihre
Kinder verheirathet bis auf einen einzigen Sohn, der den Hof
kriegt."

„Jetzt willſt du mir nur meinen neuen Dienſt verleiden,"
klagte Dami, „und ſagſt mir, ich hätte einen beſſern kriegen
können. Iſt das recht? Seine Stimme zitterte.

„O, ſei nicht immer ſo weichmüthig," ſagte Barfüßele.
„Schwätz ich dir denn was von deinem Glück herunter? Du thuſt
immer gleich, als ob dich die Gänſe beißen. Ich will dir nur
noch ſagen: jetzt bleib einmal bei dem, was du haſt, ſei darauf
bedacht, daß du auf deinem Platz bleibſt. Das iſt nichts, ſo
wie ein Kukuk jede Nacht auf einem andern Baum ſchlafen. Ich
könnte auch andere Plätze kriegen, aber ich will nicht, und ich
hab's dahin gebracht, daß mir's hier gut geht. Schau, wer jede
Minut' auf einen andern Platz ſpringt, den behandelt man auch
wie einen Fremden; man weiß, daß er morgen nicht mehr zum
Haus gehören kann, und da iſt er ſchon heut nicht daheim drin."

„Ich brauch' deine Predigt nicht," ſagte Dami und wollte
zornig davon gehen. „Gegen mich thuſt du immer kratzig, und
gegen die ganze Welt biſt du geſchmeidig."

„Weil du eben mein Bruder biſt," ſagte Barfüßele lachend
und ſtreichelte den Unwilligen.

In der That hatte ſich eine ſeltſame Verſchiedenheit der Geſchwiſter herausgebildet. Dami hatte etwas Bettelhaftes und
dann wieder plötzlich Stolzes, während Barfüßele immer gefällig
und fügſam, dabei doch von einem inneren Stolze getragen war,
den ſie bei aller Dienſtfertigkeit nicht ablegte.

Es gelang ihr jetzt, den Bruder zu beschwichtigen, und sie sagte: „Schau, mir fällt was ein, aber du mußt vorher gut sein, denn auf einem bösen Herzen darf der Rock nicht liegen. Der Rodelbauer hat ja noch die Kleider von unserm Vater selig; du bist ja groß, die sind dir jetzt grad recht und du giebst dir auch ein Ansehen, wenn du mit solchem rechtschaffenen Gewand auf den Hof kommst, da sehen deine Nebendiensten auch, wo du her bist und was du für ordentliche Eltern gehabt hast.“

Das leuchtete Dami ein, und trotz vielem Widerspruch, denn er wollte die Kleider jetzt noch nicht hergeben, brachte Barfüßele den alten Rodelbauern dazu, daß er dieselben Dami einhändigte, und dann führte Barfüßele den Dami hinauf in ihre Kammer und er mußte sogleich den Rock und die Weste des Vaters an= ziehen; er widerstrebte, aber was sie einmal wollte, das mußte doch geschehen. Nur den Hut ließ sich Dami nicht aufzwingen, und als er den Rock anhatte, legte sie die Hand auf die Schulter und sagte:

„So, jetzt bist du mein Bruder und mein Vater, und jetzt geht der Rock zum erstenmal wieder über Feld, und ist ein neuer Mensch drin. Schau, Dami, du hast das schönste Ehren= kleid, was es geben kann auf der Welt; halt' es in Ehren, sei drin so rechtschaffen, wie unser Vater selig gewesen ist.“

Sie konnte nicht weiter sprechen und legte ihr Haupt auf die Schulter des Bruders, und Thränen fielen auf das wieder ans Licht gezogene Kleid des Vaters.

„Du sagst, ich sei weichmüthig,“ tröstete sie Dami, „und du bist es weit eher.“

In der That war Barfüßele von Allem schnell tief ergriffen, aber sie war dabei auch stark und leichtlebig wie ein Kind; es war, wie damals die Marann' bei ihrem ersten Einschlafen be= merkt hatte, Wachen und Schlafen, Weinen und Lachen hart neben einander; sie ging in jedem Ereigniß und jeder Empfin= dung voll auf, kam aber auch rasch wieder darüber hinweg ins Gleichgewicht.

Sie weinte noch immer.

„Du machst einem das Herz so schwer,“ jammerte Dami, „und es ist schon schwer genug, daß ich fort muß aus der Hei= math unter fremde Menschen. Du hättest mich eher aufheitern sollen, als jetzt so, so —“

„Rechtſchaffenes Denken iſt die beſte Aufheiterung," ſagte
Barfüßele, „das macht gar nicht ſchwer. Aber du haſt Recht,
du haſt geladen genug, und da kann ein einziges Pfund, das
man darauf thut, einen niederreißen. Ich bin halt doch dumm.
Aber komm, ich will jetzt ſehen, was die Sonne dazu ſagt, wenn
der Vater jetzt zum erſtenmal wieder vor ſie kommt. Nein,
das hab' ich ja nicht ſagen wollen. Komm, jetzt wirſt ſchon
wiſſen, wo wir noch hingehen wollen, wo du noch Abſchied neh=
men mußt; und wenn du nur eine Stunde weit fortgehſt, du
gehſt doch aus dem Ort; und da muß man dort Abſchied neh=
men. Iſt mir auch ſchwer genug, daß ich dich nicht mehr bei
mir haben ſoll, nein, ich meine, daß ich nicht mehr bei dir ſein
ſoll; ich will dich nicht regieren, wie die Leute ſagen. Ja, ja,
die alte Marann' hat doch Recht: allein, das iſt ein großes
Wort, das lernt man nicht aus, was da drin ſteckt. So lang
du noch da drüben über der Gaſſe geweſen biſt, und wenn ich
dich oft acht Tage nicht geſehen habe, was thut's? Ich kann
dich jede Minute haben, das iſt ſo gut, als wenn man bei ein=
ander iſt; aber jetzt? Nun, es iſt ja nicht aus der Welt . . .
Aber ich bitt' dich, verhebe dich nicht, daß du keinen Schaden
leideſt, und wenn du was zerriſſen haſt, ſchick' mir's nur; ich
flick' und ſtrick' dir noch, und jetzt komm, jetzt wollen wir auf
den Kirchhof."

Dami wehrte ſich dagegen und wiederum mit dem Vorhalte,
daß es ihm ſchon ſchwer genug ſei, und daß er ſich's nicht noch
ſchwerer machen wolle. Barfüßele willfahrte auch dieſem. Er
zog die Kleider des Vaters wieder aus, und Barfüßele packte ſie
in den Sack, den ſie einſt beim Gänſehüten als Mantel getragen
hatte und auf dem noch der Name des Vaters ſtand. Sie be=
ſchwor aber Dami, daß er ihr den Sack mit nächſter Gelegenheit
wieder zurückſchicke.

Die Geſchwiſter gingen mit einander fort. Ein Hirlinger
Fuhrwerk fuhr durch das Dorf. Dami rief es an und packte
ſchnell ſeine Habſeligkeiten auf. Dann ging er Hand in Hand
mit der Schweſter das Dorf hinaus, und Barfüßele ſuchte ihn
zu erheitern, indem ſie ſagte:

„Weißt du noch, was ich dir da beim Backofen für ein
Räthſel aufgegeben habe?"

„Nein!"

„Befinn' dich: was ift das Befte am Backofen? Weißt's nicht mehr?"

„Nein!"

„Das Befte am Backofen ift, daß er das Brod nicht felber frißt."

„Ja, ja, du fannft luftig fein, du bleibft daheim."

„Du haft's ja gewollt, und du fannft auch luftig fein; wolle du nur recht."

Still geleitete fie ihren Bruder bis auf den Holderwafen; dort beim Holzbirnenbaum fagte fie:

„Hier wollen wir Abfchied nehmen. Behüt dich Gott und fürcht' dich vor feinem Teufel."

Sie fchüttelten fich wacker die Hände, und Dami ging Hir= lingen zu, Barfüßele nach dem Dorfe. Erft unten am Berge, wo Dami fie nicht mehr fehen fonnte, wagte fie es, die Schürze aufzuheben und fich die Thränen abzutrocknen, die ihr die Wangen herabrollten, und laut vor fich hin fagte fie:

„Verzeih mir's Gott, daß ich das von dem Allein auch gefagt hab'; ich danke dir, daß du mir einen Bruder gegeben haft. Laß mir ihn nur, fo lang ich lebe."

Sie kehrte ins Dorf zurück, es kam ihr leer vor, und in der Dämmerung, als fie die Kinder des Rodelbauern einwiegte, konnte fie nicht ein einziges Lied über die Lippen bringen, wäh= rend fie fonft immer fang wie eine Lerche. Sie mußte immer denken, wo jetzt ihr Bruder fei, was man mit ihm rede, wie man ihn empfange, und doch konnte fie fich das nicht vorftellen. Sie wäre gern hingeeilt und hätte gern allen Menfchen gefagt, wie gut er fei, und daß fie auch gut gegen ihn fein mögen; aber fie tröftete fich wieder, daß Niemand ganz und überall für den Andern forgen könne. Und fie hoffte, es würde ihm gut thun, daß er fich felber forthelfe.

Als es fchon Nacht war, ging fie in ihre Kammer, wufch fich aufs Neue, zöpfte fich frifch und kleidete fich nochmals an, als ob es Morgen wäre, und mit diefer feltfamen Verdoppelung des neuen Tages begann ihr faft nochmals ein neues Erwachen.

Als Alles fchlief, ging fie noch einmal hinüber zur fchwarzen Marann' und ohne Licht faß fie Stundenlang bei ihr an dem Bette in der dunkeln Stube; fie fprachen davon, wie das fei, wenn man einen Menfchen draußen in der Welt habe, der doch

ein Stück von einem sei, und erst als die Marann' eingeschlafen
war, schlich sich Barfüßele davon. Sie nahm aber noch den
Kübel und trug Wasser für die Marann', und legte das Holz
auf den Herd und so geschichtet, daß es am andern Morgen nur
angezündet zu werden brauchte. Dann erst ging sie nach Hause.

Was ist Wohlthätigkeit, die in Geldspenden besteht? Eine
in die Hand gelegte Kraft, die wiederum von ihr entäußert wird.
Wie anders ist es, die eingeborne Kraft selbst einzusetzen, ein
Stück Leben hinzugeben und noch dazu das einzige, das ver=
blieben ist.

Die Stunden der Ruhe, die Sonntagsfreiheit, die Barfüßele
gegeben war, opferte sie der schwarzen Marann' und ließ sich
dabei noch zanken und schelten, wenn sie etwas gegen die Ge=
wohnheit der Eigenbrödlerin gethan hatte; es fiel ihr nicht ein,
dabei zu denken oder zu sagen: wie könnt' Ihr mich noch zanken
und schelten über etwas, was ich Euch schenke? Ja sie wußte
kaum mehr, daß sie dieses that. Nur wenn sie an Sonntags=
abenden bei der Vereinsamten still vor dem Hause saß und zum
tausendstenmale gehört hatte, welch ein schmucker Bursch der
Johannes am Sonntage gewesen sei, und wenn dann die jungen
Burschen und Mädchen durch das Dorf zogen und allerlei Lieder
sangen, da wurde sie etwas davon gewahr, daß sie hier saß und
ihre Lustbarkeit opferte, und leise vor sich hin sang sie die Lieder
mit, die von den Wandelnden im Verein gesungen wurden; aber
wenn sie die Marann' ansah, hielt sie inne, und sie dachte dar=
über nach, wie es doch eigentlich gut wäre, daß der Dami nicht
mehr im Dorfe sei. Er war nicht mehr die Zielscheibe allge=
meiner Neckerei, und wenn er zurückkam, war er gewiß ein
Bursch, vor dem Alle Respekt haben mußten.

An Winterabenden, wenn im Hause des Rodelbauern ge=
sponnen und gesungen wurde, da allein durfte Barfüßele mit=
singen, und obgleich sie einen hellen, lauten Ton hatte, ließ sie
sich doch dazu herbei, fast immer die zweite Stimme zu singen.
Die Rosel, des Rodelbauern noch ledige Schwester, die um ein
Jahr älter als Barfüßele war, sang immer die erste Stimme,
und es verstand sich von selbst, daß auch die Stimme Barfüßele's
ihr dienen mußte, wie denn überhaupt die Rosel, eine stolze und
schneidige Person, das Barfüßele durchaus als Lastthier im Hause
betrachtete und behandelte; allerdings weniger vor den Leuten als

im Geheimen. Und eben weil Barfüßele im ganzen Dorfe dafür
angesehen war, daß sie im Hauswesen des Rodelbauern wacker
angriff und alles in Stand hielt, war es eine Hauptangelegen-
heit der Rosel, sich bei den Leuten zu berühmen, wie viel Geduld
man mit dem Barfüßele haben müsse, wie ihm die Gänsehirtin
in allen Stücken nachginge, und wie sie es als ein Werk der
Barmherzigkeit betrachte, das Barfüßele nicht so vor den Augen
der Welt erscheinen zu lassen, wie es eigentlich sei.

Ein besonderer Gegenstand des Aufziehens und des nicht
immer wähligen Spottes waren die Schuhe des Barfüßele. Es
ging fast immer barfuß, und höchstens im Winter in abgeschnittenen
Stiefeln des Bauern, und dennoch ließ sie sich bei jedem halb-
jährigen Lohne die bräuchlichen Rahmenschuhe geben; sie standen
aber oben in der Kammer unberührt, und Barfüßele ging doch
so stolz, als hätte es alle die Schuhe auf Einmal an; sie trug
sie im Bewußtsein.

Sechs Paar Schuhe standen neben einander, seitdem Dami
beim Scheckennarren diente. Die Schuhe waren mit Heu aus-
gestopft, und von Zeit zu Zeit tränkte sie Barfüßele mit Fett,
damit sie geschmeidig blieben. Barfüßele war vollauf herangewachsen,
nicht sehr hoch, aber stämmig untersetzt. Sie kleidete sich immer
ärmlich, aber sauber und anmuthig, und Anmuth ist die Pracht
der Armuth, die nichts kostet und nicht zu kaufen ist. Nur weil
es der Rodelbauer der Ehre des Hauses angemessen hielt, zog
Barfüßele des Sonntags ein besseres Kleid an, um sich vor den
Leuten zu zeigen; dann aber kleidete sie sich rasch wieder um und
saß bei der schwarzen Marann' in ihrem Werktagskleide, oder sie
stand auch bei ihren Blumen, die sie vor ihrem Dachfenster in
alten Töpfen pflegte. Nelken, Gelbveigelein und Rosmarin gediehen hier vortrefflich, und wenn sie auch manchen Ableger davon auf das Grab der Eltern gepflanzt hatte, es wucherte alles
doppelt nach, und die Nelken hingen in windenartigen Büscheln
fast hinab bis auf den Laubengang, der sich um das ganze Haus
zog. Das weit vorgeneigte Strohdach des Hauses bildete aber
auch einen vortrefflichen Schutz für die Blumen, und wenn Barfüßele daheim war, fiel im Sommer kein warmer Regen, bei
dem sie nicht die Blumenscherben in den Garten trug, um sie
dort ganz nahe dem mütterlichen Boden vollregnen zu lassen.
Besonders ein kleiner Rosmarinstock, der in dem Topfe war, den

einst Barfüßele auf dem Holderwasen zum allgemeinen Gebrauch
bei sich gehabt hatte, besonders dieser Rosmarinstock war zierlich
gebaut wie ein kleiner Baum, und Barfüßele ballte oft die rechte
Faust und schlug die andere Hand darüber, indem sie vor sich
hin sagte:

„Wenn's eine Hochzeit giebt von meinen Nächsten, ja von
meinem Dami, dann steck' ich den an." Ein anderer Gedanke
stieg in ihr auf, vor dem sie erröthete bis in die Schläfe hinein,
und sie beugte sich und roch an dem Rosmarin: wie einen Duft
aus der Zukunft sog sie etwas aus ihm ein, sie wollte es nicht
dulden und mit wilder Hast versteckte sie das Rosmarinstämmchen
zwischen die andern großen Pflanzen, daß sie es nicht mehr sah,
und eben schloß sie das Fenster, da läutete es Sturm.

„Es brennt beim Scheckennarren in Hirlingen!" hieß es bald.
Die Spritze wurde herausgethan, und Barfüßele fuhr auf derselben
mit der Löschmannschaft davon.

„Mein Dami! mein Dami," jammerte sie immer in sich
hinein, aber es war ja Tag, und bei Tag konnten Menschen
nicht in einem Brande verunglücken. Und richtig! Als man bei
Hirlingen ankam, war das Haus schon niedergebrannt, aber am
Wege in einem Baumgarten stand Dami und band eben die beiden
Schecken, schöne, stattliche Pferde, an einen Baum, und rings
herum lief Alles scheckig, Ochsen, Kühe und Rinder.

Man hielt an, Barfüßele durfte absteigen, und mit einem:
„Gottlob, daß dir nichts geschehen ist," eilte sie auf den Bruder
zu. Dieser aber antwortete ihr nicht und hielt beide Hände auf
den Hals des einen Gaules gelegt.

„Was ist? Warum redest du nicht? hast du dir Schaden gethan?"

„Ich nicht, aber das Feuer."

„Was ist denn?"

„All mein Sach' ist verbrannt, meine Kleider und mein
bischen Geld. Ich habe nichts, als was ich auf dem Leib trage."

„Und des Vaters Kleider sind auch verbrannt?"

„Sind sie denn feuerfest?" sagte Dami zornig. „Frag nicht
so dumm."

Barfüßele wollte weinen über dieses harte Anlassen des
Bruders, aber sie fühlte rasch, wie durch einen Naturtrieb, daß
Unglück sehr oft im ersten Anprall unwirsch, hart und händel-
süchtig macht; sie sagte daher nur:

„Dank' Gott, daß du dein Leben noch haſt; des Vaters Kleider, freilich, da iſt was mit verbrannt, was man ſich nicht mehr erwerben kann, aber ſie wären doch auch einmal zu Grunde gegangen, ſo oder ſo."

„All dein Geſchwätz iſt für die Katz'," ſagte Dami und ſtreichelte immer das Pferd. „Da ſteh' ich nun wie der Gott verlaß mich nicht. Ja, wenn die Gäule reden könnten, die würden anders reden, aber ich bin eben zum Unglück geboren. Was ich gut thue, iſt nichts, und doch" —

Er konnte nicht mehr reden, es erſtickte ihm die Stimme.

„Was iſt denn geſchehen?"

„Da die Gäule und die Kühe und Ochſen, ja es iſt uns kein Stückle Vieh verbrannt, außer den Schweinen, die haben wir nicht retten können. Schau, der Gaul da drüben, der hat mir da mein Hemd aufgeriſſen, wie ich ihn aus dem Stalle ziehe; mein zuberhändiger Gaul der hat mir nichts gethan, der kennt mich. Gelt, du kennſt mich, Humpele? Gelt wir kennen einander?"

Der Gaul legte ſeinen Kopf über den Hals des andern und ſchaute Dami groß an, der jetzt fortfuhr:

„Und wie ich dem Bauer mit Freude berichte, daß ich das Vieh alles gerettet habe, da ſagt er: das war nicht nöthig, iſt alles verſichert und gut, hätt' mir beſſer bezahlt werden müſſen! Ja, denk' ich bei mir, aber daß das unſchuldige Vieh ſterben ſoll, iſt denn das nichts? Iſt's denn, wenn's bezahlt iſt, Alles? Iſt denn das Leben nichts? Der Bauer muß mir was angeſehen haben von dem, was ich denk', und da fragt er mich: du haſt doch dein Gewand und dein Sach' gerettet? und da ſag' ich: nein, nein, kein Fädele, ich bin gleich in den Stall geſprungen, und da ſagt er: du biſt ein Tralle! Wie? ſag' ich, Ihr ſeid ja verſichert. Wenn das Vieh bezahlt worden wäre, da werden doch auch meine Kleider bezahlt, und es ſind auch noch Kleider von meinem Vater ſelig dabei und 14 Gulden, meine Taſchenuhr und meine Pfeife. Und da ſagt er: Rauch draus! Mein Sach iſt verſichert und nicht das von den Dienſtboten! Ich ſag': das wird ſich zeigen, und ich laſſ' es auf einen Proceß ankommen, und da ſagt er: So? Jetzt kannſt du gleich gehen. Wer einen Proceß anfangen will, hat aufgekündigt. Ich hätte dir ein paar Gulden geſchenkt, aber ſo kriegſt du keinen Heller. Jetzt mach, daß du fortkommſt!... Da bin ich nun, und ich mein', ich ſollt' meinen

zuderhändigen Gaul mitnehmen, ich hab' ihm das Leben gerettet,
und er ging' gern mit mir. Gelt du? Aber ich habe das Stehlen
nicht gelernt, und ich wüßt' mir auch nicht zu helfen, und es
wäre am beſten, ich ſpränge jetzt ins Waſſer. Ich komme mein
Lebtag zu nichts, und ich hab' nichts."

„Aber ich hab' noch und will dir helfen."

„Nein, das thu' ich nicht mehr, daß ich dich ausſauge; du
mußt dir's auch ſauer verdienen."

„Es gelang Barfüßele, ihren Bruder zu tröſten und ihn ſo
weit zu bringen, daß er mit ihr heimging; aber kaum waren ſie
hundert Schritte gegangen, als etwas hinter ihnen drein trabte.
Der Gaul hatte ſich losgeriſſen und war Dami gefolgt, und dieſer
mußte das Thier, das er ſo ſehr liebte, mit Steinwürfen zurückjagen.

Dami ſchämte ſich ſeines Unglücks und ließ ſich faſt vor
keinem Menſchen ſehen, denn es iſt die Eigenheit ſchwacher Naturen,
daß ſie ihre Kraft nicht im Selbſtgefühle empfinden, ſondern gern
durch äußerlich Erobertes zeigen, was ſie eigentlich vermögen;
Mißgeſchick ſehen ſie als Zeichen ihrer Schwäche an, und wenn
ſie ſolches nicht verbergen können, verſtecken ſie ſich ſelber.

Nur an den erſten Häuſern des Dorfes hielt ſich Dami auf.
Die ſchwarze Marann' ſchenkte ihm einen Rock ihres erſchoſſenen
Mannes. Dami hatte einen unüberwindlichen Abſcheu davor, ihn
anzuziehen, aber Barfüßele, die ehedem den Rock des Vaters als
ein Heiligthum betrachtet und geprieſen hatte, fand jetzt eben ſo
viel Gründe, zu beweiſen, daß ein Rock doch eigentlich nichts ſei,
daß gar nichts darauf ankäme, wer ihn einſtmals auf dem Leibe
gehabt.

Der Kohlenmathes, der nicht weit von der ſchwarzen Marann'
wohnte, nahm Dami mit als Gehülfen beim Holzſchlagen und
Kohlenbrennen. Dami war das abgeſchiedene Leben am will=
kommenſten, er wollte nur noch ausharren, bis er Soldat werden
mußte, und dann wollte er als Einſteher eintreten und auf Lebens=
zeit Soldat bleiben; beim Soldatenleben iſt doch Gerechtigkeit und
Ordnung, und da hat Niemand Geſchwiſter und Niemand ein
eigen Haus und man iſt in Kleidung und Speiſe und Trank ver=
ſorgt, und wenn's Krieg giebt; ein friſcher Soldatentod iſt doch
das Beſte.

Das war es, was Dami am Sonntag im Moosbrunnen=
walde ausſprach, wenn Barfüßele hinabkam zum Meiler, dem

Bruder Schmalz und Mehl und Rauchtabak brachte und ihn oft belehren wollte, wie er außer der gewöhnlichen Speise der Wald=köhler, die in schmalzgebähtem Brod besteht, auch die Knödel, die er sich selbst bereitete, schmackhafter machen könne; aber Dami wollte das nicht, gerade so wie sie auskamen, war es ihm recht: er würgte gern Schlechtes hinab, obgleich er hätte Besseres essen können, und überhaupt gefiel er sich in Selbstverwahrlosung, bis er einst zum Soldaten herausgeputzt würde.

Barfüßele kämpfte gegen dieses ewige Hinausschauen auf eine kommende Zeit und das Verlorengehenlassen der Gegenwart, sie wollte den Dami, der sich in Schlaffheit wohlgefiel und sich dabei selbst bemitleidete, immer aufrichten; aber diesem schien in dem innern Zerfallen fast wohl zu sein. Er konnte sich eben da=bei recht bemitleiden und bedurfte keiner Kraftanstrengung. Nur mit Mühe brachte es Barfüßele dahin, daß sich Dami aus seinem Verdienste wenigstens eine eigene Art erwarb und zwar die des Vaters, die der Kohlenmathes bei der Versteigerung gekauft hatte.

Mit tiefer Verzweiflung kehrte Barfüßele oft aus dem Walde zurück, aber sie hielt nicht lange an; die innere Zuversicht und der frohe Muth, der in ihr lebte, drängte sich unwillkürlich als heller Gesang auf ihre Lippen, und wer es nicht wußte, hätte nie ge=merkt, daß Barfüßele je einen Kummer gehabt oder je einen habe.

Die Freudigkeit, die aus der unbewußten Empfindung floß, daß sie straff und unverdrossen ihre Pflicht that und Wohlthätig=keit übte an der schwarzen Marann' und an Dami, prägte ihrem Antlitz eine unvertilgbare Heiterkeit auf. Im ganzen Hause konnte Niemand so gut lachen als das Barfüßele, und der alte Rodel=bauer sagte: ihr Lachen töne just wie Wachtelschlag, und weil sie ihm allzeit dienstfertig und ehrerbietig war, gab er ihr zu ver=stehen, daß er sie einstmals in sein Testament setze. Barfüßele kümmerte sich nicht darum und baute nicht viel darauf, sie er=wartete nur den Lohn, den sie mit Recht und Sicherheit ansprechen konnte, und was sie that, that sie aus einem innern Wohlwollen, ohne auf Entgelt zu warten.

8. Sack und Axt.

Das Haus des Scheckennarren war wieder aufgebaut, statt=licher als je; der Winter kam herbei und die Loosung der Rekru=

ten. Noch nie war mehr Betrübniß über ein glückliches Loos
entstanden, als da Dami sich freispielte. Er war verzweifelt und
Barfüßele fast mit ihm, denn auch ihr war das Soldatenwesen
als treffliches Mittel erschienen, um das lässige Wesen Dami's
aufzurichten; dennoch sagte sie ihm jetzt:

„Nimm das als Fingerzeig, du sollst jetzt für dich selber
als Mann einstehen. Aber du thust noch immer wie ein kleines
Kind, das nicht allein essen kann und dem man zu essen geben
muß."

„Du wirfst mir vor, daß ich dich ausfresse?"

„Nein, das mein' ich nicht. Sei nicht immer so leidmüthig,
steh' nicht immer da: wer will mir was thun? Gutes oder
Böses? Schlag' selber um dich!"

„Und das will ich auch und ich hole weit aus!" schloß
Dami. Er gab lange nicht kund, was er eigentlich vorhatte, aber
er ging seltsam aufrecht durch das Dorf und sprach mit Jedem
frei, er arbeitete fleißig im Walde bei den Holzschlägern, er hatte
die Art des Vaters und mit ihr fast die Kraft dessen, der sie
ehedem so rüstig gehandhabt.

Als ihm Barfüßele einmal im ersten Frühling bei der Heimkehr vom Moosbrunnenwalde begegnete, sagte er, die Art von
der Schulter nehmend: „Was meinst, wo die hingeht?"

„Ins Holz!" antwortete Barfüßele. „Aber sie geht nicht
allein, man muß sie hacken."

„Hast Recht, aber sie geht zu ihrem Bruder, und der Eine
hackt drüben und der Andere drüben, und da krachen die Bäume
wie geladene Kanonen, und du hörst nichts davon, oder wenn
du willst, ja, aber Keiner im Ort."

„Ich verstehe dich vom Simri kein Mäßle," antwortete Barfüßele. „Ich bin zu alt zum Räthselaufgeben. Red' deutlich."

„Ja, ich gehe zum Ohm nach Amerika."

„So? Gleich heut?" scherzte Barfüßele. „Weißt wie des
Maurers Martin einmal seiner Mutter zum Fenster hinaufgerufen
hat: Mutter, wirf mir ein frisches Sacktuch 'raus, ich will nach
Amerika spaziren? Die so leicht fliegen wollen, sind Alle noch da."

„Wirst schon sehen, wie lang ich noch da bin," sagte Dami
und ging ohne Weiteres fort in das Haus des Kohlenmathes.
Barfüßele wollte sich über den lächerlichen Plan Dami's lustig
machen, aber es gelang ihr nicht; sie fühlte, daß etwas Ernst

dabei sei, und noch in der Nacht, als Alles schon im Bett lag, eilte sie nochmals zu ihrem Bruder und erklärte ihm ein für alle= mal, daß sie nicht mitginge. Sie glaubte ihn dadurch plötzlich besiegt zu haben, aber Dami sagte kurzweg: „Ich bin dir nicht angewachsen." Sein Plan wurde immer fester.

Jn Barfüßele war auf einmal wieder all das Wogen von Ueberlegungen, das sie schon einmal in der Kindheit befallen hatte; aber jetzt sprach sie nicht mehr mit dem Vogelbeerbaum, als ob er ihr Antwort geben könne, und aus allen Ueberlegungen heraus lautete der Schluß: „Er hat Recht, daß er geht; ich hab' aber auch Recht, daß ich da bleibe!" Sie freute sich eigentlich innerlich, daß Dami einen so kühnen Entschluß haben könne; das zeigte doch von männlicher Kraft, und that es ihr auch tief wehe, fortan vielleicht allein zu sein in der weiten Welt, so fand sie es doch recht, daß der Bruder mit gesundem Muth hinausgriff. Dennoch glaubte sie ihm noch nicht ganz.

Am andern Abend paßte sie ihm ab und sagte:

„Sprich nur mit keinem Menschen von deinem Auswande= rungsplan, sonst wirst du ausgelacht, wenn du's nicht ausführst."

„Hast Recht!" entgegnete Dami, „aber nicht deßwegen; ich fürchte mich nicht davor, mich vor anderen Menschen zu binden; so gewiß als ich die fünf Finger da an der Hand habe, so gewiß gehe ich, ehe hier die Kirschen zeitig sind; und wenn ich mich durchbetteln und wenn ich mich durchstehlen muß, daß ich fort= komme. Nur das Eine thut mir weh, daß ich fort muß und nicht dem Schedennarren einen Tuck anthun kann, den er sein Lebens= lang spürt."

„Das ist die rechte Großmännigkeit," eiferte Barfüßele, „das ist die echte Herzensliederlichkeit, einen Rachegedanken hinter sich zu lassen. Dort, dort drüben liegen unsere Eltern, komm mit, komm mit auf ihr Grab, und sage das dort noch einmal, wenn du kannst. Weißt, wer der Nichtsnutzigste ist? Wer sich verderben läßt. Gieb die Art her, du bist nicht werth, da die Hand zu haben, wo der Vater seine Hand gehabt hat, wenn du das nicht gleich mit Stumpf und Stiel aus der Seele reißest! Die Art gieb her! Die soll kein Mensch haben, der von Stehlen und Morden spricht. Die Art gieb her! Oder ich weiß nicht, was ich thue."

Kleinlaut sagte Dami: „Es ist nur so ein Gedanke gewesen.

Glaub' mir, ich hab's nicht gewollt, ich kann ja das auch nicht; aber weil sie mich immer so den Kegelbuben heißen, da hab' ich gemeint, ich müsse auch einmal wettern und dreinfluchen und dreinhauen. Aber du hast Recht. Sieh, wenn du willst, gehe ich noch heut Nacht hin zum Scheckennarren und sage ihm, daß ich keinen bösen Gedanken im Herzen gegen ihn hab'."

„Das brauchst du nicht, das ist zu viel; aber weil du so Einsicht annimmst, will ich dir helfen, was ich kann."

„Das Beste wäre, du gingst mit."

„Nein, das kann ich nicht, ich weiß nicht warum, aber ich kann nicht. Aber das habe ich nicht verschworen: wenn du mir schreibst, daß dir's beim Ohm gut geht, da komme ich nach. So in den Nebel hinein, wo man nichts weiß . . . ich ändere nicht gern, und ich hab's ja eigentlich gut hier. Aber jetzt laß uns überlegen, wie du fort kommst."

Es ist eine Eigenheit vieler Auswandernden und giebt Zeugniß von einer finstern Seite der Menschennatur überhaupt und unserer vaterländischen Zustände insbesondere, daß die lebendig Scheidenden gern noch vor ihrem Abgange ungestraft Rache nehmen, und bei Vielen ist es das Erste, was sie in der neuen Welt thun, daß sie nach der alten Welt an die Gerichte schreiben und allerlei Angebereien über geheimgebliebene Verbrechen machen.

Es waren schreckliche Beispiele dieser Art in der Gegend vorgekommen, und Barfüßele flammte darum doppelt im Zorn auf, weil auch ihr Bruder sich zu den aus dem Verstecke Schießenden hatte gesellen wollen. Darum war sie jetzt doppelt freudig, als sie den bösen Willen Dami's besiegt hatte; denn tiefer als alle Wohlthat erquickt das innere Gefühl, einen Andern von Laster und Irrweg zurückgeführt zu haben.

Mit der ganzen sichern Klarheit ihres Wesens erwog sie nun alle Umstände. Die Frau des Ohms hatte an ihre Schwester geschrieben, daß es ihnen wohl gehe, und so wußte man den Aufenthaltsort des Ohms.

Die Ersparnisse Dami's waren sehr gering, und auch die Barfüßeles reichten nicht voll aus. Dami sprach davon, daß ihm die Gemeinde eine namhafte Beisteuer geben müsse; die Schwester wollte nichts davon wissen, und sie sagte: „Das soll das letzte sein, wenn alles Andere fehlgeschlagen hat." Sie erklärte nicht, was sie noch sonst versuchen könne. Ihr erster Ge-

danke war allerdings, sich an die Landfriedbäuerin in Zusmars=
hofen zu wenden; aber sie wußte, wie solch ein Bettelbrief einer
reichen Bäuerin erscheinen müsse, die vielleicht auch nicht einmal
baar Geld habe; dann dachte sie an den Rodelbauer, der ihr ver=
sprochen hatte, sie in sein Testament zu setzen, er sollte ihr jetzt
das Zugedachte geben, und wenn es auch weniger sei. Dann
fiel ihr wieder ein, daß man vielleicht den Scheckennarren, dem
es jetzt wieder überaus wohl ergieng, zu einer Beisteuer bewegen
könne.

Sie sagte von alledem dem Dami nichts, aber wie sie sein
Gewand musterte, wie sie mit vieler Mühe der schwarzen Marann'
von ihrer aufgespeicherten Leinwand ein Stück auf Borg abkaufte,
alsbald zuschnitt und in der Nacht vernähte, alle diese gesetzten,
festen Vorbereitungen machten Dami fast zittern. Er hatte frei=
lich gethan, als ob der Auswanderungsplan bei ihm unerschütter=
lich fest sei, und doch kam er sich jetzt wie gebunden, wie ge=
zwungen vor, als ob er durch den festen Willen der Schwester
zur Ausführung gedrängt würde. Ja, die Schwester erschien ihm
fast hartherzig, als ob sie ihn fortdränge, ihn los sein wolle. Er
wagte jedoch nicht, dies deutlich zu sagen, er wußte nur allerlei
Quengeleien vorzubringen, und Barfüßele deutete diese als das
verdeckte Wehe des Abschieds, das kleine Hindernisse gern als
die Nöthigung davon abzulassen annimmt, um nur sich wieder
abbringen zu lassen. Sie machte sich nun vor Allem an den
alten Rodelbauer und verlangte geradezu, daß er ihr das Erb=
stück, welches er schon lange versprochen, jetzt gebe.

Der alte Rodelbauer sagte: „Was pressirst du so? Kannst
nicht warten? Was hast?"

„Nichts hab' ich und kann nicht warten."

Sie erzählte, daß sie ihren Bruder aussteuern wolle, der
nach Amerika auswandere. Das war ein glücklicher Griff für
den alten Rodelbauer; er konnte seine Zähigkeit noch als Gut=
müthigkeit, als weise Fürsorge hinstellen; er bedeutete Barfüßele,
daß er ihr jetzt keinen rothen Heller gebe, er wolle nicht schuld
sein, daß sie sich ganz ausziehe für ihren Bruder.

Nun bat Barfüßele, daß er der Fürsprech sei beim Schecken=
narren; dazu ließ er sich endlich herbei, und that groß damit,
daß er sich zum Betteln hergebe bei einem fremden Mann für
einen fremden Menschen; aber er verschob die Ausführung von

Tag zu Tag, und als Barfüßele nicht abließ, machte er ſich end=
lich auf den Weg. Er kam, wie vorauszuſehen war, mit leerer
Hand zurück, denn des Scheckennarren erſte Frage war natürlich:
was denn der Rodelbauer gebe, und als dieſer geradezu ſagte,
daß er ſich vor der Hand zu nichts verſtehe, war das der ge=
wieſene Weg, und der Scheckennarr blieb auch auf demſelben.

Als Barfüßele der ſchwarzen Marann' ihren Kummer über
dieſe Hartherzigkeit klagte, traf die Alte die Spitze der Empfin=
dung, indem ſie ſagte: „Ja, ſo ſind die Menſchen! Wenn morgen
Einer ins Waſſer ſpringt, und man zieht ihn todt heraus, da
ſagt ein Jedes: hätt' er mir nur geſagt, was ihm fehlt, ich
hätt's ihm ja gern gegeben und in Allem geholfen. Was gäb'
ich nicht drum, wenn ich ihn wieder ins Leben bringen könnte!
— Aber ihn beim Leben erhalten, dazu wollte ſich keine Hand
aufthun."

Und ſeltſam, eben dadurch, daß Barfüßele die ganze Schwere
der Dinge ſich immer voll auf that, lernte ſie ſie leicht ertragen.
„Drum muß man ſich nur auf ſich ſelbſt verlaſſen," war ihr
innerer Wahlſpruch, und ſtatt ſich niederdrücken zu laſſen von
Hinderniſſen, wurde ſie dadurch immer nur ſchnellkräftiger. Sie
raffte zuſammen und machte zu Gelde, was ſich nur thun ließ,
und der reiche Anhenker, den ſie einſt von der Landfriedbäuerin
erhalten, wanderte zur Wittwe des alten Heiligenpflegers, die
ſich in ihrem Wittwenſtande an einem ergiebigen Wucher auf
Fauſtpfänder erfreute. Auch der Dukaten, den ſie einſt dem Ober=
baurath auf dem Kirchhofe nachgeworfen hatte, wurde jetzt wieder
gefordert, und ſeltſamer Weiſe erbot ſich jetzt der Rodelbauer,
beim Gemeinderath, in dem er ſaß, eine namhafte Unterſtützung
für den auswandernden Dami zu erwirken. Mit öffentlichen Gel=
dern war er gern großmüthig und tugendhaft.

Dennoch erſchrak Barfüßele, als er ihr nach wenigen Tagen
verkündete, es ſei beim Gemeinderath Alles bewilligt, aber nur
auf die Bedingung hin, daß Dami jedes Heimathsrecht im Dorfe
aufgebe. Das hatte ſich von ſelbſt verſtanden, man hatte gar
nicht anders gedacht; aber jetzt, da es eine Bedingung war, er=
ſchien es als ein Schreckbild: nirgends mehr daheim zu ſein.
Dem Dami ſagte Barfüßele nichts von dieſen ihren Gedanken,
und Dami ſchien wiederum froh und wohlgemuth. Beſonders die
ſchwarze Marann' redete ihm viel zu, denn ſie hätte gern das

ganze Dorf in die Fremde geschickt, um endlich Kunde von ihrem Johannes zu bekommen, und jetzt glaubte sie steif und fest, daß ihr Johannes über dem Meer sei. Der Krappenzacher hatte ihr gesagt: das Meer, die salzige Fluth, verhindere die Thränen, die man um Einen weinen wolle, der am andern Ufer sei.

Barfüßele erhielt von ihrer Dienstherrschaft die Erlaubniß, den Bruder zu begleiten, als er seinen Ueberfahrtsvertrag mit dem Agenten in der Stadt abschließen wollte. Wie erstaunten sie aber, als sie hier hörten, daß dies bereits geschehen sei. Der Gemeinderath hatte es schon bewerkstelligt, und Dami genoß des Armenrechtes und der entsprechenden Verpflichtungen. Er mußte vom Schiff aus, bevor dasselbe ins weite Meer segelte, eine Bescheinigung seiner Abfahrt unterzeichnen, und erst dann wurde das Geld ausgezahlt.

Die Geschwister kehrten traurig heim ins Dorf, schweigend gingen sie dahin. Dami war von seiner Verdrossenheit überfallen, daß nun Etwas geschehen müsse, weil er's einmal gesagt, und Barfüßele empfand ein tiefes Wehe, daß doch ihr Bruder eigentlich wie auf dem Schub fortgeschafft würde. An der Gemarkung sagte Dami laut zu dem Stock, worauf der Ortsname und Amtsbezirk stand:

„Du da! Ich bin nicht mehr bei dir daheim, und alle Menschen da drin, die sind mir jetzt grad so viel wie du."

Barfüßele weinte, aber sie nahm sich vor, daß dies das letztemal sein solle bis zur Abreise Dami's und auch bei dieser selbst. Sie hielt Wort.

Die Leute im Dorfe sagten: das Barfüßele müsse kein Herz im Leibe haben, denn es waren ihr nicht die Augen naß geworden, als ihr Bruder schied, und die Leute wollen gerne selbst die Thränen sehen. Was gehen sie die heimlich geweinten an? Barfüßele aber hielt sich wach und straff.

Nur in den letzten Tagen vor der Abreise Dami's versäumte sie zum erstenmal ihre Pflicht, denn sie vernachlässigte ihre Arbeit und war immer beim Dami; sie ließ sich von der Rosel darüber ausschelten und sagte nur: „Du hast Recht." Sie lief aber doch ihrem Bruder überall nach, sie wollte keine Minute verlieren, so lange er noch da war, sie meinte, sie könne ihm in jedem Augenblick noch etwas Besonderes erweisen, noch etwas Besonderes sagen für Lebenlang, und quälte sich wieder, daß sie

ganz gewöhnliche Sachen ſprach, ja, daß ſie ſogar manchmal mit
ihm ſtritt.

O dieſe Abſchiedsſtunden! Wie preſſen ſie das Herz, wie
preßt ſich alle Vergangenheit und Zukunft in einen Augenblick
zuſammen, und man weiß nirgends anzufaſſen und nur ein Blick,
eine Berührung muß Alles ſagen!

Amrei gewann indeß doch noch Worte. Als ſie ihrem Bruder
das Leinenzeug vorzählte, ſagte ſie: „Das ſind gute ſaubere
Hemden, halt' dich gut und ſauber drin.“ Und als ſie Alles in
den großen Sack packte, auf dem noch der Name des Vaters
ſtand, ſagte ſie: „Bring' den wieder mit, voll lauter Gimgold.
Wirſt ſehen, wie gern du dann hier wieder die Bürger-Annahme
bekommſt, und des Rodelbauern Roſel, wenn ſie bis dahin noch
ledig iſt, ſpringt dir über ſieben Häuſer nach.“ Und als ſie die
Art des Vaters in die große Kiſte legte, ſagte ſie: „O wie glatt
iſt der Stiel! Wie oft iſt er durch des Vaters Hand gegangen
und ich mein', ich ſpür' noch ſeine Hand da drauf. So, jetzt
hab' ich das Wahrzeichen: Sack und Art! Arbeiten und Ein-
ſammeln, das iſt das Beſte und da bleibt man luſtig und ge-
ſund und glücklich. Behüt' dich Gott! und ſag' auch recht oft
vor dich hin: Sack und Art. Ich will's auch oft thun und das
ſoll unſer Gedenken ſein, unſer Zuruf, wenn wir weit, weit von
einander ſind, bis du mir ſchreibſt oder mich holſt oder wie du's
kannſt, wie's eben Gott will. Sack und Art! da drin ſteckt Alles.
Da kann man Alles hineinthun, alle Gedanken und Alles, was
man erworben hat.“

Und als Dami auf dem Wagen ſaß und ſie ihm zum letzten
mal die Hand reichte, die ſie lange nicht laſſen wollte, bis er
endlich davon fuhr, da rief ſie ihm noch mit heller Stimme nach:
„Sack und Art! Vergiß das nicht.“ Er ſchaute zurück und
winkte, und verſchwunden war er.

9. Ein ungebetener Gaſt.

Gelobt ſei Amerika! rief der Nachtwächter zum Ergötzen
Aller mehrere Nächte beim Stundenanrufen aus, ſtatt des üblichen Dankſpruches gegen Gott. Der Krappenzacher, der, weil
er ſelber nichts galt, gern bei den „rechten“ Leuten auf die
Armen ſchimpfte, ſagte beim Ausgang aus der Kirche am Sonn-

tag und Nachmittags auf der langen Bank vor dem Auerhahn: „Der Columbus ist ein wahrer Heiland gewesen. Von was kann der einen nicht alles erlösen! Ja, das Amerika ist der Saukübel von der alten Welt, da schüttet man hinein, was man in der Küche nicht mehr brauchen kann: Kraut und Rüben und Alles durcheinander, und für die, wo im Schloß hinterm Haus wohnen und französisch verstehen oui! oui! ist es noch gutes Fressen."

Bei der Armuth an Gesprächstoffen war natürlich der ausgewanderte Dami geraume Zeit der Gegenstand der Unterhaltung, und wer zum Gemeinderath gehörte, pries seine Weisheit, daß er sich von einem Menschen befreit habe, der gewiß einmal der Gemeinde zur Last gefallen wäre. Denn wer in allerlei Gewerben herumkutschirt, fährt ins Elend.

Natürlich gab es viele gutmüthige Menschen, die Barfüßele Alles berichteten, was man über ihren Bruder sagte und wie man über ihn spottete. Aber Barfüßele lachte darüber, und als von Bremen aus ein schöner Brief von Dami kam — man hätte gar nicht geglaubt, daß er Alles so ordentlich setzen kann — da triumphirte sie vor den Augen der Menschen und las den Brief mehrmals vor. Innerlich aber war sie traurig, einen solchen Bruder wol auf ewig verloren zu haben. Sie machte sich Vorwürfe, daß sie ihn nicht genug habe aufkommen lassen, daß sie ihn nicht genug vorn hin gestellt habe; denn das zeigte sich jetzt, welch ein geweckter Bursch der Dami war, und dabei so gut. Er, der von Allen im Dorfe hatte Abschied nehmen wollen, wie von dem Stock an der Gemarkung, füllte jetzt eine ganze Seite mit lauter Grüßen an Einzelne, und Jeder hieß der „Liebe", der „Gute" oder der „Brave", und Barfüßele erntete vieles Lob überall, wo sie die Grüße ausrichtete und dabei immer genau zeigte: „Seht, da steht's!"

Barfüßele war eine Zeitlang still und in sich gekehrt, es schien sie zu gereuen, daß sie den Bruder fortgelassen oder nicht mit ihm gegangen war. Sonst hörte man sie in Stall und Scheune, in Küche und Kammer und beim Ausgang, mit der Sense über der Schulter und dem Grastuch unterm Arm, immer singen; jetzt war sie still. Sie schien das gewaltsam zurückzuhalten. Aber es gab ein gutes Mittel, die Lieder wieder hinaustönen zu lassen. Am Abend schläferte sie die Kinder des Rodelbauern ein und dabei sang sie unaufhörlich, wenn die Kinder auch schon lange schliefen. Dann eilte sie noch zur schwarzen Marann' und versorgte sie mit Holz und Wasser und Allem, was sie bedurfte.

An Sonntag-Nachmittagen, wenn Alles sich vergnügte, stand Barfüßele oft still und unbewegt an der Thürpfoste ihres Hauses und schaute hinein in die Welt und den Himmel und sah, wie die Vögel flogen, und träumte so vor sich hin, bald hinaus ins Weite, wo der Dami jetzt sei und wie es ihm ergehe, und dann konnte sie wieder unverwandten Blickes lange Zeit einen um= gelegten Pflug betrachten und einem Huhn, das sich in den Sand eingrub, zuschauen. Wenn ein Fuhrwerk durchs Dorf fuhr, schaute sie auf und sagte fast laut: „Die fahren zu Jemand! Auf allen Straßen der Welt geht kein Mensch zu mir, denkt kein Mensch zu mir; und gehör' ich denn nicht auch her?" Und dann war's ihr immer, als erwarte sie etwas, ihr Herz pochte schneller wie einem Ankommenden. Und unwillkürlich tönte es von ihren Lippen:

> Alle Wässerlein auf Erden
> Die haben ihren Lauf;
> Kein Mensch ist ja auf Erden,
> Der mir mein Herz macht auf.

„Ich wollte, ich wäre so alt wie Ihr," sagte sie einmal, als sie aus solchen Träumen heraus bei der schwarzen Marann' ankam.

„Sei froh, daß der Wunsch kein Wahr ist," erwiderte die schwarze Marann'. „Wie ich so alt war wie du, da war ich lustig und hab' drunten in der Gipsmühle 132 Pfund gewogen."

„Ihr seid doch einmal wie das andermal, und ich bin gar nicht gleich."

„Wenn man gleich sein will, muß man sich die Nase ab= schneiden, da ist man im ganzen Gesicht gleich. Du Närrle, gräm' dir deine jungen Jahre nicht ab, es giebt sie dir Keiner wieder heraus. Die alten kommen schon von selber."

Es gelang der schwarzen Marann' leicht, Barfüßele zu trösten. Nur wenn sie allein war, lag noch ein seltsames Bangen auf ihr. Was soll das werden?

Ein wunderliches Rumoren ging durch das Dorf. Man sprach seit vielen Tagen davon, daß es in Endringen eine Nach= hochzeit gebe, wie seit Menschengedenken keine in der Gegend ge=

wesen sei. Die älteste Tochter des Dominik und des Ameile — die wir noch vom Lehnhold her kennen — heirathete einen reichen Holzhändler im Murgthal und man sagte, das gäbe ein Lustbarkeit, wie man sie noch nie erfahren.

Der Tag rückte immer näher heran. Wo sich zwei Mädchen begegnen, ziehen sie sich hinter eine Hecke, in einen Hausflur, und können gar kein Ende finden und behaupten doch stets, daß sie gewaltig Eile hätten. Man sagt, es käme Alles aus dem Oberlande und aus dem ganzen Murgthal und dreißig Stunden Wegs her, denn das sei eine große Familie. Am Rathhausbrunnen, da war erst das rechte Leben, da wollte kein Mädchen ein neues Kleidungsstück haben, um sich andern Tags umsomehr an der Ueberraschung und dem Staunen zu erfreuen. Vor lauter Fragen und Hin = und Herreden vergaß man das Wasserschöpfen, und Barfüßele, die am spätesten gekommen war, ging am frühesten mit vollem Kübel wieder heim. Was ging sie der Tanz an! Und doch war's ihr immer, als hörte sie überall Musik.

Am andern Tage hatte Barfüßele viel im Hause hin und her zu rennen, denn sie sollte die Rosel aufputzen. Sie erhielt manchen heimlichen Knuff beim Zöpfen, aber sie ertrug es still.

Die Rosel hatte ein gewaltiges Haar und das sollte auch gewaltig prangen. Sie wollte heute etwas Neues damit probiren. Sie wollte einen Maria=Theresienzopf haben, wie man hier zu Lande ein kunstreiches Geflechte aus vierzehn Strängen nennt; das sollte als neu Aufsehen erregen. Es gelang Barfüßele, das schwere Kunstwerk zu Stande zu bringen, aber kaum war es fertig, als die Rosel es im Unmuth wieder aufriß und sie sah wild aus, wie ihr die Stränge über den ganzen Kopf und über das Gesicht hingen, dabei war sie aber doch schön und stattlich und gewaltig im Umfang, und ihr ganzes Gebahren sprach es aus: minder als vier Rosse können nicht in dem Hause sein, in das ich einmal heirathe! Und in der That warben viele Hofsöhne um sie, aber sie schien noch keine Lust zu haben, sich für irgend einen zu bestimmen. Sie blieb nun bei den landesüblichen zwei Zöpfen, die den Rücken hinabhingen, mit eingeflochtenen rothen Bändern, die fast bis an den Boden hinabreichten. Sie stand fertig geschmückt da und nun verlangte sie einen Blumenstrauß. Sie selbst hatte die ihr zugehörigen Blumen verwildern lassen, und trotz aller Einsprache mußte Barfüßele doch

endlich nachgeben und ihre ſchöngehegten Blumen vor dem Fenſter
faſt aller Blüthen berauben. Auch das kleine Rosmarinſtöckchen
verlangte Roſel zu haben, aber Barfüßele wollte ſich eher zer-
reißen laſſen, ehe ſie das hergab, und die Roſel ſpottete und
lachte, ſchimpfte und ſchalt über die einfältige Gänsbirtin, die ſo
eigenwillig thue und die man doch um Gotteswillen im Hauſe
habe. Barfüßele antwortete nicht und ſie ſah Roſel nur an mit
einem Blick, vor dem Roſel die Augen niederſchlug.

Jetzt hatte ſich eine rothe Wollroſe auf dem linken Schuh
verſchoben und Barfüßele war eben niedergekniet, um ſie behutſam
feſtzunähen, da ſagte die Roſel halb in Reue über ihr Benehmen,
halb doch noch im Spott:

„Barfüßele, heut' thu' ich's nicht anders, heut' mußt du
mit zum Tanz.“

„Spotte nicht ſo, was willſt du denn von mir?“

„Ich ſpotte nicht,“ betheuerte die Roſel noch halb neckiſch;
„du ſollteſt auch einmal tanzen, biſt ja auch ein junges Mädle,
und es wird auch deinesgleichen auf dem Tanz ſein; unſer Roßbub geht ja auch, und es kann auch ein Bauernſohn mit dir
tanzen, ich will ſchon einen überzähligen ſchicken.“

„Laß mich in Frieden oder ich ſteche dich,“ mahnte Barfüßele am Boden, zitternd vor Freude und Trauer.

„Die Schwägerin hat Recht,“ nahm die junge Bäuerin, die
bis jetzt zu Allem geſchwiegen hatte, nun das Wort, „und ich
gebe dir kein gutes Wort mehr, wenn du heute nicht mit zum
Tanz gehſt. Komm, da ſetz' dich hin, ich will dich auch einmal
bedienen.“

Und einmal über das andere übergoß Barfüßele eine Flammen-
röthe, wie ſie ſo da ſaß und ihre Meiſterin ſie bediente, und als
ſie ihr die Haare aus dem Geſichte that und ſie alle nach hinten
wendete, wollte Barfüßele faſt vom Stuhle ſinken, da die Bäuerin
ſagte: „Ich zöpf' dich, wie die Allgäuerinnen gehen. Das wird
dich ganz gut herausputzen, und du ſiehſt auch ſo aus wie eine
Allgäuerin: ſo unterſetzt und ſo braun und ſo kugelig; du ſiehſt
aus wie die Tochter von der Landfriedbäuerin in Zusmarshofen.“

„Wie die? warum wie die?“ fragte Barfüßele und zitterte
am ganzen Leibe. Was war's, warum ſie jetzt gerade an die
Bäuerin erinnert wurde, die ihr von Kind auf im Sinne lag
und die ihr damals erſchienen war wie eine wohlthätige Fee aus

dem Märchen? Aber sie hatte keinen Ring, den sie drehen
konnte, damit sie erscheinen müsse; nur innerlich konnte sie sie
herbannen, und das geschah oft fast unwillkürlich.

„Halt' dich ruhig, sonst rupf' ich dich,“ befahl die Bäuerin,
und Barfüßele hielt still und athmete kaum. Und wie ihr die
Haare so mitten durch getheilt wurden, und wie sie so da saß,
die Hände zusammengepreßt, und alles mit sich machen lassen
mußte, und die hochschwangere Frau sie bald warm anhauchte,
bald an ihr herumboss'lte, da kam sie sich vor, als würde sie
plötzlich verzaubert, und sie redete kein Wort, als dürfe sie den
Zauber nicht verscheuchen, und senkte demüthig den Blick.

„Ich wollt', ich könnte dich zu deiner Hochzeit so einkleiden!“
sagte die Bäuerin, die heute von lauter Güte überfloß. „Ich
möchte dir einen rechtschaffenen Hof gönnen und es wäre Keiner
mit dir angeführt; aber heutigen Tages geschieht das nicht mehr.
Da springt das Geld nach dem Geld. Nun sei du nur zufrieden.
So lang mir ein Auge offen steht, soll dir bei mir nichts fehlen,
und wenn ich sterbe — ich weiß nicht, es ist mir dießmal so
bang um die schwere Stunde — gelt, du verläßst meine Kinder
nicht und vertrittst an ihnen Mutterstelle?“

„O Gott im Himmel, wie könnt Ihr nur so etwas denken!“
rief Barfüßele, und Thränen rannen ihr aus den Augen. „Das
ist eine Sünde, und man kann auch sündigen, daß man Gedanken über sich kommen läßt, die nicht recht sind.“

„Ja, ja, du hast Recht,“ sagte die Bäuerin, „aber wart'
noch, sitz' noch still, ich will dir meinen Anhenker holen und den
will ich dir um den Hals thun.“

„Nein, um Gotteswillen nicht; ich trage nichts, was nicht
mein ist. Ich thät' mich in den Boden hinein schämen vor mir
selber.“

„Ja, aber so kannst du nicht gehen. Oder hast du vielleicht
noch selber Etwas?“

Barfüßele erzählte, daß sie allerdings einen Anhenker habe,
den sie als Kind von der Landfriedbäuerin erhalten, der aber
wegen Dami's Auswanderung verpfändet sei bei der Wittwe des
Heiligenpflegers.

Barfüßele mußte nun stillsitzen und versprechen, sich nicht im
Spiegel zu sehen, bis die Bäuerin wieder käme, die nun forteilte,
um das Kleinod zu holen und selber für das Darlehen zu bürgen.

Welche Schauer floſſen nun durch die Seele Barfüßeles,
wie ſie nun ſo da ſaß, ſie, die allzeit Dienende, nun bedient,
und in der That faſt wie verzaubert. Sie fürchtete ſich faſt vor
dem Tanze, ſie war jetzt ſo gut und ſo freundlich behandelt —
wer weiß wie ſie herumgeſtoßen wird, und Keiner ſieht nach ihr
um, und all ihr äußerer Schmuck und ihre innere Luſt iſt ver=
gebens! „Nein!“ ſagte ſie vor ſich hin, „und wenn ich weiter
nichts habe, als daß ich mich gefreut habe; das iſt nun genug;
und wenn ich mich gleich wiederum ausziehen und daheim bleiben
müßte, ich wäre ſchon glückſelig.“

Die Bäuerin kam mit dem Schmucke, und das Lob des
Schmuckes und Schimpfen auf die Heiligenpflegerin, die einem
armen Mädchen ſolche Blutzinſen abnehme, gieng ſeltſam durch=
einander. Sie verſprach, noch heute das Darlehen zu bezahlen
und es Barfüßele allmählig am Lohne abzuziehen.

Jetzt endlich durfte ſich Barfüßele betrachten. Die Frau hielt
ihr ſelber den Spiegel vor, und aus den Mienen Beider glänzte
es und ſprach es wie ein jauchzender Wechſelgeſang der Freude.

„Ich kenn’ mich gar nicht! ich kenn’ mich gar nicht!“ ſagte
Barfüßele immer und betaſtete ſich auf und nieder mit beiden
Händen im Geſicht. „Ach Gott, wenn nur mein’ Mutter mich
ſo ſehen könnte! Aber ſie wird Euch gewiß vom Himmel herab
ſegnen, daß Ihr ſo gut zu mir ſeid, und ſie wird Euch beiſtehen
in der ſchweren Stunde; brauchet nichts zu fürchten.“

„Jetzt mach’ aber ein ander Geſicht,“ ſagte die Bäuerin,
„nicht ſo ein Gotteserbarm; aber es wird ſchon kommen, wenn
du die Muſik hörſt.“

„Ich mein’, ich höre ſie ſchon,“ ſagte Barfüßele. „Ja,
horchet, da iſt ſie.“ In der That fuhr eben ein großer Leiter=
wagen mit grünen Reiſern beſteckt durch das Dorf und darauf
ſaß die ganze Muſik, und der Krappenzacher ſtand mitten zwiſchen
den Muſikanten und blies die Trompete, daß es ſchmetterte.

Nun war kein Halt mehr im Dorfe, Alles machte ſich eilig
davon. Die Bernerwägelein, einſpännig und zweiſpännig, aus
dem Dorfe ſelber und aus den benachbarten, die hier durch
mußten, jagten faſt einander wie im Wettrennen. Roſel ſtieg
zu ihrem Bruder auf den Vorderſitz, und Barfüßele ſaß hinten
im Korbe. Es ſchaute immer vor ſich nieder, ſo lange man
durch das Dorf fuhr, ſo ſchämte es ſich. Nur beim Elternhauſe

wagte es aufzublicken: die schwarze Marann' grüßte heraus, der
rothe Godelhahn krähte auf der Holzbeige und der Vogelbeerbaum
nickte: „Glück auf den Weg!"

Jetzt fuhr man durch das Thal, wo der Manz die Steine
klopfte, jetzt über den Holderwasen, wo eine alte Frau die Gänse
hütete. Barfüßele nickte ihr freundlich. Ach Gott, wie komm'
denn ich dazu, daß ich hier so stolz und geschmückt vorbeifahre,
und ist's denn nicht eine gute Stunde bis Endringen und man
meint doch, man wäre kaum eingesessen, und jetzt heißt's schon:
absteigen! und die Rosel ist schon begrüßt und umstanden von
allerlei Gefreundeten und: „Ist das eine Schwester deiner Schwägerin, die du da bei dir hast?" heißt es vielfach.

„Nein, es ist nur unsere Magd," antwortete Rosel. Mehrere
Bettler aus Haldenbrunn, die hier waren, betrachteten Barfüßele
staunend, sie kannten sie offenbar nicht, und erst als sie sie lange
angesehen hatten, riefen sie: „Ei, das ist ja das Barfüßele."

„Das ist nur unsere Magd." Dieses Wörtchen „nur" war
Barfüßele tief ins Herz gedrungen; aber sie faßte sich schnell und
lächelte, denn in ihr sprach es: „Laß dir nicht von einem Wörtchen deine Freude verderben. Wenn du das anfängst, da trittst
du überall auf Dornen."

Die Rosel nahm Barfüßele bei Seite und sagte:

„Geh' du nur einstweilen auf den Tanzboden, oder anders-
wohin, wenn du sonst Bekannte im Ort hast. Bei der Musik
sehe ich dich hernach schon wieder."

Ja, da stand Barfüßele wie verlassen, und sie kam sich vor,
als hätte sie ihre Kleider gestohlen und gehöre gar nicht daher,
sie war ein Eindringling. „Wie kommst du dazu, daß du zu
so einer Hochzeit gehst?" fragte sie sich und wäre am liebsten
wieder heimgekehrt. Sie ging durch das Dorf aus und ein, dort
an dem schönen Hause vorbei, das für den Brosi erbaut worden
war, und worin auch heute viel Leben sich zeigte, denn die Ober-
bauräthin hielt mit ihren Söhnen und Töchtern hier ihre Sommer-
frische. Barfüßele ging wieder das Dorf hinein und schaute sich
nicht um, und doch wünschte sie, daß Jemand sie anrufe, damit
sie sich zu ihm geselle.

Am Ende des Dorfes begegnete ihr ein schmucker Reiter auf
einem Schimmel, der das Dorf hereinritt. Er trug eine fremde
Bauerntracht und sah stolz drein; jetzt hielt er an, stemmte die

Rechte mit der Reitgerte in die Seite, mit der Linken klatschte er den Hals seines Pferdes und sagte: „Guten Morgen, schönes Jungferle! Schon müde vom Tanz!"

„Für unnöthige Fragen bin ich schon müde," lautete die Antwort.

Der Reiter ritt davon und Barfüßele saß lange Zeit hinter einer Haselhecke und mußte allerlei in sich hineindenken, und ihre Wangen glühten von einer Röthe, die der Zorn über sich selbst, über die spitze Antwort auf eine harmlose Frage, die Betroffenheit und ein unbegreifliches inneres Wogen anfachte, und unwillkürlich drängte sich ihr das Lied auf die Lippen:

„Es waren zwei Liebchen im Allgäu,
Die hatten einander so lieb . . ."

So zu Jubel gespannt hatte sie den Tag begonnen, und jetzt wünschte sie sich den Tod. „Hier hinter der Hecke einschlafen und nicht mehr sein, o wie herrlich wäre das! Du sollst keine Freude haben, warum noch so lange herumlaufen? Wie zirpen die Heimchen im Grase, und ein warmer Dampf steigt auf von der Erde, und eine Grasmücke zwitschert immer fort und es ist, als ob sie mit ihrer Stimme immer in sich hineinlange und frische noch innigere Töne heraushole und sich gar nicht genug thun könne, das so recht von ganzem Herzen zu sagen, was sie zu sagen hat, und droben singen die Lerchen, und jeder Vogel singt für sich und Keiner hört auf den Andern und Keiner stimmt dem Andern bei, und doch ist Alles . . ."

Noch nie in ihrem Leben war Amrei am hellen Tage und nun gar des Morgens eingeschlafen: und jetzt, sie hatte ihr Kopftuch über die Augen gezogen, und jetzt küßte der Sonnenstrahl ihre geschlossenen Lippen, die im Schlafe noch immer wie trotzig gepreßt waren, und die Röthe auf ihrem Kinn färbte sich röther. Sie schlief wohl eine Stunde, da wachte sie zuckend plötzlich auf. Der Reiter auf dem Schimmel war auf sie zugeritten, und jetzt eben hob das Pferd seine beiden Vorderfüße, um sie auf ihre Brust zu stellen. Es war nur ein Traum gewesen, und Amrei schaute sich um, als wäre sie plötzlich vom Himmel gefallen; sie sah staunend, wo sie war, betrachtete verwundert sich selbst; aber Musikklang aus dem Dorfe weckte schnell Alles, und sie gieng neu gekräftigt ins Dorf zurück, wo bereits Alles noch lebendiger ge-

worden war. Sie spürte es, sie hatte sich ausgeruht von dem
Allerlei, was heute schon mit ihr vorgegangen war. Jetzt sollten
sie nur kommen die Tänzer! Sie wollte tanzen bis zum andern
Morgen und nicht ausruhen und nicht müde werden.

Die frische Röthe eines Kinderschlafes lag auf ihrem Angesichte und Alles sah sie staunend an. Sie gieng nach dem Tanzboden; da tönte Musik, aber in den leeren Raum, es waren keine
Tänzer da. Nur die Mädchen, die heute zur Bedienung der Gäste
gedungen waren, tanzten mit einander herum. Der Krappenzacher betrachtete Barfüßele lange und schüttelte den Kopf. Er
schien sie offenbar nicht zu kennen. Amrei drückte sich an den
Wänden hin und wieder hinaus. Sie begegnete Dominik, dem
Furchenbauer, der heut' in voller Freude strahlte.

„Mit Verlaub," sagte er, „gehört die Jungfer zu den Hoch-
zeitsgästen?"

„Nein, ich bin nur eine Magd, und bin mit meiner Haus-
tochter, des Rodelbauern Rosel, gekommen."

„Gut, so geh' hinauf auf den Hof zur Bäuerin, und sag'
ihr, ich schick' dich, du wolltest ihr helfen; man kann heute nicht
Hände genug in unserm Hause haben."

„Weil Ihr es seid, recht gern," sagte Amrei und machte
sich auf den Weg. Unterwegs mußte sie viel daran denken, daß
der Dominik auch Knecht gewesen sei und ... „ja, so etwas
kommt nur alle hundert Jahr' Einmal vor. Und es hat viel
Blut gekostet, ehe er zu dem Hof gekommen ist, das ist doch arg."

Die Furchenbäuerin Ameile hieß die Ankommende, die im
Anerbieten ihrer Dienste zugleich die Jacke abzog und sich eine
große Schürze mit Brustlatz ausbat, freundlich willkommen; aber
die Bäuerin that es nicht anders, Amrei mußte vorher selber
sattsam Hunger und Durst stillen, bevor sie Andere bediente.
Amrei willfahrte ohne viel Umstände, und schon mit den ersten
Worten gewann sie die Furchenbäuerin, denn sie sagte: „Ich will
nur gleich zugreifen, ich muß gestehen, ich bin hungrig und will
Euch nicht viel Mühe machen mit Zureden."

Amrei blieb nun in der Küche und gab den Auftragenden
Alles so geschickt in die Hand und wußte bald Alles so zu stellen
und zu greifen, daß die Bäuerin sagte: „Ihr beiden Amrei's,
du da und meine Bruderstochter, Ihr könnt jetzt schon Alles
machen und ich will bei den Gästen bleiben."

Die Amrei von Siebenhöfen, die sogenannte Schmalzgräfin, die weit und breit als stolz und trotzig bekannt war, benahm sich ausnehmend freundlich gegen Barfüßele, und die Furchenbäuerin sagte einmal zu Barfüßele: „Es ist schad, daß du kein Bursch bist; ich glaub', die Amrei thät' dich auf dem Fleck heirathen und dich nicht heimschicken wie alle anderen Freier."

„Ich hab' einen Bruder, der ist noch zu haben, aber er ist in Amerika," scherzte Barfüßele.

„Laß ihn drüben," sagte die Schmalzgräfin, „am besten wär's, man könnte alle Mannsleute hinüberschicken und wir blieben allein da."

Amrei verließ den Hof nicht, bis wieder Alles an Platz gestellt war, und als sie ihre Schürze auszog, war sie noch so weiß und unzerknittert wie beim Anziehen.

„Du wirst müd sein und nimmer tanzen können," sagte die Bäuerin, als Amrei endlich mit einem Geschenke Abschied nahm, und diese sagte:

„Was müd sein? Das ist ja nur gespielt. Und glaubet mir, es ist mir jetzt wohler, daß ich heut' schon etwas geschafft habe. So einen ganzen Tag bloß zur Lustbarkeit, ich wüßt' ihn nicht herumzubringen, und das ist's gewiß auch gewesen, warum ich heute Morgen so traurig war; es hat mir was gefehlt; aber jetzt bin ich vollauf zum Feiertag aufgelegt, ganz aus dem Geschirr; jetzt wäre ich erst recht aufgelegt zum Tanzen — wenn ich nur Tänzer kriege."

Ameile wußte Barfüßele keine bessere Ehre anzuthun, als indem sie sie wie eine vornehme Bäuerin im Hause herumführte, und in der Brautstube zeigte sie die große Kiste mit den Kunkelschenken (Hochzeitsgeschenken) und öffnete die hohen, blaugemalten Schränke, drauf Name und Jahrzahl geschrieben war, und darin vollgestopft die Aussteuer und zahlreiches Linnenzeug, alles mit bunten Bändern gebunden und mit künstlichen Nelken besteckt. Im Kleiderschranke mindestens dreißig Kleider, daneben die hohen Betten, die Wiege, die Kunkel mit den schönen Spindeln, um und um mit Kinderzeug behangen, das die Gespielen geschenkt hatten.

„O lieber Gott," sagte Barfüßele, „wie glücklich ist doch so ein Kind aus so einem Haus."

„Bist du neidisch," fragte die Bäuerin, und im Andenken,

daß sie das Alles einer Armen zeige, setzte sie hinzu: „Glaub'
mir, das viele Sach' macht es nicht aus; es sind viele glücklicher,
die keinen Strumpf von den Eltern bekommen."

„Ja wohl, das weiß ich, und bin auch nicht neidisch um
das viele Gut, weit eher darum, daß Euer Kind Euch und so
vielen Menschen danken kann für das Gute, was es von ihnen
hat. Solche Gewänder von der Mutter müssen doppelt warm
halten."

Die Bäuerin zeigte ihr Wohlgefallen an Barfüßele dadurch,
daß sie ihr das Geleite gab bis vor den Hof, ebensogut als einer,
die acht Roßköpfe im Stall hatte.

Es tummelte sich schon Alles wild durcheinander, als Amrei
auf den Tanzboden kam. Sie blieb zuerst schüchtern auf dem Flur
stehen. Wo ist denn die Kinderschaar, die sonst sich hier tummelte
und die Vorfreude des künftigen Lebens im Vorhof genoß? Ach
freilich, das ist ja jetzt von der hohen Staatsregierung verboten;
das Kirchen- und Schulamt hat die Kinder verbannt, daß sie
nicht zusehen dürfen oder gar sich selbst nach den Tanzweisen
drehen, wie einst noch in der Kinderzeit Amrei's.

Es ist das auch einer jener stillen Mordschläge vom grünen Tisch.

Auf dem leeren Flur, über den nur manchmal Einer hin
und her eilt, wandelt der Landjäger einsam auf und ab.

Als der Landjäger Amrei so daher kommen sah, wie lauter
Licht im Angesichte, ging er auf sie zu und sagte:

„Guten Abend, Amrei! So? kommst auch?"

Amrei schauderte zusammen und stand leichenblaß: hatte sie
etwas Straffälliges gethan? War sie mit dem bloßen Licht in den
Stall gegangen? — Sie durchforschte ihr Leben und wußte nichts,
und er that doch so vertraut, als ob er sie schon einmal trans-
portirt hätte. In diesen Gedanken stand sie schaudernd da, als
müßte sie eine Verbrecherin sein, und erwiderte endlich: „Dank'
schön, ich weiß nichts davon, daß wir uns dutzen. Wollt Ihr was?"

„Oho wie stolz, ich freß' dich nicht, darfst mir ordentlich
Antwort geben. Warum bist denn so bös? Was?"

„Ich bin nicht bös, ich will Niemand was zu leid thun,
ich bin halt ein dummes Mädle."

„Stell' dich nicht so duckmäuserig."

„Woher wisset Ihr denn, was ich bin?"

„Weil du so mit dem Licht flankirst."

„Was? Wo? Wo hab' ich mit dem Licht ſlankirt? Ich nehm'
immer eine Laterne, wenn ich in den Stall gehe.“

Der Landjäger lachte und ſagte: „Da, da, mit deinen braunen
Guckerle, da ſlankirſt du mit dem Licht; deine Augen, die ſind ja
wie zwei Feuerkugeln.“

„Gehet aus dem Weg, daß Ihr nicht anbrennet, Ihr
könntet in die Luft fahren mit Eurem Pulver da in der Patron-
taſche.“

„Es iſt nichts drin,“ ſagte der Landjäger in Verlegenheit, um doch Etwas zu ſagen. „Aber mich haſt du ſchon ver-
ſengt.“

„Ich ſehe nichts davon, es iſt Alles noch ganz. Es iſt genug!
Laſſet mich gehen.“

„Ich halt' dich nicht, du Krippenbeißerle, du könnteſt einem,
der dich gern hat, das Leben ſauer machen.“

„Braucht mich Niemand gern zu haben,“ ſagte Amrei und
riß ſich los, als wäre ſie plötzlich von Ketten befreit. Sie ſtellte
ſich unter die Thüre, wo noch viele Zuſchauer ſich zuſammen-
drängten. Eben begann wieder ein neuer Tanz, ſie wiegte ſich
auf dem Platze nach dem Takte hin und her; das Gefühl, Einen
abgetrumpft zu haben, machte ſie neu luſtig, ſie hätte es mit
der ganzen Welt aufgenommen und nicht nur mit einem einzigen
Landjäger. Dieſer war aber auch bald wieder da, er ſtellte ſich
hinter Amrei und redete Allerlei zu ihr; ſie gab keine Antwort
und that, als ob ſie gar nichts höre; ſie nickte den Vorüber-
tanzenden zu, als wäre ſie von ihnen begrüßt worden. Nur als
der Landjäger ſagte: „Wenn ich heirathen dürfte, dich thät' ich
nehmen,“ da ſagte ſie:

„Was nehmen? Ich geb' mich aber nicht her.“

Der Landjäger war froh, wenigſtens wieder eine Antwort
zu haben, und fuhr fort:

„Wenn ich nur einmal tanzen dürfte, ich thät gleich Einen
mit dir machen.“

„Ich kann nicht tanzen,“ ſagte Amrei.

Eben ſchwieg die Muſik, und Amrei ſtieß die Vordern mächtig
an, drängte ſich hinein, um ein verborgnes Plätzchen zu ſuchen;
ſie hörte nur noch hinter ſich ſagen: „Die kann tanzen, beſſer
als eine landauf und landab.“

10. Nur ein einziger Tanz.

Der Krappenzacher reichte Barfüßele von der Musikbühne herab das Glas. Sie nippte und gab es zurück, und der Krappenzacher sagte: „Wenn du tanzest, Amrei, da spiele ich alle meine Instrumente durch, daß die Engel vom Himmel herunter kämen und mitthäten."

„Ja, wenn kein Engel vom Himmel herunter kommt und mich aufforbert, werde ich keinen Tänzer kriegen," sagte Amrei halb spöttisch, halb schwermüthig, und jetzt dachte sie darüber nach, warum denn ein Landjäger beim Tanze sein müsse. Sie hielt sich aber bei diesem Gedanken nicht auf und dachte gleich weiter: er ist doch auch ein Mensch wie Andre, wenn er auch einen Säbel um hat, und bevor er Landjäger worden ist, war er doch auch ein Bursch wie Andere, und es ist doch eine Plag' für ihn, daß er nicht mittanzen darf. Aber was geht das mich an? Ich muß auch zugucken und ich krieg' kein Geld dafür."

Eine kurze Weile gieng Alles viel stiller und gemäßigter auf dem Tanzboden her, denn „die englische Frau," so hieß im Dorfe in der ganzen Umgegend noch immer Agy, die Frau des Oberbauraths Severin, war mit ihren Kindern auf den Tanz gekommen. Die vornehmen Holzhändler ließen Champagner knallen und brachten der Engländerin ein Glas, sie trank auf das Wohl des jungen Paares und wußte dann Jeden durch ein huldvolles Wort zu beglücken. In den Mienen aller Anwesenden stand ein stetiges wohlgefälliges Lächeln. Agy that manchem Burschen, der ihr im blumenbekränzten Glase zutrank, mit Nippen Bescheid, und die alten Weiber in der Nähe Barfüßeles wußten viel Lob von der englischen Frau zu sagen und waren schon lange aufgestanden, ehe sie sich ihnen nahte und ein paar Worte mit ihnen sprach. Und als Agy weggegangen war, brach der Jubel, Singen, Tanzen und Stampfen und Jauchzen mit neuer Macht los.

Der Oberknecht des Rodelbauern kam auf Amrei zu, und sie schauerte schon in sich zusammen, voller Erwartung, aber der Oberknecht sagte:

„Da Barfüßele, heb' mir meine Pfeif' auf, bis ich getanzt habe." Und viele junge Mädchen aus dem Orte kamen, von der einen erhielt sie eine Jacke, von der andern eine Haube, ein Halstuch, einen Hausschlüssel, Alles ließ sie sich aufhalsen, und

ſie ſtand immer mehr bepackt da, je mehr ein Tanz nach dem
andern vorüberging. Sie lächelte immer vor ſich hin, aber es
kam Niemand. Jetzt wurde ein Walzer aufgeſpielt, ſo weich, das
geht ja, wie wenn man drauf ſchwimmen könnte, und jetzt ein
Hopſer, ſo wild raſend, hei! wie da Alles hüpft und ſtampft
und ſpringt, wie ſie Alle in Luſt hoch aufathmen, wie die Augen
glänzen und die alten Weiber, die in der Ecke ſitzen, wo Amrei
ſteht, klagen über Staub und Hitze, gehen aber doch nicht heim.
Da .. Amrei zuckt zuſammen, ihr Blick iſt auf einen ſchönen
Burſchen geheftet, der jetzt ſtolz in dem Getümmel hin= und her=
geht. Das iſt ja der Reiter, der ihr heute Morgen begegnete,
und den ſie ſo ſchnippiſch abgefertigt. Alle Blicke ſind auf ihn
gerichtet, wie er, die linke Hand auf dem Rücken, mit der rechten
die ſilberbeſchlagene Pfeife hält, ſein ſilbernes Uhrbehänge tanzt
hin und her, und wie ſchön iſt die ſchwarzſammtne Jacke und
die ſchwarzſammtnen weiten Beinkleider und die rothe Weſte.
Aber ſchöner iſt noch ſein runder Kopf, mit gerolltem braunem
Haar, die Stirne iſt ſchneeweiß, von den Augen an aber das
Antlitz tief gebräunt und ein leichter voller Bart bedeckt Kinn und
Wange.

„Das iſt ein Staatsmenſch,“ ſagte eine der alten Frauen.

„Und was hat der für himmelblaue Augen!“ ergänzte eine
andere, „die ſind ſo ſchelmiſch und ſo gutherzig zugleich.“

„Woher der nur ſein mag? Aus der hieſigen Gegend iſt er
nicht,“ ſprach eine dritte, und eine vierte fügte hinzu:

„Das iſt gewiß wieder ein Freier für die Amrei.“

Barfüßele zuckte zuſammen. Was ſoll das ſein? Was ſoll
das heißen? Sie wird bald belehrt, was damit gemeint iſt, denn
die erſte ſagte wieder:

„Da dauert er mich, die Schmalzgräfin führt alle Manns=
leut' am Narrenſeil herum.“

Ja, auch die Schmalzgräfin heißt Amrei.

Der Burſche war mehrmals durch den Saal gegangen und
ließ die Augen um und um ſchweifen, da plötzlich bleibt er ſtehen,
nicht weit von Barfüßele, er winkt ihr, es überläuft ſie ſiedend
heiß, aber ſie iſt wie feſtgebannt, ſie regt ſich nicht. Und nein,
er hat gewiß Jemand hinter dir gewinkt, dich meint er gewiß
nicht. Er drängt vor, Amrei macht Platz. Er ſucht gewiß eine
Andere.

„Nein, dich will ich," sagte der Bursche, ihre Hand fassend. „Willst du?"

Amrei kann nicht reden, aber was braucht's dessen auch? Sie wirft schnell Alles, was sie in der Hand hat, in einen Winkel: Jacken, Halstücher, Hauben, Tabakspfeifen und Hausschlüssel. Sie steht flügge da, und der Bursche wirft einen Thaler zu den Musikanten hinauf, und kaum sieht der Krappenzacher Amrei an der Hand des fremden Tänzers, als er in die Trompete stößt, daß die Wände zittern, und fröhlicher kann es den Seligen nicht erklingen beim jüngsten Gerichte als jetzt Amrei; sie drehte sich, sie wußte nicht wie, sie war wie getragen von der Berührung des Fremden und schwebte von selbst, und es war ja gar Niemand sonst da. Freilich, die Beiden tanzten so schön, daß Alle un= willkürlich anhielten und ihnen zuschauten.

„Wir sind allein," sagte Amrei während des Tanzes, und gleich darauf spürte sie den heißen Athem des Tänzers, der ihr erwiderte:

„O wären wir allein, allein auf der Welt! Warum kann man nicht so fort tanzen bis in den Tod hinein?"

„Es ist mir jetzt grad," sagte Amrei, „wie wenn wir zwei Tauben wären, die in der Luft fliegen. Juhu! fort, in den Himmel hinein!" und „Juhu!" jauchzte der Bursche laut, daß es aufschoß, wie eine feurige Rakete, die zum Himmel aufspringt, und Juhu! jauchzte Amrei mit, und immer seliger schwangen sie sich, und Amrei fragte: „Sag', ist denn auch noch Musik? Spielen denn die Musikanten noch? Ich höre sie gar nicht mehr."

„Freilich spielen sie noch, hörst du denn nichts?"

„Ja, jetzt, ja," sagte Amrei, und sie hielten inne, ihr Tänzer mochte fühlen, daß es ihr vor Glückseligkeit fast schwindelig zu Muthe werden wollte.

Der Fremde führte Amrei an den Tisch und gab ihr zu trinken, er ließ dabei ihre Hand nicht los. Er faßte den Schweden= Dukaten an ihrem Halsgeschmeide und sagte: „Der hat einen guten Platz."

„Er ist auch von guter Hand," erwiderte Barfüßele, „ich hab' den Anhenker geschenkt gekriegt als kleines Kind."

„Von einem Verwandten?"

„Nein, die Bäuerin ist nicht mit mir verwandt."

„Das Tanzen thut dir wohl, wie es scheint?"

„O wie wohl! Denk' nur, man muß das ganze Jahr so
viel springen, und es spielt einem Niemand auf dazu. Jetzt thut
das doppelt wohl."

„Du siehst kugelig rund aus," sagte der Fremde scherzend,
„du mußt gut im Futter stehen."

Rasch erwiderte Amrei: „Das Futter macht's nicht aus, aber
wie's einem schmeckt."

Der Fremde nickte und nach einer Weile sagte er wieder
halb fragend: „Du bist des Bauern Tochter von ...?"

„Nein, ich dien'," sagte Amrei und schaute ihm fest ins
Auge, er aber wollte das seine niederschlagen, die Wimper zuckte,
und er hielt das Auge gewaltsam auf, und dieser Kampf und
Sieg des leiblichen Auges schien das Abbild dessen, was in ihm
vorging; er wollte fast das Mädchen stehen lassen, doch wie im
Selbsttrotze sich zwingend, sagte er:

„Komm, wir wollen noch einen tanzen."

Er hielt ihre Hand fest, und nun begann von neuem Jubel
und Lust, aber dießmal ruhiger und stetiger. Die Beiden fühlten,
daß die Gehobenheit in den Himmel nun wol zu Ende sei, und
wie aus diesem Gedanken heraus sagte Amrei:

„Wir sind doch glückselig mit einander gewesen, wenn wir
uns auch unser Lebtag nimmer wieder sehen und Keines weiß,
wie das Andere heißt."

Der Bursche nickte und sagte: „Ja wohl."

Amrei nahm in Verlegenheit ihren linken Zopf in den Mund
und sagte wieder nach einer Weile:

„Was man einmal gehabt hat, das kann man einem nicht
mehr nehmen, und sei du auch, wer du bist, laß dich's nicht gereuen, du hast einem armen Mädchen für sein Lebenlang ein
Gutes geschenkt."

„Es reut mich nicht," sagte der Bursche, „aber dich hat's
gereut, wie du mich heute Morgen so abgetrumpft hast."

„O ja, da hast du Gottes Recht!" sagte Amrei, und der
Bursche fragte:

„Getraust du dir, mit mir ins Feld zu gehen?"

„Ja."

„Und traust du mir?"

„Ja."

„Was werden aber die Deinigen dazu sagen?"

„Ich hab' mich vor Niemand zu verantworten als vor mir selber, ich bin ein Waisenkind."

Hand in Hand verließen die Beiden den Tanzsaal. Barfüßele hörte verschiedentlich hinter sich flüstern und pispern, und sie hielt die Augen auf den Boden geheftet. Sie hatte sich doch wol zu viel zugetraut.

Draußen zwischen den Kornfeldern, wo eben kaum die ersten Aehren aufschoffen und noch halb verhüllt in den Deckblättern lagen, da schauten die Beiden einander stumm an. Sie redeten lange kein Wort, und der Bursche fragte zuerst wiederum halb für sich:

„Ich möcht' nur wissen, woher es kommt, daß man einem Menschen beim ersten Anblick gleich, ich weiß nicht wie, gleich so ... gleich so ... vertraulich sein kann. Woher weiß man denn, was in dem Gesicht geschrieben steht?"

„Da haben wir eine arme Seele erlöst," rief Amrei, „denn du weißt ja, wenn Zwei in derselben Minute das Gleiche denken, erlösen sie eine arme Seele, und just auf das Wort hin hab' ich dasselbe, was du sagst, bei mir gedacht."

„So? und weißt du nun warum?"

„Ja."

„Willst du mir's sagen?"

„Warum nicht? Schau, ich bin Gänshirtin gewesen ..."

Bei diesen Worten zuckte der Bursche wieder zusammen, aber er that, als ob ihm was ins Auge geflogen wäre, und rieb sich die Augen, und Barfüßele fuhr unverzagt fort:

„Schau, wenn man so allein draußen sitzt und liegt im Feld, da sinnt man über Hunderterlei und da kommen einem wunderliche Gedanken und da hab' ich ganz deutlich gesehen: — gieb nur acht darauf, und du wirst es auch finden — jeder Fruchtbaum sieht, wenn man ihn so überhaupt und im Ganzen betrachtet, just aus wie die Frucht, die er trägt. Schau den Apfelbaum, sieht er nicht aus, so ins Breite gelegt, so mit Schrundenschnitten, wie ein Apfel selber? Und so der Birnenbaum und so der Kirschenbaum. Sieh sie nur einmal drauf an; schau, was der Kirschenbaum einen langen Stiel hat, wie die Kirsche selber. Und so mein' ich auch ..."

„Ja, was meinst du?"

„Lach' mich nicht aus. Wie die Fruchtbäume aussehen wie

die Früchte, die ſie tragen, ſo wäre es auch bei den Menſchen,
und man ſieht es ihnen gleich an. Aber freilich, die Bäume
haben ihr ehrlich Geſicht, und die Menſchen können ſich verſtellen.
Aber gelt, ich ſchwäh' dummes Zeug?"

„Nein, du haſt nicht umſonſt die Gänſe gehütet," ſagte der
Burſche in ſeltſam gemiſchter Empfindung, „mit dir läßt ſich gut
reden. Ich möchte dir gern einen Kuß geben, wenn ich mich
nicht einer Sünde fürchten thät'."

Barfüßele zitterte am ganze Leibe; ſie bückte ſich, um eine
Blume zu brechen, ließ aber wieder ab. Es entſtand eine lange
Pauſe, und der Burſche fuhr fort:

„Wir ſehen uns wol niemals wieder, drum iſt's beſſer ſo."

„Hand in Hand gingen die Beiden wiederum zurück in den
Tanzſaal. Und nun tanzten ſie noch einmal, ohne ein Wort zu
reden, und als der Tanz zu Ende war, führte ſie der Burſche
wiederum an den Tiſch und ſprach: „Jeßt ſag' ich dir Lebewohl!
Aber verſchnaufe nur und dann trink noch einmal."

Er reichte ihr das Glas, und als ſie es abſeßte, ſagte er:
„Du mußt austrinken, mir zu lieb, ganz bis auf den Grund."

Amrei trank fort und fort, und als ſie endlich das leere
Glas in der Hand hatte und ſich umſchaute, war der fremde
Burſche verſchwunden. Sie ging hinab vor das Haus, und da
ſah ſie ihn noch, nicht weit entfernt, auf ſeinem Schimmel davon
reiten; aber er wendete ſich nicht mehr um.

Die Nebel zogen wie Schleierwolken auf dem Wieſenthal da=
hin, die Sonne war ſchon hinab, Barfüßele ſagte faſt laut vor
ſich hin:

„Ich wollt' es ſollte gar nicht wieder morgen werden, immer
heut, immer heut!" und ſie ſtand in Träumen verloren.

Die Nacht kam raſch herbei. Der Mond wie eine dünne
Sichel ſtand ſchon auf den dunkeln Bergen und nicht weit von
ihm, Haldenbrunn zu, der Abendſtern. — Ein Bernerwägelchen
nach dem andern fuhr wiederum davon. Barfüßele hielt ſich zum
Geſährte ihres Meiſters, das eben auch angeſpannt wurde. Da
kam Roſel und ſagte ihrem Bruder, daß ſie den Burſchen und
Mädchen aus dem Dorfe verſprochen habe, heute gemeinſam mit
ihnen heimzugehen, und es verſtand ſich nun von ſelbſt, daß der
Bauer nicht allein mit der Magd fuhr. Das Bernerwägelchen
raſſelte heim.

Die Rofel mußte Barfüßele gesehen haben, aber sie that, als ob sie nicht da wäre, und Barfüßele ging noch einmal hinaus, den Weg, den der fremde Reiter dahin geritten war. Wohin ist er nur geritten? Wie viel hundert Dörfer und Weiler liegen hier nach diesem Wege hinaus, wer kann sagen, wo er sich hingewendet? Barfüßele fand die Stelle, wo er sie heute früh zum erstenmale begrüßte; sie wiederholte laut Anrede und Antwort vor sich hin. Sie saß noch einmal dort hinter der Haselhecke, wo sie heute Morgen geschlafen und geträumt. Eine Goldammer saß auf einer schlanten Spitze, und ihre sechs Töne lauteten gerade: was thust denn du noch da? Was thust denn du noch da?

Barfüßele hatte heute eine ganze Lebensgeschichte erlebt. War denn das nur ein einziger Tag? Sie lehrte wiederum zurück zum Tanze, aber sie ging nicht mehr hinauf, sie ging allein heimwärts nach Haldenbrunn, wohl den halben Weg, aber plötzlich kehrte sie wieder um, sie schien nicht fortzukönnen von dem Ort, wo sie so glückselig gewesen war, und sie sagte sich nur, es schicke sich nicht, daß sie allein heimkehre. Sie wollte gemeinsam mit den Burschen und Mädchen ihres Dorfes gehen. Als sie wieder vor dem Wirthshause in Endringen ankam, waren bereits Mehrere aus ihrem Orte versammelt. Und: So? Bist auch da, Barfüßele? das war der einzige Gruß, der ihr ward. Nun gab es ein Hin- und Herlaufen, denn Manche, die gedrängt hatten, daß man heimkehre, tanzten noch oben, und jetzt kamen noch fremde Bursche und baten und bettelten und drängten, daß man nur noch diesen Tanz dableibe. Und in der That willfahrte man, und Barfüßele ging mit hinauf, aber sie sah nur zu. Endlich hieß es: wer jetzt noch tanzt, den lassen wir da! Und mit vieler Mühe, mit Hin- und Herrennen war endlich die ganze Haldenbrunner Truppe beisammen vor dem Hause. Ein Theil der Musik gab ihnen das Geleite bis vor das Dorf, und mancher verschlafene Hausvater sah noch heraus, und da und dort kam eine hier verheirathete Gespiele, die nicht mehr zum Tanze ging, an das Fenster und rief: Glück auf den Weg!

Die Nacht war dunkel. Man hatte lange Kieferspäne als Fackeln mitgenommen, und die Burschen, die sie trugen, tanzten damit auf und nieder und jauchzten. Kaum aber war die Musik zurückgekehrt, kaum war man eine Strecke vor Endringen hinausgekommen, als es hieß: „die Fackeln blenden nur!" und beson-

bers zwei beurlaubte Soldaten, die in ganzer Uniform unter dem
Trupp waren, ſpotteten im Bewußtſein ihrer angehängten Säbel
über die Fackeln. Man verlöſchte ſie in einem Graben. Nun
fehlte noch Dieſer und Jener und Dieſe und Jene. Man rief
ihnen zu, und ſie antworteten aus der Ferne.

Die Roſel wurde von des Kappelbauern Sohn von Lauter=
bach begleitet, aber kaum war er fort und war ſie bei ihren
Ortsangehörigen, als ſie laut ſagte: „Ich will Nichts von Dem."
Einige Burſche ſtimmten ein Lied an und Einzelne ſangen mit,
aber es war kein rechter Zuſammenhalt mehr, denn die Soldaten
wollten neue Lieder zum Beſten geben. Es wurde nur manchmal
laut gelacht, denn einer der Soldaten war ein Enkel des luſtigen
Broſi, der Sohn der Gipsmüllerin Monika, und der brachte allerlei
Witze vor, denen beſonders der Schneiderjörg, der mit ging, zum
Stichblatt dienen mußte. Und wieder wurde geſungen, und jetzt
ſchien man ſich geeinigt zu haben, denn es tönte voll und hell.

Barfüßele ging immer hinter drein, eine gute Strecke von
ihren Ortsangehörigen entfernt. Man ließ ſie gewähren und das
war das Beſte, was man ihr anthun konnte. Sie war bei ihren
Ortsangehörigen und doch allein, und ſie ſchaute ſich oft um nach
den Feldern und Wäldern: wie war das wunderlich jetzt in der
Nacht, ſo fremd, und doch wieder ſo vertraut. Die ganze Welt
war ihr ſo wunderlich, wie ſie ſich ſelbſt geworden war. Und
wie ſie ging, einen Schritt nach dem andern, wie fortgeſchoben
und gezogen, und nicht wußte, daß ſie ſich bewegte, ſo bewegten
ſich die Gedanken in ihr von ſelbſt, hin und her; das ſchwirrte
von ſelbſt ſo fort, ſie konnte es nicht faſſen, nicht leiten; ſie
wußte nicht, was es war. Ihre Wangen erglühten, als ob jeder
Stern am Himmelszelt eine heißſtrahlende Sonne wäre, und in
ihr entflammte das Herz. Und jetzt, ja als hätte ſie's ſelbſt an=
gegeben, als hätte ſie's ſelbſt angeſtimmt, ſangen ihre voraus=
gehenden Ortsgenoſſen das Lied, das ihr am Morgen auf die
Lippen gekommen war.

> Es waren zwei Liebchen im Allgäu,
> Und die hatten einander ſo lieb.
>
> Und der junge Knab zog in Kriege:
> „Und wann kommſt du wiederum heim?"

„Das kann ich dir ja nicht sagen,
　Welches Jahr, welchen Tag, welche Stund ..."

Und jetzt wurde das Nachtlied gesungen und Amrei sang
mit aus der Ferne:

Zur schönen guten Nacht, Schatz, lebe wohl!
Wenn alle Leute schlafen,
So muß ich wachen,
Muß traurig sein.

Zur schönen guten Nacht, Schatz, lebe wohl!
Leb immer in Freuden,
Und ich muß dich meiden,
Bis ich wiederum komm.

Wenn ich wiederum komm, komm ich recht zu dir,
Und dann thu ich dich küssen,
Und das schmeckt so süße,
Schatz, du bist mein.

Schatz, du bist mein und ich bin dein!
Und das thut mich erfreuen
Und du wirst's nicht bereuen,
Schatz, lebe wohl!

Man kam endlich am Dorfe an und eine Gruppe nach der
andern fiel ab. Barfüßele blieb an ihrem Elternhause bei dem
Vogelbeerbaum noch lange sinnend und träumend stehen. Sie
wollte hinein und der Marann' Alles sagen, gab es jedoch auf.
Warum heute noch die Nachtruhe stören und wozu soll's? Sie
ging still heimwärts, alles lag in festem Schlaf.

Als sie endlich in das Haus eintrat, kam ihr Alles noch
viel seltsamer vor als draußen: so fremd, so gar nicht dazu gehörig. „Warum kommst du denn wieder heim? Was willst du
denn eigentlich da?" Es war ein wundersames Fragen, das in
jedem Tone für sie lag, wie der Hund bellte und wie die Treppe
knackte, wie die Kühe im Stalle brummten, das Alles war ein
Fragen: „Wer kommt denn da heim? Wer ist denn das?" Und

als sie endlich in ihrer Kammer war, da saß sie still nieder und
starrte ins Licht und plötzlich stand sie auf, faßte die Ampel und
leuchtete damit in den Spiegel und sah darin ihr Antlitz, und
sie selber fragte fast immer: „Wer ist denn das? ... Und so
hat er mich gesehen, so siehst du aus," setzte ein zweiter Gedanke
hinzu.   „Es muß ihm doch was an dir gefallen haben, warum
hätte er dich sonst so angesehen?"

Ein stilles Gefühl der Befriedigung stieg in ihr auf, das
noch gesteigert wurde durch den Gedanken: „Du bist doch jetzt
auch einmal als eine Person angesehen worden, du bist bis daher immer nur zum Dienen und Helfen für Andere dagewesen.
Gut Nacht, Amrei, das war einmal ein Tag!" Aber es mußte
doch endlich dieser Tag ein Ende haben.

Mitternacht war vorüber, und Barfüßele legte ein Stück
nach dem andern von ihrer Kleidung gar sorglich wieder zusammen.   „Ei, das ist ja noch die Musik, horch, wie der wie-
gende Walzer tönt!" Sie öffnete das Fenster. Es tönt keine
Musik, sie liegt ihr nur in den Ohren. Drunten bei der schwarzen
Marann' kräht schon der Hahn, die Frösche quaken, es nahen
Schritte von Männern, die des Weges kommen: das sind wol
späte Heimgänger von der Hochzeit, die Schritte tönen so laut
in der Nacht. Die jungen Gänse im Hause schnattern in der
Steige. Ja, die Gänse schlafen nur stundenweise, so bei Tag,
so bei Nacht. Die Bäume stehen still, unbewegt. Wie ist doch
so ein Baum ganz anders in der Nacht als am Tage! Solch eine
geschlossene dunkle Masse, wie ein Riese in seinem Mantel. Wie
muß das sich regen in dem unbewegt stehenden Baume. Was
ist das für eine Welt, in der solches ist! — Kein Windhauch
regt sich, und doch ist es wieder wie ein Tropfen von den Bäumen,
das sind wohl Raupen und Käfer, die niederfallen. Eine Wachtel
schlägt, das kann keine andere sein, als die beim Auerhahn-
wirth eingesperrte. Sie weiß nicht, daß es Nacht ist. Und schau,
der Abendstern, der bei Sonnenuntergang entfernt und tief unter
dem Monde stand, steht jetzt nahe und über ihm, und je mehr
man ihn ansieht, je mehr glänzt er. Spürt er wohl den Blick
eines Menschen? Jetzt still, horch, wie die Nachtigall schlägt, das
ist ein Gesang, so tief, so weit; ist es denn nur ein einziger
Vogel? Und jetzt — Amrei schaudert zusammen — mit dem
Glockenschlag Ein Uhr rutscht ein Ziegel von dem Dache und

fällt klatschend auf den Boden. Amrei zittert, wie von Gespenster=
furcht gepackt, sie zwingt sich, noch eine Weile der Nachtigall zu=
zuhorchen, dann aber schließt sie das Fenster. Ein Nachtfalter,
der wie eine große fliegende Raupe mit vielen Flügeln aussieht,
hat sich mit in das Dachstübchen gewagt und fliegt um das Licht,
angezogen und abgestoßen, so grau und grauenhaft. Amrei faßt
ihn endlich und wirft ihn hinaus in die Nacht.

Indem sie nun Haube, Goller und Jacke in eine Truhe
legte, ergriff sie unwillkürlich ihr altes Schreibebuch von der Schule
her, das sie noch aufbewahrt hatte, und sie las darin, sie wußte
selbst nicht warum, allerlei Sittensprüche. Wie steif und sorglich
waren die dahin gezeichnet. Ja, es mochte sie aus diesen Blättern
etwas anmuthen, daß sie doch einmal eine Vergangenheit gehabt,
denn es schien, daß das Alles verschwunden war.

„Jetzt hurtig ins Bett!" rief sie sich zu; aber mit der ganzen
Bedachtsamkeit ihres Wesens knüpfte sie die Bänder alle leise und
ruhig auf, und verknotete sich einmal eine Schlinge, sie ließ nicht
ab, bis sie mit Fingern, Zähnen und Nadeln auseinander ge=
bracht war. Noch nie in ihrem Leben hatte sie einen Knoten ent=
zwei geschnitten, und noch jetzt in ihrer hohen Erregung verließ
sie nicht ihr bedachtsamer Ordnungssinn, und es gelang ihr das
anscheinend Unentwirrbarste zu lösen.

Endlich löschte sie ruhig und behutsam die Ampel und lag
im Bett; aber sie fand keine Ruhe, rasch sprang sie wieder heraus
und legte sich unter das offene Fenster, hineinstarrend in die
dunkle Nacht und in das Sternengeflimmer, und in keuscher
Schamhaftigkeit vor sich selber bedeckte sie Busen und Hals mit
beiden Händen.

Das war ein Schauen und Sinnen, so schrankenlos, so
wortlos, so nichtswollend und doch alles fassend, eine Minute
Gestorbensein und Leben im All, in der Ewigkeit.

In der Seele dieser armen Magd in der Dachkammer hatte
sich aufgethan alles unendliche Leben, alle Hoheit und alle Selig=
keit, die der Mensch in sich schließt, und diese Hoheit fragt nicht,
wer ist es, aus dem ich erstehe, und die ewigen Sterne erglänzen
über der niedersten Hütte . . . .

Ein Windzug, der das Fenster klappend zuschlug, weckte
Amrei auf; sie wußte nicht, wie sie ins Bett gekommen war, und
jetzt war Tag.

11. Wie's im Liede steht.

„Kein Feuer, keine Kohle
Kann brennen so heiß,
Als heimlich stille Liebe,
Von der Niemand nichts weiß ..."

So sang Amrei Morgens am Herdfeuer stehend, während
Alles im Hause noch schlief.

Der Roßbub, der den Pferden zum erstenmal Futter auf=
steckte, kam in die Küche und holte sich eine Kohle für seine Pfeife.

„Was thust denn du schon so früh auf, wenn die Spatzen
murren?" fragte er Barfüßele.

„Ich mache eine Tränke für die Kälberkuh," antwortete Bar=
füßele, Mehl und Kleie einrührend, ohne sich umzuschauen.

„Ich und der Oberknecht wir haben dich gestern Abend beim
Tanz noch gesucht, aber du bist nirgends zu finden gewesen, sagte
der Roßbub. „Freilich, du hast nimmer tanzen wollen; du bist
zufrieden, daß dich der fremde Prinz zum Narren gehalten hat."

„Es ist kein Prinz und er hat mich nicht zum Narren ge=
habt. Und wäre das auch, ich möcht' lieber von so einem zum
Narren als von dir und dem Oberknecht zum Gescheiten gehabt sein."

„Warum hat er dir aber nicht gesagt, wer er ist?"

„Weil ich ihn nicht gefragt habe," erwiderte Barfüßele.

Der Roßbub machte einen derben Witz und lachte selber
darüber; denn es giebt Gebiete, in denen der Einfältigste noch
witzig ist. Das Antlitz Barfüßeles flammte auf in doppelter
Röthe, angeglüht vom Herdfeuer und von innerer Flamme, sie
knirschte die Zähne über einander, und jetzt sagte sie:

„Ich will dir was sagen: du mußt selber wissen, was du
werth bist, und ich kann dirs nicht verbieten, daß du vor dir
selber keinen Respekt hast; aber das kann ich dir verbieten, daß
du vor mir keinen Respekt hast. Das sag' ich dir. Und jetzt
gehst du hinaus aus der Küche, du hast hier nichts zu thun,
und wenn du nicht gleich gehst, will ich dir zeigen, wie man
hinauskommt."

„Willst du die Meistersleute wecken?"

„Ich brauch' sie nicht," rief Barfüßele und hob ein bren=
nendes Scheit vom Herde, das knatternd Funken sprühte. „Fort,
oder ich zeichne dich."

Der Roßbub schlich mit gezwungenem Lachen davon. Bar=
füßele aber schürzte sich hoch auf und ging schwer aufathmend
mit der dampfenden Tränke hinab in den Stall.

Die Kälberkuh schien es mit Dank zu empfinden, daß sie
schon in so früher Stunde bedacht wurde, sie brummte, setzte
mehrmals ab im Saufen und schaute Barfüßele mit großen Augen an.

„Ja, jetzt werd' ich viel gefragt und gehänselt werden,“
sagte Barfüßele vor sich hin, „aber was thut's?“

Mit dem Melkkübel auf eine andere Kuh losgehend, sang sie:

> „Dreh dich um und dreh dich um
> Rothg'scheckete Kuh,
> Wer wird dich denn melken,
> Wenn ich heirathen thu?“

„Dummes Zeug!“ setzte sie dann, wie sich selbst ausscheltend,
hinzu. Sie vollführte ihre Arbeit nun still, und allmälig er=
wachte das Leben im Hause, und kaum war Rosel erwacht, als
sie Barfüßele nachlief und sie ausschalt, denn Rosel hatte ein schönes
Halstuch verloren. Sie behauptete, sie habe es Barfüßele zum
Aufbewahren gegeben, diese aber habe in ihrer Mannstollheit
Alles weggeworfen, als der Fremde sie aufforderte, und wer
weiß, ob's nicht ein Dieb war, der den Gaul und die Kleider
gestohlen hat und den man morgen in Ketten einbringt, und es
sei eine Schande gewesen, wie Barfüßele laut beim Tanze ge=
jauchzt habe, und sie solle sich in Acht nehmen, denn der Enzian=
Valentin habe gesagt: wenn eine Henne kräht wie ein Hahn,
schlägt das Wetter ein und giebt's Unglück. Sie habe sie zum
ersten und letztenmale mit zum Tanz genommen; sie habe sich
fast die Augen aus dem Kopfe geschämt, daß sie sich überall
habe müssen sagen lassen: so Eine dient bei Euch. Wenn ihr
die Schwägerin nicht die Stange hielte und es ihr nachginge,
müßte die Gänshirten sogleich fort aus dem Haus.

Barfüßele ließ Alles ruhig über sich ergehen, sie hatte heute
schon die beiden Endpunkte dessen wahrgenommen, was sie nun
erfahren müsse, und sie hatte darauf von selbst gethan, wie sie
es nun immer halten wollte: wer sie ausschimpfte, den schüttelte
sie mit Schweigen von sich, wer sie ausspottete, den trumpfte sie
ab. Hatte sie auch nicht immer ein brennendes Scheit bei der

Hand wie beim Roßbuben, sie hatte Blicke und Worte, die den
gleichen Dienst thaten.

Barfüßele konnte der schwarzen Marann' nicht genug erzäh=
len, was ihr die Rosel anthat im Hause, und da sie es zu
Hause nicht thun konnte, ließ Barfüßele hier ihre Zunge los
und schalt auf die Rosel mit den heftigsten Worten. Schnell
aber besann sie sich wieder und sagte:

„Ach Gott, das ist nicht recht, die macht mich jetzt auch so
schlecht, daß ich solche Worte in den Mund nehme."

Die Marann' aber tröstete: „Daß du so schimpfest, das ist
brav. Schau, wenn man etwas Ekelhaftes sieht, muß man aus=
speien, sonst wird man krank, und wenn man etwas Schlechtes
sieht und hört und erfährt, da muß man schimpfen, da muß die
Seele auch ausspeien, sonst wird sie schlecht."

Barfüßele mußte lachen über die wunderlichen Tröstungen
der schwarzen Marann'.

Tag um Tag verging in alter Weise, und man vergaß
bald Hochzeit und Tanz und Alles, was dabei geschehen war.
Barfüßele aber spürte ein ewiges Hinausdenken, das sie gar
nicht bewältigen konnte.

Es war gut, daß sie der schwarzen Marann' Alles anver=
trauen konnte. „Ich meine, ich habe mich versündigt, daß ich
damals so über Alles hinaus lustig war," klagte sie einmal.

„An wem hast du dich versündigt?"

„Ich meine, Gott straft mich dafür."

„O Kind, was machst du da? Gott liebt die Menschen wie
seine Kinder. Giebt es für Eltern eine größere Freude, als ihre
Kinder lustig zu sehen? Ein Vater, eine Mutter, die ihre Kinder
fröhlich tanzen sehen, sind doppelt glücklich, und so denk' auch:
Gott hat dir zugesehen, wie du getanzt hast, und hat sich recht ge=
freut, und deine Eltern haben dich auch tanzen sehen und haben
sich auch gefreut. Laß du die ungestorbenen Menschen reden,
was sie wollen. Wenn mein Johannes kommt, hei, der kann
tanzen! Aber ich sage nichts. Du hast an mir einen Menschen,
der dir Recht giebt; was brauchst du denn mehr?"

Freilich, Wort und Beistand der schwarzen Marann' war
tröstlich, aber Barfüßele hatte ihr doch nicht Alles gesagt. Es
war ihr nicht bloß um das Gerede der Menschen zu thun, und es
war nicht mehr wahr, daß sie sich genügen ließ, nur Einmal vollauf

glücklich gewesen zu sein. Sie sehnte sich doch wieder nach dem
Manne, der ihr wie eine erlösende Erscheinung gekommen war,
der sie so ganz verändert hatte und nun nichts mehr von ihr wußte.

Ja, Barfüßele war sehr verändert. Sie ließ es an keiner
Arbeit fehlen, man konnte ihr nichts nachreden; aber eine tiefe
Schwermuth setzte sich in ihr fest. Jetzt kam noch ein anderer
Grund dazu, der sich vor der Welt offen geltend machen durfte.
Dami hatte von Amerika aus noch kein Wort geschrieben, und
sie vergaß sich so weit, daß sie einmal zur schwarzen Marann' sagte:

„Es heißt nicht umsonst im Sprichwort, wenn man Feuer
unter einem leeren Topf hat, verbrennt eine arme Seel'. Unter
meinem Herzen brennt ein Feuer, und meine arme Seele ver=
brennt."

„Was ist denn?"

„Daß der Dami auch nicht schreibt! Das Warten, das ist
die schrecklichst gemordete Zeit, es gibt keine, die man ärger um=
bringen kann als mit dem Warten; da ist man ja in keiner
Stunde, in keiner Minute mehr daheim, auf keinem Boden mehr
fest, und immer mit einem Fuß in der Luft."

„O Kind! Sag' das nicht," jammerte die Marann'. „Was
willst denn du vom Warten reden? Denk' an mich, ich warte gedul=
dig und warte bis zu meiner letzten Stunde und geb's nicht auf."

In der Erkenntniß fremden Kummers löste sich der Schmerz
Barfüßeles in Thränen auf und sie klagte: „Mir ist so schwer.
Ich denk' jetzt immer ans Sterben. Wie viel tausend Kübel
Wasser muß ich noch holen und wie viel Sonntage giebt's noch?
Man sollte sich eigentlich gar nicht so viel grämen, das Leben
hat ja so bald ein Ende, und wenn die Rosel zankt, denk' ich:
ja zank' du nur, wir sterben beide bald, dann hat's ein End';
und dann überfällt mich wieder eine Angst, daß ich mich so arg
vor dem Sterben fürchte. Wenn ich so liege und will mir denken,
wie es ist, wenn ich todt bin: ich höre nichts, ich sehe nichts,
dieses Auge, dieses Ohr ist todt, Alles da um mich her ist nicht
mehr da, es wird Tag, und ich weiß nichts mehr davon; man
mäht, man erntet, ich bin nicht mehr dabei. O warum ist denn
das Sterben! . . . Was willst du machen? Haben Andere auch
sterben müssen und die waren noch mehr als du. Man muß es
ruhig ertragen. — Horch, der Schütz schellt aus," so unterbrach
sich Barfüßele in der seltsamen Klage, und sie, die eben sterben

wollte, und wieder nicht sterben wollte, hätte doch gern erfahren, was der Dorfschütze noch ausschellt.

„Laß ihn schellen, er bringt dir doch nichts," sagte die Alte wehmütig lächelnd. „O was ist der Mensch! Wie muß Jeder wieder die harte Nuß aufzuknacken suchen und sie doch endlich ungeöffnet bei Seite legen! Ich will dir sagen, Amrei, was mit dir ist: Du bist jetzt sterbensverliebt. Sei froh, so gut wird es wenigen Menschen, es wird wenig Menschen so wohl, daß sie eine rechte Liebe in sich spüren; aber nimm dir ein Beispiel an mir, laß die Hoffnung nicht fahren. Weißt, wer schon bei lebendigem Leibe gestorben ist? Wer nicht von jedem Tag, absonderlich wer nicht von jedem Frühling meint: jetzt fängt das Leben erst recht an, jetzt kommt etwas, was noch gar nie dagewesen ist. Dir muß es noch gut geben, du thust ja lauter Gottesthaten. Was hast du an deinem Bruder gethan, was an mir, was am alten Rodelbauer, was an allen Menschen! Aber es ist gut, daß du nicht weißt, was du thust. Wer Gutes thut und betet und immer daran denkt und sich was drauf einbildet, der betet sich durch den Himmel durch und muß auf der andern Seite die Gänse hüten."

„Das hab' ich schon hier gethan, davon bin ich erlöst," lachte Barfüßele, und die Alte fuhr fort:

„Mir sagt eine Stimme, daß der, der mit dir getanzt hat, mein Johannes gewesen ist, kein anderer Mensch. Und ich will dir's nur sagen; wenn er nicht verheirathet ist, dich muß er nehmen. Sammetkleider hat mein Johannes immer gern gehabt, und ich denk' jetzt so: er läuft jetzt um die Grenze herum, bis unser König stirbt, dann kommt er herein ins Land; aber unrecht ist's, daß er mir nichts sagen läßt, und es thut mir so and (sehnsüchtig) nach ihm."

Barfüßele schauderte vor der unverwüstlichen Hoffnungskraft der schwarzen Marann' und wie sie sich immer und immer an ihr festhielt.

Sie erwähnte fortan selten den Fremden, nur wenn sie von der Hoffnung auf Wiederkehr sprach und dabei Dami nannte, konnte sie sich nicht enthalten, dabei auch innerlich an den Fremden zu denken. Er war ja nicht über dem Meer und konnte doch auch wiederkommen und schreiben; aber freilich, er hat dich ja nicht gefragt, wo du her bist. Wie viel tausend Städte und

Dörfer und Einsiedelhöfe giebt's in der Welt . . . vielleicht sucht er dich und findet dich nimmer wieder. Aber nein, er kann ja in Endringen fragen. Er kann nur den Dominik fragen und das Ameile, und die werden ihm gut Bescheid geben. Aber Ich weiß nicht, wo er ist, Ich kann nichts thun."

Es war wiederum Frühling geworden, und Amrei stand bei ihren Blumen am Fenster, da kam eine Biene dahergeflogen und saugte sich fest an dem offenen Kelche. Ja so ist's, dachte Barfüßele, so ein Mädchen ist wie eine Pflanze, festgewachsen an dem Ort, das kann nicht herumgehen und suchen, das muß warten, bis das da zufliegt.

> „Wenn ich ein Vöglein wär'
> Und auch zwei Flügelein hätt',
> Flög' ich zu dir;
> Weil's aber nicht kann sein,
> Bleib' ich allhier.
>
> Bin ich gleich weit von dir,
> Bin ich doch im Traum bei dir
> Und red' mit dir;
> Wenn ich erwachen thu,
> Bin ich allein.
>
> Es vergeht kein' Stund in der Nacht,
> Daß nicht mein Herz erwacht
> Und an dich denkt" —

So sang Barfüßele.

Es war wunderbar, wie jetzt alle Lieder auf Barfüßele gesetzt waren, und wie viel Tausend haben sich diese schon aus der Seele gesungen, und wie viel Tausende werden sie sich noch aus der Seele singen!

Ihr, die ihr euch sehnt und endlich ein Herz umschlungen haltet, ihr haltet damit umschlungen das Lieben aller derer, die je waren und sein werden.

12. Er ist gekommen.

Barfüßele stand eines Sonntags Nachmittags nach ihrer Gewohnheit an die Thürpfoste des Hauses gelehnt und schaute

träumend vor sich hin, da kam der Enkel des Kohlenmathes das
Dorf heraufgesprungen und winkte schon von ferne und rief:

„Er ist gekommen! Barfüßele, er ist gekommen!“

Barfüßele zitterten die Kniee, und mit bebender Stimme
rief sie: „Wo ist er? wo?“

„Bei meinem Großvater im Moosbrunnenwald.“

„Wo? Wer? Wer schickt dich?“

„Dein Dami. Er ist drunten im Wald.“

Barfüßele mußte sich auf die Steinbank vor dem Hause
setzen, aber nur eine Minute, dann bezwang sie sich selbst, richtete
sich straff auf mit den Worten: „Mein Dami? Mein Bruder?“

„Ja, des Barfüßeles Dami,“ sagte der Knabe treuherzig,
„und er hat mir versprochen, du gäbest mir einen Kreuzer, wenn
ich zu dir Boten gehe und es dir sage; jetzt gib mir einen Kreuzer.“

„Mein Dami wird dir schon drei dafür geben.“

„O nein,“ sagte der Knabe, „er hat ja zu meinem Großvater geheult, weil er keinen Kreuzer mehr habe.“

„Ich habe jetzt auch keinen,“ sagte Barfüßele, „aber ich
bleib’ dir gut dafür.“

Sie ging schnell zurück ins Haus, bat die Nebenmagd, an
ihrer Statt des Abends die Kühe zu melken, wenn sie zum
Abend nicht wieder da sei; sie müsse schnell einen Gang machen.
Mit Herzklopfen, bald im Zorn auf Dami, bald in Wehmuth
über ihn und sein Ungeschick, bald in Aerger, daß er wieder da
sei, und dann wieder in Vorwürfen, daß sie ihrem einzigen
Bruder so begegne, ging Barfüßele das Feld hinaus, das Thal
hinab nach dem Moosbrunnenwald.

Der Weg zum Kohlenmathes war nicht zu verfehlen, ob
man gleich von dem Fußweg abseits gehen mußte. Der Geruch
des Meilers führte unfehlbar zu ihm. — Wie singen die Vögel
in den Bäumen, und ein jammerndes Menschenkind wandelt
drunter hin, und wie traurig muß es Dami sein, der das Alles
wiedersieht, und es muß ihm hart gegangen sein, wenn er
keinen andern Ausweg mehr weiß, als heim und sich an dich
hängen und dich aussaugen. Andre Schwestern haben von den
Brüdern eine Hülfe und ich . . . Aber ich will dir jetzt schon
zeigen, Dami, du mußt bleiben, wo ich dich hinstelle, und darfst
nicht zucken.

In solcherlei Gedanken ging Barfüßele dahin und war endlich beim Kohlenmathes angekommen. Aber sie sah hier nur den Kohlenmathes, der vor seiner Blockhütte beim Meiler saß, und seine Holzpfeife mit beiden Händen hielt und rauchte, denn ein Köhler thut es seinem Meiler nach und raucht immer.

„Hat mich Jemand zum Narren gehabt?" fragte sich Barfüßele. „O das wäre schändlich! Was thue ich denn den Menschen, daß sie mich zum Narren haben? Aber ich trieg's schon heraus, wer das angestellt hat; der soll mir's büßen."

Mit geballter Faust und flammenrothem Gesicht stand sie jetzt vor dem Kohlenmathes. Dieser hob kaum das Antlitz nach ihr, viel weniger daß er ein Wort redete; er war, so lang die Sonne schien, fast immer wortlos, und nur des Nachts, wenn ihm Niemand ins Auge sehen konnte, sprach er viel und gern.

Barfüßele starrte eine Minute in das schwarze Antlitz des Köhlers und fragte dann zornig: „Wo ist mein Dami?"

Der Alte schüttelte mit dem Kopfe verneinend. Da fragte Barfüßele nochmals mit dem Fuße aufstampfend: „Ist mein Dami bei Euch?"

Der Alte legte die Hände aus einander und zeigte rechts und links, daß er nicht da sei.

„Wer hat denn zu mir geschickt?" fragte Barfüßele immer heftiger: „So redet doch!"

Der Köhler wies mit dem rechten Daumen nach der Seite, wo ein Fußweg sich um den Berg hinzog.

„Um Gottes willen, saget doch ein Wort," drängte Barfüßele vor Zorn weinend, „nur ein einziges Wort. Ist mein Dami da, oder wo ist er?"

Endlich sagte der Alte: „Er ist da, dir entgegengegangen, den Fußweg," und gleich als hätte er viel zu viel gesprochen, preßte er rasch die Lippen zusammen und ging um den Meiler.

Da stand nun Barfüßele und lachte höhnisch und wehmüthig über den einfältigen Bruder. „Er schickt nach mir und bleibt doch nicht an einer Stelle, wo man ihn finden kann; und wenn ich jetzt den Weg hinauf gehe — wie konnte er nur glauben, daß ich den Fußweg gehe? das ist ihm jetzt gewiß auch eingefallen, und er geht einen andern und ist nicht mehr zu finden, und wir laufen um einander herum wie im Nebel."

Barfüßele setzte sich still auf einen Baumstumpf, und in ihr brannte es wie in dem Meiler, die Flamme konnte nicht ausschlagen, sie mußte still in sich verkohlen. Die Vögel sangen, der Wald rauschte, ach, was ist das Alles, wenn kein heller Ton im Herzen klingt... Wie aus einem Traume erinnerte sich jetzt Barfüßele, wie sie einst Liebesgedanken nachgehangen. Wie kommst du dazu, solches in dir aufkommen zu lassen? Hast du nicht Elend genug an dir und an deinem Bruder? Und der Gedanke dieser Liebe war ihr jetzt wie mitten im Winter die Erinnerung an einen hellen Sommertag. Man kann's nur glauben, daß es einst so sonnig warm gewesen, aber man weiß nichts mehr davon. Jetzt mußte sie lernen, was „Warten" heißt: hoch oben auf einer Spitze, wo kaum eine Hand breit Boden; und wenn du erst weißt, wie es ist, bist du im alten Elend und in noch größerem...

Sie ging hinein in die Blockhütte des Köhlers, da lag ein Sack locker und kaum halb voll, und auf dem Sacke stand der Name des Vaters.

„O wie bist du herumgeschleppt!" sagte sie fast laut. Sie ging aber schnell über die Erregung des Gemüthes hinweg und wollte sehen, was denn Dami wieder mit zurückgebracht. „Er hat doch mindestens die guten Hemden noch, die du ihm von der Leinwand der schwarzen Marann' hast machen lassen? Und viel-leicht ist auch ein Geschenk von dem Ohm aus Amerika darin. Aber wenn er noch etwas Ordentliches hätte, wäre er dann zuerst zum Kohlenmathes im Walde? Hätte er sich nicht gleich im Dorfe gezeigt?"

Barfüßele hatte Zeit, diesen Gedanken nachzuhängen, denn das Sackbändel war wahrhaft kunstmäßig verknotet, und nur ihrer gewohnten Geschicklichkeit und Unablässigkeit gelang es, ihn end-lich zu entwirren. Sie that Alles heraus, was in dem Sacke war, und mit zornigem Blicke sagte sie vor sich hin: „O du Garnichts! da ist ja kein heiles Hemd mehr. Du hast jetzt die Wahl, ob du Bettellump oder Lumpenbettler heißen willst."

Das war keine gute Stimmung, in der sie den Bruder zum erstenmal wieder begrüßen konnte, und dieser mochte es füh-len, denn er stand lauernd am Eingange der Blockhütte, bis Barfüßele wieder Alles in den Sack gethan hatte. Dann trat er auf sie zu und sagte: „Grüß Gott Amrei! Ich bringe dir nichts als schwarze Wäsche, aber du bist sauber und wirst mich auch wieder..."

„O lieber Dami, wie siehst du aus!" schrie Barfüßele und lag an seinem Halse, aber schnell riß sie sich wieder los und sagte:

„Um Gottes willen, du riechst ja nach Branntwein. Bist du schon so weit?"

„Nein, der Kohlenmathes hat mir nur ein bischen Wachholdergeist gegeben, ich hab' auf keinem Bein mehr stehen können; es ist mir schlecht gegangen, aber schlecht bin ich drum nicht geworden, das glaub' mir, ich kann dir's freilich nicht beweisen."

„Ich glaub' dir. Du wirst doch das Einzige, was du auf der Welt hast, nicht betrügen? O wie verwildert und elend siehst du aus! Du hast ja einen großen Bart wie ein Scheerenschleifer. Das leid' ich nicht, den mußt du heruntermachen. Du bist doch sonst gesund? Es fehlt dir doch nichts?"

„Gesund bin ich und will Soldat werden."

„Was du bist und was du wirst, das wollen wir schon noch überlegen; jetzt sag', wie es dir ergangen ist."

Dami stieß ein Scheit halbverbranntes Holz, von den sogenannten unbrauchbaren Bränden, mit dem Fuße weg und sagte: „Siehst du? Grad so bin ich; nicht ganz Kohle geworden und doch auch kein frisch Holz mehr."

Barfüßele ermahnte ihn, er solle ohne Klagen erzählen, und nun berichtete Dami eine lange, lange Geschichte, wie er es beim Ohm nicht ausgehalten, wie hartherzig und eigennützig der sei, besonders aber, wie ihm die Frau jeden Bissen mißgönnt habe, den er im Hause genoß, wie er dann da und dort gearbeitet, aber immer mehr die Hartherzigkeit der Menschen erfahren habe; in Amerika da könnten die Menschen einen Andern im Elend verkommen sehen und schauen nicht nach ihm um. Barfüßele mußte fast lachen, als in der Erzählung immer und immer wieder der Endreim vorkam: „Und da haben sie mich auf die Straße geworfen." Sie konnte nicht umhin einzuschalten: „Ja, so bist du, du läßt dich immer werfen. Bist schon als Kind so gewesen: wenn du einmal gestolpert bist, da hast du dich fallen lassen wie ein Stück Holz. Man muß aus dem Stolper auch einen Hopser machen, drum sagt man ja im Sprichwort: von Stolpe nach Danzig (tanz ich). Sei lustig. Weißt, was man thun muß, wenn einem die Menschen weh thun wollen?"

„Man muß ihnen aus dem Weg gehen."

„Nein, man muß ihnen weh thun, wenn man kann, und am wehesten thut man ihnen, wenn man sich aufrecht erhält und was vor sich bringt. Aber du stellst dich immer hin und sagst

zur Welt: thu' mir gut, thu' mir bös, küss' mich, schlag' mich,
wie du willst. — Das ist leicht. Du lässest dir Alles geschehen,
und dann hast Erbarmen mit dir selbst. Wär' mir auch recht,
wenn mich ein Anderes da und dort hinstellte, wenn ich's nicht
selbst zu thun hätte; aber du mußt jetzt selbst Einsteher für dich
sein, hast dich genug in der Welt herumstoßen lassen, jetzt zeig'
einmal den Meister."

Vorwürfe und Lehren werden einem Unglücklichen gegenüber
oft zu ungerechten Härten, und auch Dami nahm die Worte
der Schwester als solche. Es war fürchterlich, daß sie nicht ein-
sah, wie er der unglücklichste Mensch auf der Welt sei. Sie konnte
ihm streng vorhalten, daß er das nicht glauben möge, und wenn
er es nicht glaube, so sei es auch nicht. Aber das Schwierigste
von Allem ist: einem Menschen den Glauben an sich beizubringen;
die Meisten gewinnen ihn erst, nachdem ihnen etwas gelungen ist.

Dami wollte der herzlosen Schwester kein Wort weiter erzählen, und erst später gelang es ihr, daß er ausführlich von
seinen Fahrten und Schicksalen berichtete, und wie er zuletzt als
Heizer auf einem Dampfschiff nach der alten Welt zurückgekehrt
sei. Indem sie ihm jetzt seine selbstquälerische Weichmüthigkeit
vorhielt, ward sie inne, daß auch sie nicht frei davon war.

Durch den fast ausschließlichen Verkehr mit der schwarzen
Marann' hatte sie sich gewöhnt, immer so viel von sich zu reden
und an sich zu denken, und sie war in ein schweres Wesen gerathen. Jetzt, indem sie den Bruder aufrichtete, that sie es auch
unwillkürlich mit sich selbst; denn das ist die geheimnißvolle Macht
des Menschenzusammenhanges, daß wir immer, indem wir Anderen helfen, uns selbst mit helfen.

„Wir haben vier gesunde Hände," schloß sie, „und da wollen
wir sehen, ob wir uns nicht durch die Welt durchschlagen, und
durchschlagen ist tausendmal besser als sich durchbetteln. Jetzt
komm, Dami, jetzt komm mit heim."

Dami wollte sich im Orte gar nicht zeigen, er fürchtete sich
vor dem Gespötte, das von allen Seiten auf ihn losbreche, er
wollte vor der Hand noch verstecht bleiben; aber Barfüßele sagte:
„Jetzt gehst mit, am hellen Sonntag, und mitten durch das Dorf
und läßst dich ausspotten. Laß sie nur reden und deuten und
lachen, dann bist du fertig und bist's los, hast den bittern Kolben
auf einmal verschluckt und nicht tropfenweis."

Erst nach vielem und heftigem Widerstreben und erst nach=
dem der schweigsame Kohlenmathes auch sein Wort und Bar=
füßele Recht gegeben hatte, ließ sich Dami führen. Und in der
That hagelte und regnete es von allen Seiten bald grob bald
spitz auf des Barfüßeles Dami los, der auf Gemeindekosten eine
Vergnügungsreise nach Amerika gemacht habe. Nur die schwarze
Marann' nahm ihn freundlich auf, und ihr zweites Wort war:
„Hast du nichts von meinem Johannes gehört?“

Dami konnte keine Kunde geben. Und in doppelter Weise
mußte Dami heute Haare lassen, denn noch am Abend brachte
Barfüßele den Baber, der ihm den wilden Vollbart abnehmen
und ihm das landesübliche glatte Gesicht geben mußte.

Schon am andern Morgen wurde Dami aufs Rathhaus be=
schieden, und da er davor zitterte — er wußte nicht warum —
versprach Barfüßele ihn zu begleiten, und das war gut; wenn
es gleich nicht viel half.

Der Gemeinderath verkündete Dami, daß er aus dem Orte
ausgewiesen sei; er habe kein Recht hier zu bleiben, um vielleicht
der Gemeinde wiederum zur Last zu fallen.

Alle Gemeinderäthe staunten, da Barfüßele hierauf erwiederte:

„Ja wohl, Ihr könnet ihn ausweisen; aber wisset Ihr wann?
Wenn Ihr hinausgehen könnt auf den Kirchhof, dort wo unser
Vater und unsere Mutter liegt, und wenn Ihr zu den Begra=
benen sagen könnt: „Auf! geht fort mit Eurem Kind! — Dann
könnt Ihr ihn ausweisen. Man kann Niemand ausweisen aus
dem Ort, wo seine Eltern begraben sind, da ist er mehr als
daheim; und wenn's tausend und tausendmal da in den Büchern
steht — sie deutete auf die gebundenen Regierungsblätter — und
anders stehen mag, es geht doch nicht und Ihr könnet nicht.“

Ein Gemeinderath sagte dem Schullehrer ins Ohr: „Diese
Reden hat das Barfüßele von Niemand anders gelernt als von
der schwarzen Marann'!“ Und der Heiligenpfleger neigte sich zum
Schultheiß und sagte: „Warum duldest du, daß das Aschenbuttel so
schreit? Klingle dem Schütz, er soll sie ins Narrenhäusle stecken.“

Der Schultheiß aber lächelte und erklärte Barfüßele, daß
sich die Gemeinde von allen Ueberlasten, die ihr durch den Dami
werden könnten, losgekauft habe, indem sie den größten Theil
des Ueberfahrtsgeldes für ihn auslegte.

„Ja, wo ist er denn jetzt daheim?“ fragte Barfüßele.

„Wo man ihn annimmt, aber hier nicht und vor der Hand nirgends."

„Ja, ich bin nirgends daheim," sagte Dami, dem es fast wohl that, immer noch mehr unglücklich zu sein. Jetzt konnte doch Niemand läugnen, daß es keinem Menschen auf der Welt schlechter ginge als ihm.

Barfüßele kämpfte noch dagegen, aber sie sah bald, hier half nichts; das Gesetz war wider sie, und nun betheuerte sie, daß ihr eher das Blut unter den Nägeln hervorfließen solle, ehe sie je wieder etwas für sich und ihren Bruder von der Gemeinde annehme, und sie versprach alles Erhaltene zurückzuerstatten.

„Soll ich das auch ins Protokoll nehmen?" fragte der Gemeindeschreiber die Umsitzenden, und Barfüßele antwortete: „Ja, schreibet's nur, bei Euch gilt ja doch nur das Geschriebene."

Barfüßele unterzeichnete das Protokoll, aber als dies geschehen war, wurde dennoch Dami verkündet, daß er als Fremder die Erlaubniß habe, drei Tage im Dorfe zu bleiben; wenn er bis dahin kein Unterkommen gefunden, werde er ausgewiesen und nöthigenfalls mit Zwangsmitteln über die Grenze gebracht.

Ohne weiter ein Wort zu sagen, verließ Barfüßele mit Dami das Rathhaus, und Dami weinte darüber, daß sie ihn unnöthig gezwungen habe, ins Dorf zurückzukehren; er wäre besser im Walde geblieben und hätte sich dadurch den Spott und jetzt den Kummer erspart, zu wissen, daß er aus seinem Heimathsorte als Fremder ausgewiesen sei. Barfüßele wollte ihm erwidern, daß es besser sei, wenn man Alles klar wisse und sei es auch das Herbste; aber sie verschluckte das, sie selber fühlte, daß sie alle Kraft brauche, um sich aufrecht zu erhalten; sie fühlte sich auch ausgewiesen mit ihrem Bruder, und sie empfand es, daß sie einer Welt gegenüber stand, die sich auf Macht und Gesetze stützte, und sie selber hatte nur die leere Hand; aber sie hielt sich jetzt aufrechter als je.

Das Ungeschick und Mißgeschick Dami's drückte· sie nicht nieder, denn so ist der Mensch: hat er ein Schmerzen, das ihn ganz erfüllt, trägt er ein anderes, und sei es noch so schwer, oft leichter, als wenn es allein gekommen wäre. Und weil Barfüßele ein unnennbares Wehe empfand, gegen das sie nichts thun konnte, trug sie das nennbare, gegen das sie wirken konnte, um so williger und freier. Sie gönnte sich keine Minute der Träu=

merei mehr und ging immer mit straffen Armen und mit ge=
ballter Faust hin und her, als wollte sie sagen: wo ist denn die
Arbeit? und sei es auch die schwerste, ich nehme sie über mich,
wenn ich nur mich und meinen Bruder aus der Abhängigkeit
und Verlassenheit herausbringe. Sie dachte jetzt selber daran,
mit Dami ins Elsaß zu wandern und dort in einer Fabrik zu
arbeiten. Es kam ihr schrecklich vor, daß sie das sollte; aber
sie wollte sich dazu zwingen. Wenn nur der Sommer vorüber
war, dann sollte es fortgehen, und Lebewohl Heimath! Wir sind
ja auch in der Fremde, wo wir daheim sind.

Der nächste Annehmer, den die beiden Waisen in der Orts=
regierung gehabt hatten, war jetzt machtlos. Der alte Rodel=
bauer lag schwer krank darnieder, und in der Nacht nach der
stürmischen Gemeinderathssitzung verschied er.

Barfüßele und die schwarze Marann' waren diejenigen, die
auf dem Kirchhofe bei seiner Beerdigung am meisten weinten.
Ja, die schwarze Marann' sagte auf dem Heimwege noch als be=
sonderen Grund: „Der Rodelbauer ist der letzte noch Lebende ge=
wesen, mit dem ich einstmals in meinen jungen Jahren getanzt
habe. Mein letzter Tänzer ist nun gestorben."

Bald aber hielt sie ihm eine andere Nachrede, denn es zeigte
sich, daß der Rodelbauer, der Barfüßele so jahrelang darauf ver=
tröstet hatte, sie in seinem Testamente gar nicht erwähnte, viel
weniger ihr etwas vererbte.

Als die schwarze Marann' gar nicht aufhören wollte mit
Klagen und Schelten, sagte Barfüßele: „Das geht jetzt in Einem
hin, es ist jetzt einmal so, es hagelt jetzt von allen Seiten auf
mich los, aber die Sonne wird schon wieder scheinen."

Die Hinterlassenen des Rodelbauern schenkten indeß Barfüßele
einige Kleider des Alten; sie hätte sie gern zurückgewiesen, aber
durfte sie es wagen, jetzt noch mehr Trotz kund zu geben? Auch
Dami wollte die Kleider nicht annehmen, aber er mußte nach=
geben. Es schien einmal sein Loos, in den Kleidern allerlei Ab=
geschiedener sein Leben zu verbringen.

Der Kohlenmathes nahm Dami zu sich in den Wald zum
Meiler, und Zuträger sagten dem Dami, er solle nur einen
Proceß anfangen, man könne ihn nicht ausweisen, weil er noch
an keinem andern Orte angenommen sei; das sei stillschweigende
Voraussetzung beim Aufgeben des Heimathsrechtes.

Die Leute schienen sich fast daran zu erlustigen, daß die armen Waisen weder Zeit noch Geld hatten, einen Rechtsstreit anzufangen.

Dami schien sich in der Einsamkeit des Waldes wohlzugefallen. Es war so nach seiner Art, daß man sich nicht an- und auszuziehen brauchte, und jedesmal am Sonntag Nachmittag kostete es Barfüßele einen Kampf, bis sich Dami nur ein bischen reinigte; dann saß sie bei ihm und dem Matthes, man sprach wenig, und Barfüßele konnte ihre Gedanken nicht abhalten, daß sie in der Irre umhergingen in der Welt und Den suchten, der sie einst einen ganzen Tag so glücklich gemacht und in den Himmel gehoben hatte. Wußte er nichts mehr von ihr und dachte er nicht mehr an sie? Kann denn der Mensch den andern vergessen, mit dem er einmal so glücklich war?

Es war am Sonntag Morgen gegen Ende Mai, Alles war in der Kirche. Es hatte am Tage vorher geregnet. Ein frischer erquickender Athem hauchte von Berg und Thal, denn die Sonne schien hell hernieder. Auch Barfüßele hatte in die Kirche gehen wollen, aber sie lag wie festgebannt unter dem Fenster, während es läutete, und sie versäumte die Kirche. Das war seltsam und noch nie geschehen. Nun da es zu spät war, entschloß sie sich, allein zu bleiben und daheim in ihrem Gesangbuche zu lesen. Sie kramte in ihrer Truhe und war überrascht von allerlei Sachen, die sie besaß. Sie saß auf dem Boden und las eben einen Gesang und summte ihn halb laut vor sich hin, da regte sich etwas am Fenster. Sie schaute sich um; eine weiße Taube steht auf dem Simse und schaut nach ihr, und wie sich die Blicke des Mädchens und der Taube begegnen, fliegt die Taube davon, und Barfüßele schaut ihr nach, wie sie hinausfliegt über das Feld und sich dort niederläßt.

Dieses Begegniß, das doch so natürlich war, macht sie plötzlich ganz froh, und sie nicht immer hinaus ins Weite nach den Bergen, nach Feld und Wald. Sie ist den ganzen Tag ungewöhnlich heiter. Sie kann nicht sagen warum, es ist ihr, als ob ihr eine Freude in der Seele jauchzte, sie weiß nicht, woher sie kam. Und so oft sie auch am Mittag, an die Thürpfoste gelehnt, über die seltsame Erregung, die sie spürt, den Kopf schüttelt, sie weicht nicht von ihr. „Es muß sein, es muß doch sein, daß Jemand gut an dich gedacht hat; und warum kann das nicht sein, daß so eine Taube der stille Bote ist, der mir das sagt? Die Thiere leben doch auch auf der Welt, wo die Gedanken der Menschen hin und her fliegen, und wer weiß, ob sie nicht Alles still davon tragen."

Die Menschen, die an Barfüßele vorübergingen, konnten nicht ahnen, was für ein seltsames Leben sich in ihr bewegte.

13. Aus einem Mutterherzen.

Während Barfüßele im Dorf und in Feld und Wald träumte und sorgte und kummerte, bald von seltsamen Freudenschauern sich durchrieselt fühlte, bald sich wie ausgestoßen vorkam in der weiten Welt, schickten Eltern ihr Kind fort, freilich, damit es um so reicher wiederkäme.

Droben im Allgäu, auf dem großen Bauernhofe, genannt zur „wilden Reuthe," saß der Landfriedbauer mit seiner Frau bei ihrem jüngsten Sohne, und der Bauer sagte: „Hör' einmal, Johannes, jetzt ist mehr als ein Jahr um, seitdem du zurückgekehrt bist, und ich weiß nicht, was mit dir ist; du bist damals wie ein geschlagener Hund heim gekommen und hast gesagt, du wollest dir lieber hier in der Gegend eine Frau suchen, aber ich sehe nichts davon. Willst du mir noch einmal folgen, dann will ich dir kein Wort mehr zureden."

„Ja, ich will," sagte der junge Mann, ohne sich aufzurichten.

„Nun gut, versuch's noch einmal; Einmal ist Keinmal; und ich sage dir, du machst mich und die Mutter glücklich, wenn du dir eine Frau nimmst aus unserer Gegend, und am liebsten, wo die Mutter her ist. Ich kann dir's schon ins Gesicht sagen, Bäuerin, es giebt in der ganzen Welt nur Einen guten Schlag Weibsleut', und der ist bei uns daheim, und du bist gescheit, Johannes, du wirst schon eine Rechtschaffene finden, und dann wirst du uns noch auf dem Todtenbette danken, daß wir dich in unsere Heimath geschickt haben, dir eine Frau zu holen. Wenn ich nur fort könnte, ich ginge mit dir, und wir Beide fänden schon die Rechte. Aber ich hab' mit unserm Jörg geredet, er will mit dir gehen, wenn du ihn darum ansprichst. Reit' hinüber und sag's ihm."

„Wenn ich meine Meinung sagen darf," erwiderte der Sohn,

„wenn ich noch einmal gehen ſoll, möcht' ich wieder allein. Ich
bin einmal ſo. Das verträgt bei mir kein anderes Aug', ich
möcht' mit Niemand darüber reden. Wenn's möglich wär', möcht'
ich am liebſten ungeſehen und ſtumm Alles erkundſchaften; und
kommt man nun gar zu Zweit', da iſt's ſo gut, wie wenn man's
ausſchellen ließ', und Alles putzt ſich auf."

„Wie du willſt," ſagte der Vater, „du biſt einmal ſo aus
der Art. Weißt was? Mach' dich jetzt gleich auf den Weg; es
fehlt uns ein Geſpann zu unſerm Schimmel, ſuch' dir einen dazu, aber nicht auf dem Markt; und wenn du ſo in den Häuſern
herumkommſt, kannſt du ſchon viel ſehen, und kannſt auch auf
dem Heimweg ein Bernerwägelein kaufen. — Der Dominik in
Endringen ſoll ja noch drei Töchter haben wie die Orgelpfeifen,
ſuch' dir Eine aus, aus dem Haus wäre uns eine Tochter recht."

„Ja," ergänzte die Mutter, „das Ameile hat gewiß brave
Töchter."

„Und beſſer wär's," fuhr der Vater fort, „du ſiehſt dir
einmal in Siebenhöfen die Amrei an, des Schmalzgrafen Tochter,
die hat einen ganzen Hof, den könnte man gut verkaufen, die
Siebenhöfener Bauern, die ſchlecken die Finger darnach, wenn ſie
nur noch Aecker kriegen könnten, und da iſt baar Geld, da giebt's
keine Zieler; aber ich red' dir weiter nichts zu, du haſt ja deine
Augen ſelber bei dir. Komm, mach' dich gleich auf den Weg.
Ich füll' dir die Geldgurte voll. Zweihundert Kronenthaler werden genug ſein, und der Dominik leiht dir, wenn du mehr
brauchſt. Gieb dich nur zu erkennen. Ich kann's noch nicht verſtehen, daß du dich damals auf der Hochzeit nicht zu erkennen
gegeben haſt; es muß dir was geſchehen ſein, aber ich will nichts
wiſſen."

„Ja, weil er's nicht ſagt," ergänzte die Mutter lächelnd.

Der Bauer machte ſich nun gleich daran, die Geldgurte zu
füllen. Er brach zwei geſtößelte Rollen auf, und man ſah es
ihm an, es that ihm wohl, wie er ſo die grobe Münze von der
einen Hand in die andere laufen ließ. Er machte Häufchen von
je zehn Thalern und zählte ſie zwei-, dreimal ab, um ſich ja
nicht zu irren.

„Nun meinetwegen," ſagte der junge Mann und richtete ſich
auf. — Es iſt der fremde Tänzer, den wir bei der Hochzeit in
Endringen kennen gelernt. Bald bringt er den geſattelten Schim-

mel aus dem Stall, schnallt noch den Mantelsack darauf, und ein schöner Wolfshund springt dabei an ihm empor und leckt ihm die Hände.

„Ja, ja, ich nehm' dich mit," sagte der Bursche zu dem Hunde und erschien zum erstenmal im ganzen Gesicht freund= lich, und er rief zum Vater hinein in die Stube: „Vater, darf ich den Lux mitnehmen?"

„Ja, wie du willst," lautete von drinnen die Antwort aus dem Klingen der Thaler heraus. Der Hund schien Hin= und Widerrede verstanden zu haben. Er sprang bellend und sich im Kreise drehend im Hofe umher.

Der Bursche ging hinein in die Stube, und indem er sich die Geldgurte umschnallte, sagte er: „Ihr habt Recht, Vater, es wird mir jetzt schon wohler, weil ich jetzt aus dem so Hinleben mich herausmache, und ich weiß nicht, man soll freilich keinen Aberglauben haben, aber es hat mir doch wohlgethan, daß der Schimmel sich nach mir wendet, wie ich in den Stall komme, und wiehert, und daß der Hund so auch mit will; es ist doch ein gutes Zeichen, und wenn man die Thiere befragen könnte, wer weiß, ob die Einem nicht den besten Rath geben könnten."

Die Mutter lächelte, aber der Vater sagte: „Vergiß nicht, daß du dich an den Krappenzacher hältst und geh' nicht voran und bind' dich nicht, ehe du ihn befragt hast; der kennt das Inwendige aller Menschen auf zehn Stunden im Umkreis und ist ein lebendiges Hypothekenbuch. Jetzt behüt' dich Gott und laß dir Zeit, du kannst auf zehn Tage ausbleiben."

Vater und Sohn schüttelten sich die Hände und die Mutter sagte: „Ich geb' dir noch ein Stück das Geleite."

Der Bursche führte nun das Pferd am Zügel und ging neben der Mutter her, still bis hinaus vor den Hof, und erst bei einer Biegung des Weges sagte die Mutter zagend: „Ich möchte dir gern Anweisungen geben."

„Ja, ja, nur zu, ich höre gern drauf."

Nun begann die Mutter, indem sie die Hand des Sohnes faßte: „Bleib stehen, ich kann im Gehen nicht gut reden. — Schau, daß sie dir gefällt, das ist natürlich das Erste: ohne Lieb' ist keine Freud', und ich bin nun eine alte Frau, gelt ich darf Alles sagen?"

„Ja, ja!"

„Wenn du dich nicht darauf freust und es nicht wie ein
Gnadengeschenk vom Himmel ansiehst, daß du ihr einen Kuß
geben darfst, da ist's die rechte Liebe nicht, aber ... bleib doch
stehen ... und auch diese Liebe reicht noch nicht aus, da kann
sich noch etwas anderes dahinter verstecken. Glaub mir ..." Die
alte Frau hielt stotternd inne und wurde flammroth im Gesichte.
„Schau, wo der rechte Respekt nicht ist, und wo man nicht Freud
daran hat, daß eine Frau grad so eine Sache in die Hand nimmt
und grad so wegstellt und nicht anders, da geht's schwer; und
vor Allem achte darauf, wie sie sich zu den Dienstboten stellt."

„Ich will Euch immer abnehmen und in klein Geld wechseln,
was Ihr meinet, Mutter; das Sprechen wird Euch schwer. Jetzt
das verstehe ich schon. Sie darf nicht zu stolz und nicht zu vertraut sein."

„Das freilich, aber ich seh's einer am Mund an, ob der
Mund schon geflucht und geschimpft und gescholten hat, und ob
er's gern thut. Ja, wenn du sie im Aerger weinen sehen, wenn
du sie im Zorn ertappen könntest, da wäre sie am besten kennen
zu lernen; da springt der versteckte inwendige Mensch heraus,
und das ist oft einer mit Geierkrallen wie ein Teufel. O Kind!
Ich hab' viel erfahren und ins Aug' gefaßt. Ich seh' daran, wie
eine das Licht auslöscht, wie's in ihr aussieht und was sie für
ein Gemüth hat.   Die so im Vorbeigehen mit einem Hui das
Licht ausbläst, mag's fünkeln und blaken, das ist eine, die sich
auf ihr schnelles Schaffen was einbildet, und sie thut doch Alles
nur halb und hat keine Ruhe im Gemüth."

„Ja, Mutter, das machet Ihr mir zu schwer; eine Lotterie
ist und bleibt es immer."

„Ja, ja, du brauchst auch nicht Alles zu behalten, was ich
mein', nur so obenhin, wenn dir's nachher vorkommt, wirst schon
finden, wie ich's gemeint habe, und dann paß auf: ob sie gut
beim Arbeiten redet, ob sie etwas in die Hand nimmt, wenn sie
mit dir spricht, und nicht allemal still hält, wenn sie ein Wort
sagt, und nicht eine Scheinarbeit thut. Ich sage dir, Arbeitsam-
keit ist bei einer Frau Alles.   Meiner Mutter Red' ist immer
gewesen: ein Mädchen darf nie mit leeren Händen gehen und
muß über drei Zäune springen, um ein Federchen aufzulesen.
Und dabei muß sie doch beim Schaffen ruhig und stetig sein,
nicht so um sich rasen und aufbegehren, als wolle sie jetzt grad

ein Stück von der Welt herunter reißen. Und wenn sie dir Red'
und Antwort giebt, merk' auf, ob sie nicht zu blöd' und nicht zu
keck ist. Du glaubst gar nicht, die Mädchen sind ganz anders,
wenn sie einen Mannshut sehen, als wenn sie unter sich sind,
und die, wo immer gar so thun, als ob sie bei Jedem sagen
wollten: friß mich nicht! das sind die schlimmsten, aber die so
ein gewetztes Mundstück haben und die meinen, wenn Jemand
in der Stube sei, dürfte das Maul gar nicht still stehen, die sind
noch ärger."

Der Bursche lachte und sagte: „Mutter, Ihr solltet einmal
predigen gehen in der Welt herum und Kirche halten für die
Mädchen allein."

„Ja, das könnte ich auch," sagte die Mutter ebenfalls
lachend, „aber ich bringe das Letzte zuerst vor. Natürlich, daß
du zuerst drauf siehst, wie sie zu Eltern und Geschwistern steht;
du bist ja selber ein gutes Kind, da brauch' ich dir nichts zu
sagen. Das vierte Gebot kennst du."

„Ja, Mutter, da seid ruhig, und da habe ich mein besonderes Merkzeichen: die viel Wesens von der Elternliebe machen,
da ist's nichts; das zeigt sich am besten wie man thut; und wer
viel davon schwätzt, ist müd und matt, wenn's ans Thun geht."

„Du bist ja gescheit," sagte die Mutter in spöttischer Glückseligkeit, legte die Hand auf die Brust und schaute zu ihrem
Sohne auf: „Soll ich dir noch mehr sagen?"

„Ja, ich hör' Euch immer gern."

„Mir ist, wie wenn ich heut' zum erstenmal so recht mit
dir reden könnte, und wenn ich sterbe, so habe ich nichts mehr
hinter mir, was ich vergessen habe. Das vierte Gebot! ja, da
fällt mir ein, was mein Vater einmal gesagt hat. O, der hat
Alles verstanden und viel in Schriften gelesen, und ich habe einmal zugehört, wie er zum Pfarrer, der oft bei ihm war, gesagt
hat: Ich weiß den Grund, warum beim vierten Gebot allein eine
Belohnung ausgesetzt ist, und man meint doch, da wäre es grad
am unnöthigsten, denn das ist ja das natürlichste, aber es heißt:
Ehre Vater und Mutter, damit du lange lebest! . . . damit ist
nicht gemeint, daß ein braves Kind siebzig oder achtzig Jahr alt
wird; nein, wer Vater und Mutter ehrt, lebt lange, aber rückwärts. Er hat das Leben von seinen Eltern in sich, in der Erinnerung, in Gedanken, und das kann ihm nicht genommen wer-

den und er lebt lange auf Erden, wie alt er auch sei. Und wer
Vater und Mutter nicht ehrt, der ist erst heut auf die Welt gekommen und morgen nicht mehr da."

„Mutter, das ist ein gutes Wort, das verstehe ich und
werde es auch nicht vergessen, und meine Kinder sollen's auch
lernen; aber je mehr Ihr so redet, je schwerer wird mir's, daß
ich Eine finde; ich meine, sie müßte so sein wie Ihr."

„O Kind, sei nicht so einfältig! Mit neunzehn, zwanzig
Jahren bin ich auch noch ganz anders gewesen, wild und eigenwillig, und auch jetzt bin ich noch nicht, wie ich sein möchte!
Aber was ich dir noch sagen wollte? ja, von wegen der Frau.
Es ist wunderlich, warum es gerade dir so schwer wird. Aber
dir ist von Klein auf Alles schwerer geworden, du hast erst mit
zwei Jahren laufen gelernt und kannst doch jetzt springen wie ein
Füllen. Nur noch ein paar Kleinigkeiten, aber da kennt man
oft Großes draus. Merk' auf, wie sie lacht; nicht so platschig
zum Ausschütten, und nicht so spitzig zum Schnäbelchen machen,
nein, so von innen heraus, ich wollt', du wüßtest wie du lachst,
dann könntest du's schon abmerken."

Der Sohn mußte hierbei laut auflachen und die Mutter sagte
immer: „Ja, ja, so ist's, so hat grad mein Vater auch gelacht,
so hat's ihm den Buckel geschüttelt und die Achseln gehoben."
Und je mehr die Mutter das sagte, um so mehr mußte der Sohn
lachen, und sie stimmte endlich selbst mit ein, und so oft das
Eine aufhörte, steckte das fortgesetzte Lachen des Andern es wieder
an. Sie setzten sich an einen Wegrain, ließen das Pferd grasen,
und indem die Mutter ein Maasliebchen abpflückte und damit in
der Hand spielte, sagte sie: „Ja, das ist auch was, das hat viel
zu bedeuten. Gieb Acht, ob ihr Blumen gedeihen, da steckt viel
drin, mehr als man glaubt."

Man hörte in der Ferne Mädchen singen, und die Mutter
sagte: „Merk' auch auf, ob sie beim Singen gern gleich die
zweite Stimme singt; die wo gern immer den Ton angeben, das
hat etwas zu bedeuten; und schau! da kommen Schulkinder, die
sagen mir auch was. Wenn du's erkundschaften kannst, ob sie
ihr Schreibbuch aus der Schule noch hat, das ist auch wichtig."

„Ja, Mutter, Ihr nehmt noch die ganze Welt zum Wahrzeichen. Was soll denn das jetzt zu bedeuten haben, ob sie ihr
Schreibbuch noch hat?"

„Daß du noch fragst, das zeigt, daß du noch nicht ganz ge= scheit bist. Ein Mädchen, das nicht gern alles aufbewahrt, was einmal gegolten hat, das hat kein rechtes Herz."

Der Sohn hatte während des Redens versucht, die Treib= schnur an der Peitsche, die sich verknotet hatte, aufzuknüpfen; jetzt holte er das Messer aus der Tasche und schnitt den Knoten entzwei. Mit dem Finger darauf hindeutend, sagte die Mutter:

„Siehst du? das darfst du thun, aber das Mädchen nicht. Gieb Acht, ob sie einen Knoten schnell zerschneidet; da liegt ein Geheimniß drin."

„Das kann ich errathen," sagte der Sohn. „Aber Euer Schuhbändel ist Euch aufgegangen, und wir müssen jetzt fort."

„Ja, und du bringst mich damit noch auf was," sagte die Mutter. „Schau, das ist noch eins der besten Zeichen: gieb Acht, wie sie die Schuhe vertritt, nach innen oder nach außen, und ob sie schlürkt und viel Schuhwerk zerreißt."

„Da müßte ich zum Schuhmacher laufen," sagte der Sohn lächelnd; „o Mutter, Alles das, was Ihr sagt, das findet man nicht bei einander."

„Ja, ja, ich red' zu viel, und du brauchst ja nicht Alles zu behalten, es soll dich nur daran erinnern, wenn's dir vor= kommt. Ich meine nur: nicht was eine hat oder erbt, ist die Hauptsache, sondern was eine braucht. Jetzt aber, du weißt, ich habe dich ruhig gehen lassen, jetzt mach' mir dein Herz auf und sag': Was ist dir denn geschehen, daß du voriges Jahr von der Hochzeit in Endringen heim gekommen bist wie behext und seitdem nicht mehr der alte Bursch bist von ehedem? Sag's, vielleicht kann ich dir helfen."

„O Mutter, das kennet Ihr nicht, aber ich will's Euch sagen. Ich hab' Eine gesehen, die die Rechte gewesen wäre, aber es ist die Unrechte gewesen."

„Um Gottes willen! Du hast dich doch nicht in eine Ehe= frau verliebt?"

„Nein, es ist aber doch die Unrechte gewesen. Was soll ich da viel drum herum reden? Es war eine Magd."

Der Sohn athmete tief auf, und Mutter und Sohn schwie= gen eine geraume Weile; endlich legte die Mutter die Hand auf seine Schulter und sagte: „O du bist brav, ich danke Gott, daß er dich so hat werden lassen. Das hast du brav gemacht, daß

du dir das aus dem Sinn geschlagen hast. Dein Vater hätt'
das nie zugegeben, und du weißt ja, was Vatersegen zu bedeuten hat."

„Nein, Mutter, ich will mich nicht braver machen, als ich
bin, es hat mir selber ganz allein nicht gefallen, daß sie eine
Magd ist; das geht nicht, und drum bin ich fort. Aber es ist
mir doch härter geworden, mir das aus dem Sinn zu bringen,
als ich geglaubt habe; aber jetzt ist's vorbei, und es muß vorbei
sein, ich habe mir das Wort gegeben, daß ich mich nicht nach
ihr erkundige, Niemand frage, wo sie ist und wer sie ist; ich
bringe Euch, will's Gott, eine rechte Bauerntochter."

„Du hast doch den Rechtschaffenen an dem Mädchen gemacht
und hast ihm nicht den Kopf verwirrt?"

„Mutter, da, meine Hand, ich habe mir nichts vorzuwerfen."

„Ich glaube dir," sagte die Mutter und drückte mehrmals
seine Hand, „und Glück und Segen auf den Weg."

Der Sohn stieg auf, und die Mutter sah ihm nach und
jetzt rief sie: „Halt', ich muß dir noch was sagen, ich habe das
Beste vergessen."

Der Sohn wendete das Pferd, und bei der Mutter angekommen, sagte er lächelnd: „Aber nicht wahr, Mutter, das ist
das Letzte?"

„Ja, und die beste Probe. Frage das Mädchen auch nach
den Armen im Ort und dann lauf' herum und horch die Armen
aus, was sie über sie reden. Das muß eine schlechte Bauerntochter sein, die nicht ein Armes an der Hand hat, dem sie
Gutes thut. Merk dir das, und jetzt behüt' dich Gott und reit'
scharf zu."

Und wie er nun davon ritt, sprach die Mutter noch ein
Gebet auf seinen Weg, dann kehrte sie zurück nach dem Hof.

„Ich hätt' ihm doch noch sagen sollen, daß er sich auch
nach des Josenhansen Kindern erkundigen soll, was aus denen
geworden ist," sagte die Mutter in seltsamer Erregung vor
sich hin, und wer weiß die verborgenen Wege, die die Seele
geht, die Strömungen, die hinziehen über unserer erkennbaren
Schicht oder tief unter ihr? Es erwacht eine längst verklungene
Lied- und Tanzweise in deiner Erinnerung, du kannst sie nicht
laut singen, du bringst die Töne nicht zusammen, aber innerlich
bewegt es sich dir ganz deutlich und es ist dir, als ob du es

hörteſt. Was iſt's, das plötzlich dieſe verklungenen Töne in dir
erweckte?

Warum dachte jetzt die Mutter an dieſe Kinder, die ſchon
längſt aus ihrem Gedächtniß geſchwunden waren? War die an=
dächtige Stimmung von jetzt wie eine Erinnerung an eine andere
längſt verklungene, und erweckte ſie damit die begleitenden Um=
ſtände derſelben? Wer kann die unwägbaren und unſichtbaren
Elemente faſſen, die hin und her von Menſch zu Menſch, von
Erinnerung zu Erinnerung ſchweben und ſchwingen!

Als die Mutter in den Hof zurückkam zu dem Bauer, ſagte
dieſer ſpöttiſch:

„Du haſt ihm gewiß noch viel Unterweiſung gegeben, wie
man die beſte fiſcht; ich habe auch dafür vorgeſorgt, ich habe
voraus an den Krappenzacher geſchrieben, der wird ihn ſchon in
die rechten Häuſer bringen. Er muß eine bringen, die brav
Batzen hat.“

„Das Batzenhaben macht die Bravheit nicht aus,“ entgegnete
die Mutter.

„So geſcheit bin ich auch,“ höhnte der Bauer, „aber warum
ſoll eine nicht brav ſein können und doch auch brav Batzen
haben?“

Die Mutter ſchwieg. Nach einer Weile aber ſagte ſie:

„An den Krappenzacher haſt ihn gewieſen? Beim Krappen=
zacher iſt der Bub vom Joſenhans untergebracht geweſen.“ So
knüpfte ſie jetzt durch den Namen laut an ihre frühere Erinne=
rung an, und jetzt erſt wurde ſie ſich bewußt, weſſen ſie ſich
erinnert hatte, und kam ſpäter bei nachfolgenden Ereigniſſen, die
ſich uns bald aufthun werden, noch oft darauf zurück.

„Ich weiß nicht, was du redeſt,“ ſagte der Bauer, „was
haſt du mit dem Kind? Warum ſagſt du jetzt nicht, daß ich das
geſcheit gemacht habe?“

„Ja, ja, das iſt geſcheit,“ beſtätigte die Frau, aber dem
Alten genügte das nachträgliche Lob nicht, und er ging brummend
hinaus.

Ein gewiſſes ärgerliches Bangen, daß es doch mit dem Jo=
hannes ſchief gehen könne, und daß man ſich vielleicht zu ſehr
übereilt habe, machte den Alten für die Gegenwart und Alles,
was ihn umgab, unwirſch.

14. Der Schimmelreiter.

Am Abend desselben Tages, an dem Johannes ausgeritten war von Zusmarshofen, kam der Krappenzacher ins Haus des Rodelbauern und saß mit diesem lange im Hinterstübchen und las ihm leise einen Brief vor.

„Hundert Kronenthaler mußt du mir geben, wenn die Sache ins Reine kommt, und das will ich schriftlich," sagte der Krappen= zacher.

„Ich meine, fünfzig Kronenthaler wären auch genug, das ist ein schön Stück Geld."

„Nein, keinen rothen Heller weniger als runde hundert, und ich schenke dir dabei noch gut und gern hundert, aber ich gönne es dir und deiner Schwester, und thue gern einem im Ort einen Gefallen. Ich bekäme in Endringen und in Siebenhöfen gut und gern das Doppelte. Deine Rosel ist eine rechte Bauerntochter, da kann man nichts dagegen sagen, aber was Besonderes ist sie nicht, da kann man fragen: was kostet das Dutzend von denen?"

„Sei still, das leid' ich nicht."

„Ja, ja, will still sein und dich nicht im Schreiben ver= wirren. Jetzt schreib' gleich."

Der Rodelbauer mußte dem Krappenzacher willfahren, und als er geschrieben hatte, sagte er:

„Wie meinst, soll ich meiner Rosel etwas davon sagen?"

„Freilich mußt du das, aber sie soll sich nichts merken lassen, und auch Niemand im Ort; das verträgt das Schnaufen nicht, und ein Jedes hat seine Feinde, du und deine Schwester auch. Kannst mir's glauben. Sag' der Rosel, sie soll sich alltagsmäßig anziehen und die Kühe melken, wenn er kommt. Ich lasse ihn allein zu dir ins Haus, hast ja gelesen, daß der Landfriedbauer schreibt, er habe seinen eigenen Kopf und liefe gleich davon, wenn er merke, daß da etwas angelegt sei. Mußt aber noch schnell heut' Abend hinüberschicken nach Lauterbach und dir den Schimmel von deinem Schwager holen lassen; ich will den Freier dann schon durch einen Unterhändler nach einem Gaul zu dir schicken. Laß du dir auch nichts merken."

Der Krappenzacher ging weg, und der Rodelbauer rief seine Schwester und seine Frau ins Hinterstübchen und theilte ihnen unter Angelobung der Geheimhaltung mit, daß morgen ein

Freier für die Rosel käme, und zwar ein Mensch wie ein Prinz, der einen Hof habe, wie es keinen zweiten gebe, mit Einem Wort, des Landfriedbauern Johannes von Zusmarshofen. Er gab nun die weiteren Anordnungen, wie sie der Krappenzacher bestimmt hatte, und empfahl das strengste Geheimhalten.

Nach dem Nachtessen konnte sich indeß Rosel nicht enthalten, das Barfüßele zu fragen, ob sie, wenn sie heirathe, gern mit ihr ginge als Magd, sie gäbe ihr den doppelten Lohn, den sie jetzt habe, und sie brauche dann auch nicht über den Rhein in eine Fabrik. Barfüßele gab ausweichende Antwort, denn sie war nicht geneigt, mit der Rosel zu gehen, und wußte, daß diese bei ihrem Antrag noch andere Absichten hatte: sie wollte zuerst ihren Triumph anbringen, daß sie einen Mann kriege, und was für einen, und dann sollte Barfüßele ihr das Hauswesen in Stand halten, um das sie sich bisher fast gar nichts bekümmert hatte. Das hätte nun Barfüßele gerne gethan für eine ihr zugeneigte Herrin, aber nicht für Rosel, und sollte sie einmal von ihrer jetzigen Meisterin fort, dann wollte sie nicht mehr in Dienst, dann lieber für sich, sei es auch in der Fabrik mit ihrem Bruder.

Noch als sich Barfüßele zu Bette legen wollte, rief sie die Meisterin und vertraute ihr das Geheimniß mit dem Hinzufügen: „Du hast zwar immer Geduld gehabt mit der Rosel, jetzt aber hab' doppelte, so lange der Freier da ist, daß es keinen Lärmen im Hause giebt."

„Ja, ich finde es aber schlecht, daß sie jetzt das einzige mal die Kühe melken will; das heißt ja den guten Menschen betrügen, und sie kann ja gar nicht melken."

„Du und ich wir können die Welt nicht ändern," sagte die Meisterin, „ich mein', du hast für dich allein schwer genug; laß du Andere treiben, was sie wollen."

Barfüßele legte sich mit dem schweren Gedanken nieder, wie doch die Menschen sich gar kein Gewissen daraus machen, einander zu betrügen. Sie wußte zwar nicht, wer der Betrogene sein würde; aber sie hatte tiefes Mitleid mit dem armen jungen Mann, und schwarz wurde es ihr vor den Augen, als sie denken mußte: wer weiß, vielleicht wird die Rosel mit ihm ebenso angeführt, wie er mit ihr.

Am Morgen, als Barfüßele in aller Frühe zum Fenster hinaus sah, schrak sie plötzlich zurück, als wäre ihr ein Schuß

an die Stirne gefahren. „Himmel! Was ist denn das?" Sie
rieb sich hastig die Augen und riß sie wieder auf und fragte sich,
ob sie noch träume. „Das ist ja der Schimmelreiter von der
Endringer Hochzeit, er kommt daher ins Dorf, er holt dich, nein,
er weiß nichts; aber er soll's wissen ... Nein, nein, was willst
du? Er kommt näher, immer näher, er schaut nicht auf ...
Eine doppelt aufgeblühte Nelke fällt von der Hand Barfüßeles
über dem Fensterbrett auf ihn nieder, sie trifft den Mantelsack
seines Pferdes, aber er sieht sie nicht, und sie fällt auf die
Straße, und Barfüßele eilt hinab und nimmt das verrätherische
Zeichen wieder zu sich, und jetzt geht es ihr auf wie ein neuer
fürchterlicher Tag: das ist ja der Freier der Rosel, der ist's, den
sie gemeint hat am gestrigen Abend. Sie hatte ihn nicht genannt, aber es kann kein Anderer sein, Keiner, und der soll
betrogen werden?

Im Schuppen auf dem grünen Klee, den sie den Kühen
aufstecken wollte, kniete Barfüßele und betete inbrünstig zu Gott,
er möge den Fremden davor bewahren, daß er die Rosel bekäme. Daß er ihr eigen werden sollte — sie wagte es nicht,
sich dem Gedanken hinzugeben, und nicht, ihn zu verscheuchen.

Kaum hatte sie gemolken, als sie zur schwarzen Marann'
hinüber eilte; sie wollte sie fragen, was sie thun solle; die schwarze
Marann' lag schwer krank, sie war fast taub geworden und verstand kaum mehr zusammenhängende Worte, und Barfüßele
wagte es nicht, das Geheimniß, das ihr halb anvertraut worden
und das sie halb errathen hatte, so laut zu schreien, daß es die
schwarze Marann' verstand. Leute von der Straße konnten es
hören. Sie kehrte wieder rathlos nach Hause zurück.

Barfüßele mußte ins Feld und den ganzen Tag draußen
bleiben beim Einpflanzen der Rübensetzlinge. Bei jedem Schritte
fast zögerte sie und wollte zurück und dem Fremden Alles sagen,
aber das Gebot der Unterthänigkeit eben so sehr als eine besondere Betrachtung drängte sie fort zu ihrer angewiesenen Pflicht.
Wenn er so einfältig und unbesonnen ist, daß er so fahrlässig
hineinrennt, dann ist ihm nicht zu helfen, dann verdient er's
nicht besser, und — versprochen ist ja noch nicht geheirathet,
tröstete sie sich zuletzt; aber sie war doch den ganzen Tag voll
Unruhe, und als sie nach der Heimkehr Abends die Kühe molk
und Rosel mit dem vollen Kübel an einer ausgemolkenen Kuh

faß und hell sang, da hörte sie den Fremden mit dem Bauer im benachbarten Pferdestall. Es handelt sich um einen Schimmel. Aber woher kam denn ein Schimmel in den Stall? sie hatten ja bisher keinen?

Jetzt fragte der Fremde: „Wer ist das, das daneben singt?"

„Das ist meine Schwester," sagte der Bauer, und auf dieses Wort hin fiel Barfüßele ein und sang die zweite Stimme so mächtig, so trotzig, daß sie ihn zwingen wollte, daß er auch fragen müsse, wer denn drüben das sei; aber das Singen hatte den Uebelstand, daß man dadurch nicht hören konnte, ob er denn wirklich gefragt habe. Und als Rosel mit dem vollen Kübel über den Hof ging, wo eben jetzt der Schimmel vorgeführt und beschaut wurde, sagte der Bauer:

„Da, die da, das ist meine Schwester. Rosel! Stell' ab und richt' was zum Nachtessen, wir haben einen Verwandten zum Gast; ich will ihn schon hinaufbringen."

„Und die Kleine da hat wol die zweite Stimme gesungen?" fragte der Fremde. „Ist das auch eine Schwester?"

„Nein, das ist so halb und halb ein angenommenes Kind; mein Vater ist sein Pfleger gewesen."

Der Bauer wußte recht wohl, daß solche Mildthätigkeit ein schöner Ruhm eines Hauses sei, und darum hatte er es vermieden, Barfüßele gradaus Magd zu nennen.

Barfüßele war aber innerlich froh, daß der Fremde nun doch von ihr wußte. Wenn er gescheit ist, muß er sich bei mir nach der Rosel erkundigen, berechnete sie richtig; dann war die Anknüpfung gegeben, und er war wenigstens vor Unglück bewahrt.

Rosel trug das Essen auf, und der Fremde war gar erstaunt, daß so schnell eine so schöne Gasterei hergerichtet sei; er konnte nicht wissen, daß Alles vorbereitet war, und Rosel entschuldigte, daß er einstweilen fürlieb nehmen sollte mit der geringen Aufwartung, er sei's gewiß zu Hause besser gewohnt. Sie rechnete nicht ohne Klugheit, daß das Hervorheben eines weltbekannten Ruhmes Jedem wohlthue.

Barfüßele mußte heute in der Küche bleiben und Rosel Alles in die Hand geben, und immer und immer bat sie: „So sag' mir doch um Gotteswillen, wer ist's denn? Wie heißt er denn?" Rosel gab keine Antwort, und die Meisterin löste endlich das Geheimniß, indem sie erklärte: „Jetzt kannst du's schon sagen,

es iſt des Landfriedbauern Johannes von Zusmarshofen. Nicht
wahr, Amrei, du haſt noch ein Andenken von ſeiner Mutter?"

„Ja, ja," ſagte Barfüßele, und ſie mußte ſich auf den
Herd niederſetzen, ſo war es ihr in die Kniee gefahren. Wie
wunderbar war das Alles! Alſo der Sohn ihrer erſten Wohl-
thäterin iſt es. „Nun muß ihm geholfen werden, und wenn
das ganze Dorf mich ſteinigt, ich leid's nicht!" ſprach ſie in ſich
hinein.

Der Fremde ging fort, man gab ihm das Geleite, aber
noch auf der Treppe kehrte er wieder um und ſagte: „Meine
Pfeife iſt mir ausgegangen, und ich zünd' mir ſie am liebſten
mit einer Kohle an." Er wollte offenbar muſtern, wie es in
der Küche ausſähe. Die Roſel drängte ſich vor ihm herein und
reichte ihm mit einer Zange eine Kohle, ſie ſtand gerade vor
Barfüßele, das hinten an der Eſſe auf dem Herd ſaß.

Und noch ſpät in der Nacht, als Alles im Hauſe ſchon
ſchlief, verließ Barfüßele daſſelbe und rannte im Dorfe hin und
her. Sie ſucht Jemanden, dem ſie es ſagen könnte, damit er
den Johannes warne, aber ſie weiß Niemand. Halt, da wohnt
der Heiligenpfleger, der iſt ein Feind des Rodelbauern, und der
weiß Alles geſchmälzt anzubringen; aber .. zu einem Feinde
deines Meiſters gehſt du nicht, und überhaupt zu Keinem hier.
Haſt ſchon Feinde genug von der Gemeinderathsſitzung her wegen
des Dami ... Ja, der Dami, der kann's. Warum nicht? Ein
Mann kann eher davon reden, was kann man ihm Hinterhälti-
ges zutrauen? Und der Johannes, ja, ſo heißt er, er wird ihm
das nicht vergeſſen, ja, und dann hat der Dami einen Annehmer, und was für einen! So einen Mann! So eine Familie!
Da kann's ihm nicht mehr fehlen. Nein, der Dami darf ſich
nicht ins Dorf wagen. O lieber Gott, er iſt ja ausgewieſen!
Aber der Kohlenmathes, der könnte es, und vielleicht doch der
Dami ...

Hin und her wie ein Irrlicht ſchweifte ihr Denken, und ſie
ſelber irrte durch die Feldwege, ohne zu wiſſen wohin, und es
war ihr heute ſo ſchreckhaft, wie das immer iſt, wenn man
nichts weiß von der Welt und in Gedanken ſo dahin geht; ſie
erſchrak vor jedem Tone, die Fröſche im Weiher krächzen ſo
fürchterlich, und die Schnarren in den Wieſen ſo heimtückiſch,
die Bäume ſtehen ſo ſchwarz in die Nacht hinein. Es hat heute

gegen Eindringen zu gewittert. Der Himmel ist von fliegenden
Wolken überzogen, nur manchmal blinkt ein Stern hervor.

Barfüßele eilt durch das Feld in den Wald, sie will doch
zum Dami, sie muß sich wenigstens mit einem Menschen davon
ausreden. Wie ist es im Wald so dunkel! Was ist das für ein
Vogel, der jetzt in der Nacht zwitschert, fast wie eine Amsel,
wenn sie am Abend heimfliegt, und „ich komm' komm' komm';
komm' schon, komm' schon!" lautet der Klang? Und jetzt schlägt
die Nachtigall, so ohne Athemholen, so von innen heraus,
quellend, sprudelnd, leise rieselnd, wie ein Waldquell, der aus
dem Innersten der Erde gespeist wird.

Mehr hin und her schlängelten sich nicht die Wurzeln auf
dem Waldwege, als die Gedanken Barfüßeles durcheinander liefen.

„Nein, der Plan ist nichts! Geh nur wieder heim," sagte
sie sich endlich und kehrte um, aber noch lange wanderte sie in
den Feldern umher; sie glaubte nicht mehr an Irrlichter, aber
heute war es doch, als ob sie eines hin und her führte, und
heute zum erstenmal spürte sie auch, daß sie im Nachtthau so
lange barfuß umherging, und dabei brannten ihr die Wangen.
In Schweiß gebadet kam sie endlich heim in ihre Kammer.

15. Gebannt und erlöst.

Am Morgen als Barfüßele erwachte, lag das Halsgeschmeide,
das sie einst von der Landfriedbäuerin erhalten, auf ihrem Bette;
sie mußte sich lange besinnen, bis sie sich erinnerte, daß sie dasselbe
noch gestern Abend herausgenommen und lange betrachtet hatte.

Als sie sich aufrichten wollte, waren ihr alle Glieder wie
zerschlagen, und die Hände mühsam ineinander klammernd, jammerte sie:

„Um Gotteswillen nur jetzt nicht krank sein! Ich habe keine
Zeit dazu, ich kann jetzt nicht." Wie im Zorn gegen ihren Körper,
ihn mit der Willenskraft gewaltsam bezwingend, stand sie auf;
aber wie erschrak sie, als sie jetzt sich in dem kleinen Spiegel
betrachtete. Ihr ganzes Gesicht war geschwollen. „Das ist die
Strafe, weil du gestern Nacht noch so herumgelaufen bist und
hast fremde Menschen und auch böse zu Hülfe rufen wollen." Sie
schlug sich wie zur Züchtigung ins schmerzende Gesicht, nun aber
verband sie sich über und über und ging an ihre Arbeit.

Als die Meisterin sie sah, wollte sie, daß sie sich zu Bette lege; aber die Rosel schimpfte, das sei eine Bosheit des Barfüßele, daß sie jetzt krank sein wolle, sie habe das zum Possen gethan, weil sie wisse, daß man sie jetzt nöthig habe. Barfüßele war still, und als sie im Schuppen war und Klee in die Raufe steckte, da sagte eine helle Stimme: „Guten Morgen! Schon fleißig?"

Es war seine Stimme.

„Nur ein bisle," antwortete Barfüßele und biß dann die Zähne über einander, vor Allem über den neidischen Teufel, der sie so verhext und entstellt hatte, daß er sie unmöglich erkennen konnte.

Sollte sie sich jetzt zu erkennen geben?

Man muß es abwarten.

Während sie nun molk, fragte Johannes Allerlei. Zuerst über das Milchergebniß der Kühe, und ob man verkaufe und wie, und wer buttere, und ob vielleicht eines im Hause Buch darüber führe.

Barfüßele zitterte; jetzt war es in ihrer Hand, ihre Neben=bublerin zu beseitigen, indem sie zeigte, wie sie war; aber wie seltsam zusammengesponnen sind die Fäden alles Thuns! Sie schämte sich vor Allem, über ihre Meistersleute schlecht zu sprechen, obgleich sie nur eigentlich die Rosel getroffen hätte, denn die Anderen waren brav; aber sie wußte, daß es auch einen Dienst=boten schändet, wenn er das innere Wesen des Hauses zur Schande preisgibt, und sie sicherte sich daher, indem sie zuerst sagte: das stehe einem Dienstboten nicht wohl an, seine Meistersleute zu be=urtheilen: „und gutherzig sind sie Alle," setzte sie in innerem Ge=rechtigkeitssinn hinzu, denn in der That war dies auch Rosel trotz ihres heftigen und herrischen Wesens. Jetzt fiel ihr was Gutes ein. Sagte sie gleich, wie die Rosel sei, so reiste er schnell wieder ab, er war dann freilich von der Rosel los, aber er war dann auch fort, und mit kluger Rede sagte sie daher:

„Ihr scheint mir bedachtsam, wie auch Eure Eltern den Namen dafür haben. Ihr wisset aber, daß man kein Stückle Vieh in einem Tag recht kennt; so mein' ich, Ihr solltet ein bischen hier bleiben, und nachher können auch wir Zwei einander besser kennen lernen, und da wird dann schon ein Wort das andre geben, und wenn ich Euch dienstlich sein kann, an mir soll's nicht fehlen. Ich weiß zwar nicht, warum Ihr so viel ausfraget . . . ."

„O du bist ein Schelm, aber du gefällst mir," sagte Johannes.

Barfüßele zuckte zusammen, so daß die Kuh vor ihr zurück=
wich und sie fast den Melkkübel verschüttete.

„Und du sollst auch ein gutes Trinkgeld haben," setzte Jo=
hannes hinzu und ließ einen Thaler, den er schon in der Hand
gehabt, wieder in die Tasche fallen.

„Ich will Euch noch 'was sagen," begann Barfüßele noch=
mals, als sie sich zu einer andern Kuh begab. „Der Heiligen=
pfleger ist ein Feind von meinem Meister, daß Ihr das ja wisset,
wenn er sich an Euch anklammern will."

„Ja, ja, ich seh' schon, mit dir kann man reden; aber du
hast ja ein geschwollenes Gesicht; den Kopf verbinden, das hilft
dir nichts, wenn du so barfuß gehst."

„Ich bin's so gewohnt," sagte Barfüßele, „aber ich will
Euch folgen. Ich danke."

Man hörte oben Schritte sich nahen. „Wir reden schon noch
mehr miteinander," schloß der Bursche und ging davon.

„Ich danke dir, dicker Backen!" sagte Barfüßele hinter ihm
drein und hätschelte sich die geschwollene Wange, „du bist gescheit
gewesen; durch dich kann ich ja mit ihm reden, wie wenn ich
nicht da wäre, unter der Larve wie der Fastnachtshansel. Juchhe!
Das ist lustig!"

Wunderbar war's, wie diese innere Freudigkeit ihr körper=
liches Fiebern fast auflöste, nur müde war sie, unsäglich müde,
und es war ihr theils lieb, theils wehe, als sie den Oberknecht
das Bernerwägelein schmieren sah und hörte, daß der Meister
jetzt gleich mit dem Fremden über Land fahren wolle. Sie eilte
in die Küche, und da hörte sie, wie in der Stube der Bauer zu
Johannes sagte: „Wenn du reiten willst, Johannes, das wäre
ganz geschickt; da könntest du zu mir auf's Bernerwägelein sitzen,
Rosel, und du Johannes reitest neben her."

„Da fährt die Bäuerin aber auch mit," setzte Johannes nach
einer Pause hinzu.

„Ich habe ein Kind an der Brust, ich kann nicht weg,"
sagte die Bäuerin.

„Und ich mag auch nicht so am Werktag im Land herum=
fahren," ergänzte Rosel.

„Oh was! Wenn so ein Vetter da ist, darfst du schon einen
freien Tag machen," drängte der Bauer, denn er wollte, daß

Johannes alsbald mit der Rosel beim Furchenbauer ankomme, damit sich dieser keine Hoffnung mache für eine seiner Töchter; zugleich wußte er auch, daß so eine kleine Ausfahrt über Land die Leute rascher zusammenbringe als achttägiger Besuch im Hause.

Johannes schwieg, und der Bauer in seinem innern Drängen stieß ihn an und sagte halblaut: „Red' ihr doch zu; es kann sein, sie folgt dir eher und geht mit."

„Ich mein'," sagte Johannes laut, „deine Schwester hat Recht, daß sie nicht so mitten in der Woche im Land herum= fahren will. Ich spann' meinen Schimmel zu deinem, dann können wir auch sehen, wie sie mit einander gehen, und zum Nachtessen sind wir wieder da, wenn nicht schon früher."

Barfüßele, die das Alles hörte, biß sich auf die Lippen und konnte sich fast gar nicht halten vor Lachen über die Rede des Johannes; „ja," dachte sie vor sich hin, „den habt ihr noch nicht am Halfter, geschweige denn am Zaum, der läßt sich nicht gleich in der Welt herumführen wie versprochen, daß er nicht mehr zurück kann."

Sie mußte ihr Tuch von dem Gesichte abthun, so heiß wurde es ihr vor Freude.

Das war nun ein seltsamer Tag heute im Hause, und Rosel erzählte halb ärgerlich, was für wunderliche Fragen der Johannes an sie gestellt habe, und Barfüßele jubelte innerlich, denn Alles das, was er wissen wollte und wovon sie sich recht gut abnehmen konnte, warum er es fragte, alles das war ja in ihr erfüllt. Aber was nützt das? Er kennt dich nicht, und wenn er dich auch kennt, du bist ein armes Waisenkind und in Dienst, da kann nimmer was draus werden. Er kennt dich nicht und wird dich nicht fragen.

Am Abend, als die beiden Männer zurückkehrten, hatte Bar= füßele schon das Tuch um die Stirne abnehmen können, nur das um Kinn und Schläfe gebundene aber mußte sie noch behalten und breit vorziehen.

Johannes schien jetzt weder Wort noch Blick für sie zu haben. Dagegen war sein Hund bei ihr in der Küche, und sie gab ihm zu fressen und streichelte ihn und redete auf ihn hinein: „Ja! Wenn du ihm nur Alles sagen könntest, du würdest ihm gewiß Alles treu berichten!"

Der Hund legte seinen Kopf in den Schooß Barfüßeles und

schaute sie mit verständnißreichen Augen an, dann schüttelte er den Kopf, wie wenn er sagen wollte: es ist hart, ich kann leider Gottes nicht reden.

Jetzt ging Barfüßele hinein in die Kammer und sang die Kinder, die schon lange schliefen, noch einmal ein mit allerlei Liedern, aber den Walzer, den sie einst mit Johannes getanzt, sang sie am meisten. Johannes horchte wie verwirrt darauf hin und schien abwesend in seinen Reden. Rosel ging in die Kammer und hieß Barfüßele schweigen.

Noch spät in der Nacht, als Barfüßele eben für die schwarze Marann' Wasser geholt hatte und mit dem vollen Kübel auf dem Kopfe nach dem Elternhause ging, begegnete ihr eben Johannes, der sich nach dem Wirthshause begab. Mit gepreßter Stimme sagte sie: „Guten Abend!"

„Ei, du bist's?" sagte Johannes, „wohin denn noch mit dem Wasser?"

„Zu der schwarzen Marann'."

„Wer ist denn das?"

„Eine arme bettlägerige Frau."

„Die Rosel hat mir ja gesagt, es gebe hier keine Armen?"

„O, lieber Gott, mehr als genug; aber die Rosel hat's gewiß nur gesagt, weil sie meint, es wäre eine Schande für das Dorf. Gutmüthig ist sie, das könnt Ihr mir glauben, sie schenkt gern weg."

„Du bist eine gute Vertheidigung, aber bleib' nicht stehen mit dem schweren Kübel. Darf ich mit dir gehen?"

„Warum nicht?"

„Du hast Recht, du gehst einen guten Weg und da bist du behütet, und vor mir brauchst du dich gar nicht zu fürchten."

„Ich fürchte mich vor Niemand und am wenigsten vor Euch. Ich hab's Euch heute angesehen, daß Ihr gut seid."

„Wo denn?"

„Weil Ihr mir gerathen habt, wie ich das geschwollene Gesicht wegbringe; es hat mir schon geholfen, ich hab' jetzt Schuhe an."

„Das ist brav von dir, daß du folgst," sagte Johannes mit Wohlgefallen, und der Hund schien das Wohlgefallen an Barfüßele zu bemerken, denn er sprang an ihr hinauf und leckte ihre freie Hand.

„Komm her, Lux," befahl Johannes.

„Nein, lasset ihn nur," entgegnete Barfüßele, „wir sind
schon gute Freunde, er ist heute bei mir in der Küche gewesen;
mich und meinen Bruder haben die Hunde alle gern."

„So? du hast auch noch einen Bruder?"

„Ja, und da hab' ich Euch bitten wollen, Ihr thätet Euch
einen Gotteslohn erwerben, wenn Ihr ihn als Knecht zu Euch
nehmen könntet; er wird Euch gewiß sein Lebenlang treu dienen."

„Wo ist denn dein Bruder?"

„Da drunten im Walde, er ist vor der Hand Kohlenbrenner."

„Ja, wir haben wenig Wald und gar keine Köhlerei, einen
Senn' könnt' ich eher brauchen."

„Ja, dazu wird er sich auch anschicken. Jetzt, da ist das
Haus."

„Ich warte, bis du wieder kommst, sagte Johannes, und
Barfüßele ging hinein, das Wasser abzustellen, das Feuer herzurichten und der Marann' frisch zu betten.

Als sie herauskam, stand Johannes noch da, der Hund
sprang ihr entgegen, und lange stand sie hier noch bei Johannes
an dem Vogelbeerbaum, der flüsterte so still und wiegte seine
Zweige, und sie sprachen über allerlei, und Johannes lobte ihre
Klugheit und ihren regen Sinn und sagte zuletzt: „Wenn du einmal deinen Platz ändern willst, du wärst die rechte Person für
meine Mutter."

„Das ist das größte Lob, was mir ein Mensch auf der
Welt hätte sagen können," betheuerte Barfüßele, „und ich habe
noch ein Andenken von ihr." Sie erzählte nun die Begebenheit
aus der Kinderzeit, und Beide lachten, als Barfüßele bemerkte,
wie der Dami es nicht vergessen wolle, daß die Landfriedbäuerin
ihm noch ein Paar lederne Hosen schuldig sei.

„Er soll sie haben," betheuerte Johannes.

Sie gingen noch mit einander das Dorf hinein, und Johannes gab ihr eine Hand zur „Guten Nacht."

Barfüßele wollte ihm sagen, daß er ihr schon einmal eine
Hand gegeben, aber wie von dem Gedanken erschreckt, flog sie
davon und hinein ins Haus. Sie gab ihm keine Antwort auf
seine Gute Nacht! Johannes ging sinnend und innerlich verwirrt
in seine Herberge im Auerhahn.

Barfüßele aber fand am andern Morgen den dicken Backen
wie weggeblasen, und lustiger trällerte es noch nie durch Haus,

Hof und Stall und Scheuer, als am heutigen Tage, und heute
auch sollte sich's entscheiden, heute mußte sich Johannes erklären.
Der Rodelbauer wollte seine Schwester nicht länger ins Geschrei
bringen, wenn's vielleicht doch nichts wäre.

Fast den ganzen Tag saß Johannes drinnen in der Stube
bei der Rosel, sie nähte an einem Mannshembe, und gegen Abend
kamen die Schwiegereltern des Rodelbauern und andere Gefreundete. Es muß sich entscheiden.

In der Küche prozelte der Braten, und das Fichtenholz
knackte, und die Wangen Barfüßeles brannten von dem Feuer
auf dem Herde und von innerem Feuer angefacht. Der Krappenzacher ging ab und zu, herauf und herunter in großer Geschäftig-
keit, er that im ganzen Hause wie daheim und rauchte aus der
Pfeife des Rodelbauern.

„Also ist's doch entschieden!" klagte Barfüßele in sich hinein.

Es war Nacht geworden, und viele Lichter brannten im
Hause, Rosel ging hoch aufgeputzt zwischen Stube und Küche hin
und her und wußte doch nichts anzurühren. Eine alte Frau, die
ehemals als Köchin in der Stadt gedient hatte, war mit zum
Kochen angenommen worden. Es war Alles bereit.

Jetzt sagte die junge Bäuerin zu Barfüßele: „Geh' nauf und
mach' dich g'sunntigt" (sonntäglich angekleidet).

„Warum?"

„Du mußt heute aufwarten, du kriegst dann auch ein besser
Letzgeld."

„Ich möchte in der Küche bleiben."

„Nein, thu', was ich dir gesagt habe, und mach' hurtig."

Amrei ging in ihre Kammer, und todtmüde setzte sie sich
eine Minute verschnaufend auf ihre Truhe; es war ihr so bang,
so schwer, — wenn sie nur jetzt einschlafen und nimmer auf-
wachen könnte. Aber die Pflicht rief, und kaum hatte sie das
erste Stück ihres Sonntagsgewandes in der Hand, als Freude
in ihr aufblitzte, und das Abendroth, das einen hellen Strahl
in die Dachkammer schickte, zitterte auf den hochgerötheten Wangen
Amrei's.

„Mach' dich g'sunntigt!" Sie hatte nur Ein Sonntagskleid,
und das war jenes, das sie damals beim Tanze auf der Nach-
hochzeit in Endringen angehabt, und jedes Biegen und Rauschen
des Gewandes tönte Freude und jenen Walzer, den sie damals

getanzt; aber wie die Nacht raſch hereinſank und Amrei nur noch
im Dunkeln alles feſtknüpfte, ſo bannte ſie auch wieder alle Freude
hinweg und ſagte ſich nur, daß ſie Johannes zu Ehren ſich ſo
ankleide; und um ihm zu zeigen, wie ſehr ſie Alles, was aus
ſeiner Familie komme, hochhalte, band ſie zuletzt auch noch den
Anhenker um.

So kam Barfüßele geſchmückt, wie damals zum Tanze in
Endringen, von ihrer Kammer herab.

„Was iſt das? Was haſt du, dich ſo anzuziehen?" ſchrie
Roſel im Aerger und in der Unruhe, daß der Bräutigam ſo lang
ausblieb. „Was haſt du deinen ganzen Reichthum an? Iſt das
eine Magd, die ſo ein Halsband anhat und ſo eine Denkmünze?
Gleich thuſt du das herunter!"

„Nein, das thu' ich nicht, das hat mir ſeine Mutter ge=
ſchenkt, wie ich noch ein kleines Kind war, und das hab' ich an=
gehabt, wie wir in Endringen mit einander getanzt haben."

Man hörte etwas fallen auf der Treppe, aber Niemand
achtete darauf, denn Roſel ſchrie jetzt:

„So, du nichtsnutzige verteufelte Hex, du wärſt ja in Lumpen
verfault, wenn man dich nicht herausgenommen hätte, du willſt
mir meinen Bräutigam wegnehmen?"

„Heiß' ihn nicht ſo, ehe er's iſt," antwortete Amrei mit
einer ſeltſamen Miſchung von Tönen, und die alte Köchin aus
der Küche rief: „Das Barfüßele hat Recht, man darf ein Kind
nicht bei ſeinem Namen nennen, eh' es getauft iſt: das iſt lebens=
gefährlich."

Amrei lachte, und die Roſel ſchrie:

„Warum lachſt du?"

„Soll ich heulen?" ſagte Barfüßele, „ich hätte Grund ge=
nug, aber ich mag nicht."

„Wart', ich will dir zeigen, was du mußt," ſchrie Roſel:
„da!" und ſie riß Barfüßele nieder auf den Boden und ſchlug
ihr ins Geſicht.

„Ich will mich ja ausziehen, laß los!" ſchrie Barfüßele,
aber Roſel ließ ohnedieß ab, denn wie aus dem Boden heraus
gewachſen, ſtand jetzt Johannes vor ihr.

Er war leichenblaß, ſeine Lippen bebten, er konnte kein
Wort hervorbringen und legte nur die Hand ſchützend auf Bar=
füßele, die noch auf der Erde kniete.

Barfüßele war die erste, die ein Wort sagte, und sie rief: „Glaubet mir, Johannes, sie ist noch nie so gewesen, in ihrem ganzen Leben nicht, und ich bin Schuld . . ."

„Ja, du bist Schuld, und komm! Mit mir gehst du, und mein bist du! Willst du? Ich hab' dich gefunden und habe dich nicht gesucht! und jetzt bleibst du bei mir, meine Frau. Das hat Gott gewollt."

Wer jetzt in das Auge Barfüßeles hätte sehen können!

Aber noch hat kein sterbliches Auge den Blitz am Himmel völlig erfaßt, und erwarte es ihn noch so fest, es wird doch ge= blendet; und es gibt Blitze im Menschenauge, die nie und nimmer fest gesehen, es gibt Regungen im Menschengemüthe, die nie und nimmer fest gefaßt werden; sie schwingen sich über die Welt und lassen sich nicht halten.

Ein rascher Freudenblitz, wie er in dem Auge erglänzen müßte, dem sich der Himmel aufthut, hatte aus dem Antlitze Amrei's gezuckt, und jetzt bedeckte sie das Gesicht mit beiden Hän= den, und die Thränen quollen ihr zwischen den Fingern hervor. Johannes hielt seine Hand auf ihr.

Alle Gefreundete waren herzugekommen und sahen staunend, was hier vorging.

„Was ist denn das mit dem Barfüßele? Was ist denn da?" lärmte der Rodelbauer.

„So? Barfüßele heißt du?" jauchzte Johannes, er lachte laut und heftig und rief wieder: „Jetzt komm. Willst du mich? Sag's nur hier gleich, da sind Zeugen, und die müssen's be= stätigen. Sag' Ja, und nur der Tod soll uns von einander scheiden."

„Ja! und nur der Tod soll uns von einander scheiden!" rief Barfüßele und warf sich an seinen Hals.

„Gut, so nimm sie gleich aus dem Haus!" schrie der Rodel= bauer schäumend vor Zorn.

„Ja, und das brauchst du mir nicht zu heißen, und ich dank' dir für die gute Aufwartung, Vetter; wenn du einmal zu uns kommst, wollen wir's wett machen." So erwiderte Johannes. Er faßte sich mit beiden Händen an den Kopf und rief: „Herr Gott! O Mutter, Mutter! Was wirst Du dich freuen!"

„Geh hinauf, Barfüßele, und nimm deine Truhe gleich mit, es soll nichts mehr von dir im Haus sein," befahl der Rodelbauer.

„Ja wohl, und mit weniger Geschrei geschieht das auch," erwiderte Johannes. „Komm, ich geh' mit dir, Barfüßele; sag', wie heißt denn du eigentlich?"

„Amrei!"

„Ich hätt' schon einmal eine Amrei haben sollen, die ist die Schmalzgräfin, und du bist meine Salzgräfin. Juchhe! Jetzt komm, ich will auch deine Kammer sehen, wo du so lange gelebt hast; jetzt kriegst du ein großes Haus."

Der Hund ging immer mit borstig aufstehenden Rückenhaaren um den Rodelbauer herum, er merkte wohl, daß der Rodelbauer eigentlich gerne den Johannes erwürgt hätte, und erst als Johannes und Barfüßele die Treppe hinauf waren, ging der Hund ihnen nach.

Johannes ließ die Kiste stehen, weil er sie nicht aufs Pferd nehmen konnte, und packte alle Habseligkeiten Barfüßeles in den Sack, den sie noch von dem Vater ererbt hatte, und Barfüßele erzählte dabei durcheinander, was der Sack alles schon mitgemacht habe, und die ganze Welt drängte sich zusammen in Eine Minute und war ein tausendjähriges Wunder. Barfüßele sah staunend drein, als Johannes ihr Schreibebuch aus der Kindheit mit Freude begrüßte und dabei rief: „Das bring' ich meiner Mutter, das hat sie geahnt; es giebt noch Wunder in der Welt."

Barfüßele fragte nicht weiter darnach. War denn nicht Alles ein Wunder, was mit ihr geschah? Und als wüßte sie, daß die Rosel alsbald die Blumen ausreißen, und auf die Straße werfen würde, so fuhr sie noch einmal mit der Hand über die Pflanzen alle hin; sie füllten ihre Hand mit Nachtthau, und jetzt ging sie mit Johannes hinab, und eben als sie das Haus verlassen wollte, drückte ihr noch Jemand im Finstern still die Hand; es war die Bäuerin, die ihr so noch Lebewohl sagte.

Auf der Schwelle rief noch Barfüßele, indem sie die Hand an die Thürpfoste hielt, an der sie so oft träumend gelehnt hatte: „Möge Gott diesem Hause alles Gute vergelten und alles Böse vergeben!" Aber kaum war sie einige Schritte entfernt, als sie rief: „Ach Gott, ich habe ja alle meine Schuhe vergessen; die stehen oben auf dem Brett." Und noch hatte sie diese Worte kaum ausgesprochen, als wie nachtrabend die Schuhe von dem Fenster herabflogen auf die Straße.

„Lauf' drin zum Teufel!" schrie eine Stimme aus dem Dach- fenster. Die Stimme tönte tief, und doch war's die Rosel.

Barfüßele las die Schuhe zusammen und trug sie mit Jo=
hannes, der den Sack auf dem Rücken hatte, nach dem Wirthshause.

Der Mond schien hell, und im Dorfe war bereits Alles still.

Barfüßele wollte nicht im Wirthshause bleiben.

„Und ich möchte am liebsten heut' noch fort," setzte Johannes
hinzu.

„Ich will bei der Marann' bleiben," entgegnete Barfüßele,
„das ist mein Elternhaus, und du läßt mir deinen Hund. Gelt,
du bleibst bei mir, Lur? Ich fürchte, sie thun mir heute Nacht
was an, wenn ich hier bleibe."

„Ich wach' vor dem Haus," entgegnete Johannes, aber es
wäre besser, wir gingen jetzt gleich; was willst du denn noch hier?"

„Vor Allem muß ich noch zu der Marann'. Sie hat Mutter=
stelle an mir vertreten, und ich hab' sie heute den ganzen Tag
noch nicht gesehen und nichts für sie sorgen können, und sie · ist
noch krank dazu. Ach Gott, es ist hart, daß ich sie allein lassen
muß. Aber was will ich machen? Komm, geh mit zu ihr."

Sie gingen mit einander durch das schlafende mondbeschienene
Dorf Hand in Hand. Nicht weit von dem Elternhause blieb Barfüßele
stehen und sagte: „Siehst du? Auf diesem Fleck da, da hat mir
deine Mutter den Anhenker geschenkt und einen Kuß gegeben."

„So? Und da hast noch einen und noch einen."

Selig umarmten sich die Liebenden. Der Vogelbeerbaum
rauschte drein, und vom Walde her tönte Nachtigallenschlag.

„So, jetzt ist's genug, nur noch den, und dann gehst mit
herein zur Marann'. O lieber Gott im siebenten Himmel! Was
wird die sich freuen!"

Sie gingen mit einander hinein in das Haus, und als
Barfüßele die Stubenthür öffnete, fiel eben wieder, wie damals
der Sonnenstrahl, jetzt ein breiter Mondstrahl auf den Engel am
Kachelofen, und er schien jetzt noch fröhlicher zu lachen und
zu tanzen, und jetzt rief Barfüßele mit mächtiger Stimme:
„Marann'! Marann'! Wachet auf! Marann', Glück und Segen
ist da. Wachet auf!"

Die Alte richtete sich auf, der Mondstrahl fiel auf ihr Antlitz
und ihren Hals, sie riß die Augen weit auf und fragte: „Was
ist? Was ist? Wer ruft?"

„Freut Euch, da bring' ich Euch meinen Johannes!"

„Meinen Johannes!" schrie die Alte gellend. „Lieber Gott,

meinen Johannes! Wie lang ... wie lang ... ich hab' dich, ich
hab' dich, ich danke dir Gott, tausend und tausendmal! O mein
Kind! Ich sehe dich mit tausend Augen und tausendfach ...
Nein da, da deine Hand! ... Komm her! dort in der Kiste die
Aussteuer ... Nehmt das Tuch ... Mein Sohn! Mein Sohn!
Ja, ja, die ist dein ... Johannes, mein Sohn! mein Sohn!"
Sie lachte krampfhaft auf und fiel zurück ins Bett. Amrei und
Johannes waren davor niedergekniet, und als sie sich aufrichteten
und sich über die Alte beugten, athmete sie nicht mehr.

   „O Gott, sie ist todt, die Freude hat sie getödtet!" schrie
Barfüßele, „und sie hat dich für ihren Sohn gehalten. Sie ist
glücklich gestorben. O! wie ist denn das Alles in der Welt, o
wie ist das Alles!" Sie sank wiederum am Bette nieder und
weinte und schluchzte bitterlich.

   Endlich richtete sie Johannes auf, und Barfüßele drückte der
Todten die Augen zu. Sie stand lange mit Johannes still am
Bette, dann sagte sie:

   „Komm, ich will Leute wecken, daß sie bei der Leiche wachen.
Gott hat's wunderbar gut gemacht. Sie hat Niemand mehr ge=
habt, der für sie sorgt, wenn ich fort bin, und Gott hat ihr
noch die höchste Freude in der letzten Minute gegeben. Wie lang,
wie lang hat sie auf diese Freude gewartet!"

   „Ja, jetzt kannst aber heute nicht hier bleiben," sagte Jo=
hannes, „und jetzt folgst mir und gehst gleich heute noch mit mir."

   Barfüßele weckte die Frau des Todtengräbers und schickte sie
zur schwarzen Marann', und sie war so wunderbar gefaßt, daß
sie dieser sogleich sagte, man solle die Blumen, die auf ihrem
Fensterbrett stehen, auf das Grab der schwarzen Marann' pflanzen
und nicht vergessen, daß man ihr, wie sie immer gewünscht hätte,
ihr Gesangbuch und das ihres Sohnes unter den Kopf lege.

   · Als sie endlich Alles angeordnet hatte, richtete sie sich hoch
auf, streckte ·und bäumte sich und sagte: „So! Jetzt ist alles
fertig; aber verzeih mir nur, du guter Mensch, daß du jetzt
gleich so mit mir in das Elend hinein sehen mußt, und verzeih
mir auch, wenn ich jetzt nicht so bin, wie ich eigentlich sein
möcht'. Ich seh' wohl, es ist Alles gut, und Gott hätt's nicht
besser machen können, aber der Schreck liegt mir noch in allen
Gliedern, und Sterben ist doch gar eine harte Sache, du kannst
nicht glauben, wie ich mir darüber fast das Hirn aus dem Kopf

gedacht habe. Aber jetzt ist's schon gut, ich will schon wieder
heiter sein, ich bin ja die glückseligste Braut auf Erden."

„Ja, du hast Recht. Komm, wir wollen fort: Willst du
mit mir auf dem Gaul sitzen?" fragte Johannes.

„Ja. Ist das noch der Schimmel, den du auf der Endringer
Hochzeit gehabt hast?"

„Freilich."

„Und o! der Rodelbauer! Schickt der noch in der Nacht, eh
du kommst, nach Lauterbach und läßt sich einen Schimmel holen,
damit du ins Haus kommen kannst. Hotto! Schimmele, geh nur
wieder heim," schloß sie fast freudig, und so kehrten sie in Denken
und Empfinden wieder ins gewöhnliche Leben zurück und lernten
aus ihm ihre Glückseligkeit neu kennen.

16. Silbertrab.

„Nicht wahr, es ist kein Traum? Wir sind Beide mit einander wach, und morgen wird's Tag und dann wieder ein Tag
und so tausendmal fort?" So sprach Barfüßele mit dem Lux,
der bei ihr verblieben war, während Johannes drinnen im Stall
den Schimmel aufschirrte. Jetzt kam er heraus, packte den Sack
auf und sagte: „Da sitz' ich drauf, und du sitzest vor mir im
Sattel."

„Laß mich lieber auf meinen Sack sitzen."

„Wie du willst."

Er schwang sich hinauf, dann sagte er: „So, jetzt tritt auf
meinen Fuß, tritt nur fest drauf und gieb mir deine beiden
Hände," und leicht schwang sie sich hinauf, und er hob sie empor
und küßte sie und sagte dann: „Jetzt kann ich mit dir machen,
was ich will, du bist in meiner Gewalt."

„Ich fürchte mich nicht," sagte Barfüßele, „und du bist auch
in meiner Gewalt."

Schweigend ritten sie mit einander durch das Dorf hinaus.
Im letzten Hause brannte noch ein Licht, dort wachte die Todten-
gräberin bei der Leiche der Marann', und Johannes ließ Barfüßele sich ausweinen.

Erst als sie über den Holderwasen ritten, sagte Barfüßele:
„Da hab' ich einmal die Gänse gehütet, und da hab' ich einmal
deinem Vater zu trinken gegeben aus dem Brunnen dort. Behüt'

dich Gott, du Holzbirnenbaum, und euch, ihr Felder und ihr
Wälder! Es ist mir, wie wenn ich Alles nur geträumt hätte,
und verzeih' mir nur, lieber Johannes, ich möcht' mich freuen
und kann doch nicht und darf doch nicht, wenn ich denk', daß da
drinnen eine Todte liegt; es ist eine Sünde, wenn ich mich freue,
und eine Sünde, wenn ich mich nicht freue. Weißt was, Jo=
hannes? Ich sag', es ist schon ein Jahr um, und ich freue mich;
aber nein, über's Jahr ist schön und heut ist auch schön, ich freue
mich heut', just. Jetzt reiten wir in den Himmel hinein! Ach,
was hab' ich da auf dem Holderwasen für Träume gehabt, daß
der Kukuk vielleicht ein verzauberter Prinz sei, und jetzt sitz' ich
auf dem Gaul und jetzt bin ich Salzgräfin geworden. Das freut
mich, daß du mich Salzgräfin geheißen hast; ich weiß, daß sie
jetzt in Haldenbrunn darüber spötteln, aber mir ist's recht, daß
du mich Salzgräfin geheißen hast. Kennst du denn auch die Ge=
schichte von dem: so lieb wie das Salz?"

• „Nein, was ist denn das?"

„Es ist einmal ein König gewesen und der fragt seine Tochter:
wie lieb hast du mich denn? und da sagt sie: ich hab' dich so
lieb ... so lieb wie das Salz. Der König denkt, das ist eine
einfältige Antwort, und ist bös darüber. Es vergeht nicht lange
Zeit, da giebt der König eine große Gasterei, und die Tochter
macht es, daß alle Speisen ungesalzen auf den Tisch kamen. Da
hat's natürlich dem König nicht geschmeckt, und er fragte die
Tochter: warum ist denn heut' Alles so schlecht gekocht? das
schmeckt ja Alles nach gar nichts — und da sagt sie: seht Ihr
nun? Weil das Salz fehlt. Und hab' ich nun nicht Recht ge=
habt, daß ich gesagt habe, ich hab' Euch so lieb, so lieb wie
das Salz? Der König hat ihr Recht gegeben, und darum sagt
man noch heutigen Tages: so lieb wie das Salz. Die Geschichte
hat mir die schwarze Marann' erzählt. Ach Gott, die kann jetzt
nicht mehr erzählen. Da drinnen liegt eine Todte, und horch!
dort schlägt die Nachtigall, so glückselig. Aber jetzt vorbei! Ich
will schon deine Salzgräfin sein, Johannes. Du sollst es schon
spüren. Ja, ich bin glückselig, just, o die Marann' hat ja auch
gesagt: Gott freut sich, wenn die Menschen lustig sind, wie sich
Eltern freuen, wenn ihre Kinder tanzen und singen; getanzt
haben wir schon, und jetzt komm, jetzt wollen wir singen. Wend'
jetzt da links ab in den Wald, wir reiten zu meinem Bruder,

sie haben jetzt den Meiler da unten an der Straße. — Sing',
Nachtigall! wir singen mit!

> Nachtigall, ich hör' dich singen;
> Das Herz im Leib möcht' mir zerspringen;
> Komm nur bald und sag mir wohl,
> Wie ich mich verhalten soll!"

Und die Beiden sangen allerlei Lieder, traurig und lustig,
ohne Aufhören, und Barfüßele sang die zweite Stimme ebenso
wie die erste. Am meisten aber sangen sie den Ländler, den sie
auf der Endringer Hochzeit dreimal mit einander getanzt, und
so oft sie absetzten, berichtete bald das Eine bald das Andere,
wie es des Fernen gedacht, und Johannes sagte:

„Es ist mir schwer geworden, den Ländler aus dem Kopf
zu kriegen, denn da bist du immer drin herum getanzt. Ich hab'
keine Magd zur Frau haben wollen, denn ich muß dir nur sagen,
ich bin stolz."

„Das ist recht, ich bin's auch."

Nun erzählte Johannes, wie er mit sich gekämpft habe, wie
das aber nun gut sei, denn jetzt sei Alles vorbei. Er berichtete,
wie er zum ersten und zweitenmal in die Heimath der Mutter
geschickt worden, um sich von da eine Frau zu holen. Wie ihm
Barfüßele damals beim Antritt in Endringen gleich ins Herz
gestiegen sei, er habe es gespürt und sich darum, als er gehört
habe, daß sie eine Magd sei, nicht zu erkennen gegeben.

Barfüßele berichtete dagegen von dem Benehmen der Rosel
in Endringen, und wie sie's damals zum erstenmal gekränkt
habe, daß die Rosel sagte: es ist nur unsere Magd, und nach
allerlei beweglicher Hin- und Widerrede schloß Johannes: „Ich
könnte närrisch werden, wenn ich mir denken will, es hätte anders
kommen können. Wie könnte das nur sein, ich zöge mit einer
Andern als du heimwärts? Wie wäre das nur möglich?"

Nach ihrer besonnenen Art sagte Barfüßele:

„Denk' nicht zu viel, wie's hätt' anders sein können; so und
so und anders. Wie's einmal ist, ist es recht und muß recht sein,
sei's Freud oder Leid, und Gott hat's so gewollt, und jetzt ist's
an uns, daß wir's weiter recht machen."

„Ja," sagte Johannes, „wenn ich die Augen zumache und

dich so reden höre, so meine ich, ich höre meine Mutter. Grade
so hätte sie auch gesagt. Und auch deine Stimme ist fast so."

"Sie muß jetzt von uns träumen," sagte Barfüßele. "Ich
glaub's ganz gewiß und fest." Und nach ihrer Art inmitten
aller lebenssichern Fassung doch erfüllt von allerlei Wundersamem,
mit dem ihre Jugend vollgepfropft war, sagte sie jetzt:

"Wie heißt denn dein Gaul?"

"Wie er aussieht."

"Nein, wir wollen ihm einen Namen geben, und weißt du
wie? Silbertrab."

Und nach der Weise des Ländlers, den sie mit einander
getanzt, sang jetzt Johannes immer und immer das eine Wort:
Silbertrab! Silbertrab! und Barfüßele sang mit, und eben jetzt
indem sie keinerlei Worte mehr sangen, die irgend was sagten,
ward ihre Lustigkeit die reine, volle, unbegrenzte; sie konnten
allerlei Jubel hineinlegen und hinausklingen lassen. Und wieder
hing sich allerlei Jodeln daran; denn es giebt ein Glockengeläute
in der Seele, das keinen zusammenhängenden Ton mehr hat,
keine bestimmte Weise, und doch Alles in sich schließt, und hin
und her und auf und ab in Jubeltönen schwang und wiegte sich
das Herz der Liebenden. Und wieder ging's an Schelmenlieder,
und Amrei sang:

> "Mein'n Schatz halt' ich fest,
> Wie der Baum seine Aest,
> Wie der Apfel seinen Kern,
> Ich hab' ihn so gern."

Und Johannes erwiderte:

> "In Ewigkeit laß ich mein Schätzele net (nicht),
> Und wenn es der Teufel am Kettele hätt;
> Am Kettele, am Schnürle, am Bändele, am Seil,
> In Ewigkeit ist mir mein Schätzle nicht feil."

Und wieder sang Amrei:

> "Tausendmal denk' ich dran,
> Wie mein Schatz tanzen kann,
> 'rum und 'num, hin und her,
> Wie ich's begehr'."

Johannes erwiederte:

> „Und alleweil ein bisle lustig
> Und alleweil fidel,
> Der Teufel ist g'storben,
> 's kommt Niemand in d'Höll!"

Und jetzt sangen sie gemeinsam in langgezogenen Tönen das tiefe Lied:

> „Auf Trauern folgt große Freud,
> Das tröstet mich allezeit;
> Weiß mir ein schwarzbraunes Mägdelein,
> Die hat zwei schwarzbraune Aeugelein,
> Die mir mein Herz erfreut."

> „Mein eigen will sie sein,
> Keinem Andern mehr als mein,
> Und so leben wir in Freud und Leid,
> Bis uns der Tod von einander scheidt."

Das war ein helles Klingen im Walde, wo der Mondschein durch die Wipfel spielte und an Zweigen und Stämmen hing und zwei fröhliche Menschenkinder mit der Nachtigall um die Wette sangen. —

Und drunten beim Meiler saß noch in stiller Nacht der Dami beim Kohlenbrenner, und der Kohlenbrenner, der in der Nacht gern sprach, erzählte allerlei Wundergeschichten aus der Vergangenheit, wo der Wald hier zu Lande noch so geschlossen bestanden war, daß ein Eichhörnchen, ohne auf den Boden zu kommen, von Baum zu Baum vom Neckar bis zum Bodensee laufen konnte, und jetzt eben berichtete er die Geschichte vom Schimmelreiter, der eine Wandlung des alten Heidengottes ist und überall Glanz und Pracht verbreitet und Glück ausgießt.

Es giebt Sagen und Märchen, die sind für die Seele was für das Auge das Hineinstarren in ein loderndes Feuer: wie das züngelt und sich verschlingt und in bunten Farben spielt, hier verlischt, dort ausbricht und plötzlich wieder Alles in eine Flammenwoge sich erhebt. Und wendest du dich ab von der Flamme, so ist die Nacht noch dunkler.

So hörte Dami zu, so schaute er sich manchmal um, und der Kohlenmathes erzählte so eintönig fort.

Da hielt er inne; dort kam von dem Berge herab ein
Schimmel, und drauf sang es so lieblich. Will die Wunderwelt
herabsteigen? Und immer näher kam das Pferd, und darauf saß
ein wunderlicher Reiter, so breit, und hatte zwei Köpfe, und
das kam immer näher, und jetzt rief bald eine Männerstimme,
bald eine Frauenstimme: Dami! Dami! Dami! Die Beiden wollten
in den Boden sinken vor Schreck, sie konnten sich nicht bewegen,
und jetzt war es da, und jetzt stieg es ab, und: „Dami, ich
bin's!“ rief Barfüßele und erzählte Alles, was geschehen war.

Dami hatte gar nichts zu sagen und streichelte nur bald das
Pferd und bald den Hund und nickte, als Johannes versprach:
er wolle ihn zu sich nehmen und ihn zum Almhirten machen, er
solle dreißig Kühe auf der Alm haben und Buttern und Käsen
lernen.

„Du kommst aus dem Schwarzen ins Weiße,“ sagte Barfüßele, „da könnte man ein Räthsel daraus machen.“

Dami gewann endlich die Sprache und sagte: „Und ein
paar lederne Hosen auch.“ Alle lachten, und er erklärte, daß
ihm die Landfriedbäuerin noch ein Paar lederne Hosen schuldig sei.

„Ich geb' dir einstweilen meine Pfeife, da, das soll die
Schwagerpfeife sein,“ sagte Johannes und reichte Dami seine Pfeife.

„Ja, dann hast du ja keine,“ sagte Amrei in halber Einrede.

„Ich brauch' jetzt keine.“

Wie selig sprang Dami in die Höhe und in die Blockhütte
hinein, mit seiner silberbeschlagenen Pfeife, aber man hätte es
nicht glauben sollen, daß er einen so fröhlichen Spaß machen
könne; nach einer Weile kam er wieder und hatte den Hut des
Kohlenmathes auf und seinen langen Rock an und in jeder Hand
eine lange Fackel. Mit gravitätischem Gang und Ton ließ er
nun die Brautleute an: „Was ist das? Da, Johannes, ra hab'
ich zwei Fackeln, da will ich dir mit heimleuchten. Wie kommst
du dazu, so mir nichts dir nichts meine Schwester fortzunehmen?
Ich bin der großjährige Bruder, und bei mir mußt du um sie
anhalten, und ehe ich Ja! gesagt habe, gilt Alles nichts.“

Amrei lachte fröhlich, und Johannes hielt förmlich bei Dami
um die Hand seiner Schwester an.

Dami wollte den Scherz noch weiter treiben, denn er gefiel
sich in der Rolle, in der ihm einmal so etwas gelungen war.
Aber Amrei wußte, daß da kein Verlaß auf ihn war; er konnte

allerlei Albernheiten vorbringen und den Scherz in sein Gegen=
theil verkehren. Sie sah schon, wie der Dami mehrmals die
Hand auf= und zumachend nach dem Uhrgehänge des Johannes
griff und immer wieder, bevor er es gefaßt, zurückzog; sie sagte
daher streng, wie man einem tollenden Kinde wehrt: „Jetzt ist's
genug! Das hast du gut gemacht, jetzt laß es dabei!"

Dami entlarvte sich wieder und sagte nur noch zu Johannes:
„So ist's recht! Du hast eine stahlbeschlagene Frau und ich eine
silberbeschlagene Pfeife." Als Niemand lachte, setzte er hinzu:
„Gelt, Schwager, das hättest du nicht geglaubt, daß du einen
so gescheiten Schwager hast? Ja, sie hat's nicht allein, wir sind
in Einem Topf gekocht. Ja Schwager!"

Er schien, als wollte er die Freude: Schwager! sagen zu
können, völlig auskosten.

Man stieg endlich wieder auf, denn das Brautpaar wollte
noch nach der Stadt, und schon als sie ein Stück weg waren,
schrie Dami in den Wald: „Schwager! vergiß meine ledernen
Hosen nicht!" Helles Lachen antwortete, und wiederum tönte
Gesang, und die Brautleute ritten fort und fort in die Mond=
nacht hinein.

17. Ueber Berg und Thal.

Es läßt sich nicht so fortleben in gleichem Athem, es wechseln
Nacht und Tag, lautlose Ruhe und wildes Rauschen und Brausen
und die Jahreszeiten alle. So im Leben der Natur, so im
Menschenherzen, und wohl dem Menschenherzen, das auch in
aller Bewegung sich nicht aus seiner Bahn verirrt.

Es war Tag geworden, als die beiden Liebenden vor der
Stadt ankamen, und schon eine weite Strecke vorher, als ihnen
der erste Mensch begegnete, waren sie abgestiegen. Sie fühlten,
daß ihre Auffahrt gar seltsam erscheinen mußte, und der erste
Mensch war ihnen wie ein Bote der Erinnerung, daß sie sich
wieder einfinden müßten in die gewohnte Ordnung der Menschen
und ihre Herkömmlichkeiten. Johannes führte das Pferd an der
einen Hand, mit der andern hielt er Amrei; sie gingen lautlos
dahin, und so oft sie einander ansahen, erglänzten ihre Gesichter
wie die von Kindern, die aus dem Schlafe erwachen. So oft
sie aber wieder vor sich niederschauten, waren sie gedankenvoll
und bekümmert um das, was nun werden sollte.

Als ob sie mit Johannes schon darüber gesprochen hätte, und in der unmittelbaren Zuversicht, daß er das Gleiche gedacht haben müsse, wie sie, sagte jetzt Amrei:

„Freilich wol wär's gescheiter gewesen, wir hätten die Sache ruhiger gemacht; du wärst zuerst heim und ich wär' derweil wo geblieben, meinetwegen, wenn nicht anders, beim Kohlenmathes im Wald, und du hättest mich dann abgeholt mit deiner Mutter oder mir geschrieben, und ich wäre nachgekommen mit meinem Dami. Aber weißt du, was ich denk'?"

„Just Alles weiß ich noch nicht."

„Ich denke, daß Reue das Dümmste ist, was man in sich aufkommen lassen kann. Wenn man sich den Kopf herunter reißt, man kann Gestern nicht mehr zu Heute machen. Was wir gethan haben, so mitten drin in dem Jubel, das ist recht gewesen und muß recht bleiben. Da kann man jetzt, wenn man ein bischen nüchtern ist, nicht darüber schimpfen. Jetzt müssen wir nur daran denken, wie wir weiter Alles gut machen, und du bist ja so ein richtiger Mensch, du wirst sehen, kannst Alles mit mir überlegen, sag' mir nur Alles frei heraus. Kannst mir sagen, was du willst, du thust mir nicht weh damit; aber wenn du mir etwas nicht sagst, da thust du mir weh damit. Gelt, du hast auch keine Reue?"

„Kannst du ein Räthsel lösen?" fragte Johannes.

„Ja, das habe ich als Kind gut können."

„Nun so sag' mir: was ist das? Es ist ein einfaches Wort, thut man den ersten Buchstaben vorn 'runter, da möcht' man sich den Kopf 'runter reißen, und thut man ihn wieder auf, da ist Alles fest."

„Das ist leicht," sagte Barfüßele, „kinderleicht, das ist Reu' und Treu'." Und wie die Lerchen über ihnen zu singen begannen, so sangen sie jetzt auch das Räthsellied, und Johannes begann:

„Ei Jungfrau, ich will dir was aufzurathen geben,
Wann du es errathest, so heirath' ich dich:
Was ist weißer als der Schnee?
Was ist grüner als der Klee?
Was ist schwärzer als die Kohl'?
Willst du mein Weibchen sein,
Errathen wirst du's wohl."

Amrei:

„Die Kirschenbluſt (Blüthe) iſt weißer als der Schnee,
Und wann ſie verblühet hat, grüner als der Klee,
Und wann ſie verreifet hat, ſchwärzer als die Kohl',
Weil ich dein Weiblein bin, errathen kann ich's wohl.“

Johannes:

„Was für ein König hat keinen Thron?
Was für ein Knecht hat keinen Lohn?“

Amrei:

„Der König in dem Kartenſpiel hat keinen Thron,
Der Stiefelknecht hat keinen Lohn.“

Johannes:

„Welches Feuer hat keine Hitz?
Und welches Meſſer hat keine Spitz?“

Amrei:

„Ein abgemaltes Feuer hat keine Hitz,
Ein abgebrochenes Meſſer hat keine Spitz.“

Plötzlich ſchnalzte Johannes mit den Fingern und ſagte:
„Jetzt gieb Acht,“ und er ſang:

„Was hat keinen Kopf und doch einen Hals?
Und was ſchmeckt gut ohne Salz und Schmalz?“

Amrei erwiederte raſch:

„Die Flaſch' hat keinen Kopf und doch einen Hals,
Und alles, was gezuckert, iſt ſchmeckt ohne Schmalz und Salz.“

„Du haſt's nur halb errathen,“ lachte Johannes, „biſt in
der Küche ſtecken geblieben; ich hab's ſo gemeint:

„Die Flaſch' hat keinen Kopf und doch einen Hals,
Und der Kuß von deinem Mund ſchmeckt ohne Schmalz und Salz.“

Und nun ſangen ſie noch den letzten Vers des vielgewundenen
Räthſelliedes:

„Was für ein Herz thut keinen Schlag?
Was für ein Tag hat keine Nacht?“
„Das Herz an der Schnalle thut keinen Schlag,
Der allerjüngſte Tag hat keine Nacht.“

„Ei Jungfrau, ich kann ihr nichts aufzurathen geben,
Und iſt es ihr wie mir, ſo heirathen wir.“
„Ich bin ja keine Schnalle, mein Herz thut manchen Schlag,
Und eine ſchöne Nacht hat auch der Hochzeitstag.“

Am erſten Wirthshauſe vor dem Thore kehrten ſie ein, und
Amrei ſagte, als ſie mit Johannes in der Stube war und dieſer
einen guten Kaffee beſtellt hatte:

„Die Welt iſt doch prächtig eingerichtet! Da haben die Leute
ein Haus hergeſtellt und Stühle und Bänke und Tiſche und eine
Küche, darauf brennt das Feuer, und da haben ſie Kaffee und
Milch und Zucker und das ſchöne Geſchirr, und das richten ſie
Alles her, wie wenn wir's beſtellt hätten, und wenn wir weiter
kommen, ſind immer wieder Leute da und Häuſer und Alles
drin. Es iſt gerade wie im Märlein: Tiſchlein deck dich!“

„Aber Knüppel aus dem Sack! gehört auch dazu,“ ſagte
Johannes, griff in die Taſche und holte eine Hand voll Geld
heraus, „ohne das kriegſt du nichts.“

„Ja freilich,“ ſagte Amrei, „wer dieſe Räder hat, der kann
durch die Welt rollen. Sag', Johannes, hat dir je in deinem
Leben ein Kaffee ſo geſchmeckt, wie der? Und das friſche Weiß=
brod! Du haſt nur zu viel beſtellt; wir können das nicht Alles
ermachen; das Weißbrod, das ſteck' ich zu mir, aber es iſt ſchad
um den guten Kaffee; o! wie manchem Armen thät' der wohl,
und wir müſſen ihn da ſtehen laſſen, und du mußt ihn doch
bezahlen.“

„Das macht nichts, man kann's nicht ſo genau nehmen in
der Welt.“

„Ja, ja, du haſt Recht, ich bin halt noch genau gewöhnt;
mußt mir's nicht übel nehmen, wenn ich ſo was ſage, es ge=
ſchieht im Unverſtand.“

„Das haſt du leicht ſagen, weil du weißt, daß du geſcheit biſt.“

Amrei ſtand bald auf, ſie glühte vor Hitze, und als ſie
jetzt vor dem Spiegel ſtand, rief ſie laut: „O lieber Gott! bin
denn ich das? Ich kenn' mich gar nicht mehr.“

„Aber ich kenn' dich,“ ſagte Johannes, „du heißt Amrei
und Barfüßele und Salzgräfin, aber das iſt noch nicht genug,
du kriegſt jetzt noch einen Namen dazu: Landfriedbäuerin iſt auch
nicht übel.“

„O lieber Gott! kann denn das sein? Ich mein' jetzt, es wäre nicht möglich."

„Ja es giebt noch harte Bretter zu bohren, aber das ficht mich nichts an. Jetzt leg' dich ein wenig schlafen, ich will derweil nach einem Bernerwägele umschauen; du kannst am Tag nicht mit mir reiten, und wir brauchen ohnedies eins."

„Ich kann nicht schlafen, ich muß noch einen Brief nach Haldenbrunn schreiben; ich bin so fort und hab' doch auch viel Gutes genossen da, und hab' auch noch andere Sachen anzugeben."

„Ja, mach' das, bis ich wieder komm'."

Johannes ging davon, und Amrei schaute ihm mit seltsamen Gedanken nach: da geht er und gehört doch zu dir, und wie er so stolz geht! Ist es denn möglich, daß es wahr ist, er ist dein? . . Er schaut nicht mehr um, aber der Hund, der mit ihm geht; Amrei winkt ihm und lockt ihn, und richtig, da kommt er zurück gerannt. Sie ging ihm vor das Haus entgegen, und als er an ihr hinauf sprang, sagte sie: „Ja, ja, schon gut, es ist recht von dir, daß du bei mir bleibst, daß ich nicht so allein bin; aber jetzt komm herein, ich muß schreiben."

Sie schrieb einen großen Brief an den Schultheiß in Haldenbrunn, dankte der ganzen Gemeinde für die Wohlthaten, die sie empfangen, und versprach: einstens ein Kind aus dem Ort zu sich zu nehmen, wenn sie es machen könne, und verpflichtete nochmals den Schultheiß, daß man der schwarzen Marann' ihr Gesangbuch unter den Kopf lege. Als sie den Brief zusiegelte, preßte sie ihre Lippen dabei zusammen und sagte: „So, jetzt bin ich fertig mit dem, was in Haldenbrunn noch lebt." Sie riß aber doch schnell den Brief wieder auf, denn sie hielt es für Pflicht, Johannes zu zeigen, was sie geschrieben. Dieser aber kam lange nicht, und Amrei erröthete, als die gesprächsame Wirthin sagte: „Ihr Mann hat wol auf dem Amt zu thun?" Daß Johannes zum erstenmal ihr Mann genannt wurde, das traf sie tief ins Herz.

Sie konnte nicht antworten, und die Wirthin sah sie staunend an. Amrei wußte sich vor ihren seltsamen Blicken nicht anders zu flüchten, als indem sie vor das Haus ging und dort auf aufgeschichteten Brettern mit dem Hunde saß und auf Johannes wartete. Sie streichelte den Hund und schaute ihm tief glücklich in die treuen Augen. — Kein Thier sucht und verträgt den anhaltenden Menschenblick, nur dem Hunde scheint das gegeben, aber auch sein Auge zuckt bald und er blinzelt gern aus der Ferne.

Wie ist doch die Welt auf Einmal so räthselvoll und so offenbar!

Amrei ging mit dem Hunde hinein in den Stall, sah zu, wie der Schimmel fraß, und sagte: „Ja, lieber Silbertrab, laß dir's nur schmecken, und bring' uns gut heim, und Gott gebe, daß es uns Allen gut geht."

Johannes kam lange nicht, und als sie ihn endlich sah, ging sie auf ihn zu und sagte: „Gelt, wenn du wieder was zu besorgen hast auf der Reise, nimmst mich mit?"

„So? ist dir's bang geworden? Hast gemeint, ich wär' davon? Ha, wie wär's, wenn ich dich jetzt da sitzen ließ' und davon ritt'?"

Amrei zuckte zusammen, dann sagte sie streng: „Just witzig bist du nicht. Mit so etwas seinen Spaß haben, das ist zum Erbarmen einfältig! Du dauerst mich, daß du das gethan hast, du hast dir damit was gethan, es ist bös, wenn du es weißt, und bös, wenn du es nicht weißt. Du willst mir davon reiten und meinst, jetzt soll ich zum Spaß heulen? Meinst du vielleicht, weil du den Gaul hast und Geld, wärst du der Herr? Nein, dein Gaul hat uns Beide mitgenommen, und ich bin mit dir gegangen. Wie meinst, wenn ich den Spaß machte und sagen thät': wie wär's, wenn ich dich da sitzen ließ? Du dauerst mich, daß du den Spaß gemacht hast."

„Ja, ja, du sollst Recht haben, aber hör' doch jetzt einmal auf."

„Nein, ich red', so lang noch was in mir ist von einer Sache, wo ich die Beleidigte bin, und an mir ist es, von der Sache aufzuhören, wenn ich will. Und dich selber hast du auch beleidigt, Den, der du sein sollst und der du auch bist. Wenn ein Anderes was sagt, was nicht recht ist, kann ich drüber weg springen; aber an dir darf kein Schmutzfleckchen sein, und glaub' m'r, mit so etwas Spaß machen, das ist grad, wie wenn man mit dem Crucifix da Puppe spielen wollte."

„Oho! So arg ist's nicht; aber allem Anschein nach verstehst du keinen Spaß."

„Ich versteh' wohl, das wirst du schon erfahren, aber nicht mit so etwas, und jetzt ist's gut. Jetzt bin ich fertig und denke nicht mehr dran."

Dieſer kleine Zwiſchenfall zeigte Beiden ſchon früh, daß ſie bei aller liebenden Hingebung ſich doch vor einander zuſammen= nehmen mußten, und Amrei fühlte, daß ſie zu heftig geweſen war, und ebenſo Johannes, daß es ihm nicht anſtand, mit der Verlaſſenheit Amrei's und ihrer völligen Hingegebenheit an ihn ein Spiel zu treiben. Sie ſagten das einander nicht, aber Jedes fühlte es dem Andern ab.

Das kleine Wölkchen, das aufgeſtiegen war, zerfloß bald vor der helldurchbrechenden Sonne, und Amrei jubelte wie ein Kind, als ein ſchönes grünes Bernerwägelein kam, mit einem runden gepolſterten Sitz drauf. Noch bevor angeſpannt war, ſetzte ſie ſich hinauf und klatſchte in die Hände vor Freude. „Jetzt mußt mich nur noch fliegen machen,“ ſagte ſie zu Johannes, der den Schimmel einſpannte, „ich bin mit dir geritten, jetzt fahr' ich und nun bleibt nichts mehr als Fliegen.“

Und im hellen Morgen fuhren ſie auf ſchöngebahnter Straße dahin. Dem Schimmel ſchien das Fahren leicht, und Lux bellte vor Freude immer vor ihm her.

„Denk' nur, Johannes,“ ſagte Amrei nach einer Strecke, „denk' nur, die Wirthin hat mich ſchon für deine Frau gehalten.“

„Und das biſt du ſchon, und darum frag' ich nichts danach, was ſie alle dazu ſagen mögen. Du Himmel und ihr Lerchen und ihr Bäume und ihr Felder und Berge! ſchaut her, das iſt mein Weible! Und wenn ſie zankt, iſt ſie grad ſo lieb, wie wenn ſie einem was Schönes ſagt. O meine Mutter iſt eine weiſe Frau, o die hat's gewußt: ſie hat geſagt, ich ſoll darauf achten, wie ſie im Zorn weint, da kommt der inwendige Menſch heraus. Das war ein lieber, ſcharfer, ſchöner, böſer, der heute bei dir herausgekommen iſt, wie du dort gezankt haſt. Jetzt kenn' ich die ganze Sippſchaft, die in dir ſteckt, und ſie iſt mir recht. O du ganze weite Welt! Ich dank' dir, daß du da biſt! du Alles, Alles. Welt! Ich frag dich, haſt du, ſo lang du ſtehſt, ſo ein lieb Weible geſehen? Juchhe! juchhe!“

Und wo Einer am Wege ging, an dem man vorbei fuhr, faßte Johannes Amrei an und rief: „Schau, ſchau, das iſt mein Weible!“ bis ihn Amrei dringend bat, das zu laſſen; er aber ſagte: „Ich weiß mir vor Freude nicht zu helfen. Ich könnte es der ganzen Welt zurufen, daß Alles mit mir jubelt, und ich weiß gar nicht, wie können die Menſchen da nur noch zu Acker fahren und Holz spalten und Alles, und wissen nicht, wie selig ich bin."

Amrei sah eine arme Frau am Wege gehen, knüpfte schnell ein Paar ihrer so sehr geliebten Schuhe ab und warf sie der Armen hin, die den Davoneilenden staunend nachsah und dankte. Es berührte Amrei wie eine selige Empfindung, daß sie zum erstenmal in ihrem Leben eine Werthsache, die sie selber noch wohl brauchen konnte, verschenkt hatte. Anfangs, als sie es so rasch weggegeben und darüber nachsann, dachte sie vor Allem nur daran, und das kam noch oft wieder, wie viel eigentlich die Schuhe werth gewesen seien; das Besitzthum wollte sich nicht leicht ablösen von ihr, sie hatte es zu fest in Gedanken besessen, und sie dachte gar nicht mehr daran, wie viel sie eigentlich an der schwarzen Marann' gethan; daß sie die Schuhe hergegeben, er= schien ihr als ihre erste Wohlthat; und die Empfindung derselben beglückte sie gewiß noch mehr als die Empfängerin; sie lächelte immer vor sich hin, sie hatte ein geheimes Geschenk in der Seele, das ihr Herz in Freude hüpfen machte, und als Johannes fragte: „Was hast denn? Warum lachst denn immer so wie ein Kind im Schlaf?" sagte sie:

„O Gott, es ist ja auch Alles wie ein Traum. Ich kann jetzt herschenken. Ich gehe in Gedanken noch jetzt immer mit der Frau und weiß, wie sie sich freut."

„Das ist brav, daß du gern schenkst."

„O was will denn das heißen: im Glück herschenken? Das ist, wie wenn ein volles Glas überfließt. Ich bin so voll, ich möcht' gern Alles herschenken, ich möcht' auch wie du gern alle Menschen anrufen. Ich meine, ich könnte sie alle speisen und tränken. Ich meine, ich säße an einer langen Hochzeittafel ganz allein mit dir, und ich bin so voll, ich kann gar nichts essen, ich bin satt."

„Ja, ja, das ist gut," sagte Johannes. „Aber schenk' keine von deinen Schuhen mehr weg. Wenn ich sie ansehe, denk' ich an die vielen schönen guten Jahre, die drin stecken, da kannst du viele schöne Jahre herumlaufen, bis sie zerrissen sind."

„Wie kommst du jetzt darauf? Wieviel hundertmal hab' ich das gedacht, wenn ich die Schuhe angesehen hab'. Aber jetzt erzähl' mir auch von deinem Daheim, sonst schwätz' ich immer von mir. Erzähl'."

Das that Johannes gern, und während er erzählte und
Amrei mit weit offenen Augen zuhörte, tanzte in ihrem Geiste
mitten durch Alles immer ein glückseliges Bild neben her, das
war die Arme am Wege in den neuen geschenkten Schuhen.

Nachdem Johannes die Menschen geschildert, rühmte er vor
Allem das Vieh und sagte: „Das ist alles so wohlgenährt und
gesund und rund, daß kein Tropfen Wasser drauf stehen bleibt.“

„Mir will's gar nicht in den Sinn,“ sagte Amrei, „daß
ich auf einmal so reich sein soll. Wenn ich bedenke, daß ich
selber so viel eigene Felder und Kühe und Mehl und Schmalz
und Obst und Kisten und Kasten haben soll, da mein' ich, ich
hätte bisher mein Lebenlang geschlafen und wäre jetzt auf einmal
aufgewacht. Nein, nein, das ist nicht so. Mir kommt es schrecklich
vor, daß ich auf Einmal für so Vieles verantwortlich sein soll.
Gelt, deine Mutter hilft mir noch? Sie ist ja noch gut bei der
Hand. Ich weiß gar nicht, wie man's macht, daß ich nicht
Alles an die Armen verschenke; aber nein, das geht nicht, es ist
ja nicht mein. Ich hab's ja auch nur geschenkt.“

„Almosengeben armet nicht! ist ein Sprüchwort meiner
Mutter,“ erwiederte Johannes hierauf.

Es läßt sich nicht sagen, mit welchem Jubel die beiden
Liebenden dahinfuhren. Jedes Wort machte sie glücklich. Als
Amrei fragte: „Habt ihr auch Schwalben am Haus?“ und Johannes dies bejahte mit dem Beisatze, daß sie auch ein Storchen-
nest hätten, da war Amrei ganz glücklich und ahmte das Storchen-
geschnatter nach und schilderte gar lustig, wie der Storch mit
ernsthaftem Gesichte auf Einem Bein stehe und von oben herunter
in sein Haus schaue.

War es eine Verabredung, oder war es die innere Macht
des Augenblicks? Sie sprachen nichts davon, wie nun die eigentliche Auffahrt und das Eintreten ins elterliche Haus vor sich
gehen sollte, bis sie gegen Abend in den Amtsbezirk kamen, in
dem Zusmarshofen lag. Erst jetzt, als Johannes schon einige
Leute begegneten, die ihn kannten, ihn grüßten und verwundert
anschauten, erklärte er Amrei, daß er sich zweierlei ausgedacht
habe, wie man die Sache am besten anfange. Entweder wolle
er Amrei zu seiner Schwester bringen, die hier abseits wohnte —
man sah den Kirchthurm ihres Dorfes hinter einem Vorberge —
er wollte dann allein nach Hause und Alles erklären; oder er

wolle Amrei gleich mit ins Haus nehmen, das heißt, sie sollte eine
Viertelstunde vorher absteigen und als Magd ins Haus kommen.

Amrei zeigte ihre ganze Klugheit, indem sie auseinander-
setzte, was zu diesem Verfahren bestimme und was daraus her-
vorgehen könne. Halte sie sich bei der Schwester auf, so hatte
sie zuerst eine Person zu gewinnen, die nicht die entscheidende
war, und es konnte allerlei Hin- und Herzerrerei geben, die
nicht zu berechnen war, abgesehen davon, daß es in späteren
Zeiten immer eine mißliche Erinnerung und in der ganzen Umgegend ein Gerede bleibe, daß sie sich nicht geradezu ins Haus
gewagt habe. Da scheine der zweite Weg besser. Aber es gehe
ihr wider die Seele, mit einer Lüge ins Haus zu kommen.
Freilich habe ihr die Mutter vor Jahren versprochen, daß sie zu
ihr in Dienst kommen könne; aber sie wolle ja jetzt nicht in
Dienst, und es sei wie ein Diebstahl, wenn sie sich in die Gunst
der Eltern einschleichen wolle, und sie wisse gewiß, daß sie in
dieser Verlarvung Alles ungeschickt thäte. Sie könne nicht gradaus sein, und wenn sie dem Vater nur einen Stuhl stellen
wolle, werfe sie ihn gewiß um, denn sie müsse immer dabei
denken: du thust's, um ihn zu hintergehen. Und wenn Alles
das auch noch ginge: wie sie denn vor den Dienstleuten erscheinen müsse, wenn sie später hören, daß sich die Meisterin als
Magd ins Haus eingeschmuggelt habe, und sie könne mit Johannes während der ganzen Zeit kein Wort reden.

Diese ganze Auseinandersetzung schloß sie mit den Worten:
„Ich hab' dir das Alles nur gesagt, weil du auch meine Gedanken hören willst, und wenn du etwas mit mir überlegst, so
muß ich doch frei herausreden; ich sage dir aber auch gleich:
was du willst, wenn du es fest sagst, so thue ich es, und wenn
du sagst, so, thu' ich's auch. Ich folge dir ohne Widerrede,
und ich will's so gut machen, als ich kann, was du mir auf-
erlegst."

„Ja, ja, du hast Recht," sagte Johannes im schweren Besinnen, „es ist beides ein ungerader Weg, der erste weniger;
und wir sind jetzt schon so nahe, daß wir uns schnell besinnen
müssen. Siehst du dort die Waldblöße da drüben auf dem Berg
mit der kleinen Hütte? Du siehst auch die Kühe, so ganz klein
wie Käfer? Da ist unsere Frühalm, da will ich unsern Dami
hinsetzen."

Staunend sagte Amrei: „O Gott, wohin wagen sich nicht die Menschen! Das muß aber ein gut Grasgelände sein."

„Freilich, aber wenn mir der Vater das Gut übergiebt, führe ich doch mehr Stallfütterung ein, es ist nützlicher; aber die alten Leute bleiben gern beim Alten. Ach! was schwätzen wir da? Wir sind jetzt schon so nah. Hätten wir uns nur früher besonnen. Mir brennt der Kopf."

„Bleib nur ruhig, wir müssen uns in Ruhe besinnen; ich habe schon eine Spur, wie's zu machen wär', nur noch nicht ganz deutlich."

„Was? Wie meinst?"

„Nein, besinn' du dich; vielleicht kommst du selber drauf. Es gehört dir, daß du's einrichtest, und wir sind jetzt Beide so in Wirrwarr, daß wir einen Halt dran haben, wenn wir Beide zugleich draufkommen."

„Ja, mir fällt schon was ein. Da im zweitnächsten Ort ist ein Pfarrer, den ich gut kenne, der wird uns am besten rathen. Aber halt! So ist's besser! Ich bleib' unten im Thal beim Müller, und du gehst allein hinauf auf den Hof zu meinen Eltern und sagst ihnen Alles gradaus, rund und klein. Meine Mutter hast du gleich an der Hand, aber du bist ja gescheit, du wirst auch den Vater so herumkriegen, daß du ihn um den Finger wickelst. So ist Alles besser. Wir brauchen nicht zu warten und haben keine fremden Menschen zu Hülfe genommen! Ist dir das recht? Ist dir das nicht zu viel?"

„Das ist auch ganz mein Gedanke gewesen. Aber jetzt wird nichts mehr überlegt, gar nichts; das steht fest wie geschrieben, und das wird ausgeführt, und frisch ans Werk macht den Meister. So ist's recht. O du weißt gar nicht, was du für ein lieber, guter, prächtiger, ehrlicher Kerl bist."

„Nein du! Aber es ist jetzt Eins, wir sind jetzt Beide zusammen ein einziger braver Mensch, und das wollen wir bleiben. Da guck, hier gieb mir die Hand, so, da die Wiese ist unser erstes Feld. Grüß Gott, Weible, so, jetzt bist du daheim. Und Juchhe! da ist unser Storch und fliegt auf. Storch! Sag' grüß Gott! Da ist die neue Meisterin. Ich will dir später schon noch mehr sagen. Jetzt Amrei, mach' nur nicht so lang oben und schick' mir gleich Eins in die Mühle; wenn der Roßbub daheim ist, am besten den, der kann springen wie ein Has'. So, siehst

du dort das Haus mit dem Storchenneſt und die zwei Scheuern
dort am Berg, links vom Wald? Es iſt eine Linde am Haus,
ſiehſt du's?"

„Ja!"

Das iſt unſer Haus. Jetzt komm, ſteig' ab, du kannſt den
Weg jetzt nicht mehr fehlen."

Johannes ſtieg ab und half auch Amrei von dem Wagen, und
dieſe hielt das Halsgeſchmeide, das ſie in die Taſche geſteckt hatte,
wie einen Roſenkranz zwiſchen den gefalteten Händen und betete
leiſe. Auch Johannes zog den Hut ab, und ſeine Lippen beweg=
ten ſich.

Die beiden ſprachen kein Wort mehr, und Amrei ging voraus.
Johannes ſtand noch lange an den Schimmel gelehnt und ſchaute
ihr nach. Jetzt wendete ſie ſich und ſcheuchte den Hund zurück,
der ihr gefolgt war, er wollte aber nicht gehen, rannte ins
Feld abſeits und wieder zu ihr, bis Johannes ihm pfiff, dann
erſt kam das Thier zurück.

Johannes fuhr nach der Mühle und hielt dort an. Er
hörte, daß ſein Vater vor einer Stunde da geweſen ſei, um ihn
hier zu erwarten; er ſei aber wieder umgekehrt. Johannes freute
ſich, daß ſein Vater wieder wohl auf den Beinen war und daß
Amrei nun beide Eltern zu Hauſe träfe. Die Leute in der
Mühle wußten nicht, was das mit Johannes war, daß er bei
ihnen anhielt und doch faſt auf kein Wort hörte. Er ging bald
in das Haus, bald aus demſelben, bald auf den Weg nach dem
Hofe, bald kehrte er wieder zurück. Denn Johannes war voll
Unruhe, er zählte die Schritte, die Amrei ging. Jetzt war ſie
an dieſem Felde, und jetzt an dieſem, jetzt am Buchenhag, jetzt
ſprach ſie mit den Eltern . . . Es ließ ſich doch nicht ausdenken,
wie es war.

18. Das erſte Herdfeuer.

Amrei war unterdeß wie traumverloren dahin gegangen.
Sie ſchaute wie fragend nach den Bäumen auf; die ſtehen ſo
ruhig auf dem Fleck, und die werden ſo ſtehen und auf dich
niederſchauen, Jahre, Jahrzehnte, dein ganzes Leben lang als
deine Lebensgenoſſen; und was wirſt du derweil erfahren!

Amrei war aber doch ſchon ſo alt geworden, daß ſie nicht
mehr nach einem Halt in der Außenwelt taſtete. Es war ſchon

lange, seitdem sie mit dem Vogelbeerbaum gesprochen hatte. —
Sie wollte ihre Gedanken wegbannen von Allem, was sie umgab,
und doch starrte sie wieder hinein in die Felder, die ihr eigen
werden sollten, und wollte sich immer vordenken, was nun kom=
men sollte; Eintritt und Empfang, Anrede und Antwort, hin
und her. Wie ein Wirrwarr von tausend Möglichkeiten schwirrte
Alles um sie her, und sie sagte endlich fast laut, und der Silber=
trabwalzer spielte sich ihr im Kopfe: „Was da, was da, vorher
besinnen? Wenn aufgespielt wird, tanz' ich, Hopser oder Walzer.
Ich weiß nicht, wie ich die Füße setze, sie thun's allein; und ich
kann mir's nicht denken, und ich will mir's nicht denken, wie
ich vielleicht in einer Stunde den Weg da wieder zurückkehre,
und die Seele ist mir aus dem Leibe genommen, und ich muß
doch gehen, einen Schritt nach dem andern. Genug! Jetzt laß
kommen, was kommen will; ich bin ja auch dabei!"

Und es lag noch mehr als diese ausgesprochene Zuversicht
in ihrem Wesen; sie hatte nicht umsonst von Kindheit an Räthsel
gelöst und von Tag zu Tag mit dem Leben gerungen. Die
ganze Kraft dessen, was sie geworden, ruhte still und sicher
treffend in ihr. Ohne weitere Frage, wie man einer Nothwen=
digkeit entgegen geht, still in sich zusammengefaßt, ging sie muthig
und festen Schrittes dahin.

Sie war noch nicht weit gegangen, da saß ein Bauer mit
einem rothen Schlehdornstock zwischen den Füßen und beide Hände
und das Kinn darauf stützend am Wege.

„Grüß Gott!" sagte Amrei, „thut das Ausruhen gut?"

„Ja. Wohin willst?"

„Dahinauf auf den Hof. Wollet ihr mit? Ihr könnet Euch
an mir führen."

„Ja, so ist's!" grinste der Alte, „vor dreißig Jahren wäre
mir das lieber gewesen, wenn mir so ein schönes Mädle das
gesagt hätte, da wäre ich gesprungen wie ein Füllen."

„Zu denen, die springen können wie die Füllen, sagt man
das aber nicht!" lachte Amrei.

„Du bist reich," sagte der Alte, der eine müßige Unter=
haltung am heißen Mittag zu lieben schien. Er nahm vergnüg=
lich eine Prise aus seiner Horndose.

„Woher seht Ihr, daß ich reich bin?"

„Deine Zähne sind zehntausend Gulden werth, es gäbe

Mancher zehntausend Gulden drum, wenn er sie im Maul hätte."

„Ich hab' jetzt keine Zeit zum Spaßen. Behüt' Euch Gott."

„Wart' nur, ich geh' mit, aber mußt nicht schnell laufen."

Amrei half nun dem Alten behutsam auf, und der Alte sagte: „Du bist stark." Er hatte sich in seiner neckischen Weise noch schwerer und unbehülflicher gemacht, als er war. Im Gehen fragte er jetzt: „Zu wem willst du denn auf dem Hof?"

„Zum Bauern und zu der Bäuerin."

„Was willst du denn von ihnen?"

„Das will ich ihnen selber sagen."

„Wenn du was geschenkt haben willst, da kehr' lieber gleich wieder um; die Bäuerin gäb' dir schon, aber sie ist über nichts Meister, und der Bauer der ist zäh, der hat ein Sperrholz im Genick und einen steifen Daumen dazu."

„Ich will nichts geschenkt, ich bring' ihnen was," sagte Amrei.

Es begegnete den Beiden ein älterer Mann, der mit der Sense ins Feld ging, und der Alte neben Amrei rief ihn an und fragte ihn mit seltsamem Augenzwinkern: „Weißt nicht, ist der geizige Landfriedbauer nicht daheim?" — „Ich glaub', aber ich weiß es nicht," lautete die Antwort des Mannes mit der Sense, und er ging davon feldein. Es zuckte etwas in seinem Gesichte, und noch jetzt, als er so hinwandelte, schüttelte es ihm den Rücken auf und nieder, er lachte offenbar, und Amrei schaute starr in das Antlitz ihres Begleiters und gewahrte die Schelmerei darin, und plötzlich erkannte sie in den eingefallenen Zügen die jenes Mannes, dem sie einst auf dem Holderwasen zu trinken gegeben hatte, und leise mit den Fingern schnalzend, dachte sie: „Wart', dich krieg' ich," und laut sagte sie: „Das ist schlecht von Euch, daß Ihr so von dem Bauer redet zu einem Fremden, wie ich, das Ihr nicht kennet, und das vielleicht eine Verwandte von ihm ist; und es ist auch gewiß gelogen, was Ihr saget. Freilich soll der Bauer zäh sein, aber wenn's drauf ankommt, hat er gewiß auch ein rechtschaffenes Herz und hängt nur nicht an die große Glocke, was er Gutes thut, und wer so brave Kinder hat, wie man die seinen berühmt, der muß auch recht= schaffen sein, und es kann sein, er macht sich vor der Welt gern schlicht, weil es ihm nicht der Mühe werth ist, was Andere von ihm denken, und ich kann ihm das nicht übel nehmen."

„Du haſt dein Maul nicht vergeſſen. Woher biſt denn?“

„Nicht aus der Gegend, vom Schwarzwald her.“

„Wie heißt der Ort?“

„Haldenbrunn.“

„So? Und du biſt zu Fuß daher gekommen?“

„Nein, es hat mich unterwegs Einer mitfahren laſſen, es iſt der Sohn von dem Bauern da. Ein richtiger braver Menſch.“

„So? Ich hätte dich in ſeinen Jahren auch mitfahren laſſen.“

Man war am Hofe angekommen, und der Alte ging mit Amrei in die Stube und rief: „Mutter, wo biſt?“

Die Frau kam aus der Kammer, und die Hand Amrei’s zuckte, ſie wäre ihr gern um den Hals gefallen, aber ſie konnte nicht, ſie durfte nicht, und der Alte ſagte unter herzerſchüttern= dem Lachen: „Denk’ nur Bäuerin, das iſt ein Mädle aus Halden= brunn, und es hat dem Landfriedbauer und der Bäuerin was zu ſagen, aber mir will’s nichts davon kund geben. Jetzt ſag’ du, wie man mich heißt.“

„Das iſt ja der Bauer,“ ſagte die Bäuerin, nahm als Zeichen des Willkomms dem Alten den Hut vom Kopfe und hing den Hut an das Ofengeländer.

„Ja, merkſt’s jetzt?“ ſagte der Alte triumphirend gegen Amrei, „jetzt ſag’, was du willſt.“

„Setz’ dich,“ ſagte die Mutter und wies Amrei auf einen Stuhl. Mit ſchwerem Athemholen begann dieſe nun:

„Ihr könnt mir’s glauben, daß kein Kind mehr hat an Euch denken können als ich, ſchon vorher, ſchon vor den letzten Tagen. Erinnert Ihr Euch des Joſenhanſen am Weiher, wo der Fahrweg gegen Endringen geht?“

„Freilich, freilich,“ ſagten die beiden Alten.

„Und ich bin des Joſenhanſen Tochter.“

„Guck, iſt mir doch geweſen, als ob ich dich kenn’,“ ſagte die Alte. „Grüß Gott!“ Sie reichte die Hand und fuhr fort: „Biſt ein ſtarkes ſauberes Mädle geworden. Jetzt ſag’, was führt dich denn ſo weit daher?“

„Sie iſt ein Stück mit unſerm Johannes gefahren,“ ſprach der Bauer dazwiſchen, „er kommt bald nach.“

Die Mutter erſchrak, ſie ahnte etwas und erinnerte ihren Mann, daß ſie damals, als Johannes weggeritten ſei, an des Joſenhanſen Kinder gedacht habe.

„Und ich habe ja auch noch ein Andenken von Euch Beiden,"
sagte Amrei und holte den Anhänger und ein eingewickeltes Geld=
stück aus der Tasche.   „Das da habt Ihr mir damals geschenkt,
wie Ihr zum letztenmal im Ort gewesen seid."

„Guck! und hast mich angelogen und hast gesagt, du habest
es verloren," schalt der Bauer zu seiner Frau.

„Und da," fuhr Amrei fort, ihm den eingewickelten Gro=
schen hinreichend, „da ist das Geldstück, das Ihr mir geschenkt
habt, wie ich auf dem Holderwasen die Gänse gehütet und Euch
am Brunnen Wasser geschöpft hab'."

„Ja, ja, ist Alles richtig, aber was soll denn jetzt das
Alles? Was dir geschenkt ist, kannst du behalten," sagte der
Bauer.

Amrei stand auf und sagte: „Ich habe aber jetzt noch eine
Bitte: lasset mich ein paar Minuten reden, ganz frei. Darf ich?"

„Ja, warum nicht?"

„Schaut, Euer Johannes hat mich mitnehmen wollen und
zu euch bringen als Magd, und ich hätt' auch gern bei euch
gedient zu andern Zeiten, lieber als sonstwo; aber jetzt wär's
unehrlich gewesen, und gegen wen ich mein Lebenlang ehrlich
sein will, dem will ich nicht zum erstenmal unehrlich mit einer
Lüge gekommen sein. Jetzt muß alles sonnenklar sein. Mit Einem
Wort: der Johannes und ich, wir haben uns von Grund des
Herzens gern, und er will mich zur Frau haben . . ."

„Oha!" schrie der Bauer und stand rasch auf; man hätte
es deutlich sehen können, daß seine frühere Unbeholfenheit nur
geheuchelt war.   „Oha!" schrie er nochmals, als ob ihm ein
Gaul durchginge.   Die Mutter aber hielt ihn bei der Hand fest
und sagte: „Laß sie doch ausreden."

Und Amrei fuhr fort:

„Glaubet mir, ich bin gescheit genug, und ich weiß, daß
man eines nicht aus Mitleid zur Schwiegertochter machen kann;
Ihr könnet mir was schenken, viel schenken, aber zur Schwieger=
tochter machen aus Barmherzigkeit, das kann man nicht, und
das will ich auch nicht. Ich habe keinen Groschen Geld — ei
ja doch, den Groschen, den Ihr mir auf dem Holderwasen ge=
schenkt habt, den hab' ich noch, es hat ihn Niemand für einen
Groschen nehmen wollen," sagte sie zum Bauer gewendet, und
dieser mußte unwillkürlich lächeln.   „Ich habe nichts, ja noch

mehr, ich habe einen Bruder, der wol gesund und stark ist, für den ich aber doch noch sorgen muß, und ich habe die Gänse gehütet und war das Geringste im Ort, das ist Alles; aber das geringste Unrecht kann man mir auch nicht nachsagen, und das ist auch wieder Alles — und was dem Menschen eigentlich von Gott gegeben ist, darin sag' ich zu jeder Prinzessin: ich stell' mich um kein Haar breit gegen dich zurück, und wenn du sieben goldene Kronen auf dem Kopf hast. Es wäre mir lieber, es thäte ein Anderes für mich reden, ich red' nicht gern; aber ich hab' mein Lebentag für mich allein Annehmer sein müssen, und thue es heut' zum letztenmal, wo es sich entscheidet über Tod und Leben. Heißt das, versteht mich nicht falsch: wollt Ihr mich nicht, so gehe ich in Ruhe fort, ich thue mir kein Leid an, ich springe nicht ins Wasser und ich hänge mich nicht; ich suche mir wieder einen Dienst und will Gott danken, daß mich einmal so ein braver Mensch hat zur Frau haben wollen, und will annehmen, es ist Gottes Wille nicht gewesen . . .“ Die Stimme Amrei's zitterte, und ihre Gestalt wurde größer, und ihre Stimme wurde mächtiger, als sie sich jetzt zusammennahm und rief: „Aber prüfet Euch, fraget Euch im tiefsten Gewissen, ob das Gottes Wille ist, was Ihr thut. Weiter sage ich nichts.“ —

Amrei setzte sich nieder. Alle drei waren still, und der Alte sagte: „Du kannst ja predigen wie ein Pfarrer.“ Die Mutter aber trocknete sich die Augen mit der Schürze und sagte: „Warum nicht? Die Pfarrer haben auch nicht mehr als Ein Hirn und Ein Herz.“

„Ja du!“ höhnte der Alte, „du hast ja auch so was Geistliches; wenn man dir mit so ein Paar Reden kommt, da bist du gleich gekocht.“

„Und du thust, wie wenn du nicht gar werden wolltest vor deinem Ende,“ sagte die Bäuerin im Trotze.

„So?“ höhnte der Alte. „Guck, du Heilige vom Unterland! du bringst schönen Frieden in unser Haus. Jetzt hast's gleich fertig gebracht, daß die da scharf gegen mich aufsitzt; die hast du schon gefangen. Nun, ihr werdet warten können, bis mich der Tod gestreckt hat, dann könnt ihr ja machen, was ihr wollt.“

„Nein!“ rief Amrei, „das will ich nicht; so wenig ich will, daß mich der Johannes zur Frau nehme ohne Euren Segen, so wenig will ich, daß die Sünde in unsern Herzen sei, daß wir Beide auf Euren Tod warten. Ich habe meine Eltern kaum

gekannt, ich kann mich ihrer nicht mehr erinnern; ich habe sie
nur lieb, wie man Gott lieb hat, ohne daß man ihn je ge=
sehen hat. Aber ich weiß doch auch, was Sterben ist. Gestern
in der Nacht habe ich der schwarzen Marann' die Augen zuge=
drückt; ich habe ihr mein Lebenlang gethan, was sie gewollt
hat, und jetzt, wo sie todt ist, da habe ich doch schon oft denken
müssen: wie manchmal bist du unwillig und herb gegen sie ge=
wesen, wie hättest du ihr noch manches Gute thun können, und
jetzt liegt sie da, und jetzt ist's vorbei; du kannst nichts mehr
thun und nichts mehr abbitten. Ich weiß, was Sterben ist,
und will nicht . . ."

„Aber Ich will!" schrie der Alte und ballte die Fäuste und
knirschte die Zähne. „Aber Ich will," schrie er nochmals. „Da
bleibst, und unser bist! Und jetzt mag kommen, was da will,
mag reden, wer da will. Du kriegst meinen Johannes, und
keine Andere."

Die Mutter rannte auf den Alten los und umarmte ihn,
und dieser, der das gar nicht gewohnt war, rief unwillkürlich:
„Was machst du da?"

„Dir einen Kuß geben, du verdienst's, du bist braver als
du dich geben willst."

Der Alte, der während der ganzen Zeit eine Prise zwischen
den Fingern gehabt, wollte die Prise nicht verschwenden, er
schnupfte sie daher schnell und sagte: „Nun, meinetwegen!" Dann
aber setzte er hinzu: „Aber jetzt hast du den Abschied, ich habe
eine viel Jüngere, und von der schmeckt's viel besser. Komm
her, du verstellter Pfarrer."

„Ich komm' schon, aber ruft mich zuerst bei meinem Namen."

„Ja, wie heißt du denn?"

„Das brauchet Ihr nicht zu wissen, Ihr könnet mir ja
selber einen Namen geben; wisset schon welchen."

„Du bist gescheit! Nun meinetwegen, so komm her, Söh=
nerin. Ist dir der Name recht?"

Und als Antwort flog Amrei auf ihn zu.

„Und ich, ich werde gar nicht gefragt?" schalt die Mutter
in heller Glückseligkeit, und der Alte war ganz übermüthig ge=
worden in seiner Freude. Er nahm Amrei an der Hand und
sagte in nachspottendem Predigertone:

„Nun frage ich Sie, wohlehrsame Corbula Katharina, ge=

nannt Landfriedbäuerin: wollen Sie hier diese" — er fragte das Mädchen bei Seite — „ja wie heißt du denn eigentlich mit dem Taufnamen?"

„Amrei!"

Und der Alte fuhr fort in gleichem Tone: „Wollen Sie hier diese Amrei Josenhans von Haldenbrunn zu Ihrer Schwieger= tochter annehmen, sie nicht zu Worte kommen lassen, wie Sie bei Ihrem Manne thun, sie schlecht füttern, ausschimpfen, unter= drücken, und überhaupt was man so nennt in das Haus metzgen?"

Der Alte schien wie närrisch, es war etwas ganz Seltsames mit ihm vorgegangen, und während Amrei an dem Halse der Mutter hing und gar nicht von ihr los lassen wollte, schlug der Alte mit seinem Rothdornstock auf den Tisch und schrie polternd: „Wo bleibt denn der nichtsnutzige Bub, der Johannes? Schickt uns der Bursch seine Braut auf den Hals und fährt derweil in der Welt herum? Ist das erhört?"

Jetzt riß sich Amrei los und sagte, daß man sogleich den Roßbub oder ein Anderes nach der Mühle schicken solle, dort warte Johannes.

Der Vater behauptete, er müsse mindestens noch drei Stun= den da in der Mühle zappeln; das müsse seine Strafe sein, weil er sich so feig hinter die Schürze versteckt habe. Wenn er heim= kehre, müsse man ihm eine Haube aufsetzen; überhaupt wollte er ihn jetzt noch gar nicht dahaben, denn wenn der Johannes da sei, da habe er nichts mehr von der Braut und es sei ihm schon jetzt ärgerlich, wenn er an das Gethue denke.

Die Mutter wußte sich indeß hinauszuschleichen und den schnellfüßigen Roßbuben nach der Mühle zu schicken.

Jetzt dachte die Mutter daran, daß doch Amrei auch was essen müsse. Sie wollte schnell einen Eierkuchen machen, aber Amrei bat, daß sie ihr gestatte, das erste Feuer im Hause, das ihr was bereite, selber anzuzünden, zugleich auch um den Eltern etwas zu kochen.

Es wurde ihr willfahrt, und die beiden Alten gingen mit ihr in die Küche, und sie wußte Alles so geschickt anzufassen, sah mit Einem Blicke, wo Alles stand, und hatte fast gar nichts zu fragen, und Alles, was sie that, that sie so fest und so zierlich, daß der Alte immer seiner Frau zunickte und einmal sagte: „Die

iſt in der Haushaltung auf Noten eingeſpielt, die kann Alles
vom Blatt weg, wie der neue Schullehrer."

Am hell lodernden Feuer ſtanden die drei, als Johannes
kam. Und heller loderte die Flamme nicht auf dem Herbe, als
die innerſte Glückſeligkeit in den Augen Aller glänzte. Der Herd
mit ſeinem Feuer ward zum heiligen Altar, um welchen an-
dächtige Menſchen ſtanden, die doch nur lachten und einander
neckten.

19. Geheime Schätze.

Amrei wußte ſich im Hauſe bald ſo heimiſch zu machen,
daß ſie ſchon am zweiten Tage darin lebte, als wäre ſie von
Kindheit an hier aufgewachſen, und der Alte träppelte ihr überall
nach und ſchaute ihr zu, wie ſie Alles ſo geſchickt aufnahm, und
ſo ſtet und gemeſſen vollführte; ohne Haſt und ohne Raſt.

Es giebt Menſchen, die, wenn ſie gehen und nur das Kleinſte
holen, einen Teller, einen Krug, da ſcheuchen ſie die Gedanken
aller Sitzenden auf, ſie ſchleppen ſo zu ſagen Blick und Gedanken
der Sitzenden und Zuſchauenden mit ſich herum. Amrei dagegen
verſtand Alles ſo zu thun und zu leiſten, daß man bei ihrem
Hantieren die Ruhe nur um ſo mehr empfand und ihr für Jegliches nur um ſo dankbarer war.

Wie oft und oft hatte der Bauer darüber geſcholten, daß
allemal, wenn man Salz brauche, Eins vom Tiſche aufſtehen
müſſe. Amrei deckte den Tiſch und auf das ausgebreitete Tiſch-
tuch ſtellte ſie immer zuerſt das Salzfaß. Als der Bauer Amrei
darüber lobte, ſagte die Bäuerin lächelnd: „Du thuſt jetzt, als
ob du vorher gar nicht gelebt hätteſt, als ob du Alles hättiſt
ungeſalzen und ungeſchmalzen eſſen müſſen;" und der Johannes
erzählte, daß man Amrei auch die Salzgräfin hieße, und fügte
dann die Geſchichte von dem König und ſeiner Tochter hinzu.

Das war ein glückſeliges Beiſammenſein in der Stube, im
Hof und auf dem Felde, und der Bauer ſagte immer: es habe
ihm ſeit Jahren das Eſſen nicht ſo geſchmeckt wie jetzt; und er
ließ ſich von Amrei drei-, viermal des Tages, zu ganz unge-
wöhnlichen Zeiten, etwas herrichten, und ſie mußte bei ihm ſitzen,
bis er gegeſſen hatte.

Die Bäuerin führte Amrei mit innerſtem Behagen in den
Milchkeller und in die Vorrathskammern, und auch einen großen

buntgemalten Schrank voll schön geschlichteter Leinwand öffnete
sie und sagte: „Das ist deine Aussteuer; es fehlt nichts als die
Schuhe. Mich freut's besonders, daß du dir deine Dienstschuhe
so aufgespart hast. Ich habe da meinen besondern Aberglauben."

Wenn Amrei sie über Alles fragte, wie es bisher im Hause
gehalten worden, nickte sie und schluckte dabei vor Behagen, sie
drückte aber ihre Freude als solche nicht aus; sondern nur in
dem ganzen anheimelnden Ton, mit dem die gewöhnlichsten Dinge
gesprochen wurden, lag die Freude selbst als innewohnender Herz-
schlag. Und als sie nun begann, Barfüßele Einzelnes im Hauswesen zu übergeben, sagte sie: „Kind, ich will dir was sagen:
wenn dir was im Hauswesen nicht gefällt, an der Ordnung,
wie's bis jetzt gewesen ist, mach's nur ohne Scheu anders, wie
dir's ansteht; ich gehöre nicht zu denen, die meinen, wie sie's
eingerichtet haben, so müsse es ewig bleiben, und da ließe sich
gar nichts daran ändern. Du hast freie Hand, und es wird
mich freuen, wenn ich frischen Vorspann sehe. Aber wenn du
mir folgen willst, ich rath' dir's zu Gutem, thu's nach und nach."

Das war eine wohlthuende Empfindung, in der sich geistig
und körperlich jugendliche und altbewährte Kraft die Hand reichten, indem Amrei von Grund des Herzens erklärte, daß sie
Alles wohl bestellt finde und daß sie hochbeglückt und beseligt
sein werde, wenn sie einst als alterlebte Mutter das Hauswesen
in einem solchen Zustande wie jetzt zeigen könne.

„Du denkst weit hinaus," sagte die Alte. „Aber das ist
gut, wer weit vor denkt, denkt auch weit zurück, und du wirst
mich nicht vergessen, wenn ich einmal nicht mehr bin." —

Es waren Boten ausgegangen, um den Söhnen und dem
Schwiegersohne des Hauses das Familienereigniß anzukündigen
und sie auf nächsten Sonntag nach Zusmarshofen zu entbieten,
und seitdem träppelte der Alte immer noch mehr um Amrei herum,
er schien etwas auf dem Herzen zu haben und es wurde ihm
schwer, es herauszubringen. —

Man sagt von vergrabenen Schätzen, daß darauf ein schwarzes Unthier hockt, und in den heiligen Nächten erscheint auf der
Oberfläche, wo solch ein Schatz begraben ist, ein blaues Flämmchen, und ein Sonntagskind kann es sehen, und wenn es sich
dabei ruhig und unerschütterlich verhält, kann es den Schatz heben.
Man hätte es nicht glauben sollen, daß in dem alten Landfried-

bauer auch ſolch ein Schatz vergraben wäre, und darauf hockte
der ſchwarze Trotz und die Menſchenverachtung, und Amrei ſah
das blaue Flämmchen darüber ſchweben, und ſie mußte ſich ſo
zu verhalten, daß ſie den Schatz erlöste.

Es ließ ſich nicht ſagen, wie ſie's dem Alten angethan, daß
er das ſichtliche Beſtreben hatte, vor ihr als beſonders gut und
treumeinend zu erſcheinen; ſchon daß er ſich um ein armes Mäd=
chen ſo viel Mühe gab, das war ja faſt ein Wunder. Und nur
das war Amrei klar: er wollte es ſeiner Frau nicht gönnen, daß
ſie allein als die Gerechte und Liebreiche erſchien und er als der
Biſſige und Wilde, vor dem man ſich fürchten müſſe; und eben
das, daß Amrei, bevor ſie ihn erkannt, ihm geſagt hatte: Sie
glaubte, es ſei ihm nicht der Mühe werth, vor den Menſchen
gut zu erſcheinen —, eben das machte ihm das Herz auf. Er
wußte, ſo oft er ſie allein traf, jetzt ſo viel zu reden, es war,
als hätte er alle ſeine Gedanken in einem Spartopfe gehabt, den
er nun aufmachte: und da waren gar wunderliche alte abgeſchätzte
Münzen, große Denkmünzen, die gar nicht im Umlauf ſind, die
nur bei großen Gelegenheiten geprägt wurden, auch unvergriffene
und zwar ganz von Silber, ohne Kupferzuthat. Er konnte ſeine
Sache nicht ſo gut vorbringen, wie damals die Mutter zu Johan=
nes. Seine Sprache war ſteif in allen Gelenken, aber er wußte
doch Alles zu treffen, und er benahm ſich faſt, als ob er der
Annehmer Amrei's gegen die Mutter ſein müſſe, und es war
nicht uneben, als er ihr ſagte:

„Schau, die Bäuerin iſt die gut Stund ſelber, aber die
gut Stund iſt noch nicht gut Tag, gute Woch und gut Jahr.
Es iſt halt ein Weibsbild, bei denen iſt immer Aprilwetter, und
ein Weibsbild iſt nur ein halber Menſch, darauf beſteh' ich, und
da bringt mich keines davon."

„Ihr redet uns ſchönes Lob nach," ſagte Amrei.

„Ja, es iſt wahr," ſagte der Alte, „ich red' ja zu dir.
Aber wie geſagt: die Bäuerin iſt ſeelengut, nur zu viel, und
da verdrießt ſie's gleich, wenn man nicht macht, was ſie will,
weil ſie's doch ſo gut meint, und ſie glaubt, man wiſſe nicht,
wie gut ſie ſei, wenn man ihr nicht folgt. Sie kann ſich nicht
denken, daß man ihr eben nicht folgt, weil's manchmal unge=
ſchickt iſt, was ſie will, wenn's ſie's auch noch ſo gut meint.
Und das merk' dir beſonders: thu' ihr nichts nach grad ſo wie

sie's macht, mach's auf deine eigene Art, wie's recht ist, das hat
sie viel lieber. Sie hat's gar nicht gern, wenn's den Schein
hat, als ob man ihr unterthänig sei, aber das wirst du Alles
schon merken, und wenn dir was vorkommt, um Gottes willen,
mach' deinen Mann nicht wirbelsinnig; es gibt nichts Aergeres,
als wenn der Mann dasteht zwischen der Mutter und der Söhnerin, und die Mutter sagt: ich gelte nichts mehr vor der Söhnerin,
ja die Kinder werden Einem untreu — und die Söhnerin sagt:
jetzt seh' ich, wer du bist, du läßt deine Frau unterdrücken. Ich
rathe dir, wenn dir einmal so etwas vorkommt, was du nicht
allein klein kriegen kannst, sag's mir im Stillen, ich will dir
schon helfen; aber mach' deinen Mann nicht wirbelsinnig, er ist
ohnedies ein bischen stark verkindelt von seiner Mutter, aber er
wird jetzt schon herber werden; fahre du nur langsam und laß
dich's immer dünken: ich wäre von deiner Familie und bin dein
natürlicher Annehmer, und es ist auch so; von deiner Mutter
Seite her bin ich weitläufig etwas verwandt mit dir."

Und nun suchte er eine seltsam gegliederte Verwandtschaft
auseinanderzuhaspeln, aber er fand den rechten Faden nicht und
verwirrte die Gliederung immer mehr wie einen Strang Garn,
und dann schloß er immer zuletzt mit den Worten: „Du kannst
mir's aufs Wort glauben, daß wir verwandt sind, ja wir sind
verwandt, aber ich kann's nur nicht so aufzählen."

Es war nun doch noch vor seinem Ende die Zeit gekommen,
daß er nicht mehr bloß die falschen Groschen aus seinem Besitz-
thume herschenkte; es that ihm wohl, nun endlich das wirklich
Geltende und Werthvolle anzugreifen.

Eines Abends rief er Amrei zu sich hinter das Haus und
sagte zu ihr: „Schau, Mädle, du bist brav und gescheit; aber
du kannst doch nicht wissen, wie ein Mann ist. Mein Johannes
hat ein gutes Herz, aber es kann ihn doch einmal wurmen, daß
du so gar nichts gehabt hast. Da, komm her, da nimm das,
sag' aber keiner Menschenseele was davon, von wem es ist. Sag',
du habest es mit Fleiß verborgen. Da nimm!" Und er reichte
ihr einen vollgestopften Strumpf voll Kronenthaler und setzte noch
hinzu: „Man hätte das erst nach meinem Tode finden sollen,
aber es ist besser, er kriegt es jetzt und meint, es wäre von
dir. Eure ganze Geschichte ist ja gegen alle gewöhnliche Art, daß
auch das noch dabei sein kann, daß du einen geheimen Schatz

gehabt haſt. Vergiß aber nicht, es ſind auch zwei und dreißig
Federnthaler dabei, die gelten einen Groſchen mehr als gewöhn=
liche Thaler. Heb's nur gut auf, thu's in den Schrank, wo die
Leinwand drin iſt, und trag' den Schlüſſel immer bei dir. Und
am Sonntag, wenn die Sippſchaft bei einander iſt, ſchütteſt du's
auf den Tiſch aus."

„Ich thue das nicht gern, ich mein', das ſollte der Johan=
nes thun, wenn's überhaupt nöthig iſt."

„Es iſt nöthig, aber mag's meinetwegen der Johannes thun;
aber ſtill, verſteck's ſchnell, da, thu's in deine Schürze, ich hör'
den Johannes, ich glaub', er iſt eiferſüchtig."

Die Beiden trennten ſich raſch.

Noch am ſelben Abend nahm die Mutter Amrei mit auf
den Speicher und holte einen ziemlich ſchweren Sack aus einer
Truhe, das Band daran war aufs Abenteuerlichſte verknüpft,
und ſie ſagte zu Amrei: „Mach' mir das Band auf."

Amrei verſuchte, es ging ſchwer.

„Wart, ich will eine Scheere nehmen, wir wollen's auf=
ſchneiden."

„Nein," ſagte Amrei, „das thu' ich nicht gern; habt nur
ein bischen Geduld, Schwieger, werdet ſchon ſehen, ich bring's auf."

Die Mutter lächelte, während Amrei mit vieler Mühe, aber
mit kunſtgeübter Hand den Knoten doch endlich aufbrachte, und
jetzt ſagte ſie: „So, das iſt brav, und jetzt ſchau einmal hinein,
was drin iſt."

Amrei ſah Silber= und Goldſtücke, und die Mutter fuhr
fort: „Schau Kind, du haſt am Bauer ein Wunder gethan, ich
kann's noch nicht verſtehen, wie er's zugegeben hat; aber ganz
haſt du ihn doch noch nicht bekehrt. Mein Mann redet immer
darauf herum, daß es doch gar ſo arg ſei, daß du ſo gar nichts
habeſt; er kann's noch nicht verwinden, er meint immer, du müßteſt
im Geheimen ein ſchönes Vermögen beſitzen und du habeſt uns
nur angeführt, um uns auf die Probe zu ſtellen, ob wir dich
allein ohne Alles gern annehmen; er läßt ſich das nicht aus=
reden, und da bin ich auf einen Gedanken gefallen. Gott wird
uns dies nicht zur Sünde anrechnen. Schau, das hab' ich mir
erſpart in den ſechs und dreißig Jahren, die wir mit einander
hauſen, ohne Unterſchleif, und es iſt auch noch Erbſtück von
meiner Mutter dabei. Und jetzt nimm du's und ſag' nur, es

sei dein Eigenthum. Das wird den Bauer ganz glücklich machen, besonders weil er so gescheit gewesen ist und das im Voraus geahnt hat. Was guckst so verwirrt drein? Glaub' mir, wenn ich dir was sage, kannst du es thun, es ist kein Unrecht, ich hab mir's überlegt hin und her: jetzt versteck's und red' mir kein Wort dagegen, gar kein Wort, sag' mir keinen Dank und gar nichts, es ist ja eins, ob's mein Kind jetzt kriegt oder später, und es macht meinem Mann noch bei Lebzeiten eine Freud'. Jetzt fertig; bind's wieder zu."

Am andern Morgen in der Frühe erzählte Amrei dem Johannes Alles, was die Eltern ihr gesagt und gegeben hatten, und Johannes jubelte: „O Gott im Himmel verzeih' mir! Von meiner Mutter hätt' ich so was glauben können, aber von meinem Vater hätte ich mir das nie träumen lassen. Du bist ja eine wahre Hexe, und schau, es bleibt dabei, daß wir Keinem vom Andern etwas sagen, und das ist noch das Prächtige, daß Eins das Andere anführen will, und Jedes ist wirklich angeführt, denn Jedes muß meinen: Du habest das andere Geld noch wirklich im Geheimen für dich gehabt. Juchhe! Das ist lustig zum Kehraus." —

Mitten in aller Freude im Hause herrschte aber doch auch wieder allerlei Besorgniß.

20. Im Familiengeleise.

Nicht die Sittlichkeit regiert die Welt, sondern eine verhärtete Form derselben: die Sitte. Wie die Welt nun einmal geworden ist, verzeiht sie eher eine Verletzung der Sittlichkeit als eine Verletzung der Sitte. Wohl den Zeiten und den Völkern, in denen Sitte und Sittlichkeit noch Eins ist. Aller Kampf, der sich im Großen wie im Kleinen, im Allgemeinen wie im Einzelnen abspielt, dreht sich darum, den Widerspruch dieser Beiden wieder aufzuheben und die erstarrte Form der Sitte wiederum für die innere Sittlichkeit flüssig zu machen, das Geprägte nach seinem innern Werthgehalte neu zu bestimmen.

Auch hier in dieser kleinen Geschichte von Menschen, die dem großen Weltgewirre abseits liegen, spiegelt sich das wiederum ab.

Die Mutter, die innerlich am meisten sich freute mit der

glücklichen Erfüllung, war doch wieder voll eigenthümlicher Besorgniß wegen der Weltmeinung. „Ihr habt's doch leichtsinnig
gemacht," klagte sie zu Amrei, „daß du so ins Haus gekommen
bist, und daß man dich nicht abholen kann zur Hochzeit. Das
ist halt nicht schön und ist nicht der Brauch. Wenn ich dich nur
noch fortschicken könnte auf einige Zeit, oder auch den Johannes,
daß Alles mehr Schick bekäme." Und dem Johannes klagte sie:
„Ich höre schon, was es für Gerede giebt, wenn du so schnell
heirathest: zweimal aufgeboten und das drittemal abgekauft, Alles
so kurz angebunden, das thun liederliche Menschen."

Sie ließ sich aber in Beidem wiederum beschwichtigen, und
sie lächelte, als Johannes sagte: „Ihr habt doch sonst Alles so
gut durchstudirt wie ein Pfarrer, jetzt Mutter, warum sollen
denn ehrliche Leute eine Sache lassen, weil sich unehrliche dahinter verstecken? Kann man mir was Böses nachreden!"

„Nein, du bist dein Lebenlang brav gewesen."

„Gut. Drum soll man jetzt auch in Etwas an mich glauben, und glauben, daß das auch brav sei, was nicht im ersten
Augenmaß so aussehen mag; ich kann das verlangen. Und wie
ich und meine Amrei zusammen gekommen sind, das ist einmal
so aus der Ordnung, das hat seinen besonderen Weg von der
Landstraße ab. Und es ist kein schlechter Weg. Das ist ja wie
ein Wunder, wenn man Alles recht bedenkt, und was geht uns
das an, wenn die Leute heut' kein Wunder mehr wollen und da
allerlei Unsauberkeit finden möchten? Man muß Courage haben
und nicht in Allem nach der Welt fragen. Der Pfarrer von
Hirlingen hat einmal gesagt: wenn heutigen Tages ein Prophet
aufstünde, müßte er vorher sein Staatsexamen machen, ob's auch
in der alten Ordnung ist, was er will. Jetzt, Mutter, wenn
man bei sich weiß, daß etwas recht ist, da geht man grad durch
und stößt hüben und drüben weg, was Einem im Weg ist. Laß
sie nur eine Weile verwundert dreinglotzen, sie werden sich mit
der Zeit schon anders besinnen."

Die Mutter mochte fühlen, daß ein Wunder wohl als glückliche plötzliche Erscheinung gelten könne, daß aber auch das Un-
gewöhnlichste sich allmählig doch wieder einfügen müsse in die
Gesetze des Herkommens und des gewohnten stetigen Ganges, daß
die Hochzeit wol wie ein Wunder erscheinen könne, die Ehe aber
nicht, die eine geregelte Fortsetzung in sich schließt. Sie sagte

daher: „Mit all' den Leuten, die du jetzt gering ansiehst und
stolz, weil du weißt, du thust das Rechte, mit denen mußt du
doch wieder leben und verlangst, daß sie dich nicht scheel ansehen, und dir deine Ehre lassen, und dafür, daß die Menschen
das thun, mußt du ihnen das Gehörige auch geben und lassen;
du kannst sie nicht zwingen, daß sie an dir eine Ausnahme sehen
sollen, und du kannst nicht Jedem nachlaufen und ihm sagen:
wenn du wüßtest, wie's gekommen ist, du würdest mir rechtschaffen Recht geben.“

Johannes aber erwiederte:

„Ihr werdet es erfahren, daß Niemand gegen meine Amrei
was haben kann, der sie nur eine Stunde gesehen hat.“

Und er hatte ein gutes Mittel, die Mutter nicht nur zu
beschwichtigen, sondern auch innerlichst zu erquicken, indem er ihr
berichtete, wie alles das, was sie als Mahnung und Erwartung
ausgesprochen habe, wie „angefremt“ (bestellt) eingetroffen sei,
und sie mußte lachen, als er schloß: „Ihr habt den Leisten im
Kopf gehabt, nach dem die Schuhe da oben gemacht sind, und
die drin herumlaufen soll, paßt wie gegossen darauf.“

Die Mutter ließ sich beruhigen, und am Samstag Morgen
vor dem Familienrath kam Dami, er mußte aber sogleich wieder
zurück nach Haldenbrunn, um dort bei Schultheiß und Amt alle
nöthigen Papiere zu besorgen.

Der erste Sonntag war ein schwerer Tag auf dem Hofe des
Landfriedbauern. Die Alten hatten Amrei angenommen, aber
wie wird es mit der Familie werden? Es ist nicht leicht in eine
solche schwere Familie zu kommen, wenn man nicht mit Roß und
Wagen hineinfährt und allerlei Hausrath und Geld und eine
breite Verwandtschaft Bahn macht.

Das war ein Fahren am nächsten Sonntag vom Oberland
und Unterland her zum Landfriedbauern. Es kamen angefahren
die Schwäger und Schwägerinnen mit ihrer Sippe. „Der Johannes
hat sich eine Frau geholt und hat sie gleich mitgebracht, ohne
daß Eltern, ohne daß Pfarrer, ohne daß Obrigkeit ein Wort
dazu gesagt. Das muß eine Schöne sein, die er hinter dem
Zaune gefunden.“ So hieß es allerwärts.

Die Pferde an den Wagen spürten, was beim Landfriedbauern geschehen war; sie bekamen manchen Hieb, und wenn sie
ausschlugen, ging es ihnen noch ärger, und wer da fuhr, hieb

drauf los, bis ihm der Arm müde wurde, und dann gab's noch manchen Zank mit der Frau, die daneben ſaß und über ſolch un= gebührliches, waghalſiges Dreinfahren ſchimpfte und weinte. —

Eine kleine Wagenburg ſtand im Hofe des Landfriedbauern, und drinnen in der Stube war die ganze ſchwere Familie ver= ſammelt. Mit hohen Waſſerſtiefeln, mit nägelbeſchlagenen Schnür= ſchuhen, mit dreieckigen Hüten, wo bei dem einen die Spitze, bei dem andern die Breite nach vorn ſaß, war man bei einander. Die Frauen pisperten unter einander und winkten dann ihren Männern oder ſagten ihnen leiſe: ſie ſollten nur ſie machen laſſen, ſie wollten den fremden Vogel ſchon hinausbeißen, und es war ein bitterböſes Lachen, das entſtand, als man bald da, bald dort hörte, daß Amrei die Gänſe gehütet habe.

Endlich kam Amrei, aber ſie konnte Niemand die Hand reichen. Sie trug eine große Glasflaſche voll Rothwein unterm Arme und ſo viel Gläſer und zwei Teller mit Backwerk, daß es ſchien, ſie habe ganz allein ſieben Hände; jedes Fingergelenk war eine Hand, und ſie ſtellte Alles ſo ruhig und geräuſchlos auf den Tiſch, auf dem die Schwiegermutter ein weißes Tuch ausgebreitet hatte, daß Alle ſie ſtaunend betrachteten. Sie ſchenkte ruhig alle Gläſer voll, ſie zitterte nicht dabei, und jetzt ſagte ſie: „Die Eltern haben mir das Recht gegeben, Euch von Herzen willkommen zu heißen. Jetzt trinket.“

„Wir ſind's nicht gewohnt des Morgens!“ ſagte ein ſchwerer Mann mit ungewöhnlich großer Naſe und ſtätzte ſich auf ſeinem Stuhle weit aus. Es war Jörg, der älteſte Bruder des Johannes.

„Wir trinken nur Gänſewein!“ ſagte eine der Frauen, und ein nicht ſehr verhaltenes Lachen entſtand.

Amrei fühlte den Stich wol, aber ſie hielt an ſich, und die Schweſter des Johannes war die erſte, die ihr Beſcheid that und das Glas ergriff. Sie ſtieß zuerſt mit Johannes an: „Ge= ſegne dir's Gott!“ Nur halb ſtieß ſie mit Amrei an, die auch ihr Glas hinhielt. Nun hielten es die andern Frauen für un= höflich, ja ſogar für ſündhaft — denn es gilt beim erſten Trunke, dem ſogenannten Johannestrunke, für ſündhaft, nicht Beſcheid zu thun — nicht auch zuzugreifen, und auch die Männer ließen ſich dazu bewegen, und man hörte eine Zeit lang Gläſer klingen und wieder abſetzen.

„Der Vater hat Recht,“ ſagte endlich die alte Landfried=

bäuerin zu ihrer Tochter, „die Amrei sieht doch aus, wie wenn
sie deine Schwester wär', aber eigentlich noch mehr sieht sie der
verstorbenen Lisbeth ähnlich."

„Ja es ist keines verkürzt. Wenn ja die Lisbeth am Leben
geblieben wär', wär' das Vermögen ja auch um einen Theil geringer," sagte der Vater, und die Mutter setzte hinzu:

„Jetzt haben wir sie aber wieder."

Der Alte traf den Punkt, der alle wurmte, obgleich sie sich
alle einredeten, daß sie gegen Amrei so eingenommen seien, weil
sie so familienlos dahergekommen. Und während Amrei mit der
Schwester des Johannes sprach, sagte der Alte leise zu seinem
ältesten Sohne:

„Der sieht man nicht an, was hinter ihr steckt. Denk' nur,
sie hat im Geheimen einen gehausten Sack voll Kronenthaler gehabt; aber mußt Niemand was davon sagen."

Das geschah so unweigerlich, daß binnen wenigen Minuten
alle in der Stube es wußten, bis auf die Schwester des Johannes,
die sich später viel zu Gute darauf that, daß sie mit Amrei so gewesen sei, obgleich sie geglaubt hatte, daß Amrei keinen Heller besitze.

Richtig! Johannes war hinaus gegangen, und jetzt kam er
wieder mit einem Sacke, auf dem der Name: „Josenhans von
Haldenbrunn" geschrieben war, und er leerte den reichen Inhalt
desselben klirrend und rasselnd auf den Tisch, und Alles staunte,
am meisten aber der Vater und die Mutter.

So hatte Amrei also wirklich einen geheimen Schatz gehabt!
Denn das war ja viel mehr, als Jedes ihr gegeben!

Amrei wagte es nicht, aufzuschauen, und Jedes lobte sie
über ihre beispiellose Bescheidenheit. Nun gelang es Amrei, Alle
nach und nach für sich zu gewinnen, und als die schwere Familie
am Abend Abschied nahm, sagte ihr Jedes im Geheimen: „Schau,
ich bin's nicht gewesen, der gegen dich war, weil du Nichts hast,
der und der und die und die haben dir's immer vorgehalten. Ich
sag' jetzt, wie ich früher gedacht und auch gesagt habe: wenn du
auch nichts gehabt hättest, als was du auf dem Leibe trägst, du
bist wie gedrechselt für unsere Familie, und eine bessere Frau für
den Johannes und eine bessere Söhnerin für die Eltern hätt' ich
mir nicht wünschen mögen."

Das war freilich jetzt leicht, weil sie Alle glaubten, daß
Amrei ein namhaftes baares Vermögen beibrachte. —

Im Allgäu redete man noch Jahre lang von der wunder=
baren Art, wie der junge Landfriedbauer sich seine Frau geholt,
und wie er und seine Frau an ihrer eigenen Hochzeit so schön
mit einander getanzt hatten, und besonders einen Walzer, den
sie „Silbertrab“ nannten, und sie hatten sich dazu vom Unter=
land her die Musik kommen lassen.

Und Dami? Er ist einer der ruhmvollsten Hirten im Allgäu
und hat einen hohen Namen, denn er heißt hier zu Lande der
„Geierdami“, denn Dami hat schon zwei gefährliche Geierhorste
ausgehoben zur Rache dafür, weil ihm zweimal nacheinander frisch=
geworfene Lämmer davon getragen wurden. Wenn es noch Ritter=
schlag gäbe, er hieße: Damian von Geierhorst; aber der Mannes=
stamm derer Josenhansen von Geierhorst stirbt mit ihm aus, denn
er bleibt ledig, ist aber ein guter Ohm, besser als der in Amerika.
Wenn das Vieh gesommert hat, weiß er zur Winterszeit den Kin=
dern seiner Schwester viel zu erzählen vom Leben in Amerika, vom
Kohlenmathes im Moosbrunnenwalde und von Hirtenfahrten im
Allgäugebirge; da weiß er besonders viel kluge Streiche von seiner
sogenannten „Heerkuh,“ die die tiefstlingende Vorschelle trägt. Und
Dami sagte einst seiner Schwester: „Bäuerin,“ denn so nennt er
sie stets, „Bäuerin, dein ältester Bub artet dir nach, der hat auch
so Worte wie du. Denk' nur, sagt mir der Bursche heute: gelt
Ohm, deine Heerkuh ist deine Herzkuh? Ja, er ist ganz nach
deinem Model.“

Der Landfriedbauer Johannes wollte sein erstes Töchterchen
gerne „Barfüßele“ taufen lassen, aber es ist nicht mehr gestattet,
daß man neue Namen aus Lebensereignissen bilde; der Name
Barfüßele wurde nicht angenommen im Kirchenregister, und Jo=
hannes ließ das Kind „Barbara“ nennen, änderte das aber aus
eigener Machtvollkommenheit in „Barfüßele.“